AF370809

VOCABULAIRE

OCÉANIEN-FRANÇAIS ET FRANÇAIS-OCÉANIEN

IMPRIMÉ CHEZ PAUL RENOUARD,

Rue Garancière, n. 5.

VOCABULAIRE

OCÉANIEN-FRANÇAIS

ET

FRANÇAIS-OCÉANIEN

DES DIALECTES PARLÉS AUX ILES MARQUISES,

SANDWICH, GAMBIER, ETC.

D'APRÈS LES DOCUMENS
RECUEILLIS SUR LES LIEUX, PAR LES MISSIONNAIRES CATHOLIQUES
ET LES MINISTRES PROTESTANS, ET PARTICULIÈREMENT D'APRÈS LES MANUSCRITS
DU R. P. MATHIAS, AUTEUR DES LETTRES SUR L'OCÉANIE,

PAR L'ABBÉ

BONIFACE MOSBLECH,

DE LA CONGRÉGATION DES SACRÉS-CŒURS (PICPUS), MEMBRE DE PLUSIEURS SOCIÉTÉS SAVANTES.

PARIS,

JULES RENOUARD ET Cⁱᵉ, LIBRAIRES-ÉDITEURS,

RUE DE TOURNON, 6.

M. DCCC. XLIII.

PRÉFACE.

.Nous donnons au public, dans ce Vocabulaire, les deux principaux dialectes qui se parlent dans l'Océanie orientale, celui de l'Archipel des Marquises et celui des îles Sandwich. Nous n'avons point tenu compte des dialectes moins caractérisés de Tahiti, de Gambier, etc., pour ne pas grossir inutilement ce volume : car, bien que tous les naturels de l'Océanie orientale parlent la même langue, on remarque cependant des différences dans chaque île et quelquefois dans chaque peuplade d'une même île; mais, comme ces variations sont légères, nous pensons qu'à l'aide de notre Vocabulaire on pourra se faire entendre partout, et ainsi nous aurons atteint le but que nous nous sommes proposé, qui est de nous rendre utile à ceux de nos compatriotes qui fréquenteront ce pays. Nous avons pensé encore que les savans qui s'occupent de la linguistique ne recevraient pas avec indifférence un recueil si considérable de mots d'une langue inconnue jusqu'à ce jour; nous disons inconnue, car les nomenclatures si incomplètes et si prodigieusement défigurées que l'on trouve dans les récits des voyageurs, n'ont pas assurément contribué à la faire connaître : il serait plus vrai de dire qu'elles ont produit un effet tout opposé. De là vient sans doute que quelques savans, dont nous respectons d'ailleurs infiniment les lumières, ont été amenés à prononcer que l'étude de cette langue était inutile. Qu'il nous soit permis de dire que ce jugement nous parait au moins prématuré; mais ce n'est pas ici le lieu de traiter cette question : nous nous proposons de le faire dans un ouvrage spécial, dès que nous aurons pu recueillir assez de matériaux.

Nous ne connaissons encore qu'imparfaitement l'étendue et les délicatesses de la langue océanienne : néanmoins, nous croyons déjà pouvoir affirmer qu'elle est très riche, sous le rapport des expressions et des tournures qui regardent la vie naïve et vigoureuse des peuples qui la parlent. Son harmonie, plus mâle aux îles Marquises, plus sonore aux îles Sandwich, ne saurait être contestée que par ceux qui ne craignent pas de formuler des jugemens sur des matières qu'ils ignorent. Nous ajouterons qu'elle présente, dans l'étymologie et dans la syntaxe, un grand nombre de lois, dont nos langues modernes ne donnent point d'exemple; ces lois expliquent plusieurs difficultés de linguistique jusque-là insolubles, et paraissent renverser quelques axiomes de la grammaire générale (1).

(1) Nous nous proposons de publier bientôt une dissertation sur cette langue unique.   (M.).

Pour composer notre Vocabulaire, voici les matériaux dont nous avons pu nous servir :

1° Un petit dictionnaire Sandwichois-Français écrit à la main, et quelques livres imprimés par les missionnaires catholiques et par les ministres protestans, dans ce même dialecte.

2° Pour le dialecte des Marquises, les manuscrits qu'a bien voulu nous communiquer le R. P. Mathias, auteur des *Lettres* sur cet archipel, où il a exercé avec tant de zèle, durant plusieurs années, les pénibles fonctions de missionnaire. S'il nous est permis de parler de notre travail, nous dirons avec simplicité qu'il a été celui d'un philologue consciencieux (1). Si, malgré tous nos soins, il s'est glissé des fautes dans ce premier essai, nous réclamons l'indulgence de toutes les personnes qui connaissent la difficulté d'un pareil ouvrage, dans une langue que l'on commence à peine à écrire, et où, par conséquent, la science n'a point de guide. Nous prions nos missionnaires dans l'Océanie de vouloir bien le corriger, et de le compléter en s'en servant sur les lieux mêmes, afin de nous mettre en état de publier, quand il en sera temps, quelque chose de plus parfait.

Jusqu'à ce jour, les voyageurs qui ont recueilli des mots de la langue océanienne, ont employé, pour les écrire, les lettres et les combinaisons de lettres qui, dans leur propre langue, représentaient des sons analogues à ceux qu'ils entendaient; il en

(1) L'auteur, qui est en relation avec les linguistes les plus distingués d'Allemagne et d'Angleterre, s'occupe depuis dix ans à préparer un grand Dictionnaire universel, étymologique et comparé, de toutes les langues importantes de la terre. Nous espérons que ce grand et consciencieux travail pourra être livré prochainement à l'impression.   (*Note des Éditeurs.*)

est résulté que rien ne ressemble moins à tel mot écrit par un Anglais, que ce même mot écrit par un Français. Pour obvier à cet inconvénient, nous nous sommes tracé les règles suivantes :

1° Toutes les lettres, sans exception, doivent être prononcées;

2° Il n'y a point d'*e* muet;

3° La lettre *u* se prononce *ou*, invariablement;

4° Deux voyelles de suite ne font jamais diphthongue.

Exemples :

aai, s'accroître, *prononcez* a-a-i.

ahua, passage,   —   a-hou-a.

cke, poche,   —   é-ké.

epecpe, crête,   —   é-pé-é-pé.

ouopa, boiteux,   —   o-ou-o-pa.

Tous les mots de la langue océanienne sont invariables. Les différences de temps, de personnes et de nombres ne sont déterminés que par l'adjonction de quelques mots ou de quelques particules; il en est de même pour les formes correspondantes au génitif, datif, etc., des Grecs et des Latins. Nous donnons ici, avec les noms de nombre, les modèles de déclinaison et de conjugaison, qui feront voir d'un coup-d'œil ce que nous venons d'indiquer, et à l'aide desquels on construira facilement toutes les phrases.

TABLEAU

COMPARÉ DES DÉCLINAISONS ET CONJUGAISONS DES DIALECTES
MARQUISIEN ET SANDWICHOIS.

DÉCLINAISONS.

SINGULIER.

Français.	Marquisien.	Sandwichois.
Nom. Le monde,	te ao,	ke ao.
Gén. Du monde,	o te ao,	o ke ao.
Dat. Au monde,	i te ao,	i ke ao.
Acc. Le monde,	te ao *ou* i te ao,	ke *ou* i ke ao.

PLURIEL.

Nom. Les mondes,	te tau ao,	na ao.
Gén. Des mondes,	o te tau ao,	o na ao.
Dat. Aux mondes,	i te tau ao,	i na ao.
Acc. Les mondes,	te *ou* i te tau ao,	na *ou* i na ao.

Pour le génitif plusieurs autres particules sont très en usage, savoir : *a, no, na, mo, ma, to, ta.* Le pluriel des personnes se rend ordinairement par *poi,* [m]. *poe,* [s]. par exemple : les hommes, *te poi enàna,* [m]. *ka poe kanaka,* [s].

Les noms propres se déclinent sans article comme en français.

	Français.	Marquisien et Sandwichois.
Nom.	Raphaël,	Rafaele,
Gén.	De Raphaël,	o Rafaele,
Dat.	A Raphaël,	ia Rafaele,
Acc.	Raphaël,	Rafaele,

CONJUGAISON.

PRÉSENT.

Français.	Marquisien.	Sandwichois.
Aimer.	makimaki,	makemake,
J'aime,	e makimaki nei au,	e makemake nei au.
Tu aimes,	e makimaki nei oe,	e makemake nei oe.
Il, elle aime,	e makimaki nei ia,	e makemake nei ia.
Nous aimons,	e makimaki nei matou,	e makemake nei makou.
Vous aimez,	e makimaki nei otou,	e makemake nei oukou.
Ils aiment,	e makimaki nei atou,	e makemake nei lakou.

FUTUR.

J'aimerai,	a makimaki au,	makemake a nei au.
Tu aimeras,	a makimaki oe,	makemake a nei oe.
Il aimera,	a makimaki ia,	makemake a nei ia.
Nous aimerons,	a makimaki matou,	makemake a nei makou.
Vous aimerez,	a makimaki otou,	makemake a nei oukou.
Ils aimeront,	a makimaki atou,	makemake a nei lakou.

PARFAIT.

J'ai aimé,	ua makimaki au,	ua makemake au.
Tu as aimé,	ua makimaki oe, etc.	ua makemake oe, etc.

PARTICIPE.

Aimant,	makimaki,	makemake ana.
Aimé,	makimakia,	makemakeia.

IMPÉRATIF.

Français.	Marquisien.	Sandwichois.
Aime, etc.	a makimaki,	a makemake.

PASSIF PRÉSENT.

Je suis aimé,	e makimakia nei au,	e makemakeia nei au.
Tu es aimé, etc.	e makimakia nei oe,	e makemakeia nei oe.

FUTUR.

Je serai aimé, etc.	a makimakia au,	e makemakeia a nei au.

PARFAIT.

J'ai été aimé, etc.	ua makimakia au,	ua makemakeia au.

NOMS DE NOMBRE.

Français.	Marquisien.	Sandwichois.
Un,	tahi,	kahi.
Deux,	ua,	lua.
Trois,	tou, toru,	kolu.
Quatre,	ha,	ha.
Cinq,	iima,	lima.
Six,	ono,	ono.
Sept,	hitu,	hiku.
Huit,	vau,	valu.
Neuf,	iva,	iva.
Dix,	onohuu,	umi.
Onze,	onohuu me a tahi,	umi kuma ma kahi.
Douze, etc.	onohuu me a ua,	umi kuma ma lua.

Français.	Marquisien.	Sandwichois.
Vingt,	tekau,	ivakalua.
Vingt-et-un,	tekau me a tahi,	ivakalua kuma ma kahi.
Vingt-deux, etc.	tekau me a ua,	ivakalua kuma ma lua,
Trente,	tekau me onohuu,	kanakolu.
Trente-et-un, etc.	tekau me onohuu me a tahi,	kanakolu kuma ma kahi.
Quarante,	e ua tekau,	kanaha.
Quarante-et-un, etc.	e ua tekau me a tahi,	kanaha kuma ma kahi.
Cinquante,	e ua tekau me onohuu,	kanalima.
Soixante,	e tou tekau,	kanaono.
Soixante-dix,	e tou tekau me onohuu,	kanahiku.
Quatre-vingts,	e ha tekau,	kanavalu.
Quatre-vingt-dix,	e ha tekau me onohuu,	kanaiva.
Cent,	e iima tekau,	kanaumi, haneri (moderne).
Deux cents,	au,	
Mille,	mano,	mano.

Une fois, deux fois, etc., s'expriment par *tina*, [m]. et *pa*, [s]. qu'on ajoute au nom de nombre, le premier à la fin, le second au commencement ; par exemple : une fois, *tahitina*, [m]. *pakahi*, [s]. deux fois, *uatina*, [m]. *palua*, [s]. Un à un, deux à deux, etc., se traduisent de même. Les nombres ordinaux sont les mêmes que les cardinaux. Les fractions sont indiquées par *hapa* devant le nom de nombre ; par exemple : un tiers, *hapatoru*, [m]. *hapakolu*, [s]. un huitième, *hapavau*, [m]. *hapavalu*, [s].

PREMIÈRE PARTIE.

OCÉANIEN-FRANÇAIS.

A.

A, ^m. *particule*; placée devant le verbe elle marque 1^{ment} le futur et l'impératif. 2^{ment} le désir, la prière : je vous prie, que, ô que, ô si. 3^{ment} placée après le verbe elle marque le participe passé et le passif.

A, ^s. feu, incendie; allumer, être en feu.

A, ^{ms}. jour.

— ^{ms}. 2°-ce, cette; voici, voilà, celui-ci, celui-là; il y a. v. ᴀᴀ.

— ^{ms}. 3°-de.

— ^{ms}. 4°-jusque, jusqu'à; comme, que (rel.), quand; alors, là; et, aussi, d'ailleurs. v. ɴᴀ.

Aᴀ, ^m. voici, voilà; celui-ci, celui-là; il y a. v. ᴀ.

Aᴀ, ^s. brûler ardemment, ou continuellement.

— ^s. 2°-ceinture; s'attacher à; ceindre; || social, hospitalier, amical.

— ^s. 3°-oser, provoquer, tenter, s'aventurer; accepter une offre, déterminer; || poche, sac; mettre la main dans la poche.

Aᴀ, ^s. 4°-lave, abondant en lave: pierreux, lieu couvert de petites pierres; || inflammable; || nain, petit; || muet, faire du bruit comme une personne muette.

— ^s. 5°-racine, souche; descendant (généalogique).

Aᴀᴀ, ^s. saluer, se saluer.

— ^s. 2°-social, hospitalier, amical; || solitaire, inhabité; maison déserte. v. ᴀᴀ.

Aᴀʜɪ, ^m. conduire, amener, escorter, accompagner.

Aᴀʜᴏ, ^m. chagrin, dépit, affliction.

— ^s. vase pour apprêter le *pïa*.

Aᴀʜᴜ, ^s. couvrir de tape (vêtement), d'un manteau; porter des habits, les prendre sur soi, couvrir; couverture, manteau, habit de dessus, vêtement.

Aᴀʜᴜᴀᴘᴏᴏ, ^s. ce dont on se couvre la tête; || soutien, défense en cas de danger.

Aᴀɪ, ^s. s'accroître.

Aᴀᴋᴀ, ^m. tresser.

— ^s. 2°-s'ouvrir, crever; || gronder, murmurer, se plaindre comme une personne de mauvaise humeur ; || désobligeant, grossier.

AAKI, ˢ. sentir ; toucher ; || rompre avec les dents ; || démanger, gale.

AALA, ˢ. odeur, odoriférant ; || fruit de l'*aala*.

AALAIHI, ˢ. espèce de poisson.

AAMA, ˢ. esp. de crabe.

AAMO, ᵐ. adopter.

AAMONI, ˢ. bourse ; argent, monnaie. V. MONI.

AANUI, ᵐ. chemin, route, voie, sentier. V. ALANUI.

AAPO, ˢ. attraper, celui qui attrape.

AAPUA, ˢ. carquois, fourreau.

AAVA, ˢ. esp. de poisson.

AE, ᵐ. mouvement de bas en haut (V. AKE) ; augmente la force du mot auquel elle est ajoutée, et forme des comparatifs ; || oui, c'est cela, certainement ; consentir, assentir, accorder une demande, permettre, laisser faire.
— ᵐ. 2°-ce qui s'étend ; front ; penser ; || après. V. KAVE.

AE, ˢ. passer sur une chose, sur un objet qui est dans la voie, passer d'une place, d'une situation à une autre ; s'embarquer, entrer ; || *particule* dirigeant l'action du verbe sur l'objet.

AEA, ᵐ. est-ce vrai ? n'est-ce pas ?

AEA ˢ. tourner la tête en arrière ; qui ne tient point à sa place ; vagabond, fugitif.

AEAE, ᵐ. *interj.* d'admiration ; || gauche.

AEAE, ˢ. passer fréquemment sur une chose ; interrompre quelqu'un dans la conversation ; || propre, net ; || tarière. V. AE.

AEE, ᵐ. V. AEA.

AEI, ˢ. filet pour prendre l'*opelu* (maquereau).

AEIOLE, ˢ. fruit à pain, mûr et détaché de l'arbre.

AEKO, ˢ. (mod.). aigle. V. AETO.

AELA, ˢ. V. AE-LA.

AELO, ˢ. œuf pourri.

AENEI, ˢ. maintenant, dans ce moment même, sous peu.

AEPAHA, ᵐ. soit ; peut-être. V. AE.

AETO, ᵐ. aigle. V. AEKO.

AFIA, ᵐ. chercher, considérer, regarder.

AFIO, ᵐ. corder, filer à la manière des Océaniens.

AFIRIA, ᵐ. négation, refus, non.

AHA, ᵐˢ. *part. et pron. d'interrogation* ; comment ? quoi ?

AHA ˢ. morceau de bois autour duquel on attachait un morceau de tape, et que les prêtres tenaient à la main, pendant qu'ils offraient les sacrifices ; || corde faite avec la cosse du coco ; cordon en cheveux ; || nom d'une certaine prière.
— ˢ. 2°-multitude, assemblée de peuple, compagnie. Il se joint à d'autres mots pour exprimer multitude, abondance.
— ˢ. 3°-quatre, quatrième ; || jeter les fondemens d'une maison.
— ˢ. 4°-amer, aigre, rude. || agir à l'égard de…

AHAAINA, ˢ. s'assembler pour un repas, faire une fête, participer à un banquet ; fête, festin, repas, banquet ; hôtel.

AHAI, ˢ. s'enfuir, prendre la fuite comme une armée mise en déroute ; || faire de petits vols ; || porter, apporter, emporter ; || briser, rompre ; suivre. V. HAI.

Ahaihi, ^s. petite réunion ; petit parti des personnes qui tiennent des conversations particulières ; bande à part ; || petit, étroit.

Ahaina. v. ahaaina.

Ahaiu, ^m. se tourner.

Ahakanaka, ^s. grande réunion, multitude.

Ahalike, ^s. à quatre côtés égaux.

Ahamaka, ^s. combat simulé ; combat réel.

Ahana, ^m. mari, époux. v. vanana.

Ahaolelo, ^s. tenir un conseil, une assemblée ; consultation, assemblée, conseil ; jugement dernier.

Ahapule, ^s. prière publique.

Ahava, ^s. terre à *Koolau*, lieu de refuge.

Ahau, ^s. frapper.

Ahe, ^m. front, mine. v. ae.

Ahe, ^s. air frais ; || oui. v. ae.

Ahea, ^{ms}. quand ? (pour l'avenir, et non pour le passé), où ? qu'est-ce ?

Aheahe, ^s. zéphyr, jolie brise.

Aheana, ^m. voyons ! montre !

Ahee, ^m. *impératif* de *hee* ; va-t'en ! va !

Aheva, ^s. regarder de côté ; borgne.

Ahi, ^{ms}. feu ; || joyeux.

Ahia, ^m. haïr.

Ahia, ^s. combien ?

Ahiahi, ^{ms}. soir, après midi.

Ahiahi, ^s. calomnier, accuser faussement ; || raconter des fables ; révéler un secret.

Ahika, ^m. pleurer, déplorer.

Ahiki, ^s. jusque, jusqu'à.

Ahiku, ^s. sept, septième. v. hiku.

Ahili, ^s. tromper ; trompeur, tromperie.

Ahinaaina, ^s. esp. d'herbe.

Aho, ^m. fil, ficelle, petite corde.

Aho. ^s. être patient, humble, soumis, souple, obligeant, miséricordieux, souffrant ; || il est plus facile ; il vaut mieux, il est moins dur ; || patience, souffrance ; bonté, miséricorde ; || respiration ; || protection, abri ; résolution, courage ; || roseau ; || ligne à pêcher ; || goëlette.

Ahoe, ^m. balayer.

Aholiholi, nom d'un poisson.

Ahu, ^m. cri pour exciter à la guerre ; || jeter, arracher, bêcher ; passer à ; bêche, pioche, pelle, pic (instrum.) ; || lieu sacré. v. kahu.

Ahu, ^s. habiller, vêtir, se couvrir ; habit, vêtement, natte ; || assemblage, collection, notes ; ramasser, thésauriser, se répandre ; répliquer, condamner, tomber.

Ahua, ^m. *imp.* de *hua*.

Ahua, ^s. passage ; cours d'eau ; gué.

Ahuaho, ^s. rejeton.

Ahuava, ^s. esp. de corde ; || à la suite de ; || arbre du pays.

Ahue, ^s. amas, groupe, grappe, peloton.

Ahui, ^m. s'orner, se coiffer ; || interdire ; interdiction sacrée, sacré.

Ahulau, ^s. épidémique.

Ahule, ^s. tomber.

Ahulu, ^s. trop cuit.

Ahunalu, petit chef mort ; || tape cendrée.

Ahupuaa, ^s. petit district composé de petits *ihi*, et confié à un chef subalterne ; ville, village ; établissement.

Ai, ^m. *particule* qui se met après le verbe pour marquer une conséquence, un futur ; ainsi, donc, aussi, car, parce que, comme ; après *o* pour interroger.

Ai, ˢ. manger, consumer, achever ; dévorer comme le feu ; désirer, jouir d'un bénéfice ; nourriture, gosier, cou ; || coït.

— ˢ. 2°-là, alors, quand, comme.

Aia, ᵐ. bâiller. v. **aika**.

Aia, ˢ. il, elle, il est ; là, voici, voilà ; || impie, impiété.

Aiahe, ᵐ. montrer, faire voir ; désir de voir, de connaître ; curieux.

Aiahua, ˢ. conspirer, procurer la mort de quelqu'un par des moyens illicites, empoisonneur, hypocrite ; conspiration.

Aiai, ᵐˢ. *interj.* d'encouragement, de surprise, d'admiration.

Aiai, ˢ. beau, brillant, serein.

Aialaaku, ˢ. le surlendemain.

Aialooloko, ˢ. petit district ; || peuple qui entoure le chef.

Aiana, ˢ. fer ; repasser un linge.

Aie, ᵐ. non, rien ; sans.

Aie, ˢ. dette ; débiteur, créancier.

Aihamu, ˢ. restes ; manger les restes.

Aihea, ˢ. où ?

Aihue, ˢ. voler, transgresser secrètement une loi ; voleur, brigand, hypocrite.

Aika. v. aia.

Aikane, ˢ. ami, union étroite, recevoir et se faire réciproquement des présens ; ||sodomie, sodomite.

Aikepa, ˢ. unir, raboter ; joindre ensemble.

Aikola, ˢ. mépriser. v. **akola**.

Aila, ˢ. combien ? où ?

— ˢ. 2°-(mod.). huile.

Ailaila, ˢ. du côté de.

Ailalo, ˢ. en bas, à bas.

Aili, ˢ. palpitation, respiration difficile ; palpiter, respirer avec peine.

Ailihi, ˢ. créancier ; payer une partie de ses dettes ; mépriser le *tapu* qui concerne le commerce.

Ailolo, ˢ. sacrifice d'un cochon.

Ailuna, ˢ. en haut, en haut de, sur.

Aimala, ˢ. transgresser, violer secrètement. v. **aihue**.

Aina, ˢ. terre ; île ; champ ; ferme ; royaume, empire.

— ˢ. 2°-nourriture ; || éclat (d'un fusil).

Ainapuniole, ˢ. hémisphère.

Ainoa, ˢ. violer le *tapu* en mangeant ; exemption du *tapu*.

Aipupu, ˢ. beurre ; || domestique ; servir.

Aita, ᵐ. nullement, point du tout.

Aitu, ᵐ. qui enfreint les *tapu* avec hardiesse.

Aiule, ˢ. coït.

Aiva, ˢ. neuf. v. **iva**.

Aivale, ˢ. qui ne respecte pas les *tapu*.

Aka, ᵐ. racine. v. **haka**.

Aka, ˢ. *part.* devant le verbe, signifie soin, précaution ; *aka hele*, marcher avec précaution.

— ˢ. 2°-mais, cependant, cela avoué ; d'un autre côté ; sinon.

— ˢ. 3°-ombre d'une personne ; || épine dorsale, cheville du pied ; || rire ; || miroir ; image.

Akaaka, ᵐˢ. rire, rieur, riant, léger, agile ; || propre, net ; nettoyer.

Akaakaa, ˢ. pauvre, dépourvu.

Akaakai, ˢ. oignons ; || jonc.

Akahai, ˢ. doux, tranquille ; douceur, modestie.

Akahei. v. akahai.

Akahi, ˢ. un, premier.

Akahoi, ˢ. (*a ka hoi*), c'est cela ; je pense comme vous.

AKAI, m. s'accroître (en parlant d'un ulcère).

AKAIKI, s. désir, joie produite par l'espérance; être content, sourire.

AKAKA, s. clair, distinct, intelligible.

AKAKAI. V. AKAAKAI.

AKAKANE, s. esp. d'oiseau à plumes rouges.

AKAKA, s. action de se battre.

AKAKU, s. cesser, tomber, en parlant du vent, de la pluie, de la colère; calme; || délire, extase, vision.

AKALA, s. couleur; rose; || framboises.

AKALALA, s. vieux; usé.

AKAMAI, s. sage, instruit, savant, ingénieux, prudent, habile; sagacité; || douceur.

AKANAHAU, m. rosée blanche; éclatant, beau, brillant, ravissant; joli, admirable; étonner.

AKARIPO, m. abuser.

AKATI, m. fil de fer.

AKATIA, m. vainqueur; || propriétaire; ceux qui restent chez eux.

AKAU, s. droit; *lima akau*, main droite. || nord.

AKAVAI, m. plume à écrire. V. HAKAVAI.

AKE, m. réunir; s'accorder, prendre le parti de; bande, réunion; || de bas en haut. V. AE.

AKE, s. désirer; || habiller; || mentir; || cœur, entrailles, foie.

AKEA, s. large, spacieux; || visible. V. HAKEA.

AKEAKAMAI, s. philosophe.

AKEAKE, m. gauche. V. AEAE.

AKELOA, s. bile. V. AKE.

AKEMAMA, s. poumons. V. AKE.

AKENIAU, s. bile. V. AKE.

AKEUKEU, s. hospitalier; || agile; être inquiet.

AKI, m. ciel; air. V. ANI.

AKI, s. mordre, couper avec les dents; répandre de faux bruits, faire de faux rapports; || boucles de cheveux.

AKIAKI, s. esp. d'herbes.

AKILOU, s. voleur.

AKINA, s. reste.

AKIUKA, m. bœuf, vache.

AKO, m. capable, propre à (se dit des personnes).

AKO, s. cueillir; tondre; couper; || couvreur.

AKOA, s. tape, écorce du *koa*.

AKOAKOA, s. assembler; assemblée.

AKOLA, s. se réjouir du mal d'autrui; exclamation de triomphe; || nom d'un arbre.

AKOLE, s. pauvre; || prodigue.

AKOLU, s. trois, troisième. V. KOLU.

AKU, m. marsouin; || caille.

AKU, s. *particule* qui marque direction hors du sujet. V. MAI et AE.

AKUA, s. dieu, divinité; *mea akua,* personne divine. Les indigènes donnent ce nom aux objets nouveaux pour eux, et qui surpassent leur intelligence.

AKUAHANAI, s. empoisonner.

AKUAKU, s. plier, ployer.

AKUAKUMU-AKA. V. AKUAHANAI.

AKUALAPU, s. mauvais esprit, démon; revenant, spectre.

AKUALELE, s. météore.

AKULA, s. V. AKU et LA.

AKULE, s. esp. de poisson.

AKULIKULI, s. esp. d'herbe aquatique.

AKURIPO, m. V. AKARIPO.

ALA, s. s'éveiller, se lever; veiller;

|| route, chemin, ligne; || pesant; || rond, ovale; balle; || aromatique; parfum, bonne odeur.

ALAALA, s. scrofules; ulcères.

ALALAI, s. terrain préparé pour le *taro, loi;* || genre d'oiseau.

ALAALAPULOA, s. esp. de plante.

ALAALAVA, s. regarder de côté et d'autre, en haut, en face.

ALAE, s. genre d'oiseau.

ALAEA, s. une classe de prêtres; || rouge, terre rouge; || partie antérieure de la cuisse.

ALAHII, s. santal bâtard.

ALAHULA, s. passer souvent par le même chemin.

ALAI, s. boucher un passage, obstruer, empêcher, défendre, se ranger autour de quelqu'un pour le défendre; obstacle, défense.

ALAIA, s. planche mince.

ALAIKI, s. esp. de poisson; || grand chemin; || habit rouge.

ALAILA, s. là, alors.

ALAKAI, **ALAKAINO**, s. conduire, traîner; guide; || large.

ALAKO, s. traîner par terre.

ALALA, s. crier, pleurer; || esp. de corbeau.

ALALAI, s. empêcher; rendre sacré.

ALALU, s. craindre, trembler, étourdissement.

ALAMAOLI, s. pierre dure et noire.

ALANA, s. présent, offrande religieuse, victime.

ALANEO, s. clair, sans nuages.

ALANI, s. orange; || brise.

ALAOLOI, s. rue, sentier.

ALAPALU, s. médire; tromper; séduire, égarer; rapport.

ALAPII, s. échelle, escalier.

ALAUKA, s. mauvais; négligent.

ALAULA, s. reflet; crépuscule, aurore.

ALAVA, s. v. **ALAALAVA**.

ALE, s. avaler, engloutir; avalanche, vague.

ALEALE, s. soulever, s'enfler; || troubler; || avaler.

ALEPO, s. sale, malpropre.

ALI, s. figure cicatrisée.

ALIA, s. attendre; éloigner; || tout à l'heure.

ALIALI, s. blanc.

ALIHI, s. être disposé à travailler; || filet.

ALII, s. roi, chef, gouverneur; gouverner.

ALIHVAHINE, s. reine.

ALIKE, s. égal, semblable.

ALIKEALIKE, s. moitié.

ALIMA, s. cinq, cinquième. v. **LIMA**.

ALINO, s. corrompu; dégradé; mésalliance.

ALIULILI, s. longtemps.

ALO, s. consumer, dévorer; || éviter un coup; || transporter; passer sur une chose, n'y pas faire attention; || se tourne. la face vers, regarder en face; face, front, le devant; || nager entre deux eaux.

ALOE, ms. aloès.

ALOHA, s. terme de salut, équivalant à toutes nos formules de salut; saluer; bénir; aimer, désirer; salut, bénédiction, grâce, miséricorde.

ALOHALOHA, s. aimer, désirer, saluer passionnément.

ALOHI, s. briller; splendeur.

ALOHILOHI, s. brillant, éclatant.

ALOILOI, s. esp. de poisson.

ALU, s. aider, se réunir; || lâcher; suspendre, faire la révérence;

courtoisie, civilité ; || lignes de la main ; || ravir.

ALUA, ˢ. deux. V. **LUA**.

ALUALU, ˢ. poursuivre en courant ; prendre, saisir, lâcher ; || peau ; || plié ; || rude. V. **ALU**.

ALUALUA, ˢ. table de numération ; || vêtement de rencontre ; || chiffonné, mal étendu.

ALUKA, ˢ. V. **ALU**.

ALULI, ˢ. tourner la tête de côté ; penché, courbé.

ALUNO, ˢ. tromper, surfaire, extorquer ; fraude, escroquerie, tromperie.

ALUMAKA, ˢ. paupière.

AMA, ᵐ. lumière ; bougie, cierge, lampe, flambeau ; arbre à huile, sa noix.

AMA, ˢ. balancier de canot ; || rassasié ; peiné.

AMAAMA, ᵐ. beauté.

AMAAMA, ˢ. révéler un secret ; médire ; || ligne ; || esp. de poisson.

AMAHANAHANA, ᵐ. s'éclairer, se chauffer.

AMAI, ᵐ. imp. de mai.

AMAINA, ˢ. poisson.

AMAMA, ᵐˢ. mâcher, broyer avec les dents. || sacrifier ; sacrifice.

AMANA, ˢ. croche, fourche, croix oblique ; croiser obliquement.

AMAOMAO, ˢ. vert. V. **MAKA**.

AMARA, ˢ. serrurier, armurier.

AMAUMAU, ˢ. fougère.

AMEE, ᵐ. mépriser.

AMI, ˢ. pivot, gond, point, principe, charnière, loquet ; tourner sur un pivot.

AMIAMI, ᵐˢ. clair. || élastique.

AMIKA, ˢ. désirer de manger, de boire.

AMIKAMIKA, ˢ. restes.

AMO, ᵐˢ. briller, scintiller ; || porter sur l'épaule ; fardeau.

AMO, ˢ. derrière, anus.

AMOAMO, ˢ. cligner.

AMOE, **AMOTI**, ᵐ. imp. de moe et moti.

AMOMOA, ᵐ. mépriser, haïr.

AMOPUA, ˢ. maigre ; abattu.

AMU, ˢ. couper les cheveux ; || tenir un langage profane.

AMUAMU, ᵐˢ. murmurer ; blasphémer.

AMUEMUE, ˢ. murmure, blasphème, jurement.

ANA, ᵐ. part.; après un verbe et devant un pronom elle indique le présent ; ajouté à un mot elle forme des adjectifs et indique le juste temps.

ANA, ᵐˢ. souffrance, peine ; souffrir ; prendre part au chagrin, ou à la joie de quelqu'un ; || abandonner une entreprise ; || mesure, mesurer ; temps ; || antre, grotte, niche, cave, ouverture, trou.

ANA, ˢ. son, sa, ses.

— ˢ. 2ⁿ-terminaison du participe et du nom.

ANAAINA, ˢ. cercle, compagnie.

ANAANA, ᵐ. agile, léger.

ANAANA, ˢ. sorcier, sortilége.

ANAANAI, ˢ. moudre, broyer ; || frotter, polir, unir ; || effacer, détruire.

ANAANU, ᵐ. anaatu, perpétuellement ; toujours.

ANAE, ᵐ. toujours, à jamais.

ANAE, ˢ. mulet ; esp. de poisson.

ANAHA, ˢ. reflet.

ANAHU, ᵐ. cendre.

ANAHULU, ˢ. décade.

ANAI. V. **ANAANAI**, **ANAAINA**.

ANAPANAPA, ˢ. éclat éblouissant.

ANAPO, ˢ. briller, éclairer.

ANAPU. V. ANAPO.

ANATIA, ^m. accueillir (mal).

ANATU , ^m. simple , naturel , naïf.

ANE, ^m. *marque du futur*.

ANE, ^s. presque, à peine, difficile-
ment ; gêné ; || dartre ; || vermou-
lure.

ANEA, ^m. arranger, disposer, préparer, construire, bâtir, réparer ;
fabriquer ; instruire, soigner, soigneux.

ANEA, ^s. pour *aneia*, vermoulu.

ANEANE, ^s. souffler légèrement ;
exposé à ; plaisanterie ; refuser,
rejeter avec mépris ; mériter (en
mauvaise part).

ANEE, ^s. ramper.

ANEHE, ^s. épier , guetter ; saisir.

ANEHEA, ^m. quand ? (pour le futur).
● V. AHEA.

ANEHENEHE, ^s. violence ; désordre.
V. ANEHE.

ANEI, ^m. aujourd'hui ; présent, le
temps présent.

ANEI, ^s. enlever ; faire disparaître ;
|| ici, là. || Après le verbe il indi-
que l'incertitude et le futur.

ANI, ^m. ciel ; air. V. AKI.

ANI, ^s. passer la main sur une chose,
étendre ; || éventail ; || faire signe.

ANIANI, ^m. orange ; oignon.

ANIANI, ^s. verre, glace, miroir ; ||
polir, unir ; || frais, rafraîchir.

ANIANIA, *participe* de *aniani*.

ANIHANIHA, ^s. irritable , captieux.
V. ANEHENEHE.

ANIANIPE, ^m. clair.

ANO, ^s. forme, figure, image, res-
semblance ; || situation, état ; dis-
position ; || genre, espèce ; || gloi-
re ; || maintenant, à l'instant.

ANOA, ^{ms}. terre desséchée ; || main-
tenant, si. V. ANO.

ANOAI, ^s. inclination, salut ; || maisi…
excepté, à moins.

ANOANO, ^s. semence, graine, noyau…
race ; postérité ; || solitaire ; re-
tiré, sacré ; triste.

ANOI, ^s. désirer, convoiter.

ANONI, ^s. mêler ensemble différentes choses ; faire un habit de…
différentes pièces ; || examiner…
avec anxiété ; être indécis.

ANONINONI , ^s. étonné ; saisi de…
frayeur. V. ANONI.

ANU. V. ATU.

ANU, ^{ms}. froid, frisson, glacial,…
trembler de froid ; rafraîchissement. — ANUANU, même signif.…

ANUANU, ^m. cracher, saliver ; crachat, salive.

ANUANUA , ^{ms}. arc-en-ciel.

ANUHE. ^s. chenille.

ANUHENUHE. ^s. pas assez cuit.

ANUI, ^s. édifié ; sacré ; || en sorte
que.

ANUNUMAI, ^s. chercher à faire des
disciples.

ANUUNUU, ^s. frisure.

AO, ^m. aller , céder ; acquiescer,
consentir ; donner ; protéger ; res-
pirer ; || face, visage, le devant ; ||
respiration ; || règne , puissance,
pouvoir, protection, abri ; || sous,
en bas ; || réunion, accord ; || cou-
rant de mer ; || écumer ; || jour.

AO, ^s. aurore, jour ; monde ; ||
enseigner , éclairer , instruire ,
reprendre ; instruit, éclairé ; ||
s'éveiller, revenir à soi-même ;
prendre garde ; || tenter , éprou-
ver ; || respecter, obéir ; || nuage ;
éclat verdoyant ; || biscuit ; || esp.
d'oiseau.

AOA, ^m. mari ; || esp. d'arbre mon-
strueux.

Aoa, s. colère ; || rude ; || drap mortuaire.

Aoana, s. enseignement, doctrine, connaissance.

Aoao, s. côte, côté ; contenance, manière, habitude.

Aoe, m. fer-blanc.

Aoe ms. **aohe**, non, rien, nul ; jamais, sans, ni.

Aoha, m. *kaoha*, compatir, regretter.

Aohehoi, aoheia, aoheiohoi, aoheokanamai, s. quoi ? combien grand ? || vraiment ; || *interj.* d'admiration, de surprise, de consentement.

Aokaoka, s. saleté, lie, boue.

Aole, s. v. **aoe**.

Aolehoina, s. salut affectueux.

Aoli, s. fatigué ; || qui a satisfait.

Aomaama, m. monde, univers.

Aomati, m. soleil.

Aona, m. réunion ; ||consentement. v. **ao**.

Aone, s. boue, saleté.

Aono, s. six, sixième. v. **ono**.

Aoo, s. homme fait, d'un âge mûr.

Aopuni, s. royaume, règne ; être en paix.

Aotahi, m. diligent ; docile, obéissant.

Aotoa, m. midi.

Aouli, s. firmament.

Apa, m. marquer, désigner ; || retenir.

Apa, s. but ; || paquet ; || rame de papier ; || rouleau ; || tardif ; || brouiller ; qui se mêle de tout.

Apaa, s. qui touche et prend tout pour voir.

Apaapa, s. mensonge ; falsification.

Apaapaa, s. inconstant, changeant ; || ferme, solide.

Apae. *imp.* de *pae*.

Apaha, s. deux réaux.

Apahu, s. couper ; mettre en pièces.

Apai, m. approcher.

Apana, s. coupure, pièce, fragment, morceau, portion.

Apane, s. oiseau à plumes rouges.

Apao. *imp.* de *pao*.

Apau, m. corrompu, gâté.

Apau, s. c'est tout, c'est fini.

Ape, ms. gourmand, avide ; gourmandise, avidité ;|| esp. de plante.

Apeape, s. couler.

Apetii, m. comme ceci ; semblable ; égal, également : autant.

Api, s. remuer, s'agiter, palpiter ; || désirer ; courir après différentes choses ; avarice.

Apii, s. esp. de *kalo* (plante).

Apiipii, s. frisure.

Apiki, s. s'amuser aux dépens des autres ; agir méchamment.

Apikipiki, s. plier du linge ; || abondance de pensées.

Apo, s. attraper, saisir, embrasser ; || être troublé ; || cercle, circonférence ; || esp. de patates.

Apoalu, s. réal.

Apoapo. v. **apo**.

Apohao, s. cercle de fer.

Apoho, m. entrer.

Apokau, s. saisir ; attraper à la dérobée.

Apono, s. justifier.

Apopo, ms. demain ; plus tard.

Apopoa, m. v. **apopo**.

Apu, m. puiser.

Apu, s. plat ; || coupe ; || affliction, souffrance ; || remède ; || faix ; || râpe, lime, ciseau, ciseaux.

Apuapua. lime. v. **apu**.

Apuepue, s. se disputer une chose difficile.

Apuka, s. tromperie; fraude.

Apumi, s. tout autour, partout.

Apuu, m. se suicider, se précipiter.

Apupuu, s. rude, raboteux.

Ata, m. image, portrait, statue. ||
rire. v. kata.

Ataa, imp. de taa.

Atahi, m. un, une. v. tahi.

Atahia, m. alors; aussitôt; si.

Atakua, m. aurore.

Atamai. m. droit; adroit; adresse.

Atatahia, m. lent, tardif; lambin.

Atau, m. ancre. v. katau.

Ataua. v. atakua.

Atavae, m. choisir, élire, préférer.

Ate, m. entrailles.

Atea, m. grand jour.

Atekai, m. sobre.

Atepiu, m. reine, dame noble.

Ati, ciel. v. ani.

Atia, m. bien! c'est la vérité.

Atiai, m. attendre; atiaki.

Atihia, imp. de tiha.

Atii, m. semblable, conforme; ||
colonne, soutien, poteau. v. apetii.

Atikia. v. atia.

Atitahia, m. adv. un jour, en son
temps.

Ato, m. construire, élever, relever.

Atoa, m. eux tous.

Atoo, m. fréquenter.

Atou, m. eux, elles.

Atua, m. Dieu, être suprême.

Atu, m. part. après le verbe et l'adjectif marquant éloignement de la
personne. v. mai; || là, au-delà.

Atufa, m. recevoir.

Atuhaa, m. terre inhabitée, désert.

Atui, m. adultère.

Au, m. (partie du verbe être); c'est.

Au, ms. je, moi; a'u, mon, ma,
ton, ta.

Au, ms. courant; marée; nager; ||
règne, royaume. v. ao; || fiel; ||
queue; manche d'outil.

Au. v. atu, hau.

Aua, m. déjà; si; aujourd'hui (reste
du jour).

Aua, ms. v. aue, aoe. défendre;
refuser; épargner; avare; ava-
rice; || hurler.

— ms. 2°-deux. v. ua.

Auae, s. menton; || libéral; rusé;
habile, prévoyant.

Auakua, s. séjour des dieux; lieu
retiré; qui n'a pas de maison.

Auamo, s. porter sur les épaules;
bâton; fardeau; joug.

Auana, m. penser, prendre pour.

Auana, s. dispersé, égaré.

Auanei, s. après; marq. du fut.

Auau, s. poursuivre; || laver, se
laver.

Aue. s. hélas! o! v. auve.

Auhae. s. déchirer ses habits.

Auhao, s. taxer; taxe.

Auhaupuka. s. mendier, mendiant.

Auhea, s. où? écoute! attention!

Auhee, s. fuir; être dispersé, dépourvu, privé.

Auhele, s. tailler une étoffe. v. eu-
hele.

Auheva, s. en délire.

Auhi, m. plus tard, en quelque
temps.

Auhola, s. pêcher avec le hola.

Auhuli, s. chasser, renvoyer; bouleverser; taro.

Aui, m. coiffer.

Aui, s. baisser; décliner; || éviter.

Auka, s. barre; fatigué, ennuyé.

Aukahi, s. ami; poli; correct; éloquent.

Aukanaka, s. nation, peuple; ||
résidence.

Aukii, [s]. porter un homme sur les épaules.

Auku, [s]. nager debout.

Aulana, [s]. au-dessus, en haut.

Auli, [s]. étranger.

Aulika, [s]. bois pour tirer du feu.

Aulike, [s]. nager côte à côte.

Auma, [m]. non, nullement.

Aumakua, [s]. classe de dieux.

Aumalakii, [s]. pauvre; || destitué de bon sens.

Aumati, [m]. chaleur.

Aumeaume, [s]. se disputer, se battre.

Aumia, **aumiiia**, [s]. contagion. v. **haumia**.

Aumoe, [s]. minuit; fort tard.

Aumu, [s]. cuire au four.

Auna, [s]. bande d'oiseaux.

Aunake, [s]. bois sur lequel on frotte pour tirer du feu.

Aunei, [m]. peut-être; bientôt; || moi-même. v. **au**.

Aupula, [s]. pêcher avec le *pula*.

Aupuni, [s]. v. **aopuni**.

Auvaa, [s]. réunion d'embarcations.

Auvae, [s]. menton.

Auvaeaina, [s]. présent que fait un nouveau fermier.

Auvai, [s]. canal, petit ruisseau.

Auvaha, [s]. ouverture, canal.

Auvalakii, [s]. v. **aumalakii**.

Auve, [s]. aimer; soupirer; regretter; supplier avec larmes; pleurer; || *interj.* hélas! v. **aue**.

Auvi, [s]. v. **aui**.

Ava, [m]. intervalle; espace; séparation; passage.

Ava, [s]. port, entrée; || esp. de plante; || venimeux.

Avaa, [s]. creuser.

Avaava, [s]. amer; mordant, cuisant; désagréable au goût; || gale; || fente, crevasse, vallée; abîme; || mortaise. v. **anana**.

Avaheva, [s]. se méprendre; méprise.

Avaiiia, [s]. brouillard; || image; || c'est amer.

Avahua, [s]. obstiné, pervers.

Avai, [s]. plate-forme élevée; chaire; || poissons enfilés.

Avaia, [m]. *avaika*, pêcheur.

Avakea, [s]. midi; reste du jour.

Avalu, [s]. huit, huitième. v. **valu**.

Avaoa, [m]. s'éloigner; long intervalle.

Avapuii, [s]. esp. de gingembre; racine de gingembre.

Avatea, [m]. ample, large; copieux.

Avava. v. **avaava**.

Ave, [ms]. porter.

Ave, [s]. crier, pleurer avec bruit.

Aveave, [s]. ondulation; || entremêlé, bien mêlé; || marqueté, tacheté; porter sur son dos; || épaulettes.

Avela, [s]. esp. de poissons.

Aveoveo, [s]. esp. d'arbre; espèce de poisson.

Aveuveu, [s]. taro sauvage.

Aviiii, [s]. cligner.

Avikiviki, [s]. esp. de plante.

Avili, [s]. mêler; être agité.

Avilivili, [s]. mélanger, agiter.

E.

E, [m]. pour *ee*; *e*, [s]. pour *ae*.

E, [ms]. *marque du vocatif*; ô! cette particule sert à appeler ou demander l'attention sur le sujet.

devant les noms, comme *a* devant les verbes ; et toutes les deux, devant les noms de nombres ; c'est une espèce de démonstratif indéfini.

E, ᵐˢ. 2°-*art. indéf. et partitif;* un, une ; qui ; *e kea*, une pierre, des pierres, *e kai*, de la nourriture.

— ᵐˢ. 3°-oui ; maintenant, à présent; || par; pour; || après; ailleurs.

EA, ᵐ. ce, cette.

EA, ˢ. tortue, écaille de tortue ; || souffle, vie ; || esp. d'oiseau ; || saleté, boue, poussière. **v. EHA** ; *interj.* pour appeler ou demander l'attention ; oui ; c'est cela.

EAE. ˢ. autre, un autre.

EAEA, ˢ. en dignité ; honorable.

EAEA, **EKAEKA**, ᵐˢ. esp. de grenouille.

EAHA, ᵐˢ. quoi? quel, lequel ?

EAHO, ˢ. gaule.

EAIKI. ᵐ. homme riche.

EALA, ˢ. se lever. **v. ALA**.

EANA, ˢ. brûler.

EAO, ᵐ. miauler.

EAPAPA, ᵐ. devant d'une maison.

EAU, ᵐ. deux cents.

EAVAKIA, ˢ. boire, boisson.

EE, ᵐ. s'enfuir, se sauver, s'échapper, décamper ; se diriger (en parlant d'un navire).

EE, ˢ. entrer ; monter à cheval, à bord ; || très éloigné, hors de vue.

EEHE, ˢ. s'éloigner, se retirer du danger.

EEHI, ˢ. fouler aux pieds.

EEHIA, ˢ. être honteux, craintif ; tremblant; effrayé par suite d'un rêve ; vision nocturne.

EELU, ˢ. branche, arbre coupé.

EEU, ˢ. prêt ; || adroit, prompt ; téméraire ; || entêté.

EEVAKA, ᵐ. suspendre.

EFA, **EHA**, ᵐˢ. quadruple ; quatre.

EFEE, ᵐ. *ehee*, étrangler.

EHA, ᵐˢ. quoi ! qu'importe ! quoique ; || quatre.

EHA, ˢ. peine, souffrance, mal ; être blessé ; || vie, haleine. **v. EA**.

EHAA, ᵐ. certainement.

EHAAIKI. ᵐ. terme injurieux.

EHAEHA, ˢ. **v. EHA**.

EHE, ˢ. très liquide, clair.

EHEA, ˢ. **v. HEA**. pain.

EHEHEU, ˢ. *eheu*, aile.

EHI. ᵐ. cocotier, et son fruit.

EHI, **EHIEHI**. **v. EEHI**.

EHIA, ᵐˢ. combien.

EHIKU, ˢ. sept. **v. HIKU**.

EHINI, ᵐ. plaisanterie.

EHITA, ᵐ. sueur.

EHITU, ᵐ. *pau ehitu*, tâtonner.

EHO, ˢ. idoles en pierres.

EHOA, ˢ. ami, terme des naturels entre eux.

EHOI, ᵐ. vraiment.

EHU, ᵐˢ. qui se dissout ; || écume ; rebut, souillure, tache ; tacher ; || cheveux rouges ; || labourer.

EHU, ˢ. nez ; || châtain.

EHUA, ᵐ. malgré.

EHUAVA, ˢ. esp. d'herbe.

EHUEHU, ˢ. **v. EHU**.

EHUI, ᵐ. huître ; écaille.

EHUPAU, ᵐ. assassiner ; || colique.

EI, ˢ. *ei ae*, dans un instant.

EIA, ᵐˢ. celui-ci ; ici, voici ; est, il est. **v. IA**.

EIAHU, ˢ. temple antique.

EIA, ˢ. poisson.

EIMI, ˢ. **v. IMI**.

EINA, ᵐ. *vai eina*, largesse.

EITANA, ᵐ. jaloux. **v. KEITAKI**.

EIVA, ˢ. neuf. **v. IVA**.

EKA, ᵐ. retarder ; || entièrement,

parfaitement, tout à fait;||marque du *superlatif*;|| terminaison de quelques subst.;|| safran. v. ENA.

EKA, s. sale, malpropre; écume de mer.

EKAEKA, m. joie, plaisir, réjouissance, allégresse, gaîté, contentement; joyeux; agréable.

EKAEKA, s. sale, malpropre.

EKAEKE, s. vieillard; chauve; || terme injurieux.

EKE, s. poche, sac.

EKEEKE, s. déplaisir, grande peine; s'enfuir; s'envoler.

EKEEKEE, s. trop court. v. KEEKEE.

EKEEKEU, s. inviter à entrer.

EKEI, m. soigner.

EKEKEU, s. aile. v. EHEHEU.

EKEMU, s. ouvrir la bouche; parler haut, répondre; se plaindre.

EKETE, m. panier.

EKEU, s. v. EHEHEU.

EKO, m. pic.

EKOLO. s. lent.

EKOLU, s. trois, troisième.

EKOO, m. terme de tendresse par lequel la femme appelle son mari.

EKU, s. fouiller; déraciner.

EKUA, s. v. KUA.

ELAU, s. pointe, cime.

ELEELE, s. noir, ténébreux; || bleu.

ELEHEI, s. trop court.

ELEKA, s. esp. de pierre.

ELELE, s. envoyé.

ELELO. s. langue; membre.

ELEMAKULE, s. vieux, vieillard; usé.

ELEPAIO, s. esp. d'oiseau.

ELEPO, s. sale; ordure, boue. v. EPO.

ELI, s. creuser.

ELIMA, s. cinq. v. LIMA.

ELUA, s. deux. v. LUA.

ELUI, s. mettre en pièces.

EMI, ms. se retirer, décroître; s'abattre.

EMIEMI, m. vif.

EMO, s. temporiser; délai.

EMOA, s. lent, tardif.

EMOOLE, s. vite, promptement, de suite.

ENA, m. étendre, déployer; || voilà; si. v. EKA.

ENA, s. rougi par le feu; || fuir à la vue d'une personne qu'on craint.

ENAENA, s. v. ENA.

ENALU, s. mince; plat. v. ALAIA.

ENANA, m. homme en général.

ENATA. v. ENANA.

ENE, s. accoucher.

ENEHE, m. peut-être.

ENEI. v. NEI.

ENUHE, s. chenille.

ENUHENUHE, s. grosse chenille.

Eo, m. langue, voix: parler.

Eo, ms. *interj.* pour appeler de près, réponse à un appel; || gagner un pari.

EOA, s. chevron du haut d'une case.

EOHI, m. ramasser, cueillir.

EONO. s. six. v. ONO.

EOO, m. aiguiser.

EOTAHI, m. voyelle.

EOVAI, m. imbécille, stupide, insensé, imprudent.

EPA, s. être trompé; || voler; || calomnier.

EPAEPA, m. pipe à fumer.

EPAEPA, s. v. EPA.

EPAI, s. tourte, pâté; pâteux.

EPAU, s. pieu; plonger; nager.

EPAU, m. onguent, emplâtre.

EPEEPE, m. crête; parties naturelles de la femme.

EPO, ms. boue, fange; crappe, ordure, poussière; terre, terrain.

v. REPO; || bientôt, un moment.

EPONAKE, m. au reste.

EPUEPU, m. vomitif, nauséabond.

EPUHE, s. souffler.

EREERE. V. ELEELE.

ETA, m. V. TA.

ETAAI, m. herminette.

ETAHI, m. étendue, espace.

ETAI, m. soutien, colonne.

ETOE, m. assez. V. TOE.

ETOO, m. *fatuetoo*, filet.

ETUE. V. ETOE.

EU, m. le dessous; || manche d'ou-
tils.

EU, s. s'élever, rassembler; || ex-

citer; désobéissant; malfaisant.

EUA, m. cri pour annoncer l'arrivée
des navires; || deux. v. UA.

EUE, m. pleurer, lamenter. V. UE.

EULU, s. rejeton.

EVA, m. milieu; || suspendre; pren-
dre; || esp. de noyer; mauvaise
noix.

EVA, EVAEVA, s. railler, vexer, en-
nuyer; || inégal; injuste.

EVAI, m. *interj.* d'admiration.

EVAVEA, m. moitié, milieu.

EVE, s. plantes qui poussent après
avoir été coupé; || cordon ombi-
lical.

F.

NOTA. Cette lettre ne se trouve point dans le dialecte sandwichois, et les mots qui suivent sous la lettre F appartiennent à l'idiome marquisien, dans lequel *f* remplace très souvent *h*.

FA (ha), quatre.

FAA (haa), esp. d'arbre.

FAAA (farara), beau.

FAE (hae), maison.

FAETOA, gens, personnes, peuplade.

FAFA (haha), bouche, gueule.

FAFAFAFA, tâtonner.

FAFAHOE, glande de la gorge.

FAFAU, diable de mer (animal).

FAFATU (hahatu), doubler.

FAFI, envelopper; paquet.

FAHOKA (hahoa), ananas.

FAI, confesser, se confesser, révéler, manifester, témoigner.

FAIFAI, cueillir.

FAIFATU, confesser, avouer.

FAIHU, tourner à l'envers, renverser, revers.

FAII, tapisser, garnir.

FAINA, petit repas.

FAINU, abreuver; boisson, potion,
vomitif.

FAITA (haita), se moquer, faire des
grimaces, railler; moquerie, raillerie, grimaces; négation avec
mépris.

FAIU. V. FAIHU.

FANA (hana), ployer, courber.

FANAU (hanau), naître, enfanter,
accoucher; engendrer; génération.

FANEI, tousser.

FANO, coco sans chair.

FAOA, ronger.

FAOFAO, remplir de terre les trous
entre les pierres.

FARAOA, galette.

FARARA, beau de visage.

FATA, étendre, élever.

FATAA (hataa), lieu élevé; étage;
lit; autel.

FATAI, paquet.

FATAFATA, débrouiller; || rare,
clairsemé.

FATATO, accompagner.

FATEA (hatea), spacieux, large.

FATI (hati). V. FEFATI.

FATIA, c'est assez, assez.

FATINA, jarret.

FATU, mamelle; père ou mère nourricier; || lier, attacher, enlacer; || sustenter; || esp. d'écrevisse.

FATUA, suite, série; succession; || ensemble.

FATUKETUKEE, se cacher pour surprendre; mettre en embuscade.

FATUNA, commencement.

FATUTII, tonnerre.

FAU, prendre, enlever, ravir, piller, ravager, détruire; vol, larcin.

FAU (hau), feuille; pampre; || esp. d'arbre.

FAUFAU (hauhau), horrible; mauvais, abject, vilain, dégoûtant.

FAUKEO AKEVA, chose agréable.

FEA, tortillé.

FEFAI, se disputer. V. FAI.

FEFATI, casser, briser, rompre, déchirer.

FEFATU, lier doublement. V. FATU.

FEFAU, enfoncer, introduire. V. FAU.

FEFE, devenir mauvais, pourrir; putrification, putride; ulcère. V. PEPE.

FEI (hei), festin.

FEII (heii), qui convient, convenable, propre à; servir à (ce mot se dit des choses).

FEKAI, nerf.

FEKE, râper le coco.

FEKO, aboyer.

FENEI, FANEI, tousser, hoqueter, toux, hoquet.

FEO, solide, dur, ferme.

FENUA (henua); la terre; contrée; île.

FENUFENU, estomac, ventre.

FERIRI, fatigué.

FETU (hetu), étoile.

FETUFETU, faire du tumulte.

FEU, frotter.

FEUU, émeute, tumulte, tapage.

FIFI, envelopper.

FIO (hio), corder, filer; tordre; tortueux.

FITI (hiti), monter, grimper.

FITII, nouer.

FITU (hitu), sept, septième.

H.

HA, ms. *particule interrogative* et *affirmative*. V. EHA, EAHA, NO. || quatre, quatrième.

HAA, m. colère, aversion, offense; || esp. d'arbre. || danser, danse.

HAA, faire; encourager.

HAAANU, rafraîchir.

HAAATIKA, approuver, affirmer.

HAAFATEA, élargir.

HAAFEO, affermir; endurcir.

HAAHAA, s. pauvre, humble, bas, petit; s'abaisser.

HAAHAE, rendre féroce.

HAAHANA, chose qui fait du mal.

HAAHAKAUA, renouveler.

HAAHEKE, faire écrouler; abattre.

HAAHEO, s. fier, orgueilleux.

HAAHIPA, courber.

HAAHUIKE, innover.

HAAHUU, fâcher.

HAAI, ⁵. dégoutter,
HAAIAIA, grandes richesses.
HAAIKA. traiter un malade, panser.
HAAIKE, HAAITE, prouver.
HAAINO, pécher.
HAAINOINO, maudire.
HAITE. V. HAAIKE.
HAAITI, abréger, accourcir, tronquer, rétrécir, diminuer; tempérer; || rendre compte.
HAAIU, tourner.
HAAKAEKAE, ennuyer, être à charge.
HAAKANAHAO. embellir.
HAAKAOA, saluer.
HAAKE. faire bande à part.
HAAKEI, ⁵. s'appuyer sur l'épaule; || gonflé; || orgueilleux; || personne méprisable.
HAAKEKAA, embaumer.
HAAKEKAI, apprendre par cœur.
HAAKEKE, noircir.
HAAKEE, mouvoir.
HAAKITE, afficher, publier.
HAAKO, fourmiller.
HAAKOAA, faire ressouvenir.
HAAKOE, détruire, effacer.
HAAKOEO, démancher.
HAAKOHA, enivrer.
HAAKOI, HAAKOHI, ⁵. douleur d'enfantement.
HAAKOKOO, ᵐˢ. lutter; se jeter sur.
HAAKONA, faire des efforts; || rassasier.
HAAKUIKUI, obséder, tourmenter.
HAALE, ⁵. jaillir.
HAALELE, ⁵. aversion, rejeter.
HAALIILII, mettre en pièces; faire petit.
HAALULU, ⁵. trembler; ébranler; troubler.
HAAMAAMA, souffler, respirer.
HAAMAHANA, se chauffer.
HAAMAMA. V. HAMAAMA.

HAAMAO, agrafer, maintenir.
HAAMATE, assassiner, empoisonner; malsain.
HAAMATETAO, chercher à se rappeler.
HAAMAII, froid, faire froid.
HAAMAU, supporter.
HAAMEAMEA, badiner, plaisanter.
HAAMEITAI, rendre bon, tempérer.
HAAMETAO, penser, réfléchir.
HAAMOE, tuer.
HAAMOHU, rafraîchir.
HAAMOO, dessécher.
HAAMOTII, se cacher, être en embuscade, s'arrêter; surprise; alerte.
HAAMOI, V. finir.
HAAMUE, émousser.
HAAMUHANI, fouler, presser.
HAANA, ᵐ. cacher, se cacher; se taire; cachette.
HAANAVENAVA, plaisanter.
HAANEKENEKE, s'approcher.
HAANINIA, agonie.
HAANOU, ⁵. orgueilleux, fier; brave.
HAANUI, ⁵. exagérer, exalter; || fier.
HAAO, ⁵. convoi, foule qui suit.
HAAONO, ⁵. se vanter, exalter.
HAAPAE, séparer.
HAAPAHAHA, dresser, rendre uni.
HAAPAKEA, murer.
HAAPANA, sauter.
HAAPANAPANA, flotter.
HAAPAO, abolir; exterminer, épuiser.
HAAPAPUA, parquer, entourer, assiéger.
HAAPE, altérer, gâter, endommager, corrompre; mépriser; polluer.
HAAPEHU, amollir.
HAAPETIPETI, multiplier.
HAAPI, rassembler, remplir; se rassembler.

HAAPII, faire alliance, réunir.

HAAPIOPIO, être ambitieux, jaloux ; || médire.

HAAPOAO, délivrer.

HAAPOHOE, vivifier.

HAAPORO, maigrir.

HAAPOTEPO, métier, occupation de tous les jours.

HAAPU, ⁵. désirer ardemment.

HAAPUKE, amasser, amonceler, entasser.

HAAPUNAKA, se cacher.

HAAPUPUA, bondir.

HAAPUTI, sanctifier.

HAAPUU, produire.

HAATAATA, plaisanter.

HAATAHI, ne faire qu'un ; ensemble, tous.

HAATAHIA, chérir.

HAATAITAI, nettoyer, purifier.

HAATAPU, défendre, prohiber, interdire.

HAATATA, rapprocher, raccourcir.

HAATAVINI, servir, être serviteur.

HAATAUTAU, hésiter ; || pendre ; || balbutier.

HAATAVAE, apaiser, fléchir, être contrit ; contrition.

HAATEAO, échec ; || babillard.

HAATEKA, tricher ; détourner.

HAATEKATEKA, faire diversion.

HAATETUI, faire la sourde oreille.

HAATIA, faire croire, affirmer ; adhérer, donner raison à ; adopter ; affirmer ; vérité, raison.

HAATIETIE, élever.

HAATIHE, faire arriver.

HAATIKE, hausser.

HAATOKAI, s'égaler.

HAATOITOI, rendre droit, rectifier; || peser, juger :||arrêter un compte ; || définir ; démontrer ; || éprouver.

HAATOITOINA, jugement.

HAATONO, appesantir ; surcharger, lasser ; exténuer.

HAATOONA, lent, tardif.

HAATOTOHI, faire des efforts ; accoucher, enfanter.

HAATUA, comparer.

HAATUKEE, feindre.

HAATUPU, concevoir, engendrer.

HAATUTAHI, mesurer, égaler ; être égal.

HAATUTAI, **HAATUTAKI**, rivaliser.

HAATUTIA, qui réunit ; soutien.

HAAUA, embraser.

HAAUU, **HAAUKU**, faire entrer, introduire, plonger.

HAAVA, réveiller, se réveiller.

HAAVAEVAE, faire avancer, pousser, engager à.

HAAVAI, coton, cotonnier.

HAAVAUA, se suicider ; suicide.

HAAVAVA, se réunir.

HAAVE, ⁵. charger, porter sur le dos ; fardeau.

HAAVEVE, accélérer.

HAAVI, ⁵. donner, offrir ; || aider, assister ; || pardonner.

HAAVII, faire tourner ; || appeler, inviter ; || déchirer.

HAAVIPU, entourer.

HAE, déchirer ; sauvage, féroce ; aboyer. v. **FAE**,⁵. || drapeau, pavillon.

HAEHA, ⁵. appeler. v. **ERA**.

HAEHAE, ⁵, mettre en pièces, déchirer ses vêtemens en signe de douleur ; touché de compassion.

HAEI, ⁵. guetter, épier.

HAEKAIKA, ricaner, faire des grimaces.

HAELE, ⁵. aller, venir ensemble.

HAEMI, ᵐ. abréger.

HAEONININI, ᵐ. se polluer.

HAHA. s. sentir, tâtonner; || peau du taro.

HAHAA, m. abject; || colère; enrager; || détester, haïr; ennemi, inimitié.

HAHAE. V. HAE.

HAHAI, s. suivre, poursuivre; || imiter; || classer; || avoir recours à.

HAHALE, s. jaillir.

HAHALILII, s. mettre en pièces.

HAHANA, s. chaud, chaleur.

HAHAO, s. enfermer; jeter, lancer.

HAHAU, HAHAUA, s. fouetter, châtier, se battre.

HAHEO, s. fier, dédaigneux.

HAHI, m. se réjouir; || étonnement.

HAHI, s. fouler aux pieds.

HAHUALO s. queue ou nageoire de poisson.

HAI, s. rompre; jointure des membres; || dire, raconter; || autre, quelqu'un, personne; || suivre.

HAIHAI, s. courir après, poursuivre; || mettre en pièces; || joyeux; || soir; || divulguer.

HAIHELE, s. suivre partout.

HAII, m. étendre; herbe étendue; || terme injurieux.

HAIKI, s. pauvre; étroit.

HAIKILIMA, s. six pouces; || jointure des membres.

HAILILI, s. malédiction.

HAILIMA. V. HAIKILIMA.

HAILUKU, s. lapider.

HAINAKA, s. mouchoir. (mod.)

HAINU, m. abreuver.

HAIOLE, s. entêté, dur.

HAIPULE, s. dévot, pieux.

HAITAA, m. malade; s'aliter.

HAITANA. V. HAITAA.

HAITI, m. étroit.

HAIU, m. se tourner, faire face.

HAIULA, s. courir après, poursuivre.

HAKA. m. faire. V. ANA. || danser, danse; || manière; || devoir.

HAKA. s. regarder avec envie; || trou, brèche; || échelle, étage.

HAKA. s. seigneur, chef. V. HAKU.

HAKAAE. m. faire semblant, feindre; oublier.

HAKAE. m. errer, se tromper; || oublier.

HAKAEA, m. V. HAKAEE.

HAKAEE. m. oublier; se méprendre; || cesser; || se délasser; || tirer promptement; || couvrir une maison.

HAKAEHU. m. dissoudre, délier; libre; labourer, cultiver.

HAKAENANA, m. usage.

HAKAHA. m. labourer.

HAKAHA. s. détenir.

HAKAHAI, m. mentir.

HAKAHAKA. plein de trous, de vides; place vide; manquer de, besoin. — m. V. HANA.

HAKAHEA. m. blanchir.

HAKAHIA, m. s'exercer à atteindre un but.

HAKAHIKA. m. être confus, honteux; faire le vaincu.

HAKAHORO. m. terrible.

HAKAHU. V. HAKAEHU.

HAKAIE. m. fier, orgueilleux; sot; s'enorgueillir, dominer; ton de hauteur; fanfaron.

HAKAIKI, m. roi, chef, président; propriétaire, maître; homme noble.

HAKAINA, m. honte, pudeur.

HAKAIPA, m. grand, gros; énorme, monstrueux.

HAKAITE, m. indigner.

HAKAITI, m. affaiblir, amortir.

HAKAKA, s. dispute, querelle.

HAKAKAHUA, m. entonner.

HAKAKAI, m. pendant d'oreille.

Hakake, *. être assis.

Hakakee, ᵐ. protester.

Hakakenana. v. hakaenana.

Hakako, ᵐ. instruire, enseigner, montrer.

Hakakoe, ᵐ. anéantir.

Hakalalu, *. avoir l'air triste.

Hakalia, *. difficulté, obstacle; lent, de longue durée : || sans souci.

Hakaliaa, *. tranquille, silencieux.

Hakamahea, ᵐ. attendrir.

Hakamaneo, ᵐ. chatouiller.

Hakamiee, ᵐ. faire peur; surprendre; terrible.

Hakamomo, ᵐ. ébaucher.

Hakanana, ᵐ. épier, éprouver: chercher à voir, attendre l'occasion.

Hakanao, ᵐ. cacher, couvrir.

Hakanatia, ᵐ. cacher.

Hakanoho. ᵐ. faire rester.

Hakao. v. hakako.

Hakaoha, ᵐ. compatir; remercier.

Hakaoko, ᵐ. écouter : obéir; docile, obéissant.

Hakaolelo, *. accuser faussement : || celui qui a la suprématie sur les autres; maître d'école.

Hakapa, ᵐ. étreindre, serrer; écorcher; mollir.

Hakapahi, ᵐ. exciter; exhorter.

Hakapakoko, ᵐ. augmenter.

Hakapepee, ᵐ. affaiblir; dissoudre.

Hakapoipoi, ᵐ. arrondir.

Hakapono, *. regarder attentivement.

Hakata, ᵐ. verre; glace; miroir: longue vue.

Hakatahe, ᵐ. distiller.

Hakatano, ᵐ. obscurcir, offusquer.

Hakate, ᵐ. se moucher.

Hakatio, ᵐ. accuser; || tuer.

Hakatita, ᵐ. accoler, étreindre.

Hakatoa, ᵐ. rendre fort.

Hakatu. ᵐ. signe, marque, signature, indice, sceau : image, monument : enseigne, souvenir : comparaison : imprimer.

Hakatuma, ᵐ. attirer.

Hakatuna. ᵐ. toit.

Hakatutuki. ᵐ. adapter.

Hakatuu. ᵐ. viser.

Hakau, ᵐˢ. réveiller ; se battre.

Hakaua. ᵐ. de nouveau.

Hakauti. ᵐ. parure.

Hakavaa, ᵐ. oie, canard : || plume : || canne bâton : || éveiller.

Hakavae, ᵐ. apprivoiser: apaiser; caresser flatter.

Hakavaevae. ᵐ. supplier.

Hakavii. ᵐ. ceindre, cerner.

Hakea. ᵐ. siffler.

Hakea. *. éloigné.

Haki. ᵐ. révéler, violer un secret : confesser, divulguer: || démontrer.

Haki. *. rompre.

Hakia. *. épingle : clou.

Hakihaki. *. rompre.

Hakii. ᵐ. étendre de l'herbe.

Hakilo. *. observer, examiner.

Hakoko. *. lutter.

Haku. *. seigneur : || battant d'une cloche: || masse informe: || cuire le poisson avec des pierres chaudes.

Hakuaina. *. gouverneur.

Hakuapa. *. parler faussement.

Hakuekue. *. dartre.

Hakuepa. *. v. hakuapa

Hakuhaku. *. maître.

Hakui. *. encourager.

Hakumakuma, *. baisser : || forcer || menacer: || boutons sur la figure.

Hakumele. *. poëte, chansonnier.

Hakuolelo. *. accuser faussement.

Hala, *. disparaître : être parti; passer outre; || pécher; || esp. de poisson et d'arbre.

HALAHI, s. sifflement.
HALAI, s. calme.
HALAIO, s. bien fait ; adroit, habile
HALALO, s. considérer, fixer.
HALANA, s. inonder, surnager.
HALAU, s. maison, case.
HALAVAI, s. assemblée ; || rencon-
trer ; aller au-devant.
HALAVI s. scruter.
HALE, s. maison.
HALEHALE, s. jaillir.
HALEKAA, s. chariot, voiture.
HALEKIAI, s. tour.
HALEPAKUI, s. tour, pyramide.
HALEUMA, s. ancre.
HALI, s. porter, apporter ; || met-
tre dehors, briser.
HALIA, s. attendre ; halte ; || se ran-
ger, faire place.
HALIEI, s. attendre un peu.
HALIHALI. V. HALI.
HALII, HALILII, étendre.
HALIKE, s. semblable, ressemblant.
HALIU, s. détourner ; || présenter.
HALO, s. se détourner ; || épier.
HALU, s. confisquer ; || qui a faim.
HALUA, s. embusquer ; guetter.
HALUAPO, s. guetter pendant la
nuit.
HALUI, s. rugir, mugir.
HALUKULUKU, s. dégoutter.
HALULU, s. gronder ; tonner ; ||
trembler.
HALUNO, s. sommer de travailler.
HAMA, s. ouvrir la bouche, bâiller.
HAMAKA, m. marteau ; tenailles.
HAMAKIA, m. bretelles.
HAMAKOEKOE, m. marquer.
HAMAMA, ms. V. HAMA.
HAMANI, m. livre, cahier ; lettre ;
papier.
HAMAPIKOPIKO, m. zigzag.
HAMAU, s. chut ; silence ; se taire.

HAMAUAUA, m. croix.
HAMEAMA, m. plat rond.
HAMETA, m. se plaindre ; ||attendre.
HAMETAU, m. craindre, redouter ;
alarme ; effroi, frayeur.
HAMI, m. ceinture d'homme.
HAMO, s. frotter, brosser ; laver ;
oindre, parfumer ; caresser.
HAMOHAMO. V. HAMO.
HAMU, s. manger les restes.
HANA, ms. faire ; créer ; agir, tra-
vailler ; ouvrage, travail, action.
HANAA, s. être destiné.
HANAALE, s. rallier.
HANAEA, s. faire quelque chose.
HANAHANA, s. travailler vite, beau-
coup.
HANAEMO, s. faible de santé.
HANAHOU, s. refaire.
HANAI, s. nourrir ; se nourrir ; paître.
HANAIO, m. brise, zéphyr.
HANAKAI, s. effacer ; raser.
HANAKIKII, s. miracle
HANAKOLIHE, s. faire des farces ;
farceur.
HANALIAHUAU, s. remplir le ventre,
nourrir ; bien nourri.
HANAMANA, s. miracle.
HANAPAA, s. saisir ; enfermer, lier ;
affermir.
HANAPILO, s. enroué.
HANAPIPI, s. baptiser.
HANAU, ms. naître, enfanter, nais-
sance, génération.
HANAUNA, s. famille, génération,
contemporain.
HANAHANAUNA. V. HANAUNA.
HANAUKAHI, s. fils unique.
HANAUKAMA, s. qui porte un enfant,
féconde en enfans.
HANAVALE, s. travailler gratuite-
ment.
HANAVANAVA, s. parler à l'oreille.

Hane, m. flâner.

Hanee, s. trembler ; || tomber.

Haneri, ms. cent. (mod.)

Hania, m. sueur.

Hanika, s. mouchoir. (mod.)

Hanirii, s. déborder.

Hano, ms. asthme ; || aller, chercher ; attaquer ; || porter, aider, secourir ; secours.

Hanoaleva, s. temple.

Hanohano, s. honorer ; gloire.

Hanu, s. respirer ; || tomber en défaillance ; || froid ; haleine.

Hanuhanu, s. réveiller.

Hanunu, s. de petite taille, courtaud.

Hanuu, s. inégal ; protubérance.

Hao, s. fer ; corne ; bois dur ; épine ; || dépouiller, confisquer ; || mettre dans ; verser ; || prison.

Haoa, s. chaud, brûlant.

Haoe, m. étranger.

Haohao, s. douter, se défier ; || méditer ; être étonné ; admirer ; || mesurer par poignée ; || non mûr ; || désappointement ; || prendre a la dérobée. v. **hao**.

Haokana, s. planter.

Haokilou, s. croc, hameçon.

Haokoli, s. douleur d'enfantement.

Haole, s. étranger.

Haomanamana, s. gril.

Hapa, s. un peu ; fraction indéfinie.

Hapaha, s. un quart.

Hapai, ms. concevoir, enceinte ; || saisir, attirer, élever, porter, emporter ; || louer, se vanter ; || invoquer ; || dénoncer.

Hapakolu, s. un tiers.

Hapakue, s. difforme ; tortu.

Hapakui, s. bégayer.

Hapala, s. corrompre ; défigurer, salir ; || affecter.

Hapalua, s. demi ; || balancer, être en doute.

Hapapa, s. pavé en pierres.

Hapapapa, s. terre couverte de pierres.

Hapatati, m. douter.

Hapauoa, s. vieux.

Hapavale, s. peu nombreux.

Hapavalu, s. un huitième.

Hape, s. à tort, incorrect.

Hapu, ms. prendre, saisir, emporter, embrasser ; || puiser ou boire de l'eau avec la main ; || tousser, toux ; || flanc.

Hapuee, s. plusieurs, grand nombre.

Hapuhapu, m. toux, tousser.

Hapui, m. concourir.

Hapuka, s. Hapuku, réunir, rassembler le bon et le mauvais.

Hapuu, v. hapuee.

Hatahee, m. orphelin.

Hatavae, m. supplier ; flatter.

Hau, ms. glace, neige, rosée, goutte ; || brise de terre ; || dérober, piller, ravager ; manger, dévorer, avaler ; vol, larcin ; || douleur dans les membres. v. fau.

Hauahaua, m. se battre.

Hauapu, s. compassion.

Hauhau, s. bâtir en pierres.

Haukae, s. effacer ; dissiper ; || vaurien ; babillard ; mal fait, malpropre ; mauvais.

Haukauka, s. insecte ; dartre.

Haukea, s. esp. de taro.

Haukeke, s. trembler de froid.

Haule, s. tomber ; descendre ; dégoutter.

Hauli, s. nuages noirs ; || laisser.

Haulilii, s. préparer, apprêter.

Haumaiole, s. âgé ; avancé.

Haumana, s. disciple, écolier, apprenti.

HAUMIA, s. contagieux, impur; sa-
lir, polluer; || chose défendue sous
peine de mort.

HAUNA, s. puanteur.

HAUNAELE, s. fuir; déroute, guer-
re, trouble, sédition; || mépriser,
transgresser.

HAUNAMA. v. HAUNA.

HAUOLI, s. joie; joyeux, réjouir.

HAUPA, s. deviner, conjecturer;
|| manger avec avidité.

HAUPEEPEE, s. jouer à cache-cache.

HAUPIA, s. mets de *pia* et de *coco*.

HAUPO, s. estomac.

HAUPU, s. mouvement subit des
passions.

HAUPUUPUU, s. couvert, parsemé;
|| enflé, gonflé.

HAUTETE, m. lâche, poltron.

HAUU, m. rentrer.

HAUVAVA, s. confusion, désordre.

HAVA, s. endroit autour d'un étang
d'eau salée, où la végétation croît.

HAVAII, **HAVAIKI**, m. souterrain;
enfer.

HAVALIVALI. v. HAVA.

HAVANAVANA, s. conversation secrète; siffler, chuchoter.

HAVAUA, m. s'étrangler.

HAVAVA, s. qui regarde la bouche
ouverte; sot, simple.

HAVE, s. chargé d'un fardeau.

HE, s. le, la; m. quelquefois *article*,
le, la; v. KE. m. te.

HE, ms. il est; il en est; il y a; ||
interj. pour appeler, avertir. v. E.

HEA, ms. appeler, interroger; quoi?
quand? où? comment? — il se
joint ordinairement à d'autres
particules.

HEA, s. choisir, inviter; || manger
tout. || reins.

HEAHA, s. quoi? pourquoi?

HEAHO, s. paresseux.

HEAHUA, s. corps mort sur le champ
de bataille; tué, mis à mort.

HEAKA (heana), m. victime hu-
maine.

HEAKU, s. astre, étoile.

HEALE, s. se lever.

HEANA, s. lune; || cave, tombeau.

HEAO, s. apprendre. || nuée.

HEE, sm. fuir, se dissiper; aller,
s'en aller, promener, s'éloigner,
partir, quitter; éloigné; étran-
ger. || foudre. v. HEKE.

HEEHEE, ms. v. HEE. s. bile.

HEEHIA, s. trembler de peur.

HEEHO, s. enflure des poumons.

HEEKEE, s. esp. de poisson.

HEEKOKO, s. flux de sang.

HEEKU, s. nez.

HEEUE, s. gouvernail.

HEEVALE, s. fondre facilement.

HEEPU, m. accompagner.

HEIE, m. hélas!

HEIEA, m. écarter les jambes.

HEIEA, s. blessure.

HEII, s. fouler, jeter.

HEIHIA, s. de peur que.

HEI, s. prendre au filet. || esp. d'ar-
bre. m. || collier, guirlande, cou-
ronne.

HEIAU, s. grand temple des idoles.

HEIE, s. qui répète les paroles d'un
prophète. || saule.

HEIHEI, s. courir dans l'arène,
boisson.

HEKA, m. débrouiller.

HEKA, s. mal d'yeux.

HEKAHEKA. v. HEKA.

HEKE, m. v. hee. s. en colère; ||
qui s'oppose.

HEKEHEKE, m. se tromper de nom.

HEKEHOU, m. esp. de ronce.

HEKILI, s. tonnerre, tonner.

HEKUNI. s. maître d'hôtel.
HELE, s. marcher; venir.
HELEAMA. s. ancre.
HELEHELE. s. découper.
HELEHELENA, s. forme, apparence.
HELEHONUA, s. prendre au piége.
HELELEI, s. semer, jeter, répandre;
tomber.
HELELIILII, s. répandre; séparer.
HELEUMA. s. ancre.
HELEVALE. s. un seul; || pauvre.
HELII, s. chef.
HELILA. s. répandre.
HELIU, v. HALIU.
HELU. s. fouir, gratter la terre. ||
compter, calculer; || réciter, lire,
conte.
HELUHELU. s. lire, compter.
HELUNA, s. sur, au-dessus; || chef.
HEMA, s. gauche; sud.
HEMAHEMA. s. besoin; maladroit.
HEMO. ms. lâcher, renvoyer; déta-
cher, se déshabiller, ôter; arra-
cher, détruire; || trouver, tenir,
obtenir, retrouver, saisir.
HEMOHEMO, m. v. HEMO.
HEMOLELE. s. saint, parfait; || beau.
HENA, s. creux de la cuisse; || ivre,
insensé. || chambre.
HENEHENE, s. se moquer; babiller.
HENU, m. corde, fil.
HEO, s. orgueilleux.
HEOO, m. fourmi.
HEPA, s. paralysie.
HEPAHEPA, s. de travers.
HEPANOA, s. desséché.
HEPUE, le flux d'un courant.
HETU, HETUA, m. faire tapage.
HEU, s. poil follet; jeune homme;
duvet.
HEUA, m. souterrain,
HEUHAE, s. se fendre.
HEUMIKI, s. déchirer.

HEUU. m. émeute, tumulte.
HEUAAO. s. séparer deux person-
nes qui se disputent ou se battent.
HEVA. s. coupable; accusé; || con-
damné; || mal, péché.
HEVAHEVA. s. se tromper; || délire;
insensé.
HI. s. son sifflant || dysenterie.
HIA. m. désirer; désir.
HIA, s. réfléchir, penser. || frotter
deux bois pour en tirer du feu. ||
entravé. || jeu de carte.
HIAKI, m. fureur, violence de la
mer; || enrager. v. HIA.
HIAMOE. ms. dormir; sommeil.
HIAPE. m. concupiscence.
HIAPO. m. esp. d'arbre.
HIAPO. s. aîné; fils unique.
HIAPU. m. désir de musique.
HIHI. m. rendre sacré; sacré, inter-
diction sacrée. || rayon.
HIHI. s. se diviser en branches;
serpenter; embrouiller, rendre
difficile. || étouffer. || salade.
HIHIA. s. scandale, scandaliser.
HIHIALOHU. s. esp. de plante.
HIHIO. s. rêver. || faire du vent.
HIHIU. s. se méprendre en paroles;
méprise. || sauvage, féroce; || fu-
gitif; || être foulé.
HII. s. porter, prendre sur les bras.
HIILANI. s. louer, exalter, élever.
HIIPOI. s. nourrir, élever, entrete-
nir.
HIKA, m. mourir; || tomber, glis-
ser, rouler, pencher; || être vain-
cu, confus. || scie.
HIKAKA, s. chanceler.
HIKI. m. s'enfuir.
HIKI, s. arriver; pouvoir; (accidit,
contingit, evenit.)
HIKIEE, s. lit, emplacement de lit.
HIKII, s. serrer, attacher, lier.

HIKIKI. v. BIKII.

HIKIKU, s. Est, orient.

HIKILELE. s. réveiller.

HIKIMOE, ouest, occident.

HIKINA, v. HIKIKU.

HIKIVAVE, s. vite ; aller vite.

HIKO, m. dérober.

HIKU, m. mollet, gras de la jambe.

HILA, s. honte, avoir honte.

HILAHILA. v. HILA.

HILI, s. corder, filer ; friser. || s'é-
garer. || drapeau.

HILINAI, s. pencher sur, s'appuyer
sur le coude, sur quelqu'un ; || se
fier à.

HILINAMO, s. nom du neuvième
mois.

HILINOHO, s. nom du huitième
mois.

HILO, s. corder ; tordre ; || mélange.

HILU, s. tranquille ; réservé.

HILUHILU. v. HILU.

HINA, ms. tomber par terre ; mou-
rir. || gris ; blanc.

HINAALO, s. sentir bon.

HINAE, s. panier.

HINAHINA, ms. briller, brillant ;
gloire.

HINALII, s. déluge.

HINANA, s. corbeille.

HINENAO, m. aimer, affectionner,
chérir ; amour, tendresse.

HINI, m. se moquer, plaisanter.

HINOKE, m. verrue, bouton.

HINU, ms. oindre. || encre. || verser,
répandre. || uni, glissant.

HINUHINU. v. HINU.

HIO, s. pendre, incliner. || crête.

HIOHIO, s. manger à la hâte ; faire
du bruit en mangeant.

HIOLO, s. tomber ; ruiné, inutile ;
|| discordant.

HIPA, ms. petit paquet. || mouton,
brebis. || crochu, de travers, obli-
que, courbé.

HIPOHIPO, m. mari, époux.

HIPU. v. HIPA.

HIPU, s. nom de tout vase et de
tout fruit à liquide.

HIPUA, s. bourse.

HIPUO, s, nœud. || malfaisant.

HITA, m. sueur.

HITOHITO, m. continuel. v. FITO.

HITUA, m. derrière d'une maison ;
rangée de pierres autour d'une
maison.

HIU, m. soulier, chaussure.

HIU, s. queue ; || voile ; vaisseau. ||
tirer à soi ; serrer.

HIVA, m. côté droit et gauche ; à
droite, à gauche. || étranger, dif-
férent.

HIVA, s. noir.

HIVAHIVA, s. aimable, doux ; do-
cile. || élire, choisir.

HO, s. porter, donner. || cri, cla-
meur. || asthme.

HOA, ms. compagnon, ami.

HOA, s. frapper à la tête ; || conduire
devant soi ; fixer. || plier en rond.
|| remuer, non solide. || allumer.
|| deuil. || *Hoa*, dans les compo-
sés, marque l'ensemble, la compagnie.

HOAANO. s. se vanter ; exalter.

HOAAO, s. allumer ; || regarder avec
surprise.

HOAAINA, s. fermier.

HOAE, s. tourner de côté.

HOAHEVA, s. condamner.

HOAHU, s. amasser. || méchant. ||
|| vêtir.

HOAI, m. sauvage. || — s. mêler :
être singulier. || repas.

HOAIAI, s. orgueilleux ; élevé.

HOAIKOLA. v. AIKOLA.

HOAILONA, s. marquer; signe, marque, preuve; || sonder.

HOAKA. m. auge longue. — s. apologie, défense, excuse; || croissant; || renvoyer; || arcade.

HOAKAKA, s. expliquer; clair.

HOAKAKO, s. maladie interne; || avoir une vision.

HOALA, s. mesure; calebasse.

HOALAKAA, s. faire rouler.

HOALALAU, s. se gratter la tête dans un embarras.

HOALAUNA, s. ami qui rend service; voisin; proche parent.

HOALE, s. désavouer; abandonner; renoncer; || empêcher; détruire.

HOALI, s. offrir un sacrifice.

HOALIKE, s. comparer, assimiler, ressembler.

HOALO, s. terre en friche.

HOALOHA, s. ami; || remercier.

HOALOHALOHA, s. élever; || aimer passionnément.

HOALUALU, s. lâcher; lâche.

HOANA, s. faire croire; || pierre à aiguiser.

HOANAU, s. se laver le corps.

HOANEPUA, s. indolent; dédaigneux.

HOANO, s. honorer; || réserver; || saint, sacré.

HOANOHO, s. voisin.

HOAO, s. essayer, éprouver, goûter; || mariage.

HOAOLE, s. nier, renoncer.

HOAPIHA, s. plein; remplir.

HOAPILI, s. s'attacher à quelqu'un.

HOATA, m. fourmi.

HOAU, s. flatter; courtoiser.

HOAUHULU, s. converser.

HOAVI, s. donner.

HOE, m. rame, ramer; nager à la rame; s'embarquer; || rabot; || germe, germer.

HOEA, s. paraître; saillir; || refuser son consentement.

HOEE, s. aller à bord; charger.

HOEHOE, s. soie.

HOEMI, s. se retirer; retourner sur ses pas; || mettre à bas.

HOEUEU, s. encourager; commander.

HOEULE, HOEULI, s. gouvernail.

HOHA, m. appuyer.

HOHE, s. craindre; peureux, lâche.

HOHEHE. V. HOHE.

HOHIA, s. datte de palmier.

HOHO, m. laid.

HOHO, s. neige; chute d'eau.

HOHOA, s. frapper à la tête; enfoncer, piler.

HOHOHOI, s. retourner.

HOHOI, s. s'en retourner.

HOHOLA, s. étendre; || éclairer l'esprit.

HOHOLE, s. sentir (act.); || peler, écorcher.

HOHOLO, s. faire voile; courir, glisser; || avaler.

HOHOMA, s. maigre.

HOHONO, s. qui sent fort.

HOHONU, m. abîme; profondeur.

HOHOO, m. étendre.

HOHULE, s. chauve. V. OHULE.

HOHUMU, s. calomnier en secret.

HOI, m. aussi, certes, encore, de plus, de nouveau; || retourner.

HOIHOI, s. rendre; retourner; || joie, joyeux; || envieux; || vive émotion intérieure.

HOIHOOMAI, s. s'en aller et revenir.

HOII, m. non mûr.

HOIKE, s. montrer, faire connaître clairement, apprendre.

HOIKEIKE, s. introduire.

HOILILI, s. cueillir, amasser.

HOILO, s. hiver.

HOIMAI, s. s'en retourner pour revenir.

HOINO, s. médire, maudire; injurier.

HOINOINO. v. HOINO.

HOKA, s. serrer, presser; || se méprendre, se tromper; ignorer; || pauvre, dépourvu.

HOKA, m. v. HAKA.

HOKAA, s. rouler.

HOKAE, s. raser, effacer; || qui ne sait pas lire.

HOKAI, s. rejeter, prodiguer; détruire; || non préparé.

HOKALI, s. maigre; sans appétit.

HOKANO, s. s'appuyer sur l'épaule.

HOKE, m. douleur cuisante.

HOKEHOKE, m. vague, flot.

HOKEKE, m. inégal.

HOKEKE, s. frisson, froid.

HOKENA, m. nombril.

HOKI (honi), m. flairer, sentir; || baiser.

HOKI, s. âne; || mâle; || se reposer.

HOKIA, m. surprise.

HOKII, s. physique.

HOKIO, s. siffler, jouer de la flûte.

HOKIOKIO. v. HOKIO.

HOKO, m. s. acheter, payer. — imiter; || boxer; || bas de la cuisse.

HOKU, s. étoile, astre; || maigre.

HOKUA, s. le dos entre les épaules.

HOKUAO, s. étoile du matin.

HOKULAO. v. HOKUAO.

HOKUVELOVELO, s. comète.

HOLA, s. empoisonner; || heure.

HOLAHOLA, s. adoucir; || étendre.

HOLAPU, s. balayer.

HOLE, s. maudire.

HOLEHOLE, s. piller. v. HOLE.

HOLO, s. aller, s'enfuir; mettre à la voile; se promener; || faire.

HOLOAA, s. dépourvu, dépouillé.

•

HOLOAI, s. paquet de taro.

HOLOHOLO, s. se promener.

HOLOHOLOI, s. se laver; pressurer.

HOLOHOLOMOKU, s. matelot.

HOLOHOLONA, s. animaux, bestiaux.

HOLOHOLOUA, s. animal domestique.

HOLOHOLUA, s. glisser.

HOLOI, s. brosser, laver.

HOLOIHI, s. allonger, ajouter.

HOLOKAIKI, s. matelot.

HOLOKEA, s. déraciner.

HOLOKIKI, s. courir à toutes forces.

HOLOKU, s. grand habit, redingote.

HOLOKUKU, s. trotter.

HOLOMOKU, s. rouler les eaux le long de.

HOLOO, s. sans mouvement, sans vie.

HOLOPAPA, s. régler, contrôler; prévaloir, dominer; || pont; || traineau; chariot.

HOLOUA, s. bête; || filet; || berceau.

HOLOUALE, s. poltron.

HOLU, s. élastique.

HOLUA, s. glissoire.

HOMAI, s. apporter; envoyer; || permettre; donner.

HOMAKAKIU, s. guetter, épier.

HOMAMA, s. soupirer.

HOMO, m. parties naturelles de la femme.

HOMO, s. pain, tourte.

HONEKOA, s. barrer, enclore; || effronté, indompté.

HONI, s. v. HOKI.

HONIKA, m. avaler.

HONO, s. tricoter; raccommoder; || nuque; || doux.

HONOHONO, m. sentir mauvais, infect; moisi.

HONOKAA, s. course sur mer.

Honu, ms. tortue.

Honua. s. terre-plate; || précédant, mis devant.

Honuhonu. s. s'asseoir les jambes croisées.

Hoo, m. manger; || cervelle.

Hoo. s. faire; faire entrer; percer, poignarder. || *Hoo* dans les composés marque une coopération du sujet dans l'idée du mot auquel il est joint.

Hooaka. ouvrir.

Hooakalia. différer; languir, faire languir.

Hooaleale, manger avec les doigts.

Hooali. pétrir.

Hooao. creuser; || désappointé; || vagabond.

Hooea, élever.

Hooeae, lire haut, lever en haut.

Hooemi. V. hoemi.

Hooeu, exciter, encourager, commander.

Hooeueu. V. hooeu.

Hoohaha. opiniâtre; || fanfaron.

Hoohai. jaloux; irrité.

Hoohaili, faire semblant.

Hoohake, se briser; crever.

Hoohala, éveiller; || obéir.

Hoohalaha, refuser son consentement; || violer sa promesse; || mécontent; qui ne regrette point.

Hoohalepapa, enfermer, maison de réserve.

Hoohaluna. épier.

Hoohano, vain, orgueilleux.

Hoohanohano, se vanter.

Hoohau, déposer, laisser; || mécontent.

Hoohauhee, disperser, mettre en fuite.

Hoohaumana, prêcher, enseigner.

Hoohevale, fondre facilement.

Hoohii, désirer le bien d'autrui.

Hoohiki. jurer; faire vœux; vœux.

Hoohihili, bizarre, à fantaisie.

Hoohilina, s'adosser, s'appuyer.

Hoohiluhilu, exalter.

Hoohipa, faire un vœu; || mentir; || affection, attachement.

Hooholo, mettre la main dans; || monter à cheval; cavalier.

Hoohoo, m. obéir; || écouter; || être fidèle.

Hoohu, découvrir.

Hoohuhoi, douter.

Hoohuli, changer, se convertir.

Hoohuoe, être surpris, admirer.

Hoohuoi, être jaloux.

Hooi, étreindre, serrer; || pétrir; || rincer, laver, nettoyer, effacer; essuyer.

Hooia, prouver.

Hooiai. V. hooiaio.

Hooiaio, confesser, avouer, déclarer; reconnaître, dire ingénument.

Hooieie, orgueilleux.

Hooili, charger.

Hooilina, hériter; héritier, héritage.

Hooiloilo, prédire; || malheur; || entièrement mort.

Hooinainau, contrefaire.

Hooino, maudire.

Hooipaaloi, attacher fort.

Hooipipo, faire l'amour; cohabiter en cachette.

Hooka, m. digérer.

Hookaawale, séparer.

Hookae, haïr, rejeter; || respecter; entièrement mort.

Hookaha, extorquer.

Hookahakaha, montrer, déclarer; || commémoration; || beau, superbe.

Hookahi , un ; || même , le même, seulement ; faire un de plusieurs ; || faire attention.

Hookai, ravager, détruire.

Hookaka , éclairer, expliquer.

Hookalakupua, tendre des piéges.

Hookali , accompagner.

Hookamani , feindre , faire semblant, contrefaire, imiter ; || supposer.

Hookani, battre, frapper.

Hookano, fier.

Hookapu, faire une défense.

Hookau, faire sonner.

Hookeai , jeûner.

Hookee , se mouvoir.

Hookeekee , qui ne regrette point.

Hookeke, se rassembler.

Hooki, arriver ; || finir ; || rompre.

Hookiekie , s'enorgueillir, s'élever.

Hookipa , recevoir, loger, donner l'hospitalité.

Hooko, rendre ; || promettre ; || exécuter ; accomplir ; s'acquitter.

Hookoa, différent.

Hookoikoi , forcer.

Hookoke, s'approcher.

Hookolo, s'allonger.

Hookolokolo, interroger, examiner, discuter; || répandre une nouvelle.

Hookoo, être opposé; || aller lentement; || appuyer, fortifier, soulager ; étayer.

Hooku, renvoyer, chasser.

Hookuhi , s'instruire mutuellement.

Hookuke. v. hooku.

Hookuku, se nourrir trop.

Hookuli, faire la sourde oreille ; ne pas écouter.

Hookumu, fonder.

Hookunaino, ambitieux ; conquérant.

Hookuoa , mal vénérien.

Hookuonoono , demeurer longtemps tranquille ; être bien établi : || mettre, tenir l'ordre.

Hookuoo, hypocrisie.

Hookupu, accomplir, produire; || payer le tribut.

Hookuu , renvoyer ; permettre, délivrer.

Hoola , vivifier ; sauver ; délivrer, guérir.

Hoolaau, demander à manger ; || aller de compagnie.

Hoolaha, instruire ; publier.

Hoolahalahai , battre des ailes ; planer.

Hoolalau, faire semblant de n'être pas coupable : || regarder de côté.

Hoolale, hâter, se hâter : || forcer, contraindre : || inviter.

Hoolalelale , préparer à la hâte.

Hoolaoa , faire glouglou.

Hoolapalapala , faire flamber ; || bouillir, frire.

Hoolealea , amuser, jouer.

Hoolehelehei , s'envoler.

Hoolili , questionner : || marcher avec suffisance : || ferme, dur : || hardi ; important.

Hoolike, comparer, assimiler.

Hooliolio, éblouir.

Hoolohaloha , chérir ; caresser.

Hoolohe , tourner en rond ; || se faire entendre , comprendre ; écouter, obéir ; croire.

Hoololilloi, changer, transformer ; || condamner le juste et absoudre le coupable : || rectifier.

Hoolou, considérer, estimer; || accrocher, suspendre.

Hooloulou, sangloter.

Hoolua, vent du nord.

Hoolue, mettre au monde plusieurs enfans, petits; || abaisser.

Hooluelue, cesser, prendre négligemment.

Hoolui, casser les décisions d'une assemblée; || peser sur.

Hoolumilumi, remuer, agiter, exciter un trouble.

Hooluni, persécuter.

Hooluolu, faire plaisir; soulager, consoler.

Hoomaalili, rafraîchir, refroidir.

Hoomaau, violence, persécution; persécuter.

Hoomaauea, travailler négligemment; abandonner son œuvre.

Hoomaha, soulager; se reposer.

Hoomailani, traiter avec douceur quelqu'un qui est découragé.

Hoomainoino, blâmer; punir, persécuter.

Hoomaioio, salir; gâter.

Hoomaka, commencer; poindre.

Hoomakaki, demander, méditer vengeance.

Hoomakakiu, jaloux; regarder avec jalousie.

Hoomakaulii, commensal ou hôte qui cherche à trahir; || opulent.

Hoomake, désirer mourir; || se priver de; jeûner.

Hoomakuekue, regarder de mauvais œil.

Hoomalae, amitié feinte.

Hoomalea, faire le savant; || agir faussement.

Hoomaliko, décréditer.

Hoomalu, prendre soin de, protéger.

Hoomama, soupirer.

Hoomana, adorer, rendre hommage; || faire de grandes choses, des miracles.

Hoomanava, endurer; être patient; patience, persévérance.

Hoomanavalea, apaiser, réconcilier.

Hoomaneoneo, chatouiller.

Hoomaoe, insinuer son désir.

Hoomaopopo, soigner.

Hoomauhala, désappointé auprès d'une femme.

Hoomauiuiu, retomber malade.

Hoomea, désappointé; || tromper, faire semblant.

Hoominomino, faire des grimaces.

Hoomoe, faire coucher; se prosterner; || couver.

Hoomohola, étendre. **v. hohola**.

Hoomomole, refuser.

Hoona, chercher; || ivre.

Hoonauu, éclater (fusil); pétiller.

Hoonainai, sangloter; || quitter brusquement.

Hoonana, consoler, encourager; || se suivre les uns après les autres; || colère.

Hoonanaa, irriter, taquiner; || ronfler.

Hoonane, ébranler, chanceler, remuer; || perdre; || souffrir.

Hoonanea, admirer; écouter avec admiration.

Hoonanele, contrefaire.

Hooneenee, renvoyer; || approcher.

Hoonene. **v. hoonane**.

Hoono, joindre ensemble.

Hoonoho, régler, mettre en ordre; placer, établir, élever; || charger, confier le commandement.

Hoononi, se troubler; || déranger.

Hoonoonoo, rappeler; || considérer.

HOONU. V. HOONOU.

HOONUU. gourmandise, avidité: || passion.

HOOO, manger convenablement.

HOOPA, toucher.

HOOPAE, ramener.

HOOPAHOLE, peler.

HOOPAHUA, fortifier, confirmer. rendre solide; attacher forte- ment; enfermer; || apprendre par cœur.

HOOPAHUPAHU. V. HOONAHU.

HOOPAI, se venger, venger: || faire violence; résister.

HOOPAILUA, avoir en horreur: dé- goût; abominable: vue dégoû- tante.

HOOPAKIKI. endurcir; être obstiné. || faire glisser une pierre sur l'eau.

HOOPALA. tache. souillure: || plâ- trer.

HOOPALAHULI. paresseux, indolent. || tourner sens dessus dessous.

HOOPALAU, fiancée, fiançailles: fiancer, épouser: || désœuvré.

HOOPALE, séparer, éloigner.

HOOPANORANO, régler.

HOOPAOPA, contredire.

HOOPAPAU, engagement: promesse. prompt; inquiet: || chercher.

HOOPEA, accuser, punir un inno- cent.

HOOPI, suivre, être au service de. —m. malade.

HOOPIHA, remplir.

HOOPII, m. malade, infirme, lâche. —s. monter: || s'adresser.

HOOPOHALA, entraver un contrat.

HOOPU, médiateur; || aller trouver.

HOOPUHALU, hypocrite: || désap- précier.

HOOPUIVA, effrayer subitement.

HOOPUKA, percer, faire passer outre. par: ouvrir; faire lever.

HOOPUKEMOA. qui a le cœur dur.

HOOPULA. arroser.

HOOPULAPULA. faire multiplier. multiplier à l'infini.

HOOPULELEHUA. faire le papillon, parler beaucoup mais peu sensé- ment: || dissiper en soufflant.

HOOPULOU. bander.

HOOPULUPULU. tromper; hypocrite.

HOOPUNAELE. faire un mignon, prendre pour ami, favori.

HOOPUNANA. couver. réchauffer; élever: chérir.

HOOPUNI. environner; || tromper; faux témoignage.

HOOPUU. mettre en paquet: || incré- dule.

HOOPUKU. accourir.

HOOUMIKE. enfler. s'arrondir.

HOOUNAUNA. obliger par autorité.

HOOUPAA. tenailles.

HOOVAHA. convoiter: || saisir; pren- dre de force.

HOOVAHE. V. HOOVAHA.

HOOVAI. faire place.

HOPA. m. essuyer; savon: || or- meau.

HOPAI. m. enlever.

HOPAILUA. s. faire du mal, tour- menter.

HOPALA. s. peindre, barbouiller; || blâmer un innocent.

HOPAPAU, s. chagrin, regret.

HOPE. ms. place. charge. office: || fin. commencement; derrière; après; laps de temps: || espé- rance.

HOPEE. m. faible, indolent, lâche. poltron; oisif, paresseux. V. KOPEE.

HOPEHOPE. m. fesses.

HOPEKIA. m. manière de tondre les cheveux chez les insulaires.

HOPENA, ms. fin; || depuis ce moment.

HOPI, HOPII. V. HOOPI.

HOPITAKA, m. fin.

HOPO, ms. craindre, redouter; trembler de peur; frayeur, peur: || contrit.

HOPOHOPO. V. HOPO.

HOPOKO, m. balafrer.

HOPU, ms. saisir, prendre au corps; prise au corps.

HORA, ms. heure.

HOTAUA. m. bravo!

HOTOKAI. m. égaler, imiter.

HOTUHOTU. m. moustiques.

HOU, ms. nouveau, récent: de nouveau: || jeune homme.— s. suer, mouiller, tremper: || percer, enfoncer: || étendre.

HOUHOU. s. percer. V. HOU.

HOUKA. s. assis les jambes croisées.

HOULUULU, s. assembler.

HOUMEKE. s. se gonfler, grossir.

HOUPO, ms. poitrine, cœur.

HOUTU. m. signe de paix.

HU, s. levain, fermenter: || peuple: || découvert. — m. pet, péter.

HUA, m. même, le même: || retourner; rapporter.

HUA, ms. jaloux, jalousie, haïr, avoir en horreur: || bouillonner, déborder, jaillir; écume; || siffler: || danse.
— ms. 2°-graine, semence, racine, œuf, fruit, porter du fruit; || grange, aire: ||lettre de l'alphabet.

HUAA, m. peuple, gens; famille, race, nation; || marque du *pluriel*.

HUAA, s. fâché, ennuyé; || fouiller, fureter.

HUAAELO, s. pourri.

HUAAI, s. retirer ce qui est cuit; || découvrir.

HUAEKILI. s. grêle; || esp. de plante.

HUAHUA, s. écume; rage. V. HUA.

HUAHUAAKAI, s. éponge.

HUAHUAE, s. ouvrir et refermer avec violence.

HUAHUAI. s. bouillir, écumer. V. HUA.

HUAHUAKAI, s. éponge.

HUAHUALAU, s. tenter, essayer de tromper; moqueur.

HUAI. V. HUAAI.

HUAKAI, s. bouillir à gros bouillons; || compagnie de voyageurs.

HUAKE. s. plein, embonpoint.

HUAKEO, s. dureté du cœur; dédain.

HUALALA, s. oval, circulaire; || côtes.

HUALELE, s. pepin, semence.

HUALII. s. diminutif.

HUALU. s. petit diminutif: || égratigner.

HUAOLELO. s. mot.

HUAPALAOA. s. grains de blé; farine; froment.

HUAVA. répandre.

HUAVAI, s. vase pour les liquides.

HUAVAINA. raisin.

HUE, m. tout vase pour les liquides et tout fruit à l'eau, comme le melon.

HUE. s. voleur, vol: || décharger un navire.

HUEEHI. m. mollet.

HUEHU. s. frissonner; froid, gelée; || vent furieux.

HUEHUE, s. eau: || boutons, taches sur le corps.

HUEKAI. s. queue.

HUELO, s. queue.

HUHA, m. reprendre avec colère.

HUHE, m. huile de coco à brûler.

HUHO, m. gros lézard.

HUHU, ms. colère, courroux; s'indigner, s'irriter: || punir; || arme (casse-tête).

HUHUA, m. enfler, gonfler; enflure.

HUHUI. m. se réveiller.— s. paquet de *taro*.

HUHUKI, s. arracher: ||s'en aller.

HUHULI, s. chercher.

HUHUNI, s. maladie des cochons.

HUHUTI. m. arracher: || hisser.

HUI, m. rejeton: || tourner: || charger: || arracher: || vaste: || membrane des intestins.

HUI. s. unir, s'assembler: || mêler; tourner; ondulation: || agréer: || peine, douleur du rhumatisme.

HUHUI, s. diriger, montrer: || mêler; || paquet; || froid, frais. v. HUI.

HUIKAI. s. ceint: || union.

HUIKALA. s. lustration.

HUIKE, m. différent. autre; nouveau.

HUILA, s. tour.

HUILOVAI. s. pompe.

HUINA, s. angle, coin; jonction.

HUINAVAI, s. confluent d'eaux.

HUINI, s. pointu.

HUIPU, s. mêler ensemble; s'unir.

HUIUNA, s. coudre; || cicatriser.

HUKA, s. avis: || esp. d'herbe.

HUKAA, s. poix, résine, gomme.

HUKAHUKAI. s. insipide.

HUKAKO, m. bosse; grosseur.

HUKE, m. creuser.

HUKEKI. s. froid; trembler de froid.

HUKI, s. tirer; puiser; hisser.

HUKIHUKI, s. tirer fréquemment. — m. enfanter.

HUKU, m. crin.

HUKUHI, s. tirer avec force.

HULA, s. lever; || danser; jouer; chanter; || trembler de peur; || transplanter; || *interj.* hourras !

HULAANA. s. nager par-dessus un écueil.

HULAHULA. s. danser; fêter; fête.

HULALE. s. briller, étinceler.

HULEA, s. danse.

HULI, s. tourner, changer; transférer, chercher çà et là; || plante de *taro*.

HULIHULI, s. tourner fréquemment.

HULILI. s. éblouir: || garnison, fort.

HULINA. s. tournant.

HULO. s. cri de joie; pousser des cris.

HULU. s. plume: poil: chevelure; || frotter, brosser.

HULUANAI, s. esp. d'œufs de mer.

HULUHULU. s. coton, couverture de laine. v. HELU.

HUME. s. ceindre.

HUMENA. m. cri de guerre.

HUMU. m. serrer, enchaîner: arrêter, empoigner, environner; || coudre.

HUMUA. m. prisonnier.

HUMUHUMU. v. HUMU.

HUMUNA. s. couture.

HUNA. ms. part, portion; miette; grain de poussière: || cacher; chose cachée; || membre génital; || restituer.

HUNAHUNA. ms. peu, petit, parcelles.

HUNAALU. s. étincelle.

HUNAKELE. s. tombe retirée.

HUNAPAA. s. arrière-garde.

HUNE. s. pauvre; nu; || tourmenter.

HUNOAI. s. allié, parent.

HUNONA. ms. bru, gendre.

HUNOONOOLE, s. inconstant, mobile.

HUOO, m. source; || moelle.

HUPA, s. tenailles: ciseaux.

HUPAI, ^m. élever, hausser.
HUPAU, ^m. colique.
HUPE, ^s. se moucher.
HUPEKA, ^m. filet de pêche.
HUPENA. v. HUPEKA.
HUPI, ^s. arracher.
HUPO, ^s. sauvage ; || ignorant ; sot.
HUPU. v. HUHU.
HUPUPU, ^s. ver, qui ronge le pain.

HURAHURA, ^m. fête à grand bruit.
HURU, ^m. saler.
HUTIHUTI, ^m. cueillir, ramasser.
HUTO, ^m. bossu.
HUTU, ^m. esp. de châtaigne ; || agréable.
HUU, ^m. gronder ; || poil ; laine ; plumes.
HUULI, ^s. étinceler.
HUUONA. v. HUNONA.

I.

I, ^{ms}. *prép.* marquant l'objet et la fin d'une action ; à, vers, pour, contre, par, par-dessus, dans, en, durant.
— ^{ms}. 2°-*conj. relat.* par rapport à, pendant que, lorsque, que, si.
— ^{ms}. 3°-*pron. relat.* qui.
— ^{ms}. 4°-devant le verbe indique le passé.
I, ^s. dire, raconter, appeler, nommer.
IA (*hia*), ^{ms}. *prép.* devant les noms propres et les pronoms à la place d'*i*.
— ^{ms}. 2°-avant et après le verbe *marque du passif.*
— ^{ms}. 3° il, elle ; ce, cette ; lui ; || voici.
IA, ^s. battre (la tape) ; || esp. de poisson.
IAHAIA, ^s. comment ?
IAHALA, ^s. pourquoi ? || là.
IAHUI, ^m. emprunter.
IAIA, ^m. richesses.
IAKI, ^s. bonite.
IAKO, ^s. quarante : || poutre transversale.
IALOA, ^s. embaumer.
IAMOE, ^s. dormir.

IAMUTU, ^m. neveu, nièce.
IANIANI, ^s. miroir, glace ; verre.
IAO, ^m. en bas, en dessous, sous.
IAO, ^s. esp. de poisson.
IARAU, ^m. tous, toutes.
IAU, ^s. je, moi.
IAUI, v. IAHUI.
IAUPE, ^s. morue.
IAVAI, ^s. qui ? quel ?
IE, ^{ms}. fier, orgueilleux ; || sot ; insulter, provoquer ; solliciter : ||
— ^s. bois pour battre la *tape* ; || esp. de plante.
IEIA, ^m. là.
IEIE, ^s. feuillages pour orner les statues des dieux.
IEIEVE, ^s. secondines, arrière-faix.
IENA, ^s. terre.
IEPE, ^m. bâtiment, navire.
IEVE, ^s. matrice, vulve, utérus ; sein.
IHA, ^s. pierre ; rétention d'urine.
IHAHI, ^s. santal.
IHAIHA, ^s. étendre, étendu ; || concupiscence, convoitise.
IHE, ^m. esp. de poisson.
IHE, ^s. percer, lance.
IHEA, ^{ms}. où ? quand, lorsque.
IHELE, ^s. chef.

IHI, ms. peler, écorcher; || sacré.

IHIHI, s. sacré.

IHO, ms. descendre, pencher; || récemment, depuis peu.

— ms. 2°-*marque du mouvement de haut en bas, de comparatif diminuant, de succession, de répétition.* V. AE, MAI.

— ms. 3°-*pron.* même.

IHOLA, s. maïs.

IHOLENA, s. sorte de terre rouge, qu'on peut manger.

IHU, ms. nez; bec; || le devant d'un canot, beaupré.

IHUHU, s. paroles de mépris.

IHUNOUO, s. ronfler.

II, s. avare; mesquin; || amer, gâté; || serre; || oiseau.

IHO, m. futur.

IHI, s. limité, borné, restreint; || mortifié, humilié par l'insolence d'un autre; craindre, trembler; surface, peau, cuir, écorce, coquille, écaille; os.

IIKA, s. cicatrice.

IIKO, m. frisé.

IIMA, m. main; || cinq, cinquième.

IKA, m. allée, promenade; || poisson; || pêche à la plonge.

IKA. V. INA.

IKAHI, m. pêcher à la ligne.

IKAIKA, s. force, valeur, zèle; se fortifier, augmenter; tenace, fort; effort.

IKAMIO, s. de mauvaises mœurs.

IKE, s. voir; connaître, comprendre; vue, connaissance; visiter.

IKEA, s. connaître; visible.

IKEAHA, s. pourquoi?

IKEAKA, s. savoir parfaitement.

IKEIKE, s. voir, savoir.

IKEMO, m. il y a longtemps; autrefois.

IKI, ms. peu, petit; presque; point du tout; || verser, transvaser.

IKIIKI, ms. petit, nain; étroit, serré; || sacré; || bande; || douleur, angoisse.

IKO, m. friser; || imiter; || côté droit ou gauche d'une personne tournée vers la mer ou vers la montagne; || prendre, s'emparer.

IKOA, m. nom; || ami.

IKU, m. lime.

IKUA, . nom d'un mois.

IKUIKU, . mauvaise odeur.

ILA, , esp. de plante.

ILAILA, s. lieu; la, ou; alors, dans le temps que, dans.

ILALO, . en bas, au-dessous.

ILAMUKU, . gendarme; officier de justice.

ILE, . toucher un écueil, échoir; || peau; surface.

ILAHI, . bois de santal; || sabot.

ILIHA, s. prompt, vif; || être fâché.

ILIHUNE, . pauvre.

ILILI, s. ramasser, cueillir; || petits cailloux.

ILIKAI, . surface de la mer.

ILIKI, s. vernis.

ILIKOLE, s. très pauvre.

ILIKONA, s. verrue.

ILIKONI, V. ILIKOLE.

ILILIA, s. nouvelle peau; peau ridée.

ILIMA, s. arbuste du pays.

ILIMUKU, s. général d'armée.

ILINA, s. cimetière; tombeau; fosse.

ILINAHOO, s. héritier.

ILINAVAI, s. lieu où l'eau disparaît dans la terre.

ILIO, s. chien; loup.

ILIOHAE, s. dogue.

ILIVAEHIVAEHI, s. riche.

ILO, s. ver.

ILOILO, s. plein de vers.

ILOKO, s. en dedans.

ILUNA, s. en haut.

IMALALO, s. dessous, sous; en bas.

IMI, ms. chercher, approfondir.

IMIOLELO, s. mentir pour obtenir une chose.

IMO, s. fermer les yeux, cligner; || conniver.

IMO. v. imi.

IMOIMO, s. cligner souvent.

IMU, ms. four, foyer; || limon de la mer; ||herbe marine qu'on mange.

IMUA, s. devant, auparavant, avant: || en présence.

IMUI, m. ensuite, après.

INA, ms. là : || rester.

INA, s. juger, lever: || œuf de mer; || allons! vite! || ô si! plût à Dieu!

INAA, m. attendre.

INAHA, s. mettre en pièces : forcer.

INAHEA, s. quand (pour le passé).

INAI, m. assaisonner; mets d'assaisonnement.

INAINA, s. haïr; haine : colère.

INAKA, m. sourdre: source d'eau.

INAMONA, s. mélange de noix et de sel.

INANA, s. marcher. v. ina.

INANO, s. expression pour éveiller quelqu'un : || être dans.

INE, s. si.

INEA, s. travail inutile : travailler beaucoup et gagner peu; inutile, vain.

INEHALA, s. quand (pour le passé).

INEHEA, m. quand (pour le passé).

INEHINEI, s. hier.

INEI, ms. ici.

INENAHI, m. hier.

INI, m. verser, répandre.

INIHA, s. article de doigts.

INIKA, s. encre (moderne).

INO, ms. mal, mauvais, abominable, impudique, impur: faire du mal: || tempête: || intense : || très bon, très grand, parfait.

INOA, ms. nom: nommer.

INOI, m. mendier.

INOINO, ms. très mauvais, méprisable: pauvre: maigre; avoir de la peine.

INU, ms. boire: boisson.

IO, ms. descendre, v. ino || aller, s'en aller, s'enfuir: || chez, en présence, vers: || *io* marque quelquefois le *superlatif* absolu, comme *loa* et *rale*.

IO, s. réalité: vrai, certain : || part, portion: || chair, viande.

IOHE, m. dans, en.

IOHOMO, ms. esp. d'oiseau: || avant-coureur : || terme injurieux.

IOIO, m. piauler comme les poussins: ||aider : || esp. de ver des arbres et des plantes.

IOLE, s. souris, rat, lapin : || sinon, à moins que.

IOLEA, s. vif, air hagard.

IOPONO, s. avoir soin : || garde du corps.

IPA, m. gras, gros.

IPO, s. amant; cohabiter avant le mariage.

IPOIPO, m. mâle : mari.

IPOIPU, s. sucrier.

IPU, ms. toute espèce de vase; calebasse, gobelet, etc.: || tape de coco.

IPUIPU, s. citrouille.

IPUKA, s. porte; croisée; ouverture.

IPUPU, s. citrouille.

IPUTI, s. théière.

IROIRO, m. démanché.

ITA, m. aigre.

ITAHIA, m. quelquefois.

ITE, m. voir, apercevoir, savoir.

ITEA, m. extérieur; visible.

ITEANEI, m. aujourd'hui (pour le reste du jour).

ITENAHI. V. INENAHI.

ITENEIA. m. maintenant.

ITEPO, m. dans la nuit.

ITI. m. peu, petit, v. IKI.

ITO, m. dedans.

IU, s. *tapu* concernant les femmes.

IVA, ms. neuf, neuvième: || espace entre deux objets: vide.

IVAENA, s. parmi, au milieu.

IVAHO. s. dehors.

IVAKALUA. s. vingt.

IVI. ms. os, écaille, arrêtes de poisson: || esp. d'oiseau.

IVHVI, ms. maigre: || corps.

IVIKAELE. s. corps de navire.

IVIKALA. V. IVIKAELE.

IVILEI. s. os du cou.

IVIOHEOHE. s. os de l'épaule.

IVIPII. m. os de l'avant-bras.

IVIPILI. s. deux os joints ensemble; || tuyau d'herbe.

IVIFO. s. crâne.

IVIPOO. V. IVIFO.

K.

KA. m. marque du *futur* et de l'*impératif;* joint au mot il marque le substantif. v. NA.

—m. 2°-bien, parfaitement; ajouté au mot il augmente sa force.

KA, s. *part.* sert au commencement du discours à attirer l'attention. v. E; || *interj.* de surprise, de dégoût, d'étonnement; chut! assez! arrête! écoute! || signe d'une forte assertion avec désapprobation, opposition de sentiment.

—s. 2°-le, la, les. v. KE.

—s. 3°-de; appartenant à; *kaau, k'au,* de moi, mon, mien.

—s. 4°-instrument pour vider l'eau d'une embarcation: || vigne rampante; || imprécation, jurement: || collision; briser, renverser; || finir.

KA, s. (*kaa*), rayonner; sortir de son centre, comme les rayons du soleil.

KAA, m. mal jeté par les sorciers.

KAA. V. KAAO, KEA.

KAA, s. 2°-rouler, tourner, serpenter; || passer outre, se retirer; || acquitter; || être malade: || roue, voiture; || lime; || surface.

KAAA. s. guerre.

KAAHA, s. bâton avec une touffe de feuilles en usage dans les *heiau.*

— m. charbon.

KAAHAVA. V. AHAVA.

KAAHELE, s. parcourir, aller çà et là.

KAAHU, m. graisse, huile: encre.

KAAI. s. lier autour, ceindre.

KAAIKAAI. m. ciseler, tailler.

KAAKAA. s. ouvrir les yeux.

KAALELEVA, s. dériver, aller de côté.

KAALO, s. front; || côté droit.

KAAMALOO, s. essuyer.

KAAMALUNA, s. prendre la surveillance, une charge.

KAAMAUKOI, s. bois pour pêcher à la ligne.

KAANA, s. gagner, recevoir; || faire

des prosélytes ; || partager ; || paquet de poisson.

KAANE, ˢ. bretelles.

KAANO, ᵐ. rassasié.

KAAO, ˢ. légende, conte ; tradition.

KAAOE, ˢ. pauvre.

KAAPALAOA, ˢ. farine ; moulin.

KAAPUNI, ˢ. faire le tour, la ronde.

KAAU, ᵐ. bois, arbre.

KAAU, ᵐˢ. quarante.

KAAUPE, ˢ. morve.

KAAVA, ᵐ. faîte d'une maison.

KAAVAI, ᵐˢ. rivière, baie ; vallée, village, peuplade. V. KAHAVAI.

KAAVALE, ˢ. séparer, diviser ; séparation, espace ; retraite, asile.

KAAVE, ˢ. prendre.

KAAVEAVE, ˢ. oppression ; || maladie d'estomac.

KAAVELA, ˢ. étoile du soir.

KAAVILI, ˢ. écrire mal; || douleur d'enfantement.

KAE, ᵐ. porter ; jeter ; || pipe, tuyau.

KAE, ˢ. bord, extrémité d'une chose; || lac; couler, descendre ; || bois ; || chèvre ; animal.

KAEA, ˢ. sans appétit.

KAEE, ˢ. fruit qui ressemble à la fève.

KAEI, ˢ. ceindre ; ceinture.

KAEKAE, ᵐ. respirer, souffler ; || être fatigué ; ennui ; || ciseler.

KAEKAE, ˢ. ligne d'une équerre ; bordure d'une natte.

KAELA, ˢ. poutre, pieu, solive.

KAELE, ˢ. matériaux pour une embarcation.

KAELEVA, ˢ. quille, fond d'un canot.

KAELO, ˢ. nom du troisième mois.

KAENA, ˢ. se glorifier ; || chambre,

cabinet, armoire; || siége sur deux canots unis.

KAEO, ᵐ. extraire.

KAEU, ᵐ. ceinture de femmes.

KAEVA, ᵐ. aller inviter ; avertir pour une fête.

KAHA, ˢ. écrire ; marquer ; lettre de l'alphabet ; || bord d'un ruisseau ; || bruit d'un coup de fusil, de fouet ; || s'en aller ; effacer ; || embonpoint ; || sapin.

KAHAHA, ˢ. admirer, s'étonner ; || finir.

KAHAHI, ˢ. coudée.

KAHAHU, ᵐ. encre. V. KAAHU.

KAHAI, ˢ. ceindre, ceinture ; cravate.

KAHAKAHA, ˢ. écrire, graver ; || effacer souvent.

KAHAKAI, ˢ. rivage.

KAHALA, ˢ. esp. de poisson.

KAHALILI, ˢ. s'agiter ; lutter.

KAHAVAI, ᵐˢ. ruisseau ; cascade.

KAHE, ˢ. couler, venir; || couper, raser ; || ceindre.

KAHEA, ˢ. appeler, crier au secours ; invoquer ; || réunir.

KAHEHI, ˢ. se méprendre.

KAHEI, ˢ. sac qu'on passe sur les épaules.

KAHELA, ˢ. coucher une jambe et un bras allongés.

KAHEUMIUMI, ˢ. barbier.

KAHI, ᵐ. sentir bon.

KAHI, ˢ. place, espace, lieu ; || un; quel; quelque ; || peigne.

KAHIHI, ᵐˢ. désagréable ; || disputer, plaider, poursuivre en justice.

KAHIKAHI, ᵐ. mince.

KAHIKI, ˢ. pays étranger.

KAHIKO, ˢ. s'habiller ; s'orner ; || vieux, ancien.

KAHIKOLU. s. trinité. v. KOLUKALU.

KAHILI. s. brosser, essuyer, balayer: brosse, balai, plumeau: || emporter comme le vent: détruire.

KAHIMOE. s. lit.

KAHINAHELEHELE. s. désert.

KAHINU. s. oindre. v. HINU.

KAHIO. s. orgueilleux. v. OHIO.

KAHIWAI. m. cascade.

KAHOE. m. cime d'un arbre.

KAHOI. s. cacher, se garder: || esp. de *kape*.

KAHU. m. étoffe, linge: habillement. habit.

KAHU. s. gardien. intendant. ministre: maître d'hôtel: || nourrice: || consumer: || sommeiller.

KAHUA. m. entonner: || commencer le premier.

KAHUA. s. fondation: désigner: || lieu de campement: guerre: faire la guerre.

KAHUAAHALE. s. fondation d'une maison: réunion de maisons: village. ville.

KAHUAHUA. s. prêtre des idoles.

KAHUAI. s. faire du feu.

KAHUAINA. s. chef: || colère.

KAHUAKAA. s. champ de bataille.

KAHUAO. m. pantalon. culotte.

KAHUHU. s. chevron.

KAHUI. m. assemblage. réunion. multitude: || retenir: interdire: || porter sous l'aisselle.

KAHUKI. s. corruption. putréfaction.

KAHULI. s. changer. confondre: changement. confusion.

KAHULIHULI. s. ballotté.

KAHUMOKU. s. maître de navire, capitaine de navire.

KAHUMU. s. quelque chose qui a rapport au labourage.

KAHUNA. s. docteur. ministre.

KAHUNAAO. s. prédicateur: chaire.

KAHUNAHUNA. s. répandre de l'eau, du sel en petite quantité: || brouillard.

KAHUPAKA. s. tabatière.

KAHUPE. m. chiffon.

KAHUUNA. m. veste.

KAHUWAWAE. m. bas, vêtement des jambes.

KAI. m. manger: nourriture: || jouir.

KAI. s. mer, eau de mer: || jus: || saumure: || lever le pied: pas: conduire: prendre a la main: || apporter. porter à un endroit: || aller. voyager lentement. longtemps: || prendre au filet: || mourir.

KAIA. s. on.

KAIAHULU. s. poste élevé: || vent fort.

KAIAKAHINALII. s. déluge. inondation.

KAIANA. m. sobre.

KAIAU. s. dissiper: effacer.

KAIE. m. chérir: honorer: bénir.

KAIEE. s. pois purgatif.

KAIENA. s. se vanter.

KAIFAO. m. esp. de merle.

KAIHAE. m. mordre.

KAII. s. se tourner d'un autre côté: ne vouloir pas écouter: refuser.

KAIKA. s. bornes.

KAIKAHI. s. non fréquenté. rare: || varlope.

KAIKAI. m. piquer, démanger: || ronger.

KAIKAI. s. élever: || porter, emporter.

KAIKAIA, m. féroce, cruel; anthropophage.

KAIKAINA, s. le cadet, la cadette; cousin de la branche cadette.

KAIKAMAHINE, s. fille, demoiselle; || nièce.

KAIKEA, s. graisse des animaux.

KAIKINO, m. pauvre, misérable: avare, égoïste.

KAIKOEKE, s. beau-frère: belle-sœur.

KAIKOO, s. mer agitée.

KAIKUAANA, s. l'aîné, l'aînée.

KAIKUENO, s. baie, golfe; || anse.

KAIKUMAHINE, s. fille nubile.

KAIKUNANE, s. frère par rapport à la sœur: cousin par rapport à la cousine.

KAIKUVAHINE, s. sœur par rapport au frère: cousine par rapport au cousin.

KAILI, s. ravir, emporter; || se retirer comme la respiration d'un mourant.

KAILIKE, s. diviser en parties égales entre plusieurs.

KAIMALOO, s. basse mer.

KAIMANA, s. diamant.

KAIMOKE, s. basse mer.

KAIMOMOKE, m. sauvage.

KAINA, m. banquet, festin.

KAINA, s. saisir, faire prisonnier; traîner, conduire.

KAINO, **KAINOA**, s. je pense.

KAIOI, m. lubrique, impudique, déhonté: obscène.

KAIPEKA, m. sauvage.

KAIPIOPIO, m. médire: parler bas.

KAITAHI, m. s'étendre.

KAITUTO, m. parler bas et seul, chuchoter.

KATU, m. teter; qui tette.

KAKA, m. sac, poche; || creuser;

profond: || dépêché; || méchant.

KAKA, s. laver, épousseter; || battre, frapper: briser; couper; || moisson.

KAKAA, s. regarder avec surprise; || tourner le côté à quelqu'un: dévier: aller en zigzag.

KAKAHIAKA, s. matin.

KAKAHO, m. roseau.

KAKAHOU, s. nouvellement planté.

KAKAHU, m. manger, dévorer, mordre; || démanger; || douleur dans les membres; || étreindre.

KAKAI, s. ceindre; || examiner soigneusement.

KAKAIKAHI, s. peu, un peu: quelques-uns, quelque; || par-ci, par-là.

KAKAKA, s. arc; || épine du dos.

KAKAKI, s. cercle de fer, de barrique.

KAKALA, s. le brison de ressac.

KAKALAIOA, s. esp. d'épine a fruit amer.

KAKALI, s. attendre.

KAKANO, m. grain, semence; noyau, pepin.

KAKAO, m. creuser; || cacao, chocolat.

KAKAOLELO, s. conseiller: scribe.

KAKATUA, m. nageoires des poissons.

KAKAU, s. écrire, écrit: écriture.

KAKAUALII, s. étendu; || exercer un grand pouvoir; fort, puissant.

KAKAUHA, v. **KAKAUALII**.

KAKAUOLELO, v. **KAKAOLELO**.

KAKEE, m. aisselle; || noir.

KAKEHU, m. mettre des balles dans le moule.

KAKEMANA, s. foie.

KAKEMO, m. ancien; il y a longtemps.

KAKEPAUKA, ⁵. affliction; || pétulant.

KAKI, ᵐ. gosier, gorge, cou.

KAKIA, ᵐ. ancien, vieux. V. KAKIU.

KAKIA, ⁵. clou; épingle.

KAKIHINIKA, ⁵. mouchoir.

KAKINA, ᵐ. doux au toucher.

KAKINI, ⁵. bas, vêtement des jambes.

KAKIO, ⁵. démangeaison.

KAKIOMAIO, ⁵. gale.

KAKIFI, ⁵. choux.

KAKIU, ᵐ. ancien, vieux, autrefois; || adage, maxime, proverbe.

KAKIVI, ⁵. souffleter, frapper soudainement.

KAKO, ᵐ. poche; || à droite, à gauche.

KAKOE, ᵐ. aucun.

KAKOO, ⁵. ceindre; rendre ferme.

KAKOTI, ᵐ. tailler, couper.

KAKOU, ⁵. nous (personne qui parle et les personnes à qui on adresse la parole).

KAKUA, ⁵. ceindre.

KAKUAI, ⁵. honorer d'une manière particulière; sacrifice constant et journalier, offert à chaque repas.

KALA, ⁵. achèvement d'une maison. || lâcher, délier; pardonner, réconcilier; || publier; crieur public; || dollar; argent; || corne, côté.

KALAE, ⁵. clair, sans nuages; || plaisant.

KALAHALA, ⁵. rédempteur; qui remet les péchés; délier; pardon, rémission.

KALAI, ⁵. tailler, graver, ciseler.

KALAIHNO, ⁵. causer la mort d'une personne.

KALAKALA, ⁵. grossier, rude; ra-

boteux, pierreux; || piquer; || défaire un nœud.

KALALI, ⁵. vif.

KALAMO, ⁵. espèce d'herbe.

KALANA, ⁵. district.

KALAVA, ⁵. douleur comme qui serait serré par une corde.

KALAVAIA, ⁵. occupation de pêche.

KALELE, ⁵. s'appuyer sur; || tenir ferme avec les mains; || toucher.

KALEPA, ⁵. faire le marchand; marchand, négociant.

KALEPALEPA, ⁵. battre comme les voiles d'un navire.

KALEVA, ⁵. ne pas tenir.

KALI, ⁵. attendre; hésiter; || ceindre.

KALIKEA, ⁵. boue, fange.

KALINA, ⁵. vignes qui ont cessé de produire.

KALO, ⁵. chou caraïbe. V. TARO.

KALOKA, ⁵. redingote.

KALOLE, ⁵. tuer; || cuire; || abandonner une chose pour une autre.

KALOLO, ⁵. non frisé.

KALUA, V. KALOLE.

KALUHA, ⁵. herbe marine.

KAMA, ⁵. caverne, antre; || conduire, diriger; || enfant.

KAMAA, ⁵. souliers, sandales.

KAMAAAINA, ⁵. naturel du pays; || habitué; || chef.

KAMAHAHI, fils unique.

KAMAHAO, ⁵. surprenant, inouï; || éclipse du soleil.

KAMAII, ᵐ. froid, frisson.

KAMAILIO, ⁵. converser.

KAMAKAMA, ⁵. prostituée.

KAMAKAMAILIO, ⁵. conversation.

KAMALII, ⁵. petit enfant.

KAMANA, ᵐˢ. charpentier, menuisier, serrurier; || habile dans un art ou métier.

KAMANI, ^s. esp. de bois, d'arbre.

KAMARA, ^m. commandant.

KAMAU, ^s. suspendre ; || persévérer.

KAMAUE. V. KAMAHAO.

KAMENA. V. KAMANA.

KAMIKAMI, ^m. désirer.

KAMO, ^m. voler : voleur ; vol.

KAMU, ^m. jeter ; lapider.

KANA, ^m. besoin ; faim ; || manquement ; || blanc : gris.

KANA. ^s. son, sa, ses ; || dix.

KANAENAE, ^s. observer, veiller.

KANAHA, ^s. quarante.

KANAHAI, ^s. cesser, abandonner.

KANAHAO, ^m. beau.

KANAHO, ^s. refuge : asile.

KANAHUA, ^s. qui marche la tête levée ; qui ne veut pas écouter.

KANAKA, ^s. homme ; peuple.

KANAKANO, ^s. bien ! c'est bien.

KANAKOLU, ^s. trente.

KANALI, ^s. gracieux, agréable.

KANALIMA, ^s. cinquante.

KANALUA, ^s. doute, ne savoir comment agir ; || volage.

KANANA, ^s. cribler ; casser ; || lait tourné : || sac ; || cahier.

KANATOI, ^m. sel ; || lèpre ; || venin.

KANAUMI, ^s. cent.

KANAVAI, ^s. loi, édit.

KANAVALU, ^s. quatre-vingts.

KANE, ^s. taches blanches sur la chair ; || mâle ; mari ; homme.

KANEA, ^m. construire, bâtir ; || préparer ; instruire.

KANEA, ^s. sans appétit.

KANEAKEA. V. KANEA.

KANI, ^s. sonner, retentir.

KANIAAU, ^s. lamentation ; chagrin profond.

KANIAI, ^s. gosier, gorge.

KANIKANI, ^s. produire un son ; || couteau de cuisine.

KANIKAU, ^s. pleurer ; pleurs ; deuil.

KANIKOO, ^s. vieillesse ; vieillard.

KANIMOOPUNA, ^s. vieillard, qui a des petits-fils.

KANINI, ^s. convalescence ; || étourdi d'un coup à la tête.

KANINO, ^m. espion : curieux.

KANIUHU, ^s. morne, triste ; lamentation.

KANO, ^m. s'abstenir, priver.

KANO, ^s. orgueilleux.

KANU, ^s. planter ; || enterrer : sépulture.

KAO, ^m. se cacher ; || être absent ; || oublier ; || périr.

KAO, ^s. mettre la paix : médiateur ; || chèvre ; || tradition : || dard, javelot : percer.

KAOA, ^s. multitude d'animaux ; || relâcher : rétrécir ; serrer.

KAOHA, ^m. bonjour : adieu : salut ; saluer. V. ALOHA.

KAOHI, ^s. fixer, établir : demeurer ; arrêter, garder ; || retenir, empêcher ; || demeure fixe.

KAOHOA, ^m. allonger.

KAOKAO, ^m. côtés, côtés ; flanc ; || esp. de jeu.

KAOLA, ^s. poutre, solive ; petits bois de traverse dans la construction d'une case.

KAOLELE V. KAO.

KAOLO, ^s. penchant d'une colline.

KAOMI, ^s. peser sur.

KAPA, ^s. bord, rivage ; || habit ; || || nommer, désigner : appeler par un nom.

KAPAE, ^{ms}. détourner, éloigner ; || abroger ; || pervertir : changer le sens d'une parole, ne pas la comprendre.

KAPAI, ^m. côté de la mer ; vers la mer.

Kapakahi, s. recourbé; inégal.

Kapakuina, s. couverture de cinq tapes réunies.

Kapala, s. prendre un habit.

Kapalili, s. ébranler; agité; palpitation, vibration de la langue.

Kapanaha, s. caduc, infirme; fou.

Kape, m. brave, courageux, guerrier; || esp. de plante.

Kapea, s. saisir.

Kapeke, s. omettre; se méprendre; || disjoindre; || branches.

Kapekei, s. attirer.

Kapekepeke, s. ondulations; || non solide, de peu de foi; douteux; douter, chanceler.

Kapihi, s. unilatéral.

Kapii, s. conserver dans le sel.

Kapiipii, s. répandre de l'eau.

Kapiki, m. suspendre.

Kapikao, s. songer, penser.

Kapili, s. joindre; plâtrer.

Kapilipili, s. se plaindre; || s'excuser, se décharger sur un autre.

Kapipii, s. répandre du sel.

Kapo, m. partie du jour passé; matin; || saisir.

Kapoa, m. panier en feuilles.

Kapoipoi, m. rond.

Kapoo, s. plonger.

Kapu, m. chef, capitaine.

Kapu, s. mettre à part; || rendre sacré; || dévouer; || prohiber; || fourneau; place à feu.

Kapuai, s. plante du pied; pas.

Kapuahi, s. place à feu.

Kapulu, s. sale, malpropre; || manquer à son devoir.

Kapuo, s. enseigne de l'autorité.

Kapuvai. v. **Kapuai**.

Karai, m. verre.

Karaihi, m. riz; nourriture.

Kata, m. rire. v. **ata**; pampre.

Katai, m. casser.

Katakata, m. rire, plaisanter; plaisant, joyeux.

Katapiii, m. s'agenouiller.

Katau, m. ancre. v. **atau**.

Kati, m. baril.

Katiehe, m. gosier; gourmand; embonpoint. v. **kaki**.

Katina, m. appui, pilier.

Katio, m. luette.

Katiu, m. melon.

Kato, m. petit sac à poudre; couper les cheveux.

Kau, m. huile; || nager, se baigner, laver le corps; || filamens du coco.

Kau, s. élever, pendre, suspendre; étendre; placer; || écrire, rendre public; || tomber sur; mettre devant quelqu'un; || réciter à l'oreille; || il faut, on doit.

Kaua, s. guerre, combat, armée en bataille rangée; battre, combattre, servir; || nous deux. v. **kaua**.

Kaualii, s. chef de haut rang.

Kaue, s. craindre.

Kauea, s. sans appétit. v. **kaka**.

Kauekeke, s. court, trop court.

Kauhale, s. maison, emplacement d'une maison; village, ville.

Kauhekeke. v. **kauekeke**.

Kauhua, s. engendrer; devenir enceinte.

Kauhuu, s. bord d'un précipice.

Kauila, s. esp. de bois.

Kaukau, s. autel informe d'un monceau de pierres; || filet; || prendre conseil, délibérer en soi-même; || manger.

Kaukaualii, s. chef subalterne.

Kaukini, s. propre, net.

Kaukoma, s. concombre.

Kaukolo, s. chasser; poursuivre.

suivre ; persévérer dans sa demande.

KAULA, s. prophète; prédicateur; || corde, courroie, chaîne.

KAULAE, s. faire sécher; étendre.

KAULANA, s. public; remarquable; réputation; devenir fameux.

KAULEI, s. chancelant, trompeur; se confier à des choses trompeuses.

KAULELE, s. faire un marché; || fusée volante.

KAULEO, s. exhorter, encourager.

KAULIA, *part.* de KAU.

KAUMAHA, s. être fatigué, accablé.

KAUMALUNA, s. être au-dessus; avoir l'intendance; || avoir l'esprit faible, troublé; lourd, pénible; || offrir en sacrifice; faire présent.

KAUNA, s. quatre; || bâtir.

KAUO, s. prier; || traîner, conduire un prisonnier.

KAUOA, s. charger d'une commission. V. KAUO. || conseiller, avertir.

KAUOHA, s. contrat, alliance; || ordre, commandement.

KAUOUO, s. s'accroître, se multiplier rapidement; se répandre.

KAUPAKU, s. le faîte d'une maison.

KAUPALE, s. digue; séparation.

KAUPU, m. se revêtir, envelopper.

KAUVA, s. serviteur, esclave; servir; || homme qui se sacrifie à la mort d'un chef.

KAUVAHA, s. maladie.

KAUVAHI, s. différentes places.

KAUVALUPE, s. emporter, soustraire un ami d'un combat, d'une querelle.

KAUVILI, s. mêler.

KAVA, m. tabac.

KAVAI, m. lit de rivière; torrent; chute d'eau.

KAVAIVAI, m. tremper dans l'eau, remuer, imbiber.

KAVE, m. porter. V. AVE.

KAVEKA, m. charge, fardeau.

KAVELE, . serviette.

KAVII, m. tourner, pelotonner; enlacer, entortiller, envelopper; || pirouette.

KE, m. autre, différent; étranger.

KE, s. le, la; || marque du *présent* et du *futur*. V. E.

KE, s. *interjection* de surprise; || se presser à la porte ou autour d'une personne; assaillir; || s'abstenir. V. KEKE.

KEA, m. pierre.

KEA, s. croix; || blanc; || empêcher.

KEAHA, V. HEAHA.

KEAKEA, V. KEA.

KEANA, m. regarder.

KEAO, V. KAAO.

KEAPA, m. brillant.

KEAPU, m. chef. V. KAPU.

KEE, m. esp. de tortue; || amer, fiel; || queue.

KEE, s. crochu, recourbé.

KEEA, V. KEE.

KEEE, m. envoyé, estafette; courrier; messager, commissionnaire.

KEEHI, s. donner un coup de pied; écraser; || résister.

KEEI, s. glorieux, admirable.

KEEKEE, m. arrière-neveu.

KEEKEE, s. tordre; tortu.

KEEKEEHI, . chercher une chose avec le pied.

KEENA, s. chambre.

KEEO, s. faire l'office de bourreau; || mécontentement.

KEETU, m. se précipiter dans l'eau.

KEEVOO, m. ténèbres.

KEHA, ^s. rompre. déchirer avec les dents : || différer. délai ; || bouffi d'orgueil : || chanter.

KEHAE, ^m. déchirer.

KEHAKEHA. ^s. ostentation; être élevé. v. KEA.

KEALUNA. v. KEHA.

KEHI, ^s. fouler aux pieds.

KEHIA, ^m. pomme.

KEHINA. ^s. escabeau.

KEHINE. ^s. latrines : || géhenne ; feu. volcan : || corbeille.

KEHUKEHU. ^s. matin; crépuscule.

KEI. ^m. creuser. bêcher ; || curer.

KEI. ^s. étonnant, glorieux.

KEIKA, ^m. esp. de pomme.

KEIKAHA. ^m. écorce. filamens du coco.

KEIKEI, ^s. être élevé au-dessus.— ^m. v. KEI.

KEIKEPAPA. ^s. résidant.

KEIKI, ^s. (ke-iki) enfant.

KEINA. v. KAINA.

KEITANI. ^m. lamenter; || jaloux.

KEKA. ^m. long.

KEKAA. ^m. côté.

KEKAHI. ^s. un . un certain ; quelqu'un: autre. v. KAHI.

KEKANALII. ^s. esp. de végétaux.

KEKAO, ^m. bonne odeur: sentir bon.

KEKE, ^m. portion. partie; côté.

KEKE, ^s. contester : || se presser autour de quelqu'un.

KEKEE, ^m. noir. terne ; obscurcir.

KEKEE, ^s. incorrect. ce qui n'est pas droit: ligne courbe.

KEKEINA. ^m. lamenter.

KEKEKE. ^m. rire.

KEKENE, ^s. envier: jalousie.

KEKETU, ^m. courir.

KEKO, ^s. singe.

KELA, ^s. excéder, exceller; || celui-là, cela.

KELAKELA . ^s. se vanter, s'élever

KELE. ^s. boue; || mortier.

KELEAVE. ^s. cuivre. airain, acier

KELEKELE . ^s. chair grasse. v. 10 chair maigre.

KELELO. ^s. sort.

KELEPELE. ^s. monter dans.

KELOU. ^s. crochet.

KEMO. ^m. longtemps.

KEMU. ^m. se hâter, qui se hâte.

KENA. ^m. chauffer.

KENA . ^s. commander ; faire travailler: || peine, chagrin: || boire

KENAKENA. ^s. pleurer: || amer.

KENANA. ^m. homme.

KEO . ^m. cul , derrière : || corne ; pointe: piquant.

KEO. ^s. blanc. blanchi.

KEOKEO. v. KEO : || douleur dans les membres.

KEPA. ^s. manger. croquer.

KEPAU . ^s. fusible: || goudron ; || mélasse : || plomb.

KEPU. ^m. lance en bois.

KEPUKA . ^s. faire des tours d'adresse. sorcellerie.

KETE, ^m. panier en feuilles ; bourse, poche.

KETU. ^m. creuser, fouir : || mettre à la voile : courir : || attaquer ; || sauter.

KETUKETU , ^m. gratter ; || mèche ; tranche.

KEU . ^m. remuer : s'agiter ; jouer ; || être méchant : mobile , vif ; espiègle, malin.

KEU. ^s. en sus, de surplus ; || fâché.

KEUE, ^s. envieux, jaloux.

KEUEUE. v. KEUE.

KEUHE, ^m. dur.

KEUKEU . ^s. extrêmement fâché. v. KEU.

KEVEKEVE, ^s. la lune; || gros ventre.

KEVII, ^m. prunelle d'œil.

KI, ^s. tirer un coup de fusil; || plante du pays; || clef; || ^m. très, fort.

KIA, ^s. pilier; mât: || vase, verre à boire. — ^m. manière de couper les cheveux.

KIAAINA, ^s. gouverneur.

KIAANAU, ^s. rendre uni.

KIAHA, ^s. coupe, calice.

KIAI, ^s. veiller, garder: attendre; || penser.

KIAKEKE, ^s. jaquette.

KIAKOLU, ^s. navire à trois mâts.

KIALUA, ^s. navire à deux mâts; brick.

KIEI, ^s. fichu.

KIEKE, ^s. sac: bourse.

KIEKIE, ^s. haut, élevé.

KIHA, ^s. éternuer.

KIHAPA, ^s. champ, jardin; campagne; district.

KIHAPAI. V. KIHAPA.

KIHE. V. KIHA.

KIHEI, ^s. examiner, considérer: || mettre la *tape* sur soi.

KIHENE, ^s. panier.

KIHI, ^s. extrémité, fin, commencement; || angle.

KIHIKIHI, ^s. courbe, cornes de la lune.

KIHITI, ^m. s'éveiller en sursaut; tressaillir.

KIHOE, ^s. plier, courber; || manger.

KIHU, ^m. spongieux.

KII, ^m. peau, cuir.

KII, ^s. idole, image; statue; || languir; || aller chercher, trouver; approcher; || taxe, exaction.

KIIHELEI, ^s. se tenir les jambes écartées.

KIHI, ^m. récolte.

KIINA, ^s. envoyer; || chercher quelqu'un.

KIHAPAA, ^s. scellé; sceau.

KIHUTU, ^m. lèvres.

KIKALA, ^s. os du dos; creux entre les hanches.

KIKAU, ^s. orgueilleux.

KIKE, ^s. parler tous à tous: || diviser, casser: || éternuer; || clouer.

KIKEKE, ^s. frapper, heurter à la porte.

KIKEPA, ^s. couvrir la tête d'un côté: || sac sur les épaules.

KIKEPAKEPA, ^s. couper les cheveux d'une manière bizarre.

KIKI, ^m. rouge, éclatant.

KIKI, ^s. tatouer; || coq qui s'abat, poule qui défend ses petits: || esp. de corbeille; || prompt, soudain, violent. V. KIKO.

KIKIAO, ^s. tourbillon du vent.

KIKIHA, ^m. dégoûté.

KIKIHI, ^s. naviguer, ou aller autour.

KIKII, ^s. s'assoupir, s'endormir.

KIKINA, ^{ms}. commander, presser; se presser.

KIKINO, ^m. mauvais, misérable: avare.

KIKINU, ^m. balai.

KIKIPA, ^s. faire des détours; aller fréquemment à un endroit.

KIKITU, ^m. bec d'oiseau.

KIKIVI, ^s. ressemblant au bec de canard: || résister.

KIKO. V. KIKI, omettre.

KIKO, ^m. chair; partie molle d'un fruit, d'un arbre.

KIKOHI, ^s. se regarder avec complaisance.

KIKOI, ^s. interrompre; || choisir.

KIKOKIKO, ^s. taché, sali: varié.

KIKOKIKOI, ^s. non correct.

Kikokohu, s. être semblable.

Kikola, s. brouiller, mêler ensemble; confusion.

Kikoluko. s. taché.

Kikoo. s. étendre; allonger : || arpenter avec les mains : || arc.

Kikutu, m. grincer des dents.

Kila, s. acier; || homme de confiance.

Kileo. s. lunette.

Kilepalepa, s. flotter au vent.

Kili. s. esp. d'herbe : || tonnerre.

Kilika. s. de diverses couleurs.

Kilo, s. juge : astrologue : magicien : prophète : juger : faire le sorcier. prophétiser.

Kilohana. s. excellent. bon : || habillement de femme : || créateur.

Kilohi, s. orgueil. vanité : s'admirer.

Kilokilo. s. salir. tacher.

Kilu, s. esp. de jeu.

Kimao, m. tenir ferme.

Kimata. m. paupière supérieure.

Kimi, m. verser.

Kimo. s. frapper : || esp. de jeu.

Kimopo. s. assassiner : assassin : rébellion : || secret.

Kina, s. péché; erreur : malice : pécheur.

Kinai, s. éteindre ; détruire.

Kinana, s. poule qui a des petits.

Kinanahale, s. quarante mille.

Kinaunau, s. murmurer intérieurement.

Kini, s. quarante mille.

Kinikini, s. nombreux.

Kino, s. corps ; tronc ; personne : substance ; partie principale.

Kinohi, s. commencement, primitif ; avant.

Kinohou. v. **kinohi**.

Kio. m. petit d'oiseau.

Kio. s. lac. étang, citerne, mare || excrément.

Kioe. m. rat. souris.

Kioe. s. écumer.

Kioeoe. s. long.

Kiokio. s. flûte.

Kiola. s. jeter dehors. détruire.

Kiolla. s. siège. place élevée.

Kiolei. s. s'accroupir.

Kiona. s. fondement.

Kionai. s. v. **kio**.

Kipa. détourner; se diriger vers un hôtel : entrer dans une maison : || oblique, de travers : || entrer en charge.

Kipae. v. **kipa**.

Kipaku. chasser. jeter.

Kipapa. remplir. achever, finir; || porter sur le dos.

Kipapau. descendre en bas : || entrer chez un autre avec des mauvaises intentions.

Kipe. s. récompense; || allécher; || lapider.

Kipeapea. s. croiser deux fois.

Kipehi. lapider, lancer des pierres.

Kipi. s. se révolter : rebelle, révolte.

Kipikipi. s. combattre : tumulte.

Kipopoo. s. frapper la tête de quelqu'un avec une pierre.

Kipopou. v. **kipapau**.

Kipulu. s. mettre du fumier.

Kiri. m. clef ; || fermer ; || anneau ; || heure.

Kite. v. **ite**.

Kitii. s. bague : boucle ; || empoigner.

Kiu. s. espion.

Kiuhoopulu, s. espionnage.

Kiva, m. plomb; balle : || poids.

KIVAKIVA, *m*. rognons.

KIVA, *s*. tomber; || s'échapper; || attirer; || corne.

KIVIKOE, *m*. ciseaux.

KO, *s*. de, ton, ta; || gagner un pari; || engendrer, produire; procéder; accomplir; || canne à sucre.

KOA, *s*. soldat, armée; multitude; brave, courageux; || nom d'un arbre; || détroit, canal; || inconstant. v. VAHA, KOVA.

KOAA, *m*. blanc, éclatant; || nom d'un oiseau; || avoir; acquérir, ramasser, saisir; || savoir, connaître; pouvoir.

KOAHA, *m*. marcher les jambes écartées.

KOAHATA, *m*. garde-manger.

KOAKA, *m*. v. KOAA.

KOAKA, *s*. libertin, débauché.

KOAKAI, *m*. apprendre.

KOAKOA, *m*. réjouissance; se réjouir; jouer, divertir; heureux.

KOALA, *s*. rôtir; || utérus, matrice; || secondines.

KOALI, *s*. esp. de plante.

KOANA, *m*. imiter

KOAVA, *m*. fente; espace entre deux objets.

KOE, *m*. tu, toi; || refuser; non; || avorter.

KOE, *s*. reste, être de restes; conserver, épargner; || assez; || ver de terre.

KOEA, *ms*. refuser; errer, se tromper; || avorton; || fou. v. KOE.

KOEHANA, *s*. chaud; || marche-pied.

KOEKAKI, *s*. rabot.

KOEKOE, *m*. entrailles; intérieur; || cœur tendre.

KOEKOE, *s*. froid.

KOEKOEPO, *m*. ignorant, imbécile.

KOELE, *s*. ferme du chef; || bruit, dispute, querelle; || long, maigre.

KOEMALA, *s*. sourcil.

KOENA, *s*. reste. v. KOE.

KOEO, *m*. démanché, qui ne tient plus; libre, mobile, vague.

KOFEU, *m*. peigner; peigne.

KOHA, *ms*. roseau; || ivre; || éclat d'une arme à feu. v. KAHA.

KOHANA, *s*. qui n'a point d'habit; qui jette les habits.

KOHE, *m*. bambou.

KOHE, *s*. parties naturelles de la femme; vulve.

KOHEANI, *m*. rasoir.

KOHEKOHE, *s*. petit jonc.

KOHEKUA, *m*. couteau.

KOHEOHEO, *s*. mortel; poison.

KOHETA, *m*. épée, sabre.

KOHI, *ms*. cueillir, ramasser; emporter; || creuser, cacher, détourner.

KOHIA, *s*. frotter légèrement.

KOHIAI, *s*. veiller, garder.

KOHII, *m*. embrouiller, compliquer; enlacer.

KOHIKU, *m*. sommité, pointe.

KOHITO, *m*. vieux mûrier; tape forte.

KOHO, *s*. choisir, élire; || répondre; interpréter.

KOHOA, *m*. envier, désirer.

KOHOE, *m*. tronc.

KOHOKO, *s*. malaise dans l'utérus.

KOHOKOHO, *s*. expliquer, deviner, jeter le sort; chercher à connaître une chose obscure; || s'attacher à, serrer. v. KOHO.

KOHOLA, *s*. baleine; || recif.

KOHOPE, *m*. occiput.

KOHU, m. brouillard, nuage sur la montagne. V. AO.

KOHU, s. agréable: convenable, vivre en bonne intelligence: || sève colorée, encre; || baleine, recif. V. KOHOLA.

KOHUA, m. bouton au visage.

KOHUHU, m. paille.

KOHUKOHU, V. KOHU.

KOHUMU, m. mépriser; critiquer.

KOHUTU, m. rocher du bord de la mer.

KOHUU, m. paille.

KOI, m. fin, aiguisé.

KOI, s. tenter, presser, faire violence: demander, insister: || porter entre deux sur les épaules: || visage saillant: || doloire; hache: || esp. de Kalo: || esp. d'amusement.

KOIA, s. sien.

KOIEIE, s. courant rapide.

KOII, s. frais, vigoureux.

KOHIMA, m. bras.

KOIKA, m. fête, assemblée: || trève.

KOIKAHI, s. varlope.

KOIKALAI, s. bûcher.

KOIKOI, s. substance: force; pesant; poids; esprit; || devoir: homme d'honneur.

KOILI, s. se coucher.

KOILIPI, s. hache, cognée.

KOINA, V. KOIKA.

KOIO, V. KOEO.

KOIVI, m. femelle: || os, corps.

KOKA, m. citrouille: || calebasse, auge; || errer: || moisi.

KOKAATEA, m. babillard.

KOKAHA, m. retrousser, relever.

KOKALA, s. écailles du *kala*.

KOKAU, m. queue de fruit, de pipe; || démanger.

KOKE, m. suc de coco.

KOKE, s. prompt: bientôt, immédiatement; proche.

KOKEANI, m. indiscret, babillard.

KOKI, m. faner, se faner.

KOKIKI, m. éclat de rire.

KOKIO, s. refuser.

KOKIUKA, m. solide; difficile à rompre.

KOKIVA, m. esp. de hareng.

KOKO, m. mentir, répandre de faux bruits; || anticiper.

KOKO, s. sang: || espece de buisson: || espece de filet.

KOKOE, s. être en avant, à la tête.

KOKOHI, ms. douleur d'enfantement: || serrer, lier: retrousser. V. KOKIUKA.

KOKOHIO, m. ténèbres.

KOKOIA, m. mol, mou, molle.

KOKOIVAI, m. lâche, poltron.

KOKOKE, V. KOKE.

KOKOKI, m. ferme, solide, dur.

KOKOLO, s. ramper. V. KOLO.

KOKOLU, s. un de plusieurs compagnons.

KOKOLUA, s. compagnon unique.

KOKOMO, m. citrouille: || calebasse; || dessus de la terre.

KOKONA, m. avoir un besoin naturel.

KOKOO, ms. accompagné; s'empresser, se jeter sur.

KOKOOHIA, s. combien.

KOKOOLUA, s. compagnon; || canne; V. KOKOLUA.

KOKU, m. ver rongeur.

KOKUA, s. assister, secourir.

KOKULI, s. crasse des oreilles.

KOKUU, m. guirlande en fruits verts.

KOLAU, s. Nord.

KOLE, ˢ. cru, vert; || enflammé, rouge, comme une blessure.

KOLEKOLE, ˢ. demi cuit.

KOLI, ˢ. gratter, raser; || tailler une plume.

KOLILI, ˢ. surnager.

KOLO, ˢ. ramper, se traîner.

KOLOA, ˢ. canard.

KOLOHE, ˢ. méchant; || adultère.

KOLOKA, ˢ. redingote.

KOLOKOLO, ˢ. juger, qui concerne la justice.

KOLOKOLONAKI, ˢ. joli courant d'eau.

KOLONAHE, ˢ. jolie brise; paisible.

KOLOPU, ˢ. rempli, plein; || bien proportionné.

KOLU, ˢ. trois.

KOMA, ᵐ. petite herminette.

KOMAI, ᵐ. parties naturelles de l'homme.

KOMALA, ˢ. plaisant, agréable.

KOMALI, ˢ. brillant.

KOMANE, ˢ. jeu, amusement; marelle.

KOMAO, ᵐ. espèce d'oiseau.

KOMAU, ᵐ. préserver.

KOME, ˢ. jonc; papyrus.

KOMI, ˢ. peser sur, presser.

KOMIHI, ᵐ. importun.

KOMIKOMI, ˢ. forcer de travailler; || s'attribuer ce qui appartient à un autre.

KOMO, ᵐ. poser, appuyer.

KOMO, ˢ. entrer, faire entrer; || vêtir; || bague, manche; || île; || navire.

KOMOHANA, ˢ. ouest.

KOMOLIMA, ˢ. bague, anneau.

KOMOLOLE, ˢ. mettre un habit.

KOMOTU, ᵐ. tison.

KONA, ᵐ. effort, sursaut, s'éveiller en sursaut; || rassasier.

KONA, ˢ. son, sa, ses. v. KANA; || tempête; || sud.

KONAHUA, ˢ. graisse; || maigre; || marcher courbé.

KONALE, ˢ. clair, blanc, brillant.

KONAKONA, ˢ. mépriser; être mécontent.

KONAKONIA, ˢ. rétabli, relevé d'une maladie.

KONENE, ᵐ. ouvrage de patience.

KONI, ˢ. éprouver quelqu'un; || battement du pouls, du cœur.

KONIA, ᵐ. pierre chaude.

KONIA, ˢ. désobéissant, opiniâtre, refus.

KONIKA, ᵐ. bois de la feuille du cocotier.

KONIKONI, ˢ. battre fréquemment comme le pouls, le cœur, une montre.

KONINI, ᵐ. agréable à l'oreille.

KONINI, ˢ. revenir d'une défaillance.

KONO, ˢ. persuader de suivre, imiter; || prendre quelqu'un en particulier, inviter, prier.

KONOHIKI, ˢ. chef d'un *ahupaa*.

KONU, ˢ. milieu.

KOO, ˢ. soutenir; étayer; soutien; appui.

KOOE, ᵐ. tronc.

KOOHI, ᵐˢ. différer, tarder, retenir.

KOOI, ᵐ. maintien, taille, geste.

KOOKA, ᵐ. auge profonde.

KOOKOO, ˢ. bâton, canne.

KOOLAU, ˢ. nord.

KOOMITAI, ᵐ. puce.

KOONA, ᵐ. sou, rassasié.

KOOTA, ᵐ. fouet.

KOOUA, ᵐ. vieillard.

KOOVI, ˢ. esp. de lèpre.

KOPA, ᵐ. douleur dans les membres; paralysé; paralysie.

Kopa, ˢ. savon.

Kopake, ᵐ. amis, alliés; protégés.

Kopana, ᵐ. puce.

Kopara, ᵐ. bouton au corps.

Kopata, ᵐ. puce.

Kope, ˢ. café.

Kopea, ᵐ. esp. d'oiseau.

Kopee, ᵐ. se moucher; morne. v. hopee.

Kopi, ᵐ. fermer, cacher la main.

Kopii, ᵐ. malade, lassé; lâche; vieillard. v. hopii.

Kopu, ᵐ. ventre, sein; || disque.

Kopui. v. opui.

Kore, ᵐ. non; nullement.

Korero. v. koeo.

Kotehe, ᵐ. boxer; coup de poing.

Kotikoti, ᵐ. colique; || couper. v. kokoti.

Kotoa, ᵐ. tous. v. otoa.

Kotui, ᵐ. esp. de petit melon.

Kou, ᵐ. désir; désirer; faim; || plût à Dieu; || manche d'outil.

Kou, ˢ. ton, tien; votre.

Koua, ᵐ. couple, double; vous deux; || disciple. v. oua.

Kouhae, ᵐ. menton.

Kouua, ᵐ. disciple. v. koua.

Kouvae, v. kouhae, ouvae.

Kova, ˢ. canal; détroit; || intervalle.

Kovali, ˢ. balancier, ressort.

Kovee, ᵐ. embrouiller.

Kovi, ᵐˢ. presser, tordre; broyer; || paralysé.

Ku, ᵐ. mouiller.

Ku, ˢ. se tenir debout, se lever; || résister; || attrapper le but visé; || percer, ancrer; || ressembler; || droit; digne, convenable, propre à; || bienfait.

Kua, ᵐ. rouge. v. ua.

Kua, ˢ. couper, battre; enclume;

chose sur laquelle on bat; || le derrière d'une maison.

Kuaaina, ˢ. peuple sans chef; bas peuple; ignoble, ignorant.

Kuaana, ˢ. frotter.

Kuaha, ˢ. cracher; salive.

Kuahava, ˢ. peuple qu'on rassemble pour travailler par ordre du chef.

Kuahivi, ˢ. montagne; sommet.

Kuahu, ᵐ. trembler.

Kuahu, ˢ. autel; || bossu.

Kuahua, ˢ. se courber en marchant.

Kuai, ˢ. frotter; || trafiquer, vendre, échanger; || commencer.

Kuahu, ˢ. d'un bout à l'autre.

Kuaio, ˢ. bord; limite.

Kuaino, ˢ. reprendre ses mauvaises habitudes.

Kuakahi, ˢ. seconde génération; naissance (en parlant d'un seul).

Kuakolu, ˢ. quatrième génération.

Kuaku, ˢ. parole d'impatience.

Kuakua, ˢ. coude.

Kuala, ˢ. os pointu de poisson; nageoire du dos; || mettre un casque sur la tête; || difficile à avaler.

Kualana, ˢ. fatigue; || sans propriété, vagabond.

Kualapa, ˢ. os de la jambe; || épine.

Kualihi, ˢ. diminuer, décroître; || bûches.

Kualau, ˢ. vent frais qui annonce la pluie; || nuage.

Kualua, ˢ. troisième génération.

Kuamoamo, ˢ. blasphémer, maudire, injurier; jurer; || dispute; || jeu, danse.

Kuamoo, ˢ. épine dorsale; || sentier, chemin, rue.

Kuamuamu. v. kuamoamo.

Kuana, s. ondée; pleuvoir à verse.

Kuanea, s. manque d'appétit.

Kuao, s. bois sur lequel on bat la tape.

Kuapaa. s. dur, sévère; esclavage.

Kuapapa, s. paix, tranquillité.

Kuapuhi, s. mal de dos.

Kuapuu, s. bossu.

Kuau. v. kuao.

Kuauha, s. conseiller, avertir.

Kuauhau, s. généalogie; || histoire; || distingué, honorable.

Kuaula, s. écorce rouge; tape rouge et épaisse.

Kuauna, s. rive, bord; bordure.

Kuavena, m. frétin.

Kuavili, s. parler; répéter; || allonger, multiplier.

Kuaviri. v. kuavili.

Kue, s. contraire, d'un sentiment différent.

Kuea, s. mille carré.

Kuee, m. anguille.

Kuehevi, s. montagne, hauteur.

Kuehu, s. émouvoir, troubler; || secouer la poussière.

Kuehuehu, s. v. kuehu.

Kuekue. v. kuakua.

Kuekuevavae, s. talon.

Kuemaka, s. sourcil.

Kuemi, s. reculer; éloigner, s'éloigner. v. neene, nee.

Kuena, s. aligner, instrument pour aligner; place alignée.

Kuene, s. servant de table, domestique.

Kueva, s. sans propriété, sans refuge.

Kuha, m. abattre.

Kuha, s. cracher, crachat.

Kuhaiki, s. étroit, contracté, trop petit.

Kuhakuha. v. kuha.

Kuhalahala, s. défaire un marché; rompre un contrat.

Kuhane, m. àme; intelligence; esprit.

Kuhapa, s. non sûr, incertain.

Kuhapahapa. v. kuhapa.

Kuhe, s. changement de couleur du corps.

Kuhepahepa, s. n'avoir qu'une faible connaissance d'une chose.

Kuhi, s. penser, s'imaginer, supposer, juger; || montrer au doigt; donner un nom; || frapper, se battre; || élever; || clouer; clou; aiguille.

Kuhiheva, s. juger mal; erreur d'opinion; médire; médisance; || faire signe.

Kuhikuhi, s. montrer, désigner; || s'imaginer. v. kuhi.

Kuhikuhinia, s. délicieux au goût.

Kuhilai, s. appeler.

Kuhilani, s. orgueilleux.

Kuhinea, s. rassasié de nourriture.

Kuho, s. ondulation; orbiculaire; || jet d'une pierre.

Kuhouana, s. résurrection.

Kuhukuhu, s. tourterelle.

Kui, m. mère.

Kui, s. joindre; coudre; || piler; || publier, injurier; || tomber; briser; couper; frapper; || clou, aiguille.

Kuiee, s, porter sous le bras.

Kuihao, s. clou.

Kuihau, s. forger, forgeron.

Kuihe, s. douter, hésiter, balancer.

Kuiheva, s. frapper sans y penser.

Kuikahi, avoir tous le même intérêt, les mêmes vues; paix.

Kuika, s. ballot, ballotter.

Kuikava, s. libre.

KUIKELE, s. coudre ; aiguille.

KUIKUI, v. KUI. m. lassé, obsédé ; || prendre les armes, obséder ; || noix.

KUINA, s. conture ; linceul.

KUIPALU, s. briser doucement.

KUITEINA, m. tante.

KUITUI, s. lampe.

KUKA, ms. ballot, ballotter, emballer ; || rabot, raboter ; || se consulter ensemble, considérer ; penser ; décider.

KUKAA, s. mettre en rouleaux.

KUKAAVE, s. sain, sauf ; || bretelles.

KUKAE, s. excrément.

KUKAEPALE, s. soufre.

KUKAEULI, s. fonte liquide noire ou bleue.

KUKAHEKAHE, s. faux rapports.

KUKAI, s. en différens sens ; bruit incertain.

KUKAKUKA, s. réfléchir ; tenir conseil.

KUKAKUKAKAHI, s. l'un après l'autre.

KUKAOO, s. déesse de mariage.

KUKAVOVO, s. se hâter.

KUKE, s. chasser ; || cuisinier.

KUKEHAO, s. rouille.

KUKEKU, s. faire du fracas ; impétuosité de la mer ; tourbillon de poussière ; vanterie.

KUKI, s. avoir intention sur.

KUKINI, s. courir ; aller.

KUKO, s. convoiter, désirer.

KUKOHANA, s. dépouiller.

KUKOHONUI, s. désirer de s'agrandir ; || convoitise.

KUKONA, s. passer devant quelqu'un avec dédain ; || battre.

KUKU, s. couvert de pointes ; || battre la *tape* ; || heurter.

KUKUA, s. crabe.

KUKUE, s. s'appuyer sur les coudes. v. KUE.

KUKUHI, s. remplir d'eau.

KUKUI, s. arbre à huile ; || lampe, chandelle, torche, lumière ; mouchettes.

KUKUINA, m. pleurer, lamenter.

KUKUKAIKAI, s. répéter.

KUKUKU, s. vapeur ; || mouvement de colère.

KUKULI, s. s'agenouiller, prosterner ; adorer. v. KULI.

KUKULU, s. construire une maison, en dresser le plan ; constituer, établir ; || pilier, colonne, point cardinal.

KUKULUPAPA, s. construire un hangar provisoire.

KUKUMI, m. tuer, étrangler.

KUKUNA, s. rayon.

KUKUNO, s. fin d'une maison ; poteau de porte.

KULA, s. pays, terre découverte, champ ; || école ; || galon ; || or.

KULAI, s. terrasser ; courber.

KULAINA, s. renverser ; renversement.

KULAKULAI, s. lutter.

KULALA, s. vigne.

KULALANI, s. se mettre en rang.

KULANA, s. village ; || jardin.

KULANAHALE, s. ville.

KULANAKAUHALE, s. ville principale, capitale.

KULANALANA, s. troubler, être troublé ; agiter.

KULEANA, s. part, portion ; lot.

KULEHU, s. genou.

KULI, s. genou ; || sourd ; || désobéissant ; désobéissance.

KULIA, s. privilégié, préféré, recherché ; || heureux ; || capable ; || beauté.

Kuliana, ⁸. genou.

Kulikuli, ⁸. étourdi par le bruit ; chut ! silence !

Kulina, ⁸. froment ; maïs.

Kulo. ⁸. suer.

Kuloa, ⁸. étoile du matin.

Kulolo, ⁸. esp. de mets de *kalo* et de lait de coco.

Kulou, ⁸. s'incliner ; s'abaisser ; adorer.

Kulu. ⁸. dégoutter ; goutte.

Kuluihiamoe, ⁸. sommeiller.

Kuma, ⁸. nombre ; troupeau ; compagnie.

Kumaa, ᵐ. patate. v. **umaa**.

Kumaka, ⁸. traître ; trahir ; accuser faussement.

Kumakaia. v. **kumaka**.

Kumakena, ⁸. deuil universel.

Kumau, ᵐ. cuisine.

Kumi, ᵐ. mesure de quarante brasses.

Kumikumi, ᵐ. barbe.

Kumimi, ⁸. rejetons de canne à sucre.

Kumimimi, ⁸. canne à sucre plantée sans succès.

Kumu, ᵐ. faner, flétrir, se faner.

Kumu, ⁸. fond, tronc ; commencement, principe, cause productive, source ; || pouvoir, autorité ; maître, chef ; || fonder, fondation.

Kumuao, ⁸. maître d'école ; docteur ; prédicateur.

Kumuea, ⁸. écaille de tortue.

Kumuhou, ⁸. nouveau maître ; épithète attribuée à Notre Seigneur.

Kumukuai, ⁸. rançon, tout ce qu'on donne pour payer.

Kumumu, ⁸. émoussé.

Kumuu, ⁸. esp. de poisson.

Kuna, ⁸. marié ; || esp. de gale.

Kunaenae, ⁸. inébranlable.

Kunahehi, ⁸. frissonner ; être malade.

Kunaina, ⁸. conquérir.

Kunalua, ⁸. flotter, balancer, douter.

Kunana, ⁸. pas de travers ; trébucher ; || chèvre ; || craindre.

Kunanahale, ⁸. emplacement d'une maison.

Kuneva, ⁸. dormir profondément.

Kunevakeva, ⁸. défaillance ; || syncope.

Kuni, ⁸. allumer ; flamboyer, brûler de l'encens ; || offrir ; || fievre fort aiguë ; || sorcellerie.

Kunihi, ⁸. touffe de cheveux.

Kunoao, ⁸. faible.

Kunokunou, ⁸. secouer la tête en signe de mépris.

Kunou, ⁸. s'incliner ; signe de tête ; faire signe.

Kunu, ⁸. placer, poser sur ; || toux ; tousser.

Kuoi, ⁸. chanceler ; vaciller.

Kuokoa, ⁸. tenir à l'écart ; || se révolter ; || délivrer.

Kuolo, ⁸. remuer, troubler.

Kuolokani, ⁸. esp. de petit tambour.

Kuono, ⁸. baie, golfe ; || derrière d'une maison.

Kuonoono, ⁸. héritage ; || être bien établi.

Kuoo, ⁸. qui fait semblant de n'être pas coupable.

Kupa, ⁸. soupe ; || un naturel du pays ; qui connaît bien un endroit.

Kupa, ᵐ. impie, blasphémateur.

Kupaa, ⁸. ferme, fort.

Kupahapu, ᵐ. impie, blasphémateur.

Kupai, ˢ. faire retirer ; renvoyer.

Kupaianaha, ˢ. étrange, surprenant.

Kupaka, ˢ. déchirer, traiter avec violence ; qui souffre beaucoup.

Kupalii, ˢ. nain, petit de taille.

Kupalu, ˢ. remplir le ventre.

Kupanaha. v. kupaianaha.

Kupapa, ˢ. être en ligne, en fil.

Kupapau, ˢ. cadavre.

Kupee, ˢ. mettre les fers, enchaîner ; chaîne, fers ; || bracelet en coquillage, ou en dents de cochon.

Kupehi, **Kupekia**, ˢ. crainte.

Kupele, ˢ. amollir.

Kupenu, ˢ. tremper dans un fluide colorié ; teindre.

Kupenupenu. v. kupenu.

Kupikipikio, ˢ. rage ; enrager ; || avoir l'esprit fatigué ; || agitation.

Kupinai, ˢ. écho; grand cri; lamentation ; || pressé, serré.

Kupipo, ˢ. obstruer.

Kupono, ˢ. droit : honnête.

Kupoupou, ˢ. bas : court.

Kupu, ˢ. épais comme de la pâte ; || pousser, croître : || végétaux ; || taxe, payer.

Kupua. v. kupu.

Kupuha, ˢ. homme très vieux.

Kupukupu, ˢ. esp. de pin.

Kupulii, ˢ. nain : singe.

Kupuna, ˢ. grand-père : aïeul ; patriarche : ancêtres ; ascendans.

Kutao, ᵐ. tremper. mouiller.

Kutina, ᵐ. partie du corps entre le ventre et la poitrine.

Kuto, ᵐ. couteau. v. kohe.

Kutu, ᵐ. poux ; || bec. gueule.

Kuu, ˢ. mon. ma : mien : || lâcher, laisser aller : permettre ; || détrôner.

Kuukuli, ˢ. s'asseoir sur les talons.

Kuukuu, ˢ. poser en bas.

Kuulalo, ˢ. lascif ; mollesse.

Kuululu, ˢ. frissonner ; être malade.

Kuuna, ˢ. maladie héréditaire.

Kuupena, ˢ. jeter les filets.

L.

Nota. Les mots commençant par L appartiennent au dialecte des îles Sandwich.

La, soleil ; jour ; || *particule démonstrative et réfléchie* après le verbe.

Laa ||, sacré, saint; || aussi; ainsi; ensemble. v. pela.

Laa, feuille. v. lau.

Laalaau, herbe; vert.

Laalo, haut du kalo desséché.

Laau, arbre, bois; || mélange; médecine ; || arbrisseau, plante en fleurs.

Laauala, bois odoriférant, santal.

Laauikiai, herbe.

Laaukupee, fers. v. kupee; || remède, compresse.

Laaula, division de l'année.

Laaulalo, barre.

Laaulapau, médecine.

Lae, front ; || cap, promontoire ; || calme.

Laehaokela, licorne.

Laekoi, front saillant.

Laelae, éclairer; clair; calme.

Laele, haut du taro sec en partie.

LAENEKINI, bleu.

LAHA, élargir, étendre, répandre ; publier ; rapport ; public, large.

LAHAI, planer ; || sauter.

LAHALAHAI, planer sur, se percher.

LAHANA, jour ouvrier.

LAHILAHI, mince, léger.

LAHO, tester.

LAHUI, défendre ; || assemblée, compagnie.

LAHUIKAUA, armée.

LAI, ciel, cieux ; || tranquille ; || esp. de poisson ; || feuilles de ki. V. LANI, LAUKI.

LAIKI, blé.

LAIKU, calme.

LAILA, alors. V. ALAILA.

LAILAI, mince.

LAIMI, citron.

LAKA, apprivoiser.

LAKEE, serpenter ; se replier.

LAKEKE, veste ; carmagnole.

LAKO, riche ; heureux ; abondance.

LAKOLAKO. V. LAKO.

LAKOU, eux, leur.

LALA, se tenir, ou exposer au soleil ; se chauffer ; || étrécir ; || consacré ; || branche, membre.

LALAUA, buisson ; || bocage ; || pourri.

LALAHELA, paresse.

LALAMA, intrigant ; se mêler dans les affaires d'autrui ; || glisser le long d'un précipice.

LALANA, chauffer au feu.

LALANI, rang, ligne, colonne de mots en rang.

LALAU, prendre ; || errer, se méprendre ; || disperser ; || méchant ; || badaud, désœuvré.

LALEA, signe pour diriger les navires.

LALELALE, empressé.

LALII, préparer.

LALILALI, mouillé, boueux.

LALO, bas ; || hasard.

LALOA, le plus bas ; || longueur.

LAMA, lumière, torche ; || rhume ; || esp. de bois ; || boisson qui enivre.

LAMALAMA, torche. V. LAMA.

LAMAKU, torche. V. LAMA.

LAMALALO, samedi.

LANA, flotter, surnager ; || le haut

LANAHU, charbon. V. NANAHU.

LANAI, tonnelle ; || hangar.

LANAKILA, remporter la victoire ; || victorieux ; conquérant ; victoire.

LANALANA, grosse araignée ; || entrelacer.

LANANUU, corde.

LANI, ciel, firmament.

LANILANI, dominer ; || ronger.

LANOA, lundi.

LAO, feuille de canne à sucre.

LAPA, ravin, bord d'un ravin ; || espèce de patate ; || enflé.

LAPAAU, traiter un malade.

LAPALAPA, angle ; équarrir.

LAPAPA, bouteille carrée ; || bouillir.

LAPAU, médecin.

LAPAUILA, poteau de porte.

LAPAVAI, réflexion des rayons du soleil dans l'eau.

LAPU, revenant ; apparition nocturne.

LAPULAPU, ramasser, mettre en paquet, en fagot ; || flamme.

LAPUVALE, sot ; || méprisable, vaurien ; très mauvais ; || désappointer.

LAU, feuille ; herbe ; || quatre cents ; || tâter, toucher ; || proche, ami, familier. V. LAUNA.

Lava, eux, deux ; l'un et l'autre ; et, aussi.

Lauava , double ; || branche de *kalo*.

Laui (lauki), feuille de *ki*.

Lauili, inconstant. v. lauvili.

Laukapa, agrafe.

Lauki, feuille de *ki*.

Lauko, canne à sucre. v. lao; feuille de canne à sucre.

Laukoha, garni de plumes.

Laula, large, largeur.

Laulau, paquet, fagot ; || enveloppe.

Laulea, paix, amitié.

Lauloa, esp. de *kalo*; || feuille longue; || lit, couche.

Laumaki, dégoûter.

Laumania, plaine.

Launa, être d'accord, bons amis , ami, intime; proche.

Lauo. v. lauko.

Lauoho, cheveux.

Lauulu, fruit et feuille de l'arbre à pain.

Lauvili , changeant, inconstant, volage ; tourbillon ; affligé, embarrassé ; || qui répète souvent la même chose ; || mêler; unir.

Lava, étouffé ; malaise ; || satisfaire.

Lavaia, pêcher; pêcheur; pêche.

Lavalu, cuire dans des feuilles.

Lave, transporter, émigrer ; enlever.

Laveana , émigration, transport , enlèvement.

Lavehala , pêcher ; péché ; pêcheur; || offensé.

Lavehana, laboureur; ouvrier.

Lavelave , servir à table ; || manier, feuilleter.

Lavelua, impartial.

Lavevale, extorquer.

Lea, agréable, amusant; plaisant; mettre ses délices dans une chose; lier amitié ; louer ; conforter ; || parfait, bon, clair.

Leha, élever les yeux, les diriger vers un objet.

Lehai, sauter; tomber sur.

Lehalehai, sauter à deux pieds.

Lehei, sauter de haut en bas.

Lehelehe, lèvre.

Leho, esp. de coquillage.

Lehoula, fort précieux.

Lehu, cendre; || quatre cent mille.

Lehulehu , devenir extrêmement nombreux.

Lei , couronne , guirlande , bouquet; couronner.

Lehua, bouquet d'amarante.

Leka, puant.

Lele, voler, sauter, tomber sur, aborder; secouer; || autel.

Lelekava, sauter dans la mer; se précipiter de haut en bas.

Lelele, s'éloigner rapidement; || sauter; || oublier souvent.

Lelepau, se fier, s'appuyer.

Lelepo, petit poisson volant.

Lelevale , bonne nouvelle ; || silence, chut !

Lelo, la langue; || fumée rouge.

Lemu, fesse.

Lena, jaune; || plier, courber, repasser du linge; || loucher, regarder en se courbant ; || ajuster ; || douleur des entrailles.

Lenalena. v. lena.

Leo, voix, son.

Leouuu, embarras de la langue.

Lepa, enseigne, pavillon ; || rouler les yeux.

Lepe, crête du coq.

Lepee, balafrer.

Lepo, terre, poussière, boue, sale.

Leva, secouer, agiter, flotter; tout ce qui est suspendu; haute région de l'air; espace.

Levalani, firmament.

Levaleva, pendre, suspendre. v. leva; || accuser. v. heva.

Levanuu, lieu quelconque sur la terre, par opposition à *levalani*.

Li, pendre, étrangler ; || fièvre intermittente.

Lia, trembler de frayeur; || penser, considérer, contempler ; || peser; || filet; || fièvre; || petit.

Lihi, bord, bordure.

Lihilihi, paupières, cils.

Lii, fiévreux.

Liia, froid.

Liilii, petit, petit morceau; jeune.

Like, ressemblant, égal ; ressembler, égaler ; faire selon qu'il a été prescrit; || disparaître, s'évanouir; || ceindre ; || courir; presser; aller en foule; || être troublé.

Likelike. v. like.

Likipahu, cercle.

Liko, bourgeon ; haut d'une plante ; || pétale ; || reproduire, s'ouvrir; s'épanouir; || manger; frugal.

Lilelile, brillant.

Lili, jaloux ; || trahir; abhorrer; || indigne de.

Lilia, lis.

Liliha, graisse.

Lilihi, affilé.

Lilio, lier, attacher ; || rempli de nourriture, gêné par trop de nourriture.

Lilo, passer au pouvoir d'un autre ; tourner, changer ; || être perdu, parti, éloigné, à perte de vue.

Lima, main, bras; || pouvoir.

Limaiki, meurtrier, bourreau; || se donner la mort pour ne pas survivre à son ami.

Limalima, poignée; || gage.

Limanui, pouce.

Limu, mousse de mer ; toute espèce d'herbe marine bonne à manger.

Linalina, coriace, dur ; || terre mouillée ; || gluant; || doux ; || jaune.

Lino, corde; corder, tordre.

Lio, cheval ; || animal étranger ; || espèce d'oiseau.

Liolio, serrer, lier. v. lilio.

Lipi, pointu, affilé; hache.

Lipilipi, **Lilipi**. v. lipi.

Lipolipo, bleu; noir.

Lipovaonahele, désert.

Liu, saveur, goût particulier; salé; || assaisonner ; eau de mer au fond d'une embarcation ;||faire eau.

Liuliu, tenir prêt, se disposer à partir; || prendre place après; || différer longtemps.

Livali, doux.

Loa, longueur, longtemps; beaucoup; très.

Loaa, obtenir, trouver, recevoir, rencontrer, atteindre; || il arrive (*accidit, contingit, evenit*); avoir, pouvoir.

Loala, maïs.

Loe, eau qui s'arrête dans un champ; || entendre. v. lohe.

Loea. v. loia.

Loha, sous-chef; || têtu; sournois; || art de couvrir en chaume.

Lohaloha, ne pouvoir pas parler par crainte.

Lohe, entendre, écouter, faire attention; obéir.

LOHELAU, bon, excellent ; || pieux sur lesquels repose les chevrons.

LOHI, faible, lent; languissant, fatigué ; || jardin de taro.

LOHIA, être pris, tomber sur; être possédé; || travailler avec nonchalance. v. **LOOHIA**.

LOHIHI, éloigné ; longtemps; distance ; long.

LOHILOHI. v. **LOHI** ; souffrir les injures.

LOI, champ de *kalo;* jardin.

LOIA, adroite, ingénieuse, habile (ce mot se dit seulement des femmes).

LOINA, ordonnance, connaissance.

LOKAHI, unité de sentiment.

LOKEA, couteau long et pointu.

LOKI, long.

LOKO, disposition d'esprit, bonne ou mauvaise (suivant ses composés).

LOKOHAIKI, ménager, ménagère; || haine intérieure.

LOKOINO, agir malicieusement ; || paresseux; sans soucis; || non reconnaissant; || sans miséricorde ; || avare; || grossier.

LOKOLIU, avare, parcimonieux.

LOKOMAIKAI, généreux, reconnaissant.

LOLA, paresseux ; || paralysé. v. **LOLO**.

LOLE, linge, vêtement, satin; || tourner à l'envers; exposer à la vue; || changer d'avis, rectifier; arranger, rabattre le prix.

LOLEVAVAE, pantalon.

LOLELAU, art de couvrir en chaume.

LOLI, changer. v. **LOLE**.

LOLII. v. **LIULIU**.

LOLILOLI, dur, coriace; || eau pour arroser.

LOLILUA. v. **LOLI**.

LOLO, épilepsie, paralysie ; || lunatique ; || cervelle.

LOLOA, être long. v. **LOA**.

LOLOHE, intraitable; désobéissant. v. **LOHE**.

LOLOHI. v. **LOHI**.

LOLOPOO, cerveau dérangé. v. **LOLO**.

LOMI, frotter avec la main.

LOMILOMI, frotter.

LONA, supports des canots sur le rivage, bois sur lesquels on place les embarcations.

LONO, entendre ; || regarder ; garder, observer.

LONOHII, enfant gâté.

LONU, tromper. v. **NOLU**.

LOO, prendre ; être pris, surpris; tomber sur, tomber malade; rencontrer.

LOOKAHI, de même sentiment.

LOPA, locataire.

LOPAKUAKEA, sans terre.

LOPI, fil.

LOU, croc; || descente perpendiculaire; || prendre à l'hameçon; || insérer, ajuster ; || douleur aiguë.

LOULOU, pénible, pesant; dur. v. **LOU**.

LOULU, esp. d'arbre; || feuilles de bananier; ombrage; || parapluie.

LU, semer, répandre; || secouer, agiter; || plomb à tirer.

LUA, trou, fondement d'une maison; || tuer, massacrer; || deux, double; || trompeur.

LUAHELE, séduire, détourner.

LUAI, vomir, ce qui est vomi.

LUAIPELE, soufre.

LUAKALAI, cercle autour de la lune.

LUAKINI, temple.

LUAKUPAPAU, sépulcre.

LUAMEKI, fosse; || fer au bout de la lance.

LUAPAU, gouffre.

LUAU, herbes bouillies ; || pétale.

LUAVAI, ruisseau.

LUE, bas.

LUELUE, lent, négligent.

LUHE, gras.

LUHI, travailler. fatigué, être accablé de travail ; forcer de travailler.

LUHIHEVA, être opprimé, maltraité.

LUHULIA, luxure.

LUINA, marin.

LUKU, détruire. déraciner ; massacrer.

LUKUANA. destruction ; massacre.

LULA, règle pour tracer des lignes.

LULI, brandiller ; changer : rouler ; chanceler.

LULILULI, bercer. secouer. V. LULI.

LULO, collier, guirlande.

LULONI, dormir profondément.

LULU, semer ; secouer. V. LU.

LULUHI, dormir profondément.

LULUMI, venir en foule, se presser.

LUMAI, faire périr en plongeant la tête dans l'eau.

LUMILUMI. V. LULUMI.

LUNA, haut, le haut ; au-dessus, le dessus ; || officier, héraut, représentant : messager.

LUNAKAHIKO, ancien dans une charge.

LUNAKANAVAI, juge, magistrat.

LUNAKOA, officier militaire.

LUNAOLELO, apôtre.

LUNU, envieux : avare. ménager. ménagère.

LUONE, semer : renverser. V. LU.

LUPE. milan ; || cerf-volant.

LUPEAKEKE, aigle de mer.

LUU. renverser, tourner à l'envers : || plonger ; teindre. V. LU.

LUULUU, déconcerté, troublé.

LUVAHINE, vieille femme.

M.

MA, m. mets du fruit de l'arbre à pain ; fruit de l'arbre à pain.

MA, ms. a, en, dans. par. à travers ; par le moyen de ; selon. Quelquefois cette *particule* est pour notre langue sans équivalent ; quelquefois elle signifie suite, compagnie ; exemple : *hoapili ma*, *hoapili* et ceux qui lui sont attachés.

MA, s. et, aussi.

MAA, m. portion.

MAA, s. fronde, fronder; ||s'accoutumer ; acquérir de la connaissance par la pratique ; || se faner, s'épuiser; ||rougir de honte, de pudeur.

MAA, m. devenir.

MAAKAU. m. penser, réfléchir, méditer.

MAALEA . s. sage. prudent, rusé : ruse, finesse.

MAALILI, s. froid, tiède.

MAALO, s. passer le long de, traverser.

MAALOELOE, s. fatigué. V. MALOELOE.

MAAMA, ms. jour, lumière, clarté.

MAAMAA, coutume, s'accoutumer.

MAAMAAMA, s. lumière.

MAANA, m. pour (devant un verbe), par (devant un nom). V. VAANA.

MAANEI, s. ici.

MAATIA, m. ajouté, surdonné ; donné en sus.

MAAU, ˢ. fâcheux.

MAAUA, ˢ. avare.

MAAUANA . ˢ. faire le commerce ; marchand ; || vieux, vieille.

MAAVE, ˢ. aller, pas, sentier, sillage ; || petite partie.

MAE, ˢ. se faner, flétri.

MAEELE, ˢ. engourdi ; crampe ; insensible ; || souillé.

MAEKA . ᵐ. facile ; petit ; peu de chose.

MAEMAANA, ˢ. chasteté.

MAEMAE, ᵐ. crachat.

MAEMAE, ˢ. pureté ; nettoyer, purifier.

MAENEI, ˢ. ici. v. MAANEI.

MAENOENO, ˢ. jalousie ; être jaloux.

MAETU, ᵐ. lever d'un bout.

MAEUEU, ᵐ. soir.

MAEVA, ᵐ. demi ; milieu.

MAEVA, ˢ. se moquer, mépriser.

MAEVAEVA, ˢ. troubler ; || tourner en ridicule ; || se couper les cheveux en deuil.

MAEVAI. ᵐ. source d'eau.

MAHA, ˢ. délasser, se délasser, repos ;||être mieux ; convalescence ; || côté, aile.

MAHAE, ᵐ. oublier.

MAHAHA, ˢ. esp. de *kalo*.

MAHAI, ᵐ. jeune enfant ; adolescent, garçon.

MAHAKA, ᵐ. jumeau ; || v. MAHANA.

MAHAKEA, ˢ. terre en friche.

MAHALO, ˢ. admirer ; honorer ; louer, approuver ; bénir.

MAHAMAHA, ˢ. prépuce ; || tempes, ouïes des poissons.

MAHANA, ᵐˢ. chaud, chaleur.

MAHANAHANA, ᵐ. chaleur du feu.

MAHANI, ᵐ. feuille (de papier).

MAHAO, ᵐ. admirer ; admirable ; contempler ; étonner ; louer.

MAHAOI, ˢ. lubrique, lascif.

MAHATI, ᵐ. lierre.

MAHE, ᵐ. battre des mains ; || attendrir.

MAHEA, ᵐˢ. ou ? par où ? comment ? pourquoi ? || sensible, attendri. v. MAHE.

MAHEKUKU, ᵐ. ongle.

MAHELE, ˢ. diviser, couper en parties ; donner à chacun sa portion.

MAHELEHELE, ˢ. diviser fréquemment.

MAHELEIA, ˢ. division. v. MAHELE.

MAHELELUA, ˢ. diviser en deux.

MAHI, ˢ. creuser, bêcher, cultiver, jardiner.

MAHIAI, ˢ. cultiver ; cultivateur, fermier ; || tout ce qui concerne l'agriculture.

MAHIHIKI, ˢ. éclabousser ; se remuer.

MAHILI, ˢ. prendre possession au nom du chef.

MAHIKI, ˢ. brandiller, sauter, danser ; || chasser ; exorciser.

MAHIKIHIKI, ˢ. esp. d'herbe.

MAHIMAHI, ˢ. esp. de poisson.

MAHINA, ᵐˢ. la lune ; || mois.

MAHINAAI, ˢ. champ, terre ; || agriculture.

MAHINE. v. VAHINE.

MAHIOKO, ᵐ. fier ; sérieux.

MAHIOLE, ˢ. casque.

MAHIPAHIPA, ᵐ. griffonner.

MAHITI, ᵐ. abcès aux parties naturelles.

MAHOA, ᵐ. bas-ventre.

MAHOE, ˢ. jumeaux.

MAHOLA, ˢ. ouvrir ; || être. v. UHOLA.

MAHONA, ᵐ. rassasier ; || content.

MAHOPE, ˢ. après, ensuite ; || derrière.

MAHU, ˢ. hermaphrodite ; || homme.

qui se pare comme une femme ; femme qui fait le travail d'un homme ; || silencieux ; || vapeur. V. EBU.

MAHUA, ^s. en quantité raisonnable ; plus grand : augmenter ; || se moquer.

MAHUAHUA. V. MAHUA.

MAHUI, ^s. suivre l'exemple, imiter.

MAHUKA, ^s. s'enfuir.

MAHULU, ^s. esp. de bois.

MAHUNA, ^s. écaille sur la peau, qui provient de l'usage du *kara*.

MAHUNEHUNE, ^s. vivre pauvrement.

MAI, ^{ms}. aller, approcher de la personne qui parle. V. ATU.

— ^{ms}. 2°-depuis, de ; deçà ; ici ; || *particule* de défense devant le verbe ; || presque, proche, sur le point.

MAI, ^s. manquer de, faillir de.

MAIA, ^s. banane.

MAIAKA, ^m. palais de la bouche.

MAIAO, ^s. ongle, griffe.

MAIAU, ^s. pur, net ; || adroit ; industrieux (se dit seulement des hommes. V. LOIA).

MAIHE, ^s. dépouiller ; décrotter.

MAIHEHE, ^s. pustule, ampoule ; pus.

MAIHEEHEE. V. MAIHEHE.

MAIHI. V. MAIHE.

MAIHIILI, ^s. prendre possession.

MAIHULI, ^s. présent pour un nouveau-né.

MAIHUNEHUNE. V. MAHUNEHUNE.

MAII, ^m. froid.

MAIII, ^s. esp. de poisson.

MAIKA, ^s. jeu ; || vaillant ; || commander.

MAIKAI, ^s. bon, excellent, parfait ; correct ; profitable ; || pur, chaste.

MAIKAIKA, ^s. fatigué.

MAIKEIKI, ^s. déclarer.

MAIKOLA, ^s. parole de mépris ; vile, méprisable ; bassesse.

MAIKUKU, ^m. ongle.

MAILA, ^s. car, ainsi ; c'est ainsi.

MAILE, ^s. dévot, bigot ; || favori ; || guirlande de feuilles de vigne.

MAIMAI, ^m. aimer, désirer, tendre à, vouloir ; regretter.

MAIMAI, ^s. malade, indisposé ; || méprisant.

MAINOHO, ^s. défendre de faire.

MAINOINO, ^s. souffrir, être tourmenté, affligé ; persécution.

MAIOIO, ^s. égratignure, blessure.

MAITA, ^m. blanc.

MAITAI, ^m. bon, excellent. V. MAIKAI.

MAIUU, ^{ms}. ongle, griffe.

MAKA, ^m. bouchée ; morceau, parcelle ; || instant ; || commencer, faire ; || attaquer, battre ; la guerre.

MAKA, ^s. œil ; figure, contenance ; bouton d'une plante ; || témoin ; || cru, vert.

MAKAAHA, ^s. couvert de plaies ; lépreux ; maladie des cochons ; || issue de l'eau d'un étang.

MAKAAINA, ^s. habitant d'une terre.

MAKAAINANA, ^s. bas peuple ; || fermier.

MAKAALA, ^s. veiller, être éveillé.

MAKAHA, ^m. apprendre pour soi.

MAKAHA, ^s. embouchure ; || maladie des cochons.

MAKAHAKAHA, ^s. cessation de la pluie.

MAKAHALUA, ^s. lieu où l'on plante le *kalo*.

MAKAHEHI, ^s. rempli d'admiration et de joie.

MAKAHELEI, ^s. œil ; || lippe.

MAKAHIAPO, ^s. premier-né.

MAKAHIKI, ^{ms}. année; premier jour de l'année.

MAKAI. ^s. regarder par curiosité; inspecter, examiner une place: espion: || bord, rivage de la mer.

MAKAII, ^m. finir; || abri; || lièvre: || bruit de la pluie.

MAKAIKI. ^m. année de douze mois.

MAKAKA. ^m. mal; méchant; injurieux: embûche, tendre des embûches; offenser; || *interj.* de joie.

MAKAKALA. ^s. lunette.

MAKAKII. ^s. masque.

MAKAKIU, ^s. espion.

MAKAKO, ^m. bosse à la poitrine.

MAKAKOLE. ^s. inflammation des yeux.

MAKAKUEKUE, ^s. faire la mine.

MAKALA. ^s. entr'ouvrir: || délier, mettre en liberté; || veiller, être éveillé: prendre garde.

MAKALE. V. MAKAKOLE.

MAKALEA, ^s. impudicité.

MAKALEHO. ^s. voluptueux, lascif; convoiter une femme.

MAKALI, ^s. amorcer; pêcher à la ligne.

MAKALII, ^s. tout petit.

MAKALUI, ^s. œil appesanti; || se tourner vers quelqu'un pour lui faire du mal.

MAKALUKU, ^s. châtier, frapper.

MAKAMAI, ^s. précieux, désirable; mignon; || œil malade.

MAKAMAKA, ^{ms}. doigt.

MAKAMAKA, ^s. ami intime.

MAKAMUA, ^s. le premier; le commencement.

MAKANA, ^s. faire un présent; présent; || gratuit.

MAKANAHELE, ^s. sauvage.

MAKANI, ^s. air, vent, brise.

MAKAO, ^m. penser.

MAKAOI. ^s. être libre, agir librement, sans gêne.

MAKAPAA. ^s borgne: aveugle.

MAKAPEHU. ^s. œil enflé.

MAKAPO, ^s. aveugle.

MAKAPONIUNIU. ^s. tomber en défaillance par faim; || vision obscure; || manquer de courage.

MAKAPOU. V. MAKAPO.

MAKAPOULI, ^s. vertiges qui précèdent une défaillance.

MAKAU, ^m. bague.

MAKAU. ^s. craindre, appréhender respecter; || hameçon préparé.

MAKAUA. ^s. vexer, troubler.

MAKAUKAU, ^s. préparer.

MAKAVAI, ^s. larmes; larmoyant.

MAKE, ^s. mourir: mettre à mort périr: mort: blessé: || éprouver un malheur; || même, autre, ni || fini, conclu: || en vain: inutile

MAKEE, ^s. jaloux; || convoiter.

MAKEHEVA, ^s. agir sans motif, en vain.

MAKEHOKEHO, ^m. souffrance intérieure.

MAKEHUKEHU, ^m. de grand matin

MAKEKE, ^s. sénevé.

MAKELE, ^s. lieu enfoncé.

MAKEMAKE, ^s. aimer, désirer; désir besoin; || bon plaisir; volonté.

MAKENA, ^s. deuil universel; lamentation.

MAKENAVAI, ^s. soif; avoir soif; || endroit où l'eau se perd dans la terre.

MAKENO, ^m. pauvre, misérable.

MAKEVAI. V. MAKENAVAI.

MAKI, ^m. plaie, abcès, pustule; blesser.

MAKIA, ^s. épingle; clou; || état de paix.

Makika, ˢ. moustique.

Makike, ˢ. moutarder.

Makilo, ˢ. regarder avec convoitise ; attendre une chose ; mendier.

Makimaki. ᵐ. aimer, désirer.

Makiu, ˢ. espion.

Mako, ᵐ. requin.

Makolu, ˢ. serré ; || large ; profond.

Makona, ᵐ. rassasié, soûl.

Makono, ˢ. implacable.

Makoona. v. makona.

Makou, ᵐ. se mettre en colère. — ˢ. notre.

Maku, ᵐ. reste. — ˢ. s'enfuir.

Makua, ˢ. père ; parent ; || homme fait.

Makuailii, ˢ. père véritable ; patriarche.

Makue, ˢ. brun , couleur de châtaigne.

Makuo. v. makue.

Mala, ˢ. exhausser, enfler; || brise; || jardin, champ.

Malalo, ˢ. sous, en bas.

Malaila, ˢ. là; de côté de.

Malama, ˢ. mois ; || garder ; || paître.

Malamalama, ˢ. lumière ; || briller.

Malanai, ˢ. brise de nord-est.

Malau, ˢ. rejeter, mépriser.

Malaulau, ˢ. préparatifs.

Malaula, ˢ. trafiquer.

Male, ˢ. expectorer ; || mariage ; marié ; noces.

Malealea, ˢ. clair, serein ; plaisant.

Malehulehu, ˢ. apparence du ciel à la chute du jour.

Maleno, ˢ. haute mer.

Mali, ˢ. lier ; || demander d'une manière flatteuse.

Malia, ˢ. peut-être ; || mais , si , donc, de peur: alors.

Malie, ˢ. beau temps.

Malihina, ˢ. étranger : voyageur.

Maliu, ˢ. calme, tranquille.

Malielie, ˢ. apaiser.

Malihini, ˢ. étranger.

Malili, ˢ. flétri : dégénéré: || adouci. apaisé: refroidi.

Malimali, ˢ. dissimuler; || flatter: défendre une cause ; || se réconcilier. v. mali.

Malo, ˢ. ceinture.

Maloeloe, ˢ. fatigue ; || substantiel: ferme.

Malohilohi, ˢ. fatigue. v. maluhi.

Malohii, ˢ. en long.

Maloka, ˢ. incrédule : || désobéissant.

Maloko, ˢ. dans, dedans ; intérieurement.

Malolo, ˢ. poisson volant.

Maloo, ˢ. sec, sécher.

Malu, ˢ. ombre ; froideur ; ombrages: || paix: faveur: vivre en paix : béni. privilégié ; || fertile ; || en cachette, secrètement, illicitement.

Malua, ˢ. bêcher.

Maluhi, ˢ. v. luhi.

Malui, ˢ. attendre ; écouter une requête ; || regarder avec compassion, être compatissant, gracieux.

Maluia, ˢ. paix ; salut; être en paix ; || sacré.

Malukoi, ˢ. cérémonie particulière pour un mort.

Malule, ˢ. changer, varier.

Malulelue, ˢ. souple , flexible ; faible.

Malumalu, ˢ. ombragé ; frais ; || fortifié.

MALUMALUHIA, ˢ. paix, tranquillité.

MALUNA. ˢ. sur, dessus, en haut.

MAMA , ᵐ. mâcher ; petit qui mâche.

MAMA , ˢ. léger , sans fardeau : prompt, actif.

MAMAA, ᵐ. fou; || ramasser.

MAMAAU, ᵐ. penser.

MAMAE, ᵐ. mal, douleur; souffrir.

MAMAI, ᵐ. œuf ; || *interj.* pour appeler de loin.

MAMAIHA, ᵐ. peau fendue, percée.

MAMAKA , ˢ. bois pour porter un fardeau.

MAMAKAAU, ᵐ. frelon.

MAMAKAKA, ᵐ. tort, injure.

MAMAKAO, ᵐ. méditer.

MAMAKEA , ᵐ. bonder, sauter : || rester immobile, temporiser: || désobéir.

MAMALA, ˢ. fragment.

MAMALU , ˢ. tonnelle ; || ombrage, parapluie.

MAMANE, ᵐ. petits copeaux.

MAMANEE. V. MAMANE.

MAMAO, ˢ. éloigner, distance.

MAMAU, ˢ. solide; || étroit, difficile.

MAMO, ᵐˢ. descendans ; postérité : petit-fils; descendre, venir de; || manteau de guerre.

MAMOPE, ᵐ. échouer.

MAMUA, ᵐˢ. auparavant, anciennement; || décrépi; || en tête de.

MAMULI, ˢ. après, selon: bientôt.

MAMURI. V. MAMULI.

MANA, ᵐˢ. pouvoir; fort, puissant, heureux; || branche d'arbre; morceau, parcelle.

MANAHALO , ˢ. mouvement des pieds et des mains en nageant.

MANAKA , ˢ. découragement, défaillance; impatience; || rester.

MANALO, ˢ. doux; || sans tache.

MANAMANA, ᵐᵉ. se diviser, former plusieurs divisions ou branches ; || doigts.

MANANALO. V. MANALO.

MANAO, ˢ. penser; conseil; || plan, stratagème.

MANAOA. ˢ. dur, patient.

MANAOIO, ˢ. foi; vérité.

MANAOLANA, ˢ. espérer ; || pensée principale.

MANAOLIA. ˢ. destiné, préparé.

MANAONAU, ˢ. se lamenter, être en peine.

MANATI. ᵐ. mélasse, doux, agréable.

MANAUEA, ˢ. mousse.

MANAVA, ˢ. temps, période; espace : || esprit, fantôme; || cœur.

MANAVAMANAVA, ˢ. les premiers siècles, le commencement.

MANAVANUI, ˢ. souffrir patiemment: persévérer, résister.

MANE, ˢ. mariage. V. MARE.

MANEA, ˢ. ongle, griffe, sabot de cheval.

MANEI, ˢ. ici : désormais. V. MAANEI.

MANELE, ˢ. chaise portative; || bière, cercueil; || porter sur les épaules.

MANENE, ˢ. tendre, délicat.

MANEO, ᵐˢ. toucher ; démanger ; chatouiller; || amertume.

MANEONEO. V. MANEO.

MANI, ˢ. stupide; pesant.

MANIA, ᵐ. laper.

MANIA, ˢ. polir, poli, affilé ; || endormi ; paresseux ; || étourdi ; || grincemens de dents.

MANIANIA , ˢ. MANIA , ᵐ. dévastation, désert.

MANIHI , ᵐ. ami (pour les étrangers).

MANINI, ˢ. déborder; || esp. de *kalo* et de poisson.

MANININI , ᵐ. doux , agréable. v. MANINI.

MANINONINO , ˢ. tourbillon violent.

MANO , ᵐˢ. quatre mille ; mille ; || beaucoup; || requin.

MANOHEU , ˢ. peler , écorcher ; || défigurer.

MANOI , ˢ. lait, suc du coco.

MANOMANO, ᵐˢ. en grand nombre; nombre indéfini ; || magnifique ; puissant.

MANONOA, ˢ. épais , impénétrable ; || inattentif.

MANU , ᵐˢ. oiseau ; volaille ; || viande salée.

MANUA, ˢ. grand navire.

MANUHEU , ˢ. méchant ; importun , ennuyeux ; || fraude, tromperie.

MANUMANU, ˢ. rude : || contention, rébellion; || figure cicatrisée.

MANUNUNU, ˢ. colombe.

MANUU, ˢ. vaste, nombreux, grand.

MANUUNUU. V. MANUU.

MAO , ᵐ. être droit , debout, ferme ; se lever, se tenir debout ; être solide ; || lier ; || recommencer; bis; || demande; || brasse.

MAO , ˢ. se flétrir, se corrompre ; || cesser; céder ; doux, qui cède facilement; || arbrisseau; || au-dessous, là, par là.

MAOHI , ᵐ. retenir.

MAOI , ᵐˢ. indigène ; || défendre ses droits , ne pas craindre ; être libre et sans gène avec les étrangers. V. OIOI.

MAOKIOKI , ˢ. indigène, natif, réel ; pur, sincère, vrai. V. MAOI.

MAOLI. V. MAOI.

MAOLIA , ˢ. nécessaire.

MA OMAO, ˢ. vert ; || poisson. V. OMAO MAO.

MAONA , ᵐˢ. rempli, rassasié; || content.

MAOPOOPO, ˢ. informer exactement; || clair , intelligible ; || prêt ; || se fixer à.

MAOPOPO. V. MAOPOOPO.

MAPEMAPE , ᵐ. beaucoup.

MAPU , ᵐˢ. éclabousser; || siffler.

MAPUNA , ˢ. bouillonner.

MARE, ˢ. marier, se marier. V. MANE.

MARIA , ᵐ. comme il faut ; convenablement.

MATA , ᵐ. œil ; air, figure, visage, portrait ; manière , apparence , forme , extérieur ; || descendans, générations ; || pampre de pomme de terre ; || tranchant.

MATAHI , ᵐ. V. MAKATAHI.

MATAENANA , ᵐ. peuple , peuplade, gens ; nation.

MATAI , ᵐ. vers la mer.

MATAIKI , ᵐ. pléiades.

MATAKA , ᵐ. veiller, surveiller.

MATAKAO , ᵐ. s'assoupir, sommeiller. V. NAO.

MATAKI , ᵐ. souffleter , frapper rudement ; assommer , massacrer.

MATAKITE , ᵐ. témoin oculaire.

MATAKOE , ᵐ. rebuter, faire mauvaise mine.

MATAKU , ᵐ. lance de fer.

MATAMATA , ᵐ. goutte.

MATANANA , ᵐ. regard.

MATAOTAO , ᵐ. penser, réfléchir. V. MAKAO.

MATAPII , ᵐ. ornement de poitrine.

MATAPO , ᵐ. aveugle.

MATAPUA , ᵐ. borgne.

MATATATAU , ᵐ. généalogie ; histoire.

MATATOKI, m. tranchant d'une hache.

MATAU, m. téton.

MATAUA. m. œil rouge, enflammé.

MATE, m. mourir, mort; || malade; mal. V. MAKE.

MATEMATE. V. MATE.

MATENA. m. la mort.

MATEONE, m. faim.

MATI. m. très fort.

MATIKEO. m. lance. V. MATAKU.

MATITA. m. cousin (insecte).

MATITO. m. esp. de jeu.

MATIUU. m. ongle, griffe.

MATOU, m. nous.

MATUA. m. personnage; || après, derrière.

MATUKU. m. dard.

MAU, m. ombre, ombrage, abri, || heure, instant; || festin anniversaire; || soif; || brasse; || confirmer, assurer; || loi; || support.

MAU, s. marque du duel et du pluriel; || deux couples; || quelque; || espèce de jonc; || permanent, durable; continuer, durer; conserver; || souvent, nombreux; peupler; || attacher; || humecter, arroser.

MAUA, ms. nous deux.

MAUAE, s. changer, donner une autre destination; changement.

MAUAI, s. fente (entre deux planches).

MAUAKALA, s. se moquer.

MAUELE, s. paresseux, fainéant; infirme, incapable de travailler.

MAUHA, s. boiteux.

MAUHAALEALE, s. se fâcher; envier.

MAUHALA. V. MAUHAALEALE.

MAUI, m. terme de tendresse du mari à sa femme; || indigène.

MAUKA, s. à la campagne, à terre, du côté de la terre.

MAUKI. m. tenir ferme.

MAUKOI, s. pêche à la ligne; || scion

MAUKOLI. s. nourriture de chaque jour; nourriture donnée par le chef; || nation.

MAULE. s. tomber en défaillance; faible, défaillance.

MAULI. s. premier jour de la lune.

MAULIAVA, s. respiration gênée; hoquet.

MAULOELOE. s. fatigué.

MAULUULU, s. boiter par fatigue.

MAUMA. m. poitrine. V. UMA.

MAUMAU. s. herbe; foin.

MAUNA. ms. par dessus, le dessus; mont; montagne; || contre, malgré.

MAUNAUNA. s. prodiguer, dissiper; ravager.

MAUNU, s. amorce, appât.

MAUNUNU, s. brise de mer.

MAUU, s. herbe, verdure; || bruit qui se fait en avalant.

MAVAENA. s. entre, au milieu.

MAVAHO. s. dehors, le dehors.

MAVALE. s. réfléchir profondément.

MAVE. m. vite; venez vite!

MAVEA. s. où.

MAVEAVEA, m. brûlant, cuisant.

ME, ms. avec, de, pour, dans; || et, aussi; || comme; par exemple.

MEA. ms. chose, substance quelconque matérielle ou physique; individu; personne; || circonstance, condition; || faire dire; avoir à faire; || troubler, détourner; || fouler.

MEAE, s. autre, d'ailleurs; || nouveau, étrange, surprenant.

MEAHA, m. pourquoi, comment.

MEAHALE, s. maître, chef de maison.

MEALIMEALI, s. cuivre.

MEAMA, m. la lune ; lunaison ; mois.

MEAMEA, m. plaisanterie, farce.

MEAU, s. démangeaison ; gale.

MEE, s. s'étonner, s'extasier. V. MEAE.

MEEMEE, s. chose désirée.

MEHA, s. demeurer seul ; observer les fêtes.

MEHAMEHA, s. seul, privé, retiré ; sans habitans ; || tristesse ; s'ennuyer.

MEHE, s. comme. V. ME, HE.

MEHEA, ms. pourquoi.

MEHEU, s. chemin battu, sentier, faire un sentier.

MEI, m. particule qui marque direction de haut en bas ; || descendre ; || manquer de faillir ; || fruit de l'arbre à pain.

MEIE, m. beau, serein ; || profane.

MEIHEA, m. d'où. V. ME, I, HEA.

MEIKA, m. banane, bananier.

MEIKI, m. se répandre.

MEIMATA, m. pleurer.

MEINI. V. MEIKI.

MEIO, m. de chez.

MEITAI, m. bon, agréable, beau ; || commode, convenable ; doux.

MEKAKA, m. plier ; souple.

MEKAUPANNA, s. balance ; verge à mesurer.

MEKEE, m. tomber ; s'échapper.

MEKEO, m. amer, âcre.

MEKI, s. précipice.

MELE, s. chanter.

MELEMELE, s. jaune.

MELI, s. miel.

MELU, s. mou, pourri ; || arracher la barbe.

MEMAE, m. peine, tourment, souffrance ; souffrir ; triste, tristesse.

MEMAI, m. approche ! viens ami ! || pondre.

MEMAO, m. regretter ; || éloigner.

MEMAU. V. MEMAO.

MEMELE, s. chanter souvent.

MENAKAO, m. cri des revenans.

MENANA, m. nageoires.

MENAVA, m. ventre, intestins, estomac : || respirer, respiration, souffle.

MENE, ms. émoussé ; lancer.

MENEI, ms. ce, cette ; comme ceci ; ainsi ; || maintenant.

MENEIA. V. MENEI.

MENEMENE, ms. craindre ; || chèvre, bouc.

MENENE, s. toucher de compassion ; sentir une douleur.

MENEO. V. MANEO.

MENI, m. agréable.

MENIA, m. poli, uni.

MENINO, m. calme.

MEO, s. demander continuellement des faveurs.

METAKI, m. vent, air ; || soufflet, souffleter.

METANI. V. MATAKI.

METAO, m. penser, approfondir, méditer : croire ; pensée, idée.

METAU, m. hameçon.

MEUKEU, s. bénédiction, grâce.

MIAMIA, m. peu habile.

MIEE, m. peur, surprise ; s'éveiller avec surprise ; alarme.

MIHI, s. se repentir, être fâché ; repentir, contrition ; || plaintes, pleurs.

MII, m. considérer, admirer.

MIKEO, m. désobéir ; rebelle.

MIKI, s. pincer, pinces ; || manger avec les doigts.

MIKIAO, s. ongle. V. MAIUU.

MIKILI, s. apercevoir, concevoir ; || passer une chose dans un trou.

Mikimiki, ˢ. énergique, diligent; || ronger, manger, sucer.

Mikioi, ˢ. gentil; || qui prend peu.

Miko, ˢ. salé, assaisonné; saveur; || embrouillé.

Mikoli, ˢ. sucer, lécher ses doigts en mangeant quelque chose de délicieux.

Mikomiko, ˢ. délicieux: || éparpillé, de peu de valeur.

Mili, ˢ. sournois; pesant.

Milikani, ˢ. esp. d'arbre.

Mililani, ˢ. exalter, célébrer.

Milimili, ˢ. examiner avec curiosité; curiosité.

Milo, ˢ. corder, filer; tordre, tourner.

Milomilo, ˢ. filer.

Mima, ᵐ. plat, aplati.

Mimi, ᵐˢ, uriner, urine.

Mimiki, ˢ. rencontre de deux vagues.

Mimilo, ˢ. tournant, gouffre: || frisé.

Mimino, ᵐˢ. ride, ridé; replis; plisser; || rouler: || poser.

Minamina, ˢ. chiffonné: || être chagriné, regretter; épargner, ne pas punir; éviter une punition; || précieux, rare.

Mine, ᵐ. basilic.

Mini, ᵐ. multiplié.

Minimini, ᵐ. nombre très grand.

Mino, ˢ. sommet de la tête; || triste; pleurer.

Minoinoi, ˢ. sucer les doigts.

Minomino, ᵐˢ. décorder, défaire. V. **minamina**.

Mio, ˢ. lit étroit d'une rivière; || nager entre deux eaux; || heureux.

Miomio, ˢ. oblique, qui penche.

Mitahake, ᵐ. dégoûtant; fi!

Mitaka, ᵐ. ampoule (mal).

Miti, ᵐ. goûter, sucer, lécher, tâter: || mûr: || maigre.

Mitipu, ᵐ. avaler.

Mitito, ᵐ. sucer. V. **miti**.

Miula, ˢ. mule.

Mo, ᵐ. de. v. **o**, **ma**.

Moa, ᵐˢ. poule, coq; || cuire, cuit || sacré, homme sacré, prêtre; || fini; || bâton de jeu.

Moae, ˢ. vent d'est.

Moakaka, ˢ. clair, intelligible; || transparent. V. **akaka**.

Moakane, ˢ. coq.

Moalia, ˢ. bien cuit.

Moalii, ˢ. toron; fil.

Moamaka, ˢ. à demi cuit.

Moana, ᵐˢ. mer, haute mer; océan; || champ: camp, camper.

Moanavai, ˢ. lac.

Moano, ˢ. esp. de poisson.

Moapelehe, ˢ. dinde, dindon.

Moapelahulahu, ˢ. dindon.

Moe, ᵐˢ. se coucher, se prosterner: || dormir: lit, canapé, natte; || sommeil: || songe, rêve, rêver; || rester, demeurer; || **Amoe**, *imp.* merci.

Moeheva, ˢ. mauvais sommeil; somnambule; parler en dormant.

Moeipo, ˢ. fornication, adultère; || dormir dans un temps ou dans un lieu peu convenable.

Moekolohe, ˢ. adultère. V. **moeipo**.

Moemoe, ˢ. être aux aguets, se tapir; || rêver, dormir.

Moemoea, ᵐˢ. rêve, mauvais rêve, raconter un rêve; || tramer un complot.

Moena, ᵐˢ. natte, tapis, matelas.

Moenia, ˢ. lit. v. **moena**.

Moeu, ᵐ. prisonnier, vaincu; || locataire.

MOEUHANE, ^s. rêver, rêve.

MOEVAA. V. MOEUHANE.

MOA, ^s. brillant, luisant.

MOHAI, ^s. sacrifier, sacrifice; offrir.

MOHAIALA, ^s. sacrifice de propitiation.

MOHAIALOHA, ^s. offrir la paix.

MOHAIINA. ^s. libation.

MOHAIKUNI, ^s. holocauste.

MOHALA, ^s. épanouir; || étendre; || courageux.

MOHO, ^s. esp. d'oiseau.—^m. raser; || cacher.

MOHOI, v. MOHAI; ^m. membres rongés par la lèpre.

MOHOLE, ^s. abattu; chagrin.

MOHOPIO, ^m. esp. de fougère.

MOHOTO, ^m. être à jeûn; jeûner; abstinence.

MOHU, ^m. frais, fraîche.

MOI, ^m. fille; || refus, non, merci; || aigreur; || pituite.

MOI, ^s. souverain, suprême.

MOIOE, ^m. tendre des embûches; être en embuscade.

MOKA, ^m. maigre. décharné.

MOKAMOKA, ^m. narines. morve.

MOKE, ^m. finir. disparaître; || spacieux; libre; || sauvage.

MOKI, ^s. bouchon.

MOKIKI, ^s. baiser.

MOKIO, ^s. voler, derober; || adultère.

MOKO, ^m. navire, grand navire; || lézard.—^s. ile.

MOKOMOKO, ^s. se boxer.

MOKOO, ^m. désert.

MOKU, ^s. division de terre, district; petite île; || diviser, couper, rompre; coupure, cicatrice; || navire.

MOKUAHANA, ^s. divisé en branches comme une famille, un royaume; faction, faire partie.

MOKUAHI, ^s. brandon.

MOKUKAUA, ^s. combat naval.

MOKUKIAKOLU, ^s. navire à trois mâts.

MOKUKIALUA, ^s. navire à deux mâts.

MOKUKU, ^m. nœud de la gorge.

MOKUMOKU, ^s. déchirer, briser; brisé, mis en pièces.

MOKUNA, ^s. bornes. limites; || pièces; || district; chapitre: côté.

MOLA, ^s. corde qui se défait.

MOLALELALE, ^s. brillant.

MOLE, ^s. racine principale d'un arbre.

MOLEMOLE, ^s. chauve.

MOLIA, ^s. bénir; || maudire.

MOLIALO, ^s. pâque; || passage de la Mer Rouge par les Hébreux.

MOLIKIAHA, ^s. fond d'un vase.

MOLOVA, ^s. paresseux; || expression d'impatience, d'ennui.

MOLUNA, ^s. voleur.

MOMAMOMA, ^m. humide.

MOMI, ^s. perle, pierre précieuse: || avaler.

MOMIO, ^s. pyramidale.

MOMO, ^m. peu. petit.

MOMOA, ^{ms}. pardonner; || libéral; généreux.

MOMOE. ^{ms}. dormir bien; rêver.

MOMOKE, ^m. sauvage, bête sauvage: cruel, féroce. v. MOKE.

MOMOKO, ^s. frapper à coups de poing, a coups redoublés.

MOMOKUAHI, ^s. brandon, tison.

MOMOMI, ^s. faire des efforts en avalant; || avide d'instruction.

MOMONA, ^{ms}. gras; graisse, embonpoint; || nourriture agréable; doux; || fertilité, richesse.

Momoa, m. pardonner.

Momotu, m. casser, fondre, lacérer.

Momou, m. crampe, engourdissement; s'engourdir.

Moneoho, m. délicat, qui a besoin.

Moni, ms. argent, monnaie; || avaler, absorber.

Monimoni, s. manger vite.

Monunu, m. agacé; || œsophage.

Moo, s. serpent, lézard; || sentier; ligne de direction; || suite; succession.

Moo, m. sécher, être sec, aride; || retarder; || suite; succession.

Mooa, s. fréquenté; || sentier étroit, peu battu.

Mooae, s. vent du nord.

Mooalii, s. génération, suite de rois.

Mookahuna, s. suite de prêtres.

Mookupuna, s. tribu, race; suite d'ancêtres.

Moonihoava, s. serpent, vipère, scorpion.

Moonu, m. amorce, appât.

Mooolelo, s. histoire, tradition.

Moopuna, ms. petit-fils; postérité; les descendans.

Moroa, m. insouciant, paresseux, ennuyé. v. momoa.

Motaki, m. bien, c'est bien. v. ataki.

Moteo, m. rayon du soleil.

Moti, m. merci! v. moe, moi.

Motii. v. oti.

Motioho, m. gourmand, qui a besoin.

Moto, m. comprimer, serrer.

Mototita. v. moto.

Motou, m. épais, dur.

Motu, m. déchirer, rompre, bri-

ser; || se désespérer; || petite roche dans la mer.

Motua, m. père, parent.

Motuaai, m. beau-père, belle-mère.

Motumotu, m. par morceau, par parcelle; parcelle, tranche.

Mou, m. mûr; || marque du pluriel; || des (article partitif); || bonnet.

Moui, m. main gauche.

Mouku, m. chapeau; || jonc.

Mouna, s. v. mou.

Mouo, s. bouée; ce qui flotte sur l'eau pour indiquer l'ancre.

Moupuna, m. petit-fils; petite-fille.

Mouu, m. finir, se terminer; guérir; || tomber.

Mu, m. également.

Mu, s. teigne, ver; || rouiller, rouille.

Mua, ms. avant, auparavant; premier; antérieur; aîné.

Muakua, s. non civil, non sociable; || culte religieux.

Mueke, s. se rétrécir.

Muemue, s. mauvais goût, qui a un mauvais goût.

Mui, ms. se réunir, s'approcher.

Muimui, s. réunir, ramasser; s'assembler.

Mukamuka, s. goûter.

Muki, s. baiser; mâcher.

Mukii, s. qui prend soin des affaires d'un autre.

Mukiki, s. savourer.

Mukipaka, s. page, enfant à la suite d'un chef.

Muku, s. chipoter, disputer; || mesurer.

Mule, s. mordre, piquer.

Mulea, s. mordant, amer; aigu.

MULI, ˢ. après ; || successeur: || rester.

MULIVAI, ˢ. rivière ; embouchure d'une rivière.

MUMU, ˢ. bourdonner : || tenir la bouche pleine d'eau.

MUMUHU, ˢ. murmurer, chuchoter: bruit sourd.

MUMUKU, ˢ. coupé : séparé : estropié ; || vêtement trop court.

MUMULE, ˢ. muet ; silencieux ; || se réunir ; assemblé.

MUMUMEA, ˢ. sein, poitrine.

MUNUIPU, ᵐ. bombe.

MUO, ᵐ. genou.

MUTIE, ᵐ. herbe, mousse, gazon.

MUTU, ᵐ. muet ; || apathique, morne : stupide.

MUU, ˢ. entasser. v. MUI.

MUULULU, ˢ. vent du sud.

N.

NA, ᵐˢ. de, des ; pour, par ; un peu, un peu de : *article partitif:* que *relatif: marque du pluriel:* terminaison de *substantifs;* || être tranquille, apaisé, consolé, avoir un moment de repos.

NAANONALO, ˢ. mouche.

NAATI, ᵐ. peu.

NAAU, ˢ. siége de la pensée chez les insulaires ; intestins, cœur ; affection; esprit, intelligence.

NAAUAO, ˢ. instruit, sage, éclairé, persuadé.

NAAUAUA, ˢ. sympathie, désir, chagrin profond, angoisse, désespoir; suicide.

NAAUAUVA, ˢ. se suicider. v. NAAUAUA.

NAAULUA, ˢ. un second, un égal ; assistant.

NAAUPO, ˢ. obscur, ignorant.

NAE, ᵐˢ. vraiment, en vérité ; || néanmoins, pourtant; || vêtir; || allumer; || filet.

NAEEHO, ᵐ. petite bouche ; celui qui mange peu.

NAEENAEE, ᵐ. chemin facile.

NAELE, ˢ. boue, bourbe, marais.

NAELEELE, ˢ. vermoulu, rempli de trous.

NAENAE, ᵐˢ. essoufflé : asthme ; phthisie; respirer ; || ennuyeux ; importuner.

NAEVE, ᵐ. rasoir, couteau.

NAHA, ˢ. se fendre, se briser, briser, casser.

NAHAE, ˢ. déchirer, briser. v. NAHA.

NAHAEHAE, ˢ. déchiré, réduit en cendre, en poussière. v. NAHAE.

NAHAHA, ˢ. réduire en cendre, mettre en pièces. v. NAHAEHAE.

NAHAVELE, ˢ. poisson à écaille.

NAHEKA, ˢ. serpent.

NAHELE, ˢ. herbes, feuillage.

NAHEHELE, ˢ. herbe d'un désert : foin; || désert, sans culture.

NAHELO, ˢ. serpent.

NAHENAE, ˢ. faim.

NAHI, ᵐ. avant, prés.

NAHILI, ˢ. lâche, paresseux.

NAHINAHI, ˢ. mou, léger ; doux au toucher; paroles, manières douces, polies.

NAHOAHOA, ˢ. plaie; souffrance intérieure ; || coup de soleil.

NAHOLO, ˢ. courir le long de, courir à l'aventure.

NAHU, ᵐˢ. mordre, déchirer, ronger; || attraper, combattre; ||colique; || être vierge.

NAHUNAHU, ms. mordre, déchirer par morceau; || souffrance.

NAIA, s. marsouin, cochon de mer.

NAINAI, s. sauter.

NAKA, s. non solide, vacillant comme un bourbier.

NAKAKA, s. fracasser; courber, || plier; || rempli de fentes: || se crever.

NAKEKE, s. faire du bruit comme le papier; || secouer; abandonner; || moutarde.

NAKELE, s. marécageux.

NAKELII, s. pêcheur.

NAKI, s. attacher, lier; étrangler; confiner;—m. pulsation.

NAKII, NAKIKI, NAKINAKI. V. NAKI.

NAKINAKINA, s. bleu: || léger; || gros.

NAKOLO, s. courir: s'étendre.

NAKU, s. troubler l'eau; || jonc.

NAKUI, s. soigneux. diligent, actif.

NAKULUAI, s. dire du bien de.

NALINALI, s. brillant.

NALO, s. disparaître: oublier: effacer, cacher, perdre.

NALOE, s. disparaître, se retirer; || mouche.

NALOOPEEHA, s. frelon.

NALOPAKA, s. guêpe.

NALOVALE, s. oublié, caché; hors de vue, de mémoire; inconnu; perdre. V. NALO.

NALULI, s. difficile à faire.

NALULU, s. mal de tête.

NAMAUAHI, s. peu nombreux.

NAMINAMI, s. nommer, appeler; dire, parler.

NAMU, s. parler vite, d'une manière inintelligible, imparfaite-

ment; langage insignifiant, parler les vides de sens.

NAMUNAMU. V. NAMU.

NANA, s. voir, apercevoir; || être consolé; || aboyer; || nager; || quant de lui, pour lui, quant à lui, c'est lui. V. LANA.

NANAHU, ms. charbon. V. LANAHU || mordre; || colique. V. NAHU.

NANAI, s. tonnelle, hangar.

NANAKA, s. fente, fêlure.

NANANA, s. araignée: || s'exerce à la marche.

NANAO, s. spacieux; profond.

NANAPAU, s. arbre.

NANE, s. parabole, allégorie; || plaisanter.

NANEA, s. plaisant; indifférent; || facile, tranquille; || examiner attentivement.

NANEHAI, s. problème de mathématique.

NANI, ms. briller; beau; gloire; louange; || profitable; nombreux.

NANO, s. mouche.

NANO, m. rassasier, étancher la soif: abreuver; || être fatigué.

NANU, m. semer, planter. V. TANU.

NANUNU, s. flexible; || mal de tête.

NAO, m. manquer, être absent; absence.

NAO, s. couler doucement; || moulure; || uni et droit.

NAONAO, s. dérober; || fourmi.

NAOPALAPALA, s. cercle.

NAPAI, m. vers la mer.

NAPE, m. laper, tirer la langue.

NAPENAPE, s. agité par le vent.

NAPOO, s. décliner, s'obscurcir.

NARE. V. NAO.

NATIOTIO, m. luette, épiglotte.

NATU, m. laver.

NAU, ^m. mal.

Nau, ^s. mâcher ; || défenses d'un animal ; || ton , tien; vous ; || ignorer.

Naua, ^s. midi.

Naue , ^s. trembler ; ébranler, secouer.

Naueu, ^s. agacer.

Naueue. v. naueu.

Naukiuki, ^s. provoquer, vexer. v. ukiuki.

Naulia, ^s. grogner.

Naulu, ^s. brouillard , petite pluie.

Nauna, ^s. de moi, par moi.

Naunau, ^s. cresson; || poivre.

Nauu, ^m. mal, gêne.

Nauve. v. naue.

Nauveve. v. nauve.

Navai, ^s. qui, de qui, de quoi, par qui, à qui.

Navali, ^s. faible ; languissant, malade.

Navalivali. v. navali.

Navava , ^s. secouer, remuer. v. naue.

Nave, ^m. répondre.

Navea, ^s. d'où.

Navenave, ^m. répondre, badiner.

Naveve, ^s. tremblement de terre. v. naueue.

Ne. v. te.

Ne , ^s. tracasser, tourmenter ; || demander à manger ; || grincement de dents.

Neanea, ^s. terre inculte; solitaire, abandonné.

Nee, ^s. mouvoir, remuer ; transporter, déplacer.

Neenee. v. nee.

Nehae, ^m. facile à rompre; faible.

Nehe, ^m. peut-être, possible.

Nehe, ^s. esp. de plante.

Nehenehe, ^s. faim.

Nehi, ^s. pourri, gâté.

Nehinehi, ^s. hier.

Nehu , ^s. esp. de poisson ; — ^m. mauve.

Nei, ^{ms}. ici, maintenant; *marque du présent.*

Neia, ^s. celui-ci. v. keia.

Neinei, ^m. grossir; || poindre, paraître.

Neke, ^{ms}. bruit sourd ; écho ; || hausser la voix.

Nekeneke, ^{ms}. proche, près, voisin.

Neki, ^s. jonc.

Nela, ^s. hier.

Nele, ^s. pauvre, dépourvu, vide ; être dans le besoin ; || perdre.

Nelunelu, ^s. gros, corpulent.

Nemanema , ^s. faire des observations malignes, se moquer; mépriser.

Nemonemo, ^s. fort bien ; poli, cultivé.

Nena, ^s. bile.

Nenanena, ^s. jaune.

Nenau, ^m. démanger.

Nene, ^m. déhonté, fille déhontée ; || sodomie entre les femmes.

Nene, ^s. oie ; || sans terre ; || s'élargir ; s'écarter.

Nenea, ^m. durable.

Neneke, ^s. battre du tambour, des pieds ; craquer.

Nenelea, ^s. profond, fosse.

Nenene, ^s. être disposé à ; être sur le point de.

Neni, ^m. brillant. v. nani.

Nenie, ^m. cuivre ; fer-blanc.

Neo ^m. hoquet.

Neo, ^s. clair, sans nuages.

Neoneo, ^s. abandonné, sans habitans ; silencieux ; || approcher.

Nepunepu, ^s. enflé, dodu.

NEUE, m. remuer.

NEUNEU, s. gras. graisse.

NEVA, m. poivre. piment ; || agréable.

NEVA, s. bâton, canne.

NEVAI, m. libre.

NEVE, s. souffrir ; avoir besoin.

NEVENEVE, s. paraître triste : || gros ventre : || doux au toucher ; || blasphème.

NIA, m. plein.

NIANIA, s. médire. calomnier : rapporter.

NIAO, s. coin. angle : || tige de feuille du cocotier.

NIAU, m. miauler.

NIAU, s. navigation facile.

NIAUKANI, s. facile à dire : || esp. de trompe.

NIAUNIELE, s. demander avec surprise.

NIELE, s. questionner. informer.

NIENIE, m. pincer. agacer.

NIENIELE, s. faire beaucoup de questions.

NIHE, m. faire signe.

NIHI, ms. marcher avec précautions, se sauver : se tourner de côté ; || craindre d'offenser ; || curieux.

NIHINIHI, s. droit ; difficile : escarpé ; faîte. sommet.

NIHO, ms. dent.

NIHOAVA, s. disposé à mordre : || dent empoisonnée.

NIHOI, s. poivre.

NIHOKAI, s. vieux, qui n'a plus qu'une dent.

NIHOMOLE, s. édenté, ébréché.

NIHOUI, s. mal de dent.

NIHONIHO, s. dentelé.

NIHU, m. toupie.

NIKA, ms. noir ; nègre (moderne).

NIKE, m. confus.

NIKII, s. nouer.

NINA, m. aiguille.

NINANINA, s. entièrement mouill[é]

NINANINAU, s. questionner.

NINAU, s. questionner. informer. catéchisme : faire le catéchisme.

NINEE, m. égratigner.

NINEHI, s. cercle.

NINI, ms. tromper. surfaire : || verser : || caresser. agréable : || guérir un malade : || bien placé.

NINIA, m. tomber de faiblesse.

NINIAU, s. mouvement en rond.

NINIE, v. NINII.

NINIHI, s. cercle ; || marcher sur le bord d'un précipice.

NINILU, s. nord.

NININI, s. verser. répandre. v. NINI.

NINITI, m. petit reste d'une chose.

NINIU, s. se tourner. faire tourner.

NINO, m. corps. v. TINO ; || corder, filer ; || brocher.

NINO, s. dent.

NIOHEI, m. répugnance qui fait vomir.

NIOI, s. poivre : || rouge.

NIOLO, s. sommeiller ; assoupissement.

NIONIOLO, s. correct. droit.

NIRA, m. aiguille. v. NINA.

NITA, v. NIKA.

NIU, m. tirer au sort.

NIU, s. coco, cocotier.

NO, ms. oui ; || de. pour. contre, jusque : || si. oh ! si ; || appartenir, appartenant.

NOA, m. très, fort, entièrement, tout à fait. v. LOA.

NOA, s. lie du peuple ; mauvais ; || féries : || congé : || esp. de jeu.

NOE, s. brouillard.

NOEAU, s. sage ; adroit.

NOENOE, ˢ. être enivré, charmé.

NOENOEAU. V. NOEAU.

NOHA, ˢ. brisé, mis en pièces.

NOHEA, ᵐˢ. d'où.

NOHILI, ˢ. ennuyeux ; || pour long-
temps.

NOHO, ᵐˢ. siége, trône, demeure :
siéger, s'asseoir, faire asseoir ; de-
meurer ; || architecte : || se ma-
rier.

NOHOALII, ˢ. trône royal.

NOHONA, ᵐˢ. mariage.

NOHONOHO, ᵐˢ. rester ; résider,
demeurer ; || mettre en ordre.

NOHONUI, ˢ. retarder beaucoup.

NOHOPAA, ˢ. confirmer, établir, affermir ; ferme.

NOHU, ˢ. esp. d'épine.

NOI, ˢ. demander, prier.

NOII, ˢ. mettre en paquet ; ramasser.

NOINOI, ˢ. importuner, mendier.

NOIO, ᵐˢ. esp. d'oiseau.

NOKA, ᵐ. nuque ; || robe.

NOKAHU, ˢ. charbon.

NOKE, ˢ. énergique, persévérant.

NOKINOKI, ˢ. bégayer, balbutier.

NOLAILA, ˢ. c'est pourquoi ; de là ;
ainsi donc.

NOLU, tromper, séduire ; || doux.

NOLUNOLU, ˢ. doux, pliant, flexible. V. NOLU.

NOMALII, ˢ. rester, laisser.

NONA. V. KONA.

NONANOA, ˢ. esp. de fourmi.

NONE, ˢ. ronfler.

NONEI, ˢ. d'ici.

NONENONEA, ˢ. mécontent.

NONI, ᵐˢ. esp. de plante ; mauvais
fruit ; || rouge.

NONO, ᵐ. moucheron, moustique.

NONO, ˢ. coup de soleil ; || figure
rouge par la chaleur.

NONOHO, ˢ. demeurer ensemble.

NONOHUA, ˢ. qui ne répond pas.

NONOI, ᵐˢ. demander, exhorter,
prier, solliciter, mendier.

NONONO. V. NONO.

NONOO, ˢ. ronfler.

NONU. V. NOLU.

NOO, ˢ. de là.

NOONOO, ˢ. penser, réfléchir ; pensée : sujet de méditation.

NOPAKA, ᵐ. avare.

NOU, ᵐ. faire signe des yeux.

NOU, ᵐˢ. ton, tien ; || souffler fort.
— ᵐˢ. 2°-mon, ma, mien ; pour
moi, pour vous.

NU, ˢ. gémir.

NUEA, ᵐ. flasque.

NUHA, ˢ. pleurer ; avoir à cœur.
V. LOHA.

NUHE, ᵐ. chien ; || chenille, ver,
insecte.

NUHEI, ˢ. bec recourbé.

NUHI, ˢ. prendre.

NUI, ᵐˢ. grand, beaucoup, fort,
très : || agrandir, augmenter.

NUIVALE, ˢ. le plus grand, très
grand.

NUKU, ˢ. quereller, calomnier ; ||
détester : || entonnoir, embou-
chure : groin : || manger.

NUKUKEE. V. NUKU.

NUNU, ᵐ. cuire ; || muet.

NUNU, ˢ. gémir, grogner : || rou-
couler ; || provoquer ; || colombe.
V. MUMU.

NUNUA. V. NUNU.

NUNUHA, ˢ. silencieux : insociable.

NUNUI, ᵐˢ. très grand. V. NUI.

NUNULU, ˢ. grogner, murmurer.
V. KUNU.

NUTU. V. KUTU.

NUU, ˢ. égalité ; sérénité.

NUULU, ˢ. ombrage, tonnelle.

O.

O, ms. de, appartenant là; sous, là; || de peur que; || lieu, place; || faire entrer de force, cogner; || percer, assassiner; piquer, poignarder; || étendre, allonger; || tinter, sonner; || répondre; || pointe, point; fourchette; peigne; || provisions pour un voyage.

OA, m. s'éloigner; loin; vaste; long, longueur.

OA, s. pousser des cris de joie; acclamation; || bâillonner; se fendre; || rouler; passer outre; perdre, changer; || orphelin.

OAA, m. savoir. v. KOOA.

OAAA, s. bruit de l'eau jaillissante de sa source; || errer, perdre le chemin.

OAI, s. v. OVAI.

OAKA, s. ouvrir; || éclat de lumière, réflexion des rayons.

OAKAAKA, s. reflet de lumière.

OAKUA, s. quatorzième jour du mois.

OALA, s. rouler, rouler çà et là.

OAMO, m. pièce de bois qui sert de levier.

OANA, s. aiguiser; pierre à aiguiser.

OAO, s. miauler.

OAOA, s. calme, serein; joyeux; || se plaindre d'une insulte, d'une offense.

OATI, m. montre, horloge; || bruit.

OAU, s. je, moi; de moi, mon, mien.

OE, ms. tu, toi. v. KOE; || coco, fruit jeune du coco.

OE, s. sonder, piquer; || homme qui marche avec élégance; || bruit sourd.

OEA, s. faire répéter.

OEOE, s. bruit sourd. v. OE.

OEOEO, s. de différente taille.

OHA, ms. petit; rejeton; tige; || se baisser, s'agenouiller; adorer; || dépendant.

OHAHA, s. gras, fertile, florissant.

OHAHAI. v. OHAHA.

OHAI, s. esp. d'arbrisseau.

OHAKA, m. grande auge.

OHALE, s. chauve.

OHANA, s. famille, tribu, race; troupeau.

OHAO, s. labourer, cultiver; || qui a le ventre enflé.

OHAOHALA, s. son agréable.

OHAU s. frapper, fouetter.

OHE, s. bambou, roseau, canne.

OHEA, s. d'où.

OHELO, s. esp. de fruit.

OHELOPAPA, s. fraise.

OHEMOHEMO, s. languir; faible; défaillance.

OHENANA, s. lunette d'approche.

OHEU, s. v. OHEA; || défricher.

OHI, m. retarder.

OHI, s. cueillir, moissonner; arracher; || recevoir les intérêts de son argent; || le, celui.

OHIA, m. dès que, aussitôt que.

OHIA, s. esp. de pomme, dattes; pomme de pin.

OHIAHA, s. esp. de pomme.

OHIE, s. pervers, méchant.

OHIKI, s. faire avec négligence; || à demi ivre; || manger les miettes; || petit cancre.

OHIKI, s. va vite, dépêche-toi.

OHIKIHIKI, ˢ. attendre avec patience; || ôter, peler.

OHILO, ˢ. premier jour du mois.

OHINU, ˢ. rôtir; broche, tourne-broche.

OHIOHIO, ˢ. enchanté, ensorcelé; || parler rapidement; babillard.

OHIPA, ˢ. promesse solennelle; || jurer, protester. V. ʜᴏᴏʜɪᴘᴀ.

OHIPUA, ˢ. méchant, pervers.

OHO, ᵐ. vite.

OHO, ˢ. appeler de loin; || cheveux.

OHOI, ˢ. ronce.

OHOLE, ˢ. peler.

OHOPA, ˢ. fatigue.

OHOPE, ᵐ. occiput.

OHU, ˢ. brouillard, nuages serrés; fumée épaisse; || serviteur, sujet, vassal.

OHUA, ˢ. famille; || treizième jour du mois.

OHUI, ˢ. percer, crever.

OHUKU, ˢ. plate-forme; || tête bossue.

OHULE, ˢ. chauve.

OHULU, ˢ. patate.

OHUMU, ᵐ. poignet.

OHUMU, ˢ. conversation particulière; conspirer; || murmurer, se plaindre; || se féliciter; || dire.

OHUNA, ˢ. onzième jour du mois.

OHUOHU, ˢ. se mettre en uniforme, décorer; || guirlande.

OI, ᵐˢ. pendant que, durant, lorsque, quand; || prendre garde; || pétrir.

OI, ˢ. boiter; boiteux; || approcher; || exceller, excédant; || pointu, arme; || nombre impair.

OIA, ᵐˢ. lui, c'est lui, le voilà; de lui, son; || oui, vrai, vérité; affirmer, consentir; || durer.

OIAI, ˢ. v. ᴏɪ ; monter.

OIAIO. v. ᴏɪᴀ.

OIANA, ᵐ. voilà, voici.

OIAPAHA, ˢ. peut-être.

OIHANA, ˢ. devoir, occupation, service, observance, office; ministère; coutume; rit, cérémonie.

OIHI, ˢ. s'asseoir, être assis.

OIHO, ˢ. descendre.

OILI, ˢ. agité par la crainte, être indisposé; || monter; || région du cœur.

OILO, ˢ. première pousse des végétaux.

OILOI, ˢ. se moquer, railler, babiller.

OIOI, ᵐ. demain. V. ᴏʀɪᴏʀɪ.

OIOI, ˢ. reposer; || tourner le côté à quelqu'un; || aigu, rempli de pointes, pointu; || épreuve.

OIOIANA, ˢ. lieu de repos pour les voyageurs.

OIOINA, ˢ. sommet de montagne.

OIOIO, ˢ. passer et repasser souvent.

OITA, ᵐ. fi ! bah !

OKA, ᵐ. immoler, tuer, assassiner, égorger; || percer, piquer, saigner; || perche; || chevron; ||fourchette.

OKA, ˢ. fleurir. v. ᴏᴋᴜ ; || se moucher; || scier, scie; déchirer, casser; || morceau, parcelle; poussière, grain de poussière; || quiconque.

OKAA, ˢ. cime, sommet.

OKAI, ˢ. papillon; || foule.

OKAKA, ˢ. étranger; || société d'hommes d'affaires; || fente.

OKAKAI, ˢ. foule. v. ᴏᴋᴀɪ.

OKAKALA, ˢ. froid.

OKALA, ˢ. étonner; || frissonner, trembler, frémir; || aiguiser.

OKANA, ˢ. district; préfet de district.

OKANA, ^{s.} fier. orgueilleux.

OKAOKA . ^{s.} réduire en poudre , moudre: poussière. v. OKA.

OKAU, ^{m.} courageux.

OKE , ^{ms.} presser, s'assembler en foule ; || babillard ; || faim ; || sable.

OKEA, ^{s.} sable. gravier.

OKEE , ^{s.} se moucher; || papillon. v. OKAI.

OKENA, ^{s.} esp. de plante.

OKEOKE. v. OKE.

OKI , ^{m.} lit, coussin , oreiller : || même. v. OTI.

OKI, ^{s.} couper. décapiter. déraciner; émonder ; || finir, terminer; || punir ; || faim ; pauvre , affamé.

OKINA, ^{s.} fin.

OKIOKI , ^{s.} couper souvent : détruire. v. OKI.

OKIPOEPOE. ^{s.} circoncire.

OKO . ^{m.} fort. grand. vigoureux: robuste ; || entendre , écouter. v. ONU.

OKOA, ^{m.} facile a comprendre.

OKOA, ^{s.} autre, différent.

OKOHOLA, ^{s.} baleine.

OKOLE, ^{s.} derrière. cul.

OKOO, ^{s.} ne pas se presser.

OKOOKO , ^{s.} flamme , flamboyer ; ardeur; || rouge, habit rouge.

OKOPEE, ^{m.} fatigue.

OKU , ^{s.} montrer secrètement; en particulier; || ouvrage.

OKUKU, ^{s.} penser, réfléchir.

OKULU, ^{s.} dix-septieme jour du mois.

OKUPE, ^{s.} mauvais ouvrage ; || éteindre; || serré, lié.

OKUPU, ^{s.} produire, croître.

OKUU , ^{s.} assis la tête baissée ; || peste.

OLA . ^{s.} vivre. vie; sauver. délivrer. salut ; guérir, guérison ; gargariser.

OLAHUA, ^{s.} esp. de grain.

OLAKOU . ^{s.} ils. v. LAKOU.

OLALA, ^{s.} sécher, chauffer ; || maigre; || naufrage.

OLALE, ^{s.} esp. de poisson.

OLALI . ^{s.} étroit.

OLAO. ^{s.} semer. planter, bêcher.

OLAOLA . ^{s.} gargariser; || ronfler. bouillonner; bouillonnement.

OLAPALAPA. ^{s.} angle.

OLAPU, ^{s.} lever, ôter.

OLATOU. v. OLAKOU.

OLE. ^{s.} non. ne pas: nier. refuser. défendre. rebuter; || vider: || parler du gosier: || mal d'yeux.

OLEHALEHA , ^{s.} éblouir. éblouissant.

OLEKUKAHI , ^{s.} septième jour du mois.

OLEKUKOLU . ^{s.} neuvième jour du mois.

OLEKULUA , ^{s.} huitième jour du mois.

OLELO, ^{s.} parler. dire; enseigner; langue. parole. enseignement; || adresser.

OLELOKUPAA. ^{s.} jugement, décret.

OLELOLANE . ^{s.} parabole, comparaison: énigme.

OLENA. ^{s.} jaune.

OLENALENA. v. OLENA.

OLEOLE . ^{s.} nier à diverses reprises: || bruit.

OLEPA , ^{s.} répandre, jeter autour ; || glue. gluant.

OLEPAA, ^{s.} dixième jour du mois.

OLEVA . ^{s.} changer, changeant; || sans effet.

OLI, ^{s.} chanter gaiement, tressaillir de joie; joie, délices.

OLINOLINO, ^s. éblouissant, splendeur, briller ; gloire.

OLIOLI. v. OLI.

OLO, ^s. scier, scie ; || pleurs ; || tumeur.

OLOA, ^s. écorce de mûrier.

OLOHE, ^s. sans cheveux ; || entendre, écouter.

OLOKAA, ^s. rouler.

OLOKEA, ^s. vexer ; entraver ; || barrière.

OLOLE, ^s. étroit, difficile.

OLOLI. v. OLI.

OLOLO, ^s. polir ; || obéir.

OLOMIO, ^s. serré.

OLOMUA, ^s. prépuce.

OLONA, ^s. esp. d'arbrisseau ; || chanvre, lin.

OLONO. v. OLOLO.

OLOOLO, ^s. mollet ; || double menton ; || reprendre ce qu'on a donné ; || rester le dernier.

OLOOLONA, ^s. devoir, service ; || nerf, tendon.

OLOPU, ^s. avaler.

OLU, ^s. plaire ; agréable à la vue ; || agité par le vent ; rafraîchir.

OLUA, ^s. nous deux.

OLULO, ^s. naufrage ; rejeter ; || figure, statue.

OLULU. v. OLULO.

OLUOLU, ^s. consoler ; plaire. v. OLU.

OMA, ^s. solliciter ; || petite hache ; || espace entre deux armées.

OMAIMAI, ^s. mou, flexible.

OMAKA, ^s. source, bourgeon.

OMALI, ^s. faible, malade.

OMAO, ^s. paquet ; enveloppe.

OMAOMA, ^{ms}. poil follet ; || vert, verdure.

OMAOMA, ^s. solliciter secrètement ; || curieux ; || sein. v. UMAUMA.

OMAOMAO. v. OMAOMA.

OMAU, ^s. coudre.

OMAUMAU. v. OMAU.

OMI, ^m. écraser le *mei*.

OMIKO, ^s. stérile.

OMILO, ^s. filer, corder, friser.

OMIMI, ^s. se faner, maigrir, avoir l'air triste.

OMINO. v. OMIMI.

OMIO, ^s. agréable.

OMIOMI. v. OMIMI.

OMO, ^{ms}. sucer, téter ; || pomper ; || couvercle.

OMOHA, ^s. figure empreinte sur la *tape*.

OMOHALU, ^s. douzième jour du mois.

OMOKA, ^s. bouchon.

OMOLE, ^s. rond et uni ; || fiole, bouteille ; || canne polie.

OMOLIU. v. OMO.

OMOTU, ^m. tison.

OMUA, ^m. d'abord, par-devant ; premièrement ; le premier.

ONA, ^m. place, lieu ; || vol, voler ; oiseau.

ONA, ^s. lit ; || sen. sa : de lui.

ONAI. v. ONAKI.

ONAKI, ^m. blâmer, réprimander ; avertir, corriger ; || imposer silence.

ONANA, ^s. troisième mois.

ONAONA, ^m. ortie.

ONAONA, ^s. mauvais au goût ; || beau, gentil.

ONAUEUE, ^s. remuer, s'agiter.

ONAUNA, ^s. net, propre, joli.

ONE, ^{ms}. sable ; rivage ; || faim. v. OKE.

ONEA, ^m. constant.

ONEANEA, ^s. vaste contrée, désert ; lieu.

ONEE, ^m. diligent, exact, assidu ; || soigner, soin. v. ONEA.

ONEI, ⁵. d'ici.

ONETAI, ᵐ. grève.

ONEULA, ⁵. grand, vaste, étendu.

ONI, ᵐˢ. gravir, grimper, ramper; || mourir; || s'étendre; || difficile; || inquiet.

ONIANIO, ⁵. rave.

ONINIHI, ⁵. jeune *kalo*.

ONINONINO, ⁵. éblouissant.

ONIONI, ⁵. s'agiter; || chicaner. v. ONI.

ONIONIO, ⁵. tacheté; || changeant.

ONIPAA, ⁵. ferme, inébranlable; persévérer.

ONO, ᵐˢ. v. OKO, OKE; || six, sixième; || comprendre, savoir; || écouter; obéir; || doux.

ONO, ⁵. agréable au goût; || faim, soif.

ONOA, ⁵. facile à comprendre, compris. v. ONO, OKOA.

ONOHE, ⁵. prunelle de l'œil.

ONOHI. v. ONOHE.

ONOHUU, ᵐ. dix.

ONOHUUONOHUU, ᵐ. cent.

ONOU, ⁵. faire passer une chose à une autre; changer de charge; || allécher, séduire.

ONOUNOU. v. ONOU.

ONU. ⁵. enfler; || loupe.

ONUI, ᵐ. éteindre.

Oo, ᵐˢ. manger; || creuser, plonger, enfoncer; || piquer, râper, ratisser; || aiguiser; || mûr; âge mûr; || de là. v. OTO.

OOE, ⁵. tu, toi; || se fendre.

OOHU, ⁵. se courber, qui se courbe.

OOI, ⁵. pointu, piquant. v. oo.

OOKI, ⁵. couper, tailler. v. OKI.

OOLA, ⁵. vésicatoire; || ampoule.

OOLAPU, ⁵. gonfler. v. OOLOPU.

OOLEA, dur; || force, confiance.

OOLOKU, ⁵. troublé, agité par la tempête; être troublé.

OOLOLA, ⁵. esp. de poisson.

OOLOPU. v. OOLAPU.

OOMA, ⁵. cruche; robinet; || gorge; || nez pointu.

OOMI, ᵐ. presser, serrer, triturer; || peine.

Ooo, chant du coq: || resserré; || soigneux.

OOPA, ᵐˢ. boiteux, estropié.

OOPU, ⁵. esp. de petit poisson; || vivre, séjourner.

OOPUHUE. v. OOPU.

OOPUKAI, ⁵. vivant dans la mer.

OOTAHI, ᵐ. transgresser, violer.

OPA, ⁵. presser, exprimer; toucher.

OPAE, ⁵. esp. de petit poisson.

OPAHA, ⁵. courber: || denteler; || coup, soufflet; || ce qui perd sa forme.

OPAI, ⁵. scorpion.

OPAKA, ⁵. côtés réguliers: || ravin.

OPALA, ⁵. décombres, paille, copeau, abattures, fétu; || terre noire.

OPATA, ᵐ. abîme, précipice.

OPE, ⁵. paquet, mettre en paquet.

OPEA, ⁵. assassiner; assassin, scélérat.

OPEAPEA, ⁵. *kalo* nouvellement planté.

OPELU, ⁵. maquereau.

OPEOPE, ⁵. lier ensemble. v. OPE.

OPI, ⁵. plier.

OPIHI, ⁵. empreinte sur la tape.

OPIKO, ⁵. esp. d'herbe.

OPIKOPIKO, ⁵. sollicitude, abattement, anxiété.

OPILI, ⁵. dresser, contracter.

OPILO, ⁵. crever.

Opiopi, ^{ms}. plier du linge; || se la-
ver les mains.

Opiopio, ^{ms}. tendre, jeune.

Opu, ^{ms}. ventre, estomac; || dis-
position; || s'accroupir; || plon-
ger la tête la première; || épa-
nouir.

Opua, ^s. petits nuages.

Opuao, ^s. savant, instruit.

Opui, ^m. derrière, cul. v. kopui.

Opuino, ^s. ennemi, méchant.

Opuinoino, ^s. méchant, méchanceté; mauvaise disposition; malveillant.

Opuli, esp. de poisson.

Opumakani, ^s. soufflet.

Opumimi, ^s. vessie.

Opuna, ^s. est, orient.

Opunaauao. v. opuao.

Opunini, ^s. ne pas écouter; || for-
cer le consentement.

Opuohao, ^s. douleur dans le bas-
ventre.

Opuu, ^m. avaler; || expatrier;
exil.

Opuu, ^s. bouton, bourgeon, épi;
|| protubérance; || paquet; ||
dent de baleine.

Ota, ^m. reste.

Oti, ^m. même; || peut-être. v. oki.

Otiho, ^m. gosier.

Otina, ^m. borne, terme.

Otioti, ^m. couper. v. kotikoti.

Otitio, ^m. bec.

Oto, ^m. fond, intérieur; sein;
dedans; || manger.

Otoa, ^m. tous.

Otou, ^m. vous.

Otui, ^m. rangée de pierres.

Otuto, ^m. méditer, réfléchir, penser.

Otutotuto. v. otuto.

Ou, ^m. cueillir en haut.

Ou, ^s. mon, mien.

Ou, ^s. ton, tien; || offenser légè-
rement; || s'appuyer le menton.

Oua, ^m. disciple; || échange; ||
vieillard.

Oua, ^s. étendre.

Ouai, ^m. mâchoire.

Oukou, ^s. vous, votre.

Ouli, ^s. changement de temps; ||
signe, présage; || sens d'un mot;
|| forme.

Ouopa, ^s. boiteux.

Oupe, ^s. vexer; || hasarder.

Outi, ^m. feuille pour envelopper
le *ma*.

Ouvae, ^m. menton. v. kouvae.

Ovahu, ^s. chat. v. ovao.

Ovai, ^s. de qui, qui.

Ovao, ^s. chat, miaulement.

Ovau, ^s. moi, de moi; pour moi,
quant à moi.

Ovi, ^m. jaloux.

Ovii, ^m. parler bas.

Ovili, ^s. pelotonner, rouler,
plier; écheveau de fil.

P.

Pa, ^{ms}. plat, plate; || plat, as-
siette; || enclos, vestibule, sal-
le; || défense; mur; barrière;
|| stérile, sans enfans, sans
petits; || toucher, frapper, heur-
ter; souffler; || fermer, enclore.

Pa, ^s. doubler, diviser; séparer;
division, séparation. || Devant les
noms de nombre, *pa* signifie fois,
exemple: *pakahi*, une fois.

PA. v. PAA.

PAA. m. mou; || mûr.

PAA. s. ferme, solide: établir, con-solider, affermir, être habitué; || se souvenir; || garder le silence, un secret; || finir, terminer.

PAAA. s. pierreux.

PAAHA. m. auge.

PAAHANA. s. être occupé.

PAAHAO. s. enchaîné.

PAAHHH. s. travailler; || cloison en bois.

PAAHONO. s. nouer deux cordes ensemble, lier avec une corde. v. HONO.

PAAHU. m. peigne, peigner.

PAAHU. s. pièce d'étoffe, châle. v. PAKAHU.

PAAHUAHUA. s. hypocrite.

PAAKAI. s. sel; || esp. de *kalo*.

PAAKAIKAI, m. retenir par cœur, savoir.

PAAKIKI. s. dur, pénible; obstiné, incrédule; endurci.

PAAKUKU, s. avare; || inébranlable.

PAALOHA. s. le souvenir.

PAALUHI, s. travailler fortement.

PAAMUA. s. arriver le premier; || prier journellement.

PAANI, s. jouer, plaisanter.

PAAOA, m. baleine.

PAAPAA, s. dispute, querelle; dis-puter, raisonner; || soif; || brûlé; trop cuit.

PAAPAAPAU, s. balbutier.

PAAPAATAO, m. bourbier.

PAAPANI, s. fermer; || rester.

PAAPU, s. impénétrable, imper-méable; solide; rempli, pressé; || accablé d'affaires; || couvert, lié; || tous ensemble, entière-ment; beaucoup.

PAAPUA, m. cercle.

PAAU. s. écorce du bananier.

PAAUA. s. laboureur; || prendre prix fait.

PAAUVAE. m. bondir, bouillir.

PAE. m. aller, quitter; || diviser, peler; || ébranler, lever, abor-der, débarquer; || sonner, pu-blier; son entendu de loin; || amas, groupe. v. PAI; || pavé; || marche-pied; || un peu; || coif-fure, voile.

PAEA. m. faux, fausse, insensible.

PAEAPU. s. chien de fusil.

PAEE. mal entendu.

PAEI. v. PAE.

PAEKUTU. m. cloison; || petites per-ches plates.

PAELE. s. noirci, couvert de pous-sière.

PAEPAE. s. seuil de la porte; pa-vé, sentier; marche-pied; || prie-dieu.

PAEPU. s. bruit sourd de la mer.

PAEVA, s. inégal, sans suite, sans ordre.

PAEVAEVA. s. irrégulier, inégal, raboteux; || couper les cheveux de son ami mort.

PAEVII. m. annoncer, publier.

PAHA, m. jurer, insulter, injurier; injure.

PAHA, s. environ, près de, peut-être; oui.

PAHAA, m. cercueil.

PAHAHA. m. plan uni; || esp. de noyer; esp. de poisson.

PAHAKA, m. penché, incliné.

PAHAKATUO, m. célibataire.

PAHALE, s. basse-cour.

PAHANI, s. querelle.

PAHAO, s. casserole, marmite en fer; || corvée.

PAHAOHAO, s. métamorphose; ||

changer de caractère : || s'égarer.

PAHAPAHA, s. maintien, démarche affectée.

PAHAPAHA, m. aplanir : || gros, replet.

PAHAU, s. distribuer de la nourriture.

PAHE, ms. souffler, diviser ; || passer ; || appartement ; || pavé.

PAHEAVA, m. intervalle.

PAHEE, m. tracer, inciser, écorcher. v. PAHE.

PAHEE, s. glisser, glissant ; uni, poli ; || soie ; || esp. de jeu.

PAHEKEHEKE, m. glacis ; glissant.

PAHEKI, s. sceau.

PAHELE, s. piége, embûche ; prendre au piége.

PAHELO, s. glisser ; || lancer, darder.

PAHEMAHEMA, s. incorrect, impropre.

PAHENA, s. manger.

PAHI, m. envoyer, dépêcher, lancer ; || navire.

PAHI, s. couteau, épée ; toute espèce d'instrument tranchant.

PAHIA, s. méprise ; || combien.

PAHIHAHAU, s. sabre ; || coutelas.

PAHIKAU, s. épée, sabre ; || autorité ; pouvoir tyrannique.

PAHIKU, s. en sept, septuple. v. PA.

PAHIOLO, s. scie, scier.

PAHIPELU, s. canif ; couteau qui se ferme.

PAHO, ms. finir, terminer, sombrer.

PAHOA, s. sabre en bois ; || fronde ; || m. baleine.

PAHOE, m. jeune fille ; petite fille.

PAHOEHOE, s. vrai, poli ; || sans pierres ; sans terre.

PAHOLO, s. sombrer ; || s'échapper ; ne pas tenir.

PAHOLOHOLO, s. v. PAHOLO.

PAHONINA, m. dé à coudre.

PAHOOLAPALAPA, s. poêle à frire.

PAHU, ms. baril, caisse, boite, cercueil, bière ; || tambour ; || creuser ; || pousser ; || tomber.

PAHUA, s. danser ; aller au plus près.

PAHUKAPU, s. lieu sacré, sanctuaire.

PAHUKU, s. réserve, corps de réserve ; || mettre en fuite.

PAHULU, s. pommes de terre.

PAHUPAHU, s. sot, obtus.

PAHUPALAPALA, s. pupitre, secrétaire.

PAHUUME, s. bureau à tiroir.

PAI, s. souffleter ; || chasser, exciter une sédition ; || confirmer un serment ; || imprimer ; || raie, ligne ; || paquet, lié ; attaché ; || vergue.

PAIA, s. côté ; muraille ; élever un mur.

PAIAI, s. poix mal pétrie.

PAIHI, s. pur, sans nuages.

PAIHIHI, v. PAIHI.

PAIKAI, s. poix.

PAIKAU, s. faire l'exercice de l'arme à feu.

PAIKAUHALE, s. pauvre, vagabond.

PAIKI, m. appartement ; séparation, cloison.

PAIKOKIOE, m. ratière, souricière.

PAILE, s. douleur du tatouage.

PAILUA, s. mal de mer ; nausée ; || abhorrer, avoir du dégoût ; être mécontent, fâché.

PAIMA, s. avoir le mal de mer.

PAINA, s. manger, dîner ; || esp. de fruit ; || bruit d'une étoffe qu'on déchire.

PAIO, ^{ms}. disputer ; dispute ; adversaire.

PAIPAI, ^m. mouillé par la pluie.

PAIPAI, ^s. se lever contre ; châtier ; || se souvenir ; || arracher les feuilles ; || lève-toi !

PAIPAINAHA, ^s. manteau, vêtement.

PAIPALAPALA, ^s. imprimer ; imprimeur ; presse d'imprimerie.

PAIPU, ^s. tas de calebasses vides.

PAIVA, ^s. neuf fois ; neuf à neuf.

PAKA, ^m. soif ; || cercle, réunion.

PAKA, ^s. clair, intelligible ; || combattre ; guerre, couper ; || maigre ; || esp. de poisson ; || tabac.

PAKAA, ^s. maigre ; chair maigre.

PAKAAVELI, ^s. contorsion.

PAKAHI, ^s. un à un ; une fois, alternativement ; se remplacer.

PAKAHIO, ^m. femme âgée ; hors d'enfanter.

PAKAIEA, ^s. herbe maritime.

PAKAIHI, ^m. chagrin ; chagriné, confus.

PAKAIKAI, ^s. piler, broyer.

PAKAKA, ^s. glisser sur.

PAKAKAHA, ^m. plat, plate.

PAKAKU, ^m. atteindre, toucher au but ; || frapper.

PAKAPAKA, ^s. grosses gouttes de pluie ; || serein, beau.

PAKATEKAO, ^m. babillard.

PAKATUO, ^m. petit-fils ; descendant.

PAKAU, ^m. assommer, frapper. V. **PAKAKU** ; || emplâtre ; onguent.

PAKAUA, ^s. fort, forteresse ; || goutte d'eau, de pluie.

PAKAULE, ^s. changer sans cesse de demeure.

PAKAULEI, ^s. sans maison et sans ustensile ; || changeant.

PAKE, ^{ms}. Chinois ; || tabac ; || rassasié.

PAKEA, ^{ms}. pierre ; || mur, enclos ; murer.

PAKEKA, ^m. bois en forme de croix ; || paix.

PAKEKE, ^s. baquet ; || seau.

PAKELA, ^s. excès.

PAKELE, ^s. échapper, exciter, délivrer ; libre, exempt ; || préférable ; faire mieux.

PAKELI, ^s. s'échapper difficilement.

PAKEO, ^m. long bâton pointu, lance en bois.

PAKETE, ^m. baquet, seau. V. **PAKEKE**.

PAKEVE, ^m. affranchir, délivrer ; libre. V. **PAKELE**.

PAKIE, ^s. sillonner ; || couper ; briser, casser, piler.

PAKIHUA, ^m. blesser, blessé.

PAKII, ^s. écraser par les pieds.

PAKIKA, ^s. glisser ; glissant, poli, uni.

PAKIKE, ^s. impudent ; railleur.

PAKIKEE, ^s. dédaigner ; || dispute.

PAKIKEKIKE. V. **PAKIKEE**.

PAKIKI, ^s. dur. — ^m. pavillon, enseigne.

PAKIKO, ^s. sobre, tempérant.

PAKIPAKI. V. **PAKIE**.

PAKITI, ^m. V. **PAKIKI**.

PAKO, ^m. cerf-volant.

PAKOKO, ^m. grand, très grand, beaucoup.

PAKOLE, ^s. court. V. **POKOLE**.

PAKOLI, ^s. monter la game.

PAKOLU, ^s. trois à trois ; trois fois.

PAKU, ^m. noir. V. **PANU**.

PAKU, ^s. cloison, lieu de sûreté, défense ; voile ; séparation ; || garder, défendre.

PAKUI, s. unir, lier ensemble ; || greffer.

PAKUIKUI, s. unir, lier ensemble ; || greffer ; || battre ; || pincer, piler, broyer. V. PAKUI.

PALA, s. mùr, pourri ; || syphilis.

PALAHA, s. glisser, faire un faux pas ; || adorer.

PALAHALAHA, s. étendu, vaste ; étendre, répandre.

PALAHE, s. écraser.

PALAHEA, s. nourriture ; || maladie ; || sale, malpropre.

PALAHEE, s. trop mùr, pourri ; || se relàcher.

PALAHO, s. pourri ; corruptible ; corruption ; tomber en décadence.

PALAHU. V. PALAHO ; || dindon.

PALAKA, s. impénitence, indifférence, endurcissement ; incrédule.

PALAKAHUKI, s. se rompre ; || putréfier.

PALAKEA, s. esp. de *kalo*.

PALAKI, s. blanchir un mur.

PALAKIKO, s. voler, dérober.

PALALA, s. présent ; taxe donnée à la naissance d'un enfant du chef.

PALALAUHALA, s. être couché, étendu comme un mort.

PALALE, s. travailler mal ; || bégayer ; || vociférer.

PALALEHA, s. paresseux, négligent.

PALALEI, s. couvrir de *kapa* la tête d'un chef.

PALAMA, s. palmier,

PALAMAIKAI, s. faire son trousseau ; ramasser.

PALAMIA, s. ornement de cou en ivoire.

PALANEHE, s. bruyant ; || marcher doucement, sans bruit.

PALANEHEOLE, s. adroitement, parfaitement travaillé ; dérober adroitement.

PALANI, s. esp. de poisson.

PALAOA, s. baleine ; collier de baleine, d'ivoire ; || pain, farine.

PALAPALA, s. écrire, marquer, peindre, imprimer ; écriture, livre, mot, lettre.

PALAPU, s. blessure, cicatrice.

PALAU, s. mentir, pallier ; || charrue ; instrument pour couper le *kalo* ; || fiancer, promettre en mariage ; || igname.

PALAUA. V. PALAOA.

PALALUALELO, s. indolent, paresseux ; vil.

PALANEKA, s. obscurci, teint de noir.

PALE, s. délivrer, parer un coup, rendre inutile, annuler, détourner ; délivrance ; || frapper ; diviser ; || période ; || couvrir ; voile, vêtement ; || centre ; || convalescent.

PALEKANA, s. en sùreté, délivré de danger.

PALEKEIKI, s. sage-femme.

PALELA, s. paresseux, indolent.

PALEMO, s. se noyer, noyer ; || sombrer ; || brùler.

PALENA, s. borne, limite ; || biscuit, pain. V. PALE.

PALI, s. précipice ; escarpé, bord d'une colline.

PALIMA, s. cinq fois, cinq à cinq.

PALIPALI, s. rempli de précipices.

PALOLO, s. terre blanche, craie, mortier ; || faire croître les cheveux.

PALU, s. lécher, laper.

PALUA, s. double, deux fois, deux à deux.

PALULE. s. chemise.

PALUPALU. s. faible. mou. flexible.

PAMA. V. PALAMA.

PAMOA. m. pièces d'échafaudage.

PANA. m. flotter. sauter. lancer. tirer sur: rompre: || arc: || noir: || cicatrice. cica.

PANAI. s. racheter. donner un remplaçant.

PANALAAU. s. colonie.

PANANA. s. boussole.

PANAPANA. s. asperger avec les doigts; || rompre: || V. PANA.

PANAU. m. être en mouvement, sans repos; || chant.

PANAUEU. s. lent. précautionné; marcher avec précaution.

PANE. s. parler. répondre. écouter.

PANEE. s. remuer. pousser. tirer. V. NEE.

PANI. m. huile de coco.

PANI. s. boucher. fermer, environner; || suppléer: || bouchon, porte.

PANINA. s. le dernier né.

PANIPANI. s. prostituer.

PANO. s. obscur, noir, bleu.

PANOA. m. sec. désert.

PANOEA. s. lent: || temporiser.

PANOPANO. s. condenser; || épars.

PANOPAU. s. entièrement noir; fort obscur.

PANU. m. bleu. terne. V. PANO.

PAO, m. V. PAU.

PAO, s. creuser, voûter; arche, voûte; four; || esp. de patates.

PAOA, m. baleine.

PAOAO, m. sodomie entre femmes.

PAOFIFI, m. épaule. V. PAOHIHI.

PAOIA, m. fin.

PAOIOI, s. incorrect, impropre.

PAOKA, m. cheville.

PAOMONI. s. se disputer la victoire.

PAONA. m. fin. V. PAU.

PAONA. s. poids: peser, balance; mine: monnaie. V. PAUNA.

PAONATOA. m. simultanément.

PAONIONI. s. se mouvoir. s'agiter. s'élever contre; se disputer primauté; envier. envie.

PAONO. . six fois: six à six.

PAONOA. m. tous ensemble; entièrement fini.

PAOPAO. m. battre, briser. enfoncer, écraser; || prisonnier, esclave: || lasse.

PAOPAOMAU. m. ennuyeux.

PAOPAOIA. s. fers. prison.

PAOPUNO. m. rassasié.

PAORA, m. poudre a fusil. V. PAURA.

PAOVAVE, m. passager; || caduc.

PAPA, m. plat, plate; table. planche; rang, ordre: section. secte; || reprendre. réprimander; || acquérir: placer; || railler. tourner en ridicule: || empressé, vif; || vassal, domestique: || étendue, tente; || haricot; || cercueil.

PAPAA, m. fer: || aller.

PAPAA, s. lier, consolider: réunir.

PAPAANA, s. se hâter, vite.

PAPAAPOO, s. soldats de pillage; || assassiner. piller.

PAPAE. m. réserver pour.

PAPAHA, m. lisse, uni.

PAPAHEMA, m. firmament.

PAPAHINA, m. joues.

PAPAHOIKE, s. table de témoignage.

PAPAHOLA, s. le devant d'un *heiau*.

PAPAHU, m. mort, cadavre.

PAPAI, ms. frapper, souffleter; || manger; || prison: maison provisoire.

PAPAIHA, ᵐ. vider l'eau.

PAPAIKA. V. PAPAHINA.

PAPAINA, ᵐ. manger.

PAPAINA, ˢ. table à manger.

PAPAIPAA, ˢ. pressé, foulé aux pieds.

PAPAKAHA, ᵐ. plat.

PAPAKAI, ˢ. espace étroit entre deux rescifs.

PAPAKAINA, ᵐ. assiette.

PAPAKEA, ˢ. bords baignés par la haute mer.

PAPAKI, ᵐ. souffleter, battre rudement. V. PAPAI.

PAPAKIVA, ᵐ. cuvette en plomb.

PAPAKOLE, ˢ. hanche; || donner sa fille en mariage, en recevoir le prix.

PAPALE, ˢ. chapeau; bonnet, casquette.

PAPALINA, ˢ. joue. V. PAPAHINA.

PAPALU, ˢ. bander une blessure; || mauvais vêtement.

PAPALUA. V. PAPALU.

PAPANAA, ˢ. hâte, se hâter.

PAPANI. V. PANI.

PAPANO, ˢ. noir. V. PANO.

PAPAOA. ᵐ. planche, table; siége, banc.

PAPAOI, ᵐ. menteur, fourbe.

PAPAPA, ᵐ. couvercle.

PAPAPA, ˢ. lentille, fève, haricot.

PAPAPU, ᵐ. bouchon, couvercle.

PAPATINI, ᵐ. multiplié.

PAPAU, ᵐˢ. entièrement fini, consumé; || mettre tout ensemble; || regarder de mauvais œil; ne pas faire distinction de personne; || banc de sable, rocher à fleur d'eau; || non profond; petit, bas; petitesse.

PAPAUHA, ᵐ. répandre; || çà et là.

PAPAVIEI, ˢ. pierre pour broyer.

PAPE, ᵐ. méchant.

PAPU, ˢ. uni, plein; || pleinement, clairement, entièrement; || couvert; forteresse.

PAPUA, ᵐ. enclos; || siége.

PARARA, ᵐ. se briser, éclater.

PARENA, ˢ. biscuit, pain (moderne).

PATAI, ᵐ. casser, briser.

PATAO, ᵐ. se précipiter; plonger.

PATATI. ᵐ. hardi.

PATATO, ᵐ. choux, légume.

PATE, ᵐ. vase à l'eau.

PATEKA. V. PAKEKA.

PATIA, ᵐ. clouer, enfoncer, attacher; || porter à deux.

PATIETIE, ᵐ. oreiller.

PATIKA, ᵐ. sentier boueux; bourbeux, bourbier.

PATIO, ᵐ. mal, bouton à la tête.

PATITA, ᵐ. mal au derrière.

PATOHI, ᵐ. fendre.

PATU, ᵐ. frapper; || imprimer, écrire; || cogner; || faire du feu.

PATUPATU, ᵐ. dégringoler.

PAU, ᵐ. s'oindre, se frotter; || s'élancer; || onguent.

PAU, PAO, ᵐˢ. être entier, être fini; consumer, disparaître; déterminer, finir; || tout, tous; || vêtement de femme; ceinture de femme.

PAUA, ˢ. esp. de poisson.

PAUAHI, ˢ. brûlé; suie.

PAUANA, ˢ. fin.

PAUAHO, ˢ. hors d'haleine; découragé.

PAUEHO, ᵐ. tourner.

PAUHIHI, PAUFIFI, ᵐˢ. épaule.

PAUKA, ˢ. se moquer de quelqu'un qui travaille gratuitement.

PAUKI, ˢ. après.

PAUKIA, ˢ. être surpris; || souffrir un dommage, une perte; || fini.

Pauku, ⁵. courber, couper ; || partie, section, article, pièce, période, âge.

Paula, ⁵. poudre à canon.

Paule, ⁵. chérir, désirer.

Paulehia, ⁵. chéri, aimé, désiré ; || accoutumé ; || habile, propre à.

Paulele, ⁵. se fier à, croire ; foi ; || désirer de tout son cœur ; soigner ; zèle ; fidèle.

Pauli, ⁵. fou.

Paulihia, ⁵. accoutumé, habile. V. **paulehia**.

Pauma, pomper ; baratter.

Paumaele, ⁵. sale, impur, obscène, plongé dans le vice ; souiller, polluer.

Paumako, ⁵. affligé ; chagrin.

Paumi, ⁵. dix fois, dix à dix.

Pauna, ⁵. poids, balance.

Pauo, ᵐ. meule à aiguiser, pierre à aiguiser.

Paupaele. V. **paumaele**.

Paupanaho, ⁵. hors d'haleine ; || découragé. V. **pauaho**.

Paupu, ⁵. tous ensemble.

Paupuna, ᵐ. petit-fils.

Paupure, ᵐ. paupière.

Pauu, ᵐ. barbouiller.

Pava, ⁵. fleur de farine.

Pavai, ᵐ. digue.

Pavaina, ⁵. vigne.

Pavalu, ⁵. huit fois ; huit à huit.

Pavave, ᵐ. fragile, caduc.

Pe, ᵐˢ. nu, impudique, abominable, mauvais ; || ainsi ; avec. V. **me**.

Pea, ᵐˢ. briser, se briser, punir ; || extrémité d'un village ; || autre ; || voilà.

Peaau, ⁵. pomme de terre.

Peahi, ᵐˢ. éventail, van ; || main ; faire signe de la main.

Peao, ⁵. rouleau, rouler.

Peata, ᵐ. requin.

Peau, ᵐ. parler, dire, commander ; || flot, vague.

Pee, ⁵. se cacher, s'enfuir.

Peeia, ᵐ. pince.

Peeina, ᵐ. comme cela, semblable.

Peelua, ⁵. ver ; chenille.

Peemo, ᵐ. glisser, tomber.

Peeo, ᵐ. écorcher, être écorché.

Peepoli, ⁵. être dans le sein de la mer.

Peha, ᵐ. plat, plate.

Pehea, ᵐˢ. comment, pourquoi, d'où vient que.

Peheala. ⁵. V. **pehea**.

Peheapueo, ⁵. attrape, piége.

Peheke, ᵐ. esp. d'herbe marine.

Peheu, ⁵. aile ; nageoire.

Pehi, ᵐˢ. frapper, battre, punir ; || lapider ; lancer des pierres.

Pehia, ᵐ. combien.

Pehio, ᵐ. serviteur. V. **pekio**.

Peho, ᵐ. chasser, renvoyer.

Pehu, ᵐˢ. mou, amollir, tremper ; || pousser, faire avancer ; || enfler, bouillir.

Pehue, ⁵. manière de marcher.

Pei, ⁵. enlever.

Peia, ⁵. ainsi ; de cette manière.

Peio. V. **pekio**.

Peka, ᵐ. croix ; || descendant, postérité.

Pekaha, ᵐ. étendre.

Pekahi, ᵐ. faire signe, appeler par signe.

Pekaia, ᵐ. autant. V. **pekeia**.

Pekapeka, ⁵. tromper ; || serré ; avare.

Peke, ᵐ. colère, brusque, violent.

Pekehee, ᵐ. sauter.

Pekehu, ᵐ. détremper ; tremper.

Pekeia, ᵐ. c'est cela; autant; conforme.

Pekeina, ˢ. v. pekeia.

Pekekeu, ˢ. aile. v. eheu.

Pekia, ᵐ. sommet de la tête, crâne; || chauve.

Pekihi, ᵐ. trèfle.

Pekio, ᵐ. serviteur.

Pela, ˢ. ainsi, de cette manière, de même.

Pelapela, ˢ. sale, puant; || refuser. v. nemanema.

Pele, ˢ. volcan; || cloche.

Peleleleu, ˢ. court et épais; || canot.

Pelena, ˢ. pain. v. parena.

Pelo, ˢ. joint, uni.

Pelu, ˢ. doubler, plier; flexible; || ouvrir, fermer.

Pelupelu, ˢ. qui a le cœur dur.

Pena, ˢ. peindre, peinture (moderne).

Penei, ᵐˢ. ainsi, comme ceci; autant.

Peo, ᵐˢ. devancer, aller devant, emporter sur, prévenir; || maison en forme de dôme.

Peoahe, ˢ. user.

Pepa, ᵐˢ. papier.

Pepaa, ᵐ. pauvre, misérable.

Pepaepe, ˢ. bas, peu élevé.

Pepe, ᵐ. *particule augmentative;* || papillon de nuit.

Pepe, ˢ. doux, pliant; broyé, rompu.

Pepee, ᵐ. faible, mou; tendre; liquide, couler, dégoutter.

Pepehi, ᵐˢ. frapper, tuer. v. pehi.

Pepehina, ˢ. meurtre, massacre. v. pehi.

Pepehue, ˢ. épais.

Pepeiao, ˢ. oreille; oreiller; || corne, bourgeon; pousser.

Pepeke, ᵐ. se presser; || blanc.

Pepelu, ˢ. doubler; fermer. v. pelu.

Pepena, ᵐ. créer, avoir créé.

Pepeu, ᵐ. ouvrir, découvrir; ouvert.

Peremu, ᵐ. se noyer.

Pereta, ᵐ. patate.

Peti, ᵐ. répéter; || autant, comme: beaucoup; || anéantir, être anéanti.

Petipeti, ᵐ. grand nombre, souvent.

Peto, ᵐ. chien.

Peu, ᵐ. coutume, usage.

Peva, ˢ. queue de poisson.

Pevave, ᵐ. caduc.

Pi, ᵐ. se réunir, venir; demeurer.

Pi, ˢ. vert, cru, qui ne brûle pas; || avare; || reprendre; || verser.

Pia, ᵐˢ. esp. de patate; || chassieux.

Piahi, ᵐ. pain fermenté.

Piao, ᵐ. moitié.

Piapia. v. pia.

Piateve, ᵐ. esp. de pia.

Piau, ᵐ. puer, pourrir; être infect, mauvais, vilain.

Piaue, ᵐ. prépuce.

Piha, ˢ. plein, rempli.

Pihahi, ᵐ. paquet de *ma.*

Pihanahana, ᵐ. cuisant, piquant.

Pihapiha, ˢ. tumulte, désordre, trouble; || dentelle.

Pihau, ᵐ. arroser, laver.

Pihie, ˢ. lamentation; || bouton.

Pihi, ˢ. bouton; || poisson.

Pihiti, ᵐ. jaillir.

Pihoihoi, ˢ. surprise, émotion; surpris, saisi; admirer.

Pihomai, ˢ. aller et revenir.

Pihopiho; ˢ. langage.

Pii, ᵐ. s'attacher, être uni.

Pii, ˢ. monter, paraître; || s'adresser.

accuser, appeler à un tribunal; procès.

PIIAI. s. marchand.

PIIAPAAPA. m. bonder.

PIIELE, PIIIELE. s. marchand.

PIILAE. s. vain, fier.

PIIMOTU. m. mousse de terre.

PIIPII. s. frisé; boucle de cheveux.

PIKAKO. m. plat, plate.

PIKAU, m. portion, morceau.

PIKENENE. s. peu, petit.

PIKI. ms. grimper, monter; traire; || hémorrhoïdes.

PIKIA. m. degré, montée; ascension.

PIKIHOA. m. hémorrhoïdes.

PIKIKA. v. PIKIA.

PIKINA. v. PIKIHOA.

PIKO. m. torse; buste.

PIKO. s. nombril: || sommet, bout. v. PITO.

PIKOI. s. cœur du fruit à pain.

PIKONI s. v. PIKOI.

PIKOO. s. naval, marin.

PIKOOI, m. ceinture de femme.

PILALI, s. gomme, colle, cire: || glaire.

PILALIOHO. s. clair-semé.

PILAO. v. PILAU.

PILAU, s. puer; || menteur. v. PIAU.

PILI, s. s'attacher, coïncider, suivre; || pauvre, criminel: || esp. d'herbe; || parier.

PILIHUA, s. ensorceler: || muet; || abattu, chagriné, surpris, troublé.

PILIKIA, s. étroit, serré, difficile; || danger.

PILILOKO, s. aller près.

PILIPA, s. haie.

PILIPU, s. adhérer; fermer la bouche, réduire au silence.

PILIVAIVAI, s. jouer au jeu de hasard; parier sa fortune.

PILIVALE. s. être exposé à l'air; || mourir de faim: rareté de vivres; || se joindre.

PIMAI. s. venir. v. PII.

PINA. s. pois, haricot.

PINAE. m. précipice.

PINAI. s. raccommoder, coudre, attacher: || suivre quelqu'un.

PINAO. s. mouche; dragon, sauterelle.

PINAOAI. s. sur le bout du pied.

PINAU. v. PINA.

PINE. m. épingle: || bâtir; chérir.

PINEA. m. chéri.

PINEPINE. s. souvent.

PINONO, m. vide: || constipation.

PIO. ms. supérieur, chef: || vaincre, courber, conquérir; butin, conquête: tyran: || punir, être sévère, sévir: || avare; refuser: || non mûr: || pincée, prise, portion. v. PITO.

PIOI. m. couler, glisser, échapper; || se tirer aux cheveux.

PIOLOKE. s. bavarder: || tumulte, confusion; être confus, agité.

PIOO. s. perplexité; || prendre pour de nourriture.

PIOPIO, m. mauvaise odeur; || jaloux; médire.

PIOPIO, s. piauler; || sorcier.

PIPI, ms. répandre, arroser, laver; || huître, petite perle: || centre de l'œil, bouton d'habit; || creux de l'estomac; || incombustible; || résister, réciter; || bœuf, vache.

PIPIA. v. PIA.

PIPIHI, ms. glue, glutineux; coller.

PIPII. v. PIPIHI.

PIPII, s. jaillir, élever.

PIPIKA, m. coller.

PIPIKAU, m. perle.

PIPIKIEE, ^m. se battre, s'arracher une chose.

PIPIKOE, ^m. vide.

PIPILI, ^s. s'attacher à : glue, colle.

PIPILO, ^s. puanteur.

PIPINE, ^s. peigne de femme.

PIPIO, ^m. ignorant.

PIPIO, ^s. s'incliner.

PIPIPANOA, ^m. crépuscule.

PIPIPI, ^s. serré, proche, près.

PIPIPII. V. PIPII.

PITAA, ^m. petit ; || coque, gousse.

PITAKA, ^m. se raser la tête.

PITIKI, ^m. attacher, amarrer.

PITO, ^m. nombril ; || portion, part.

PITOE, ^m. pulluler, bourgeonner.

PITOI, ^m. rôtir.

PITOO. V. PITOE.

PIU, ^s. demi-brasse.

PIULA, ^s. étain, fer-blanc ; || âne.

PIURA. V. PIULA.

PIVAI, ^s. absolution (rit païen).

PO, ^{ms}. nuit, ténèbres, chaos ; enfer ; faire nuit ; || odeur agréable.

POA, ^m. feuille de cocotier préparée pour la couverture des maisons.

POA, ^s. châtrer.

POAEAE, ^s. obscur ; caché ; || aisselle.

POAHA, ^s. écorce du mûrier ; || cercle de fer ; tourner autour ; || jeudi.

POAI, ^m. serrer ; || os de la poitrine ; || fermer, trousser, relever.

POAI, ^s. cercle, faire le tour de.

POAKOLU, ^s. mercredi.

POALA, ^s. tourner ; lancer une boule.

POALIMA, ^s. vendredi.

POALO, ^s. arracher.

POALUA, ^s. mardi.

POAMO, ^m. coco jeune.

POANO, ^s. samedi.

POAO, ^m. serrer des effets.

POAO, ^{ms}. jour.

POAOAO, ^m. serrer ; courroie.

POAPOAI. V. POAI.

POAPOALA. V. POALA.

POAPU, ^s. tous ensemble.

POAPUNI, ^s. aller autour.

POATAHI, ^{ms}. lundi.

POATORU, ^{ms}. mercredi.

POE, ^m. ornement de touffes de cheveux.

POE, ^s. peuple, gens, troupe, compagnie, groupe : *marque du pluriel*. V. PAI, PUA, PU.

POEA, ^m. beau (se dit des hommes).

POEAHAE, ^m. s'orner.

POEE, ^s. aisselle ; || venir sur le soir ; || mourant.

POELE, ^s. devenir, être ténébreux.

POELELE, ^s. ténèbres, ténébreux ; || ignorant.

POEPOE, ^{ms}. rond ; || derrière, cul.

POFIFI, ^m. découdre, décorder.

POHA, ^{ms}. se fendre, se rompre ; briser, claquer, éclater ; paraître tout d'un coup ; || éclore.

POHAKU, ^s. pierre, roc ; || ancre.

POHALA, ^s. se relever de maladie ; captieux, ambigu ; || parler contre, défendre, empêcher.

POHAPOHA. V. POHA.

POHE, ^s. mauve.

POHEOHEO, ^s. tête d'épingle, de clou.

POHEOPALI, ^s. avoir l'avantage.

POHIHI, ^s. obscur, mystérieux ; difficile à comprendre.

POHIHIHI, ^m. mystère.

POHIHIHIHI. V. POHIHIHI.

POHIHINA, ^s. brouillard ; || cheveux gris.

POHIHIU. V. POHIHI.

Pohinahina, s. qui ne laisse pas de trace après soi.

Pohoi, s. épaule.

Poho, m. joindre; ajouter, rallonger, être limitrophe.

Poho, s. plonger, sombrer, gonfler; || brise; || creux, cavité; || terre blanche, craie.

Pohoa, m. flairer.

Pohoe, m. vivre, vie, santé; rétablir, guérir.

Pohoha. v. pohoka.

Pohoi, m. attraper.

Pohoka, m. articulations.

Pohokaki, m. nœud de la gorge.

Pohole, s. briser, déchirer; coup, blessure.

Poholima, s. creux de la main.

Poholo, s. s'échapper, sortir de; || mettre au jour, mettre bas; faire des fausses couches.

Pohopoho, m. mariée (se dit de la femme seulement).

Pohu, s. calme, devenir calme; || plaie; || cou, gorge.

Pohua. v. pohoe.

Pohukuhuku, s. de concert; || avoir l'avantage; || tête large.

Pohuli, s. rejeton.

Poi, m. v. poe: gens, peuple.

Poi, ms. bouillie de taro; || fermer, couvrir; cercle.

Poiavaava, s. qui n'a pas de nourriture, qui ne répond pas.

Poihoo, m. prompt, vif, léger.

Poike, m. haut, cime d'une montagne; || non parent.

Poina, s. oublier.

Poino, s. fatigue, souffrance, malheur; || maudire.

Poioa, m. que c'est long!

Poioho, m. soudain.

Poipo, s. suspendre.

Poipoi, m. rond. v. poepoe.

Poipoi, s. couvrir, éteindre; interrompre; || apaiser; || mettre à la question.

Poipu, s. couvrir, ensevelir dans l'eau.

Poipupu, s. *poi* non pétri; || paresseux, ne pas répondre.

Poiti, m. enfant; enfance.

Poka, ms. balle, boulet; || jaser.

Pokai, m. serrer, plier, relever.

Pokakaa, s. roue.

Pokao. v. pokai.

Pokau, m. plier par feuilles.

Pokea, m. pourpier; || crépon.

Pokeokeo, s. être sage, heureux, fortuné.

Pokevo, m. nuit obscure.

Poki, m. exiler, chasser.

Poki, s. ver des végétaux; || le dernier de la famille, petit; || chat; || bateau.

Pokihoo, m. vite, prompt.

Pokii, s. le plus jeune, le mignon.

Pokio, m. valet, serviteur.

Pokioho. v. pokihoo.

Pokipoki, s. esp. de petit animal.

Poko, ms. petit, court; || incompétent, insuffisant; || trou, trouer, blessure.

Pokoa, s. filet.

Pokohoho, s. sale, saleté.

Pokokina, m. bruit, tapage.

Pokoko, m. déclin; || accumuler.

Pokole. v. poko.

Pokoli. v. poko.

Pokoo, m. coton, cotonnier.

Pokopoko, s. v. poko.

Poku, s. querelle.

Pokuku, m. écorce de l'arbre à pain.

Pokuu. v. pokuku.

Pola, s. siége élevé entre deux pirogues.

POLAPOLA, ˢ. pousser, sortir de terre.

POLEHULEHU, ˢ. crépuscule.

POLEMO, ˢ. se noyer.

POLI, ˢ. sein, ventre.

POLIAI, ˢ. envoyer chercher, faire venir.

POLIHIVA, ˢ. brillant ; || nuage blanc épais.

POLILIMA, ˢ. creux de la main.

POLIOIA, ˢ. lieu de supplices.

POLIUKUA, ˢ. ténèbres épaisses ; || éblouissement.

POLIVAVAE, ˢ. le dessous du pied.

POLOKE, ˢ. usé, gâté, brisé.

POLOLEI, ˢ. droit, correct ; droiture.

POLOLI, ˢ. s'affaisser, tomber ; || avoir faim.

POLOLU, ˢ. longue lance.

POLOPOLONA, ˢ. air renfermé ; || pourrir ; vermoulu.

POLUEA, ˢ. indigestion ; manque d'appétit.

POLULUHI, ˢ. brouillard obscur ; || stupide.

POLUMILUMI, ˢ. linge plié.

POLUMU, ˢ. vigne.

POLUPOLU, ˢ. court.

POMAIKAI, ˢ. fortuné, heureux ; bonheur ; bénir.

POMO, ᵐ. petit trou, canal.

PONA, ᵐˢ. nœud, jointure ; nouer, amarrer.

PONANA, ˢ. terre sèche.

PONI, ˢ. oindre ; || odoriférant, encenser ; || couleur.

PONINIU, ˢ. tourner en rond.

PONIONIO, ᵐˢ. vertige, étourdissement ; se tourner sur le même point ; || faible, ébloui ; éblouir.

PONIPONI. V. PONI.

PONIUNIU. V. PONIONIO.

PONO, ˢ. bon, bien, juste, convenable, apte, digne ; || mérite ; || possible.

PONOI, ˢ. propre, même, vrai.

PONOPONO, ˢ. mettre en ordre, réformer les mœurs d'une personne ; || préparer.

PONUHU, ˢ. grand, large, vaste.

PONUNUNU, ˢ. court et épais.

POO, ᵐ. bout, morceau.

POO, ˢ. tête.

POOAI, ᵐ. mander.

POOE, ᵐ. écorcher.

POOHINA, ˢ. cheveux blancs.

POOHIVI, ˢ. épaule.

POOHOU, ˢ. signe de section.

POOKAKAA, ᵐ. bossu.

POOKEEKEE, ˢ. cou de travers.

POOKELA, ˢ. chef d'une compagnie.

POOKEOKEO, ˢ. heureux ; faire bon marché.

POOKEPALI, ˢ. qui fait un bon marché.

POOKOI, ˢ. qui fait mourir quelqu'un pour s'emparer de ses biens.

POOLA, ˢ. guéri entièrement.

POOLAPALAPA, ˢ. tête plate.

POOLEOLE, ˢ. déchiré.

POOLULUHI, ˢ. sombre, couvert de nuages.

POOMAUNU, ˢ. tout est consumé.

POOMOKU, ˢ. qui ne fait qu'aller et revenir.

POONIUNIU, ˢ. mal de tête ; étourdissement.

POONOO, ˢ. penser, réfléchir.

POONUNU. ˢ. V. POONIUNIU.

POOPI, ᵐ. veuf, veuve ; || pauvre.

POOPIO, ᵐ. piauler.

POOPOO, ᵐˢ. balle ; ovale ; || très profond ; || fille adulte ; || parties naturelles de la femme.

POORA, ˢ. V. PAOBA.

POPAHI, s. de petite taille.

POPEE. m. resserré.

POPI. m. veuf, veuve.

POPILIKIA, s. serré; manque de place: détresse, difficulté.

POPO, s. balle, ovale, tourte; || gâté, pourri: || ver; || teigne: || rouille; — m. plus tard.

POPOI, s. couvrir; plier: || prendre, saisir. v. POI.

POPOKI. m. serrer, éteindre; || chat.

POPONIHOO. m. parler vite.

POPONO, s. très bon, béni. v. PONO. — m. signe de paix.

POPOPO. v. POPO.

POPOTI. v. POPOKI.

POPOTO. m. trop court, trop petit: très petit. v. POTO.

POPOTIOHO. m. vite; tout à l'heure.

POPOUI. m. matin.

POPUA, m. tour-à-tour.

POPUALI. s. creux de la tête.

POROBO. m. maigre, chétif, misérable, desséché.

POTANA. m. ténèbres.

POTAU, m. phalange.

POTEPO, m. journellement.

POTERA, s. haut de taille; riche; || portier.

POTETO. m. biscuit, froment, blé.

POTI, m. embarcation, chaloupe, canot.

POTIAKA, m. esp. de poisson.

POTIAU, m. tenter.

POTIHO. m. fruit de l'arbre à pain.

POTII, m. enfant.

POTIHA, m. tenter, pousser à.

POTIHATINA, m. tentation.

POTIOHO, m. subite.

POTO, m. court, petit, nain.

POTOHE, m. calomnier, décrier, médire.

POTOHO. v. POTOHE.

POTOPOTOHO. m. critiquer. v. POTOHO.

POTOU. m. le troisième jour. v. [illegible].

POTU. m. chat; || bruit des entrailles.

POTUCONE. s. ver des intestins.

POU. m. grande colonne, soutien, poteau: || gorge, cou.

POUA. m. le second jour.

POUANE. s. colonne.

POUI. m. différer, retarder.

POULI, s. ténèbres.

POUPOU, s. court de taille.

POUA. s. tuer, assassiner; || fleur de farine.

POUEHEVEHE. s. obscur, vision obscure: myope.

PU. m. ensemble, avec: || canon, fusil: || trompette, trompéter; || sortir: || lot, jeter le sort; || en vain, sans raison, tel quel: || couleur: corde.

PUA. m. fleur, faisceau, bouquet, rose: fruit: || arc; || porter: || paraître, || élever, faire monter; || postérité, troupeau: || savon, écume.

PUAA. s. fardeau: || cochon.

PUAHA, m. briser, casser, se rompre.

PUAHI. m. bois de santal.

PUAHI, s. foyer.

PUAHILOHILO. s. écailleux.

PUAHIOHIO. s. tourbillon de vent.

PUAI, s. jaillir, couler.

PUAIKA, m. oreille; attentif.

PUAINA. v. PUAIKA.

PUAKA, m. cochon; animal. v. PUAA.

PUAKAI, s. voyage, journée.

PUAKALA, s. ronce, épine, chardon.

PUAKE, m. desséché.

PUAKII, s. pauvre, désœuvré, maladif; || idole.

PUAKO, m. oreiller, lit : || longue pièce de bois.

PUALA, s. entasser.

PUALAU, s. porter sur les bras, supporter avec les bras.

PUALAVAHI, s. partager, diviser.

PUALE, s. ravin : || piédestal.

PUALENA, première lueur du soleil.

PUALI, garde du corps, armée : || fond, vallée; || isthme : || petit, mince.

PUAMANA, s. pauvre, méprisable.

PUAMANI, v. PUAMANA.

PUANA, s. commencer, enfoncer : prononcer; || s'assembler; || serré, petit.

PUANI, jouer.

PUANEANE, s. vieille femme en vigueur de la jeunesse; || qui a faim, mort de faim : || éternité.

PUAPUA, m. bouillir, écumer, écume.

PUAPUA, s. paquet, faisceau; || queue, plumes longues de queue; || esp. de mouche; || désagréable au goût, nourriture crue.

PUAPUAI, s. ébullition.

PUATEA, m. tendre, non fort.

PUAUHI, m. racine.

PUAVA, m. trou dans les rochers de la mer; gros coquillage.—s. esp. de plante.

PUAVAAVA. v. PUAVA.

PUE, s. percer avec une lance; || attaquer, presser, solliciter, séduire.

PUEHU, ms. incertain ; rejeter, abattre, nettoyer; répandre, disperser; dispersion ; || longueur; superflu.

PUEHUA, m. papillon.

PUEHUEHU. v. PUEHU.

PUELEHU, s. jeter dans le feu.

PUEO, s. ensevelir : || corde; || esp. d'oiseau.

PUEOEO, s. piège.

PUEPUE, s. large, gros ; entasser : || vermoulu.

PUEU, m. offrir.

PUEVA, m. démangeaison.

PUEVAE, m. doux au toucher.

PUEVAI, s. ondulation.

PUFITI. v. PUHITI.

PUHA, ms. cuisse, derrière : ouvert, crevé : bailler.

PUHAAA, s. à demi rôti.

PUHAKA, s. reins.

PUHALAU, s. avare.

PUHALI, s. coquillage.

PUHANE, s. esp. de jeu.

PUHEE, s. disperser.

PUHENEHENE. v. PUHANE.

PUHEVA, m. démanger, picoter, gale.

PUHI, ms. souffler : fumer : sonner de la trompette : || brûler : distiller : || fusil, tirer : || poindre, paraître : || anguille de mer.

PUHIA, s. dispersé par le vent : || répondu.

PUHIOHO, s. pet ; peter.

PUHIOILO, s. petite anguille.

PUHIPAU, s. s'accuser : avilir; reprocher ; || noir de fumée.

PUHIPUHI, m. clou.

PUHO, m. chambre, appartement : case : || colle ; || coude.

PUHUEPUHUE, s. esp. de convolvulus.

PUHUHU, m. gale.

PUI, s. v. PUHI.

PUHO, s. partir, s'enfuir.

PUIPUI, s. large, corpulent.

PUIPUI. v. PUHIPUHI.

PUIVA, ^s. partir soudainement.

PUKA, ^m. chaux, lime; acier; || araignée; || non mûr.

PUKA, ^s. porte, trou, chas; || entrer; || tromper; || art de faire des lances, des cordes; || paraître; || usurper l'autorité.

PUKAHO, ^{ms}. paquet d'*ama*.

PUKAI, ^s. tatouer au front; se mettre de la chaux aux cheveux; || poisson.

PUKAIHU, ^s. narines.

PUKAKA, ^s. monter en zigzag; s'égarer; || glousser.

PUKAKU, ^s. injurier; || faire un exemple de.

PUKANILUA, ^s. dispute opiniâtre pour faire valoir son opinion.

PUKAO. V. PUKAHO.

PUKAPUA, ^s. *ossa vaginae*.

PUKAPAHA, ^s. porte de maison, de ville.

PUKAPAKAHA, ^s. fenêtre à barreaux.

PUKAPUKA, ^s. chercher à usurper l'autorité; || percé de plusieurs trous.

PUKAVEEVEE, ^m. araignée.

PUKAVII, ^m. avare, vilain.

PUKE, ^{ms}. tas, paquet; amonceler; || gros livre.

PUKEAVE, ^s. grains à collier, petites perles.

PUKIKI, ^m. jaune.

PUKIKI, ^s. furieux.

PUKINA, ^m. jaillir; remuer; trembler d'une passion.

PUKOA, ^s. écueil.

PUKOE, ^m. quinquet, lampe.

PUKOKE, ^m. papillon.

PUKOO, ^m. joue, pommette.

PUKOKUU, ^m. blanc de l'œil.

PUKU, ^{ms}. gonfler; tout ce qui se gonfle; fruit; joue; || paquet, pot, gage.

PUKUAHI, ^{ms}. écaille, huître; nacre, perle.

PUKUAKI. V. PUKUAHI.

PUKUKO, ^s. chant de la poule.

PUKUPUKU, ^m. très gonflé, boursouflé.

PULA, ^s. poussière dans l'œil, feuille, paille.

PULALE, ^s. se presser, être pressé.

PULAPULA, ^s. rejeton, postérité.

PULE, ^s. prière, prier; culte.

PULEHU, ^s. source d'eau; || cuire, rôtir; consumé par le feu.

PULELEHUA, ^s. papillon.

PULIHI, ^s. tourbillon de vent.

PULIHILIHI, ^s. herbe.

PULIKI, ^s. embrasser; || concevoir; || vert; || gilet.

PULOU, ^s. couvrir la tête; voile.

PULU, ^s. baigner, laver, arroser, mouiller; || plein, rassasié.

PULUNALUNA, ^s. tas d'habits.

PULUPULU, ^s. mouillé, humide; || coton.

PUMAHANA, ^s. chaleur, chaud.

PUNA, ^{ms}. chaux de corail, lime; || creux, cuiller, source, puits, caverne; || dartre; || araignée.

PUNAA, ^m. se cacher.

PUNAHELE, ^s. mignon, favori.

PUNAHELU, ^s. moisi.

PUNAKA, ^m. se cacher.

PUNAKU, ^m. pincer.

PUNALUA, ^s. s'aimer mutuellement.

PUNANA, ^{ms}. nid, abri.

PUNANANA, ^s. esp. d'araignée.

PUNAPUNA, ^s. dur, coriace; || pistolet.

PUNAVAI, ^s. source d'eau; puits.

PUNAVE, ^s. partager, diviser.

PUNAVELEVELE, ^s. toile d'araignée.

Punee, ⁱ. aller questionner.

Punena, ᵐ. s'étouffer.

Puneno, ᵐ. chatouiller.

Puni, ᵐ. année de dix lunes.

Puni, ⁱ. entourer, environner, finir; || tromper, prévaloir, être trompé; || désirer, convoiter; || autour, environ.

Puniau, ᵐ. boire.

Punie, ᵐ. saisir, empoigner.

Punihaniha, ⁱ. difficile à traiter.

Punihee, ⁱ. attraper, tendre des embûches.

Punihele, ⁱ. avide de voyager, suivre partout.

Punihi, ⁱ. élevé, majestueux.

Punikala, ⁱ. avare.

Punini, ⁱ. aller çà et là; virer de bord.

Punipuni, ᵐ. nombreux; souvent.

Punipuni, ⁱ. tromper, mentir.

Puniu, ⁱ. trompeur, filou; || crâne.

Puniule, ⁱ. adhérer.

Punivaivai, ⁱ convoitise.

Punivale, ⁱ. bouillant de colère.

Puno, ᵐ. glisser.

Punou, ⁱ. vagues, tourbillon de fumée, s'élever comme la fumée; || petit bout d'arc-en-ciel.

Punua, ᵐˢ. petit d'animal; pigeonneau.

Punuhu. v. punou.

Puo, ᵐˢ. qui s'élève, haut, proéminent; agité par le vent.

Puoa, ⁱ. enclos; || plantes étouffées par les herbes.

Puoho, ⁱ. travailler, faire des efforts.

Puoka, ᵐ. porc, cochon.

Puohe, ⁱ faible, sans consistance.

Puofa, ⁱ. sac, vase, bombe; || bombe, enterrer. v. puoa.

Puovo, ᵐ. brûlé, trop cuit.

Pupa, ᵐ. gerbe, paquet, faisceau, botte, fagot, foin.

Pupanapana, ⁱ. pistolet.

Pupu, ᵐ. se gargariser; || touffe; || épaulette.

Pupu, ⁱ. v. pupa.

Pupua. v. pua.

Pupuhi, ᵐ. bouillir, se répandre; || pollution.

Pupuhi, ⁱ. souffler fort. v. puhi.

Pupuhu, ᵐ. suivre.

Pupui. v. pui.

Pupuina, ᵐ. désirer, convoiter; projeter.

Pupuka, ⁱ. insulte, reproche; || mal, mauvais, sale, corrompu.

Pupule, ⁱ. fou, insensé.

Pupuni, ᵐ. se cacher.

Pupunia, ᵐ. clandestin.

Pupure. v. pupule.

Puputu, ᵐ. bourlet, paille.

Pure, ᵐ. prier. v. pule.

Puru, ᵐ. rassasié. v. puku.

Purumu, ᵐ. herbe, gazon.

Pururu, ᵐ. pourrir; || marteau.

Puta, ᵐ. entrer, percer, aller, route, sortie; poindre, arriver; || porte, trou, fenêtre; || pluie. v. puka.

Putee, ᵐ. rejeton de bananier.

Putemanu, ᵐ. coloquinte.

Puteu, ᵐ. boiter, boiteux.

Puti, ᵐ. saint.

Putoe, ᵐ. ventre.

Putona, ᵐ. pouce.

Putui, ᵐ. sourd, désobéissant, entêté, indocile, incrédule.

Putuki, ᵐ. touffe de cheveux.

Putuna, ᵐ. boyau.

Puu, ᵐˢ. gonflement, ampoule; || éminence, colline, tour; || lot, part, quantité; || rassembler, entasser: *signe du pluriel*; || corde, tresse.

PUUA. ˢ. suffoqué.

PUUAI, ˢ. gosier.

PUUHEEHEE, ᵐ. fétus; terme injurieux.

PUUHITI. ᵐ. bubons vénériens.

PUUHONUA. ˢ. lieu de refuge; tour.

PUUHOOMAHA, ˢ. lieu de repos.

PUUKAUA, ᵐ. commandant en chef.

PUUKUU, ˢ. économe, qui ramasse beaucoup.

PUULIMA. ˢ. jointure des doigts, poing.

PUULU. ˢ. armée; || joindre les mains.

PUUNA. ᵐ. produit.

PUUNANE, ˢ. partager, diviser. V. PUNAUE.

PUUNOHU. ˢ. nuages épais; vagues.

PUUOA. ˢ. enclos.

PUUOIOINA, ˢ. lieu de repos.

PUUPA, ᵐˢ. vierge.

PUUPAA. ˢ. reins.

PUUPUU. ˢ. plein de nœuds, de boutons; protubérance, cheville, nœud, grappe, poignée; ampoules. V. PUU.

PUUTIKE, ᵐ. protubérance, tumeurs.

PUUVAI. ˢ. vessie.

PUUA. ˢ. monter et rester suspendu; || briller.

PUUALU. ˢ. réciter, répéter ensemble, travailler tous ensemble; || ancien drapeau de service. V. PUALU.

PUUVETEVETE, ᵐ. général, libéral.

T.

NOTA. Les mots commençant par t appartiennent au dialecte des îles Marquises.

TA, *particule*, marquant la possession, la source, le principe, le motif; devant un *verbe*, elle augmente la force de la signification.

TA, importer, il importe.

TAA, voir; || crier; ton élevé; || pointu, pointe, dard, flèche, baïonnette, fourchette.

TAAI. V. ETAAI; travailler sur le bois, tailler, couper.

TAAITAAI, ciseler. V. TAAI.

TAAKAAKA, allumer, éclairer.

TAATA, plaisanterie.

TAATAA, voir; || crier; || éminence; || rive, raboteux. V. TAA.

TAATUA, arête, épine dorsale des poissons.

TAE, surabonder.

TAETAE. richesse, biens; largesse, cadeau.

TAFAI. nourrir, engraisser.

TAHA, lieu, endroit, place; || manifeste; || aller, marcher.

TAHAA, plat, assiette; || vase.

TAHAHA, propre, net.

TAHAKAHAKA, voir, être dans la lumière, sur le boisseau; clairvoyant, lumineux.

TAHEE, pousser, faire avancer.

TAHE, couler, se répandre, déborder, jaillir; liquide; pénétrer, distiller; || se plaindre.

TAHI, un, seul; || cacher; || appuyer; || mer.

TAHIA, demoiselle, dame, princesse.

TAHII, éventer : éventail.

TAHIOA, pêcheur.

TAHITAHA, partie. v. **TAHI**.

TAHITOTAHITO, toujours.

TAHIVAE, babillard.

TAHO, cuire.

TAHU, allumer ; cuisinier.

TAI, mer, marée ; || génération ; gens, peuple, race ; || adopter ; emporter ; || presser du linge.

TAIFATI, récif.

TAII, inviter, retenir, arrêter.

TAIOA, pêcheur.

TAIONA, donner.

TAIPI, ennemi, peuple ennemi.

TAITAI, propre, net, brillant ; attendre, répéter.

TAIVAI, babillard, bavard.

TAKA, pointe. v. **TAA**.

TAKAPII, lâche, paresseux ; || infirme.

TAKI, faire du bruit, bourdonner, retentir, sonner, hurler ; aboyer ; || prendre, saisir.

TAKO, ombre, obscur ; || pêcher des coquillages ; || saisir, attaquer.

TAKOKE, douleur dans les membres.

TAMA, fils.

TAMATA, tempe.

TANO. v. **TAKO**.

TANU, couvrir, enterrer, ensevelir, planter ; sépulture ; plante, semence.

TAO. v. **TARO** ; cuir, rôtir ; || sacrifier.

TAOE, ton, ta, tien.

TAOHI, retenir.

TAOHITIA, retenu, intermédiaire.

TAOTAO, cuit. v. **TAHO**.

TAPA, tape, étoffe d'écorce d'arbre.

TAPAE, destiner, réserver, mettre à part.

TAPAHAI, corail.

TAPAI, salir, barbouiller.

TAPAO, mortier ; boue.

TAPAPA, cerner, environner ; || toit.

TAPAU. v. **TAPAO**.

TAPAVAU, abondance ; riche.

TAPE, tirer, lécher, laper.

TAPETAPE, *terme indécent*.

TAPI, orner, parer ; || s'habiller.

TAPU, interdit, sacré ; interdiction sacrée.

TAPUI, oindre, huiler ; || crépir.

TAPUTAPU, esp. de pomme.

TAPUVAE, plante du pied ; pas, trace.

TARA, piastre.

TARATARA. v. **TAATAA**.

TARO, principal mets des insulaires, choux.

TATA, proche, voisin ; auprès, près ; être prêt, être sur le point de ; || chasser, poursuivre ; || battre, triturer ; couper.

TATAI. v. **TATA**.

TATAIHA, faible.

TATATO, pierreux, raboteux, rude.

TATAU, lire, compter, calculer, tracer ; lecture, calcul, généalogie.

TATII, médecin.

TATOU, nous tous.

TATU, tatouage, tatoué.

TAU, *signe du pluriel ;* || année ; || arriver, aborder, débarquer, porter sur le dos ; || cuire, mettre au four.

TAUA, prêtre, grand-prêtre ; || nous deux.

TAUE, rejeter, repousser.

TAUEVA, peser ; || suspendre.

TAUNA, couple. v. **TAUA**.

TAUTAKI, solliciter, tourmenter, disputer ; || hautain.

TAUTAU, suspendre ; hamac.

TAUTI, orgueilleux, altier, ton de hauteur.

TAVAE, lent, propice, bienveillant; || lambiner.

TAVAENA, blessé par la fumée.

TAVAHA, panache, diadème de plumes.

TAVAHINE, fille aînée.

TAVAI, accueillir, recevoir bien.

TAVAIE, blanc, net, propre.

TAVATAVA. V. TAVAIE.

TAVEE, être paresseux, lâche, lent; tarder.

TAVEKE, autre portion; || orgueilleux. V. TAUTI.

TAVINI, cuisinier, domestique.

TE, le, la, les; qui. V. KE; || non.

TEA, blanc, jour. V. TE-A; || ce, cette.

TEAO. V. TEKAO.

TEATEA, glu, gluant, gomme; glissant; semence animale.

TEE, vert, cru; || s'en aller, partir; || amer, fiel.

TEETAHA, tour, autour; rang.

TEHE, couper, châtrer.

TEHITI, étranger.

TEHITO, vieux, ancien, décrépi; || semblable.

TEIA, ainsi, en effet. V. KEIA.

TEII, jeune homme de condition noble.

TEINA, cadet, frère cadet.

TEITA, herbe, gazon.

TEKA, brancard; || clavicule; || flèche; || oblique, de travers; faux; ruse.

TEKAI. V. TAAI.

TEKAO. V. TAKAU.

TEKAOTEKAO, conférer, s'entretenir; délibérer; conférence.

TEKATEKA, inconvenant; de travers; || tricher. V. TEKA.

TEKAU, vingt.

TEKOHA, rapport du gosier.

TEMANU, coloquinte.

TENA, regarder, appartenir; || ce, cette.

TENEI, ce, cette.

TENI, nombre fort grand; indéterminé.

TENITENI, innombrable.

TEREPOTA, moutarde.

TETAHAIKA, promenade, allée.

TETAHI, les uns, quelqu'un, autre.

TETAHITETAHI, les uns, les autres.

TETAI, espérer.

TETAPA, admirer.

TETAU. V. TAKAU.

TETENIKA, *jurement indécent*.

TETETUI, retentir.

TETOTOHE, se disputer. V. TOTOHE.

TETUI, creux de l'oreille.

TI, esp. de racine.

TIA, mât; || achever le haut d'une toiture; || ferme, solide; fermer; || os pubis; || *particule* qui forme des *substantifs*. V. TINA.

TIAE, esp. de fleur.

TIAHOA, garder, conserver; || attendre, espérer.

TIAHOPE, dernier.

TIAI, habitude, coutume. V. TIAHOA.

TIAKI, attendre, ajourner. V. TIAHOA.

TIATOHU, véritable, parfait, vrai; sincère, sûr; || massif.

TIAU, tirer par les mains.

TIE, élargir, grandir; éloigner. V. TIKE.

TIEE, pleurer, lamenter.

TIEHI, repousser, renvoyer.

TIENA, élargir; || ne pas croire; incrédule.

TIETIE, élever, exaucer, glorifier.

TIFA, fermer, boucher, joindre bien; couvercle, couvrir.

Tiha, boucher, fermer; couvercle; || malle, armoire, caisse, coffre, boîte.

Tihaoa, terre sans montagne, plaine.

Tihapa, fermer.

Tihe, venir, arriver, entrer; paraître, poindre; émaner, procéder; || éternuer.

Tiheke, renverser, faire écrouler; || purgatif.

Tii, inviter; attacher; || ce, ceci.

Tika, demain.

Tikao, piquer, percer, exciter, extraire en perçant; || plaisir voluptueux; désir ardent, passion.

Tikaovai, pompe.

Tikatika, bon matin, de bon matin.

Tikaue, mouche.

Tike, tirer; || se mettre sur son séant, lever, élever.

Tiketike. v. tietik.

Tiki, idole, statue; || tatouer; peindre, écrire.

Tikipatu, imprimer, tatouer.

Tiko, *particule augmentative;* très.

Tikoe, mensonge, tromperie; mentir.

Tikomo, manière d'arranger les cheveux.

Tikotiko, plaisir voluptueux.

Timara, petit filet.

Timoe, aller à cloche-pied; esp. de jeu.

Tina, fois, une fois; || *particule* qui forme des substantifs. v. tia.

Tinai, étrangler.

Tini, beaucoup, multiplié.

Tinitini, nombre très élevé, indéterminé.

Tio, accuser; || esp. d'huîtres.

Tioe, gens, personnes, peuple.

Tiohi, voir, regarder, observer, examiner, surveiller; || tâter, essayer.

Tipa, drapeau, pavillon, enseigne.

Tipai, mensonge, tromperie, ruse; tromper, mentir.

Tipapa. v. papa.

Tipi, dépecer; || copeau.

Tipipi, tailler, couper. v. tipi.

Tipitipi, mollet. v. tipi.

Tipo, mesurer; mesure, empan.

Tipohe. v. tipo.

Tipona, répéter.

Tipoo. v. tipo.

Tiporo, citron, citronnier.

Tipoti, vase, cruche, pot.

Tiputa. v. puta.

Tita, joindre, assembler, être pressé, foulé; nombreux.

Titahi, part, portion. v. tahi.

Titai, quelques-uns.

Titaki, être jaloux.

Titamu, *terme indécent.*

Titi, gros; amonceler; || aller à cloche-pied.

Titii, chasser, jeter, congédier, abdiquer, décharger, délaisser, bannir.

Titiko, rendre par les voies basses; excrément.

Tito, lancer.

Titohe, digérer.

Titoi, coït, *terme indécent.*

Titotito, becqueter.

Titu, étendre, allonger.

Titupu, rejeton; || coco frais.

Tiu, vent du nord.

Tivava, mensonge; mentir, tromper.

To, étendre, coucher; || toucher, caresser; || de, pour, appartenant; || *particule augmentative*, très; || canne à sucre.

Toa, fort, mâle, brave, guerrier; forces.

Toai, arrhes.

Toe, rester; || se taire; || derrière, cul; || partie naturelle de la femme. v. tole.

Toene, contester, répliquer avec colère.

Toetoe, esp. d'écrevisse.

Toha, nombre de quarante, quarantaine.

Tohau, rosée, pluie légère.

Tohe, entêté, opiniâtre: || nier, refuser, douter, résister, murmurer; rebelle.

Tohetohe, s. s'élever, bouillonner.

Tohi, fendre.

Tohia, combien.

Tohiku, sommet.

Tohinikua, sucre.

Toho, oracle.

Tohua, pavé élevé; || plante du pied, paume de la main, en dessus, en dedans; || grosse corde.

Tohui, bouleverser, ballotter; || lieu de danse.

Tohuku. v. tohiku.

Tohuti, courir.

Tohuu, sommier.

Toi, tirer, traîner, allonger; affiler; || hache, cognée.

Toii. v. toriri.

Toia, son, sa, ses.

Toiatu, représailles.

Toiki, enfant.

Toio. v. koeo.

Toitoi, vrai, droit, juste, parfait, entier, sincère, affable, poli, franc; || ajuster.

Tokai, égal.

Tokete, beau-frère; belle-sœur.

Toki. v. toi.

Tokihi, briller, éclairer.

Toko, lourd, pesant; fatigué; || appuyer quelqu'un, prendre le parti de; || ennui, abattement.

Tokoana, connaître une femme.

Tokoau, vent d'ouest.

Tokoae, roter.

Tokohana, fatigue.

Tokohua, odeur forte.

Tokotoko, bâton.

Tokoua, vous deux; accoupler.

Tomi, introduire, enfouir, enterrer, ensevelir; couvrir.

Tomo, entrer; se bien ajuster.

Tona, quelque, un certain.

Tonake, mollet.

Tonaki, fort.

Tonate, bosse.

Tono. v. toko.

Too, racine, pied, le bras; || accord, accorder, consentir.

Toohi, toucher. v. to.

Toohia, combien. v. tohia.

Toona, lent.

Tootahi, seul, unique; || ajouter.

Tootoo. v. tokotoko.

Topa, tomber, crouler, déchoir, rouler, succomber; descendre.

Topana, chute.

Toriri, trembler de peur.

Tororo, par la cervelle (*jurement*).

Totahi, encore.

Toto, sang; saignée.

Totofai, se disputer.

Totohai. v. totofai.

Totohe, importuner; s'opposer, s'obstiner.

Totohi, fendre. v. tohi.

Totoko. v. toko.

Totoo, bossu, bosse; || marcher à quatre pieds; || tâtonner.

TOTOUA, se disputer avec énergie.

TOU, trois. V. TORU, KOLU.

TOU, mon, mien. V. TOAU.

TOUA, guerre, bataille; querelle; colère.

TOUAKI, culbuter, renverser, vaincre; || faire sécher au soleil.

TOUATU, représailles. V. TOIATU.

TOUI, acheter.

TOUKAHUA, graisse.

TOUME, fleur de coco.

TOUTAHI, triple, trinité.

TOUTAKI, envier, désirer, solliciter.

TOUTO, *terme indécent.*

TOVAE, esp. d'écrevisse.

TU, lunaison, mois; || ancre, ancrage; || monument; || debout, ferme, soutien, appui, colonne; || aborder, s'accorder; s'arrêter.

TUA, couper, moissonner; || dos, derrière; || aigre, sauvage; difficile; || donner.

TUAAE, oublier.

TUAANA, récolte.

TUAAVE, fou, imbécille; farceur; || poursuivre à coups de pierres; || se déshabiller.

TUAIVI, montagne escarpée.

TUAKI. V. TOUAKI.

TUANA, aîné.

TUANANE, frère.

TUANE, frère.

TUAPOI, peuple, sujets.

TUATOKA, vent du sud.

TUEVAEVAE, talon.

TUEHINE, sœur.

TUEMATA, sourcil.

TUEMI, marcher les jambes écartées.

TUFAO, sauter.

TUFATU, grosse pierre.

TUFATUFA, distribuer.

TUFATUFAO, tempête.

TUHA, tousser, cracher.

TUHAE, oublier.

TUHAIPEEO, beaucoup.

TUHATUHA, distribuer.

TUHAU, publier, annoncer.

TUHAVA, fruit sauvage, goyave, goyavier.

TUHI, geste, signe; montrer au doigt.

TUHIA, puer.

TUHITI, araignée.

TUHITUHI, provoquer.

TUHOU, relever les habits.

TUHUKA, habile: ||prêtre du second ordre: maître, professeur: || médecin: || être habile.

TUHUNA. V. TUHUKA.

TUI, coudre, joindre; || revêtir: || récompenser: || creux de l'oreille; sourd, désobéissant.

TUIHA, brisé, rompu.

TUIHO, violer.

TUINA, jonction, conjonction, joint: || direction, gouvernement, pouvoir, puissance: || collier.

TUITUI, joindre; ||se taire; silence.

TUIVA, fendre, fendu, déchirer, percer; fente.

TUKAU, faire signe.

TUKEE, faire un tour d'adresse: || écouter, observer en cachette; || garder le silence.

TUKEI, donner.

TUKEMATA. V. TUEMATA.

TUKI, écraser; || battre, se heurter; || pétrir.

TUKIA, pierre des bords de la mer; || écrasé, battu. V. TUKI.

TUKIHI, éclairer. V. TOKIHI.

TUKII, petit caillou, petite pierre.

TUKU, donner, poser, mettre, lâcher.

TUMA. v. TUMU.

TUMAU. v. KOMAU; faire ombre; préserver.

TUMEI, arbre à pain.

TUMAE, première partie de la nuit.

TUMU, souche, principe, cause, commencement, tronc; commencer, entamer.

TUMUE, ébréché, émoussé.

TUNA, s'emparer; || le devant.

TUNEHE, désœuvré.

TUNIA. v. TUKIA.

TUNIHI, se sauver.

TUNOU, faire signe des yeux.

TUNU, cuire, rôtir.

TUO, petit-fils; || reculé.

TUPAPAHU. v. TUPAPAKU.

TUPAPAKU, défunt, corps mort.

TUPAU, se réunir.

TUPE, balayer, nettoyer, secouer, polir; || misérable, pauvre; || gros coquillage.

TUPEI. v. TUPE.

TUPEHE. v. TUPE.

TUPOU, envelopper.

TUPU, croître, pousser; bourgeon, fruit; concevoir, enfanter, engendrer, naître; || se rouiller; rouille.

TUPUNA, aïeul; ancêtre.

TUTAE, excrément; ordure.

TUTAHI, se croiser; || s'égaler; semblable; || mesure.

TUTAL. v. TUTAKI.

TUTAKI, se rencontrer, se joindre, s'unir; rivaliser.

TUTAU, ancre; || gros pied.

TUTE, chasser, disperser, rejeter, éloigner.

TUTIA, soutien.

TUTO, méditer.

TUTOKO, s'agenouiller.

TUTONA, aveugle.

TUTORUTO, approfondir, réfléchir, penser. v. TUTO.

TUTU, faire, fabriquer; || arriver à; || soutien, poteau, colonne.

TUTUA, bois sur lequel on bat la *tape*.

TUTUKI, se choquer, se heurter.

TUTUU, appui, soutien, support; étai.

TUU, donner, livrer, remettre, || permettre, offrir, présenter, pardonner, lâcher.

TUU. v. SOU.

TUUEIEI, s'empresser, s'émouvoir.

TUUNA, don, cadeau, offrande, aumône.

TUUU, renfermer.

TUUUNA, escalier.

TUVEE, sarcler, gratter, arracher.

U.

U, ms. nature; || mamelle, sein; lait; || bouillir, sortir; || pleurer; tirer de; || disposer à; || je, moi.

UA, ms. pleuvoir, pluie; || ce, cette, voilà; || marque du *passé* et du *passif*; || pendant que, de peur que; déjà, lorsque; si.

UAA, m. réveiller.

UAA, s. pirogue.

UAAPA, s. canot, pirogue.

UAEVA, m. être surpris.

UAHI, ms. fumée, cendre.

UAHIKO, m. succomber.

UAHINO, m. se soumettre.

UAI, m. faire entrer; || qui, quel.

UAIMAI, m. second.

UAIO, **m**. succomber.

UAKAI, **s**. voyager de compagnie.

UAKI. V. UAI.

UAKI, **s**. montre.

UALA, **s**. pomme de terre.

UALAAU, **s**. crier haut.

UALAPILAU, **s**. navet.

UALO, **s**. crier, pleurer, gémir.

UAMAKOKOE, **m**. rature.

UANA, **s**. assez, cela suffit.

UANEI, **s**. *particule du futur*.

UAO, **s**. intercéder, médiateur ; || miauler, chat.

UAPAI, **s**. boiteux. V. OOPA.

UAPO, **m**. le soir.

UATA, **m**. joue.

UATETUI, **m**. trou de l'oreille.

UATI, **s**. montre (*moderne*).

UATINA, **s**. une fois.

UATUI, **m**. désobéissant.

UAU, **m**. quatre cents.

UAU, **s**. sac en cuir ; coriace ; || gratter, se gratter ; || esp. d'oiseau.

UAUA, **m**. pleuvoir ; || rouge, flamboyer. V. KUAKUA.

UAUA, **s**. pauvre, nu, maigre ; || solide, fier ; || bruit confus ; || pleuvoir.

UE, **ms**. pleurer, gémir, sangloter ; || tourner une vis ; || aimer, estimer, amour, affection ; chagrin ; || partie naturelle de l'homme.

UEE, **s**. crier.

UEHINE, **m**. vieille femme.

UEKI, **s**. mêler, brouiller.

UELI. V. UEKI.

UEMI, **m**. retirer.

UEPA, **s**. pain à cacheter.

UEU, **m**. ceinture de femme. V. KAEU.

UEUE, **ms**. pleurer, lamenter ; || agiter ; || laver, purifier.

UEVALE, **s**. lâche, poltron ; || ne faire que pleurer.

UHA, **m**. femelle ; — **s**. saison.

UHA, **s**. dissiper ; || cuisse ; || canal alimentaire.

UHAE, **s**. déchirer.

UHAI, **s**. briser ; transgresser, poursuivre ; || parler à.

UHAKU, **s**. plier du papier, le mettre en cahier.

UHALU, **s**. affamé.

UHALUHALU, **s**. regarder fixement et avec surprise.

UHANE, **m**. s'inquiéter.

UHANE, **s**. esprit, âme ; spirituel ; intelligence.

UHAO, **s**. mettre dans ; || tas ; || frapper.

UHAU, **m**. esp. d'arbrisseau.

UHAU, **s**. battre, affliger.

UHAUHU, **s**. gourmand ; fort gras ; || s'amuser.

UHAUHAU, **s**. presser, fouler.

UHE, **m**. ressort ; || collier.

UHEA, **s**. cuisse ; || couvercle.

UHELE, **s**. écorce.

UHELEHE, **s**. offensé.

UHI, **ms**. couvrir, cacher, effacer ; voile, pardon ; || étendre ; || revêtir ; || tremper, frotter ; || nacre.

UHINA, **s**. filet.

UHINI, **s**. sauterelle.

UHINU, **s**. tromper.

UHOLA, **s**. étendre, déployer ; || calmer, apaiser ; || préparer.

UHOLE, **s**. peler.

UHU, **m**. fouir, enfouir ; || poussière.

UHU, **s**. se plaindre, grogner.

UHUA, **m**. tumeur.

UHUKI, **s**. déraciner.

UHUUHU. V. UHU.

UI, **ms**. interroger, converser ; || traire, tordre du linge, extraire ;

|| craquer, grincer des dents ; || engourdir ; || jeune.

Uia, m. éclair.

Uiio, s. interroger, questionner.

Uila, s. éclair.

Uina, ms. question ; || claquer, craquer ; bruit d'un coup de fusil.

Uiui. v. **Ui**.

Uiuia, s. esp. de bière.

Uiuiki, s. lueur, faible éclat.

Uiuiku, s. mauvaise odeur.

Uiuilu. v. **Uiuiku**.

Uiuina, s. question, invitation.

Uka, m. esp. d'écrevisse.

Uka, s. envoyer, attaquer, mettre en fuite ; || porter à terre ; || gage, compensation ; || côté opposé à la mer.

Ukali, s. accompagner.

Ukana, s. bagage ; fardeau.

Ukauka, s. gourmandise.

Uke, m. gouvernail.

Ukeke, s. instrument de musique ; || tinter.

Uki, s. puant, puanteur.

Ukike. v. **Uki**.

Ukiu, s. écorce de noyer ; || vent du nord.

Ukiuki, s. indigné, plein de colère ; offenser, vexer, provoquer ; || luisant.

Ukiukiu, s. bois. v. **Ukiu**.

Ukoke, m. perle.

Ukole, s. esp. de poisson.

Uku, m. entrer, plonger, pêcher en plongeant.

Uku, s. payer, taxer, récompenser ; || demander en justice ; || coutume ; || pou, puce.

Ukuhi, s. verser dans, remplir un vase ; || sevrer ; || apprendre.

Ukuhouho, s. intérêt, usure.

Ukui. v. **Ukuhi**.

Ukui, m. essuyer, limer, gratter ; || ôter ses habits.

Ukukapa, s. peau.

Ukukuhi. v. **Ukuhi**.

Ukuleki, s. puce.

Ukulele, s. puce.

Ukumaikai, s. récompenser.

Ukupoo, s. pou de tête.

Ula, s. chanter, chanson ; || brûlant, rouge, flamme ; || écrevisse de mer.

Ulaia, s. vivre solitaire, se retirer dans la solitude ; désert, solitude.

Ulala, s. insensé, démence.

Ulana, s. tisser, tresser.

Ulapaa, s. chasteté, continence.

Ulaula, s. rouge.

Ule, s. membre viril. v. **Ue**.

Ulealau, s. fleurir.

Ulepuaa, s. membre génitoire des animaux.

Uleule, s. excroissance sur la paupière.

Uli, s. bleu, azur, vert ; palmier ; || chercher, tourner, se tourner.

Ulinalina, s. gros, dodu ; pâte compacte.

Uliuli. v. **Uli**.

Ulono, s. cri de détresse.

Ulu, s. croître, s'étendre, se répandre, verdir, pousser ; || inspirer, influencer ; || arbre à pain, fruit de l'arbre à pain ; || esp. de jeu ; || boule, disque, rond ; || plume, poil.

Ulua, s. assembler.

Uluaoa, s. paraître en grand nombre ; se lever en grand nombre ; confusion.

Uluhua, s. découragé, ennuyé.

Uluia, s. possédé, inspiré. v. **Ulu**.

ULUKU, s. arbrisseau ; buisson ; || désert.

ULULU, s. se faire valoir ; prétention.

ULUNA, s. tenir, soulever la tête ; oreiller.

ULUPA, s. mettre en pièces.

ULUPAA. V. ALAPAA.

ULUPAAA, s. brosse, pinceau.

ULUULU, s. assembler, réunir. v. ILU.

ULUVALE, s. croître sans culture.

ULUVEHEVEHE, s. vigne sauvage.

ULUVEHIVEHI, paré de plusieurs ornemens.

UMA, m. poitrine. V. MAUMA.

UMA, s. presser, serrer ; || cuisine, four ; || jeu de mains.

UMAA, m. patate. V. KUMAA.

UMAHA, m. pourquoi cela.

UMAI, m. *particule* qui marque continuité, répétition.

UMAKI, m. poursuivre, continuer. V. UMAI.

UMAUMA, ms. sein, poitrine.

UME, s. tirer, traîner, s'étendre ; || fermer (un canif).

UMEHEA, m. agréable.

UMEKE, s. calebasse. V. UMETE.

UMEKI, écraser avec le pouce.

UMETE, m. auge, malle, caisse, armoire, coffre, étui.

UMI, s. dix ; || étrangler, suffoquer ; || vice.

UMIHI, m. chercher, approfondir. V. IMI.

UMIKAMALII, s. infanticide.

UMIKEIKI, s. infanticide.

UMIKI, s. égratigner, pincer ; || éclairer ; || gourde.

UMIUMI, s. barbe ; se raser, s'arracher la barbe.

UMOI, m. *particule* de défense.

UMOKI, s. bouchon. V. OMOKI.

UMOU, m. adoucir, apaiser.

UMU, ms. four, fournaise ; cuire ; || assembler, réunir.

UNA, ms. envoyer ; || le haut, le dessus, cime ; || écaille de tortue : || lassitude, fatigue.

UNAHI, ms. écaille.

UNAHONU. V. UNAHI.

UNAOA, s. morailles ; || corail.

UNAUNA, s. envoyer souvent des ordres. V. UNA.

UNE, s. presser avec un levier, lever.

UNIHI. V. UNIHI.

UNIHIPILI, s. os du bras et de la jambe ; || âme d'un mort qui passe dans un autre corps.

UNOO, s. cru, non cuit.

UNU, s. lâche, poltron ; || boire ; || petites pierres.

UNU, m. regretter, repentir, être contrit, contrition.

UNUHI, ms. défaire, ôter, tirer de.

UNUI. V. UNUHI.

UNUNU, s. prendre aux cheveux ; arracher le poil.

UO, ms. mugir ; être animé ; tintement.

UOHO, m. cheveux.

UOKI. V. OKI.

UOLIA, s. pomme de terre.

UOTAHI, m. enfreindre les lois de Dieu.

UOVO, ms. blanc, propre, animé. V. UO.

UPA, s. dévorer ; || ciseaux, tenailles.

UPAHU, m. grande herminette.

UPAI, s. grand ; svelte ; mince.

UPAIPAI, s. ébranlement, vibration.

UPAMAKANI, s. soufflet (instrument).

Upapalu. s. esp. de poisson.

Upaupai, s. planer, prendre son essor.

Upee, s. morve, pituite.

Upena, s. filet.

Upi, s. bruit que font les souliers remplis d'eau.

Upiki, s. ouvrir et fermer aussitôt: trappe; || prendre entre les bras.

Upo, ms. désirer, convoiter; || abrutir; || battre des mains.

Upoko. V. upo.

Upu. V. upo.

Upuka, s. porte. V. ipuka, puka.

Uta, m. chanter, chant. ode: || en haut, vers la montagne. vers la terre.

Ute, m. mûrier blanc.

Utu, m. attaquer, frapper. battre; || offrir, attaquer; || pou.

Utuna, m. offrande. V. utu.

Uu, m. arme, casse-tête; || couleur; || entrer, introduire, pénétrer, mêler. V. utu, uku.

Uu, s. bégayer; répondre à une question; || espèce de poisson.

Uua. m. dégoût; || retourner, retour. V. vaua.

Uuai. m. mâchoire. V. ouvae.

Uuku, s. petit, peu, diminuer.

Uuluhaku. s. fatigue des jambes.

Uumi. ms. presser. serrer. étouffer. étrangler: || disparaître.

Uutu. m. V. uuku.

Uuu. s. peler. écorcher. V. uu.

Uva. s. différent. débat; || crier. s'écrier, tumulte.

Uvahi, s. fumée, nuages.

Uvai, s. ouvrir.

Uvalaau. s. cris tumultueux; tumulte. bruit.

Uvao, s. faire la paix, réconcilier; médiateur. V. uao.

Uvauva, s. acclamations réitérées.

Uve. V. ue.

Uvee. V. uvai.

Uvi, s. presser, serrer. V. ui.

Uviki, s. mèche.

Uvikiviki, s. briller, éclater.

Uvo. s. mugir. V. uo; || garde, sentinelle.

V.

Va, ms. espace entre deux choses; période, temps; || penser, réfléchir; converser.

Vaa, m. s'éveiller, réveil, se lever, se dresser.

Vaa, s. canot; rame, ramer.

Vaake, m. feuilles pour la toiture.

Vaana, m. pour, par; || soupirer après.

Vaanao, s. aurore.

Vaane. V. vaake.

Vaapa, s. canot.

Vaava, m. multitude, grand nombre; réunion, bande.

Vaavaa, m. côtes. V. vakavaka.

Vae, ms. pied; || s'accoutumer, se plaire.

Vae, s. choisir, élire; méditer; choix.

Vaele, s. arracher, sarcler, labourer.

Vaena, s. milieu; entre, parmi, au travers; || cadavre; || champ.

Vaenakonu, s. milieu, centre.

Vaevae, ms. les pieds. V. vae.

VAHA, s. bouche, ouverture; || porter sur le dos; || mois; || bride.

VAHAAMA, s. dire des contes, des secrets.

VAHAHEE, s. mentir, tromper; mensonge.

VAHAHEVA, s. mensonge.

VAHALIO, s. bride de cheval.

VAHAMANA, s. écrin, coffret, tiroir.

VAHANA, m. mâle, mari.

VAHAOHE, s. grand parleur; || scandaliser.

VAHAVAHA, s. vil, bas, méprisable; déshonorer.

VAHAKOLE, s. criard, babillard.

VAHAPAA. v. VAHAKOLE.

VAHAPUU. v. VAHAKOLE.

VAHAUKAUKA, s. gourmand.

VAHI, ms. place, lieu, endroit; || un peu de, quelque, quelqu'un, un certain; || bander, envelopper, ensevelir; || ouvrir, séparer, briser; || porter; || parole, maxime.

VAHIA, s. bois, forêt.

VAHIE, s. bois de chauffage.

VAHIEALA, s. bois de santal.

VAHIKAAVALE, s. retraite, asile.

VAHIMOE, s. lit; alcôve.

VAHINE, s. femme, femelle.

VAHITU, m. cruel, féroce.

VAHIVAHI, m. diviser en petits morceaux.

VAHO, ms. dehors, le dehors.

VAHUVAHU, s. s'appuyer sur quelqu'un.

VAI, ms. eau, liquide; || place, espace. v. VAHI; || qui, quel.

VAIALII, s. place du roi, lorsqu'il traite les affaires publiques.

VAIE, s. bois à brûler.

VAIELI, s. v. VAIE.

VAIELEELE, s. encre.

VAIHEE, m. eau courante.

VAIHI, s. cascade; || allié; uni.

VAIHO, s. placer, déposer; || quitter, abandonner; || confier à.

VAIHONAMELI, s. rayon de miel; ruche.

VAIHONAMONI, s. trône; || trésor.

VAIKAI, s. eau de mer.

VAIKEU, m. source d'eau.

VAIKIKIHA, m. soupe graisseuse.

VAIKOTO, m. eau boueuse.

VAILANA, s. bannir, chasser, exiler.

VAIMAKA, s. pleurs, larmes.

VAIMAOLI, s. courant d'eau.

VAIMATA, m. larmes.

VAINA, s. vigne, vin, raisin.

VAINEHAE, m. revenant, fantôme; sorcier.

VAINOHIA, s. en sûreté.

VAIOHIA, s. cidre.

VAIPAKA, m. fendre.

VAIPEA, s. sécurité; passe-port; tapu des femmes.

VAIPUA, m. cascade.

VAIPUILANI, s. jet d'eau; trombe.

VAIPUNA, s. source d'eau.

VAITAHE, m. ruisseau.

VAITUKIA, m. offrande, victime.

VAIU, ms. lait; || mamelle.

VAIUPAA, s. fromage.

VAIVAI, m. remuer dans l'eau.

VAIVAI, s. biens, richesses, abondance.

VAIVAITI, m. agréable aux sens.

VAKA, m. canot, barque, pirogue.

VAKAANI, m. brancard.

VAKAIKAI, s. examiner, regarder autour.

VAKAVAKA, s. brillant, flamboyant.

VAKAVAKA, s. côte supérieure. v. VAAVAA.

VAKE, m. glaires.

VAKI, s. UAKI.

VALA, s. dérober, voler; || pommes de terre douces.

VALAAU, s. parler, haut, crier; bruit, tumulte.

VALAHU, s. esp. d'arbrisseau.

VALAVALA, s. tomber du haut de.

VALANIA, s. douleur cuisante; chagrin mortel.

VALE, s. seul, seulement, gratis; || marque du *comparatif absolu*, très, fort, beaucoup.

VALEA, s. se complaire, se donner ses aises, habitué à.

VALENO, s. toujours seul.

VALEVALE, s. tenter; flotter.

VALEVALENA, s. grincer des dents; se pincer; || grande peine.

VALI, s. réduire en poudre, mêler; fin, mince; mou; || battre.

VALIVALI, s. faible. V. VALI.

VALU, s. huit. V. VAU; || égratigner; enlever la peau; || prophétiser.

VALUNA, s. prophétie; habile.

VALUVALU, s. gratter. V. VALU.

VANA, s. venir, paraître, poindre.

VANANA, ms. chanter, réciter; prophétiser.

VANANIA, s. souffrir beaucoup.

VANAAO, s. aurore, pointe de jour.

VAO, m. penchant d'une montagne; source d'eau.

VAOAKUA, s. désert; demeure des esprits et des revenans.

VAONAHELE, s. désert, plaine.

VAU, m. huit; || raser, se raser.

VAU, s. je, moi.

VAUA, m. tuer; se précipiter.

VAUAKUA. V. VAOAKUA.

VAUKE, s. arbre, esp. de papyrus.

VAUVAU. V. VALU.

VAVA, ms. fréquent; || réunion; assembler; || tumulte.

VAVAA, m. côte.

VAVAE, s. pied, jambe.

VAVAHA, m. empoigner.

VAVAHI, ms. fendre, rompre, briser; || creuser.

VAVANA, s. raboteux.

VAVAO, m. appeler, crier après.

VAVAU, m. gratter le *mei*.

VAVE, ms. vite; || durable.

VAVEE, m. sarcler. V. VEE.

VAVEKA, m. milieu; || trou, déchirure.

VAVENA, m. centre, milieu.

VAVEVAVE, m. vite, vite! rapidement.

VAVI, m. mêler, mélanger.

VE, oisif. V. UE. m.

VEA, m. chaleur, brûler, cuire.

VEAVEA. V. VEA.

VEAVEA, s. complice; entremetteur.

VEAKIKI, m. rouge, couleur éclatante.

VEE, m. sarcler. V. VAVEE.

VEEVEE, m. araignée.

VEHE, s. ouvrir, découvrir; quitter, rejeter, lâcher, délier; || hypocrite.

VEHEA. V. VEHE.

VEHEVEHE, s. ouvrir; exposer, expliquer; défaire.

VEHII, s. collier.

VEHINE, m. femme, femelle.

VEHITAA, m. humide.

VEHIVA, s. esp. de KALO.

VEHOVEHO, s. herbe.

VEIE, m. bois à brûler.

VEINEHAE, m. revenant, spectre, fantôme.

VEITAA, m. cacher, éviter de faire; || voir.

VEKAVEKA, s. rompre un marché; || saleté, impureté; || soustraire.

VEKE, ⁸. craquer, s'ouvrir.

VEKEA, ⁸. cime d'un arbre.

VEKEKINA, ᵐ. promptement; tout-à-l'heure.

VEKEVEKE, ᵐ. bégayer, bredouiller.

VEKEVEKE, ⁸. défaire. V. VEHE-VEHE.

VELA, ⁸. chaleur, brûler, cuire; || colère; || poivre.

VELAVELA. V. VELA.

VELAU, ⁸. finir, fin; extrémité, bout, sommet, pôle.

VELELAU. V. VELAU.

VELEHU, ⁸. esp. de poisson.

VELI, ⁸. étincelle; || scion; || peur.

VELIVELI, ⁸. peur, trembler, faire peur.

VELO, ⁸. femelle; féconde; || queue. V. VEO.

VELOVELO, ⁸. couleurs, pavillon.

VELU, ⁸. morceau de *tape*.

VELUVELU, ⁸. déchirer en lambeaux.

VEO, ᵐ. queue.

VEO, ⁸. percer.

VEPA, ⁸. cachet, sceau, pains à cacheter.

VEPAHO, ᵐ. abroger.

VERA. V. VEA.

VETEVETE, ᵐ. généreux, libéral.

VETI, ᵐ. fendre, embrouiller.

VETIVETI, ᵐ. ramasser; || éplucher; écosser; || déchirer, diviser.

VETO, ᵐ. étourdi.

VEU, ᵐˢ. hérisser; || négliger; || mouillé.

VEUVEU, ⁸. herbe; gazon.

VEVAI, ᵐ. coton, cotonnier,

VEVAO, ᵐ. appeler, pousser des cris; acclamation; || intermédiaire.

VEVAOPU, ᵐ. prendre en vain.

VEVE, ᵐ. vite.

VEVEHU, ⁸. paille, herbe.

VEVEKINA, ᵐ. vite; vitesse.

VEVETE, ᵐ. délier, débrouiller.

VI, ᵐ. esp. de melon d'arbre, arbre à melon.

VI, ⁸. famine; affamé.

VII, ᵐ. glisser, tomber, rouler, || rond, tour, circonférence.

VIIPU, ᵐ. se reproduire; || rond, en rond, autour.

VIIPUHI, ᵐ. tresser.

VIIVIIOLEA, ⁸. maigre.

VIKANI, ⁸. fort, robuste, compacte.

VIKI, ᵐ. bruit dans l'oreille.

VIKI, ⁸. hâter, hâte, vitesse.

VIKINA, ᵐ. bruissement.

VIKIPELA, ⁸. c'est assez, il suffit.

VIKIVIKI, vite. V. VIKI.

VILI, ⁸. filer, tordre, tourner; tortueux; ruban.

VILIKAHI, ⁸. forêt.

VILIVILI, ⁸. mêler ensemble.

VILO, ⁸. éclair. V. UILA.

VILU, ⁸. désagréable, puant.

VINEKA, ⁸. vinaigre (*moderne*).

VINIVINI, ⁸. pointe, pointu, aigu; || embrouillé, entortillé.

VIPU. V. VIIPU.

VIUKA, ᵐ. hameçon, épingle.

VIVI, ᵐˢ. pauvre, faible, maigre; || esp. de bière; || pointe, pointu; || chenille.

VIVII, ᵐ. solitude.

VIVIIKINA, ᵐ. résonner, retentir.

VIVIINA, ᵐ. son, bruit.

VIVIITO, ᵐ. ivre, étourdi; vif.

VIVIKI, ⁸. faible lueur.

VIVINI, ᵐ. régler, expliquer; ||

gouvernement, direction; pouvoir, puissance.

VIVIO, ^m. solitude.

VIVIUPI, ^m. long.

VIVO, ^{ms}. son aigu; || crainte; &:
grâce: honte.

VOKI, ^s. arrêter, retarder, retena
attacher fortement.

FIN DE LA PREMIÈRE PARTIE.

DEUXIÈME PARTIE.

FRANÇAIS-OCÉANIEN.

A prép. *i*, [ms]. pour les noms communs : *ia*. [ms]. pour les noms propres ; au père, *i ke makua*, [s]. à Jean, *ia Joane*, [ms].

ABAISSEMENT, sm. *haahahaana*, [m]. *hoohaahaa ana*, [s].

ABAISSER, v. *haaemi*, [m]. *hooemi*, [s]. s'abaisser, *haahahaa*, [m]. *hoohaahaa*, [s].

ABANDON, sm. *haaee*, [m]. *haalele*, [s].

ABANDONNÉ, adj. *tiliia*, [m]. *neoneo*, [s].; je suis abandonné, *e tiliia au*, [m].

ABANDONNER, v. une entreprise, *ana*, [ms]. quitter, *haalele*, [s]. délaisser, *tilii*, [m]; je vous abandonne, *e tilii au ia oe*, [m].

ABATARDIR, v. *haape*, [m]. *hooino*, [s].

ABATTEMENT, sm. *tono*, *toko*, [m]. *opikopiko*, [s].

ABATTRE, v. *kuha*, [m]. *vavahi*, [s]. s'abattre, *emi*, [s]. *hoohiolo*, [s]. faire écrouler, *haaheke*, [m]. couper, *kokoti*, [m]. *oki*, [s]. renverser, *hoohina*, [s]. s'abattre, *emi*, [s].

ABATTU, adj. *mohole*, *pilihua*, [s]. je suis abattu, *oki au*, [s].

ABATTURES, sf. *opala*, [s].

ABBAYE, sf. *abatia*, [ms]. (moderne).

ABBÉ, sm. *aba*, [ms]. (moderne); prêtre, *taua*, [m]. *kahuna*, [s].

ABBESSE, sf. *aba*, [ms].

ABCÉDER, v. *piau*, [m]. *maihehe*, [s].

ABCÈS, sm. *maki*, *piau*, [m]. *maihehe*, [s].

ABDICATION, sf. *tilii*, [m]. *radio ana*, [s].

ABDIQUER, v. *tilii*, [m]. *haalele*, [s].

ABEILLE, sf. *naloemeli*, [s].

ABHORRER, v. *hau*, [m]. *pailua*, [s].

ABJECT, adj. *faufau*, *hauhau*, [m]. *hahau*, [s].

ABJURATION, sf. *tilii*, [m]. *hoole ana*, [s].

ABJURER, v. *tilii*, [m]. *hoaole*, [s].

ABLUER, v. *pihau*, [m]. *pipi*, [s].

ABLUTION, sf. *picai*, [s].

ABNÉGATION, sf. *tilii*, [m]. *hoaole*, [s]. — de soi-même, *hoolea*, [s].

ABNORMAL, adj. *teka*, [m]. *paevaevra*, [s].

ABOIS, dernière extrémité, *ha*, [ms]. *mate ana iho*, [m].

ABOLIR, v. *haapao*, [m]. *hoopau*, [s].

ABOLISSEMENT, sm. *mea haapao*, ^m. *hoopau*, ^s.

ABOLITION, sf. *haapaona*, ^m. *hoopau ana*, ^s.

ABOMINABLE, adj. *pe*, ^m. *ino*, ^{ms}. *hoopailua*, ^s.

ABOMINATION, sf. *mea pe*, ^m. *mea ino*, ^{ms}.

ABOMINER, v. *haa*, ^m. *pailua*, ^s.

ABONDAMMENT, adv. *taetae*, ^m. *vairai*, ^s. *nui*, ^{ms}.

ABONDANCE, sf. *mea nui*, ^{ms}. *taparau*, *taetae*, ^m. *vairai*, *lako*, *paapu loa*, ^s. — de pensées, *apikipiki*, ^s.

ABONDANT, adj. *nui*, ^{ms}.

ABONDER, v. *nuinui*, ^{ms}.

ABORD (d'), adv. *o mua*, ^{ms}.

ABORDER, v. *tata eta*, *tau*, *tu*, ^m. *lele*, *pae*, *ku*, ^s.

ABOUCHER, v. *tekao pu*, ^m. *nalu*, ^s.

ABOUTER, v. *tui*, ^m. *kui*, ^s.

ABOUTIR, v. *haapii*, ^m. *hoopili*, ^s. il aboutit à l'Océan Pacifique, *ua pili i ka moana Pakifika*, ^s.

ABOUTISSANT, adj. *haapii*, ^m. *hoopili*, ^s.

ABOUTISSEMENT, sm. *hapiitina*, ^m, *hoopili ana*, ^s.

ABOYER, v. *hae*, *fae*, ^{ms}.

ABRÉGÉ, sm. *ui*, ^s.

ABRÉGEMENT, sm. *ui*, ^s.

ABRÉGER, v. *haaiti*, *haemi*, ^m. *hooemi*, *hooiki*, ^s. — un ouvrage, *haemi i te hana*, ^m.

ABREUVER, v. *hainu*, *fainu*, *nano*, ^m. *hooinu*, ^s.

ABRÉVIATEUR, sm. *enana haaiti*, *enana haemi*, ^m. *kanaka hooemi*, ^s.

ABRÉVIATION, sf. *haemitina*, ^m. *hooemi ana*, ^s.

ABRI, sm. *ao*, ^m. *aho*, *malu*, ^s.

ABRITER, v. v. **ABRI**.

ABROGATION, sf. *haapao*, ^m. *hoopau*, ^s.

ABROGER, v. *haapao*, ^m. *hoopau*, *repaho*, ^m.

ABRUPT, adj. *tua*, ^m. *kua*, ^s.

ABRUTIR, v. *ua upo*, ^m. *hoopuluhi*, ^s.

ABRUTISSEMENT, sm. *mea upo*, *hoopuluhi ana*, ^s.

ABSENCE, sf. *ara*, *kao*, *nao*, ^m. *ao*, *hala ana*, ^s. longue absence, *av oa*, ^m.

ABSENT, adj. *kao*, ^m. *ao*, *hala*, ^s. je suis absent, *e kao au*, ^m.

ABSENTER (s'), v. *heke atu*, ^m. *hele aku*, ^s.

ABSOLUTION, sf. *momoana*, ^m. *kalahalana*, ^s.

ABSORBANT, adj. *mea kai oko*, ^m. *mea moni*, ^s.

ABSORBER, v. *kaioko*, ^m. *moni*, ^s.

ABSOUDRE, v. *momoa*, ^m. *kalahala*, ^s.

ABSTENIR (s'), v. s'abstenir de nourriture, *kano*, *haakano*, *moholo*, ^m. *kao*, *hookaokao*, ^s. je m'abstiens de vous dire, *aoe au a peau ia oe*, ^m.

ABSTINENCE, sf. *moholo*, *kano*, ^m. *kao*, ^s. l'abstinence est une bonne chose, *mea meitai te moholo*, ^m.

ABSTINENT, adj. *atekai*, ^m. *pakiko*, ^s.

ABSURDE, adj. *teka*, ^m. *eva*, ^s.

ABSURDITÉ, sf. *mea teka*, ^m. *mea eva*, ^s.

ABUSER, v. *akaripo*, *akuripo*, ^m.

ABÎME, sm. *hohonu*, ^{ms}. *opata*, ^m. *avava*, ^s.

ABÎMER, GATER, v. *haape*, ^m. *hoomaioio*, ^s.

ACADÉMIE, sf. *akademia*, ^{ms}. (moderne)

Acanthe, sf. *akanto*, ms. (moderne).

Accablant, adj. *mea tono*, m. *mea luhi*, s. c'est accablant, *mea tono oia*, m.

Accablé, adj. *luhi, luuluu, paapu*, s.

Accablement, sm. *luhi ana*, s.

Accabler, v. *haalono*, m. *hooluhi*, s.

Accéder, v. approcher, *heke mai*, m. *hele mai*, s. consentir, *ae*, ms. je consens, *e ae au*, ms.

Accélérer, v. *veve, vave*, ms. *hoolale*, s.

Accent, sm. (terme de grammaire), *koma*, ms. (moderne).

Accepter, v. agréer, *ae*, ms. recevoir, *aluha* m. *aa*, s.

Accès, sm. *heke mai*, m. *hele mai ana*, s.

Accident, sm. *mea ino*, ms. *hikimoe*, s.

Accoler, v. *hakatila*, m.

Acclamation, sf. *vevao*, m. *hooho, oa, uva*, s. fréquentes acclamations, *uvauva*, s.

Accommoder, v. arranger, *kanea*, m. *kukulu, hoopono*, s. concilier, *haaake*, m. *kao*, s.

Accompagner, v. *heepu, aahi*, m. *hookali, ukali*, s.

Accomplir, v. *hooko, hoopono, hookupu*, s. alors s'accomplit la parole, *alaila ko aela ka olelo*, s.

Accompli, adj. *pao*, m. *pau*, s.

Accomplissement, sm. *haapao*, m. *hoopau*, s.

Accord, sm. *tuitahi*, m. *kuikahi*, s. d'accord, *hoolaulea*, s.

Accorder, v. une demande, *too*, m. *ae*, ms. s'accorder avec, *ake*, m. je m'accorde avec lui, *e ake a me ia*, m.

Accordant, adj. *ake*, m. s'accordant, *pili*, s. *hoa*, ms.

Accoster, v. *tataeta, tu, tutaki*, m. *ku*, s.

Accoucher, v. *hanau*, ms.

Accouder (s'), v. *tu*, m. *ku*, s.

Accoupler, v. *toko, tono*, m.

Accourcir, v. *haaiti*, m. *hooiki*, s.

Accourir, v. *tohuti mai*, m. *hoouku*, s.

Accoutumé, adj. *ua vae*, m. *lea, valea, paulehia, paulihia*, s. fort bien accoutumé, *maalea*, s.

Accoutumer, v. *vae*, m. *maa, maamaa*, s. s'accoutumer, *hakavae*, m. *maa*, s.

Accrocher, v. *hoolou, loulou*, s.

Accroitre, v. *akai, haka nui*, m. *aai, hoomahuahua, kauvua*, s.

Accroupi, adj. *noho iho*, m. *honuhonu*, s.

Accroupir, v. *noho iho*, m. *honuhonu, kiolei, opu*, s.

Accueillir, v. *tavaivi*, (bien); *anatia* (mal), m. *hookipa*, s.

Accumuler, v. *hakapokoko*, m. *hoahu*, s.

Accumulation, sf. *haapuke*, m. *ahue*, s.

Accuser, v. *hakatio*, m. *hooheva*, s. s'accuser, *pahipau*, s. — faussement, *ahiahi, hakaolelo*, s.

Accusé, adj. *heva*, s.

Acerbe, adj. *mekeo*, m. *ava, avaava*, s.

Acerbité, sf. *mea mekeo*, m. *mea avaava*, s.

Acharnement, sm. *huhu mau*, ms.

Acharner, v. *hakahuhu*, m. *hoohuhu*, s.

Achat, sm. *mea make*, s.

Acheter, v. *hoko*, ms. *toui*, m. *kuai*, s. chose achetée et livrée, *make mai*, s.

ACHETEUR, **sm**. *enana hoko mai*, ^m. *kanaka hoko mai*, ^s.

ACHEVÉ, **adj**. *pao*, ^m. *papau*, ^s.

ACHÈVEMENT, **sm**. *ai*, ^s — d'une maison, *kala*, ^s.

ACHEVER, **v**. *hakapao*, ^m. *ai*, *hookupu*, *pau*, ^s.

ACHOPPEMENT, **sm**. *atai*, ^s.

ACIDE, **sm**. *vineka*, ^m. ou mieux : *vino avaava*. ^s.

ACIER, **sm**. *puka, puna*, ^m. *hila*, ^s. (moderne).

ACOLYTE, **sm**. *akolita*, ^s. (moderne).

ACQUÉREUR, **sm**. V. ACHETEUR.

ACQUÉRIR, **v**. *koaa, koaka*, ^m. *loaa, maa*, ^s. j'ai acquis une maison avec un jardin, *ua maa au e hale a me mala*, ^s.

ACQUÊT, **sm**. *mea make*, ^s.

ACQUIESCEMENT, **sm**. *aeia*, ^{ms}.

ACQUIESCER, **v**. *tekao hee*, ^m. *ae*, *ao*, ^{ms}.

ACQUISITION, **sf**. *mea ua koaka*, ^m. *make mai*, ^s.

ACQUIT, **sm**. *hakaheke*, ^m. *haalele*, ^s.

ACQUITTEMENT, **sm**. *mea hakaheke*, ^m. *mea haalele*, ^s.

ACQUITTER, **v**. *haautu*, ^m. *hookavo, hooko, hoouku*, ^s. — une dette, *kaa, hookaa*, ^s.

ACRE, **adj**. piquant, *mekeo*, ^m. *avaava*, ^s.

ACRETÉ, **sf**. V. ACERBITÉ.

ACTE, **sm**. *hana*, ^{ms}. — qui excelle, *oihana*, ^s. acte de foi, *pure haatia*, ^m. *olelo no ka manao io ana*, ^s. — d'espérance, *pure tetai*, ^m. *olelo no ke kakali ana*, ^s. — de charité, *pure ue*, ^m. *olelo no ka makemake ana*, ^s. — de contrition, *pure haatavae*, ^m. *pulemihi*, ^s.

ACTEUR, **sm**. *hana*, ^{ms}.

ACTIF, **adj**. *mama, miki*, ^s.

ACTION, **sf**. *hana*, ^{ms}.

ACTIVER, **v**. hâter, *haareve*, ^m. *hoolale, hoovare*, ^s.

ACTIVITÉ, **sf**. *veve, vave*, ^{ms}. *hoolalelale*, ^s.

ACTUEL, **adj**. *i nei, i a nei*, ^{ms}. le roi actuel, *te hakaiki i te a nei*, ^m.

ACTUELLEMENT, **adv**. *i nei, i a nei*, ^{ms}. je suis actuellement à Rome, *e au ia Roma i a nei*, ^{ms}.

ADAGE, **sm**. *kakiu*, ^m.

ADAPTER, **v**. *hakatia, hakalutuki*, ^m. *lou*, ^s.

ADHÉRENT, **adj**. *hoa pilipu*, ^s.

ADHÉRER, **v**. *haatia*, ^m. *hoopua pilipu*, ^s.

ADHÉSION, **sf**. *ua mao m*, ^m.

ADIEU, **interj**. *kaoha, apae*, ^m. *aloha*, ^s.

ADIPEUX, **adj**. gras. *momona*, ^{ms}.

ADJACENT, **adj**. contigu, *iho, kokoke, iho*, ^{ms}.

ADJOINDRE, **v**. *kui*, ^s. *tui*, ^m.

ADJOINT, **adj**. aide, *hano*, ^m. *kokua*, ^s.

ADJONCTION, **sf**. *kuina*, ^s. *tuina*, ^m.

ADJUGER, **v**. *tuu atu*, ^m. *kuu aku*, ^s.

ADJURER, **v**. *papa*, ^s.

ADMETTRE, **v**. *haarii*, ^m.

ADMINISTRER, **v**. *tui*, ^m. *kui*, ^s. gouverner, *rivini*, ^m. *alii*, ^s.

ADMIRABLE, **adj**. *mahao*, ^m. *mahalo*, ^s.

ADMIRATION, **sf**. *mahaona*, ^m. *mahalo ana*, ^s.

ADMIRER, **v**. *mii, mahao*, ^m. *mahalo, hoonanea*, ^s.

ADMISSION, **sf**. *haaviina*, ^m.

ADMONÉTER, **v**. réprimander, *onaki*, ^m. *hoopea*, ^s. avertir, *kau-*

oa, ˢ. je vous avertis, *e kauoa au ia oe*, ˢ.

ADMONITION, **sf.** *onakina*, ᵐ. *hoopea ana*, ˢ. avertissement, *huka*, ˢ.

ADOLESCENCE, **sf.** *nino pokoeha*, ᵐ.

ADOLESCENT, **sm.** *ikikane*, ˢ.

ADORNER, **v.** parer, *tapi*, ᵐ. *hoolako*, ˢ.

ADONNER (s'), **v.** *rae*, ᵐ. *lalau*, ˢ. — au mal, *lalau heva*, ˢ.

ADOPTER, **v.** *aamo*, ᵐ. *hookama*, ˢ.

ADOPTION, **sf.** *aamo*, ᵐ. *hookama*, ˢ.

ADORATEUR, **sm.** *kanaka ua oha*, ᵐ. *kanaka hoomana*, ˢ.

ADORATION, **sf.** *pure ua oha*, ᵐ. *hoopalaha*, ˢ. tomber en adoration : *hoopalaha*, ˢ.

ADORER, **v.** *pure ua oha*, ᵐ. *hoomana*, *kukuli hoomaikai*, ˢ. je vous adore, ô mon Dieu ! *e kukuli hoomaikai, e kuu Akua !* ˢ.

ADOSSER, **v.** *tau ma tua*, ᵐ. *hoohilina*, ˢ.

ADOUCI, **adj.** *maninia*, ᵐ. *malili*, ˢ.

ADOUCIR, **v.** *haamanini*, *umou*, ᵐ. *holahola*, *hoomanalo*, ˢ.

ADOUCISSANT, **adj.** *haamanini*, ᵐ. *hoomanalo*, ˢ.

ADOUÉ, **adj.** *ua tono*, ᵐ.

ADRESSE, **sf.** indication, *hakatu*, ᵐ. *hailoua*, *inoa*, ˢ.

ADRESSE, **sf.** dextérité, *maalea*, ˢ. *atamai*, ᵐ. tour d'adresse, *tukee*, ᵐ. faire un tour d'—, *tukee*.

ADRESSER (s'), **v.** *pii*, ᵐ. *pili*, ˢ. il s'adressa à moi, *ua pii ia ia au* ᵐ.,

ADROIT, **adj.** *tuhuna*, *atamai*, ᵐ. *kuhuna*, *akamai*, *eeu*, ˢ. vous n'êtes pas adroit, *aoe tuhuna oe*.

ADROITEMENT, **adv.** *palaneheole*, ˢ.

ADULATEUR, **sm.** *hakavae*, ᵐ. *hoau*, ˢ.

ADULTE, **adj.** fille adulte, *poopoo*, ᵐ.

ADULTÉRATION, **sf.** *apaapa*, ˢ.

ADULTÈRE, **sm.** *tau makau*, ᵐ. *titoi pe*, ᵐ. *mokio*, *moekolohe*, *moekohole*, ˢ.

ADULTÉRER, **v.** *haape*, ᵐ. *hooino*, ˢ.

ADVERSAIRE, **s.** *paio*, ᵐ. *opuino*, ˢ.

ADVERSITÉ, **sf.** *mea ino*, ᵐˢ.

AÉRÉ, **adj.** *pilivale*, ˢ.

AÉRIEN, **adj.** *metani*, ᵐ. *makani*, ˢ.

AFFABILITÉ, **sf.** *ao*, ᵐ. *aho*, ˢ.

AFFABLE, **adj.** *toitoi*, *raiei*, ᵐ. *aho*, ˢ.

AFFAIBLIR, **v.** *hakapepee*, *hakaiti*, ᵐ. *hoopalapalu*, ˢ.

AFFAIRE, **sf.** *hana*, *mea*, ᵐˢ.

AFFAIRÉ, **adj.** *oinee*, ᵐ. *paapu*, ˢ.

AFFAISSER (s'), **v.** *hookulou*, *pololi*, ˢ.

AFFAMÉ, **adj.** *mate ono*, ᵐ. *oki halu*, ˢ.

AFFECTÉ, **adj.** recherché, *pahapaha*, ˢ.

AFFECTER, **a.** affliger, *pahapaha*, ˢ. défigurer, *hapala*, ˢ.

AFFECTION, **sf.** attachement, *hoohipa*, ˢ. sans affection, *hoohipa ole*, ˢ. impression, cœur, *koekoe*, ᵐ. *naau*, ˢ.

AFFECTIONNER, **v.** *hinenaho*, *makimaki*, ᵐ. *makemake*, ˢ.

AFFERMIR, **v.** *hakamau*, ᵐ. *hoomau*, ˢ.

AFFICHE, **sf.** *mea haakite*, ᵐ. *mea hooike*, ˢ.

AFFICHER, **v.** *haakite*, *tui*, ᵐ. *hooike*, *kui*, ˢ.

AFFILÉ, **adj.** *koia*, ᵐ. *lilili*, *oi*, ˢ

AFFILER, **v.** *koi, toi,* ᵐ. *oi,* ˢ.
AFFILIATION, **sf.** *hakapiina,* ᵐ.
AFFILIÉ, **adj.** *aamoa,* ᵐ. *hooka-maia,* ˢ.
AFFILIER, **v.** *aamoa,* ᵐ. *hooka-ma,* ˢ.
AFFILOIR, **sm.** *hoana,* ˢ.
AFFINITÉ, **sf.** *huaa,* ᵐ. *hanorai,* ˢ.
AFFIRMATION, **sf.** *ae, aeia,* ᵐˢ.
AFFIRMER, **v.** *ae,* ᵐˢ. *haaatika, haatia,* ᵐ. *oia, paa,*
AFFLICTION **sf.** *make hokeho,* ᵐ. *apu, laurilia,* ˢ.
AFFLIGÉ, **adj.** *mamae,* ᵐ. *laurilea,* ˢ. je suis affligé, *e laurilia au,* ˢ. il est affligé, *e mamae ia,* ᵐ. je ne suis pas affligé, *aoe au e mamae,* ᵐ.
AFFLIGER, **v.** *ue,* ᵐˢ. *uhau, haaloulou, minamina,* ˢ. je m'afflige pour vous, *e ue au no oe,* ᵐ.
AFFLUENCE, **sf.** foule, *rara,* ᵐˢ. l'affluence est grande, *rara nui oia,* ᵐ. multitude, *tinitini,* ᵐ. *kinikini,* ˢ. — d'hommes, *mea nui te enana,* ᵐ. abondance, *taetae,* ᵐ. *vaivai,* ˢ. grande affluence, *nuinui,* ᵐˢ.
AFFLUER, **v.** abonder, *nuinui,* ᵐˢ.
AFFOURAGER, **v.** *tafai,* ᵐ.
AFFRANCHI, **adj.** *pakerea,* ᵐ. *pakeleia,* ˢ.
AFFRANCHIR, **v.** *pakeve,* ᵐ. *pakele,* ˢ.
AFFRANCHISSEMENT, **sm.** *pakevena,* ᵐ. *pakele ana,* ˢ.
AFFREUX, **adj.** *hauhau,* ᵐ. *haumia,* ˢ. chose affreuse, *mea hauhau,* ᵐ.
AFFRONT, **sm.** *mamakaka, paha,* ᵐ. *kuamuamu,* ˢ. quel affront! *e mamakaka,* ᵐ.
AFFRONTER, **v.** *paha,* ᵐ. *pukaku,* ˢ.

vous m'affrontez. *paha oe ia au,*
AFFRONTERIE, **sf.** *mea paha, mea pukaku,* ˢ.
AFIN, **conj.** *no,* ᵐˢ. afin que, *e,* ᵐˢ. maudis-le afin qu'il meure, *mo liu mai e make,* ˢ.
AGAÇANT, **adj.** *maneoneo ana,* ˢ.
AGACER, **v.** *nienie, hakahae, monunu,* ᵐ. *maneoneo,* ˢ.
AGATE **sf.** pierre précieuse, *akate,* ᵐˢ. (moderne.
AGE, **sm.** *makaiki,* ᵐ. *makahiki,* ˢ. — mûr, *oo,* ˢ. période de temps, *pauku,* ˢ.
AGÉ, **adj.** *haumaiole,* ˢ.
AGENOUILLER (s'), **v.** *noho nruo,* ᵐ. *kukuli,* ˢ.
AGGLOMÉRER, **v.** *haapuke, puke,* ᵐ. *hoiliili,* ˢ. *hoopupu,* ˢ.
AGGLUTINANT, **adj.** *teatea,* ᵐ. *olepa,* ˢ.
AGGLUTINATION, **sf.** *mea teatea,* ᵐ. *mea olepa,* ˢ.
AGGRAVANT, **adj.** *pe iho,* ᵐ.
AGGRAVER, **v.** *haape iho,* ᵐ.
AGILE, **adj.** *akaaka, anaana,* ᵐ. *mama,* ˢ.
AGIR, **v.** *hana,* ᵐˢ. agir en homme, *haaenana,* ᵐ. *hookanaka,* ˢ. — malicieusement, *lokoino,* ˢ. — sans honte, *hie, hieheo,* ˢ. vous agissez mal, *e haupe nei oe,* ᵐ.
AGITATION, **sf.** *keukeuna,* ᵐ. *kupikipikio, hoihoi,* ˢ.
AGITÉ, **adj.** *keukeu,* ᵐ. *avilia,* ˢ. — être agité, *keukeua,* ᵐ. — *avili, avilivili, kahalili,* ˢ.
AGITER, **v.** *onioni, paonioni,* ˢ. s'agiter, *keukeu,* ᵐ. *akeukeu,* ˢ.
AGNEAU, *keikihipa,* ˢ.
AGONIE, **sf.** *ha,* ᵐˢ. *ninia,* ᵐ.
AGONISANT, **adj.** *haaninia,* ᵐ. *ha,* ᵐˢ.

AGONISER, **v.** *haaninia*, ^m.

AGRAFE, **sf.** *laukapa*, ^s.

AGRAFER, **v.** *haamao, pitiki*, ^m. *hoomau*, ^s.

AGRANDIR, **v.** *hakanui*, ^m. *hoonui*, ^s.

AGRÉABLE, **adj** *ekaeka, meni*, ^m. *kohu, komala, lea*, ^s. — à l'oreille, *konini*, ^m. — au goût, *manini, manati*, ^m. — aux sens, *vaivaiti*, ^m. — à la vue, *olu*, ^s

AGRÉER, **v.** *ae*, ^{ms}. *hui, hooko*, ^s.

AGRÉGÉ, **adj.** *pii*, ^m. *pili*, ^s.

AGRÉGER, **v.** amasser, *haapuke*, ^m. *hoopili*, ^s. je suis agrégé, *e pii hoiliili*, ^s. associer, *haapii*, ^m. *au*, ^m.

AGRÉMENT, **sm.** approbation, *ae* ^m. *aeia*, ^s.

AGRESSEUR, **sm.** *kanaka pue*, ^s.

AGRICOLE, **adj.** *mahiai*, ^s.

AGRICULTURE, **sf.** *mahina ai*, ^s.

AGRIFFER, **v.** *hoolou, loulou*, ^s.

AGUETS (être aux), *anehe*, ^s. *moemoe*, ^s.

AIDE, **sf.** *ioio, hano*, ^m. *kokua*, ^s.

AIDE, **sm.** *hano*, ^m. *kokua*, ^s.

AIDER, **v.** *hano, ioio*, ^m. *kokua*, ^s.

AIEUL, **sm.** grand-père, *tupunakane*, ^m. *kupunakane*, ^s.

AIEULE, **sf.** grand'mère, *tupunavahine*, ^m. *kupunavahine*, ^s.

AIEUX, **sm.** ancêtres, *tupuna*, ^m. *kupuna*, ^s.

AIGLE, **sm.** *aeto*, ^{ms}. (moderne). — de mer, *lupeakeke*, ^s.

AIGRE, **adj.** *tua, ita*, ^m. *aha* ^s.

AIGRIR, **v.** *haatua*, ^m. *hooaha*, ^s.

AIGU, **adj.** tranchant, *koikoi*, ^m. *oioi*, ^s. son —, *vivo*, ^m.

AIGUIÈRE, **sf.** *huevai*, ^{ms}.

AIGUILLE, **sf.** *nina, nira*, ^m. *kaikele*, ^s.

AIGUILLON, **sm.** *oka*, ^m. *o, oa*, ^s.

AIGUILLONNER, **v.** *oka*, ^m. *o, oa*, ^s.

AIGUISER, **v.** *koi, oo, eoo*, ^m. *oi, kala, hookala*, ^s.

AILE, **sf.** *pekehu, pehu*, ^m. *eheu, ekeu*, ^s. *eheheu, ekekeu*, pl. — côté, *vaa*, ^m. *maha*, ^s.

AILLEURS, **adv.** *ke*, ^m. *e*, ^s. d'ailleurs, *i te taha*, ^m. *me ae*, ^s.

AIMABLE, **adj.** *menia*, ^m. *hirahira*, ^s.

AIMER, **v.** *maimai, makimaki*, ^m. *makemake*, ^s. *hinenao, ue*, ^m. *aue*, ^s. aime Dieu! *a ue te Atua!* ^m. qu'aimez-vous? *eaha te meitai ta otou?* ^m.

AINÉ, **adj.** *i mua*, ^{ms}. *hiapo, makahiapo*, ^s. fils —, *tamaiki*, ^m. fille —, *tarahine*, ^m. frère, sœur —, *tuana*, ^m. *kaikuaana*, ^s. (comme ces deux derniers mots sont les mêmes pour les deux sexes, on ajoute, s'il est nécessaire, *kane* pour désigner frère, et *vahine* pour désigner sœur).

AINSI, **conj.** *teia, keia*, ^m. *penei, peneia, pe, peia, pela*, ^s. c'est ainsi qu'il faut, *no, ka mea pela kaua*, ^s.

AINSI-SOIT-IL, **adv.** *amene*, ^s. (moderne).

AIR, élément, **sm.** *metaki*, ^m. *makani, lera*, ^s. apparence, *mata*, ^m. *maka*, ^s. suite de tons, *mele*, ^{ms}.

AIRAIN, **sm.** *keleave*, ^s.

AIRE, **sf.** *hua*, ^s.

AISANCE, **sf.** facilité, *mea maeke*, ^m. *mea pono*, ^s. latrines, *haemimi*, ^m. *halemimi*, ^s.

AISE, **sf.** commodité, *valea*, ^s. — facile, *maeke*, ^m. *pono*, ^s.

AISSELLE. sf. *kakee*. m. *poaeae*. *poee*. s.

AJOURNER. v. différer. *tiaki*. m. *hoo-kaulua*, s.

AJOUTER. v. *haapui*. m. *hoonui*. s. — foi. *hoopaa*. *hoomaopopo*. s.

AJUSTER. v. *haaotoi*. m. *l'a*. s. s'ajuster bien. *tomo*. m. s'orner. *topi*. m.

ALARME. sf. *hametau*. *mee*. m. *hoo-makau*. s.

ALARMER. v. effrayer. *haahametau*. m. *hoomakakau*. s.

ALCOVE. sf. *hikiee*. s.

ALENTOUR. adv. *rahi puni*. s. *rahi tapapa*. m.

ALERTE. adj. *keukeu*. m. *mama*. s.

ALIÉNÉ. fou. adj. *tuaare*. m. *hena*. s.

ALIÉNER. v. *hoolilo*. s.

ALIGNER, v. *hakataitai*. m. *kaeva*. s.

ALIMENT. sm. *kai*. m. *ai*. *kaina*. s.

ALITER ('s'). v. *haitau*. *hailana*. m.

ALLAITER, v. *tuuraiu*. m. *kuuraiu*. s.

ALLÉCHER. v. *makali*. *onou*. s.

ALLÉE, sf. *te taha*. *ika*. m.

ALLÉGORIE. sf. *tekao*. m. *nane*, s.

ALLÉGRESSE. sf. *ekaeka*. m. *hauoli*. s. être dans l'—. *koakoa*. m.

ALLER, v. *heke*. *hee*, *io*. *ao*, *taha*, m. *hele*, *haele*. *holo*. s. *mai*. ms. je vais, *e heke au*. m. *e hele au*, s. tu vas, *e heke oe*, m. *e hele oe*, s. il va, *e heke ia*, m. *e hele ia*, s. nous allons, *e heke matou*, m. *e hele makou*, s. vous allez, *e heke otou*, m. *e hele oukou*, s. ils vont, *e heke atou*, m. *e hele lakou*, s. allons, *a heke*, *ai*, *aia*, m. *a hele*, *ina*, s. où vas-tu? *pehea oe?* m. où vont-ils? *ihea?* m.

allez-vous-en, *a hee atu*, s'en aller. *hee atu*. m. *heke aku*, s. laisser aller. *hoohau*. s. aller vite. *hiki rave*, s. — au-devant. *hala rai*. s. — de côté, *kaalelera*, s. — à bord. *hee*. s. — au-delà. *tela*. s. — autour, en rond. *po hele*. s. — et revenir. *piho mai*, — çà et là. *koahele*. s. — à. *heke i*, m. (pour les noms communs) je vais à la maison, *e heke i te hae*. m. *heke ia* pour les noms propres et les pronoms, je vais à Rome, *e heke ia Roma* — Aller comporter. ne se traduit pas comment allez-vous aujourd'hui *aha oe i a nei*, m.?

ALLIANCE. sf. *kauoha*. s. faire alliance. *haapii*. m. *hoopuli*. s. — avec le chef. *haapii me te hakaiki*. m.

ALLIÉ. adj. *kopake*. m. *hanoai*. s.

ALLIER. v. mêler. *rari*. m. *rati*. s.

ALLONGER, v. *kaohoa*, *poho atu*. m. *hohihi*. *hoohihi*, *hookolo*. s.

ALLUMER. v. *puhi*. *pupuhi*. ms. *nae*. *na*. m. *a*, *hoa*, *hoaao*. s. allumer la pipe. *puhi paka*, s.

ALOÈS. sm. *aloe*. ms. (moderne).

ALORS, adv. *atahia*. *tahi*. *keia*. m. *a*. *ai*, *laila*. *alaila*. *malia*. s.

ALTÉRABLE. adj. *aie mao*. m. *aole mau*. s.

ALTÉRATION, sf. *mea haape*. m. *hoohuli ana*. s.

ALTERCATION, sf. *toua*. m. *paapaa*. s.

ALTÉRER, v. falsifier, *haape*, m. *hoohuli*, s. être altéré, *mate mao*, m.

ALTERNATIVEMENT, adv. *pakahi*, s. v. ATERNER.

ALTERNER, v. *mai atu*, m. *mai*

aku. s. après le verbe qui se ré-pète devant chacune de ces particules. *pe*: chanter alternative-ment. *mele mai. mele aku*. s.

ALTIER. adj. *haaieie*. m. *hooieie*, s.

ALUMINE. sf. *alumine*. m. (moderne).

ALUN. sm. *alune*. ms. (moderne).

AMABILITÉ, sf. douceur. *ao*. m. *aho*. s.

AMAIGRIR. v. *haamoka*. m. *hoohoku*, s.

AMALGAME. sm. mélange. *raria*. m. *valiana*, s.

AMARRER. v. *tu. pitiki*. m. *pona*. ms. *hikii*. s.

AMAS. sm. *haapuke. poi*, m. *ahue. poe*, s.

AMASSER. v. *haapuke. koaa. koaka*. m. *hoahu. hoiliili*. s.

AMBASSADEUR. sm. *keee*, m. *eleele*, s.

AMBIGU, adj. *puehu*, m. *lauvili. lolilua*. s.

AMBIGUITÉ. sf. *olelo lolilua*. s.

AMBITIEUX, adj. *hakaie*. m. *hoorunaino*. s. vous êtes un ambitieux, *e enana haapiopio oe*. m. je ne suis point ambitieux, *aoe au hakaie mai*. m.

AMBITION, sf. *mea pio*. ms.

AMBITIONNER, v. *haapiopio*, m.

AMBON, sm. *noho ika*, m. *arai*, s.

AME, sf. principe de la vie, *kuhane*, m. *uhane*. s. l'âme de l'homme est immortelle, *te kuhane enana te mate noa*, m. sensibilité, *koekoe*, m. *naau*, s. personne, *vai*, ms.

AMÉLIORER, v. *hakameitai*, m. *hoopono*, s.

AMEN, adv. *amene*, ms. (moderne).

AMENDE. sf. *umu*, m. payer une

amende. *haaumu*. m. *hoouku*. s.

AMENDER, v. corriger. *onaki*. m.

AMENER. v. *nahi*, m. *aahi*, s. *ae mai, kare mai*. m. *kai mai*. s.

AMÉNITÉ. sf. *ao*. m. *aho*. s.

AMER. sm. *kara. kee*. m. *ara. araara*. s.

AMER. adj. *tee. kee. mekeo*, m. *aha. araara. ii. kenakena*. s. herbes amères. *lau mulemule*. s.

AMERTUME. sf. *aaho*. m. *maneo*. s.

AMEUTER. v. *hoohaunaele*. s.

AMI. sm. *hoa*. ms. *inoa. ikoa*. m. *lau. launa. hoaloha*. s. *manihi*, m. les insulaires se servent du dernier en parlant aux étran-gers.

AMIABLE, adj. *aoha*, m. *malui* s.

AMICAL. adj. *kaoha*. m. *aaa*, s. agir amicalement. *hoalauna*. s.

AMIRAL. sm. *amirale*. ms. (moderne).

AMITIÉ. sf. *hinenao*. m. *laulea*. s. — feinte. *koomalae*. s. lier ami-tié avec. *lea me*. s.

AMNISTIE, sf. *momoa*. m. *kalahala*. s.

AMNISTIER, v. *momoa*, m. *kala*. s.

AMOLLIR. v. *haapehu*. m. *hoomau. kupele*. s.

AMOLLISSEMENT, sm. *mea haapehu*. m. *hoomau ana*. s.

AMONCELER. v. *puke. haapuke*, m. *hoopupu. hoiliili*, s.

AMONT. sm. *i una, ake*, m. *i luna, ae*, s.

AMORCE, sf. *moonu*, m. *maunu*, s.

AMORCER, v. *moonu*, m. *onou, makali*, s.

AMORTIR, v. *hakaiti*, m. *hooiki*. s.

AMOUR, sm. *hinenao, ue*, m. faire l'amour, *hooipipo*, s.

AMOVIBLE. adj. *aie mao* , ᵐ. *aole mau*, ˢ.

AMPLE. adj. *aratea*. ᵐ. *nuinui*. ᵐˢ.

AMPLEMENT. adv. *nui*, ᵐˢ.

AMPLIFICATION . sf. *holoihi ana*. ˢ.

AMPLIFIER. v. *hoonui* , ᵐˢ. *holoihi*. ˢ.

AMPOULE. sf. vase, *hue*. ᵐˢ. — pustule. *puku*. ᵐ. *puu*, ˢ.

AMPOULER. v. *pukupuku*. ᵐ. *puupuu*, ˢ.

AMPUTATION . sf. *otina* , ᵐ. *moku*. *okina*. ˢ.

AMPUTER. v. *oti*. *otioti*. *kotikoti*. ᵐ. *oki, moku*, ˢ.

AMUSANT. adj. *keu*. ᵐ. *lea*, ˢ.

AMUSEMENT. sm. *mea keu*. ᵐ. *komane*, ˢ.

AMUSER, v. *keukeu*. ᵐ. *hoolealea, paani. uhauha*, ˢ. c'est amusant. *mea keukeu oia* . ᵐ. s'amuser. *keukeu mai*. ᵐ. *hoolealea mai*. ˢ. je me suis amusé, *ua keukeu mai au*, ᵐ.

AN. sm. *makahiki*, ᵐˢ. un an et six mois. *akahi makahiki me na mahina kei eono*, ˢ.

ANALOGIE. sf. *etahi mata* , ᵐ. *ekahi maka, hoohalikelike*, ˢ.

ANALOGUE, adj. *etahi mata*, ᵐ. *like, halike*, ˢ.

ANANAS, sm. *hahoa, fahoka*, ᵐ.

ANARCHIE , sf. *haurara , pihapiha*, ˢ.

ANATÉMATISER. v. *haainoino*, ᵐ. *hoinoino*, ˢ.

ANATHÈME. sm. *anatema tapu*, ᵐˢ.

ANATOMIE, sf. *anatomia*, ᵐˢ. (moderne).

ANCÊTRES, sm. *tupuna* , ᵐ. *kupuna*, ˢ. suite d'ancêtres, *mookupuna*, ˢ. Le mot *kupuna* signifie aïeul, et tous les ascendans des

deux sexes en ligne directe et collatérale.

ANCIEN. adj. *kakio*. ᵐ. *kahiko*, ˢ. les anciens. *lunakahiko*, ˢ.

ANCIENNEMENT. adv. *ma mua*, ᵐˢ.

ANCIENNETÉ. sf. V. ANCIEN.

ANCRAGE. sm. *tu*. ᵐ. *ku*, ˢ.

ANCRE. sf. *atua, katua*. ᵐ. *heleuma, keleama*, ˢ.

ANCRER. v. *tua, tu*. ᵐ. *ku*, ˢ.

ANDROGYNE. sm. *mahu*, ˢ.

ANE. sm. *hoki*, ˢ.

ANÉANTIR. v. *hakakoe, haapao*, ᵐ. *haopau*, ˢ.

ANÉANTISSEMENT . sm. *mea haapao*. ᵐ. *mea haopau*.

ANECDOTE. sf. *kakiu*, ᵐ. *olelo*, ˢ.

ANESSE. sf. *hoki*, ˢ.

ANGAR . sm. *lanai*, ˢ. construire un —. *kukulupapa*, ˢ.

ANGE. sm. *anela*, ᵐˢ. (moderne).

ANGÉLIQUE. adj. *o anela. na anela*, ᵐˢ.

ANGLE. sm. *huina*, ᵐˢ. *kihi*, ˢ.

ANGOISSE. sf. *ninie*. ᵐ. *naau, aua, ikiiki*, ˢ.

ANGUILLE. sf. *puhi*, ᵐˢ. petite anguille. *puhi oilo*, ˢ.

ANHÉLATION. sf. *mauliava*, ˢ.

ANIMADVERSION . sf. *onaki* , ᵐ. *hoomainoino*, ˢ.

ANIMAL , sm. *puaa, puaka*, ᵐˢ. — domestique, *puaka rae*, ᵐ. *puaka kae*, ˢ. — sauvage, *holoholona*, ˢ.

ANIMÉ. adj. *uo*, ᵐ. *ola*, ˢ.

ANIMER. v. *hakapohoe*, ᵐ. *hooola*, ˢ.

ANIMOSITÉ. sf. *huhu*, ᵐˢ.

ANIS, sm. *aneto*, ᵐˢ. (moderne).

ANNEAU. sm. *kiri*, ᵐ. *komolima*, ˢ.

ANNÉE , sf. *makahiki*, ᵐˢ. de dix lunes, *puni*. ᵐ. cette année-ci, *enei puni*, ᵐ. les années après la création de ce monde, *na maka-hiki ma hope mai o ka hookumu ana o ke ao nei.* ˢ.

ANNEXE, sf. *mea tui (kui),* ᵐˢ.

ANNEXER, v. *tui,* ᵐ. *kui,* ˢ.

ANNIVERSAIRE. sm. *mau,* ᵐ.

ANNONCE. sf. *mea haakile,* ᵐ. *mea hoike.* ˢ.

ANNONCER, v. *haakite,* ᵐ. *hooike.* ˢ.

ANNOTATION. sf. *mea haakite,* ᵐ. *mea hooike,* ˢ.

ANNULATION, sf. *haapaona,* ᵐ. *haopauna,* ˢ.

ANNULER, v. *haapao,* ᵐ. *hoopau, pale.* ˢ.

ANOMAL. adj. *teka,* ᵐ. *paevaera,* ˢ.

ANOMALIE, sf. *mea teka,* ᵐ. *mea paevaera,* ˢ.

ANONYME. sm. *aie ikoa,* ᵐ. *inoa ole,* ˢ. livre anonyme, *palapala inoa ole,* ˢ.

ANSE, sf. *kaikueno,* ˢ.

ANTAGONISME, sm. *mea haalu-taki.* ᵐ.

ANTAGONISTE, sm. *hahaa,* ᵐ. *opu ino.* ˢ.

ANTÉCÉDENT, adj. *ma mua,* ᵐˢ.

ANTÉRIEUR, adj. *ma mua,* ᵐˢ.

ANTHROPOPHAGE, sm. *kaikai a enata,* ᵐ.

ANTICIPER, v. *koko,* ᵐ.

ANTIPATHIE, sf. *haa,* ᵐ. *haahaa,* ˢ.

ANTIQUE, adj. *kakio,* ᵐ. *kahi-ko,* ˢ.

ANTIQUITÉ, sf. *ma mua,* ᵐˢ.

ANTRE, sm. *ana,* ᵐˢ.

ANXIÉTÉ, sf. *ninie,* ᵐ. *opiko-piko,* ˢ.

APAISÉ, adj. *ua hakavae,* ᵐ. *ma-lili,* ˢ.

APAISER, v. *hakavae,* ᵐ. *hooma-lie,* ˢ.

APATIQUE. adj. *mutu,* ᵐ. *muku,* ˢ.

APERCEVOIR, v. *ite, kite,* ᵐ. *ike, mikili, nana,* ˢ.

APHORISME, sm. *tekao toitoi,* ᵐ. *rahi,* ˢ.

APLANIR. v. *pahapaha,* ᵐ.

APLATIR. v. *haamima,* ᵐ. *hooma-nia.* ˢ.

APOLOGIE, sf. *hoaka,* ˢ.

APOSTÈME, sm. *piau,* ᵐ. *mai-hehe,* ˢ.

APOSTROPHE. sf. signe de la gram-maire. *koma,* ᵐˢ.

APOSTROPHER. v. quelqu'un. *pa-ha,* ᵐ. *hoino,* ˢ.

APÔTRE. sm. *apostolo,* ᵐˢ. *luna olelo.* ˢ.

APPARAÎTRE. v. *pahi, puta,* ᵐ. *puka,* ˢ.

APPAREILLER. v. *ketu, keitu,* ᵐ.

APPARENCE. sf. *mata,* ᵐ. *maka, he-lehelena,* ˢ.

APPARENT. adj. *akea, hakea,* ˢ.

APPARITION, sf. *rainehae,* ᵐ. *lapu,* ˢ.

APPARTEMENT, sm. *paiki,* ᵐˢ. *puho,* ᵐ.

APPARTENANT, adj. *na to (ko),* ᵐˢ. *ka, kaena,* ˢ. appartenant au chef, *ka ke alii,* ˢ.

APPARTENIR, v. *no, to, tena,* ᵐ. *no, ko, kaena, loaa,* ˢ. l'île de Jamaï-que appartient à l'Angleterre. *no Beritania ka moku o Jamai-ka,* ˢ.

APPAT sm. *moonu,* ᵐ. *maunu,* ˢ.

APPELER, v. faire venir, *haarii,* ᵐ. *hea,* ˢ. crier après, *varao,* ᵐ. *ualo,* ˢ.

APPESANTIR, v. *haatono (toko),* ᵐ.

APPÉTER, v. *hia,* ᵐˢ. *haapu,* ˢ.

APPÉTISSANT, adj. *manati,* ᵐ. *ku-hikuhinia,* ˢ.

APPÉTIT, sm. *hiakai,* ᵐ. faim,

kana, nana, m. *nehenehe,* s. perte d'appétit. *kuanea,* s.

APPLAUDIR, v. *uraura,* m. *ulaula,* s.

APPLAUDISSEMENT. sm. *ulaula,* s. *uraura,* m.

APPLICATION. sf. *onee,* m. *mikimiki ana,* s.

APPLIQUER (S'), v. *hana i te hana,* m. *nukui,* s.

APPORTER. v. *kave mai,* m. *ave mai,* s.

APPOSER. v. *papau,* s.

APPRÉCIER. v. *hoolou,* s.

APPRÉHENDER. v. *hametaa,* m. *makau,* s.

APPRÉHENSIF. adj. *hopo,* m. *hoomaloka.*

APPRÉHENSION. sf. *hametaa,* m. *makau,* s.

APPRENDRE. v. *ao mau,* s. enseigner, *hakaako,* m. *ao aku,* s. apprendre par cœur, *hoopaa,* s.

APPRENTI. sm. *maeka,* m. *haumana,* s.

APPRÊTER, v. *anea. kanea,* s. *hautiilii,* s.

APPRIVOISER. v. *hakavae,* m. *hoolaka,* s.

APPROBATION, sf. *mea haatia,* m. *aeia,* s.

APPROCHE, sf. *ao mai,* m. *hele mai ana,* s.

APPROCHER, v. mettre près, *hakatata,* m. *hookoke,* s. — avancer, *haanekeneke,* m. *hooneenee,* s. s'approcher, *ao mai,* m. *hookoke mai,* s. approchez! *a ao mai!* m. je m'approche, *e ao mai au.* m.

APPROFONDIR, v. creuser, *kakao, kaka, avaa,* s. réfléchir, examiner de près, *metao, umihi,* m. *kakai, nanea,* s.

APPROUVER. v. trouver bon, *haatika,* m. donner son assentiment, *haatia,* m. *aeia,* ms.

APPROVISIONNER. v. *hoolako,*

APPUI. sm. *tu, tuu,* m. *ku, koo,*

APPUYER. v. soutenir, *toko, tomo, hookoo,* s. — poser sur, *komo, kateie,* s. sur la pierre, *i te kea,*

ÂPRE. adj. piquant. *mekeo, araara,* s.

APRÈS. adv. ensuite. *hope, ma hope, i mai, i mui,* m. *muli, muli,* s. d'après, *o te mea,* m. *ka mea,* s. après la création de ce monde. *ma hope mai o ka hookumu ana o ke ao nei,* s. après moi. *mahope o au,* m. — à la suite, *ke,* m. *e,* après avoir, *ua,* après avoir fini, *ua pau,* ms. immédiatement après. *ma hope iho,* ms.

APRÈS-DEMAIN. adv. *oioi alu (ae,)* m. *a ke la aku,* s.

APRÈS-DINÉE. sf. *ahiahi,* ms.

APRÈS-MIDI. sf. *ahiahi,* ms. *puha te aomati,* m.

A-PROPOS. sm. *mea meitai (maikai,* ms. *ua pono,* s.

APTE. adj. propre à, *tu,* m. *ku, pono,* s.

APTITUDE. sf. disposition. *loko,* s. habileté, *tuhuna,* m. *kuhuna,* s.

AQUILON, sm. *hoolua,* s.

ARAIGNÉE, sf. *puka puna, punapuna,* ms. toile d'araignée. *punareeree,* m. *punarelevele,* s.

ARBITRE. sm. *enana haatvitoi,* m.

ARBRE. sm. *kaau,* m. *laau,* s.

ARBRISSEAU, sm. *kaau iti, (iki),* ms. *mao,* s.

ARBUSTE. sm. *kaau,* m. *laau,* s.

ARC, sm. *pana,* ms.

ARCADE. sf. *poako,* s.

ARC-EN-CIEL, sm. *anuanua.* ms.

ARCHANGE, **sm.** *alii anela*, ˢ. *hakaiki anera*. ᵐ.

ARCHE. **sf.** *halelana*, ˢ.

ARCHI. **prép.** qui marque la supériorité, l'excès, *noa*, ᵐ. ˢ. *io. loa, oale*. ˢ.

ARCHITECTE, **sm.** *enana kanea*. ᵐ. *noho, hoonoho*. ˢ.

ARDEMMENT. **adv.** *ikaika. ii*, ᵐˢ.

ARDENT, **adj.** vif. passionné, *kou. ikao*, ᵐ.

ARDEUR, **sf.** chaleur, *vearea*, ᵐ. *velarela, okooko*, ˢ. vivacité, *hooikaika*. ˢ.

ARDOISE. **sf.** à écrire, *papa poohaku*, ˢ. écrire sur l'ardoise, *kahakaka*. ˢ.

ARDU. **adj.** escarpé, *tua*, ᵐ. *kua, poli*, ˢ. difficile, *oko. ono*, ᵐ. *naluli*, ˢ.

ARÈTE, **sf.** os de poisson, *iviiri*. ᵐ. *ivi*, ˢ.

ARGENT, **sm.** métal, *kala maoki*, ˢ. — monnaie, *moni*, ᵐˢ. *make aku*, ˢ.

ARGENTERIE, **sf.** *mea kala maoki*, ˢ.

ARGENTIN, **adj.** *me ke kala maoki*, ˢ.

ARGILE, **sf.** *epo keo*, ˢ.

ARGUER, **v.** *hakatio*, ᵐ. *hooheva*, ˢ.

ARGUMENT, **sm.** preuve, *mea haaite*, ᵐ. *mea akaka*.

ARGUMENTER, **v.** *haaite*, ᵐ. *hooakaka*, ˢ.

ARIDE, **adj.** *pororo, moo*, ᵐ. *maloo*, ˢ. terre aride, *panoa*, ˢ.

ARIDITÉ, **sf.** stérilité, *mea pororo*, ᵐ. *omiko, mea maloo*, ˢ.

ARITHMÉTIQUE, **sf.** *haakite te tau talau*, ᵐ. *hoike helu*. ˢ.

ARLEQUIN, **sm.** *enana haakatakata*, ᵐ. *hanakolihe*, ˢ.

ARME. **sf.** *oi*, ˢ. — à feu, *puhi*, ᵐˢ. *pu*. ˢ. — défensive, *puhi*, ᵐˢ.

ARMÉE. **sf.** *kohua enata toua*, ᵐ. *kana. koa*, ˢ.

ARMÉ, **adj.** *oi*. ˢ.

ARMER, **v.** *oi*, ˢ.

ARMOIRE, **sf.** *liha. umete*, ᵐ. *kaena, umeke, paali*, ˢ.

ARMURIER, **sm.** *amara*, ˢ.

AROMATE. **sm.** *kekao*, ᵐ. *ala*, ˢ.

AROMATIQUE, **adj.** *kekao*, ᵐ. *ala*, ˢ.

ARPENTER. **v.** *kikao*, ˢ.

ARRACHER. **v.** tirer par force, *hemo*, ᵐˢ. — les herbes, *vaele*, ˢ. *turee*, ᵐ. — la barbe, les cheveux, *melu*, ˢ. — les feuilles d'un arbre, *paipai*, ˢ. — les yeux, *poalo*, ˢ. détacher, *huhuti*, ᵐ. *huhuki*, ˢ. arracher les patates, *hui i te kumaa*, ᵐ. — pour transplanter, *heho*, ˢ.

ARRANGEMENT, **sm.** ordre, *kanea*, ᵐ. *hoonohonoho ana*, ˢ.

ARRANGER, **v.** mettre en ordre, *anea. kanea*, ᵐ. *hoonohonoho*, ˢ. accommoder, *hoopono. lole*, ˢ.

ARRESTATION, **sf.** *humuna*, ᵐ. *hanapaa*, ˢ.

ARRÊT. **sm.** jugement, *mea haatoitoi*, ᵐ. *olelo kupaa*, ˢ. saisie, *humuna*, ᵐ. *hanapaa ana*, ˢ.

ARRÊTER (s'), **v.** *hakava*, ᵐ. *halia*, ˢ. retarder, *roki*, ˢ. arrêté ! *ka, kaka !* arrêtez-vous ! *kaka !*ˢ. refréner, *humu*, ᵐ. *kahoi*, ˢ. établir, *hakamau*, ᵐ. *hoomau*, ˢ. juger, *haatoitoi*, ᵐ.

ARRHES, **sf.** *toai*, ᵐ.

ARRIÈRE. **adv.** *ma hope*, ᵐˢ.

ARRIÈRE-FAIX, **sm.** *ieiere*, ˢ.

ARRIÈRE-GARDE. **sf.** *hanapaa*, ˢ.

ARRIÈRE-NEVEU. **sm.** *hina, hina maita*, ᵐ. *keiki*, ˢ.

ARRIÈRE-NIÈCE. **sf.** *hinarehine*, ᵐ. *kaikamahine*, ˢ.

ARRIÈRE-PETITE-FILLE. **sf.** *pakatuo rahine*, ᵐ. *mamo*, ˢ.

ARRIÈRE-PETIT-FILS, **sm.** *pakatuo*, ᵐ. *mamo*, ˢ. pour distinguer le sexe on ajoute à *pakatuo* et *mamo* : pour les enfans mâles, *kane*, et pour les femmes, *rahine*.

ARRIÉRER, **v.** *poui*, ᵐ. *roki*, ˢ.

ARRIVÉE, **sf.** *ua heke mai*, ᵐ. *hele mai ana*, ˢ.

ARRIVER, **v.** *heke mai*, ᵐ. *hele mai*, ˢ. — le premier, *paa mua*, ˢ. quand êtes-vous arrivé ? *inehea ua heke mai*, ᵐ. faire arriver, *haatihe*, ᵐ. survenir, *hiki*, ˢ.

ARROGANCE, **sf.** *hakaie*, ᵐ. *mea kilohi*, ˢ.

ARROGANT, **adj.** *hakaie*, ᵐ. *haaheo*, ˢ.

ARROGER (s'), **v.** *hakaie mai*, ᵐ. *komikomi*, ˢ.

ARRONDIR, **v.** *hakapoipoi*, ᵐ. *hoopoepoe*, ˢ. s'arrondir, *hooumike*, ˢ.

ARRONDISSEMENT, **sm.** partie d'un pays, *motu*, ᵐ. *moku*, *aina*, ˢ. chef d'arrondissement, *kiaaina*, ˢ.

ARROSER, **v.** *pihau*, ᵐ. *hoomau*, ˢ. — les fleurs, *ninini i luna o ke pua*, — le jardin, *ninini i ke mala*, ˢ.

ARROSOIR, **sm.** *hue pihau*, ᵐ. *hue ninini*, ˢ.

ART, **sm.** science, *ako*, ᵐ. *aona*, ˢ. méthode, adresse, *atamai*, ᵐ. *akamai*, ˢ.

ARTICLE, **sm.** jointure des os, *pohoka*, ᵐ. *ivipili*, ˢ. — section, *pauku*, ˢ.

ARTICULATION, **sf.** jointure des os, *pohoka*, ᵐ. *pauka*, ˢ. — de la jambe, *kualapa*, ˢ. — des doigts, *iniha*, ˢ.

ARTIFICE, **sm.** tromperie, *tipai*, *maalea*, ˢ.

ARTIFICIEUX, **adj.** *atamai*, ᵐ. *akamai*, *hoomaalea*, ˢ.

ARTISAN, **sm.** *enana hana*, ᵐ. *kanaka hana*, ˢ. maître artisan, *tuhuna*, ᵐ. *kukuna*, ˢ.

ARTISTE, **sm.** *tuhuna*, ᵐ. *kuhuna*, ˢ.

ASCENDANS, **sm.** aïeux, *tupuna*, *kupuna*, ˢ. on ajoute *kane* ou *rahine* pour distinguer les hommes ou les femmes.

ASCENSION, **sf.** *pikia*, *pikika*, ᵐ. *epiki ana*, ˢ.

ASPECT, **sm.** *mata*, ᵐ. *maka*, ˢ.

ASPERGER, **v.** *pihau*, ᵐ. *hoomau piarai*, ˢ.

ASPERSION, **sf.** *pihauna*, ᵐ. *hoomauna*, *piarai*, ˢ.

ASPHYXIER, **v.** étouffer, *mate i te uahi*, ᵐ. *make i ke uahi*, ˢ.

ASPIRANT, **adj.** *hia*, ᵐˢ. *kanaka hia*, ˢ.

ASPIRATION, **sf.** *menara*, ᵐ. *aho ea*, ˢ.

ASPIRER, **v.** désirer, *hia*, ᵐˢ. *kou maimai*, ᵐ. *makemake*, ˢ.

ASSAILLIR, **v.** *ketu*, ᵐ. *ke*, ˢ.

ASSAISONNÉ, **adj.** *miko*, ˢ.

ASSAISONNER, **v.** *liu*, ˢ.

ASSASSIN, **sm.** *pepehi enana*, ᵐ. *pepehi kanaka*, *kimopo*, ˢ.

ASSASSINAT, **sm.** *pepehina*, ᵐˢ.

ASSASSINER, **v.** *pepehi*, ᵐˢ. *kimopo*, ˢ.

ASSAUT, **sm.** *kapo*, ᵐ. *aapo*, ˢ.

ASSEMBLAGE, **sm.** *kuhui*, ᵐ. *ahu*, *hoouluulu*, ˢ.

ASSEMBLÉE, **sf.** *kuhuienata*, ᵐ. *ahaolelo*, *hoakoakoa*.

ASSEMBLER, **v.** *vaha*, *koika*, *koina*, ᵐ. *aha*, *hoakoakoa*, *kuahara*, ˢ.

ASSENTIMENT, sm. *ae*, ᵐˢ.

ASSEOIR, v. *noho*, ᵐˢ. faire asseoir, *hakanoo*, ᵐ. *hoonoho*, ˢ. asseyez-vous, *a noho*, ᵐˢ. *noho iho*, ˢ. être assis, *noho pu*, ᵐˢ.

ASSERTION, sf. *ae*, ᵐˢ.

ASSERVIR, v. *tuai*, *tuaki*, *touaki*, ᵐ. *hooluhi*, ˢ.

ASSERVISSEMENT, sm. *tuaina*, ᵐ. *kuapaa*, ˢ.

ASSEZ, adv. *a toe*, *e toe*, ᵐ. *a koe*, *e koe*, *ka*, ˢ. c'est assez, *a toe*, ᵐ. *a koe*, *ka*, ˢ.

ASSIDU, adj. *onee*, ᵐ. *mikimiki*, ˢ.

ASSIDUITÉ, sf. *oneetina*, ᵐ. *mikimiki ana*, ˢ.

ASSIÉGER, v. *papua*, *haapapua*, ᵐ. *hoopa*, ˢ.

ASSIETTE, sf. vaisselle, *papakaina*, *tahaa*, ᵐ. *pa*, ˢ.

ASSIGNER, v. indiquer, *tuhi*, ᵐ. *kuhi*, ˢ. destiner, *tapae*, ᵐ. *hana*, ˢ.

ASSIMILER, v. *hoalike*, *hoalikelike*, ˢ.

ASSISTANCE, sf. *hano*, ᵐ. *kokua*, ˢ.

ASSISTANT, adj. présent, *tiohi*, ᵐ. qui aide, *hano*, *ioio*, ᵐ. *hoolavehana*, ˢ.

ASSISTER, v. être présent, *tiohi*, ᵐ. aider, *hano*, *ioio*, ᵐ. *kokua*, ˢ. soigner, *malama*, ˢ.

ASSOCIATION, sf. *aona*, ᵐ. *ahakanaka*, ˢ.

ASSOCIÉ, s. adj. *pii*, ᵐ. *pili*, *naaulua*, ˢ.

ASSOCIER, v. *hakapii*, ᵐ. *hoopili*, ˢ.

ASSOMMANT, adj. *mea tono*, ᵐ. *mea luhi*, ˢ. c'est assommant, *mea tono oia*, ᵐ.

ASSOMMER, v. tuer, *kukumi*, ᵐ. *pepehi*, ᵐˢ. accabler, *luhi*, *luu*, ˢ. battre à outrance, *pakau*, *mataki*, ᵐ.

ASSORTIMENT, sm. *haapii*, ᵐ. *hoopili*, ˢ.

ASSORTIR, v. *haapii*, ᵐ. *hoopili*, ˢ.

ASSOUPIR, v. *matakao (nao)*, ᵐ. *kikii*, ˢ. s'assoupir, *hiamoe*, ᵐ. *kikii*, ˢ.

ASSOUPISSEMENT, sm. *matakaona*, ᵐ. *kikii ana*, ˢ.

ASSOUVIR, v. *haakona*, ᵐ. *hoomaona*, ˢ.

ASSUJETTIR, v. *tuaki*, ᵐ. *hooluhi*, ˢ.

ASSURANCE, sf. certitude, *mea toitoi*, ᵐ. *mea koikoi*, ˢ. hardiesse, *hakaie*, ᵐ. *mea kilohi*, ˢ. gage, *toai*, ᵐ.

ASSURÉMENT, adv. *ehaa*, ᵐ. *ae*, ᵐˢ.

ASSURER, v. affirmer, *hakatia*, ᵐ. *ae*, ᵐˢ. rendre stable, *kakamau*, ᵐ. *hoomau*, ˢ.

ASTHME, sm. *ha*, ᵐˢ. *hano*, *naenae*, ˢ.

ASTRE, sm. *hetu*, ᵐ. *heku*, *heaku*, ˢ.

ASTREINDRE, v. *tuaki*, ᵐ. *hooluhi*, ˢ.

ASTROLOGUE, sm. *kilo makani*, ˢ.

ASTRONOMIE, sm. *kilo*, ˢ.

ASYLE, sm. *kaarate*, ˢ.

ATELIER, sm. *haehana*, ᵐ. *halehana*, ˢ.

ATHÉE, sm. *enana aoe Atua ia oe*, ᵐ. *kanaka aole Akua ia oe*; il est athée, *aoe Atua ia ia*, ᵐ.

ATMOSPHÈRE, sf. *metani*, ᵐ. *makani*, *kelae*, ˢ.

A TORT, adv. *hape*, ˢ.

A TORT ET A TRAVERS, adv. *pu*, ˢ.

ATOUR, sm. *hakauti*, ᵐ. *hoolako*, ˢ.

ATOURNER, v. *tapi*, ᵐ. *hoolako*, ˢ.

ATROCE, adj. cruel, *vahitu*, ᵐ. *haina*, ˢ.

ATROCITÉ, *sf. mea rahitu,* m. *mea haina.* s.

ATTACHEMENT. sm. *haapii,* m. *hoohipa, hoopili ana,* s.

ATTACHER, **v.** clouer. *patia.* m. *kui.* s. nouer. *pitiki.* m. *hikii.* s. —en haut. *kapiki.* m. serrer. *havele.* s. s'attacher. *pii,* m. *pili,* s.

ATTAQUER. v. saisir. *tako, kapo,* m. *aapo, apo.* s. frapper sur. *utu,—* pendant la nuit. *utu po,* m. *uka,* s.

ATTEINDRE. v. son but. *pakau, pakaku, tu,* m. *ku, loaa,* s.

ATTEINTE. sf. *kapoa,* m. *aapoia,* s.

ATTELER, v. *fatu, fitii,* m. *hikii,* s. — les bœufs. *a fatu oe i te tau aki-uka.* m. — les chevaux. *e hikii i na lio,* s. les chevaux sont attelés, *e hikiiia na lio.* s.

ATTENANT, adj. contigu. *tu,* m. *ku,* s. — proche, près, *tata,* m. *kokoke iho,* s.

ATTENDRE, v. espérer, *tiahoa,* m. *kakali,* s. — quelqu'un, *atiaki, atiai.* m. *kiai, alia, halia,* s. — un peu, *haliei,* s. — l'occasion, *hakanana,* m. attends-moi! *atiaki oe ia au,* m. différer, *tiaki, kiai,* s.

ATTENDRIR, v. *mahe, hakemahea.* m. *hoomau,* s.

ATTENDRISSEMENT, sm. *mahena,* m. *hoomau ana,* s.

ATTENDU QUE, conj. *ta te mea,* m. *ka ke mea,* s.

ATTENTAT, sm. *mea pe,* m. *mea ino,* s.

ATTENTE, sf. *tiakina,* m. *kiai ana, kakali,* s.

ATTENTIF, adj. *puaina, puaika, hakaono,* m. *kuli i ka naau,* s.

ATTENTION sf. *oko,* m. *lohe ana,* s. faire attention, *hakaoko,* m. *huli aka naau lohe.* s. faites attention, *e huli oe i ka naau,* s.

ATTENTIONNÉ. adj. *kukia,* s.

ATTENTIVEMENT. adv. *hakaono, lohe rale.* s.

ATTÉNUATION. sf. *hakapepeena, hoopalupalu ana.* s.

ATTÉNUER. v. *hakapepee,* m. *hapalu.*

ATTESTATION. sf. *mea hakamao, mea hoomau.* s.

ATTESTER. v. *hakamao,* m. *hoomau.* s.

ATTIRAIL. sm. *meamea.* ms.

ATTIRER. v. *hutihe, hapai,* m. *pekei.* s.

ATTITUDE. sf. *mata.* m. *maka,*

ATTOUCHEMENT. sm. *tu.* m. *ku,* s.

ATTRAIT. sm. charme, *akana hau.* ms.

ATTRAPER. v. *pohoi, hapu, kapo,* m. *aapo, apo,* s.

ATTRAYANT, adj. *meitai,* m. *maikai.* s.

ATTRISTANT. adj. *mea ue,* ms. *haa loulou,* s.

ATTRISTER, v. *ue,* ms. *uhau, haa loulou,* s.

ATTRITION, sf. repentir, *ununa,* m. *mihi ana,* s.

ATTROUPER, v. *pi,* m. *hoakoa koa,* s.

AU. datif. *i te,* m. *i ke,* s.

AUBERGE. sf. *hale ahaaina,* s.

AUBERGER, v. *hookipa,* s.

AUBERGISTE, sm. *kuni,* s.

AUCUN. adj. *kakoe, kakoe,* m. *kanaka aole,* s.

AUCUNEMENT, adv. *aila, auma,* m. *aole,* s.

AUDACE, adj. *oko,* m. *hoolili,* s.

AUDACIEUSEMENT, adv. *me mata oko.* m.

AUDACIEUX, adj. *mata oko*, ᵐ. *hoolili*, ˢ.

AU-DEDANS, prép. *i oto*, ᵐ. *i loko*, ˢ.

AU-DEHORS, prép. *i vaho*, ᵐˢ.

AU-DELA, prép. *ma atu*, ᵐ. *ma aku*, ˢ. *au*, ᵐ. au-delà de la montagne, *ma uta atu*, ᵐ.

AU-DESSUS, prép. *i una*, ᵐ. *i luna*, ˢ. être au-dessus, *kau ma luna*, ˢ.

AU-DEVANT, prép. *i mua*, ᵐˢ. aller au devant, *halawai*, ˢ.

AUDITEUR. sm. qui écoute, *ono*, ᵐ. *lohe*, ˢ. —disciple, *koua, oua*, ᵐ. *haumana*, ˢ.

AUGE, sf. *umete*, ᵐ. *umeke*, ˢ. — profonde. *kooka*, ᵐ. — pour les cochons, *paaha*, ᵐ.

AUGMENTER, v. *hakanui*, ᵐ. *hoonui*, ˢ.

AUJOURD'HUI, adv. *i te nei*, (dans ce qui reste du jour); ᵐ. *ianei, i hua nei*, (dans la journée même), ᵐ. *ke i a la*, ˢ.

AUMÒNE, sf. *tuuna*, ᵐ. *kuuna*, ˢ.

AUPARAVANT, adv. *i mua, ma mua*, ᵐˢ.

AUPRÈS, adv. *tata, tatai*, ᵐ. *aiai*, ˢ. je suis auprès de mon père, *tata me tuu motua au*, ᵐ.

AURORE, sf. *atakua, ataua*, ᵐ. *alaula, vaanao, vanaao*, ˢ.

AUSPICE, sm. protection, *mau*, ᵐ. *malu*, ˢ.

AUSSI, conj. *hoi*, ᵐˢ.

AUSSITÔT, adv. *atahia, ohia*, ᵐ. *aenei*, ˢ.

AUSTÈRE, adj. *matatumu*, ᵐ. *kuapaa*, ˢ.

AUSTÉRITÉ, sf. V. AUSTÈRE.

AUTANT, adv. *atii, apetii, peti, teia*, ᵐ. *pekeia, peia*, ˢ.

AUTEL, sm. *fataa, hataa*, ᵐ. *kuahu*, ˢ.

AUTEUR, sm. *hana*, ᵐˢ. principe. *tumu*, ᵐ. *kumu*, ˢ.

AUTOCHTONE, sm. *kama a aina*, ˢ.

AUTORISATION, sf. *ao*, ᵐˢ.

AUTORISER, v. *ao*, ᵐˢ.

AUTORITÉ, sf. *tumu*, ᵐ. *kumu*, ˢ.

AUTOUR, prép. et adv. *i te riipu*, ᵐ. *i ke vilipu, apumi*, ˢ. passer autour, *heke i te riipu*, ᵐ. *vili*, ˢ. disposer autour, *hoolei*, ˢ.

AUTRE, pron. *ke*, ᵐˢ. *e*, ˢ. c'est autre chose, *mea ke*, ᵐˢ.

AUTREFOIS, adv. *kakiu*, ᵐ. *ma mua*, ᵐˢ.

AUTREMENT, adv. *mea ke*, ᵐˢ. pas comme cela, *aoe atii*, ᵐ.

AUTRUI, sm. *hoa*, ᵐˢ. *hoalauna*, ˢ.

AUXILIAIRE, adj. *hano*, ᵐ. *kokua*, ˢ.

AVAL, sm. *i ao*, ᵐ. *i lalo*, ˢ.

AVALER, v. *hau*, ᵐˢ.

AVANCE, sf. *mea o mua*, ᵐˢ. d'avance, *o mua, i mua*, ᵐˢ.

AVANCÉ, adj. *haumaiole*, ˢ.

AVANCEMENT, sm. *hee atu*, ᵐ. *hele aku*, ˢ.

AVANCER, v. marcher, *hee atu*, ᵐ. *hele aku*, ˢ. faire avancer, *pahu*, ᵐˢ. avancez! *vee, vere!* ᵐ.

AVANT, prép. *i mua, o mua*, ᵐˢ.

AVANTAGE, sm. *meitai ae*, ᵐ. davantage, *nui ae*, ᵐ. *mahua*, ˢ.

AVANTAGEUSEMENT, adv. *meitai*, ᵐ. *maikai*.

AVANTAGEUX, adj. *meitai*, ᵐ. *maikai*, ˢ. chose bonne et avantageuse, *mea pono a me maikai*, ˢ. c'est avantageux, *mea meitai oia*, ᵐ. ce n'est pas avantageux, *aole maikai*, ˢ.

AVANT-COUREUR, sm. *io, ioio*, ˢ.

AVANT-GARDE, sf. *uro ma mua*, ˢ.

AVANT-HIER, **adv.** *inenahi atu*, m. *inehinei aku*, s.

AVARE, **adj.** *pio*, m. *pi*, ms.

AVARICE, **sf.** *api, kuko hoonui*, s.

AVEC, **prép.** *me*, ensemble, *pu*, ms. *like* s.

AVÉNEMENT, **sm.** *hee atu*, m. *hele aku*, s.

AVENIR, **sm.** *te mui*, m. *ke i mai*, s.

AVENTURE, **sf.** *valevale*, s.

AVENTURER (s'), **v.** *aa* s.

AVENUE, **sf.** *hee mai*, m. *hele mai*, s.

AVERSE, **sf.** *nui*, ms.

AVERSION, **sf.** *haave*, m. *haalele*, s.

AVERTIR, **v.** blâmer, *onaki*, m. conseiller, *kauoa, kuauha*, s. inviter, *kaera*, m. je vous avertis de mon voyage à Paris, *e haakite au ia oe i te hee atu o au ia Parisi*, m.

AVERTISSEMENT, **sm.** avis, *huka*, s.

AVEU, **sm.** *hai atu (aku)* ms.

AVEUGLE, **s. adj.** *matapo*, m. *makapo*, s.

AVEUGLER, **v.** *haapo*, m. *hoopo*, s.

AVIDE, **adj.** *kaioko*, m. *momomi*, s.

AVIDITÉ, **sf.** *ape*, ms.

AVILIR, **v.** *hakape, hakahauhau*, m. *hooino*, s.

AVIS, **sm.** opinion, *metao*, m. *menao*, s. avertissement, *huka*, s.

AVOINE, **sf.** *arena*, ms. (moderne)

AVOIR, **v.** (Ce verbe auxiliai[re] n'est en usage que dans *ua*, avoir été); posséder, *koaka, koaa*, m. *loaa*, s. il y a, *aa*, il y a beaucoup d'hommes, *me nui to te enana*, m. qu'y a-t-il *eaha*, ms. qu'y a-t-il par rapport a? *eaha to*, m. il y a à-peu-pres, *ua manao vale ia*, s.

AVOISINER, **v.** *haapii*, m. *hoopili*, s. la France avoisine l'Allemagne, *ua pii te Farania i [te] Keremania*, m.

AVORTEMENT, **sm.** *koena*, m.

AVORTER, **v.** *koe*, m.

AVORTON, **sm.** *koea*, m.

AVOUER, **v.** *hai atu (aku)*, ms. vous avoue, *e hai atu au [ia] oe*, m.

AXIOME, **sm.** *kakiu*, m. *rahi*, vérité prouvée, *tekao toitoi, olelo koikoi*, s.

AZUR, **sm.** *moho*, m. *uli, uliuli*, s.

AZURÉ, **adj.** *moho*, m. *uli*, s.

AZYME, **sm.** *paloa hu ole*, s.

B

BABIL, **sm.** *tekaotekao*, m. *henehene ana*, s.

BABILLARD, **s. adj.** *haatekao, pakatekao, tahivae*, m. *vahakole*, s.

BABILLER, **v.** *haatekao*, m. *vahakole, henehene*, s.

BADAUD, **adj.** *tuaave*, m. *lalau*, s.

BADIN, **s. adj.** *haameamea*, m. *hoomeamea*, s.

BADINAGE, **sm.** *keukeu*, m. *hoolealea*, s.

BADINER, **v.** *haameamea, keukeu*, ms. vous badinez, *e keukeu oe*, ms. je ne badine pas, *aoe keukeu au*, m.

BADINERIE, **sf.** *meamea, keukeu*, ms.

BAGAGE, **sm.** *unana*, m. *ukana*, s.

BAGATELLE, **sf.** *mea momo*, m. *mea ninole*, s.

BAGUE, sf. *hakatu*, ^m. *komolima*, ^s.

BAGUETTE, sf. *tokotoko*, ^m. *koo-koo*, ^s.

BAH! interj. *pe!* ^m.

BAIE, sf. *kaarai*, ^{ms}. *kaikueno*, ^s.

BAIGNER, v. *kaukau*, ^m. *anau*, *pulu*, ^s. allons nous baigner, *a heke i te kaukau*, ^m.

BAILLER, v. ouvrir involontairement la bouche, *hamama*, ^m. *hamahama*, ^s.

BAILLONNER, v. *oka*, ^m. *oa*, ^s.

BAIN, sm. *kaukau*, ^m. *anau*, ^s. bain chaud, *kaukau mahana*, ^m. bain froid, bain russe, *kaukau anu*, ^m.

BAÏONNETTE, sf. *matikeo*, ^m. *o*, ^s.

BAISER, v. *hoki*, ^m. *honi*, *mokiki*, ^s.

BAISER, sm. *hokina*, ^m. *honina*, ^s.

BAISSE, sf. *haaiti*, ^m. *auri*, ^s.

BAISSER, v. *tuku*, *tuu*, ^m. *kuku*, *kuu*, ^s. décliner, *auri*, ^s.

BAL, sm. *haka*, ^m. *haa*, *hula*, *hulahula*, ^s.

BALADIN, sm. *papaoi*, ^m. *hanakolihe*, ^s.

BALAFRE, sf. *motu i te mata*, ^m. *moku i ke maka*, ^s.

BALAFRER, v. *hopoko*, ^{ms}.

BALAI, sm. *kikinu*, ^m.

BALANCE, sf. *paona*, *pauna*, ^{ms}. (moderne).

BALANCER, v. tenir en équilibre, *papahina*, ^m. peser, *paona*, ^{ms}. *haatoitoi*, ^m. douter, *hapatati*, ^m. *kunalua*, *hapalua*, ^s.

BALANCIER, *kovali*, ^s. — d'une pirogue, *ama*, ^s.

BALAYER, v. *tupe*, ^m. *holapu*, ^s.

BALAYURES, sf. *tupe*, ^m. *holapu*, ^s.

BALBUTIER, v. *haatautau*, ^m. *paapaapau*, *loi*, ^s.

BALEINE, sf. *paoa*, *pahoa*, ^m. *kohu*, *kohola*, *palaoa*, ^s. pêcher la baleine, *pahoa reo*, ^m. dent de baleine, *opuu*, ^s.

BALEINIÈRE, sf. *poti*, ^m. *poki*, ^s.

BALLE, sf. *kira*, ^m. *ala*, *poka*, ^s.

BALLOT, sm. *puke*, *kuka*, *kuika*, ^m. *puku*, ^s.

BALLOTTER, v. balancer, *tohui*, ^m. *kuhulihuli*, ^s. faire des ballots, *puke*, ^m. *kuka*, ^s.

BALUSTRADE, sf. *pakaau*, ^m.

BALUSTRER, v. *haapapua*, ^m. *honekoa*, ^s.

BAMBIN, sm. *kolomiki*, ^s.

BAMBOU, sm. *kohe*, ^m. *ohe*, *koe*, ^s.

BAN, sm. publication, *tapu*, ^m. *kapu*, ^s. exil, *opuu*, ^m. *malihini ana*, ^s.

BANANE, sf. *meia*, ^{ms}.

BANANIER, sm. *meika*, ^{ms}. grappe de bananier, *kahuimeika*, ^m.

BANC, sm. *papa oa*, ^{ms}. *hataa*, ^m. — de sable, *papau*, *ahua*, ^s.

BANDAGE, sm. *kahu*, ^m. *aahu*, ^s.

BANDE, sf. réunion, *itiiti*, *vaara*, ^m. *ikiiki*, *aona*, ^s. faire bande à part, *haake*, ^m. — d'oiseaux, *auna*, ^s.

BANDEAU, sm. *itiiti*, ^m. *ikiiki*, ^s. diadème, *taraha*, ^m.

BANDER, v. *rahi*, ^{ms}. *haapupua*, ^m. *hoopulou*, ^s. — une blessure, *papalu*, ^s.

BANDIT, sm. *opuino*, ^s.

BANLIEUE, sf. *na vahi puni kokoke*, ^s.

BANNE, sf. manne pour mettre le charbon, *pahu nanahu*, ^{ms}.

BANNI, s. *opuua*, ^m. *malihiniia*, ^s.

BANNIÈRE, sf. *pakiki*, *pakiti*, ^m. *hae*, *hili*, ^s.

BANNIR, v. *titii*, ^m. *vailana*, *malihini*, ^s.

BANNISSEMENT, sm. *titiina.* [m]. *malihini ana.* [s].

BANQUET, sm. *kaina.* [m]. *aina.* [s].

BANQUETER, v. *ahauina.* [s].

BAPTÈME, sm. *hanapipi ana.* [s].

BAPTISER, v. *hanapipi.* [s].

BAQUET, sm. seau, *pakete.* [m]. *pakeke.* [s]. (modernes).

BARAGOUIN, sm. *tekaorekereke.* [m]. *paeea ke olelo.* [s].

BARAGOUINER, v. v. BARAGOUIN.

BARBARE, adj. *kaikai.* [m]. *hiuhae.* [s].

BARBARIE, sf. *mea kaikai,* [m]. *mea hihiu,* [s].

BARBE, sf. *kumikumi.* [m]. *umiumi,* [s]. arracher la — *huhuti i te kumikumi.* [m]. jeune barbe, *heu,* [s]. faire la — *umiumi.* [s].

BARBELÉ, adj. *kuku.* [s].

BARBIER, sm. *enana vau,* [m]. *kahe umiumi,* [s].

BARBOUILLER, v. salir, *tapai, tapui.* [m]. *hoolepo.* [s]. peindre, *panu,* [m]. *hopala.* [s].

BARBU, adj. *kumikumi.* [m]. *umiumi,* [s].

BARIL, sm. *pahu. hue,* [m]. *hue kati,* [m]. cercle de—, *pakana.* [m]. *pakaki.* [s].

BAROQUE, adj. *hoohilihili.* [s].

BARQUE, sf. *vaka,* [m]. *vaa. menemene.* [s].

BARRE, sf. *auka. alo.* [s]. —de bois, *laaualo.* —de fer. *havalo.*

BARREAU, sm. *pakaha,* [s]. fenêtres à barreaux, *puka pakaha,* [s].

BARRER, v. *pa,* [m]. *honekoa,* [s].

BARRICADE, sf. *papua,* [ms].

BARRICADER, *haapapua,* [m]. *hoopapua, akapa,* [s].

BARRIÈRE, sf. *pa,* [ms]. *olokea,* [s].

BARRIQUE, sf. *pahu,* [ms]. —à huile, *pahuaila,* —à vin, *pahuvino,* —à eau, *pahuvai,* [s].

BAS, adj. *ao,* [m]. *lalo,* [s]. en bas, *ao,* [m]. *i lalo,* [s]. mettre en bas, *i ao,* [m]. ici-bas, dans ce monde, *te ao maama nei,* [m]. le plus bas, *laloa,* [s]. de bas en haut, *ae, ake,* [s]. de haut en bas, *iho,* [m]. mettre bas des petits, *hoolue,* [s]. bas profond, *hohonu,* [ms]. bas, à terre, *papau,* [m].

BAS, sm. *kakini, kiararae,* [s].

BASE, soutien, *tu,* [m]. *ka,* [s]. principe, *tumu,* [m]. *kumu,* [s].

BASILIC, sm. *mine,* [s].

BASSE-COUR, sf. *pahale,* [s].

BASSES, sf. bancs de sable, *papau,* [s].

BASSESSE, sf. *maikola,* [s].

BAS-VENTRE, sm. *mahoa. putoe homa,* [m]. *opuo,* [s]. douleur dans —, *opuohaa,* [s].

BATAILLE, sf. *toua,* [m]. *kaua,* champ de bataille, *kahua kaua,* [s].

BATARD, sm. dégénéré, *moli,* [s].

BATEAU, sm. *poti,* [m]. *poki,* [s].

BATIMENT, sm. édifice, *hae,* *hale,* [s]. navire, *iepe, raka,* [m]. *raa,* [s]. — fort, *iepe oko.* —grand, *raka nui,* [m].

BATIR, v. *anea, kanea,* [m]. *hookamu, kukulu,* [s]. bâtir en pierre, *hauhau,* [s].

BATON, sm. *tokotoko,* [m]. *kookoo,* [s]. canne, *nera,* [s]. — long et pointu, *pakeo,* [m].

BATTANT DE CLOCHE, sm. *hatu,* [m]. *haku,* [s].

BATTEMENT, sm. pulsation, *naki,* [m]. — du pouls, du cœur, *koni,* [s]. — de pieds, *neneke,* [s]. — de mains, *mahe,* [m]. *upo,* [s].

BATTERIE, sf. action de battre, *akaka,* [s].

BATTRE, **v.** *pehi*, ᵐˢ. *uhau*, ˢ. battre rudement, *papaki*, ᵐ. fouetter, *hauahaua*, ᵐ. *hahaua*, ˢ. — du tambour, *neneke*; parcourir, *hoohuhuki*, *kaahele*, ˢ.

BATTU, **adj.** *pehia*, ᵐˢ. fréquenté, *meheu*, ˢ.

BAVARD, **sm.** *pakatekao*, ᵐ. *rahakole*, ˢ.

BAVARDER, **v.** *haatekao*, ᵐ. *pioloke*, ˢ.

BÉATITUDE, **sf.** *mea meitai*, ᵐ. *mea maikai*, ˢ.

BEAU, BELLE, **adj.** beau, *farara*, ᵐ. *nani*, ˢ. bel homme, *poea*, ᵐ. belle femme, *pootu*, ᵐ. bon, *meitai*, ᵐ. *maikai*, ˢ. serein, *meie*, ᵐ. *malie*, *aiai*, ˢ. il fait beau temps, *meie i te aki*, ᵐ. il devient beau, *lilo ia aiai*, ˢ. très beau, *hinahina*, ˢ.

BEAUCOUP, **adv.** *nui*, *mea nui*, ᵐˢ. *vale*, ˢ. (ce dernier se met après le mot à qui il appartient); *tini*, *kini*, ᵐˢ. il y a beaucoup d'hommes, *mea nui to te enana*, ᵐ. il y en a beaucoup, *e nui*, ᵐˢ.

BEAU-FILS, gendre, **sm.** *huuona*, ᵐ. *nkona*, ˢ.

BEAU-FRÈRE, **sm.** *tokete*, ᵐ. *kaikoeke*, ˢ.

BEAU-PÈRE, **sm.** *mutuoai (nai)* ᵐ. *hunoai*, ˢ.

BEAUPRÉ, **sm.** *ihu*, ᵐˢ.

BEAUTÉ, **sf.** *amaama*, ᵐˢ. *kulia*, *nani*, ˢ.

BEC, **sm.** *ihu*, ᵐˢ. — recourbé, *nutu*, *nutu*, ᵐ. *nukee*, *nukei*, ˢ. — pointu, *ihu keokeo*.

BÈCHE, **sf.** *oka*, ᵐˢ. *ahu*, ᵐ.

BÊCHER, **v.** *oka*, ᵐˢ, *ahu*, ᵐ. *mahi*, *malua*, ˢ.

BECQUETER, **v.** *titotito*, ᵐ.

BÉGAYER, **v.** *haatautau*, ᵐ. *paapaapau*, ˢ. *hoi*, ᵐ. *palale nokinoki*, ˢ.

BÈGUE, **adj.** *hoi*, ᵐ. *palale*, *leonu*.

BEL, **adj.** v. BEAU.

BÉLIER, **sm.** *hipa*, ᵐˢ.

BELLE-FILLE, **sf.** *hunona*, ᵐ. *ukona*, ˢ.

BELLE-MÈRE, **sf.** *mutuonai*, ᵐ. *hunoa*, ˢ.

BELLE-SOEUR, **sf.** *tokete*, ᵐ. *kaikoeke*, ˢ.

BELVÉDÈRE, **sm.** *tahakahaka rahi*, ᵐ.

BELLIQUEUX, **adj.** *toa*, ᵐ. *koa*, ˢ.

BÉNÉDICTION, **sf.** grâce, *kohi*, *kaoha*, ᵐ. *meukeu*, *aloha*, ˢ.

BÉNÉFICE, **sm.** jouir d'un—, *e ai i ka aina*, ˢ.

BÉNI, **adj.** *meitai*, ᵐ. *pomaikai*, *mala*, ˢ. vous êtes béni sur la terre et dans le ciel, *pomaikai oe i ka honua nei a i ke lani aku*, ˢ.

BÉNIGNITÉ, **sf.** *kaoha*, ᵐ. *aloha*, *aho*, ˢ.

BÉNIR, **v.** donner la bénédiction, *kaie*, ᵐ. *molia*, ˢ. bénis-le afin qu'il vive, *molia mai e ola*, ˢ. — consacrer au culte, *tapu*, *haatapu*, ᵐ. *kapu*, *hookapu*, *hoolaa*, ˢ. faire prospérer, *taetae*, ᵐ. *raevae*, ˢ.

BÉNIT, **adj.** consacré, *tapu*, ᵐ. *kapu*, ˢ.

BERCAIL, **sm.** *pahipa*, ᵐˢ. *ohana hipa*, ˢ.

BERGER, **v.** *luli*, *luliluli*, ˢ.

BERGER, **sm.** *kahuhipa*, ˢ.

BERGERIE, **sf.** *pahipa*, ᵐˢ.

BERNER, **v.** railler, *hini*, ᵐ. *henehene*, ˢ.

BESOGNE, **sf.** *hana*, ᵐˢ.

BESOIN, **sm.** *kano*, ᵐ. *hemahema*, ˢ.

avoir un besoin naturel, *koko-na*, m. être dans le besoin, *nele*, s.

BESTIAL, **adj.** *no kai peka*, m.

BÉTAIL, pl. bestiaux, **sm.** *puaa*, ms.

BÊTE, **sf.** animal sauvage, *kai peka*, m. *holoraa*, s. grosse bête, *puaa*, *puaka*, ms. bête fauve, *lia*, s. —stupide, *tuaare*, m. *poluluhi*, s.

BÊTISE, **sf.** *mea tuaare*, m. *mea mani*, s.

BEURRE, **sm.** *aipupu*, *aila rai ia pipi*, s.

BÉVUE, **sf.** *koekoepo*, m. *arahera*, s.

BIAISER, **v.** *hakateka*, m. *onioni*, s.

BIBLE, **sf.** Écriture-sainte, *olelo akua*, *bibelia*, s. (moderne).

BIBLIOTHÉCAIRE, **sm.** *tiahoahamani*, m. *kahupalapala*, s.

BIBLIOTHÈQUE, **sf.** *kahuihamani*, m. *ahupalapala*, s. bois pour poser des livres, *kaupalapala*, s.

BIEN, **sm.** avantage, *meitai*, m. *maikai*, *pono*, s. faire du bien, *hoomaikai*, s. ce qu'on possède, *taetae*, m. *vairai*, s. dissiper son bien, *hokai vairai*.

BIEN, **adj.** juste, convenable, *feii*, m. *pono*, s.

BIEN, **adv.** *ka*, m. bien peu, *iti*, m. *iki*, s. c'est bien, *motaki*, m. *kanakana*, s. tout va bien, *uro*, *uo*, s.

BIEN-AIMÉ, **adj.** *punahele*, s.

BIEN-ÊTRE, **sm.** *mea meitai*, m. *mea maikai*, s.

BIENFAISANCE, **sf.** *mea raiei*, m. *aho*, s.

BIENFAISANT, **adj.** *raiei*, m. *aho*, s.

BIENFAIT, **sm.** *raiei ana*, m.

BIENFAITEUR, **sm.** *motua*, m. *makua*, s.

BIENHEUREUX, **adj.** *meitai oa*, m. *maikai loa*, *pomaikai*, s.

BIENSÉANCE, **sf.** *heii ia*, m. *ku… ia*, s.

BIENSÉANT, **adj.** *heii*, m. *kuai*, s.

BIENTÔT, **adv.** *epo*, m. *koke*, s. so… peu, *mea polo*, *aunei*, m. *m… poko*, *ma muli*, s.

BIENVEILLANCE, **sf.** v. bienveillan…

BIENVEILLANT, **adj.** *raiei*, m. *aho*,

BIENVENU, **adj.** *kaoha*, m. *aloha*, vous êtes le bien-venu, *kaoh… oe*, m.

BIÈRE, **sf.** boisson, *riri*, s. —cer… cueil, *pahu*, ms. *manele*, s.

BIFFER, **v.** *haakoe*, m. *hanaka… hokae*, s.

BIGLER, **v.** *lena*, s.

BIGOT, **sm.** *maile*, s.

BIJOU, **sm.** *mea lehoula*, s.

BILE, **sf.** *ate*, m. *ake loa*, *ake niau*,

BILLE, **sf.** *ulu*, s. *poipoi*, m.

BILLET, **sm.** *hamani*, m. *palapala*,

BINAGE, **sm.** *haaua*, m. *hoolua*,

BINER, **v.** *haaua*, m. *hoolua*, s.

BIS, **interj.** une seconde fois, *etah… toe*, m.

BISAÏEUL, **sm.** v. **AÏEUL**.

BISCUIT, **sm.** *poteto*, m. *palena*, *ao*,

BITUME, **sm.** *teatea*, m. *pilali*,

BIZARRE, **adj.** *hoohilihili*, s.

BIZARRERIE, **sf.** *mea hilihili*, s.

BLAMABLE, **adj.** *ino*, ms. *heva*, vous tous êtes blâmables, *e hev… oukou a pau*, s. il n'est pas blâ… mable, *aie ino ia*, m.

BLAME, **sm.** *onaki*, m. *hoomaino*,

BLAMER, **v.** *onaki*, m. *hoomainoi… no*, s. il fut beaucoup blâmé pa… son père, *e nui ke pao i ke maku… kona*, s. —gronder, *palu*, *paru*,

— un innocent, *hopala*, s.

BLANC, **adj.** *pepeke*, *ehe*, m. *keo… keo*, s. *uouo*, ms. les blancs, le… Européens, *ka peo haole*, s. —net…

-*tavai*, ^m. *onauna*, ^s. blanc comme le jour, *te a*, ^m. *ke la*, ^s. ||blanc, **sm.** *teoteo, keokeo*, ^s. — d'Espagne, *poho*, ^s.

BLANCHATRE, **adj.** *hina*, ^{ms}.

BLANCHI, **adj.** *uouo*, ^m. *keo*, ^s.

BLANCHIR, **v.** *hakauo*, ^m. *hookeo*, ^s. — un mur, *palaki*, ^s.

BLANCHISSEUR, **sm.** *hakauona*, ^m. *hookeo ana*, ^s.

BLASPHÉMATEUR, **sm.** *enata kupukupu*, ^m. *kanaka kuamoamo*, ^s.

BLASPHÉME, **sm.** *haaino*, ^m. *hooino, amuemue*, ^s.

BLASPHÉMER, **v.** *haaino, kupukupu*, ^m. *hooino, kuamoamo, hoohevale*, ^s. ne blasphème point contre Dieu, *mai e amoamo oukou i ke Akua*, ^s.

BLÉ, **sm.** *poteto*, ^m. *laiki*, ^s. grains de blé, *huapalaoa*, ^s.

BLESSÉ, **adj.** *mate*, ^m. *make*, ^s. — par un choc, *kuia*, ^s. — légèrement, *matepohoe*, ^m. être blessé, *eha*, ^s.

BLESSER, **v.** *hakamate, pakihua*, ^m. *maki*, ^{ms}. *hoomake*, ^s. je suis blessé à mort, *ua maki au e mate*, ^m.

BLESSURE, **sf.** *poko*, ^m. *pohole, maioio*, ^s. guérir une — *nini*, ^s. bander une — *papalu*, ^s.

BLEU, **adj.** *ereere*, ^m. *eleele*, ^s. bleu-azur, *moho*, ^m. *uli*, ^s. bleu-noir, *lipolipo*, ^s.

BLEUATRE, **adj.** *panu*, ^m. *lipolipo*, ^s.

BLOC, **sm.** *mea tono*, ^m. *haku*, ^s.

BLOND, **adj.** *veakiki*, ^m.

BOCAGE, **sm.** *lalaua*, ^s.

BŒUF, **sm.** *akiuka, pifa*, ^m. *pipi*, ^s. corne de — *keo akiuka*, ^m.

BOIRE, **v.** *inu*, ^{ms}. je vais boire, *ka inu au*, ^s. boire avec la main, *hapu*, ^m. vase à — *ipu*, ^{ms}. faire

boire, *haainu*, ^m. *hooinu*, ^s. je ne veux ni boire ni manger, *aole makemake e inu aole hoi e ai*, ^s.

BOIS, **sm.** *kaau*, ^m. *laau*, ^s. — à brûler, *vehie*, ^m. *rahie*, ^s. — de santal, *puahi*, ^m. *rahieala*, ^s. couper du bois, *taai*, ^m. *kaka*, ^s. travailler sur le — *taai*, ^m. — vert, *laau maka*, ^s.

BOISSON, **sf.** *fainu*, ^m. *hainu, earakia*, ^s. — enivrante, *lama*, ^s. — sucrée, *maniti*, ^m.

BOÎTE, **sf.** *pahu*, ^{ms}.

BOITER, **v.** *puteu*, ^m. *oi*, ^s.

BOITEUX, **adj.** *tipi koki*, ^m. *oi*, ^s. estropié, *oopa*, ^{ms}.

BOL, **sm.** grande tasse, *hipu*, ^{ms}. bol à thé, *hiputi (ki)*, ^{ms}.

BOMBARDER, **v.**

BOMBE, **sf.** *munuipu*, ^{ms}.

BOMBER, **v.** *kiola*, ^s.

BON, **adj.** *meitai*, ^m. *maikai*, ^s. il est bon, *meitai ia*, vous êtes bons, *meitai oe*, ^m. bon, te voilà, *atika koe ana*, ^m. bon à rien, *elemakule*, ^s. très bon, *ino*, ^{ms}. rendre bon, *haameitai*, ^m. *hoomaikai*, ^s. vous avez été bon pour moi, *ua meitai oe ia au*, ^m.

BONACE, **sf.** calme de la mer, *meie*, ^m. *malie*, ^s.

BOND, **sm.** *pana*, ^{ms}.

BONDIR, **v.** *patito*, ^m.

BONHEUR, **sm.** *pomeitai*, ^m. *pomaikai*, ^s. *mea mana*, ^{ms}.

BONHOMIE, **sf.** *vaiei*, ^m. *aho*, ^s.

BONJOUR, **sm.** terme pour saluer, *kaoha*, ^m. *aloha*, ^s. bonjour, mon ami, *kaoha e hoa*, ^m.

BONNET, **sm.** *pae*, ^m. *papale, mou*, ^s.

BONSOIR, **sm.** *kaoha*, ^m. *aloha*, ^s.

BONTÉ, **sf.** *vaiei, aho*, ^s.

Bord, **sm.** extrémité. *otina*, [m]. *okina*, *kae*.[s] — de la mer, *one*, *oke*.[ms]. *makai*.[s] — d'une rive. *kaha*, *kapa*.[s] — d'un précipice. *kaukau*.[s] — d'une colline, *pali*.[s] bord, vaisseau, monter à bord, *ee*,[s]. virer de —. *punini*,[s].

Border, **v.** *hookuauna*.[s]

Bordure, **sf.** *kaekae*, *kuauna*,[s].

Boréal, **adj.** *o akau*,[s].

Borgne, **s.adj.** *matapo*, *matapaa*.[m]. *makapo*, *makapaa*,[s].

Borne, **sf.** *hakatu*, *otina*, [m]. *okina*, *palena*,[s].

Borner, **v.** *oti*, [m]. *oki*,[s]. borné, *iii*,[s].

Bosquet, **sm.** *rahia*,[s].

Bosse, **sf.** *hukako*, *huto*, [m]. — à la poitrine, *makako*, [m].

Bossu, **adj.** *huto*, *totoo*, *pookakaa*,[m]. *kuahu*,[s].

Botanique, **sf.** *hootikepua*,[s].

Botte, **sf.** faisceau, *pupa*, [m]. *pupu*,[s]. — chaussure, *hiu*, [m]. *kamaa*,[s].

Bouc, **sm.** *menemene*, [m]. *hipakane*,[s].

Bouche, **sf.** *fafa*, *haha*, [m]. *aha*, *raha*,[s]. ouvrir la bouche, *hamama*, [m]. fermer la bouche, réduire au silence, *pilipu*,[s]. bouche fermée, *nuku*,[s]. répandre de bouche en bouche, *hookolokolo*,[s]. — embouchure, *nuku*,[s].

Bouchée, **sf.** *maka*, *mana*, [m].

Boucher, **v.** *tiha*, *tifa*, *haapa*, [m]. *pani*, *papani*, *hoopa*,[s]. — un passage, *alai*,[s]. esprit bouché, *koekoepo*, [m]. *naaupo*,[s].

Bouchon, **sm.** *tiha*, *tifa*, [m]. *pani*, *umoka*, *umoki*, *moki*,[s]. tire-bouchon, *hukipani*,[s].

Boucle, **sf.** bague, *kilii*, [m]. *komo*, [s]. — d'oreille, *komo peiau*,[s]. — de cheveux, *aki*,[s].

Bouclé, **adj.** *iika*, [m]. *epiipii*,[s].

Boucler, **v.** *iike*, [m]. *piipii*,[s].

Bouder, **v.** *nana*.[s]

Bouderie, **sf.** *mea nana*.[s]

Boue, **sf.** *epo*, [ms]. *repo*, [m]. *lepo*, *kalikea*,[s].

Bouée, **sf.** *mono*,[s].

Boueux, **adj.** *patika*, [m]. *lalilali*,[s] eau boueuse, *raikoto*, [m].

Bouffer, **v.** *puku*, *puu*, [m]. *hopu*.[s]

Bouffette, **sf.** *puupuu*, [ms].

Bouffon, **sm.** *tuaave*, *enana katakata*, [m]. *kolihe*,[s].

Bouffonner, **v.** *haatuaare*,[m]. *hookolihe*,[s].

Bouffonnerie, **sf.** *katakata*, *mea kolihe*,[s].

Bouger, **v.** *keu*, [m]. ne pas bouger, *mamau*,[s]. ne bougez pas, *a mamau*, *mai mamau*,[s].

Bougie, **sf.** *ama*, [m]. *kukui*,[s].

Bouillant, **adj.** *pupuhi*, [ms].

Bouillir, **v.** *puapua*, *pupuhi*, [m] *hua' uai*, *u*, *pehu*,[s]. — à gros bouillons, *huakai*,[s]. faire bouillir, *tunu*, *nunu*, [m].

Bouillon, **sm.** *bulle*, *pua*, [ms].

Bouillonnant, **adj.** *tohetohe*, [m] *huahuai*,[s].

Bouillonnement, **sm.** *tohetohetina*, [m]. *mapuna*,[s].

Bouillonner, **v.** *tohetohe*, [m]. *huahuai*,[s].

Boulanger, **sm.** *enana hana parena*, [m]. *kanaka hana palena*,[s].

Boulanger, **v.** *hana parena (palena)*, [ms].

Boulangerie, **sf.** *vahi e hana parena (palena)*, [ms].

Boule, **sf.** *poipoi*,[m]. *poepoe*, *ulu*,[s].

jouer ux boules, *paani ka ulu,* ^s.
BOULET, sm. *kira,* ^m. *poka,* ^s.
BOULEVERSEMENT, sm. *tohuina,* ^m.
  kohuina, ^s.
BOULEVERSER, v. *tohui,* ^m. *kohui,* ^s.
BOUQUET, sm. *pua,* ^ms. — d'ama-
  ranthe, *leihua,* ^s.
BOURBE, sf. *repo, epo,* ^ms. *naele,*
  nakele, ^s.
BOURBEUX, adj. *patika, koto,* ^m.
  naele, ^s.
BOURBIER, sm. *patika,* ^m. *naele,* ^s.
BOURDONNEMENT, sm. *tanina,* ^m.
  mumuhu, ^s.
BOURDONNER, v. *taki, tani,* ^m.
  kani, mumu, ^s.
BOURG, sm. *kaavai,* ^m. *kauhale,* ^s.
BOURGADE, sf. *kaavai,* ^m. *kau-
  hale,* ^s.
BOURGEON, sm. *tupu,* ^m. *kupu,*
  liko, pepeiao, ^s.
BOURGEONNER, v. *pitoe, pitoo,* ^m.
BOURRASQUE, sm. *kikiao,* ^s.
BOURREAU, sm. *limaiki,* ^s. faire
  l'office de — *keeo,* ^s.
BOURSE, sf. petit sac, *kete,* ^m. *keke,*
  kieke, ^s.
BOURSOUFLER, v. *pukupuku,* ^m.
  puupuu, ^s.
BOURSOUFLURE, sf. *pukuna,* ^m.
  puuna, ^s.
BOUSSOLE, sf. *panana,* ^s.
BOUT, extrémité, *pito,* ^m. *piko, vetau,* ^s. d'un bout à l'autre, *kuai-
  hu,* ^s. lever d'un bout, *maetu,* ^m.
  — reste, *akina,* ^s. — morceau,
  poo, ^m. *poko,* ^s.
BOUTEILLE, sf. *hueani,* ^m. *omole,* ^s.
  —carrée, *lapapa,* ^s.
BOUTIQUE, sf. *haehoko,* ^m. *hale-
  hoko, halekuai,* ^s.
BOUTON, sm. bourgeon, *mata,* ^m.
  maka, manamana, ^s. — tumeur,

kopara, ^m. — à la tête, *patio,* ^m.
— sur la figure, *hakumakuma,* ^s.
— sur le corps, *huehue,* ^ms. —
pour attacher les vêtemens, *pi-
pi,* ^m. *pihi,* ^s. couvert de —, *pu-
kupuku,* ^m. *puupuu,* ^s.
BOUTONNER, v. *pitiki,* ^m. *hikii,* ^s.
BOUVIER, sm. *kahupipi,* ^s.
BOXER, v. *kolee, kotehe,* ^m. *moko,* ^s.
se boxer, *mokomoko,* ^s.
BOYAU, sm. *puvai,* ^m. *puurai,*
naau, ^s.
BRACELET, sm, *kupee,* ^s.
BRAISE, sf. *ehu,* ^m. *lehu,* ^s. jeter
dans la —, *puelehu.* ^s.
BRAISER, v. *koala.* ^s.
BRANCARD, sm. *teka,* ^m. *peka,* ^s.
BRANCHAGE, sm. *manamana,* ^ms.
BRANCHE, sf. —d'arbre, *kohua,* ^m.
mana, ^ms. se diviser en bran-
ches, *manamana,* ^ms. — famille,
huaa, ^m. *ohua,* ^s. — membre,
mana, ^ms. *lala,* ^s.
BRANDILLER, v. *keu,* ^m. *luli, mahiki,* ^s.
BRANDIR, v. agiter, *keu,* ^m. *naue,* ^s.
BRANDON, sm. *motuahi,* ^m. *mokuahi,* ^s. — tison, *omotu,* ^m. *momokuahi,* ^s.
BRANLE, sm. *keukeu,* ^m. *lele,* ^s.
BRANLER, v. *haakeu,* ^m. *lele,* ^s.
BRAS, sm. *üma,* ^m. *lima,* ^s. secouer les —, *luliluli,* ^s. os du —,
unihipili, ^s. *ivipii,* ^m. prendre
entre les —, *upiki,* ^s.—, étendre
les —, *kikoo.* ^s. —, puissance, *ü-
ma,* ^m. *lima,* ^s.
BRASIER, sm. *ahi,* ^ms.
BRASSE, sf. *mao,* ^m. *anana,* ^s.
quatre brasses de long, *eha mao
o te mea oa,* ^m. deux brasses de
large, *eua mao o te poi,* ^m. demi-
brasse, *piu,* ^s.

BRASSÉE. **sf.** prendre à la —, puliki, [s].

BRAVADE, **sf.** hakaie, [m]. hoieie, [s].

BRAVE. **adj.** courageux, kape, toa, [m]. koa, [s]. — honnête, toitoi, [m]. koikoi, [s]. vous êtes un brave homme, enana, toitoi oe, [m].

BRAVER, **v.** paha, [m]. pukaku, [s]. vous me bravez? e paha oe ia au? [m].

BRAVO! **interj.** hotaua! [ms].

BRAVOURE, **sf.** toa, [m]. koa, [s].

BREBIS, **sf.** hipa, [ms].

BRÈCHE, **sf.** ana, [ms], haka, [s].

BRÉCHET. **sm.** creux de l'estomac, pipi, [ms].

BREDOUILLER, **v.** nokinoki, [s]. nokinoki, [s].

BREF, **adj.** court, poto, [m]. poko, [s].

BRETELLE, **sf.** kamakia, [m]. kaane, kakaane, [s].

BREUVAGE, **sm.** fainu, [m]. hainu, [s].

BRICK, **sm.** petit navire, vaka nutu, [m]. kialua, [s].

BRIDE. **sf.** vahalio, [s].

BRIEF. **adj.** poto, [m]. poko, [s].

BRIGAND, **sm.** kamo, [m]. aihue, [s].

BRIGANDAGE, **sm.** mea fau, hau, [m].

BRILLANT. **adj.** akanahau, [m]. neninani, [ms]. éclatant, hinahina, [s]. luisant, moha, [s]. propre, taitai, [m]. — comme le clair de la lune, aiai, [s]. pierre précieuse, kaimana, [s].

BRILLER, **v.** hinahina, [ms]. étinceler, hulale, [s]. éclairer, tokihi, [m].

BRIN, **sm.** parcelle, maka, [m]. oka, [s].

BRIQUE, **sf.** puka, puna, [m]. pohakuula, [s]. cuire des briques, kahu, kalole, [s].

BRISANS, **sm.** taihati (fati), [m].

BRISE, **sf.** vent frais et agréable, matani, [m]. makani, aheahe, ko-

lonahe, mala, [s]. brise de me[r], maununu, [s].

BRISEMENT, **sm.** choc des flots, ta[…] fatina, [m].

BRISÉ. **adj.** tuiha, motumotu, […] mokumoke, [s].

BRISER. **v.** fati, fafati, hati, v[…] hi, [m]. rarahi, ahai, uhai, [s]. bri[…]ser doucement, kuipalu, [s]. — […] cœur, naha, [s].

BRISON, **sm.** — du ressac, kaka[…] la, [s].

BROCANTER, **v.** acheter, vendre[…] hoko, [ms].

BROCHE, **sf.** oka, [m]. ohinu, [s]. tour[…]ne-broche, ohinu, [s].

BROCHER. **v.** nino, [m].

BROSSE. **sf.** ulupuaa, [s].

BROSSER, **v.** hamo, holoi, hulu, […]

BROUILLARD, **sm.** kahunahuna, […] — sur les montagnes, kohu, […] ohu, [s]. — obscur, pololaki, [s]. pe[…]tite pluie, naulu, [s].

BROUILLER, **v.** veti, [m]. veki, kiko[…] la, [s].

BROUSSAILLES, **sf.** taa, [m]. puaka[…] la, [s].

BROUTER, **v.** hanai, [s].

BROYÉ, **adj.** pepee, [m]. pepe, [s].

BROYER, **v.** vii, [m]. vili, kovi, […] pierre à broyer, paparili, [s].

BRU, **sf.** hunona, [ms].

BRUINE, **sf.** fau, hau, [m]. hau, [s].

BRUIRE. **v.** dans l'oreille, viki, [m] mumu, [s].

BRUISSEMENT, **sm.** vikina, [m]. mu[…] muhu, [s].

BRUIT, **sm.** — confus, uaua, ulau[…] la, [s]. — tumulte, uvalaau, [s]. — d'un fusil, uina, [s]. — des en[…]trailles, potu, [m]. — de montre[…] koele, [s]. — de la mer, paepu. — d'une étoffe qu'on déchire, pai[…]

na, ^s. — des souliers remplis
d'eau, *upi*, ^s. — de la pluie, *ma-
kaii*, ^m. — de l'eau jaillissante,
oaaa. faire du — *taki*, *tani*, ^m.
répandre de faux bruits, *aki*, ^s.
BRULANT, **adj**. *ua*, ^m. *ula*, *kukuni*, ^s.
BRULER, **v**. *vea*, , *veavea*, ^m. *vela*,
velavela, ^s. brûler ardemment,
aa, ^s. le feu brûle, *eana te ahi*, ^m.
BRUME, **sf**. brouillard épais, *polu-
luhi*, ^s.
BRUN, **adj**. *makuo*, ^s. — châtain,
makue, ^s.
BRUNATRE, **adj**. *makue*, ^s.
BRUSQUE, **adj**. *peke*, ^m. *iolea*, ^s.
BRUTAL, **adj**. *na kaipeka*, ^m. *na
holovaa*, ^s.
BRUTALITÉ, **sf**. *mea na kaipeka*, ^m.
mea na holovaa, ^s.
BRUTE, **sf**. *kaipeka*, ^m. *holovaa*, ^s.
BRUYANT, **adj**. *palanehe*, ^s.

BUBE, **sf**. *maki*, ^m. *maihehe*, ^s.
BUBON, **sm**. **v**. **BUBE**.
BUCHER, **v**. *koikalai*, *koli*, ^s. ‖ bû-
cher, **sm**. lieu où on met le bois,
vahi kaau, ^m. *vahi laau*, ^s.
BUISSON, **sm**. *uluku*, *lalaua*, ^s.
BULBE, **sf**. *hua*, ^{ms}.
BULBEUX. **adj**. *huahua*, ^{ms}.
BULLE, **sf**. globule, *poipoi*, ^m. *poe-
poe*, ^s.
BUREAU, **sm**. à tiroir, *pahuume*, ^s.
BURLESQUE, **adj**. *mea katakata*, ^m.
kolihe, ^s.
BUSTE, **sf**. *piko*, ^m.
BUT, **sm**. *apa*, ^{ms}. arriver le premier
au but, *paamua*, ^s. — s'exercer
à atteindre un — *hakahia*, ^m. vi-
ser à un — *hano*, ^m. toucher au —
pakaku, ^m.
BUTIN, **sm**. *pio*, ^{ms}. grand butin,
taitai nui, ^m.
BUTINER, **v**. *haapio*, ^m. *hoopio*, ^s.

C

ÇA, *mai*, ^{ms}. aller çà et là, *kaa-
hele*, ^s. *punini*, ^m.
CABANE, **sf**. *hae (fae)*, ^m. *hale*, ^s.
CABARET, **sm**. *hale ahaaina*, ^s. se
diriger vers un —, *kipa*, ^s.
CABARETIER, **sm**. *kuni*, ^s.
CABINET, **sm**. *puho*, ^m. *ena*, ^s.
CABLE, **sm**. *tohua*, ^m. *kaula*, ^s.
CABRIOLET, **sm**. *kaa*, ^s.
CACAO; **sm**. *kakao*, ^{ms}.
CACHE-CACHE, **sf**. jeu, *haupeepee*, ^s.
CACHÉ, **adj**. *mahoa*, *oti oki*, ^m.
nalo, *nalo vale*, ^s. obscur,
poaeae, ^s.
CACHER, **v**. *hakana*, *hakanao*, *ha-
kanatia*, ^m. *hoonalo*, ^s. détourner, *kohi*, ^s. cachez-vous, *a kao
oe*, ^m. je me cache, *e kao au*, ^m.
se cacher, *kao*, *punaka*, *punaa*, ^m.
kahoi pee, *huna*, ^s. se cacher pour
surprendre, *fatuketukee*, ^m.
CACHET, **sm**. *vepa*, *uepa*, ^s.
CACHETER, **v**. *uepa*, ^s.
CACHETTE, **sf**. *punana*, *hakana*, ^m.
en cachette, *malu*, ^s. espionner
en — *makaakiu*, ^s. montrer en —,
oku, ^s.
CACHOT, **sm**. *haetako*, ^m. *papai*, ^s.
CADAVRE, **sm**. *tupapahu*, *papa-
hu*, ^m. *kupapau*, *vaena*, ^s.
CADEAU, **sm**. *tuuna*, ^m. *makana*, ^s.
faire cadeau, *makana*, ^s.
CADET, **sm**. *teina*, ^m. *kaikaina*, ^s.
CADETTE, **sf**. **v**. **CADET**.

CADRE, **sm.** *riipu*, m. *puni ana*, s.

CADUC, **adj.** *paorare, pe*, m. *kapanaha*, s.

CAFÉ, **sm.** *kapi*, ms. (moderne), tasse à café, *hipukapi*, ms.

CAFETIÈRE, **sf.** *huekapi*, ms.

CAGE, **sf.** *puhomanu*, m. *halemanu*, s.

CAHIER, **sm.** *hamani*, m. *kanana*, s. mettre en cahier, *uhaku*, s.

CAILLE, **sf.** *aku*, m.

CAILLER, **v.** faire cailler du lait, *hookanana*, s. lait caillé (tourné), *kanana*, s.

CAILLOU, **sm.** *tukii*, m. *iliili*, s.

CAISSE, **sf.** *umete, tiha, tifa*, m. *umeke, piku*, s.

CAJOLER, **v.** *onou*, s.

CALAMITÉ, **sf.** *mea ino*, ms. *kumakena*, s.

CALCINER, **v.** *okea*, s. la chaux est calcinée, *ua okea ka puna*, s.

CALCUL, **sm.** *tatau, tetau*, m. *helu*, s.

CALCULER, **v.** *tatau, tetau*, m. *helu*, s.

CALEBASSE, **sf.** *hue*, ms. *hipu, ipu*, ms. tas de calebasses vides, *paipu*, s. grosse calebasse, *kokomo*, m.

CALEÇON, **sm.** *kahuao*, s.

CALICE, **sm.** *ipu*, ms. — pour la messe, *ipu tapu*, m.

CALME, **adj.** *menino, meie*, m. *malie, lae, halai*, s. devenir calme, *pohu*, s.

CALME, **sm.** *akaku, laiku*, s.

CALMER, **v.** apaiser, *hakarae*, m. *hoomalie, uhola*, s.

CALOMNIATEUR, **sm.** *enata potoho*, m. *kanaka epaepa*, s. il est un calomniateur, *e enata potoho ia*, m.

CALOMNIE, **sf.** *mea potoho*, m. *mea epaepa, niania*, s.

CALOMNIER, **v.** *potoho, epa, epaepa*, s.

CALVINISTE, **sm.** *karavini*, m. *larini*, s. (sous ce nom on comprend tous les chrétiens qui ne sont pas catholiques).

CAMARADE, **sm.** *hoa*, ms. vous êtes mon camarade, *tau hoa e oe*, s.

CAMARD, **adj.** *peha ihu*, m. *papa (pepe)*, s.

CAMÉLÉON, **sm.** *kameleone*, (moderne).

CAMP, **sm.** *moana*, ms.

CAMPAGNE, **sf.** *henua*, m. *honua, hapa*, s. à la campagne, *mauka*, nous irons à la campagne, *he anei mauka aku*, s.

CAMPEMENT, **sm.** *hoomoana*, s. lieu de — *kahua*, s.

CAMPER, **v.** *hoomoana*, s.

CANAILLE, **sf.** *noa, kuaaina*, s.

CANAL, **sm.** *aurai, auraha*, détroit, *kora*, s.

CANAPÉ, **sm.** *moe hilinai*, s.

CANARD, **sm.** *kakaraa*, m. *koloa*, s.

CANCAN, **sm.** *tekao pu*, m. *olelo pu*, s.

CANCRE, **sm.** écrevisse de mer, *ula*, s. petit cancre, *ohiki*, s.

CANDEUR, **sf.** franchise, *toitoi*, m. *koikoi*, s.

CANDIDE, **adj.** *toitoi*, m. *koikoi*, s.

CANIF, **sm.** *koheani*, m. *pahi*, s.

CANNE, **sf.** jonc, *kohe*, m. *ohe*, s. — à sucre, *to*, m. *ko*, s. bâton, *tokotoko*, m. *kookoo, neva*, s.

CANNIBALE, **sm.** *kaikaia*, m. *haina*, s.

CANON, **sm.** pièce d'artillerie, *puhi ketu*, m. *pu*, s. exercice du — *paikau*, s. droit ecclésiastique, *kanone*, ms. (moderne).

CANOT, **sm.** *potinehea, vaka*, m. *vaa, vampaa, peleleleu*, s.

CANTIQUE, **sm.** *kimene*, ms. (moderne).

CANTON, sm. *kalana*, ˢ.

CAP, sm. promontoire, *lae*, ˢ.

CAPABLE, adj. habile, *tuhuna*, ᵐ. *kuhuna*, ˢ. propre à, *ako*, ᵐ. *pono*, ˢ.

CAPACITÉ, sf. habileté, *atamai*, ᵐ. *iloko, maikai*, ˢ.

CAPITAINE, sm. *kapitano*, ᵐˢ. on dit aussi, *kapu*, ᵐ. et *kapena*, ˢ. (moderne).

CAPITAL, adj. principal, *tumu*, ᵐ. *kumu*, ˢ.

CAPITALE, sf. ville, *kulanakau-hale*, ˢ.

CAPRICE, sm. *kuhikuhi*, *kuhi ana*, ˢ.

CAPSULE, sf. enveloppe, *fafi*, ᵐ. *laulau*, ˢ.

CAPTIEUX, adj. *hooralerale*, ˢ. irritable, *anihaniha*, ˢ. question captieuse, *hoopohala*, ˢ.

CAPTIF, adj. *humua*, ᵐˢ. *paopao*, ˢ.

CAPTIVER, v. *humu*, ᵐˢ. *hopu, hoopuhopu*, ˢ.

CAPTIVITÉ, sf. *humuana*, ᵐˢ.

CAPTURE, sf. saisie, *pio*, ᵐˢ.

CAPTURER, v. butiner, *haapio*, ᵐ. *hoopio*, ˢ.

CAPUCIN, sm. *kapukino*, ᵐˢ. (moderne).

CAQUET, sm. *haatekao, tekaotekao*, ᵐ. *henehene*, ˢ.

CAQUETER, v. *haatekao*, ᵐ. *henehene*, ˢ.

CAR, conj. *ai*, ᵐˢ.

CARACTÈRE, sm. qualité, *koekoe*, ᵐ. *loko*, ˢ. changer de caractère, *pahaohao*, ˢ. deux de —, *meitai*, ᵐ. *maikai*, ˢ. de mauvais —, *pe-pe*, ᵐ. double de —, *tikoe*, ᵐ. marque, *hakatu*, ᵐ. *hailoua*, ˢ. — d'écriture, *hua*, ᵐˢ. *kaha*, ˢ.

CARACTÉRISTIQUE, adj. *hakatu*, ᵐ. *hailoua*, ˢ.

CARAFE, sf. *hueani*, ᵐ. *omole*, ˢ.

CARDINAL, sm. prélat, *kardinale*, ᵐˢ. (moderne).

CARDINAL, adj. principal, *kukulu*, ˢ.

CARESSE, sf. *mea nini*, ᵐˢ.

CARESSER, v. *nini*, ᵐˢ. *hakarae*, ᵐ. *hoalohaloha, huha*, ˢ.

CARGAISON, sf. *kavekavaka*, ᵐ. *ukanavaa*, ˢ.

CARILLON, sm. *tani i te kapana*, ᵐ. *kani i ke kapana*, ˢ.

CARILLONNER, v. *tahi, tani*, ᵐ. *kani*, ˢ.

CARMAGNOLE, sf. sorte de veste, *lakeke*, ˢ.

CARNAGE, sm. *matakina*, ᵐ. *pepehina*, ᵐˢ.

CAROTTE, sf. *karota*, ᵐˢ. (moderne).

CARQUOIS, sm. *aamua*, ˢ.

CARRÉ, sm. *ahalike*, ˢ.

CARTE, sf. *papa*, ᵐˢ. carte de géographie, *papa (hoike) honua*, ˢ. jeu de carte *hia*, ˢ.

CARTOUCHE, sf. charge d'arme à feu, *karii paora*, ᵐ.

CAS, sm. faire cas de, *kaie*, ᵐ. *hoolou*, ˢ.

CASCADE, sf. *vaipua, kahirai*, ᵐ. *kahavai, vaihi*, ˢ.

CASE, sf. cabane, *puho, hae*, ᵐ. *hale*, ˢ.

CASERNE, sf. *haepoitoua*, ᵐ. *hale poekaua*, ˢ.

CASQUE, sf. *mahiole*, ˢ. mettre un casque, *kuala*, ˢ.

CASSATION, sf. *haapaona*, ᵐ. *hooluina*, ˢ.

CASSÉ, adj. brisé, *hatia*, ᵐ. *kananaia*, ˢ.

CASSER, v. briser, *hati, fati, fefati, motu*, ᵐ. *kanana, moku*, ˢ. casser un verre, *naha, nahi.* — avec une pierre, *patai, katai,* [m]. — sur une pierre, *kike,* [s]. ne tirez pas de peur de casser, *umoi toi na motu,* [m]. annuler, *haapao,* [m]. *hoopau, hoolui,* [s].

CASSEROLE, **sf.** *hipu,* [ms]. — de fer, *pahao,* [s].

CASSE-TÈTE, **sf.** massue, *huhu,* [ms].

CASSETTE, **sf.** *umete,* [m]. *umeke, pahu,* [s].

CASTE, **sf.** tribu, *huaa,* [m]. *ohana, moo.* — des prêtres, *mookakuna,* [s].

CASTRATION, **sf.** *tehena,* [m]. *poa ana,* [s].

CATARACTE, **sm.** *kahirai,* [m]. *hoho, kaharai,* [s].

CATARRHE, **sm.** *lama,* [s].

CATASTROPHE, **sf.** malheur, *mea ino,* [m].

CATÉCHISER, **v.** *peau,* [m]. *ninau,* [s].

CATÉCHISME, **sm.** *peau,* [m]. *ninau,* [s].

CATÉCHISTE, **sm.** *kumuao,* [s].

CATÉGORIE, **sf.** *papa,* [ms].

CATHÉDRALE, **sf.** *haepure tumu,* [m]. *halepule kumu,* [s].

CATHOLICISME, **sm.** *ao katolika,* [ms].

CATHOLIQUE, **adj.** *katolika,* [ms]. (moderne).

CAUSE, **sf.** en général, *mea,* [ms]. principe, *tumu,* [m]. *kumu,* [s]. défendre sa cause, *malimali,* [s]. à cause de, *no ta (ka) mea,* [ms]. sans cause, *vale,* [s]. à cause de leur méchanceté, *no ko lakou heva ana,* [s].

CAUSER, **v.** être cause de, *pepe, haapuu,* [m]. *hana,* [ms]. *okupu,* [s]. causer de la joie, *hoooli,* [s]. faire, *haa,* [m]. *hoo,* [s]. toujours composé avec le mot; parler, *haatekao,* [m]. *henehene,* [s].

CAUSERIE, **sf.** *haatekao,* [m]. *vah[...] kole,* [s].

CAUSEUR, **sm.** *haatekao,* [m]. *vah[...] kole,* [s].

CAVALIER, **s.** *hooholo me ka lio,*

CAVE, **sf.** *ana,* [ms].

CAVE, **adj.** *puna,* [ms].

CAVEAU, **sm.** *ana,* [ms].

CAVERNE, **sf.** *ana,* [ms]. *kama, puna,*

CAVERNEUX, **adj.** *anaana,* [ms].

CAVITÉ, **sf.** *poko,* [m]. *poho,* [s].

CE, CET, CETTE, **pron.** *ia,* [ms]. *a,* [m].

CECI, CELA, **pron.** *ia, nei,* [ms]. cet o[...] seau-là, *manu a ea,* [m]. qu'est c[...] ci? *he aha ia?* [s]. comme ceci, *nei,* [m]. ceci, *te nei,* [m]. *ke nei,* cela, *te na, te a,* [m]. *ke na,* [s]. c'e[...] cela, *oia,* [ms].

CÉDER, **v.** abandonner à un autr[...] *tuu atu,* [m]. *raiho,* [s]. consenti[...] *ae,* [ms].

CEINDRE, **v.** *hakarii,* [m]. *haavil[...] aa, kaai, kari, hakai, kakoo, k[...] kua, kali,* [s].

CEINT, **adj.** *hakariia,* [m]. *haavilii[...] huikai, kaviia* [s].

CEINTURE, **sf.** *hami,* [m]. *hume,* — d'homme, *kaeu,* [m]. *malo,* — de femme, *pikooi,* [m]. *ueu,*

CÉLÈBRE, **adj.** *kaulana,* [s].

CÉLÉBRER, **v.** honorer, *kaie, hoano, mahalo,* [s]. — les exploit[...] *mililani,* [s].

CÉLÉBRITÉ, **sf.** *hoolono,* [s].

CÉLER, **v.** *hakana,* [m]. *kohi,* [s].

CÉLÉRITÉ, **sf.** *vere, vevekina, vave,* [s].

CÉLESTE, **adj.** V. CIEL.

CÉLIBATAIRE, **sm.** *tule auri, pah[...] ka tuo,* [m].

CELLULE, **sf.** *puho,* [m]. *ena,* [s].

CELUI, CELLE, **pron.** *oia,* [ms].

nei, [m]. *ke nei*, [s]. qui est celui-là ? *o ai te nei?* [m].

CENDRE, sf. *ehu*, [m]. *lehu*, [s]. réduire en cendres, *nahaha*, [s]. réduit en —, *nahaehae*, [s].

CÈNE, sf. *ahaaina*, [s].

CENSÉ, adj. *haatia*, [m]. *loheia*, [s].

CENSEUR, sm. *haatiohi*, [m].

CENSURE, sf. punition, *umu, mikeo*, [m]. *ukuheva*, [s].

CENSURER, v. reprendre, *kuhumu*, [m]. *ukuheva*, [s].

CENT, adj. num. *e iima tekau*, [m]. *kanaumi, haneri*, [m]. (moderne) deux cents, *tahuata*, [m]. quatre cents, *uau*, [m].

CENTAURE, sm. *kamapuaa*, [s].

CENTRAL, adj. *i varena*, [m]. *i vaena*, [s].

CENTRALISER, v. *haapii i te varena, hoopili i ke vaena*, [s].

CENTRE, sm. *varena*, [m]. *vaena konu*, [s]. sorti du centre, comme les rayons, *kaa*, [s].

CENTUPLE, sm. *e iima tekau*, [m]. *e kanaumi*, [s].

CEPENDANT, adv. pendant cela, *oi*, [ms]. *aka*, [s]. néanmoins, *ae*, [m]. *nae*, [s]. je ne suis pas roi, je suis homme cependant, *aoe alii au, he kanaka nae*, [s].

CERCEAU, sm. *paapua*, [m]. *likipahu*, [s]. — de baril, *pakanarai*, [m].

CERCLE, sm. *kapoipoi, poipoi*, [m]. *poi, poaha, naopalapala, ninihi*, [s]. — autour de la lune, *huakalai*, [s]. compagnie, *puke enana*, [m]. *kakaki*, [s]. compagnie de convives, *anaaina*, [s].

CERCUEIL, sm. *papahu (ku), pahaa*, [m]. *pahu*, [s].

CÉRÉMONIAL, sm. *oihana*, [s].

CÉRÉMONIE, sf. solennité, *koina*, [m].

ahaaina, [s]. — appareil, *oihana*, [s].

CERF, sm. *lia*, [s].

CERF-VOLANT, sm. *pako*, [m]. *lupe*, [s].

CERNE, sm. cercle, *papa*, [ms].

CERNER, v. *tapapa, hakavii*, [m]. *hoovili*, [s].

CERTAIN, adj. *toitoi*, [m]. *koikoi, io*, [s]. un certain, quelqu'un, *rahi*, [ms]. c'est certain, *tekao toitoi tena*, [m].

CERTAINEMENT, adv. *ae*, [ms]. *chaa*, [m].

CERTES, adv. *ae, hoi*, [ms].

CERTIFICAT, sm. *mea hakamao*, [m]. *mea hoomau*, [s].

CERTIFIER, v. *hakamao, mao*, [m]. *hoomau*, [s]. affirmer, *ae*, [ms].

CERTITUDE, sf. *mea toitoi*, [m]. *mea koikoi*, [s].

CERVEAU, sm. *roro*, [m]. *lolo*, [s]. — dérangé, *lolopoo*, [s].

CERVELLE, sf. V. CERVEAU.

CESSER, v. finir, *pao*, [m]. *pau*, [s]. abandonner, *hakaee*, [m]. *kanabai*, [s]. se reposer, *hoomaʻolo*, [s].

CEUX, CELLES, pron. V. CELUI, CELLE.

CHACUN, pron. *a pau*, [ms].

CHAGRIN, sm. *ue*, [ms]. *pakaihi, aaho*, [m]. *kena*, [s]. — profond, *naauaua*, [s]. — mortel, *valania, minamina*, [s]. avoir du —, être accablé de —, *luhi, hooluahau*, [s].

CHAGRIN, adj. qui a du chagrin, *pakaihi*, [m]. *haaloulou, mohole*.

CHAGRINÉ, adj. *pakaihi*, [m]. *popilikia*, [s].

CHAGRINER, v. *ue*, [ms]. *hooloulou*, [s].

CHAINE, sf. *tohua*, [m]. *kaula*, [s]. — de fer, *kaulahao*, [s]. — fers, *kapee, mea paa*, [s].

CHAIR. sf. *kiko*, [m]. *kino*, [s]. chair maigre, *io*. — grasse, *kelekele*, [s].

CHAIRE. sf. siège épiscopal, *noho*, [ms]. — tribune, *noho ika*, [m]. *arai*, [s]. — à prêcher, *kakunato*, [s].

CHAISE. sf. *noho*, [ms]. *papa eat*, [m]. — portative, *manele*, [s].

CHALE. sm. *pautu*, .

CHALEUR. sf. chaud : — du soleil, *raaraa*, *raaraaraa*, [m]. *eha*, *ehaeha*, [s]. — du feu, *kahaahaahaa*, [m]. *aeaea*, *kahea*, [s]. Il fait chaud, *ua raaraa*, [m]. il ne fait pas chaud, *aoe raaraa*, [m].

CHALOUPE. sf. *vaka uatu*, [m]. *vaa naka*, [s].

CHALUMEAU. sm. *kae*, *pu*, [m]. *hookio*, [s].

CHAMBRE. sf. *paho*, [m]. *eaa*, [s]. — de justice, *paaka lolo*, [s]. — vacante, *hae oehe*, [s]. décorer une —, *hmaha*, .

CHAMEAU. sm. *kamela*, *kamero*, [ms]. moderne.

CHAMP. sm. pièce de terre, *papua*, [m]. *aina*, *hula*, [s]. champ appartenant au chef, *koele*, [s]. champs, *raena*, [m]. espace, *rahi*, [m]. *va*, [s]. — de bataille, *kahua*, [s]. sur-le-champ, *i teneia*, [m]. *a enei*, *onaode*, [s].

CHAMPION. sm. *toa*, *koa*, [s].

CHANCELANT. adj. *aie mao*, [m]. *kaulei*, *kuomoaoole*, [s].

CHANCELER. v. vaciller, *keukeu*, [m]. *kuoi*, [s]. brandiller, *luli*, [s]. ébranler, *hoomane*, [s]. douter, *hapalali*, [m]. *kapekepeke*, [s].

CHANDELIER, sm. *tauama*, [m]. *kaukukui*, [s].

CHANDELLE, sf. *ama*, [m]. *kukui*, [s].

CHANGE, sf. *hoko*, [ms].

CHANGEANT, adj. *hui*, [m]. *huli*, [s].

— comme le vent, *laurili*, [m]. homme —, *lolilua*, [s].

CHANGEMENT. sm. *huina*, [m]. *kahuli*, [s]. — de temps, *ouli*, [s].

CHANGER. v. troquer, *hokohoko*, [m]. varier, *hakahui*, [m]. *hoohulihuli*, *loli*, [s]. — de charge, *onou*, [m]. — de caractere, *pahaohao*, [s]. — souvent, *hoohulihuli*, [s]. — d'état, *lilo*, [s]. transférer, *kahuli*, [s]. — la destination d'une chose, *ka...*, [m]. — d'intention, *lole*, [s]. — la forme, *hakahui*, [m]. *hoohuli*, [s].

CHANOINE. sm. *kanoniko*, [ms]. (moderne).

CHANSON, sf. *ula*, [m]. *hula*, *mele*, [s].

CHANSONNER. v. *ula*, [m]. *hula*, [s].

CHANSONNIER. sm. *hakumele*, [s].

CHANT, sm. *ula*, *una*, [m]. *mele*, [s].

CHANTER. v. *ula*, *una*, [m]. *mele*, [s]. — souvent, *memele*, [s]. — les louanges, *nani*, [ms]. — les exploits, *mililani*, [s]. — avec gaité, *oli*, *olioli*, [s]. — des airs lugubres, *makena*, [s].

CHANTEUR, sm. *enana ula*, [m]. *kanaka mele*, [s].

CHANTIER, sm. *vahikaau*, [m]. *vahi laau*, [s].

CHANTRE, sm. *tahunauta*, [m]. *hakumele*, [s].

CHANVRE, sm. *olona*, [s].

CHAOS, sm. *po*, [ms].

CHAPE, sf. *kapa*, [ms]. (moderne).

CHAPEAU, sm. *paeuani*, [m]. *papale*, [s]. ôter le —, *unahi*, [m].

CHAPELAIN, sm. *kapelano*, [ms]. (moderne).

CHAPELET, sm. *korona*, [ms]. (moderne).

CHAPITRE, sm. *motuna*, [m]. *mokuna*, [s].

CHAQUE, adj. *a pau*, ᵐˢ.—homme, *enana a pau*, ᵐ.

CHAR, sm. *kaa*, ˢ.

CHARADE, sf. *olelo nane*, ˢ.

CHARBON, sm. *enahu, kaahu, namahu*, ᵐ. *lanahu*, ˢ.—de bois, *namahulaau*, ˢ. — de terre, *nanahuepo*, ᵐˢ. caisse à —, *pahu nanahu*, ᵐˢ.

CHARDON, sm. *taa*, ᵐ. *puakala*, ˢ.

CHARGE, sf. fardeau, *kareka*, ᵐ. *haave*, ˢ. être à —, *haakaekae*, ᵐ. office, *hope*, ˢ. prendre la —, *kaumahana*, ˢ. entrer en —, *onou*, ˢ.

CHARGÉ, adj. — d'affaires, *kuapaa*, ˢ.

CHARGER, v. mettre une charge, *hui*. — sur le dos, *haave*, ˢ. — sur les épaules, *hooili*, ˢ. — de travail, *hooluhi*, ˢ. — d'une commission, *kauoa*, ˢ. — d'un crime, *hakatio*, ˢ. accabler, *tono, toko*, ᵐ.

CHARITABLE, adj. *makimaki*, ᵐ. *makemake*, ˢ.

CHARITÉ, sf. ue, *makimakina*, ᵐ. *makemake ana*, ˢ. inspirer de la —, *hoomohala*, ˢ. acte de —(rel.), *pureue*, ᵐ.

CHARMANT, adj. *akanahau*, ᵐ.

CHARME, sm. *akanahau*, ᵐ.

CHARMÉ, adj. *ekaeka*, ᵐ. *noenoe*, ˢ.

CHARMER, v. *ekaeka*, ᵐ. *ohiohio*, ˢ.

CHARNEUX, adj. *hakaipa*, ᵐ.

CHARNIÈRE, sf. *ami*, ˢ.

CHARPENTE, sf. bois de —, *kaa*, ˢ.

CHARPENTIER, sm. *kamana, kamena*, ᵐˢ. *kapena*, ᵐ. (moderne).

CHARRETTE, sf. *kaa*, ˢ.

CHARRIOT, sm. *halekaa*, ˢ. — de guerre, *kaakaua*, ˢ.

CHARRUE, sf. *palau*, ˢ.

CHAS, sm. *pula*, ᵐ. *puka*, ˢ.

CHASSE, sf. *tataina*, ᵐ. *hookuke ana*, ˢ.

CHASSER, v. renvoyer, *peho*, ᵐ. *hookae aku*, ˢ. — avec humeur, *kipaku*, ˢ. bannir, *poki*, ᵐ. *vailana*, ˢ. poursuivre, *haatute, tatai, tata*, ᵐ. *hookuke*, ˢ.—vers moi, *tatai mai*, ᵐ.— loin de moi, *tatai atu*, ᵐ.

CHATOUILLER, v. *maneoneo, hoomaneoneo*, ᵐˢ.

CHATRER, v. *tehe*, ᵐ. *poa*, ˢ.

CHAUD, adj (temps) *vearea*, ᵐ. *velavela*, ˢ. ce jour il fait bien chaud, *kukuni ke ia la*, ˢ. extrêmement chaud, *kikiki, kukuni*, ˢ. chaud (feu). *mahana*, ᵐˢ.

CHAUDRON, sm. *hipu*, ᵐˢ.

CHAUFFAGE, sm. *vehie*, ᵐ. *vahie*, ˢ.

CHAUFFER, v. *haamahana*, ᵐ. *hoomahana*, ˢ. chauffez-vous, *a haamahana oe*, ᵐ.

CHAUME, sm. *kohuu, puputu*, ᵐ. *opala*, ˢ. brûler le — *puhi aku i ka opala*, ˢ. art de couvrir en — *loha*, ˢ.

CHAUSSER, v. *tapi i te kahu vaevae*, ᵐ. *lole vaivai*, ˢ.

CHAUSSON, sm. *kakini*, ˢ.

CHAUSSURE, sf. *hiu*, ᵐ. *kamaa*, ˢ.

CHAUVE, adj. *pekia*, ᵐ. *ekaeka, hohule, ohule, molemole*, ˢ.

CHAUX, sf. *puka, puna*, ᵐˢ.

CHASSIEUX, adj. *pia, piapia*, ᵐˢ.

CHASTE, adj. *meitai*, ᵐ. *maikai, maemae*, ˢ.

CHASTETÉ, sf. *mea meitai*, ᵐ. *maemae ana, ulapaa*, ˢ.

CHAT, sm. *potu*, ᵐ. *poki, popoki, ovahu*, ˢ.

CHATAIGNE, sf. *ihi*, ᵐ.

CHATAIGNIER, sm. *ihi*, ᵐ.

CHATAIN, adj. *ehu, makue*, ˢ.

CHATEAU. sm. palais, *hachakaiki*, [m]. *halealii*, [s]. forteresse, *papua*, [m]. *pakaua*, [s].

CHATIER, v. *hau. umu.* [m]. *hahau. paipai.* [s].

CHATIMENT, sm. *umu. mikeo.* [m]. *paipai ana.* [s].

CHATOUILLEMENT. sm. *hakamaneo.* [m]. *hoomaneonea.* [s].

CHEF. sm. roi. *hakaiki.* [m]. *alii.* [s]. chef suprême. *kumu loa.* [s]. chef délégué, *kumu kauoha.* [s]. — de district. *aliiokana.* [s]. — de maison, *meahale.* [s].

CHEMIN. sm. *aa.* [m]. *ala.* [s]. grand chemin. *aa nui.* [m]. *ala nui.* [s]. — battu. *meheu,* [s]. tracer un —. *pula vekai,* [m]. *meheu.* [s]. passer souvent le même —, *alahula,* [s]. perdre le —. *oaaa,* [s]. ou est le — ? *ihea te aanui?* [m].

CHEMINÉE. sf. *tapuahi.* [m]. *kapuahi,* [s].

CHEMINER. v. *heke,* [m]. *hele,* [s].

CHEMISE. sf. *kahu una. kahutui.* [m]. *palule.* [s].

CHÈNEVIS. sm. *kuaolona.*

CHÈNE. sm. *oka.* [ms]. (moderne).

CHENILLE. sf. *riri. nuhe.* [m]. *anuhe. enuke. peelua.* [s].

CHER. adj. chéri, *tuu,* [m]. *kuu,* [s]. *nunui.* [ms].

CHERCHER, v. *umihi. imi.* [m]. *eimi. imi,* [s]. — à connaitre, *kohokoho,* [s].

CHÉRI, adj. *kaica. pinea.* [m]. *paulehia,* [s].

CHÉRIR. v. *kaie.* [m]. *paule.* [s].

CHÉRUBIN, sm. *keruba,* [ms]. (moderne).

CHÉTIF. adj. *pororo,* [m]. *kapanaha, h ne,* [s].

CHEVAL, sm. *lio,* [s]. monter à che-val. *ee,* [s]. aller à cheval, *ho holo,* [s].

CHEVELURE. sf. *roho,* [m]. *oho, hulu.* [s].

CHEVEU, sm. *roho,* [m]. *oho,* [s]. cheveux rouges. *oho ehu,* [s]. — gris. *oho pohihina,* [s]. — blancs. *oho poohina.* [s]. — frisés. *iiko roho,* — plats. *roho pikako,* [m]. faire croitre les —. *palolo,* [s]. prendre aux —. *ununu.* [s]. se tirer aux — *pici.* [m]. faire les —. *ako,* [s].

CHEVILLE. sf. *tui.* [m]. *kui.* [s]. — de pied. *puoraerae.* [m].

CHEVILLER. v. *tui.* [m]. *kui,* [s].

CHÈVRE. sf. *keu. keukeu. menemene.* [m]. *kae. kao. kunana,* [s].

CHEVRON. sm. *oka,* [m]. *oa,* [s]. — qui soutient les autres, *kahuu,* [s].

CHEZ. prép. *io,* [ms]. de chez, *me io,* [m].

CHICANE. sf. *faita.* [m]. *mea onioni.* [s].

CHICANER, v. *hini. faita,* [m]. *onioni.* [s].

CHICHE. adj. *pio, manukino, pi,* [s].

CHICORÉE. sf. *kikorea,* [ms]. (moderne).

CHIEN, sm. *nuhe, peto.* [m]. *ilio,* meute de chiens. *kahuinuhe,* — d'arme à feu. *kiko, paeapu,*

CHIFFON. sm. *kahupe,* [m]. *opola,* [s].

CHIFFONNÉ, adj. *minamina, minomino.* [s].

CHIFFONNER. v. *minamina,* [s].

CHIFFRE, sm. caractère numéra(l) *hakatu ietau.* [m]. somme, *me tetau.* [m].

CHIFFRER. v. *tetau,* [m]. *helu.* [s].

CHIPOTER. v. chicaner, *tohe, onioni. muku,* [s].

CHIRURGIEN, sm. *tapau*, s.

CHOC, sm. *tukia*, *tutukia*, m. *kuia*, s.

CHOCOLAT. sm. *kakao*, ms.

CHOCOLATIÈRE. sf. *huekakao*, ms.

CHOIR, v. *topa*. m. *ahule*, s.

CHOISIR, v. *atavae*, m. *rae*, *hea*, *hivahiva*, s. — indifféremment, *koho*, s.

CHOIX. sm. *atavaena*, m. *rae ana*. s.

CHÔMAGE, sm. *kaina*, m. *ahaaina*, s.

CHÔMER, v. *kaina*, m. *ahaaina*, s.

CHOQUER, v. *tutuki*, m. *kuia*, s.

CHOSE. sf. objet, *mea*, ms. — désirée. *meemee*, s. c'est une bonne chose, *mea meitai*, m. — nouvelle, *mea hou*, ms. matière, *mea*, *ea*, ms. quelque chose, *mea*, ms. omettre quelque chose, *kiko*, s. — périssable, *mea make*, s. affaire, *hana*, *mea*. ms. les choses de ce monde, *ka ke ao nei*, s.

CHOU, sm. *patato*, m. *kapi*, s. (moderne).

CHRÊME, sm. huile sacrée, *momona tapu (kapu)*, ms.

CHRÉTIEN, sm. *kristiano*, ms. (moderne).

CHRISTIANISME, sm. *ao kristiano*, ms.

CHRONIQUE, sf. histoire, *matatetau*, m. *mooolelo*, s.

CHRONOLOGIQUE, adj. table —, *olelo hoonohonoho papa*, s.

CHUCHOTER, v. *kaituto*, m. *mumuhu*, s.

CHUCHOTERIE, sf. *tekao hanahana*, m. *mumuhu*, s.

CHUT ! interj. *atoe*, m. *ka! hamau!* s.

CHUTE. sf. action de tomber, *topana*. m. — d'eau, *karai*. m. *kaharai*, s. faute, *pio*. m. *hera*. s.

CI. adv. *nei*, ms. ci-devant, *i mui nei*, ms.

CIBOIRE, sm. *kiborio*. ms. (moderne).

CICATRICE. sf. *motu*, m. *moku*, *iika*. s.

CICATRISÉ. adj. *maki*, m. *ali*. s.

CICATRISER. v. *huiuna*, s.

CIDRE. sm. *raikehia*, m. *raiohia*, s.

CIEL. sm. *aki*, *ani*. m. *lani*, *lai*, s.

CIERGE. sm. *ama*, m. *kukui*. s.

CIGALE. sf. *pinao*, s.

CIL. sm. *huumata*, m. *lihilihi*. s.

CIME. sf. *una*. *uka*. m. *luna*, s. — d'une montagne. *poike*, m. — d'un arbre. *kahoe*. m. *rekea*. s.

CIMENT, sm. *tapao*, m. *paloto*, s.

CIMENTER, v. *haapakea*, m. *hoopa*, s.

CIMETIÈRE. sm. *ilina*, s.

CINQ, adj. num. *iima*, m. *lima*, s.

CINQUANTE, adj. *iima onohuu*, m. *kanalima*, s.

CINQUANTIÈME, adj. num. *e iima onohuu*, m. *kanalima*, s.

CINQUIÈME, adj. num. *a iima*, m. *e lima*, s.

CINTRE. sm. *hoakea*, s.

CION. sm. *maukoi*, *reli*, s.

CIRCONCIRE, v. *oti poipoi*, m. *oki poepoe*, s.

CIRCONCIS, adj. *Juda*, ms. *otia poipoi*, m. *okiia poepoe*.

CIRCONCISION, sf. *otina poipoi*, m. *oki poepoe ana*.

CIRCONFÉRENCE, sf. *riipu*, m. *rilipu*, *apo*, s.

CIRCONSCRIRE, v. *haapapua*, m. *hoopa*, s.

CIRCONSPECT. adj. *atamai*, m. *akamai*, s.

CIRCONSPECTION. sf. *hoehoe*, m. *lokoakamai*, s.

CIRCONSTANCE, sf. *mea*, ms. circonstance favorable, *mea pono*, s.

CIRCONVOISIN. adj. *i riipu*, m. *puai*, s.

CIRCUIT, sm. *papua*, m. *kiarai*, s.

CIRCULAIRE, adj. *hualala*, s.

CIRCULER, v. se mouvoir en rond, *heke i riipu*, m. *puai hele*, s. se propager, *palapala*, s.

CIRE, sf. *tealea*, m. *pilali*, s.

CISEAUX, sm. *kirikoe*, *nalupahi*, m. *koupa*, *upa*, s. couper avec des — *oki me ka upa*.

CISELER, v. *kaekae*, *taaitaai*, *kaaikaai*, m. *kalai*, s.

CISELEUR, sm. *enana kaaikaai*, m. *kanaka kalai*, s.

CITADELLE, sf. *papua*, m. *pakaua*, s.

CITATION, sf. *haariina*, m.

CITÉ, sf. *kauhale*, s.

CITER, *haarii*, m.

CITERNE, sf. *heuavai*, m. *kio*, s.

CITOYEN, s. *hoa*, ms.

CITRON, sm. *tiporo*, m. *laimi*, s. (moderne).

CITRONNIER, sm. *tiporo*, m. *laimi*, s.

CITROUILLE, sf. *hue*, m. *koka*, m. grosse — *kokomo*, ms.

CIVIÈRE, sf. *teka*, m. *peka*, s.

CIVIL, adj. poli, *toitoi*, m. *koikoi*, s.

CIVILISER, v. *haatoitoi*, m. *hookoikoi*, s.

CIVILITÉ, sf. *mea toitoi*, m. *mea koikoi*, s.

CLABAUDAGE, sm. *nuku*, s.

CLAIR, adj. luisant, *amiami*, m.

malealea, s. —, sans nuages, *nea alanea*, s. il devient —, *aiai*, net, *kolane*, s. — comme l'eau claire, s. évident, *maopopo*, s. distinct, *akaka*, s. rendre —, *hooakaka*.

CLAIREMENT, adv. *akaka*, *lea paka*, s.

CLAIRSEMÉ, adj. *fatafata*, m. *palali oho*, s.

CLAIRVOYANCE, sf. *loko akamai*, s.

CLAIRVOYANT, adj. *tahakahaka atamai*, m. *akamai*, s.

CLAMEUR, sf. *rarao*, m. *ha*, s.

CLANDESTIN, adj. *papania*, m. *malu*, s.

CLAQUER, v. *taki*, m. *tani*, *poha uina*, s.

CLARTÉ, sf. *maama*, m. *malealea*, s. élan de —, *oaka*, s.

CLASSE, sf. ordre, *papa*, ms. caste *parei*, m. *moo*, s. leçon, *kula*, s. — d'écriture, *kalalima*, s.

CLASSER, v. *parei*, m. *hoohuli huli*.

CLAVECIN, sm. *piano*, ms. (moderne).

CLAVICULE, sf. *teka pao fifi*, m.

CLEF, sf. *kiri*, m. *ki*, s. (moderne) fermer à —, *paa*, *ke kii*, s.

CLÉMENCE, sf. *kaoha*, m. *aloha aho*, s.

CLIENT, sm. *kopake*, m. *kulia*, s.

CLIENTÈLE, sf. *hoomalu*, s.

CLIGNER, v. *arihi*, *imo*, s. — souvent, *imoimo*, s.

CLIGNOTER, v. *imoimo*, s.

CLIN-D'OEIL, sm. *maka*, m. dans un —, *i te neia*, m. *ae nei*, s.

CLIQUETIS, sm. *neke*, ms.

CLOAQUE, sm. aqueduc souterrain, *heuavai*, m. *kiovai*, s. égout, *vai tutae*, m. *rahi kukae*, s.

CLOCHE, sf. *pele*, s. (moderne). son-ner la —, *hookani i ka pele*, s.

CLOCHER, sm. *halepele*, s.

CLOCHER, v. *pateu*, m. *oi*, s. aller à cloche-pied. *titi*, m.

CLOCHETTE, sf. *pele uuku*, s.

CLOISON, sf. *pa*, m. *paku*, s. — en bois, *paekulu*, m. *paahihi*, s.

CLORE, v. *pa*, m. *paa*, s.

CLÔTURE, sf. *pa*, m. *paa*, s.

CLOU, sm. *patia. tui.* m. *makia, kui*, s. — en fer, *kuikao*, s. — en cuivre, *kuikeleare*, tête de —, *poheoheo*, s. clou (mal). v. BOUTON.

CLOUER, v. *patia, tui.* m. *kakia, kui, kuhi*, s.

COADJUTEUR, sm. *hano. ioio.* m. *hoolavehana*, s.

COAGULER, v. cailler. *kanana*, s.

COALITION, sf. *vara*, m. *ahu*, s.

COCHON, sm. *puaka*, m. *puaa*, ms.

COCHONNERIE, sf. *mea kapulu*, s.

COCO, sm. *ehi*, m. *niu*, s.

COCOTIER, sm. *ehi*, m. *niu*, s.

COÉTERNEL, adj. *a te mate noa me*, m.

COEUR, sm. *koekoe*, m. *naau*, s. qui a le cœur dur, *hoopukemoa*, s. cœur contrit et humilié, *naau mihi me ka haahaa*, s. dureté du —, *huakeo*, qui a le cœur mauvais, *opuino*, s. endurcir le —, *paakiki*, s. avoir à —, *nuha*, s. selon mon —, *ku nono i kau naau*, s.

COFFRE, sm. *umete*, m. *pahu*, s.

COFFRET, sm. *vahamana*, s.

COGNÉE, sf. *toki*, m. *koilipi*, s.

COGNER, v. *patu*, m. *o*, s.

COHABITER, v. *ipo, hooipipo*, s.

COHÉRENCE, sf. *fatuna*, m. *pona*, ms.

COHÉRITIER, sm. *ilinahoa me*, s.

COIFFER, v. *aui, ahai*, m.

COIFFURE, sf. *pae*, m.

COIN, sm. *huina*, ms. *niao*, s.

COÏNCIDENCE, sf. *mea pii (pili)*, ms.

COÏNCIDER, v. *pii*, m. *pili*, s.

COÏT, sm. *litoi*, m. *ainle*, s.

COLÈRE, sf. *huhu*, ms. — intérieure. *hahaa, hauhau*, m. se mettre en —, *hakahuhu*, m. *ukiuki*, s.

COLIQUE, sf. *kotikoti, pikoko*, m. *nahu, nanahu*, s. douleur de —, *ehupata, hupau*, m.

COLLABORATEUR, sm. *hoahana*, ms.

COLLE, sf. *paheo*, m. *piboli, pipili*, s.

COLLECTION, sf. *ahu, hooiluula*, s.

COLLÈGE, sm. lieu pour l'enseigne-ment. *halekula*, s.

COLLER, sf. *haapii, pipii, pipiki, pipika*, m. *pipili*, s.

COLLIER, sm. *lei, uhi*, m. *lalo, rehi*, s.

COLLINE, sf. *puu*, ms. penchant d'une —, *kaola*, s.

COLLISION, sf. *ta*, m. *ka*, s.

COLOMBE, sf. *manumana*, s.

COLONIE, sf. *panalaua*, s.

COLONNADE, sf. *aapau*, m. *alapau*, s.

COLONNE, sf. *pou*, ms. soutien, *ta*, m. *ku*, s. — de mots. ligne. *lalani*, s.

COLOSSAL, adj. *nuinui*, ms.

COLOSSE, sm. *ata nuinui*, m. *aka nuinui*, s.

COLPORTER, v. *hoko*, ms. *kalepa*, s.

COLPORTEUR, sm. *enala hoko*, m. *kalepa*, s.

COMBAT, sm. *toua*, m. *kaua*, s. le combat est très prochain, *tata te toua*, m. le combat a cessé, *hoouelue ke kaua*, s.

COMBATTRE, v. *haakaua*, m. *hookaua*, s. — avec fureur, *nahu*, m. se combattre, *kipikipi*, s.

COMBIEN. adv. *chia*, ^{ms}. en combien de jours? *i na la chia?* ˢ. combien d'hommes? *chia la kanaka?* ˢ. combien de fois? *pahia?* ˢ.

COMBLE. sm. *kaura*, ^m. *kaupaku*, ˢ.

COMBLER. v. *hakapi*, ^m.

COMÉDIE. sf. *mea katakata*, ^m. *hanakolihe*, ˢ.

COMÈTE. sf. *hetures*, ^m. *hokureto*, ˢ.

COMIQUE. adj. *katakata*, ^m. *hanakolihe*, ˢ.

COMITÉ. sf. *pakenana*, ^m. *ahakanaka*, ˢ.

COMMANDANT. sm. *lunara*, ^m. — en chef, *poohaoa*, ^m. — en second, *alihapu*, ^m.

COMMANDE. sf. *peau*, ^m. *olelo kaupaa*, ˢ.

COMMANDEMENT. sm. *lehao*, ^m. *kauoha, kanarai*, ˢ. les commandemens de Dieu, *o ke ke akua kanarai*, ˢ. confier le commandement de quelque chose à quelqu'un, *hoonoho*, ˢ.

COMMANDER. v. *peau*, ^m. *kena*, ˢ. exciter, *hoeueu*, ˢ.

COMME. adv. de même que, *e like me*, ˢ. *a. me*, ^{ms}. comme ceci, *me nei*, ^{ms}. *atii*, ^m.

COMMÉMORATION, sf. *hokahakaha*, ˢ.

COMMENÇANT, adj. *maka*, ^{ms}. primitif, *kinohi*, ˢ.

COMMENCEMENT, sm. principe, *tumu*, ^m. *kumu*, ˢ. — d'une chose, bout, *hope*, ^{ms}. *kinohi*, ˢ. au commencement, d'abord, *kinohi*, ˢ. *fatuna*, ^m. le premier —, *kahua*, ^m. *maka mua*, ˢ. depuis le commencement, *mai ke kumu*, ˢ. — d'une phrase, *ponatekao*, ^m.

COMMENCER. v. *haka i te hakamaka*, ^m. *hoomaka*, ˢ.

COMMENSAL. sm. *punahele*.

COMMENT. adv. *aha, e aha, pehea*, ^m. comment as-tu fait? *pehea la oe i hana?* ˢ. comment va aujourd'hui le vieillard? *aha i nei te koua?* ^m.

COMMENTAIRE. sm. *tekao haakite*, ^m. *olelo hooike*, ˢ.

COMMENTATEUR. sm. *enana haakite i te tekao*, ^m. *kanaka hooike i ka olelo*, ˢ.

COMMENTER. v. *haakite i te tekao*, ^m. *hooike i ka olelo*, ˢ.

COMMERÇANT. adj. *hoko*, ^{ms}. *maauaua*, ˢ.

COMMERCE. sm. trafic, *hoko*, ^{ms}. *kuai*, ˢ.

COMMERCER. v. *hoko*, ^{ms}. *maauau*, ˢ.

COMMETTRE, v. faire, *hana*, ^{ms}. *ou haa*, ^m. *hoo*, ˢ. dans les composés, — un crime, *haape*, ^m. — un péché, *hoohewa*, ˢ.

COMMISÉRATION. sf. *hakaoha*, ^m. *hauapu*, ˢ.

COMMISSAIRE. sm. *kanaka kauoaia*, ˢ.

COMMISSION. sf. *kauoaia*, ˢ. chargé d'une — *kauoa*, ˢ.

COMMODE. sf. armoire, *umete, tiha*, ^m. *puali, pahuume*, ˢ.

COMMODE. adj. *meitai*, ^m. *maikai*, ˢ.

COMMODITÉ, sf. *mea meitai*, (*maikai*), ^{ms}. latrines, *haemimi*, ^m. *halemimi*, ˢ.

COMMUER, v. *haahui*, ^m. *hoolilo*, ˢ.

COMMUNION, sf. — de l'église, *komunione*, ^{ms}. (moderne).

COMMUNIQUER, v. faire savoir, *haakite*, ^m. *hooike*, ˢ.

Commutation. sf. *huina*, ^{ms}.

Compacte, adj. *oko, onu,* ^m. *oolea, vikani,* ^s.

Compagne, sf. *hoa,* ^{ms}. épouse, *pohopoho,* ^m.

Compagnie, sf. *pukeenana,* ^m. *aha,* ^s. — de voyageurs, *huakai*; assemblée, *kahui,* ^m. *lahui.* ^s. chef de — *pookela,* ^s. — de convives, *anaaina,* ^s. aller de compagnie, *hoopili,* ^s.

Compagnon, sm. *hoa,* ^{ms}. — de voyage, *hoahele,* ^s. — d'armes, *hoatoua,* ^m. *hoakaua,* ^s.

Comparaison, sf. *hakatu,* ^m. *olelo nane,* ^s.

Comparer, v. *haatua,* ^m. *hoalike.* ^s.

Compassion, sf. *hakaoha,* ^m. *aloha, hauapu,* ^s. touché de — *haehae, menene,* ^s.

Compatir, v. *hakaoha, kaoha, aoha,* ^m. *aloha, malui, menene,* ^s.

Compatissant, adj. *ao,* ^m. *malui,* ^s. vous n'êtes point compatissant, *aole malui oe,* ^s.

Compatriote, sm. *hoa,* ^{ms}.

Compensation, sf. *uka,* ^s.

Complaire, v. *vae atu,* ^m. *olu,* ^s. se complaire, *vae mai,* ^m. *valea,* ^s.

Complaisance, sf. *ao,* ^m. *aho,* ^s.

Complaisant, adj. *ao,* ^m. *aho,* ^s.

Complément, sm. *mea pao,* ^m. *mea pau,* ^s.

Complet, adj. *paoa,* ^m. *pauia,* ^s.

Complétement, adv. *a pao,* ^m. *a pau,* ^s.

Compléter, v. *pao,* ^m. *hoo pau,* ^s.

Complexe, adj. *huia,* ^m. *huiia,* ^s.

Complice, sm. *veavea,* ^s.

Compliment, sm. salut, *kaoha,* ^m. *aloha,* ^s.

Complimenter, v. *kaoha,* ^m. *aloha,* ^s.

Compliqué, adj. *kohii,* ^m. *hihiia,* ^s.

Compliquer, v. *kohii, veti,* ^m. *ueki,* ^s. c'est une affaire compliquée, *hana veti oia,* ^m. ce n'est pas compliqué, *aoe kohii ia,* ^m.

Complot, sm. *itiiti,* ^m. *ikiiki,* ^s. tramer un —, *moemoea,* ^{ms}.

Comploter, v. *moemoea.* ^{ms}.

Componction, sf. *uau,* ^m. *mihi,* ^s.

Comporter, v. se, *hana,* ^{ms}.

Composé, adj. *tuina,* ^m. *kuiia,* ^s.

Composer, v. *tui,* ^m. *kui.* ^s. j'ai composé un livre, *ua tui au puke.* ^m.

Comprendre, v. *ite,* ^m. *ike, lohe,* ^s. se faire —, *hoolohe,* ^s. difficile à —, *pohihi,* ^m. facile à —, *onoa, okou,* ^m. je ne comprends pas, *aoe au e oko,* ^m.

Compression, sf. *motoina,* ^m. *uumi ana,* ^s.

Comprimer, v. *moto,* ^m. *uumi,* ^s.

Compte, sm. *latau,* ^m. *kakau,* ^s. rendre compte, *haaite,* ^m. *hooike,* ^s.

Compter, v. *latau,* ^m. *kakau, helu, heluhelu,* ^s.

Concave, adj. *poko,* ^m.

Concavité, sf. *mea poko,* ^m.

Concéder, v. *ae,* ^{ms}. *haaae,* ^m. *hooae,* ^s.

Concentrer, v. *tui ma varena,* ^m. *kui i ka konu,* ^s.

Conception, sf. génération, *motu te pito,* ^m. *ua hapai,* ^s. idée, *makao,* ^m. *manao,* ^s.

Concernant, prép. *to,* ^m. *ko,* ^s. concernant tous les hommes, *ko ke kanaka a pau,* ^s. concernant le roi, *to hakaiki,* ^m.

Concert, sm. *tuitahi,* ^m. *kuikahi,* ^s. de concert, *atii,* ^m. *pohukuhuku,* ^s.

CONCESSION, sf. de, ᵐˢ.

CONCEVOIR, v. devenir enceinte, haatupu, ᵐ. hapai, ˢ. elle a conçu, ua haatupu ia, ᵐ. faire concevoir, hoohapai, ˢ. comprendre, oko, ᵐ. mikili, ˢ. je conçois, e oko au, ᵐ. je ne conçois pas, aoe e oko au, ᵐ.

CONCIERGE, sm. tiohipata, ᵐ. kahupuka, ˢ.

CONCILIATEUR, sm. hano, ᵐ. uoao, ˢ.

CONCILIER, v. haaahe, ᵐ. kao, ˢ.

CONCIS, adj. moiao, poto, ᵐ. poko, ˢ.

CONCITOYEN, sm. hoa, ᵐˢ.

CONCLURE, v. pao, ᵐ. para, ˢ. c'est conclu, ua pao, ᵐ. ce n'est pas conclu, aoe ua pao ia, ᵐ.

CONCLUSION, sf. paana, ᵐˢ.

CONCOMBRE, sm. kokoma, ᵐˢ. (moderne).

CONCORDE, sf. tuitahi, ᵐ. kuikaki, ˢ.

CONCORDER, v. pii, ᵐ. pili, ˢ. hoa, ᵐˢ.

CONCOURIR, v. hapai, ᵐ. coopérer, hana, ᵐ. kokua, ˢ.

CONCOURS, sm. coopération, hano, ᵐ. kokua, ˢ. affluence, rara, ᵐˢ. grand concours, rara nui, ᵐˢ.

CONCUBINAGE, sm. ipo, ˢ.

CONCUBINE, sf. haiavahine, ˢ.

CONCUPISCENCE, sf. haape, m. ikaiha, ˢ. inclination vicieuse de l'homme, luli ana i ka hera, ˢ.

CONCURRENCE, sf. haatutaki, ᵐ.

CONCURRENT, sm. haatutaki, ua, ᵐ. lua, ˢ.

CONCUSSION, sf. choc, tukia, ᵐ. kuia, ˢ.

CONDAMNABLE, adj. pe, ᵐ. hera, ˢ. ino, ᵐ. vous êtes condamnable, e hera oe, ˢ.

CONDAMNATION, sf. mea hooheva, ᵐ.

CONDAMNÉ, adj. ua ino, ᵐ. heva, ˢ.

CONDAMNER, v. haakikino, ᵐ. hooheva, ahu, ˢ. condamner à mort, hooheva e make, ˢ.

CONDENSER, v. panopano, ˢ.

CONDESCENDANCE, sf. ao, ᵐ. aho, ˢ.

CONDESCENDANT, adj. ao, ᵐ. aho, ˢ.

CONDESCENDRE, v. ao, too, ᵐ. a paha, ˢ.

CONDISCIPLE, sm. hoakala, ᵐˢ.

CONDITION, sf. mea, ᵐˢ.

CONDOLÉANCE, sf. hakaoha, ᵐ. hanapu, ˢ.

CONDUCTEUR, sm. guide, aahi, uahi, ᵐ. alakai, ˢ. conducteur de voiture, kaakai, ˢ.

CONDUIRE, v. aahi, uahi, ᵐ. kai, kaina, ˢ. — devant soi, hoa, ˢ. diriger, kama, ᵐˢ. se conduire bien, hakaenana, ᵐ. hookanaka, ˢ. — sagement, hoomaalea, ˢ. conduisez-vous bien, a hakaenana oe, ᵐ. vous vous conduisez mal, aoe hakaenana oe.

CONDUITE, sf. hana, ᵐˢ. kaina, ˢ. mauvaise conduite, ikamio, ˢ.

CONFECTION, sf. hanana, ᵐˢ.

CONFECTIONNER, v. hana, ᵐˢ.

CONFÉDÉRATION, sf. itiiti, ᵐ. ikiiki, ˢ.

CONFÉDÉRÉ, adj. hoa, ᵐˢ.

CONFÉRENCE, sf. tekaotekao, ᵐ.

CONFÉRER, v. tekaotekao, ᵐ.

CONFESSER, v. fai, haki, ᵐ. hai, ˢ. se confesser de ses péchés, fai atu, ᵐ. hai mai i heva, ˢ.

CONFESSION, sf. haki, hai, ˢ. le sacrement, haki tapu, ᵐ.

CONFESSIONNAL, sm. noho haki tapu, ᵐ. noho hai, ˢ.

CONFIANCE. sf. *haatiana*. ᵐ. *oolea*. ˢ. homme de confiance, *kila*, ˢ. avoir confiance, *hoolana ka manao*, ˢ.

CONFIER. v. *haatia, hoopono*. ˢ. — à un autre, *raiho*, ˢ.

CONFIGURATION. sf. *mata*. ᵐ. *maka*, ˢ.

CONFINER. v. *tui*, ᵐ. *kai. nakii. nakiki*, ˢ.

CONFIRMER. v. assurer, *hakatia*, ᵐ. fortifier, *hakamao*. ᵐ. *koopahua*, ˢ.

CONFISCATION. sf. *mea halu*. ˢ.

CONFISQUER, v. *hapai*, ᵐ. *halu. hao*, ˢ.

CONFLIT. sm. *toua*. ᵐ. *koua*, ˢ.

CONFLUENT. sm. *huinarai*, ᵐˢ.

CONFONDRE. v. couvrir de honte, *hakaii*. ᵐ. *hooriro*, ˢ. être confondu, *hakaiina*, ᵐ. *hilahila*. ˢ. brouiller, *reti*. ᵐ. *ueki*, ˢ. se méprendre en paroles, *hihiu*, ˢ. *hakaee*, ᵐ.

CONFORME, adj. *pekeia*. ᵐ. *halike*, ˢ. non conforme, *paoioi*, ᵐ.

CONFORMÉMENT, adv. *atii, pekeia*, ᵐ. *halike*, ˢ.

CONFORMER, v. *hakaatii*. ᵐ. *hoalike*, ˢ. se conformer, *haatokai*, ᵐ.

CONFORMITÉ, sf. *tui*, ᵐ. *kai*, ˢ.

CONFORTER, v. *hakaoko*, ᵐ. *hooikaika*, ˢ.

CONFRATERNITÉ. sf. *hoa*, ᵐˢ.

CONFRÈRE, sm. *hoa*, ᵐ.

CONFRONTER, v. comparer, *haatua*, ᵐ. *hoalike*, ˢ.

CONFUS, adj. — de honte, *hakaiina*, ᵐ. *ma*, ˢ. il est confus de honte, *hakaiina oia*, ᵐ. embrouillé, *kohii*, ᵐ. *hihia*, ˢ. bruit confus, *hamumu*, ˢ.

CONFUSION, sf. honte, *hakaiina*, ᵐ.

riro. ˢ. désordre, *mea kohii*, ᵐ. *mea hihia. haurava*, ˢ.

CONGÉ. sm. *noa*, ˢ.

CONGÉDIER. v. *lilii*. ᵐ. *hookuu*, ˢ.

CONGELER. v. *huchu*, ˢ.

CONGLOMÉRER. v. *haapuke*, ᵐ. *hoahu*. ˢ.

CONGLUTINER. v. *haapii*, ᵐ. *hoopili*. ˢ.

CONGRATULER. v. *kaoha*. ᵐ. *aloha*. ˢ. se congratuler, *ohumu*, ˢ.

CONGRÈS. sm. *ake*. ᵐ. *aha*. ˢ.

CONGRU. adj. suffisant. *uana*, ˢ. convenable. *tu*, ᵐ. *ku*, ˢ.

CONJECTURE. sf. *makao*. ᵐ. *manao*. ˢ.

CONJECTURER. v. *haamakao*, ᵐ. *kuhi*. ˢ.

CONJOINT. adj. *muia*, ᵐˢ.

CONJOINTEMENT. adv. *a me. e me*, ᵐˢ.

CONJONCTION, sf. *tuina*. ᵐ. *kuina*. ˢ.

CONJUGAL. adj. *mare*. ᵐ. *male*, ˢ. (moderne).

CONJURATION, sf. *humu*, ᵐ. *ohumu*, ˢ.

CONJURÉ. adj. *humua*, ᵐ. *ohumuia*, ˢ.

CONJURER. v. *humu*. ᵐ. *ohumu*. ˢ. prier instamment. *ape*, ᵐ. *meo*. ˢ.

CONNAISSANCE. sf. *haakite*, ᵐ. *ao ana, ano*, ˢ. personne que l'on connaît, *hoolauna*. ˢ.

CONNAÎTRE, v. *kite, ite*. ᵐ. *ike*, ˢ. je connais. *e ike au*, ᵐ. tu connais, *e ike oe*, ᵐ. il connaît, *e ike ia*, ᵐ. nous connaissons. *e ike makou*, ˢ. faire connaître, *haakite*, ᵐ. *hooike*. ˢ. vous faites connaître, *e haakite, otou*, ᵐ. connaître bien, *ike lea*, ˢ.

CONNEXION, sf. *fatuna*, ᵐ. *hikii ana*, ˢ.

CONNIVER, v. *imo*. [s].

CONNU. adj. *kitea*. [m]. *ikea*, [s]. c'est connu, *i kitea oia*, [m].

CONQUÉRANT, sm. *pio*, [ms]. *hooku-naina*, [s].

CONQUÉRIR, v. *pio*, [ms]. *kunaina*, [s].

CONQUÊTE, sf. *pio ana*, [ms].

CONSACRÉ, adj. *tapu*. [m]. *kapu*, *laa*, [s]. chose consacrée, *mea laa*, [s].

CONSACRER, v. *haatapu*. [m]. *hookapu*, [s].

CONSANGUINITÉ, sf. *tuaetahi*. [m]. *hoahanau*, [ms].

CONSCIENCE. sf. *haaite*, [m]. *hooike*, [s].

CONSÉCRATION. sf. *tapu*. [m]. *kapu*, [s].

CONSÉCUTIF. adj. *fatua*. [m]. *mao*, [s].

CONSEIL, sm. avis, *metao*, [m]. *manao*, [s]. prendre conseil. *kaukau*, [s]. assemblée, *ahaolelo*, [s]. tenir un —, *ahaolelo*, [s].

CONSEILLER, sm. *kakaolelo*, [s].

CONSEILLER, v. *kauoa*, [s].

CONSENTEMENT. sm. *aona*, [m]. *ae*, [s]. refuser son — *hoea*, [s]. forcer le —, *opunini*, [s].

CONSENTIR, v. *ao, too*, [m]. *ae*, [ms]. j'y consens, *ae paha*, [s]. ne pas consentir, *kokio*. [s].

CONSÉQUEMMENT, adv. *ma mui*. [ms].

CONSÉQUENCE, sf. suite, *ahai*, [s]. *no mea i mui*, [ms].

CONSERVER, v. affermir, *hakamao*, [m]. *hoomau*, [s]. continuer, *mao*, [m]. *mau*, [s]. garder, *tiahoa*, [m].

CONSIDÉRABLE, adj. *oko*, [m]. *nui*, [ms].

CONSIDÉRABLEMENT, adv. *nui*, [ms].

CONSIDÉRATION, sf. réflexion, *metao*, [m]. *manao*, [s].

CONSIDÉRER, v. examiner, *afia*, [m]. *kihei*, [s]. réfléchir, *metao*, [m]. *hoomanao*, [s]. estimer, *mii*, [m]. *hoolou*, [s]. observer, *tiohi*, [m]. *kiohi*, [s].

CONSISTANCE. sf. stabilité, *mao*, [m]. *mau*. [s].

CONSISTER, v. *haamao*, [m]. *hoomau*, [s]. être composé, *tuina, kuiia*, [s].

CONSOLANT. adj. v. CONSOLATION.

CONSOLATION. sf. *mea koakoa, mea oluolu, olioli*, [s].

CONSOLER. v. *koakoa*, [m]. *hooluolu*, [s]. encourager, *hoonana*, [s]. être consolé, *nana*, [s].

CONSOLIDÉ. adj. *paa*, [s]. *pa*, [m].

CONSOLIDER. v. *hakamao*, [m]. *hoomau*, [s].

CONSOMMER, v. *hakapao*, [m]. *hoopau*, [s].

CONSOMPTION. sf. dépérissement, *haapororo*, [m]. *hookii*, [s].

CONSONNANCE, sf. *mele*, [s].

CONSONNE, sf. *hua tuina*, [m]. *hua kuiia*, [s].

CONSPIRATION, sf. *itiiti*, [m]. *ikiiki*, [s].

CONSPIRER, v. *moemoea*, [ms]. *ohumu, aiahua*, [s].

CONSTAMMENT, adv. *mao, onee*, [m]. *mau*, [s].

CONSTANCE, sf. *onee*, [m]. *hoomanava*, [s].

CONSTANT, adj. *onea, mao*, [m]. *mau*, [s].

CONSTATER, v. *hakamao*, [m]. *hoomau*, [s]. prouver, *haaite*, [m]. *hooke*, [s].

CONSTELLATION, sf. *kuhuihetu*, [m]. *ahuhoku*, [s].

CONSTERNATION, sf. *mea tono*, [m]. *opikopiko*, [s].

CONSTERNER, v. *fefati*, [m]. *ravahi*, [s].

CONSPIRATION, sf. *pinono*, [m].

CONSTITUER, v. *kanea*, [m]. *kukulu*, [s].

CONSTITUTION, sf. *kaneana*, [m]. *kukulu ana*, [s].

CONSTRINGENT, **adj**. *mototita*, ^m. *uumi*, ^s.

CONSTRUCTEUR, **sm**. *kamana, kamena*, ^{ms}.

CONSTRUCTION, **sf**. *kaneana*, ^m. *hana ana, kukulu ana*. ^s.

CONSTRUIRE, **v**. *kanea, anea, ato*, ^m. *kukulu*, ^s.

CONSULTATION, **sf**. *ahaolelo*, ^s.

CONSULTER, **v**. *tekaotekao*, ^m. *kuka*, ^s.

CONSUMÉ, **adj**. *papau*, ^s. — par le feu, *pulehu*. ^s.

CONSUMER, **v**. *haapao*, ^m. *hoopau*, ^s. —manger, *kai*, ^m. *ai*, ^s. dévorer, *alo*, ^s. — un sacrifice, brûler entièrement, *kukuni*, ^s.

CONTACT, **sm**. *tu*, ^m. *ku*, ^s.

CONTAGIEUX, **adj**. *piau*, ^m. *aumia*, ^s. maladie contagieuse, *maki piau*, ^m. *mai aumia*, ^s.

CONTAGION, **sf**. *piau*, ^m. *aumia, aumiha*, ^s.

CONTE, **sm**. *tekao, teao*, ^m. *keao*, ^s. dire des contes, *rahaama*, ^s.

CONTEMPLATION, **sf**. *mahaona*, ^m. *noonoona*, ^s.

CONTEMPLER, **v**. *mahao*, ^m. *lia*, ^s.

CONTEMPORAIN, **adj**. *hanauna*, ^{ms}.

CONTENANCE, **sf**. disposition, *koekoe*, ^m. *koikoi, naau, loko*, ^s. posture, *mata*, ^m. *maka, aoao*, ^s. étendue, *etahi*, ^m. *ekahi*, ^s.

CONTENT, **adj**. *ekaeka*, ^m. *olioli*, ^s. content de joie, *koakoa*, ^m. être content, *akaiki*, ^s. je suis content et tous sont contens, *olioli au, a me olioli a pau*, ^s. vous n'êtes pas content, *aole olioli oe*, ^s.

CONTENTEMENT, **sm**. *koakoa*, ^m. *olioli*, ^s.

CONTENTER, **v**. *koakoa*, ^m. *olioli*, ^s.

CONTENTIEUX, **adj**. *peke*, ^m. *paapaa*, ^s.

CONTENTION, **sf**. *mea peke*, ^m. *hoopaapaa*, ^s.

CONTER, **v**. *tekao, teao*, ^m. *keao, kaao*, ^s.

CONTESTATION, **sf**. *toenena*, ^m. *kekeana*, ^s.

CONTESTER, **v**. *toene, toeneae*, ^m. *keke*, ^s. je vous le conteste, *e toene au ia ia oe*, ^m. il ne le conteste pas, *aoe toene ia ia atu*, ^m.

CONTEXTURE, **sf**. *tuina*, ^m. *kuina*, ^s.

CONTIGU, **adj**. *tu*, ^m. *ku*, ^s.

CONTINENCE, **sf**. *mea meitai*, ^m. *ulapaa*, ^s.

CONTINENT, **sm**. *henua*, ^m. *honua*, ^s.

CONTINENT, **adj**. chaste, *meitai*, ^m. *maemae*, ^s.

CONTINU, **adj**. *te motu noa*, ^m. *mau, pau ole*.

CONTINUATION, **sf**. *fatua*, ^m. *moo*, ^s.

CONTINUEL, **adj**. *mao*, ^m. *mau, pau ole*, ^s.

CONTINUELLEMENT, **adv**. *mao*, ^m. *mau, hoomoo*, ^s.

CONTINUER, **v**. *mao, umai*, ^m. *mau, kaohi, pau ole*, ^s.

CONTORSION, **sf**. *pakaareli*, ^s.

CONTRACTER, **v**. faire un contrat, *hoko*, ^{ms}. se resserrer, *opili*, ^s.

CONTRACTION, **sf**. *haaiti*, ^m. *hooiki*, ^s.

CONTRADICTION, **sf**. *afiria*, ^m. *konia*, ^s.

CONTRAINDRE, **v**. *hapu*, ^m. *hoolale*, ^s.

CONTRAINTE, **sf**. *hapuna*, ^m. *hoolale ana*, ^s.

CONTRAIRE, **adj**. *tuke*, ^m. *kue*, ^s.

CONTRARIER, **v**. *totohe*, ^m. *hookao*, ^s.

CONTRARIÉTÉ, **sf**. *mea ino*, ^{ms}. *hakalia*, ^s.

CONTRAT, sm. *kauoha* . [s]. faire un — . *limalima* . [s]. entraver un —. *hoopohala* . rompre un — . *kaha kahala* . [s].

CONTRE. prép. *i. no*. [ms]. la guerre de Napoléon contre l'Angleterre. *ke kaua o Napoleone i ka Beritania* . [s].

CONTRE-COEUR (A). adv. *ma una* . [s].

CONTREDIRE. v. *hoole. hoopaapaa*. .

CONTRÉE. sf. *henua* . [m]. *aina* . [s]. vaste contrée. *anuanua* . [s].

CONTREFAIRE. v. *hakaahe*. [m]. *hoonauele. hookamani* . [s].

CONTREFAIT. adj. *hakaahea*. [m]. *hoonauele ia* . [s].

CONTRE-SENS. sm. *teka*. [m]. *paewa ke olelo* . [s].

CONTRE-TEMPS. sm. *bakabia* . [s].

CONTREVENIR. v. *uotahi*, [m]. *ahue*. [s]

CONTRIBUER. v. aider, *ioio*, [m]. *kokua* . [s]. payer une taxe. *hookupu* . [s].

CONTRIBUTION. sf. *ioiona*. [m]. *kii* . [s]. *kukuana. hookupu ana* , [s].

CONTRISTER, v. *mamae*, [m]. *ue*, [ms]. *uhau* , [s].

CONTRIT. adj. *hopo* . [m]. *mihi* . [s]. être contrit, *haatarae*, [m].

CONTRITION, sf. *unu, haatarae*, [m]. *mihi ana*, [s]. acte de contrition, *pure haatarae*. [m]. *pule mihi*, [s].

CONTRÔLE. sm. *haatoitoina* , [m]. *holopapa ana*. [s].

CONTRÔLER, v. *haatoitoi* , [m]. *holopapa*, [s].

CONTRÔLEUR, sm. *haatoitoi*, [m]. *hooholopapa*, [s].

CONTROVERSE, sf. *pakikee*, [s]. pour faire valoir une opinion, *pukanilua*, [s].

CONTUMACE, sf. *afiria*, [m]. *konia*, [s].

CONTUSION, sf. *maki*, [m]. *pohole*, [s].

CONVAINCRE. v. *naautao*. [s]. — d'un crime. *hoohera*, [s].

CONVAINCU. adj. *kekino*. [m]. *hera, ino*. [ms].

CONVALESCENCE. sf. *pohoe*, [m]. *kanini*. [s].

CONVALESCENT. adj. *pohoe*, [m]. *pale*. [s].

CONVENABLE. adj. *heii. feii*. [m]. *kohu*. . cela n'est pas convenable. *aie heii ia*. [m]. cela convient. *kohu oia* . [s]. être convenable. *heie* . [m]. *kaui*. [s].

CONVENABLEMENT. adv. *meitai. marie*. [m]. *maikai. pono. mali*. [s].

CONVENIR. v. *heii*. [m]. *kohu*. [s]. convenir de quelque chose. *limalima*. [s].

CONVENTICULE. sm. *itiiti*. [m]. *ikiiki*. [s].

CONVERSATION. sf. *peau*, [m]. *ui kamakamailio*. [s]. changer de — *oa*. [s]. interrompre la — *aeae*. [s]. conversation secrète. *haranavana*. [s]. — particulière. *nalu*. [s].

CONVERSER. v. *peau. oluolu*. [m]. *ui, hoahuhulu*. [s]. converser en particulier. *nalu*. [s].

CONVERSION, sf. *unu*. [m]. *mihi ana*, [s]. changement, *huli ana*. [s].

CONVERTIR. v. *unu*, [m]. *mihi, lilo, huli*, [s]. convertissez-vous, *e mihi oukou*. ils sont convertis, *e unu atou*. [m]. faire changer, *haahui*, [m]. *hoohuli*, [s].

CONVEXE, adj. *poko, naha*, [m].

CONVEXITÉ, sf. *mea poko*, [m].

CONVICTION, sf. *kono ana*, [s].

CONVIVE, sm. *hoakai*, [m]. *hoaai na*, [s].

CONVOCATION, sf. *haapii*, [m]. *hoouluulu ana*, [s].

CONVOI, sm. *okai, okakai,* [s].

CONVOITER, v. *kohoa atu,* [m]. *hoo-caha, kuko,* [s]. ne convoites point les biens du prochain, *umoi oe e kohoa atu i te taelae o te hoa,* [m]. *mai kuko oe i ua me o kou hoalauna,* [s]. convoiter une femme, *makaleho, kuko,* [s]. ne convoites pas la femme de ton prochain, *mai kuko i ka rahine o kou hoalauna,* [s].

CONVOITISE, sf. *kohoa,* [m]. *kuko-ho,* [s].

CONVOQUER, v. *haapii,* [m]. *hoo-pili,* [s].

CONVULSIF, adj. *momou,* [m]. *opili,* [s].

CONVULSION, sf. *momou,* [m]. *mae-ele,* [s].

COOPÉRATEUR, sm. *hano,* [m]. *ko-kua,* [s].

COOPÉRATION, sf. *ioio,* [m]. *kokua,* [s].

COOPÉRER, v. *hano,* [m]. *kokua,* [s].

COORDONNER, v. *kanea,* [m]. *hoo-pono,* [s].

COPEAU, sm. *tipikaau,* [m]. *opala.*

COPIE, sf. *mea hakaua,* [m]. *hoo-lua,* [s].

COPIER, v. *hakaua,* [m]. *hoolua,* [s].

COPIEUX, adj. *nuinui,* [ms].

COPISTE, sm. *enana hakaua,* [m]. *ka-naka hoolua,* [s].

COQ, sm. *moakane,* [ms]. chant du coq, *ooo,* [s]. appeler le coq, *ooo aku,* [s].

COQUE, sf. *pitaa,* [m].

COQUILLAGE, sm. *pipi,* [m]. *pupu,* [s]. gros coquillage, *puava,* [m]. *pu-ali,* [s]. pêcher des coquillages, *ta kauo i te puava,* [m].

COQUILLE, sf. *iii,* [m]. *iviivi, pupu,* [s].

COQUIN, sm. *hae,* [m]. *opuino,* [s].

CORAIL, sm. *tapahai,* [m]. *unaoa,* [s].

CORBEAU, sm. *noio,* [m]. *alala,* [s].

CORBEILLE, sf. *kete.* [m]. *kehine, hinana,* [s].—grossièrement faite, *kiki,* [s].

CORDAGE, sm. *aho.* [m]. *kaula.* [s].

CORDE, sf. *aho.* [m]. *kaula,* [s]. corde de coco, *pu,* [m]. *aha,* [s]. grosse corde, *tohua,* [m]. lier avec une—, *paahono,* [s].

CORDELER, v. *fio,* [m]. *hilohilo,* [s].

CORDER, v. *nino,* [m]. *milo, omilo,* [s].

CORDIALITÉ, sf. *makimaki,* [m]. *ma-kemake,* [s].

CORDON, sm. *aho,* [m]. *kaula,* [s].

CORDONNIER, sm. *enana haahiu,* [m]. *kanaka hoohamaa,* [s].

CORIACE, adj. *linalina,* [s].

COR, sm. *iri,* [m]. *kiri,* [s].

CORNE, sf. *keo,* [m]. *hao,* [s]. corne de bœuf, *keoakiuka,* [m]. *haopipi,* [s]. cornes de la lune, *kihikihi,* [s]. — angle, *kala,* [s].

CORNICHON, sm. *kaukoma,* [s]. (mo-derne).

COROLLE, sf. *hei,* [ms].

CORPORATION, sf. *aona,* [m]. *ahaka-naka,* [s].

CORPOREL, adj. *koiri,* [m]. *nino,* [s].

CORPS, sm. *tino, nino,* [m]. *kino,* [s]. garde du corps, *puali,* [s]. corps de réserve, *pahuku,* [s]. le corps est mortel, *he mea make ke kino,* [s].

CORPULENCE, sf. *hakaipa,* [m]. *pui-pui ana,* [s].

CORPULENT, adj. *katiehe,* [m]. *nelu-nelu,* [s].

CORRECT, adj. *toitoi,* [m]. *nioniolo, aukahi,* [s].

CORRECTEUR, sm. *haatoitoi,* [m]. *hoopololei,* [s].

CORRECTION, sf. *mea kaatoitoi,* [m]. *hoopololei ana,* [s].

CORRIGER, v. *onaki, haatoitoi,* [m]. *hoopono,* [s].

CORROBORANT, adj. *hakaoko*, [m].

CORROBORER. v. *hakaoko*, [m]. *hooikaika*, [s].

CORRODER. v. *faoa, mitimiti*, [m]. *mikimiki*, [s].

CORROMPRE, v. *haape*, [m]. *hoohaumia*, [s]. (se corrompre en parlant des corps), *mao*, [s]. défigurer, *hapala*, [s].

CORROMPU. adj. *pe*, [m]. *ino, haumia, popopo*, [s].

CORROSIF, adj. *miti*, [m]. *miki*, [s].

CORROSION. sf. *mitina*, [m]. *miki ana*, [s].

CORRUPTEUR, sm. *haape*, [m]. *hoaino*, [s].

CORRUPTIBLE. adj. *haahai*, [m]. *hoohuli*, [s].

CORRUPTION. sf. *haape*, [m]. *hoohala ana*, [s]. putréfaction, *kahuki*, [s]. décadence, *palaho*, [s].

CORSAGE. sm. *kaoi*, [m].

CORTÈGE. sm. *okai, okakai*, [s].

CORUSCATION. sf. *hinahina*, [m].

CORVÉE. sf. *pahao*, [s]. la corvée est finie, *pahao pau*, [s].

COSMOGRAPHIE. sf. *haakitehenua*, [m]. *hoikehonua*, [s].

COSSE. sf. *pilaa*, [m].

CÔTE, sf. *aaraa, cakaraka, kaokao*, [m]. *aoao, haalala*, [s].

CÔTÉ, sm. *kaokao*, [m]. *aoao*, [s]. — d'une maison, *paia*, [s]. autre côté, *kekeke*, [m]. à quatre côtés égaux, *akalike* ; tournez le côté à quelqu'un, *kakaa*, [s]. du côté de, *ailaila*, [s]. — droit, *aiamai*, [m]. *kapalo*, [s]. — gauche, *moui*, [m]. *hema*, [s]. de côtés réguliers, *aioniole*, [s].

COTON, sm. *haarai, rerai*, [m]. *huluhulu*, [s].

COTONNADE, sf. *kaha rerai*, [m]. *aaha huluhulu*, [s].

COTONNIER, sm. V. COTON.

COR, sm. *kaki*, [m]. *pohu, pou*, ornement de — *palamia*, [s]. [...] de cou, *olaala*, [s].

COUARD, sm. *hautete*, [m]. *holova[...]le*, [s].

COUCHANT, adj. *moe*, [m]. *moe ana*, [...] le couchant, *komohana*, [s].

COUCHE, sf. *moena*, [m].

COUCHÉE, sf. *oioi ana*, [s].

COUCHER, v. *moe, momoe*, [ms]. étendre, *to*, [m]. se coucher, *moe*, [m]. en parlant des astres, *hakanao*, [...] *hoili*, [s]. la lune se couche, *ke koi aku la ka mahina*, [s].

COUCHER, sm. des astres, *fanao*, [m]. *ke ili aku*, [s].

COUCHES, sf. accouchement, *hanau ana*, [ms]. délivrer une femme de ses — *pale*, [s]. faire de fausses couches, *poholo*, [s].

COUDE, sm. *tua, tuke*, [m]. *kuakua, kuekue*, [s].

COUDÉE, sf. *kahahi, kano*, [s].

COUDRE, v. *tui*, [m]. *kui*, [s]. *humu, humuhumu*, [ms].

COULER, v. *tae, tahe*, [m]. *kae, kahe*, [s]. — doucement, *nao*, [m]. faire couler, *haatahe*, [m]. *hookahe*, [s]. couler à fond, *hookomo*, [s].

COULEUR, sf. *pu, uu*, [m]. *akala pani*, [s]. — éclatante, *reakiki*, [m]. de différentes couleurs, *titotito*, [m]. *kikokiko*, [s]. pavillon, *pakiki*, [m]. *hae*, [s].

COUP, sm. *tata*, [m]. *opaha*, [s]. coup de poing, *kotehe*, [m]. — de vent, *ino*, [s]. — de soleil, *nahoahoa, nano*, [s]. parer un coup, *pale*, [s].

COUPABLE, adj. *enata ino*, [m]. *h[...]cat*, [s]. reconnu coupable devant la loi, *hoopilipili*, [s].

COUPE, sf. vase, *ipu*, [ms].

COUPÉ, adj. *apu*, *m. mumuku*, *s.* **COUPER**, v. *oti*, *m. oki*, *s.*, — souvent, *otioti*, *m. okioki*, *s.* — du bois, *taai*, *m. kaka*, *s.* — en portions, *motu*, *m. mahele*, *moku*, *s.* — en deux, *pahe*, *m.* **COUPLE**, sf. *tauua*, *m. mau*, *kaulua*, *s.* **COUPLET**, sm. *ihu pue*, *m. okimele*, *pauka*, *s.* **COUPURE**, sf. *otina*, *m. otiia*, *moku*, *s.* **COUR**, sf. *haa*, *s.* **COURAGE**, sm. *ii nui*, *m. aho nui*, *s.* **COURAGEUX**, adj. *toa*, *kape*, *m. koa*, *aa*, *s.* **COURAMMENT**, adv. *koieie*, *s.* **COURANT**, sm. — d'eau, *vaimaoli*, *s.* — rapide, *koieie*, *s.* **COURANT**, adj. *tohuti*, *m. kukini*, *ana*, *s.* **COURBE**, sf. *hipa*, *hipu*, *m. keekee*, *s.* **COURBÉ**, adj. *hipa*, *m. lena*, *s.* **COURBER**, v. *fana*, *oha*, *m. kulai*, *pauku*, *s.* se courber, *oohu*, *s.* s'incliner, *pipio*, *s.* **COURBURE**, sf. *mea hipa*, *m. mea keekee*, *s.* **COUREUR**, sm. *keketu*, *m. lele*, *s.* **COURGE**, sf. *hipupu*, *s.* **COURIR**, v. *tohuti*, *m. kukini*, *s.* — perdre haleine, *holokiki*, *s.* s'en courir, *lelele*, *s.* courir après quelqu'un, *haiula*, *s.* — à l'envi, *heikei*, *s.* — vite, *mama*, *s.* **COURONNE**, sf. *fei*, *hei*, *m. lei*, *s.* **COURONNER**, v. *haahei*, *m. hoolei*, *s.* **COURRIER**, sm. *keee*, *m.* **COURROIE**, sf. *tohua*, *poaoao*, *m. kaula*, *s.* **COURROUCER**, v. *hakahuhu*, *m. ukiuki*, *s.*	**COURROUX**, sm. *huhu*, *ms.* **COURS**, sm. *hihi*, *ms.* — de l'eau, *ahua*, *s.* **COURSE**, sf. *heke*, *m.*, *hele*, *s.* course sur mer, *honokaa*, *s.* **COURT**, adj. *momo*, *poto*, *m. poko*, *pokole*, *s.* trop court, *popoto*, *m. keekee*, *s.* **COURTEAU**, sm. *popoto*, *m. poupou*, *polupolu*, *s.* **COURTE-HALEINE**, sf. *ha*, *ms. naenae*, *s.* **COURTISER**, v. *hoau*, *s.* **COURTOIS**, adj. *toitoi*, *m. koikoi*, *s.* **COURTOISIE**, sf. *alu*, *s.* **COUSIN**, sm. moucheron, *nano*, *s.* **COUSIN**, sm. *motuakui*, *m. kaikukane*, *s.* cousin de la branche cadette, *kaikaina*, *s.* **COUSINE**, sf. *kaikurahine*, *s.* **COUSSIN**, sm. *oki*, *m.* **COUSU**, adj. *tuia*, *m. kuiia*, *s.* **COUTEAU**, sm. *kohe*, *m. pahi*, *s.* couteau qui se ferme, *pahipelu*, *s.* **COUTELAS**, sm. *pahihakau*, *s.* **COÛTER**, v. *kumukuai*, *s.* **COÛTEUX**, adj. *minamina*, *s.* **COUTUME**, sf. *hakaenana*, *m. oihana*, *uku*, *s.* **COUTURE**, sf. *tuina*, *m. kuina*, *s. humuna*, *ms.* **COUVÉE**, *ohana*, *s.* **COUVER**, v. *haamoe*, *m. hoomoe*, *hoopunana*, *s.* **COUVERCLE**, sm. *papapu*, *tiha* *m. omo*, *uhea*, *s.* **COUVERT**, adj. *tihaa*, *m. papu*, *paapu*, *s.* couvert de grêle, *haupuupuu*, *s.* — de plaies, *makaaha*, *s.* — de poussière, *paele*, *s.* — de nuages, *poololuhi*, *s.* **COUVERTURE**, sf. *kaku*, *m. aahu*,

pale, [s]. — de laine, *huluhulu*, [s].

COUVREUR, sm. *ako*, [s].

COUVRIR, v. *kahu*, [m]. *aahu*, *pale*, [s]. cacher, *uhi*, [s]. couvrir la tête, *pulou*, [s]. — une maison, *hakaue*, [m]. — de terre, *hakahu*, [m].

CRABE, sm. *toetoe*, [m]. *aama*, *papai*, *kukua*, [s].

CRACHAT, sm. *maemae*, [m]. *kuha*, [s].

CRACHER, v. *kae*, *anuanu*, *kaepuepu*, *tula*, [m]. *kuaha*, *kuha*, [s].

CRACHOIR, sm. *hipukaha*, [s].

CRAIE, sf. *pololo*, *poho*, [s].

CRAINDRE, v. *hametau*, [m]. *makau*, *hoomaloka*, [s]. *hopo*, [m]. ne pas craindre, *maoi*, [s]. ne craignez pas, *aoe hametau oe*, [m]. je crains, *e hametau au*, [m].

CRAINTE, sf. *hametau*, [m]. *makau*, [s]. *hopo*, [m]. être en crainte, *kaue*, [s]. sans crainte, *riro*, [s]. il fut saisi de crainte, *apoapo ae la kona oili*, [s]. troublé par la crainte, *hopohopo*, [ms].

CRAINTIF, adj. *hopo*, [ms]. *hohe*, [s].

CRAMPE, sf. *momou*, [m]. *maeele*, [s].

CRANE, sm. *iipoko*, [m]. *ivipoo*, *ivipo*, [s].

CRAPAUD, sm. *ekaeka*, [ms].

CRAPULE, sf. *haumia*, [s].

CRAQUEMENT, sm. *uina*, [s].

CRAQUER, v. *ui*, [s]. craquer sous les dents, *neneke*, [s].

CRASSE, sf. *epo*, [ms]. *repo*, [m]. *lepo*, [s]. crasse des oreilles, *tetui*, [m].

CRASSE, adj. épais, grossier, *motou*, [m]. *kupu*, [s].

CRAVATE, sm. *kahai*, [s].

CRAYON, sm. *penitula*, [m]. *penikula*, [s]. (moderne).

CRÉANCE, sf. *manao io*, [s].

CRÉANCIER, sm. *aikihi*, *aie*, [s].

CRÉATEUR, sm. *pepena*, [m]. *...na*, [ms]. *kikohana*, *nana i hana*,

CRÉATION, sf. *hanaia*, [ms].

CRÉATURE, sf. *mea hanaia*, [ms].

CRÈCHE, sf. *kahi e hanai ia'i ka*,

CRÉDULE, adj. *hoolohe*, [s].

CRÉDULITÉ, sf. *hoolohe ana*, [s].

CRÉER, v. *hana*, [ms]. *pepe*, [m]. Dieu créa le ciel et la terre, *he ke aku i hana'i i ka lani a me ka honua*,

CRÈME, sf. *raiu*, [ms].

CRÉPIR, v. *hoopala*, [s].

CRÉPUSCULE, sm. *pipi panoa*, — du matin, *kehukehu*, [m]. *ala...la*, — du soir, *pokehukehu*, *polehulehu*, *kihi ao*, [s].

CRESSON, sm. *naunau*, [s].

CRÊTE, sf. *epe*, *epeepe*, [ms]. *lepe*,

CREUSER, v. *keta*, [m]. *kohi*, *arua*, — pour faire une fosse, *hooao*, — pour planter, *pahu*, [s]. bécher, *kei*, *keikei*, [m]. *eli*, *mahi*, [s].

CREUX, sm. *poko*, [m]. *poho*, [s]. — la main, *poholima*, [s]. — de l'estomac, *pipi*, [m].

CREUX, adj. *poko*, [m]. *poho*, [s].

CREVASSE, sf. *araara*, [ms].

CREVÉ, adj. *rahi*, [m]. *puha*, [s].

CREVER, v. *rahi*, [m]. *nakaka*, [s].

CRI, sm. *ho*, [ms]. — de joie, *hulo*, cris tumultueux, *uralaau*, grand cri, *kupinai*, [s]. pousser des cris de joie, *oa*, [s].

CRIER, v. *ho*, [ms]. *taataa*, [m]. *hooho alala*, [s]. — après quelqu'un *rarao*, [m].

CRIAILLER, v. *uvalaau*, [s].

CRIARD, sm. *vahakole*, [s].

CRIME, sm. *mea pe*, [m]. *mea heva*, [s]. exciter au —, *haaheo*, [m]. convaincre d'un —, *hooheva*, [s]. commettre un — *hoohalahala*, [s].

CRIMINATION, sf. *hooheva ana*, [s].

CRIMINEL, adj. ino,[m]. hera, pili,[s].

CRIN, sm. huku, huu,[m]. hulu,[s].

CRISPATION, sf. momou,[m]. maeele,[s].

CRISTAL, sm. aniani,[ms].

CRITIQUE, sf. haatoitoina,[m].

CRITIQUER, v. kohumu,[m]. juger, haatoitoi.[m].

CROC, sm. lou,[s].

CROCHET, sm. lou,[s].

CROCHU, adj. hipa,[m]. kee,[s].

CROIRE, v. metao,[m]. manao,[s]. — une parole, metao i te te-kao,[m]. faire —, haatia,[m]. se -fier, paulele,[s].

CROISÉE, sf. pula,[m]. puka,[s].

CROISER, v. peka,[m]. kipea,[s]. — deux fois, kipea pea,[s]. se croiser avec quelqu'un, tutahi,[m]. croiser obliquement, amana,[s].

CROISSANCE, sf. tupuna,[m]. kupu-na,[s].

CROISSANT, sm. ua tihe te meama,[m].

CROÎTRE, v. tupu,[m]. kupu,[s]. croi-tre sans culture, alurale,[s].

CROIX, sf. peka,[m]. kea,[s]. croix de bois, ou bois mis en croix, laau-kea,[s]. hama uana,[m]. le signe de la croix, purepeka,[m]. immolé sur la croix pour les hommes, ua mohai ia'i ma luna o ke kea no na kanaka,[s].

CROQUER, v. kui oko,[m]. kepa,[s].

CROTTE, sf. epo,[ms].

CROTTER, v. tapai,[m]. hapala,[s].

CROULEMENT, sm. viina,[m]. vili-na,[s].

CROULER, v. vii, topa, heke,[m]. hele,[s].

CROYANCE, sf. manao io,[s].

CROYANT, adj. haatia,[m]. manao nei,[s].

CRU, adj. tee,[m]. kole,[s].

CRUAUTÉ, sf. kaikaia,[m]. haina,[s].

CRUCHE, sf. kue,[ms]. cruche à l'eau, huerai,[ms].

CRUEL, adj. eahitu,[m]. haina,[s].

CUEILLIR, v. faifai,[m]. ako, koi-liili,[s].

CUILLER, sf. nili,[m]. puna,[s]. (moderne).

CUIR, sm. kii,[m]. iii,[s].

CUIRE, v. nenu, kana,[m]. enau, pu-lehu,[s]. cuire au four, tax, tao,[m]. kahu,[s]. — parmi des pierres chaudes, haku,[s]. — dans des feuilles, laralu,[s]. cuit, tae-tao,[m]. mou,[ms]. trop cuit, puoro,[m]. ahulu,[s]. demi cuit, kelekole,[s]. bien cuit, mou lea,[s].

CUISANT, adj. pihanahana,[m]. aca-ara,[s].

CUISINE, sf. kumau,[ms]. couteau de cuisine, kanikani,[s].

CUISINIER, sm. kuke,[ms]. tavi-ni,[m]. aipuupuu,[s]. cuisinier du chef (titre d'honneur), lahu,[m]. (moderne).

CUISSE, sf. puha,[m]. uha,[s].

CUIVRE, sm. nenie,[m]. keleare. mea-limeali,[s]. de cuivre, nenie,[m]. keleare,[s].

CUL, sm. hope,[ms]. keo, kopui,[m]. okole,[s].

CULBUTER, v. touaki,[m]. leleka-ea,[s].

CULOTTE, sf. kahuvaevae,[m]. ka-huao,[s].

CULTE, sm. pure,[m]. pule,[s].

CULTIVATEUR, sm. mahiai,[s].

CULTIVÉ, adj. nemonemo,[s].

CULTIVER, v. hakahu,[m]. mahi, mahinai,[s].— l'esprit, nemonemo.

CULTURE, sf. hakahunu,[m]. ma-hiai,[s]. sans culture, nahelche-le,[s].

CUMIN, sm. kumino, [ms]. (moderne).
CUMULER, v. haapii, [m]. hoopili, [s].
CUPIDE, adj. kou, [m].
CUPIDITÉ, sf. mea kou, [m]. ape, [s].
CURE, sf. guérison, hakapohoe, [m]. hoola, [s].

CURIEUX, adj. kanino, nihi, tohi, [m]. omaoma, [s].
CURIOSITÉ, sf. mea kanino, mii, [m]. milimili, [s].
CUVE, sf. pahu, [ms].
CUVETTE, sf. papa, [ms]. — en plomb, papakira, [m]. — en fer-blanc, papanino, [m].

D.

DAIGNER, v. makimaki, [m]. makemake, [s].
DAIM, sm. lia, [s].
DAME, sf. tahia, atepeia, [m].
DAMNABLE, adj. ino, [ms]. hera, [s]. chose —, mea ino, [ms]. homme —, enata ino, [m]. il est —, e hea ia, [s]. il n'est point —, aie pe oia, [m]. je ne suis pas —, aoe ino au, [ms].
DAMNATION, sf. haaino, [ms]. hoohera, [s].
DAMNER, v. haaino, [ms]. hoohera, [s].
DANDINER, v. kaluli ke hele, [s].
DANGER, sm. pilikia, [s]. s'éloigner du danger, eehe, [s]. échapper du — nihi [m]. hors de —, palekana, [s].
DANGEREUX, adj. pilikia, [s]. c'est dangereux, pilikia oia, [s]. il est trèsdangereux, pilikia rale oia, [s].
DANS, prép. i, me, oto, loko, [ms]. i lani, dans le ciel, [s]. dans l'intérieur, i oto, [m]. i loko, [s]. être dans, inano, [s].
DANSE, sf. haka, [m]. hua, hulea, [s]. salle de danse, tohua, [m].
DANSER, v. haka, [m]. haa, hula, hulahula, [s].
DANSEUR, sm. haka, [m]. hulaana, [s].
DARD, sm. laa, keo, [m]. kao, kaolele, [s].

DARDER, v. kamu, [m]. pahelo, [s].
DARTRE, sf. puna, [m]. hakaekue, [s].
DARTREUX, adj. maki, [m]. mai h he, [s].
DATE, sf. époque, tau, [m]. kau, [s].
DATIF, sm. signe du — pour le noms communs, i, [ms]. pour le noms propres, ia, [ms].
DATTE, sf. hohia, ohia, [s].
DATTIER, sm. uli, [s].
DAVANTAGE, adv. nui ae, [ms]. ma hua, [s].
DE, prép. a, e, ka, ma, na, no, o, [ms]. de moi, o au, [ms]. de toi, oe, [ms]. de la nourriture, 8 kai, de l'eau, e rai, [ms]. des pierres, kea, [m].
DÉ, sm. a coudre, pahonina, [m].
DÉBARBOUILLER, v. puehu, [m]. holoi, [s].
DÉBARQUEMENT, sm. ketuketu, pae ana, [s].
DÉBARQUER, v. ketu, [m]. pae, pae aku, [s].
DÉBARRASSER, v. haapoho, [m]. hoo pakele, [s].
DÉBAT, sm. toua, [m]. kaua, [s].
DÉBATTRE, v. tautaki, [m]. hakaka, [s].
DÉBAUCHE, sf. mea pe, nene, mea ino, haumia, [s].

DÉBAUCHÉ, adj. *ino*, ms. *haumia, koaka*, s.

DÉBAUCHER, v. *haape, haaino*, m. *hooinoino*, s.

DÉBILE, adj. *tataiha*, m. *kunono*, s. petit, *iti*, m. *iki*, s.

DÉBILITÉ, adj. *ninia*, m. *maule*, s.

DÉBILITER, v. *hakapepee*, m. *hoopalupalu*, s.

DÉBIT, sm. vente, *hoko ana*, ms. élocution, *tekao*, m. *olelo*, s.

DÉBITER, v. vendre, *hoko atu*, (*aku*), ms. déclamer, *tekao*, m. *olelo*, s.

DÉBITEUR, sm. *aie*, s.

DÉBONNAIRE, adj. *atamai*, m. *akamai*, s.

DÉBORDÉ, adj. *tahetahe*, m. *hanirii*, s.

DÉBORDEMENT, sm. *haatahetahe*, m. *hanirii ana*, s.

DÉBORDER, v. *hua*, ms. *tahe*, m. *kahe, hanirii*, s.

DÉBOUCHER, v. *pepeu*, m. *rehe*, s.

DÉBOUCLER, v. *verete*, m. *vekeveke*, s.

DEBOUT, adv. *tu*, m. *ku*, s. se tenir debout, *tu*, m. *ku*, s. *mao*, m. *mau*, s. je suis debout, *e tu au*, m.

DÉBOUTONNER, v. *verete i te pihi*, m. *vekeveke i ka pihi*, s.

DÉBRIS, sm. *opala*, s.

DÉBROUILLER, v. *heka, verete*, m. éclaircir, *fatafata*, m. *hakahaka*, s.

DEÇA, prép. *uta mai*, m. *uka mai*, s. en deçà, *i uta mai*, m. *i uka mai*, s.

DÉCACHETER, v. *pepeu*, m. *huaai*, s.

DÉCADE, sf. *anahulu*, s.

DÉCADENCE, sf. *naona*, m. *palaho*, s. tomber en —, *nao*, m. *paloho*, s.

DÉCALOGUE, sm. *onohuu tekao*, m. *kanavai liiliiia*, s.

DÉCAMPER, v. *hee atu*, m. *heke aku*, s.

DÉCAPITATION, sf. *otina*, m. *oki ana*, s.

DÉCAPITER, v. *oti*, m. *oki*, s.

DÉCÉDÉ, adj. *ua mate*, m. *ua make*, s.

DÉCÉDER, v. *mate*, m. *make*, s.

DÉCELER, v. *pepeu*, m. *hoohu*, s.

DÉCEMMENT, adv. *heie*, m. *kuai*, s.

DÉCENCE, sf. *heiiia, tuna*, m. *kuai*, s.

DÉCENT, adj. *tu*, m. *ku*, s.

DÉCEPTION, sf. *tipai*, m. *palau ana*, s.

DÉCERNER, v. *tapae*, m. *hana*, s.

DÉCÈS, sm. *matena*, m. *make ana*, s.

DÉCEVOIR, v. *tipai*, m. *palau*, s.

DÉCHAÎNÉ, adj. furieux, *ii*, m. *kapikipiki*, s.

DÉCHAÎNER, v. *hoapakere*, m. *hoopakele*, s.

DÉCHARGE, sf. *tiliina*, m.

DÉCHARGER, v. *tilii*, m. *hue*, s.

DÉCHARNÉ, adj. *ua moka*, m. *pilalai*, s.

DÉCHARNER, v. amaigrir, *haamoka*, m. *hoohoku*, s.

DÉCHAUSSÉ, adj. *aie hiu*, m. *kamaa ole*, s.

DÉCHAUSSER, v. *unuhi i te hiu*, m. *hemo (unuhi) i ke kamaa*, s.

DÉCHÉANCE, sf. *mea nao*, m. *palaho*, s.

DÉCHIFFRER, v. lire, *ite i te tatau*, m. *heluhelu*, s. débrouiller, *fatafata*, m. *hakahaka*, s.

DÉCHIRANT, adj. *nahae*, s.

DÉCHIRÉ, adj. *tuira*, m. *mokumoku*, s. — en lambeaux, *veluvelu*, s. usé, *poloke*, s.

DÉCHIRER, v. *kehae*, m. *uhae*, s. *fefati, motu, vetireti*, m. *heumke, mokumoku, oka*, s. —ses vêtemens

en signe de douleur. *hachae*. s.
—avec les dents. *keha*. s.—avec les ongles. *miki*. ms. — le cœur. *nahu*. m. *vahae*. s.

DÉCHIRURE. sf. *varena, vareka.* m. *mokumoku.* s.

DÉCHOIR. v. *topa,* m. *hika, hikaka.* ms.

DÉCIDÉ. adj. *mao.* m. *mau.* s. c'est décidé. *mao oia.* m. un homme décidé. *enana mao i te hana.* m.

DÉCIDÉMENT. adv. *tiatohu oia.* m. *io,* s.

DÉCIDER. v *hatoitoi.* m. *hookoikoi. hooio.* s. décider une question. *kuka.* s.

DÉCISIF. adj. *toitoi.* m. *io.* s.

DÉCISION. sf. *toitoina.* m. *koikoina.* s. casser les décisions, *hoolui.* s.

DÉCLAMATEUR. sm. *enana tekao ia.* m. *kanaka i olelo.* s.

DÉCLAMATION. sf. *tekao.* m. *olelo.* s.

DÉCLAMER. v. *tekao.* m. *olelo.* s.

DÉCLARATION. sf. *mea haakite.* m. *hookahakaha.* s.

DÉCLARER, v. *haakite. peau.* m. *hooike, maikeike.* s. confesser, *hooiaio,* s.

DÉCLIN, sm. *pokoko,* m. *auri.* s.

DÉCLINATION, sf. *hika,* m. *auri ana,* s.

DÉCLINER, v. *topa, hika,* m. *auri.* s.

DÉCLIVITÉ, sf. *pahaka,* m. *kaolo,* s.

DÉCOIFFER, v. *unuhi,* ms.

DÉCOMBRES, sm. *motumotu,* m. *opala,* s.

DÉCONCERTER, v. *aleale,* s.

DÉCORATION, sf. *tareke,* m. *hoolako ana,* signe d'honneur, *hoonani ana,* s.

DÉCORDER, v. *minomino,* m. *veveke,* s.

DÉCORÉ. adj. *tapia.* m. *ulure rehi.* s.

DÉCORER. v. *tapi.* m. *ohuohu. hoolako.* s. honorer, *hoonani,*

DÉCOUDRE. v. *verete.* m. *vereke,*

DÉCOULER. v. *tahe,* m. *kahe. oi, hua.* ms.

DÉCOUPER. v. *olioti.* m. *helehele,*

DÉCOURAGEMENT. sm. *manaka,*

DÉCOURAGÉ. adj. *panaho,* s. ennuyé. *ulu hua.* s.

DÉCOURAGER. v. *oti atu.* m. *oki aku.* s.

DÉCOURS. sm. *ua mate,* m. *ua make.* s.

DÉCOUSU, adj. *tuira,* m. *verete ia.* s. discours décousu. *paera ke olelo.* s.

DÉCOUVERT. adj. *pepeua,* m. *hu,* s.

DÉCOUVERTE. sf. *ike mua ana,* s.

DÉCOUVRIR. v. *pepeu.* m. *hoohu,* s.

DÉCRASSER. v. *puehu.* m. *holoi,* s.

DÉCRÉPIT. adj. *tehito,* m. *mamua,* ms.

DÉCRÉPITUDE. sf. *mea ma mua.* ms.

DÉCRET. sm. *kauoa, manaoku-paa,* s.

DÉCRÉTER, v. *paa,* s.

DÉCRIER. v. *potohe, potoho,* m.

DÉCRIRE. v. *tiki.* m. *kakau,* s.

DÉCROISSEMENT, sm. *haaitina,* m. *kualiilii ana.* s.

DÉCROÎTRE. v. *haaiti,* m. *kualiilii,* s.

DÉCROTTER, v. *puehu,* m. *holoi, maihi,* s.

DÉDAIGNER, v. *ie,* ms. *pakikee,* s.

DÉDAIGNEUX, adj. *ieie,* ms. *haheo,* s.

DÉDAIN, sm. *hakaie,* m. *hooie, huakeo,* s. passer devant quelqu'un avec dédain, *kukona,* s. rejeter avec—, *avai,* m. *hoovahavaha,* s.

DEDANS, adv. *i oto,* m. *i loko,* s. en

dedans, *i oto*,^m. *i loko*,^s. *ma*,^{ms}.
dans la terre, *i loko o ka honua*.^s.

DÉDICACE, **sf.** *haatapuna*, ^m. *hoo-kapu ana*, ^s.

DÉDIER, **v.** *haatapu*, ^m. *hooka-pu*, ^s.

DÉDUIRE, **v.** *haaiti*, ^m. *hooiki*, ^s. ôter, *liho iho*, ^s.

DÉESSE, **sf.** *atuavahine*, ^m. *akua-vahine*, ^s.

DÉFAILLANCE, **sf.** *ninia*, ^m. *hohe-he*, ^s. tomber en —, *ninia*, ^m. *hanu*, ^s. tomber en défaillance par manque de nourriture, *ma-kaponiuniu*, ^s. revenir d'une —, *konini*, *pohala*, ^s. *haapohoe*, ^m.

DÉFAIRE, **v.** *verete*, ^m. *vereke*, ^s.

DÉFAIT, **adj.** battu, *pehia*, ^{ms}. taillé en pièces, *otioti*,^m. *okioki*,^s. amaigri, *haamokua*, ^m. *hoohuku nia*, ^s.

DÉFAITE, **sf.** déroute, *heke*, ^m. *hau-naele*, ^s.

DÉFAUT, **sm.** *kana*, *nana*, ^m. *he-mahema*, *hepahepa*, *kau*, ^s.

DÉFECTIF, **adj.** *kana*, *nana*, ^m. *he-pahepa*, ^s.

DÉFECTION, **sf.** *nao*, ^m. *hao ana*, ^s.

DÉFECTUEUX, **adj.** *hakahaka*, ^s.

DÉFECTUOSITÉ, **sf.** *mea kana*, ^m. *mea hepahepa*, ^s. *ino*, ^{ms}.

DÉFENDRE, **v.** prohiber, *haatapu*, *kahui*, ^m. *hookapu*, *lahui*, ^s. empêcher, *papa*, ^{ms}. *alai po-hala*, ^s. protéger, *mau*,^m. *malu*,^s. défendre sa cause, *malimali*, ^s. — ses droits, *maoi*, ^s.

DÉFENDU, **adj.** *tapu*, ^m. *kapu*, ^s. nourriture défendue, *ai tapu*, ^m.

DÉFENSE, **sf.** *deni*, *umoi*, *aoe*, ^m. *mai*, *aole*, ^s. forteresse, *pa*, *pa-ku*, ^{ms}. malgré la défense, *ma ana o te peau*, ^m.

DÉFENSEUR, **sm.** *haamau*, ^m. *hoo-malu*. ^s.

DÉFENSIF, **adj.** *mea alai*, ^s. *mea papa*, ^{ms}.

DÉFÉRENCE, **sf.** *ao*, ^m. *aho*, ^s.

DÉFÉRER, **v.** céder, *tuu alu*, ^m. *vaiho*, ^s. condescendre à, *too*, ^m. *ae paha*, ^s.

DÉFEUILLER, **v.** *holehole*, ^s.

DÉFIANCE, **sf.** *hapatatina*, ^m. *hao-hao ana*, ^s.

DÉFIANT, **adj.** *hapatati*, ^m. *hao-hao*, ^s.

DÉFIER (se), **v.** *hapatati*, ^m. *hao-hao*, ^s.

DÉFIGURER, **v.** *hapala*, *manoheu*, ^s.

DÉFILÉ, **sm.** *haiti*, ^m. *haiki*, ^s.

DÉFINI, **adj.** *mao*, ^m. *mau*, ^s.

DÉFINIR, **v.** *haatoitoi*, ^m. *hookoi-koi*, ^s.

DÉFINITIF, **adj.** *mao*, ^m. *mau*, ^s.

DÉFINITION, **sf.** *haatoitoina*, ^m. *hookoikoi ana*, ^s.

DÉFONCER, **v.** fouiller, *ketu*, ^m. *eku*, ^s.

DÉFORMATION, **sf.** *hakahuina*, ^m. *hoohuli ana*, ^s.

DÉFORMER, **v.** *hakahui*, ^m. *hoo-huli*, ^s.

DÉFRICHER, **v.** *hakahu*, ^m. *oheu*,^s.

DÉFUNT, **adj.** *mate moe*, ^m. *make moe*, ^s.

DÉGAGÉ, **adj.** *pakere*, ^m. *pakele*, ^s. je suis dégagé de tout, *ua pakere au i mea a pau*,^m.

DÉGAGER, **v.** *haapakeve*, ^m. *hoo-pakele*, *vehe*, ^s.

DÉGAT, **sm.** *pe*, ^m. *ino*, ^{ms}.

DÉGELER, **v.** *heevale*, ^s.

DÉGÉNÉRÉ, **adj.** *malili*, ^s.

DÉGÉNÉRER, **v.** *haape*, ^m. *hooi-no*, ^s.

DÉGOUT, **sm.** *kuanea*,^s. dégoùt qui

excite à vomir, *niohei*, ^m. avoir du dégoût, *pailua*. ^s.

DÉGOUTANT, **adj.** *faufau, hauhau*, ^m. *hoopailua*. ^s. c'est dégoûtant ! *mitahake!* ^m.

DÉGOUTÉ, **adj.** *kikiha*. ^m. *manaka*. ^s. je suis dégoûté de cette nourriture, *kikiha i te ai tena*. ^m.

DÉGOUTER, **v.** *hakahauhau*, ^m. *hooaailua*, ^s.

DÉGOUTTER, **v.** *haatuutuu*. ^m. *hookulukulu (lukuluku)*. ^s. laisser dégoutter. *hakatahe*. ^m. *haai*, ^s.

DÉGRADATION, **sf.** *pe*. ^m. *ino*, ^{ms}.

DÉGRADÉ. **adj.** *pe*. ^m. *alino*. ^s.

DÉGRADER, *haaae*. ^m. *hooino*. ^s.

DÉGRAISSER, **v.** *haai*. ^m. *holoi*. ^s.

DEGRÉ, **sm.** *piki ika, pikia, pikika, pikina*. ^m. *piina*, ^s.

DÉGRINGOLER. **v.** *patupatu*. ^m. *hika*. ^{ms}.

DÉGUISEMENT, **sm.** *hakaahena*. ^m. *hooae ana*. ^s.

DÉGUISER, **v.** *hakaae*, ^m. *hooae*. ^s.

DÉHONTÉ, **adj.** *kaioi, nene*, ^m. *ino*, ^{ms}.

DEHORS, **adv.** *raho*, ^{ms}. en dehors, *i raho, ma raho*, ^{ms}. mettre dehors, *halihali*. ^s. jeter dehors, *kiola*, ^s. pousser dehors. *hoonee*, ^s. je suis dehors, *i raho o au*, ^m. en dehors de la maison, *i raho o te hae*, ^m. mettre dehors, *hoolalelale*, ^s.

DÉJA, **adv.** *ua*, ^{ms}. déjà fini, *ua pau*, ^{ms}. il est déjà parti, *ua io*, ^m. êtes-vous déjà allé? *ua heke atu oe?* ^m.

DELA, **prép.** *atu*, ^m. *aku*, ^s. au-delà, *ma o atu (aku)*, ^{ms}. au-delà de la montagne, *ma uta atu*, ^m. aller au-delà, *kela*, ^s.

DÉLABRER, **v.** *kao, nao*, ^m. *hiolo*, ^s.

DÉLAI, **sm.** *koohi*, ^{ms}. *roki*, ^s.

DÉLAISSEMENT, **sm.** *titiina*, ^m. *h[...] lele ana*, ^s.

DÉLAISSER, **v.** *titii*, ^m. *haalele*, il m'a délaissé, *a titii ia ia au*, je suis délaissé, *e titiia au*, ^m.

DÉLASSEMENT, **sm.** *hakaaena, maha*, ^s.

DÉLASSER, **v.** *hakaae*, ^m. *maha*, se délasser, *hakaae*. ^m. *maha*,

DÉLATION, **sf.** *hakatio*, ^m. *hooh[...] ra*, ^s.

DÉLAYER, **v.** *karairai*, ^{ms}.

DÉLECTATION, **sf.** *momona*, ^{ms}.

DÉLECTER, **v.** *momona mai*, ^{ms}.

DÉLÉGUÉ, **sm.** *kauoa*, ^s.

DÉLÉGUER, **v.** *kauoa*, ^s.

DÉLIBÉRATION, **sf.** v. **DÉLIBÉRER**.

DÉLIBÉRER, **v.** *tekaotekao*, ^m. *aha[...] lelo*, ^s.

DÉLICAT. **adj.** d'un goût exquis *moneoho*. ^m. *momona*, ^s.

DÉLICE, **sm.** *koakoa*, ^m. *eka, eka[...] eka*, ^s.

DÉLICES, **sf.** v. **DÉLICE**. mettre s[...] délices dans quelque chose. *lea[...] mea*. ^s. lieu de délices, *mahi[...] naai*, ^s.

DÉLICIEUX, **adj.** *ono*, ^{ms}. *kuhiku[...] hinia*, ^s.

DÉLIÉ. **adj.** *kahikahi*, ^m. *lahilahi*, ^s.

DÉLIER. **v.** *rehete*. ^m. *rehe*, ^s. — d[...] ses péchés, *toua atu*, ^m. *kalaha[...] la*, ^s.

DÉLIRE, **sm.** *koka*, ^m. *akaku*, ^s.

DÉLIRER, **v.** *koka*. ^m. *heraheva*, ^s.

DÉLIT, **sm.** *ino*, ^{ms}. *hera*, ^s. charger d'un délit, *hakatio*, ^m.

DÉLIVRANCE, **sf.** *pae*, ^m. *pale*, ^s.

DÉLIVRER, **v.** *pakeve*, ^m. *pakele*, ^s lâcher, *hookuu*, ^s. délivrer de la mort, *haapohoe*, ^m. *hoola*, ^s. — du mal, *hoopakele i ka ino*, ^s. délivrez-nous du malheur, *a haapa-keve ia matou i te mea ino*, ^m. je vous délivrerai, *a haapakere ia matou*, ^m. il est délivré, *palekana ia*, ^s. il n'est point délivré, *aoe palekana ia*, ^s.

DÉLOGER, **v.** *hakahui*, ^m. *hoohu-li*, ^s. déloger souvent, *pakaule*. ^s.

DÉLUGE, **sm.** *hinalii, kaiaka*, ^s.

DEMAIN, **adv.** *oi, oioi*, ^m. *apopo, a ke la la*. ^s. après demain, *oioi atu*, ^m. *a ke la aku*, ^s. demain matin, *oioi tika*, ^m. demain tu reviendras, *oi tata mai*, ^m.

DÉMANCHÉ, **adj.** *iroiro, korero*, ^m.

DÉMANCHER, **v.** *haakoeo*, ^m.

DEMANDE, **sf.** *mao*, ^m. *ninau*, ^s. persévérer dans sa demande, *kaukolo*, ^s. importuner par ses demandes, *noinoi*, ^s.

DEMANDER, **v.** *ui*, ^m. *ninau, noi*, ^{ms}. qui a honte de demander, *hakai-ka (ina)*, ^m. — mendier, *ape*, ^m. — prier, *noi, nonoi*, ^{ms}. demander une faveur, *hopii*, ^s. — continuel-lement des faveurs, *meo*, ^s. — jus-tice, *uku*, ^{s.} — d'une manière flatteuse, *hoomalimali*, ^s. que de-mandez-vous? *heaha kau?* — se-cours, *noi i kokua*, ^s.

DÉMANGEAISON, **sf.** *pueva, nenau*, ^m. *meau, kakio*, ^s.

DÉMANGER, **v.** *kaikai, kakau*, ^m. *aako, maneo*, ^s.

DÉMARCHE, **sf.** *pahapaha*, ^s.

DÉMARRER, **v.** *vevete*, ^m. *hemo*, ^s.

DÉMÊLÉ, **sm.** *toua*, ^m. *kaua*, ^s.

DÉMÊLER, **v.** *fatafata*, ^m. *hakaha-ika*, ^s.

DÉMEMBREMENT, **sm.** *otioti, motu-motu*, ^m. *okioki, mokumoku*, ^s.

DÉMEMBRER, **v.** *oti, motu*, ^m. *oki, moku*, ^s.

DÉMENCE, **sf.** *koka*, ^m. *ulala*, ^s.

DÉMENTIR, **v.** *hakaaoe*, ^m. *hoole*, ^s.

DÉMESURÉ, **adj.** *hakaipa*, ^m. *ino*, ^{ms}.

DÉMETTRE (se), **v.** *titii*, ^m. *haale-le*, ^s.

DEMEURANT, **adj.** *noho*, ^{ms}.

DEMEURE, **sf.** *noho*, ^{ms}.

DEMEURER. **v.** *noho*, ^{ms}. où demeu-rez-vous? *kahi i noho ai oe?* ^s. continuer, *kaohi*, ^s. — tranquille, séjourner, *moe*, ^{ms}. les mauvais esprits demeurent dans les té-nèbres, *te kuhane houhau moe i te po*, ^m.

DEMI, **adj.** *maera*, ^m. *raena*, ^s. faire une chose à demi, *ohiki*, ^s.

DEMI-RÉAL (monnaie). *apaumi*, ^s. || demi-piastre (monnaie). *api-kala*, ^s. || demi-brasse. *kamuku*, ^s.

DEMOISELLE, **sf.** *tahia, noi*, ^m. *kaikamahine*, ^s.

DÉMOLIR, **v.** *hakaheke*, ^m. *hoohe-le*, ^s.

DÉMON, **sm.** *kuhane hauhau*, ^m. *uhane ino*, ^s. on a adopté aussi le mot *démone*.

DÉMONIAQUE, **adj.** *uluia*, ^s.

DÉMONSTRATIF, **adj.** *hakakite*, ^m. *maopopo*, ^s.

DÉMONSTRATION, **sf.** *haatoitoina*, ^m. *hooakaka ana*, ^s.

DÉMONTRER, **v.** *haatoitoi, haki*, ^m. *hooakaka*, ^m.

DÉMORALISATION, **sf.** *haapetina*, ^m. *hooino ana*, ^s.

DÉMORALISER, **v.** *haape*, ^m. *hooi-no*, ^s.

DÉNATURÉ, **adj.** *pe*, ^m. *ino*, ^{ms}.

DÉNI, **sm.** *aoe*, ^m. *aole*, ^s.

DÉNIER, **v.** *hakaaoe*, ^m. *hoole*, ^s.

DÉNOMBREMENT, **sm.** *tatau*, ^m. *helu ana*, ^s.

DÉNONCER, **v.** *hapai*, ^{ms}.

DÉNONCIATION, sf. *hapaina*, ms.

DÉNOTER, v. *tuhituhi*, m. *kahua, kuhikuhi*, s.

DÉNOUER, v. *rerete*, m. *rekereke*, s.

DENRÉE, sf. *kai*, m. *ai*, s.

DENSE, adj. *moloa*, m. *panopano*, s.

DENSITÉ, sf. *moloa ia*, m. *panopano ia*, s.

DENT, sf. *niho, nine*, m. — incisive, *niho kokea*, m. — molaire, *niho pono*, m. — empoisonnée, *niho ara*, s. mal de dent, *niho hui*, s. grincer des dents, *ui, kikutu*, m. rompre avec les dents, *auki*, s. nettoyer les — *ohiki i niho uha*, s.

DENTELÉ, adj. *nihoniho*, ms.

DENTELER, v. *hoouiuniho*, m. *opaia*, s.

DENTELLE, sf. *pihopiha*, s.

DÉNUÉ, adj. *puamaui*, m. *hoka*, s.

DÉNUEMENT, sm. *kuno*, m. *hemahema*, s.

DÉNUER, v. *hao*, s.

DÉPAQUETER, v. *rerete*, m. *rekereke*, s.

DÉPART, sm. *hee*, m. *hele*, s.

DÉPARTIR, v. *tufatafa, tuhatuha*, m. *hailoaa*, s.

DÉPASSER, v. *hala, oi*, s.

DÉPECER, v. *motu*, m. *moku*, s.

DÉPÊCHER, v. envoyer, *pahi*, m. *hoouna*, s. se dépêcher, *haarere*, m. dépêche-toi, *ohiki*, s.

DÉPENDANCE, sf. *oha*, ms.

DÉPENDANT, adj. *oha*, ms.

DÉPENDRE, v. *haaoha*, m. *hooha*, s.

DÉPENSE, sm. *tumu*, m. *kumu*, s.

DÉPENSER, v. *haapao*, m. *hoopau*, s.

DÉPERDITION, sf. *haapororo*, m. *hookii ana*, s.

DÉPÉRIR, v. *kai*, m. *hookii*, s.

DÉPÉRISSEMENT, sm. *haapororo, hookii*, s.

DÉPIECER, v. *oti*, m. *oki*, s.

DÉPIT, sm. *pakaihi*, m. *kena*, s.

DÉPLACÉ, adj. *ke*, m. *nee ia*, s.

DÉPLACER, v. *hakahui*, m. *hoohu nee*, s.

DÉPLAIRE, v. *aoe haarae*, m. s. se déplaire, *aoe rae*.

DÉPLAISIR, sm. *memae*, m. *ekeeke*, s.

DÉPLORABLE, adj. *makeno*, m. *po no*, s.

DÉPLORER, v. *ue*, ms. *makena*, s.

DÉPLOYER, v. *ena*, m.

DÉPORTATION, sf. *opua*, m. *railani lare ana*, s.

DÉPORTÉ, adj. *opua*, m. *railani ia*, s.

DÉPORTER, v. *opua*, m. *hoorelani*, s.

DÉPOSER, v. *titii*, m. *hoohau, raiho*, s. destituer, *nele, kiola*, s. poser, placer, *tuu*, m. *kau*, s. il a déposé les forts de leurs trônes, *ua kiola iho la oia i na'lii, i la nui luna mai o ko lakou noho lii*, s.

DÉPOSITION, sf. *titiina*, m. *raiho ana*, s. destitution, *nele ana*, s.

DÉPÔT, sm. *pupa*, m. *puku*, s.

DÉPOUILLE, sf. butin, *pio*, ms.

DÉPOUILLEMENT, sm. *hapaina*, m. *maihe ana*, s.

DÉPOUILLÉ, adj. *holoaa*, s.

DÉPOUILLER, v. *hapai*, m. *maihe hao*, s.

DÉPOURVU, adj. *puamaui*, m. *nele*, s. dépourvu de tout, *hoka*, s.

DÉPRAVATION, sf. *mea pe*, m. *mea ino*, ms.

DÉPRAVÉ, adj. *pe*, m. *ino*, ms.

DÉPRAVER, v. *haape*, m. *hooino*, s.

DÉPRÉCATION, sf. *aiahua*, s.

DÉPRÉCIER, **v.** *haape*, ^m. *lole*, ^s.

DÉPRÉDATION, **sf.** *hauna*, ^m. *holehole ana*, ^s.

DEPUIS, **prép.** *ia mai*, ^{ms}. depuis Charlemagne jusqu'à Napoléon, *ia Karolo te nui ia Napoleona*, ^m. depuis le commencement, *mai te tumu*, ^m. depuis la création de ce monde, *ia hana ia'i ke ao nei*, ^s.

DÉPURER, **v.** *haataetae*, ^m. *hoomaemae*, ^s.

DÉPUTER, **v.** *haauna*, ^m. *koouna*, ^s.

DÉRACINER, **v.** *oti*, ^m. *oki, eku, hulokea*, ^s.

DÉRANGÉ, **adj.** *mikeo*, ^m. *miki*, ^s.

DÉRANGEMENT, **sm.** *mea huina*, ^m. *mea uli ana*, ^s.

DÉRANGER, **v.** *haahui*, ^m. *hoomoni, hoohuli*, ^s. se déranger pour quelqu'un, *hoopanee*, ^s.

DERECHEF, **adv.** *hakaua*, ^m. *hoi*, ^{ms}.

DÉRÉGLÉ, **adj.** *aie toitoi*, ^m. *miki*, ^s.

DÉRÉGLEMENT, **sm.** *mea aie toitoi*, ^m. *hauvara*, ^s.

DÉRÉGLER, **v.** *hoohauvara*, ^s.

DÉRISION, **sf.** *faila, hini*, ^m. *henehene*, ^s.

DÉRIVER, **v.** *tihe mai*, ^m. *hele mai*, ^s.

DERNIER, **adj.** *ma hope*, ^{ms}. le dernier né, *panina*, ^s.—de la famille, *poki*, ^s.

DÉROBER, **v.** *kamo*, ^m. *mokio, naonao*, ^s. dérober adroitement, *pala neheole*, ^s. cacher, *huna*, ^s.

DÉROUTE, **sf.** *heke*, ^m. *hele, haunaele*, ^s. mettre en déroute, *hakaheke*, ^m. *hoohele*, ^s.

DERRIÈRE, **prép.** *hope, ma hope*, ^{ms}.

DERRIÈRE, **sm.** *tua*, ^m. *kua*, ^s. — d'une maison, *hitua*, ^m. *kuono*, ^s. cul, *hope*, ^{ms}. *okole*, ^s.

DES, **prép.** *o te*, ^m. *o ka, o ke*, ^s.

DES, **art. part.** *tau*, ^m. *na*, ^{ms}.

DÈS, **prép.** *ua*, ^{ms}. *ohia*, ^m. dès que, *ua*, ^{ms}. dès que nous sommes entrés, *ua pala matou i nei*, ^m.

DÉSABUSER, **v.** *haki*, ^m. *hooakaka*, ^s.

DÉSAGRÉABLE, **adj.** *kahihi*, ^m. *olu ole*, ^s. — au goût, *avaava*, ^s.

DÉSALTÉRÉ, **adj.** *ana*, ^s.

DÉSAPPOINTEMENT, **sm.** *hauhau*, ^m. *haohao*, ^s.

DÉSAPPOINTER, **v.** *hauhau*, ^m. *haohao. lapurale*, ^s. être désappointé, *hooka*, ^s.

DÉSAPPROUVER, **v.** *haaatika aoe*, ^m. *avia ole*, ^s.

DÉSARMER, **v. APAISER.** *hakarae*, ^m. *hoomalie*, ^s.

DÉSASTRE, **sm.** *mea ino*, ^{ms}.

DÉSASTREUX, **adj.** *ino*, ^{ms}.

DÉSAVANTAGE, **sm.** *mea aie meitai*, ^m. *mea maikai ole*, ^s.

DÉSAVANTAGEUX, **adj.** *aie meitai*, ^m. *maikai ole*, ^s.

DÉSAVOUER, **v.** *haaaoe*, ^m. *hoole*, ^s.

DESCENDANT, **adv.** (généalogie), *mamo*, ^{ms}. descendant reculé, *hinahina, i uha ae*, ^m. les descendans, *moopuna*, ^{ms}. les descendans de Noé, *he poe mamo lakou na roe*, ^s. descendre du ciel, *topa mei aki*, ^m.

DESCENDRE, **v.** *iho*, ^{ms}. *haule*, ^s. venir de —, *mamo*, ^{ms}.

DESCENTE, **sf.** *topana*, ^m. penchant, *kaolo*, ^s. descente perpendiculaire, *lou*, ^s.

DESCRIPTION, **sf.** *tekao*, ^m. *olelo*, ^s.

DÉSEMBARRASSER, **v.** *pakeve*, ^m. *pakele*, ^s.

DÉSERT, **sm.** *mokoo*, ^m. *nahelehele*, ^s.

DÉSERTER, **v.** *tilii*, m.

DÉSERTION, **sf.** *titiina*, m.

DÉSESPÉRANT, **adj.** *mate*, m. *make*, s.

DÉSESPÉRÉ, **adj.** *motu*, m. *moku*, s.

DÉSESPÉRER, **v.** *motu*, m. *moku*, s. se désespérer, *eo motu*, m.

DÉSESPOIR, **sm.** *eo motu*, m. *naauaua*, s.

DÉSHABILLÉ, **adj.** *anamu*, m. *noho i ka ili*, s. *unuhia*, ms.

DÉSHABILLER, **v.** *tuaave*, m. *unuhi*, ms.

DÉSHONNÈTE, **adj.** *ino*, ms. *haumia*, s.

DÉSHONNEUR, **sm.** *haina*, m. *hila*, s.

DÉSHONORANT, **adj.** *haahaina*, m. *hoohila*, s.

DÉSHONORER, **v.** *hakaina*, m. *hoohila*, s.

DÉSIGNATION, **sf.** *tuhituhi*, m. *kuhikuhi*, s.

DÉSIGNER, **v.** *tuhi*, m. *kuhi*, *kahua*, s.

DÉSINTÉRESSÉ, **adj.** *raiei*, m.

DÉSINTÉRESSEMENT, **sm.** *raiei ana*, m.

DÉSIR, **sm.** *makimaki*, m. *makemake*, désir ardent, *kou*, m. — désordonné, *tikao*, m.

DÉSIRABLE, **adj.** *makamai*, s.

DÉSIRÉ, **adj.** *paulehia*, s. chose désirée, *meemee*, s.

DÉSIRER, **v.** *makimaki*, m. *makemake*, s. *hia*, ms. désirer ardemment, *ape*, m. *haapu*, *ake*, s. que désirez-vous? *eha te hia*, m. convoiter, *hinenao atu*, m. *kuko*, s.

DÉSIREUX, **adj.** *kohoa*, m. *kou*, s.

DÉSISTER, **v.** *tilii*, m. *haalele*, s.

DÈS-LORS, **adv.** *i mui mai*, ms.

DÉSOBÉIR, **v.** *mamakea*, *mikeo*, m. *hoololohe*, s.

DÉSOBÉISSANCE, **sf.** *mamakeamikeo*, m. *konia*, s.

DÉSOBÉISSANT, **adj.** *mikeo*, m. *konia*, s.

DÉSOBLIGER, **v.** *aaka*, s.

DÉSOCCUPÉ, **adj.** *hopee*, *kopee*, *aole hana*, s.

DÉSŒUVRÉ, **adj.** *tunehe*, m. *hoopalau*, *puakii*, s.

DÉSOLANT, **adj.** *hoohiolo*, s.

DÉSOLATION, **sf.** *hiolo ana*, s.

DÉSOLER, **v.** *uku*, m. *hiolo*, *luku*, s.

DÉSORDONNÉ, **adj.** *pe*, m. *ino*, m.

DÉSORDRE, **sm.** *mea kohii*, m. *mehihia*, *haurara*, s.

DÉSORMAIS, **adv.** *i mui atu*, m. *mui aku*, s. *ma nei*, ms.

DESPOTE, **sm.** *pio*, ms. *lunahooluhi*, s.

DESPOTISME, **sm.** *puhikaua*, s.

DESSÉCHÉ, **adj.** *pororo*, m. *hepanoa*, s. terre desséchée, *panoa*, s. desséché par le vent, *mae*, s.

DESSÉCHER, **v.** *hamaoo*, m. *maloo*, s.

DESSEIN, **sm.** projet, *metao*, m. *manao*, s. à dessein, *i te metao*, m. *ke manao*, s.

DESSERVIR, **v.** *haaika*, m. *hoomaopopo*, s.

DESSIN, **sm.** *tiki patu*, m. *palapala ana*, s.

DESSINER, **v.** *tiki*, m. *palapala*, s.

DESSOUS, **adv.** *ao*, m. *lalo*, s. en dessous, *i ao*, m. *i lalo*, s. par dessous, *ma ao*, m. *ma lalo*, s. le dessous, *ao*, m. *lalo*, s.

DESSUS, **adv.** *una*, m. *luna*, au-dessus, *i una*, m. *i luna*, s. dessus de la terre, *kokomo*, m. par dessus, *ma una*, m. *ma luna*, s. sans dessus dessous, *loli*, s. être élevé au-dessus, *keikei*, s. être au-dessus, *kau ma luna*, s.

DESTINATION, **sf.** *tapaena*, m.

DESTINER, v. *hana*, ˢ. *tapae*, ᵐ.

DESTITUÉ, adj. dépourvu, *pua-maui*, ᵐ. *nele*, ˢ. destitué de bon sens, *auvalakii*, ˢ.

DESTITUER, v. *haapuamaui*, ᵐ. *ne-le, hoonele*, ˢ.

DESTITUTION, sf. *haapuamaui*, ᵐ. *hoonele ana*, ˢ.

DESTRUCTION, sf. *ukuna*, ᵐ. *hiolo ana, luku ana*, ˢ. la destruction de toutes les créatures, *ka luku ana o na mea a pau*.

DÉTACHER, v. *vevele*, ᵐ. *vekeve-ke, hemo*, ˢ.

DÉTAIL, sm. *itiiti*, ᵐ. *ikiiki*, ˢ.

DÉTAILLER, v. *hakaitiiti*, ᵐ. *hoo ikiiki*, ˢ. détaillé, *rikiriki, iki-iki*, ᵐ.

DÉTENIR, v. *kaohi maohi*, ᵐˢ. détenir quelqu'un par autorité, *tao-hi*, ᵐ.

DÉTENTE, sf. *kileo*, ˢ.

DÉTENTION, sf. captivité, *hachu-mu*, ᵐ. *papai*, ˢ.

DÉTENU, adj. *humua*, ᵐ. *paopao*, ˢ.

DÉTÉRIORER, v. *haape*, ᵐ. *hooino*, ˢ.

DÉTERMINATION, sf. *mao i te me-tao*, ᵐ. *aho, paa ka manao*, ˢ.

DÉTERMINÉ, adj. *mao*, ᵐ. *mau, a*, ˢ. courageux, *toa*, ᵐ. *koa*, ˢ.

DÉTERMINER, v. décider, *haatoi-toi*, ᵐ. *hooio*, ˢ. fixer, *haamau*, ᵐ. *hoomau*, ˢ.

DÉTESTABLE, adj. *pe*, ᵐ. *ino*, ᵐˢ. c'est une chose détestable, *mea ino oia*, ᵐˢ.

DÉTESTER, v. *hahaa, ii*, ᵐ. *nuku, hoovahavaha*, ˢ.

DÉTORTILLER, v. *vevele*, ᵐ. *veke-veke*, ˢ.

DÉTOUR, sm. *mea teka*, ᵐ. *mea ki-pa*, ˢ.

DÉTOURNÉ, adj. *teka*, ᵐ. *kipa*, ˢ.

DÉTOURNER, v. *hakateka*, ᵐ. *huli*, ˢ. se détourner, *halo*, ˢ. soustraire, *kohi*, ˢ. détourner le sens d'une phrase, *pale*, ˢ.

DÉTRACTER, v. *haapiopio*, ᵐ. *hoi-no*, ˢ.

DÉTRACTEUR, sm. *enata potoho*, ᵐ. *kanaka epaepa*, ˢ.

DÉTRACTION, sf. *haapiopiona*, ᵐ. *hoino ana*, ˢ.

DÉTRAQUER, v. *hoohauvava*, ˢ.

DÉTREMPER, v. *kutao, pekehu*, ᵐ. *kavaivai*, ᵐˢ. la terre est détrem-pée par la pluie, *kutao te epo i te ua*, ᵐ.

DÉTRESSE, sf. *lauvilia, popilikia*, ˢ. cri de détresse, *ulono*, ˢ.

DÉTROIT, sm. *koa, kova*, ˢ.

DÉTROMPER, v. *haki*, ᵐ. *hai, hooa-kaka*, ˢ.

DÉTRÔNER, v. *titii te hakaiki*, ᵐ. *nele te alii*, ˢ.

DÉTRUIRE, v. *fau, hau*, ᵐ. *hoo-pau*, ˢ. réduire à rien, *haakee*, ᵐ. *luku*, ˢ. démolir, *hakaheke*, ᵐ. *hoohele*, ˢ. faire détruire, *hoole*, ˢ.

DÉTRUIT, adj. *hiolo*, ˢ.

DETTE, sf. *aie, uku*, ˢ. payer une dette, *hoouku*, ˢ. payer une par-tie de ses dettes, *ailihi*, ˢ.

DEUIL, sm. *ue*, ᵐˢ. *hoa, kani-kau*, ˢ. grand deuil, *kanikau nui*, ˢ. deuil universel, *kuma-kena, makena*, ˢ.

DEUX, adj. num. *ua*, ᵐ *lua*, ˢ. deux à deux, *palua*, ˢ. *ana*, ᵐ. vous deux, *tokoua, koua*, ᵐ. nous deux, *taua, kaua*, ˢ. eux deux, *o ana*, ᵐ. deux (duel), *mau*, ˢ. deux fois, *palua*, ˢ. *uatina*, ᵐ. di-viser en deux, *papalua*, ˢ.

DEUXIÈME, adj. num. *e ua*, ᵐ. *e lua*, ˢ.

DEUXIÈMEMENT. adv. *a ua*. [m]. *a lua*. [s].

DEVANCER, v. *peo*. [m]. *hookapu*. [s].

DEVANCIER, sm. *te i mua*. [m]. *ke i mua*. [s]. ancêtre. *tupuna*. [m]. *kupuna*. [s].

DEVANT. *mua*. [ms]. au-devant. *i mua*. [ms]. par devant, *ma mua*. [ms]. aller au-devant. *halarai*. [s]. venir au devant. *hooaku*. [s]. en présence. *io*. [m]. le devant. *alo*. [s].

DEVANTURE. sf. façade. *ao*. [ms].

DÉVASTATEUR. sm. *enana i hau*. [m]. *kanaka e luku*. [s].

DÉVASTATION. sf. *maniania*. [m]. *make ana*. [s].

DÉVASTER. v. *hau. mate*. [m]. *luku*. [s].

DÉVELOPPER. v. ôter l'enveloppe. *rerete*. [m]. *rekereke*. [s]. déployer. *ena*. [m]. éclaircir. *hohola. hookaka*. [s].

DEVENIR, v. *io*. [m]. *lilo*, [s]. qu'est devenu votre fils? *lilo kou keiki i aha la?* [s]. le temps devient beau. *lilo ia aiai*, [s]. devenir méchant. mauvais. *fefe*. [m]. — fou. *matemate kopu*. [m]. = Le verbe *devenir*. en beaucoup de cas. ne se traduit point, et on arrange la phrase comme s'il ne s'y trouvait pas; par exemple, pour dire *devenir calme*. on dit simplement *calme*, *pohu*. [s]. pour *devenir gros*. on dit *gros*, *laha*, [s]. nous sommes devenus pauvres. *ua pilikia makou*, [s].

DÉVIDER, v. *rerete*, [m]. *vekereke*, [s].

DÉVIER, v. *hakaee*, [m]. *kakaa*, [s].

DEVIN, sm. *kaula, kilo*, [s].

DEVINER, v. *vanana*, [ms]. *kohokoho*, [s].

DEVIS, sm. *metao*, [m]. *manao*, [s].

DEVISE, sf. *tekao*, [m]. *olelo*, [s].

DÉVOILER. v. *pepeu*. [m]. *hoohu*, [s].

DEVOIR. sm. *haka*. [m]. *oihana pono*. [s]. se relâcher dans ses devoirs. *palahee*. [s].

DEVOIR. v. *kau*. [s]. **verbe unip**. = Ce verbe se traduit très rarement. on rend la phrase comme s'il n'était pas là: je dois écrire *a patu au*. [m]. je dois aller. *a hele au*. [m].

DÉVORANT. adj. *kaikai*. [m]. *ai*, [s].

DÉVORER. v. *kai*. [m]. *ai*. [s]. consumer. *haapau*. [m]. *hoopau*. [m].

DÉVOT. adj. *haipule*. [s]. faux dévot. *maile*. [s].

DÉVOTION. sf. *pure*. [m]. *pule*. [s].

DÉVOUEMENT. sm *hoohiki*. [s].

DÉVOUER se. v. *hoohiki*, [s].

DEXTÉRITÉ, sf. *atamai*, [m]. *akamai*, [s].

DIABLE. sm. *kuhane hauhau*, [m]. *akualapu*. [s]. les mots modernes sont : *tiaporo*. [m]. *kepelo*. [s].

DIABOLIQUE. adj. *ta kuhane hauhau*. [m]. *na akualapu*. [s].

DIACRE. sm. *diakono*, [ms]. (moderne).

DIADÈME. sm. *taraha*. [m].

DIALECTE, sm. *tekao*, [m]. *olelo*, [s].

DIAMANT. sm. *kaimana*, [s].

DIARRHÉE. sf. *hi*, [m].

DICTION, sf. *tekao*, [m]. *olelo*, [s].

DIEU, sm. *atua, etua*. [m]. *akua*, [s]. combien y a-t-il de Dieux? *ehia la akua?* [s]. il n'y a qu'un seul Dieu, *he akua akahi*, [m]. Dieu est bon. *he maikai ke akua*, [s]. plût à Dieu! *ina!* [s]. aimons Dieu, car il est bon, *a hinenau ai atua, meitai ai te ia*. [m]. Dieu est le maître des vivans et des morts, *te atua tuhuka to te tupapau me te enana pohoe*, [m].

DIFFAMANT, **adj**. *haapotoho*, ^m. *hooepaepa*, ^s. chose diffamante, *mea ino*, ^{ms}.

DIFFAMATEUR, **sm**. *enana potoho*, ^m. *kanaka hoino*, ^s.

DIFFAMATION, **sf**. *mea potoho*, ^m. *mea hoino*, ^s.

DIFFAMER, **v**. *potoho*, ^m. *epaepa*. ^s.

DIFFÉRENCE, **sf**. *mea ke*, ^m. *mea e*, ^s.

DIFFÉRENT, **sm**. contention. *toua*, ^m. *kaua*, ^s.

DIFFÉRENT, **adj**. **s**. *hira, ke*, ^m. *hookoa, e, ke*, ^s. opposé, *ku e*, ^s.

DIFFÉRER, **v**. être différent, *hui-ke*, ^m. *okoa*, ^s. retarder, *koohi aku*, ^m. *koohi aku* ^s. différer long-temps, *liuliu*, ^s.

DIFFICILE, **adj**. *oko, ono, toko*, ^m. *hihia, oni*, ^s. difficile à faire, *naluli*, ^s. — à comprendre, *pohihi*, ^s. — à rompre, *kokiuka*, ^m. chose difficile, *mea nao*, ^m.

DIFFICULTÉ, **sf**. *mea tono*, ^m. *mea oni, hakalia*, ^s.

DIFFORME, **adj**. *hapakue*, ^s.

DIFFORMER, **v**. *manoheu*, ^s.

DIFFORMITÉ, **sf**. *mea hapakue*, ^s.

DIGÉRER, **v**. *hooka*, ^{ms}. *haapehu te makona*, ^m.

DIGESTION, **sf**. *makona*, ^m.

DIGNE, **adj**. *pono*, ^{ms}. je ne suis pas digne, *aole au e pono*, ^s. être digne de (coupable), *aneane pono*, ^s. — de mort, *pono e make*, ^s.

DIGNITÉ, **sf**. *mea pono*, ^s. en dignité, *eaea*, ^s.

DIGUE, **sf**. *pavai*, ^m. *kaupale*, ^s.

DILACÉRATION, **sf**. *motumotu*, ^m. *mokumoku*, ^s.

DILACÉRER, **v**. *motu, kehae*, ^m, *moku*, ^s.

DILATER, **v**. *haafatea*, ^m. *hooakea, laha*, ^s.

DILECTION, **sf**. *ue*, ^{ms}.

DILIGENCE, **sf**. promptitude, *eare*, ^m. *eeu*, ^s.

DILIGENT, **adj**. *aotahi, onee*, ^m. *mikimiki, nakui*, ^s.

DIMANCHE, **sm**. *a tapu*, ^m. *a kapu, la o ka haku*. ^s.

DIME, **sf**. *te onohuu*, ^m. *ke umi* ^s.

DIMENSION, **sf**. *etahi*, ^m. *kau ana*, ^s.

DIMINUER, **v**. *haaiti*, ^m. *hooiki, kualiilii*, ^s. diminuer en nombre, *uuku*.

DIMINUTIF, **adj**. *popoto*, ^m. *hualii*. ^s.

DIMINUTION, **sf**. *haaiti*, ^m. *hooiki*, ^s.

DINDE, **sf**. *moa palahu*, ^s.

DINDON, **sm**. *kane palahu*, ^s.

DÎNER, **sm**. *kaina*, ^m. *paina*, ^s.

DÎNER, **v**. *kai ao toa*, ^m. *aina ava ke la*, ^s.

DIPHTHONGUE, **sm**. *huaua*, ^m. *leolua*. ^s.

DIRE, **v**. *peau, tekao*, ^m. *hai, i, olelo*, ^s. que dites-vous? *ea te teao?* ^m. je ne dis rien, *aie teao au*, ^m. dis donc! *eo!* ^m. il est souvent dit, *e olelo penipeni ia*, ^s. l'homme qui est venu m'a dit, *o ke kanaka i hele mai, oia i olelo mai ia'u*, ^s. ils lui dirent, *hai aku la lakou ia ia*, ^s. ne le dis pas, *mai ahiahi aku oe*, ^s. il est facile à dire, *niau kani*, ^s. dire des contes, *vahaama*, ^s. dire franche-ment, *hooiaio*, ^s.

DIRECT, **adj**. *atamai*, ^m. *akamai, pololei*, ^s.

DIRECTEUR, **sm**. *kenana tui*, ^m. *kanaka kui*, ^s.

DIRECTION, **sf**. *tuina*, ^m. *kui ana, moo*, ^s.

DIRIGER, **v**. *vivini*, ^m. *huihui*, ^s. se diriger vers, *ee*, ^m.

DISCERNER, v. *pae*, m. *mahele*, s. juger. *haatoitoi*, m. *kuhi*, s.

DISCIPLE, sm. *koua, oua*, m. *haumana*, s. faire des disciples, *hoohaumana*, s.

DISCIPLINE, sf. instruction, *ao, ano*, m. éducation, *aona*, m. *ao ana*, s.

DISCIPLINER, v. *haatoitoi*, m. *hoopono*, s.

DISCONTINUER, v. *hakave*, m. *hoohele*, s.

DISCONVENIR, v. *aie heii*, m. *kohu ole*, s.

DISCORDANT, adj. *toua*, m. *kaua, hiolo*, s. voix discordante, *leo palale*, s.

DISCORDE, sf. *toua*, m. *kaua*, s.

DISCOURIR, v. *haatekao*, m. *hoaolelo, nala*, s.

DISCOURS, sm. *tekao*, m. *olelo*, s.

DISCRET, adj. *atamai*, m. *akamai, maalea*, s.

DISCRÉTION, sf. *mea atamai*, m. *mea akamai*, s.

DISCULPER, v. *haataetae*, m. *apono*, s.

DISCUSSION, sf. *miina*, m. *kue*, s. débat, *tana*, m. *kaua*, s.

DISCUTER, v. *mii, tiohi*, m. *hookolokolo*, s.

DISETTE, sf. *ui*, ms.

DISGRACE, sf. *viro*, ms.

DISGRACIER, v. *tilii*, m. *hoohele*, s.

DISJOINDRE, v. *haapae*, m. *kapeke*, s.

DISJONCTION, sf. *haapaena*, m. *kapeke ana*, s.

DISPARAÎTRE, v. *nao*, m. *nalo*, s. *uumi*, m. *hala*, s.

DISPARATE, adj. *aie atii*, m. *hiolo*, s.

DISPARITÉ, sf. *mea ke* m. *mea e*, s.

DISPENSE, sf. *haapakeve*, m. *ainoa, pakele ana*, s.

DISPENSER, v. *haapakeve*, m. *hoopakele*, s.

DISPERSÉ, adj. *puhia*, ms. *auvana*, s.

DISPERSER, v. *tuaki, tuai, touaki*, m. *hootuhee, lalau, lele*, s. repandre *puehu, pahee*, s. disperser par le souffle, *pahi*, m. il a dispersé les gens superbes, *ua hoopuehu i ka poe haaheo*, s.

DISPERSION, sf. *tuakina*, m. *puehu*, s.

DISPOSER, v. *anea, kanea*, m. *hoopono*, s. se disposer, *liuliu*, s.

DISPOSITION, sf. *ao*, m. *ano*, s. —d'esprit. *loko*, s. *opu*, ms.

DISPUTE, sf. *toua*, m. *kaua, kakaka*, s. dispute domestique, *koele*, s. — de question. *pakikee*, s. —pour faire valoir une opinion, *pukanilua*, s.

DISPUTER, v. *tautaki, fefai*, m. *hoopaapaa, hoopupu*, s. plaider, *kahihi*, s. chipoter, *muku*, s. se disputer la primauté, *paonioni*, s. se disputer avec acharnement, *lotohai*, m.

DISQUE, sm. *ulu*, s.

DISQUISITION, sf. *miina*, m. *milimili ana*, s.

DISSÉMINER, v. *papauha*, m. *luone*, s.

DISSENSION, sf. *toua*, m. *kue*, s.

DISSENTERIE, sf. *hi*, ms.

DISSERTATION, sf. *miina i te ao*, m. *milimili ana i ke ao ana*, s.

DISSIMULATION, sf. *hakaahena*, m. *hooae ana*, s.

DISSIMULÉ, adj. *likoe*, m. *lauvili*, s.

DISSIMULER, v. *hakahae*, m. *hooae*, s.

DISSIPER, v. consumer, *kai*, m. *ai*, s. détruire, *haukoe*, m. *haukae*, s. dissiper par le souffle, *hoopulelehua*, s. distraire, *hee*, s. dissiper son bien, *hokai varai*, ˢ. se dissiper, *nao*, ᵐ. *nalo*, ˢ.

DISSOLU, adj. *pe*, ᵐ. *haumia*, ˢ.

DISSOLUBLE, adj. *ehu*, ᵐˢ.

DISSOLUTION, sf. *ehu*, ᵐˢ. débauche, *mea pe*, ᵐ. *haumia*, ˢ.

DISSONANCE, sf. *leo palale*, ˢ.

DISSONNANT, adj. *palale*, ˢ.

DISSONNER, v. *palale*, ˢ.

DISSOUDRE, v. en poussière, *hakaehu*, ᵐ. *hoohu*, ˢ. — en liqueur, *hakapepee*, ᵐ. *hoopepee*, ˢ. se dissoudre, *poha*, ᵐˢ.

DISSUADER, v. *huli*, ˢ.

DISSYLLABE, adj. *leo lua*, ˢ.

DISTANCE, sf. *etahi*, ᵐ. *kahi*, *mamao*, ˢ. à une grande distance, *kahi loihi aku*, ˢ. demeurer à une certaine distance, *hoomamao*, ˢ.

DISTANT, adj. *atea*, ᵐ. *akea*, ˢ.

DISTILLATION, sf. *hakapepeena*, ᵐ. *hoopepee ana*, ˢ.

DISTILLER, v. *hakapepee*, *hakatahe*, ᵐ. *hoopepee*, *puhi*, ˢ.

DISTINCT, adj. différent, *ke*, ᵐ. *e*, ˢ. clair, *akaka*, ˢ.

DISTINCTION, sf. division, *motuna*, ᵐ. *mokuna*, ˢ. différence, *mea ke*, ᵐ. *mea e*, ˢ. honneur, *mea kaie*, ᵐ. *hanohano*, ˢ.

DISTINGUÉ, adj. différent, *ke*, ᵐ. *e*, ˢ. honorable, *kuauhau*, ˢ.

DISTINGUER, v. *pae*, ᵐ. *mahele*, ˢ.

DISTORSION, sf. *pokaaveli*, ˢ.

DISTRACTION, sf. *teka*, ᵐ. *epaepa*, ˢ.

DISTRAIRE, v. *hakateka*, ᵐ. se distraire.

DISTRIBUER, v. partager, *pahe*, ᵐ. *pualavahi*, ˢ. ranger, *haapavei*, ᵐ. *kulalani*, ˢ.

DISTRIBUTION, sf. *pahena*, *haapavei*, ᵐ. *pualavahi ana kulalani ana*, ˢ.

DISTRICT, sm. *motu*, ᵐ. *moku*, *kalana*, *aina*, ˢ. chef de district, *kiaaina*, ˢ.

DIVAGUER, v. *hakaee*, ᵐ. *oaaa*, ˢ.

DIVERGENT, adj. *koka*, ᵐ. *lalau*, ˢ.

DIVERGER, v. *koka*, ᵐ. *lalau*, ˢ.

DIVERS, adj. *ke*, ᵐˢ. *e*, ˢ.

DIVERSION, sf. *tekateka*, ᵐ. faire diversion, *hakatekateka*, ᵐ.

DIVERSITÉ, sf. *mea ke*, ᵐˢ.

DIVERTIR, v. *keu*, *kaokao*, ᵐˢ. se divertir, *keukeu*, ᵐ.

DIVERTISSANT, adj. *keukeu*, ᵐ. *kaokao*, ˢ.

DIVERTISSEMENT, sm. *mea keu*, ᵐˢ.

DIVIN, adj. *atua*, ᵐ. *akua*, ˢ.

DIVINITÉ, sf. *atua*, ᵐ. *akua*, ˢ. la divinité de N. S. *kinoakua*, ˢ.

DIVISER, v. *pae*, *pahe*, *motu*, ᵐ. *moku*, ˢ. partager, *pualavahi*, *punaue*, *punave*, ˢ. séparer, *hoohelehele*, ˢ. diviser en deux, *mahelelua*, ˢ. — en parties égales, *hoohalikelike*, ˢ. se diviser en branches, *hihi*, — en membres, *manamana*, ᵐˢ. — comme une famille ou un royaume, *mokuahana*, ˢ.

DIVISION, sf. *motuna*, ᵐ. *moku ana*, *maheleia*, ˢ.

DIVULGUER, v. *haki*, *haihai*, ᵐˢ.

DIX, adj. num. *onohuu*, ᵐ. *umi*, ˢ. pour marquer les dizaines au dessus de vingt, on se sert de *kana*, ˢ. *kanakolu*, trente, c'est-à-dire, trois dix, ou trois fois dix; dix fois, *onohuutina*, ᵐ. *paumi*, ˢ. dix à dix, *paumi*, ˢ. dix-sept, *onohuu me ahitu*, ᵐ. *umi kuma ma hiku*, ˢ. période de dix jours, *anahulu*, ˢ.

DIXIÈME, adj. num. *e onohuu*, ᵐ. *e umi*, ˢ.

DIZAINE. **sf.** *kana.* s. quatre di-zaines, *kanaha.* s.

DOCILE. **adj.** *aotahi,* m. *hirahira.* s. être docile. *hakaono.* m. docile à croire, *hoolohe,* s.

DOCILITÉ, **sf.** v. DOCILE.

DOCTEUR. **sm.** *tumuao,* m. *ka-muao,* s.

DOCTRINE, **sf.** *aona.* m. *ao ana.* s.

DOCUMENT. **sm.** *mea i akaka.* s.

DODU. **adj.** *ipa.* m. *nepunepu. no-punopu, ulinalina.* s.

DOIGT, **sm.** *manamana.* ms. *maka-maka.* ms. doigts de mains. *mana-manalima.* s. — de pieds. *mana-manararae.* ms. s'accrocher les —, *hooloulou.* s. lécher les —, *mikoli, minoinoi,* s. jointures des —, *puulima.* s.

DOL. **sm.** *tipai.* m. *maaba.* s.

DOLOIRE. **sf.** *koikolo.* s. fer de —, *koikila.* s.

DOMAINE. **sf.** terre, *fenua tumu.* m. *honua kumu,* s.

DOMESTIQUE. **sm.** serviteur, *pekio, peio, papa.* m. *ainoa.* s. jeune domestique, *kamalii.* s.

DOMESTIQUE. **adj.** *rae,* ms *laka,* s.

DOMICILE. **sm.** *noho,* ms.

DOMINATION, **sf.** *ririnina,* m. *lani-lani ana,* s.

DOMINER. **v.** *virini,* m. *holopapa, lanilani,* s.

DOMMAGE, **sm.** *mea ino,* ms. souffrir un dommage, *pauhia,* s.

DOMPTER, **v.** *tuaki, tuai,* m. *hoo-vae,* s.

DON, **sm.** *taetae,* m. *alana,* s.

DONATION, **sf.** *tuuna,* m. *alana,* s.

DONC, **conj.** *ai,* m. *hoi,* ms. *no ia mea,* s. si donc, *malia,* s. ainsi donc, *no laila,* s. c'est toi donc, *na oe hoi,* m.

DONNÉ. **adj.** *io,* m. c'est donné, *ua io,* m.

DONNER. **v.** *tuu. taiona.* m. *kuu haari,* s. donner de l'étoffe. *taiona i te tapa.* m. donnez-moi du pain et du vin. *a tuu ia au i te parena a me i te vino.* m. je vous donne *e taiona au ia oe,* m.

DONT. **pron.** *o rai,* ms.

DORÉ. **adj.** *tini.* m. *kini,* s.

DORÉNAVANT. **adv.** *i mui atu.* m. *ma nei.* m.

DORER. **v.** *haatinitini,* m. *hookini kini.* s.

DORMANT. **adj.** *moe,* ms. parler en dormant, *moehera,* s.

DORMIR, **v.** *moe.* ms. avoir envie de dormir, *hia moe.* ms. je dors, *moe au,* ms. tu dors, *e moe oe,* ms. il dort, *e moe ia.* ms. nous dormons, *e moe matou (makou).* ms. vous dormez, *e moe otou (ou-kou).* ms. ils dorment, *e moe atou (lakou),* m.

DORTOIR, **sm.** *pa e moe,* s. *poho e moe,* m.

DOS, **sm.** *tua.* m. *kua,* s. la partie du dos entre les épaules, *hokua,* s. la partie basse du dos, *kikala,* s. tourner le —, *haaiu, haa atu,* m. porter sur le —, *tau,* m. *haare raha,* s. s'appuyer le —, *rahu rahu,* s. mal de —, *kuapuhi,* s. épine du —, *kakaka,* s.

DOT, **sf.** *tuuna.* m. *kuu ana,* s.

DOUBLE, **sm.** *ua,* m. *lua,* s.

DOUBLE. **adj.** *koua,* m. *lauava,* s. double de caractère, *tikoe,* m. *lau vili, lolilua,* s.

DOUBLÉ, **adj.** *pepelu,* s.

DOUBLER. **v.** *hakaua,* m. *hoolua,* plier, *fafatu, hahatu, fefatu,* m. *pelu, papalua,* s.

DOUCEUR, sf. *atamai*,[m]. *akamai*.[s].

DOUÉ, adj. *tapi*, [m]. *hoolako*, [s].

DOUER, v. *tapi*, [m]. *hoolako*, [s].

DOULEUR, sf. *hau*, *kakahu*, [m]. *ikiiki*, [s]. douleur aiguë, *hoke*, [m]. *lou*, *ralania*, [s]. — d'enfantement, *haakohi*,[s]. —du tatouage, *paile*,[s]. — de rhumatisme, *hui*, [s].—dans les membres, *keokeo*, [ms]. — dans les entrailles, *lena*, [s]. — de colique, *ehupau*, [m]. sentir la douleur, *menene*, [s].

DOULOUREUX, adj. *hau nui*, [m]. *mai eha nui*, [s].

DOUTE, sm. *koekoe*, [m]. être en doute, *hapalua, kunalua*, [s]. sans doute, *hoi*, [ms].

DOUTER, v. *hapalati*, [m]. *hapalua*, [s].

DOUTEUX, adj. *puehu*, [m]. *aole loaa*, [s].

DOUX, adj. *manati*, *manini*, [m]. *linalina*, [s]. doux au toucher, *menia*, [m]. *nahinahi*, [s]. — de caractère, *meitai*, [m]. *hirahira*, *ukahai*, *mao*, [s]. parole douce, *nahinahi*,[s]. insinuant, *nolunolu*.[s]. le plus doux de tous, *ke akahai i na mea a pau*, [s].

DOUZAINE, sf. V. DOUZE.

DOUZE, adj. num. *onohuu me aua*, [m]. *umi kuma ma lua*, [s].

DOUZIÈME, adj. num. V. DOUZE.

DOYEN, sm. *dekano*, [ms]. (moderne).

DRAGON, sm. *pinao*, [s].

DRAP, sm. *lole*, [s]. espèce de drap fin et rouge, *kanekopia*, [s].

DRAPEAU, *pakiki, pakiti, tipa*, [m]. *hae, hili*, [s].

DRESSER, v. *hakalu, vaa*,[m].*opili*,[s]. dresser un plan, *kanea*,[m]. *kukulu*. [s].

DROIT, sm. *toiloina*, [m]. *kupono*, [s]. taxe, *hii*, [s].

DROIT, adj. *atamai*, [m]. *akamai*,[s]. droit et uni, *nao*, [s]. main droite *iima atamai*, [m]. *lima akau*, [s]. pied —, *lu*, [s]. côté —, *kala akua*, [s]. à droite, *hira*, [m]. rendre —, *haatoitoi*, [m]. *hoopololei*, [s]. être —, *mao, tu*, [m]. *ku*, [s]. qui n'est pas —, *kekee*, [s]. esprit —, *uhane ku pono*, [s].

DROITURE, sf. *atamai*, [m]. *akamai*, *pololei*, [s].

DRÔLE, adj. gaillard, *ekaeka*, [m].

DU, *o le*, [m]. *o ke*, [s].

DUC, sm. *duke*. [ms]. (moderne.)

DUCHESSE, sf. *dukerahine*, [ms].

DUEL, sm. signe du duel, *mau*, [s].

DUPLICITÉ, sf. *mea tipai, likoe*, [m]. *malimali*, [s].

DUR, adj. *feo, kokoki*, [m]. *hoolili*,[s]. entêté, *haiole*, [s]. coriace, *linalina*, [s].

DURABLE, adj. *nenea, mao*, [m]. *mau*, [s]. pénible, *loulou, paakaikai*, [s].

DURANT, prép. *oi*, [ms].

DURCI, adj. *feo, puake*, [m]. *hoolili*, [s].

DURCIR, v. *haafeo*, [m]. *hoopaakiki*, [s].

DURÉE, sf. *mau*, [m]. *mao*, [s]. de longue durée, *hakalia*, [s].

DURER, v. *mao*, [m]. *mau, oia*, [s].

DURETÉ, sf. *feo*, [m]. *oolea*, [s]. — de cœur, *huakeo, paakiki ana*, [s].

DUVET, sm. *heu*, [s].

E.

EAU, sf. *rai*,^{ms}. de l'eau, *na rai*,^{ms}. un peu d'—, *he vahi rai*,^s. source d'—, *raikeo, huao o te rai*,^m. *punavai*,^s.—courante, *raihee*,^m. —boueuse, *raikoto*,^m.— fraiche, *mohurai*,^m.—de mer, *raikai*,^{ms}. jet d'—, *raipuilani*,^s. vase à l'—, *huerai*,^{ms}. agitations de l'—, *kupikipikio*,^s. apportez de l'—, *i rai*,^{ms}. (sous-entendu, *haari*). remplir d'—, *kukuhi*,^s.

ÉBAHIR, v. *akanahau*,^m. *kahaha*,^s.

ÉBAHISSEMENT, sm. *akanahau-na*,^m. *kahaha'na*,^s.

ÉBAUCHE, sf. *momo*,^m.

ÉBAUCHER, v. *hakamomo*,^m.

ÉBLOUI, adj. *ponionio*,^m. *liolio*,^s.

ÉBLOUIR, v. *ponionio*,^m. *hooliolio, hulili, olehaleha*,^s.

ÉBLOUISSANT, adj. *ponionio, oni-nonino, olinolino*,^s.

ÉBLOUISSEMENT, sm. *ponioniona*,^m. *olehaleha'na*,^s.

ÉBOULER, v. *rii*,^m. *hika*,^{ms}. *pololi*,^s.

ÉBOUILLIR, v. *puapua*,^m. *olaola*,^s.

ÉBOULITION, sf. *puapua*,^m. *olaola, puapuai*,^s.

ÉBRANCHER, v. *oti (oki), manamana*,^{ms}.

ÉBRANLEMENT, sm. *upaipai*,^s.

ÉBRANLER, v. *haalulu, hoonene, kapalili*,^s. secouer, *naue, pae*,^s.

ÉBRÉCHÉ, adj. *tumue*,^m. *nihomole*,^s.

ÉBRÉCHER, v. *tumue*,^m. *hooniho-mole*,^s.

ÉBULLITION, sf. *puapua*,^{ms}.

ÉCAILLE, sf. *iii, ivi*,^{ms}.—de tortue, *unahi*,^m. *ea, kumuea, una*,^s. de coquillages, *pukuahi*,^m.

ÉCAILLEUX, adj. *puahilohilo*,^s.

ÉCARLATE, sf. couleur, *veakiki*,^m *kole, okooko*,^s.

ÉCART, A L'ÉCART, sm. *kuokoa*,^s

ÉCARTER, v. *memao*,^m. *mamao, hoopale, kuemi*,^s. — les jambes, *kehea*,^m. s'écarter, *nene*,^s

ECCLÉSIASTIQUE, sm. prêtre *taua*,^m. *kahuna*,^s.

ÉCHANGE, sm. *oua*,^m. *kuaiia*,^s.

ÉCHANGER, v. *hokohoko*,^{ms}. *kuai*,^s.

ÉCHAPPER, v. *ee*,^m. *hoopanee*,^s. s'échapper, *nihi*,^m. *kiri, paholo*,^s. échapper des mains, *pioi*,^m.

ÉCHARPE, sf. *kaeu*,^m. *hume*,^s.

ÉCHAUFFANT, adj. *haamahana*,^m. *hoomahana*,^s.

ÉCHAUFFER, v. v. ÉCHAUFFANT.

ÉCHEC, sm. *haateao*,^m.

ÉCHELLE, sf. *tuu una raerae*,^m. *alapii, haka*,^s.

ÉCHELON, sm. *pikina*,^m. *piina*,^s.

ÉCHEVEAU, sm. *orili*,^s.

ÉCHINE, sf. épine du dos, *kakaka*,^s.

ÉCHO, sm. *kupinai, neke*,^{ms}.

ÉCHOIR, v. *rii*,^m. *ili*,^s.

ÉCHOUER, v. *mamope*,^m. — sur un rocher, *mamope no te kea*,^m.

ÉCLABOUSSER, v. *hehu*,^m. *mapu, mahihiki*,^s.

ÉCLABOUSSURE, sf. *hehurepo*,^m.

ÉCLAIR, sm. *uia, uiavahi*,^m. *uila, vila*,^s.

ÉCLAIRAGE, sm. *maama*,^m. *malamalama*,^s.

ÉCLAIRCIR, v. *vevete, haakaaka*,^m. *hooakaka*,^s.

ÉCLAIRCISSEMENT, sm. *veretena*,^m. *mea i akaka*, ^s.

ÉCLAIRÉ, adj. *koekoe*, ^m. *koikoi*, ^s.

ÉCLAIRER, v. *maama*,^m. *hoomalamalama*, ^s. briller, *tokihi*, ^m. s'éclairer, *amahanahana*,^m. éclairer l'esprit, *hohola*, ^s. allumer, *taakaaka*, ^m. *hookaakaa*. ^s.

ÉCLAT, sm. — d'une arme à feu, *aina*, ^s. — de rire, *kokiki*. ^m.

ÉCLATANT, adj. *kiki*. ^m. *koae*. ^s.

ÉCLATER, v. *poha*, ^{ms}. pétiller, *hoonahu*, ^s.

ÉCLIPSE, sf. *hakanao*, ^m. *kamakao*, ^s. — du soleil, *hakanao to aomati*,^m.— de la lune, *hakanao to mahina*, ^m.

ÉCLIPSER, v. *hakanao*, ^m. *hoonalo*, ^s.

ÉCLORE, v. *liko*, ^s.

ÉCLUSE, sf. *analoko*, ^s.

ÉCOLE, sf. *kula*, ^s. (moderne), maison d'école, *halekula*, ^s. maître d'—, *kumao*, ^s.

ÉCOLIER, sm. *haumana*, ^s.

ÉCONOME, sm. *puukuu*, ^s.

ÉCONOMISER, v. *koe, hookoe*, ^s.

ÉCORCE, sf. *kii*, ^m. *iii, uhele*, ^s. écorce de l'arbre à pain, *pokuku*, ^m. — du mûrier, *tutua*, ^m.

ÉCORCHER, v. *pahee, peeo, pooe*,^m. *ihi, hohole*, ^s.

ÉCOSSER, v. *vetiveti*, ^m. *vehevehe*, ^s.

ÉCOULEMENT, sm. *tahena*, ^m. *kahena*, ^s.

ÉCOULER, v. *tahe*, ^m. *kahe*, ^s.

ÉCOUTER, v. *oko, ono*, ^m. *lohe, olohe*, ^s. —, obéir, *hoohoo*, ^m. *hoolohe*, ^s. écouter en cachette, *tukee*,^m. — avec surprise, *hoonanea*, ^s. écoute! écoutez! *eo*! ^m. *ka*! ^s. écoutez ma parole! *a hakaono i ta au tekao*, ^m.

ÉCRASER, v. *oomi, popoki*, ^m. *palahe*, ^s. écraser sous les pieds, *tokahi*,^m. *pakii*,^s.

ÉCREVISSE, sf. *toetoe, tovae*, ^m. — de mer, *ula*, ^s.

ÉCRIER (s'), v. *rarao*, ^m. *uva*, ^s.

ÉCRIN, sm. *vahamana*, ^s.

ÉCRIRE, v. *patu, tiki*, ^m. *kaha, kahakaha, palapala, kakau*, ^s. apprendre à —, *koakai te patu*, ^m. — mal, *kaavili*, ^s. — avec une plume, *kakau me ke hulu*, ^s. table à —, *papakakau*, ^s. il faut que j'écrive, *a patu au*, ^m.

ÉCRIT, sm. *hamani patu*, ^m. *kakauia, palapala*.

ÉCRITOIRE, sm. *hipu inika*, ^s.

ÉCRITURE, sf. *hamani patu*, ^m. *palapala ana*, ^s. classe d'écriture, *kulalima*, ^s. Ecriture sainte, *palapala kapu*, ^m. *palapala hemolele*, ^s.

ÉCRIVAIN, sm. *enana hamani patu*, ^m. *kanaka palapala* ^s.

ÉCROULEMENT, sm. *topana*, ^m. *heleia*, ^s.

ÉCROULER, v. *tiheke, topa*, ^m, *hele*, ^s. faire écrouler, *haaheke*, ^m. *hoohele*, ^s. faire écrouler un mur, *haaheke i te pakea*, ^m.

ÉCUEIL, sm. *motu*, ^m. *moku, pukoa*, ^s. toucher à un écueil, *ili*, ^s. — des côtes de la mer, *kohutu*,^m.

ÉCUME, sf. *pua, puapua*, ^m. *hua, huahua*, ^s.

ÉCUMER, v. *puapua*, ^m. *huahuai*,^s. écumer, ôter l'écume, *ao*, ^m. *kioe*, ^s.

ÉDENTÉ, adj. *nihomole*, ^s.

ÉDENTER, v. *hati te niho*, ^m. *nahi ke niho*, ^s.

ÉDIFIANT. adj. *mea meitai*, m. *mea maikai*, s.

ÉDIFICE, sm. *hae nui*, m. *hale nui*, s.

ÉDIFIER. v. *haameitai*, m. *hoomaikai*, s.

ÉDIT. sm. *peau*, m. *kanawai*, s.

ÉDITER. v. *tuhau i te patu*, m. *kau hoakaulana*, s.

ÉDITEUR. sm. *enana tuhau i te patu*, m. *kanaka haakaulana*, s.

ÉDITION. sf. *tuhauaa i te patu*, m. *kau aa*, s.

ÉDUCATION. sf. instruction. *haakona*, m. *aona*, s.

EFFACER. v. rayer. *haoi*, m. *haloi*, s. détruire, *haakoe*. m. *hanakai*, s.

EFFAROUCHER. v. *hametau*, m. *hoorelireli, hoomakaukau*, s.

EFFECTIF. adj. *toitoi*, m. *ia*, s.

EFFECTIVEMENT, adv. *tea*, m. *ia*, s.

EFFECTUER. v. *haatia*, m. *hooia, hoomau*, s.

EFFERVESCENCE. sf. *puu*, ms.

EFFET, sm. *mea*, m. biens, *taetae*, m. *rairai*. serrer des effets, *poao, pukao*. m. sans effet, *olera*, s. en effet, *teia*, m.

EFFICACE. adj. *hana*, ms. *ikaika*, s.

EFFIGIE, sf. *mata, ata*, m. *maka, aka*, s.

EFFILÉ, adj. *kahikahi*, m. *lahilahi*, s. mince, *riri*, s.

EFFILER. v. *haakahikahi*, m. *hoolahilahi*, s.

EFFORCER (s'), v. *haakona*, m. *hookona, hooikaika*, s.

EFFORT, sm. *kona*, ms.

EFFRAYANT, adj. *hametau*, m. *makaukau*, s.

EFFRAYER. v. *hametau*, m. *hoo kaukau, hoorelireli*, s. effrayer subitement. *hoopuira*, s.

EFFROI. sm. v. EFFRAYANT.

EFFRONTÉ. adj. *mata oko*, m. *hou kau*, s.

EFFRONTERIE. sf. *hakaie*, m. *k... ha*, s. injure. *pape*, m. *kuamu mu*, s.

EFFROYABLE. adj. *hakahametau, hoomakaukau*, s.

ÉGAL. adj. *atii, apetii*, m. like, *ake*, s. une partie égale. *alike ke*, s.

ÉGALER. v. *haatohai*, m. *hoalike*.

ÉGALISER. v. *haatulai*, m. *hoa kealike*, s.

ÉGALITÉ. sf. *tokai*, m. *nuu*, s.

ÉGAREMENT. sm. *mea teka*, m. *m... kipa*, s.

ÉGARER. v. *hakateka*, m. *kipa*, séduire. *alapalu*, s. s'égarer. *hi pahaohao*, s.

ÉGLISE. sf. temple. *haepure*, m. *h... lepule*, s.

ÉGOÏSTE. sm. *kaikino*, m. *lunu*, s.

ÉGORGER. v. *kokoti, kukumi, oka*, ms.

ÉGOUT. sm. *kehine*, s.

ÉGRATIGNER. v. *turee, rarau, n... nee*, m. *ralu, hualu, umiki*, s.

ÉGRATIGNURE. sf. *maioio*, m. *v... luia*, s.

ÉHERBER, v. *ukui*, m.

ÉHONTÉ, adj. *nene*, m. *ino*, ms.

ÉLAN, sm. *ouka*, s.

ÉLANCEMENT, sm. *hau*, m. *hao*, s.

ÉLANCER (s'), v. *hau*, m. *hao, h... hao*, s.

ÉLARGIR, v. *haafatea*, m. *hoo kea*, s. faire sortir de prison, *p... kere*, m. *pakele*, s. s'élargir, *n... ne*, s.

ÉLARGISSEMENT, **sm.** *fateana*, ^m. *hooakea'na*, ^s.

ÉLASTIQUE, **adj.** *mekaka*, ^m. *holu*, ^s.

ÉLECTION, **sf.** *atavaena*, ^m. *kohoia, vaena*, ^s.

ÉLÉGANCE, **sf.** *atamai*, ^m. *akamai*, ^s.

ÉLÉGANT, **adj.** v. ÉLÉGANCE.

ÉLÉGIE, **sf.** *makena*, ^s.

ÉLÉMENT, **sm.** *tumu*, ^m. *kumu*, ^s.

ÉLÉPHANT, **sm.** *elepani*, ^{ms}. (moderne).

ÉLÉVATION, **sf.** *haatietiena*, ^m. *hooea'na*, ^s. construction, *kaneana*, ^m. *kukulu ana*, ^s.

ÉLÈVE, **sm.** *koua*, ^m. *haumana*, ^s.

ÉLEVÉ, **adj.** *tietie*, ^m. *kiekie*, ^s.

ÉLEVER, **v.** hausser, *hupai, haatiketike*, ^m. *hooea, hooeae*, ^s. nourrir, *tafai*, ^m. *hiipoi*, ^s. instruire, *haako*, ^m. *hoonaau ao*, ^s. construire, *ato, kanea*, ^m. *kukulu*, ^s. s'élever, *mao*, ^m. *mau*, ^s. levez-vous, *a mao oe*, ^m. s'élever contre, *paonioni*, ^s. s'enorgueillir, *haatietie*, ^m. *hookiekie*, ^s. être élevé, *kehakeha*, ^s. s'élever, comme le soleil, *pua*, ^{ms}.

ÉLIDER, **v.** *kapeke*, ^s.

ÉLIRE, **v.** *atarae*, ^m. *vae, hivahiva*, ^s.

ÉLISION, **sf.** *kapeke ana*, ^s.

ELLE, **pron.** v. IL.

ÉLOCUTION, **sf.** *tekao*, ^m. *olelo*, ^s.

ÉLOGE, **sm.** *mahaona*, ^m. *hiilani ana*, ^s.

ÉLOIGNEMENT, **sm.** *mamao*, ^{ms}.

ÉLOIGNÉ, **adj.** *hatea*, ^m. *hakea*, ^s. très éloigné, *ee, loihi*, ^s.

ÉLOIGNER, **v.** *tute*, ^m. *hoopale*, ^s. s'éloigner, *avaoa*, ^m. *hooneenee*, ^s. s'éloigner du danger, *eehe*, ^s. éloignez-vous, *apae*, ^m. *alia*, ^s.

ÉLOQUENCE, **sf.** *ao i te tekao*, ^m. *ao i ka olelo*, ^s.

ÉLOQUENT, **adj.** v. ÉLOQUENCE.

ÉLU, **adj.** *ataraea*, ^m. *vavia*, ^s.

ÉLUCIDATION, **sf.** *reretena*, ^m. *mea i akaka*, ^s.

ÉLUDER, **v.** *reilaa*, ^m. *minamina*, ^s.

ÉLYSÉE, **sm.** *mahinaai*, ^s.

ÉMANATION, **sf.** *tihena*, ^m. *ko ana*, ^s.

ÉMANER, **v.** *tihe*, ^m. *ko*, ^s.

EMBALLAGE, **sm.** *haapukaona*, ^m. *hoopapa ana*, ^s.

EMBALLER, **v.** *haapukao*, ^m. *hoopapa*, ^s.

EMBARCATION, **sf.** *raka*, ^m. *raa*, ^s. réunion d'embarcations, *auraa*, ^s.

EMBARQUER, **v.** *tee*, ^m. s'embarquer, *hoe*, ^m. *hooe*, ^s.

EMBARRAS, **sm.** *alai*, ^s. difficulté, *hakalia*, ^s. peine, *menae*, ^m.

EMBARRASSANT, **adj.** *lapa*, ^s.

EMBARRASSÉ, **adj.** *laurilia*, ^s.

EMBARRASSER, **v.** *haananau*, ^m. *laurili*, ^s.

EMBAUMER, **v.** *haakekao*, ^m. *ialoa*, ^s.

EMBELLIR, **v.** *haakanahao*, ^m. *hoolako*, ^s.

EMBELLISSEMENT, **sm.** *tareke*, ^m. *ulurehirehi ana*, ^s.

EMBONPOINT, **sm.** *hakaipa*, ^m. *huake, kaha*, ^s. perdre son embonpoint, *omino*, ^s.

EMBOUCHURE, **sf.** ouverture, *nutu*, ^m. *nuku*, ^s. *vaha*, ^{ms}. — d'une rivière, *makaha*.

EMBRASEMENT, **sm.** *haauana*, ^m. *hoouana*, ^s.

EMBRASER, **v.** *haaua*, ^m. *hooua*, ^s.

EMBRASSER, **v.** *hapu*, ^m. *heapo*, ^s. baiser, *honi*, ^s.

EMBROUILLÉ, **adj.** *kohii*, ^m. *miko, vinivini*, ^s.

EMBROUILLER, **v.** *kohii. reti. ko-*
ree. ᵐ. *hihi.* p. p. *hihiia.* ˢ.

EMBUCHE. **sf.** *makaka,* ᵐ. *pahe-*
le. ˢ. tendre des embûches, *ma-*
kaka, moioe, ᵐ.

EMBUSCADE. **sf.** *makaka,* ᵐ. *pahe-*
le, ˢ.

EMBUSQUER, **v.** *haamotii.* ᵐ. *ha-*
lua, ˢ.

ÉMENDER, **v.** *onaki. haatoitoi.* ᵐ.
hoopono, ˢ.

ÉMETTRE. **v.** *haapaa.* ᵐ. *hoopua,* ˢ.

ÉMEUTE, **sf.** *feaa, haa nui,* ᵐ. *haa-*
naele, ˢ.

ÉMIGRANT, **adj.** *enana ee i te fenua*
ke. ᵐ. *kanaka hele i ke honua e,* ˢ.

ÉMIGRER, **v.** *ee i te fenua ke,* ᵐ. *he-*
le i ka honua e, ˢ.

ÉMINENCE. **sf.** *puu. puku,* ᵐˢ.

ÉMINENT, **adj.** élevé, *tietie,* ᵐ. *kie-*
kie, ˢ. excellent. *meitai,* ᵐ. *mai-*
kai, kela, ˢ.

ÉMISSAIRE. **sm.** *mata kanino,* ᵐ.
kiu, ˢ.

EMMENER, **v.** *aahi. nahi.* ᵐ. *kai,*
kaina, ˢ.

ÉMOLUMENT. **sm.** *mea meitai,* ᵐ.
mea maikai, ˢ.

ÉMONDER, **v.** *oti.* ᵐ. *oki. muokole.* ˢ.

ÉMOTION, **sf.** *tuueieina,* ᵐ. *hoihoi,* ˢ.
surprise. *pihoihoi.* ˢ. sédition.
feaa, ᵐ. *hooku,* ˢ.

ÉMOUVOIR, **v.** *tuueiei,* ᵐ. *kuehu,* ˢ.
s'émouvoir. *pihoihoi,* ˢ.

ÉMOUSSÉ, **adj.** *tumue.* ᵐ. *kumu-*
mu, mania, ˢ.

ÉMOUSSER, **v.** *e, ee, haamue,* ᵐ.

EMPAN, **sm.** *tipoo,* ᵐ.

EMPAQUETER, **v.** *haapukao,* ᵐ. *hoo-*
papa, ˢ.

EMPARER, (s'), **v.** *fau, hau, iko, tu-*
na, ᵐ. *kapea, popoi,* ˢ.

EMPATER, **v.** *hooepai,* ˢ.

EMPÊCHEMENT. **sm.** *haananuuna,*
hakalia, ˢ.

EMPÊCHER. **v.** *haananuu,* ᵐ. *ala-*
alalai, ˢ. empêcher amicaleme[nt]
laohi, ˢ. défendre. *kahui.* ᵐ. *k[a]*
keakea, ˢ.

EMPEREUR, **sm.** *kaisara,* ᵐˢ. (m[o]
derne).

EMPESTER, **v.** *haapiau,* ᵐ. *ha[a-]*
mia, ˢ.

EMPHASE. **sf.** *puu te tekao,* ᵐ. *p[u]*
ka ka olelo, ˢ.

EMPIÉTER. **v.** *iko,* ᵐ. *popoi,* ˢ.

EMPIRE, **sm.** *ainakaisara,* ᵐˢ. *a[u]*
aupuni, ᵐˢ.

EMPIRER, **v.** *haapu iho,* ᵐ. *hooi[no]*
iho, ˢ.

EMPLACEMENT, **sm.** *kunana,* ˢ.

EMPLÂTRE, **sm.** *apakau, pakau*
epau, ᵐ. *ailamura,* ˢ.

EMPLETTE, **sf.** *hokona,* ᵐˢ.

EMPLIR, **v.** *haapi,* ᵐ. *hoopiha,* ˢ.

EMPLOI, **sm.** *papa,* ˢ. confier u[n]
emploi. *hoopono,* ˢ.

EMPLUMÉ, **adj.** *laukoha,* ˢ.

EMPOCHER, **v.** *kaka,* ᵐ. *aa,* ˢ.

EMPOIGNER, **v.** *hemo, kitii, puni[a]*
raraha, ᵐ. *kapea,* ˢ.

EMPOISONNER, **v.** *kaamate,* ᵐ. *ai[a]*
hua, akuahanai, ˢ.

EMPORTÉ, **adj.** *hakahuhu,* ᵐ. *uku[u]*
ki, ˢ.

EMPORTEMENT, **sm.** *ii, huu,* ᵐ. *hu[u]*
hu, ᵐˢ.

EMPORTER, **v.** enlever, *are atu,* ᵐ.
lave aku, hali, ˢ. avoir le dessus.
peo, ᵐ. *kau ma luna,* ˢ.

EMPREINDRE, **v.** *hakatu me te ti[i]*
ki, ᵐ. *opihi,* ˢ.

EMPREINTE, **sf.** V. EMPREINDRE.

EMPRESSÉ, **adj.** *papa,* ᵐ.

EMPRESSEMENT, **sm.** *tuueieina,* ᵐ.
kikina, ˢ.

EMPRESSER (s'), **v.** *kemu, kokoo,* m. *aikina,* s.

EMPRISONNEMENT, **sm.** *humuna,* m. *opuhopu ana,* s.

EMPRISONNER, **v.** *humu,* m. *hopuhopu,* s.

EMPRUNTER. **v.** *iahui,* m.

EMU, **adj.** *pihoihoi,* s.

EMULATEUR, **sm.** *keilaki,* m. *hoikai,* s.

EMULATION, **sf.** *hua,* ms.

EN, **pron.** *o, a, na, ka, ma,* ms.

EN, **prép.** *i, ma, e,* ms. en bas, *ma ralo,* s. en dedans, *ma loko,* s. en haut, *ma luna,* s.

ENCADRER, **v.** *haapapua,* m. *pu..,* s.

ENCEINDRE, **v.** *haapapua,* m. *puniuni,* s.

ENCEINTE, **adj.** grosse d'enfant, *hapai,* ms. *ua kaeva,* m. *koko ana,* s. devenir enceinte, *kauhua,* s. *haapupu,* m. rendre enceinte, *hoohapai mai,* s.

ENCEINTE, **sf.** enclos, *papua,* m. *papa, kiavai,* s.

ENCENS, **sm.** *kekao,* m. *aala, libano,* s.

ENCENSER, **v.** brûler de l'encens, *uni, poni,* s.

ENCENSOIR, **sm.** *huekekao,* m. *hueala,* s.

ENCHAÎNEMENT, **sm.** *humutina,* m. *..oo,* s.

ENCHAÎNER, **v.** *humu,* m. *kupee,* s.

ENCHANTÉ, **adj.** *ekaeka,* m. *ohiohio, lioli,* s.

ENCHANTEMENT, **sm.** sorcellerie, *puka, anana, kuni,* s.

ENCHANTER, **v.** *pilihua,* s. charmer, *ohiohio,* s.

ENCHANTEUR, **sm.** *vainehae,* m. *paeavea,* s.

ENCHÉRIR, **v.** *hakanui ae,* m. *hoonui ae,* s.

ENCHÉRISSEMENT, **sm.** *hakanui ae ana,* m. *hoonui ae ana,* s.

ENCLAVER, **v.** *liha,* m. *hanapaa,* s.

ENCLIN, **adj.** *ako,* m. *ku,* s.

ENCLORE, **v.** *haapapua,* m. *hoopa,* s.

ENCLOS, **sm.** *pa,* ms. *papua,* m. *papa,* s. enclos de vigne, *pavino,* s. enclos en perche, *puoa,* s. — en pierre, *pakea,* m.

ENCLUME, **sf.** *lua,* m. *kua,* s.

ENCOIGNURE, **sf.** *huina,* ms. *olapalapa,* s.

ENCOLLER, **v.** *haatealea,* m. *pilali,* s.

ENCORE, **adv.** *hoi,* ms. *toe, etahi toe,* m. encore un peu plus, il était mort, *totahi mei mate,* m.

ENCOURAGEANT, **adj.** *hakaii,* m. *hooaho, hooikaika,* s.

ENCOURAGEMENT, **sm.** v. ENCOURAGEANT.

ENCOURAGER, **v.** *hakaii,* m. *hooeu, hoikaika, hakui,* s. exhorter, *hakapahi,* m. *kaaleo,* s.

ENCRE, **sf.** *hinu, kaahu,* m. *kohu, vaieleele,* s. *inika,* ms. (moderne).

ENCRIER, **sm.** *hipuinika,* ms.

ENDIVE, **sf.** *kikorea,* ms. (moderne).

ENDOMMAGEMENT, **sm.** *mea pe,* m. *mea ino,* ms.

ENDOMMAGER, **v.** *haape,* m. *hooino,* s.

ENDORMI, **adj.** *mania,* s.

ENDORMIR, **v.** *hiamoe,* ms. *mata kao,* m. *kikii,* s.

ENDROIT, **sm.** *taha,* m. *vahi,* ms.

ENDUIRE, **v.** *pau,* m. *hamo, hinu,* s.

ENDURCIR, **v.** *haafeo,* m. *hoopakiki,* s.

ENDURCISSEMENT, sm. *haafeona*,[m]. *palaka*,[s].

ENDURER, v. *mamae*,[m]. *hoomanara*,[s].

ÉNERGIE, sf. *ii*,[m]. *huhu*,[ms]:

ÉNERGIQUE, adj. *ii*,[m]. *miki, miki-miki, noke*,[s].

ÉNERVER, v. corrompre, *haape, haaino*,[m]. *hooino*,[s]. affaiblir, *haahopee*,[m]. *hoohohehe*,[s].

ENFANCE, sf. *poiti*,[m]. *poiki*,[s]. temps de l'—, *rakamalii*.

ENFANT, sm. *keiki*,[ms]. *kama*,[s]. *tama*,[m]. petit enfant, *mahai*,[m]. *hamalii*,[s]. enfant gâté, *hanohii*,[s]. enfans, descendans, *mamo*,[m]. tous les enfans, *keiki a pau*,[ms].

ENFANTEMENT, sm. *hanauna*,[m]. *hanau ana*,[s]. douleurs d'enfantement, *haakohi*,[s].

ENFANTER, v. *hanau*,[ms]. *haatupu, hukihuki*,[m].

ENFER, sm. *po rahipo*,[ms]. *haraikipe*,[m]. les mauvais esprits demeurent dans l'enfer, *te kuhane, hauhau mae i te haraiki pe*,[m]. enfer, selon les chrétiens, *luaahi aa lou*,[s].

ENFERMER, v. *tiha, tifu*,[m]. *hoopahua, hanapaa*,[s].

ENFILER, v. *tui*,[m]. *kui*,[s].

ENFIN, adv. *ma mui*,[ms].

ENFLAMMÉ, adj. *kole*,[s].

ENFLAMMER, v. *uaua*,[ms]. *kuni*,[s].

ENFLÉ, adj. *huhua*,[m]. *lapa, nepunepu*,[s].

ENFLER, v. *hua*,[ms]. *puu, puku*,[ms]. s'enfler, *aleale*,[s].

ENFLURE, sf. *huhua*,[m]. *pehu, puupuu*,[ms]. *avaiahiki*,[s].

ENFONCEMENT, sm. *makele*,[s].

ENFONCER, v. renverser, *fefau*,[m]. *hohoa*,[s]. pousser vers le fond *oha*,[m]. *oo, oa*,[s]. enfoncer avec une pierre, *paopao i te kea*, enfoncer des clous, *patia*,[m]. *kakia*,[s].

ENFORCIR, v. *haanunui*,[m]. *hoonui*,[s].

ENFOUIR, v. *tomi, uhu*,[m]. *pueo*,

ENFOURRER, v. *karii*,[m].

ENFREINDRE, v. *uotahi*,[m]. *hoohera*,[s]. enfreindre un commandement, *uhai i ka pauku a ke kanarai*,[s].

ENFUIR, v. *e, ee*,[m]. *ekeeke, ahai*, s'enfuir secrètement, *mahuka*,

ENFUMER, v. noircir par la fumée, *haaneere i te uahi*,[m]. *hooleele ke uahi*,[s].

ENGAGEMENT, sm. *hoopapau*,[s].

ENGAGER, v. inviter, *haaraerae*,[m]. *hoorae*,[s]. obliger, *hoouna*,[s].

ENGENDRER, v. *hanau*,[ms]. *kaatupu*,[m]. *ko*,[s].

ENGLOUTIR, v. *kai*,[m]. *ai, ale*,[s].

ENGLUER, v. *haateatea*,[m]. *pilali*,[s].

ENGOURDI, adj. *maeele*,[s].

ENGOURDIR, v. *momou*,[s].

ENGOURDISSEMENT, sm. *momou*,[s].

ENGRAISSER, v. *tafai*,[m]. *kupalu*,[s].

ENGROSSIR, v. *hakanui*,[m]. *hoonui*,[s].

ENHARDIR, v. *haapatati*,[m]. *hoolili*,[s].

ÉNIGME, sf. *tekao tako*,[m]. *olelo nane*,[s].

ENIVRANT, adj. *namu*,[m]. *hookoa*,[s].

ENIVRER, v. V. ENIVRANT.

ENJOINDRE, v. *peau*,[m]. *kena*,[s].

ENJOUÉ, adj. *ekaeka*,[m]. *haihai*,[s].

ENLACER, v. *karii, kohii*,[m]. *hihi*,[s].

ENLÈVEMENT, **sm.** *hopaina*, ^m. *la-beia*, ^s.

ENLEVER, **v.** *fau*, ^m. *hookaha*, ^s. emporter, *ave*, ^m. *lave, kaili*, ^s. enlever un privilége à quelqu'un, *oonele ia mea*, ^s.

ENNEMI, **sm.** *ahaa*, ^m. *opuino, aina*, ^s. *enemi*, ^{ms}. (moderne). succomber à l'—, *ua io*, ^m. tué par l'—, *taipi*, ^m. — de Dieu, *aina i ke Akua*, ^s.

ENNUI, **sm.** *ee, mea tono*, ^m. *manaka*, ^s.

ENNUYER, **v.** *haakaekae*, ^m. *eva*, ^s. être ennuyé de quelqu'un, *huaa*, ^s. —de fatigue, *momo va*, ^m. découragé, *uluhua*, ^s. vous m'ennuyez, *manaka*, ^s.

ENNUYEUX, **adj.** *naenae, kaekae*, ^{ms}. *paopao, mau*, ^m. *maau*, ^s.

ENONCER, **v.** *tekao*, ^m. *olelo*, ^s.

ENORGUEILLIR, **v.** *hokaieie*, ^m. *hooaiekie*, ^s.

ENORME, **adj.** *hakaipu*, ^m. *nuinui*, ^{ms}.

ENORMITÉ, **sf.** *nuinui*, ^{ms}.

ENQUÉRIR, **v.** *uiui*, ^m. *ninau*, ^s.

ENQUÊTE, **sf.** soin, *onee*, ^m. *malui*, ^s. recherche, *uina*, ^m. *ninau*, ^s. faire des enquêtes, *niele*, ^s.

ENQUÊTER, **v.** V. ENQUÉRIR.

ENRACINER, **v.** *haaaka*, ^m. *hooaa*, ^s.

ENRAGÉ, **adj.** *mata ua, ii*, ^m. *kapikipikio*, ^s.

ENRAGER, **v.** *hahaa, hakaii*, ^m. *kupikipikio*, ^s.

ENREGISTRER, *tatau*, ^m. *kakau, palapala 'i ke papa*, ^s.

ENRHUMER, **v.** *hoolama*, ^s.

ENRICHIR, **v.** *hanataetae*, ^m. *hoowaivai*, ^s.

ENROLER, *tatau*, ^m. *kakau*, ^s.

ENROUÉ, **adj.** *hanapilo*, ^s.

ENROUER, **v.** *anu*, ^m. *hanu*, ^s.

ENSEIGNE. **sf.** indice, *hakatu*, ^m. *meakuhi*, ^s. pavillon, *tipa*, ^m. *lepa*, ^s. enseigne de l'autorité suprème, *kapuo*, ^s.

ENSEIGNEMENT, **sm.** *tekaona*, ^m. *olelo ana*, ^s. enseignement mutuel, *hookuhi ana*, ^s.

ENSEIGNER, **v.** *hakaako, haako, hakao*, ^m. *olelo, hooao*, ^s.

ENSEMBLE, **adv.** *fatua*, ^m. *laa, aikepa*, ^s. *ma*, ^{ms}. *pu*, ^s. tous ensemble, *hakatahi*, ^m. *hookahi*, ^s. attacher —, *tuitui*, ^m. *kuikui*, ^s. mêler —, *hookahokai*, ^s. mettre tout —, *papau*, ^s. joindre —, *hoono*, ^s. l'ensemble, *opeope*, ^s. lier —, *etahi eo*, ^m. *ekahi leo*, ^s.

ENSEMENCER, **v.** *tanu, nanu*, ^m. *kanu, helelei, lulu*, ^s.

ENSEVELIR, **v.** *tanu, tomi*, ^m. *kanu, pueo, vahi*, ^s.

ENSORCELÉ, **adj.** *ohiohio*, ^s.

ENSORCELER, **v.** *pilihua*, ^s.

ENSUITE, **adv.** *i mui*, ^{ms}. *ma hope*, ^{ms}. ce qui viendra ensuite, *ka mea o muli mai*, ^s.

ENTAMER, **v.** *tumu*, ^m. *kumu*, ^s.

ENTASSER, **v.** *haapuke, puke, titi iho*, ^m. *hoopapa, muu, puata*, ^s.

ENTENDEMENT, **sm.** *koekoe*, ^m. *naau*, ^s.

ENTENDRE, **v.** *oko, ono*, ^m. *lohe, olohe, lono*, ^s. se faire entendre, *hakaono*, ^m. *hoolohe*, ^s. j'entends, *e ono au*, ^m.

ENTENDU, **adj.** *onoa*, ^m. *loheia*, ^s. mal entendu, *paee*, ^s.

ENTERREMENT, **sm.** *tanuna*, ^m. *kanuna*, ^s.

ENTÊTÉ, **adj.** *mikeo, tohe*, ^m. *eeu, haiole, hoohaha*, ^s.

ENTÊTEMENT, **sm.** *tohe,* m. *haiole,* s.

ENTHOUSIASME, **sm.** *huhu, ii,* ms.

ENTIER, **adj.** *liatohu. paonoa,* m. *pau.* ms. véritable, *toitoi,* m. *koekoe,* s.

ENTIÈREMENT, **adv.** *eka, noa.* m. *paapu, loa,* s.

ENTONNER, **v.** commencer le premier, *hakakahua,* m. *puana, hoao i ka leo.* s.

ENTONNOIR, **sm.** *noukou, nuku.* s.

ENTORTILLER, **v.** *kavii, kohii,* m. *hihi. vili.* s.

ENTOUR, **sm.** *viipu,* m. *puni.* s. à l'entour. *i viipu, teetaha.* m. *puni.* s.

ENTOURAGE, **sm.** *papua,* ms. *puni.* s.

ENTOURER, **v.** *haariipu,* m. *puni,* s.

ENTRAILLES, **sf.** *ate.* m. *aae,* s. *koekoe,* ms. douleur dans les entrailles. *lena,* s.

ENTRAÎNER, **v.** *toi atu, ave,* m. *lare.* s.

ENTRAVÉ, **adj.** *hia.* s.

ENTRAVER, **v.** *olokea, hoopohala,* s.

ENTRE, **prép.** *ma raena, i raena,* ms. Entre, en composition avec le verbe, se rend par *atu (aku)* et *mai,* ms. entretirer des coups de fusil, *puhi atu, puhi mai,* m.

ENTRÉE, **sf.** *ava,* ms. —de la nuit, *hiki,* s. — dans une maison, *puta,* m. *puka,* s.

ENTRELACER, **v.** *kavii,* m. *hihi, vili,* s. entrelacer de cordes, *lanalana,* s.

ENTREMÊLER, **v.** *aveave,* s.

ENTREMETTEUR, **sm.** *veavea,* s.

ENTREMISE, **sf.** *hano,* m. *kokua,* s. par l'entremise de, *ma,* ms.

ENTREPÔT, **sm.** *halepapaa,* s.

ENTREPRENANT, **adj.** *mata oko, hoolili.* s.

ENTREPRENDRE, **v.** *hana.* ms. *hoao,*

ENTREPRISE, **sf.** *hana,* ms. abandonner une —, *haalele.* s.

ENTRER, **v.** *apoho. puta. tomo, ae. aear. komo. puka.* s. faire entrer. *haauu (aku).* m. *hooae hookomo.* s. entrez ! *me mai oto.* m. entrons tous ! *apoho i o tatou.* m. des que nous sommes entrés. *ua puta matou i nei,* inviter à entrer. *eekeeu.* s.

ENTRETENIR, **v.** converser, *otuto tuto,* m. *kamailio.* s. nourrir. *tai fai.* m. *hiipai.* s.

ENTRETIEN, **sm.** conversation peau, m. *ui kamakamailio,* s.

ENTR'OUVRIR, **v.** *makala.* s.

ENVAHIR, **v.** *iko,* m. *hoorahu,* s.

ENVAHISSEMENT, **sm.** *ikona,* m. *hoorahu ana.* s.

ENVELOPPE, **sf.** *hauhau.* m. *laulau, omao,* s.

ENVELOPPER, **v.** *fafi, fifi, hihi,* m. *vahi,* s. envelopper un fruit, *rahi ke hua,* s. —dans la tape, *fafi i te tapa,* m.

ENVERS, **prép.** *i, ia, no.* ms.

ENVI (À L'), **adv.** *keitaki,* m. *hoihoi,* s.

ENVIE, **sf.** *haapiopio,* m. *paonioni, huahua,* s. porter envie à quelqu'un, *hoohalahala,* s.

ENVIER, **v.** *toutaki, kohoa,* m. *paonioni, hoomauala,* s.

ENVIEUX, **adj.** *keitaki,* m. *hoihoi, keue, kekeue, heueue, huahua,* s.

ENVIRON, **adv.** *paha,* s. *i te vahi,* m.

ENVIRONS, **sm.** lieux circonvoisins, *vahi i viipu,* m. *na vahi puni,* s. aller aux environs, *poai hele,* s.

ENVISAGER, **v.** *afia, tiohi,* m. *kiohi alava, kihei,* s.

ENVOI, sm, *ukana*,[m] *hoouka'na*,[s].

ENVOLER (s'), v. *ee*,[m] *ekeeke, hoohelehelehei*,[s]. faire envoler, *hoolele*,[s].

ENVOYÉ, sm. *kece*,[m] *elele*,[s].

ENVOYER, v. *hakauna*,[m] *hoouna*,[s]. envoyer chercher, *poliai*, — à l'ouvrage, *kena*,[s]. dépêcher, *pahi*,[m].

ÉPAIS, adj. *motou*,[m] *kupu, kupua, panopano*,[s]. épaisses ténèbres, *poliukua*,[s]. serré, *mano noa*,[s].

ÉPANOUIR (s'), v. *liko, mohala*,[s].

ÉPARGNE, sf. *toena*,[m] *koe ana*,[s].

ÉPARGNER, v. *hakatoe*,[m] *koe, hookoe*,[s]. ne pas punir, *minamina*,[s].

ÉPARPILLER. v. *minomino, mikomiko, olepa*,[s].

ÉPARS, adj. *puhia*,[ms] *auvana*,[s].

ÉPAULE, sf. *poohihi*,[m] *poohivi*,[s]. charger, porter sur l'épaule, *amo*,[m] *hooili*,[s].

ÉPAULETTE, sf. *pupu*,[m] *aveave*,[s].

ÉPÉE, sf. *koheta, puka, veo*,[m] *pahikaua*,[s].

ÉPERON, sm. *oi*,[ms].

ÉPI, sm. *opuu, palaola*,[s].

ÉPIDÉMIE, sf. *maki piau*,[m] *mai ahulau*,[s].

ÉPIDÉMIQUE, adj. *piau*,[m] *ahulau*,[s].

ÉPIER, v. *haei, halua*,[s].

ÉPIGLOTTE, sf. *patiotio*,[m].

ÉPILEPSIE, sf. *lolo*,[s].

ÉPILER, v. *ununu*,[s].

ÉPINE, sf. *keo, keoho*,[m] *hao puakala*,[s]. épine dorsale, *aka, kualapa*,[s].

ÉPINEUX, adj. couvert d'épines,

taa,[m] *oi, oioi*,[s]. difficultueux, *oko, ono*,[m] *naluli*,[s].

ÉPINGLE, sf. *viuka*,[m] *kakia, makia*,[s]. *pine*,[ms]. (moderne); tête d'épingle, *poheoheo*,[s]. rang d'épingles, *papa*,[ms].

ÉPIPHANIE, sf. *Epifania*,[ms]. (moderne).

ÉPIPLOON, sm. *hui*,[m].

ÉPISCOPAL, adj. *epikopale*,[ms].

ÉPITOME, sf. *ui*,[ms].

ÉPÎTRE, sf. *talauna*,[m] *kakau ana*,[s]. On dit aussi *epistola*,[ms].

ÉPLUCHER, v. *veliveli*,[m] *vehevehe*,[s].

ÉPONGE, sf. *huahuatai*,[m] *huahuakai*,[s].

ÉPOQUE, sf. *tau*,[m] *kau*,[s]. à cette époque, *i enei*,[ms].

ÉPOUSE, sf. *motuavehine*,[m] *makuavahine*,[s].

ÉPOUSER, v. *noho me*,[ms] *hoopalau*,[s].

ÉPOUSSETER, v. *kuehuehu*,[m] *kaka*,[s].

ÉPOUVANTABLE, adj. *mea hametau*,[m] *mea makaukau*,[s]. c'est épouvantable, *mea hametau oia*,[m].

ÉPOUVANTAIL, sm. *mea hametau*,[m] *lela ka oili*,[s].

ÉPOUVANTE, sf. *hopo*,[ms] *hooveliveli*,[s].

ÉPOUVANTER, v. *hakahametau*,[m] *hoomakaukau, hooveliveli*,[s].

ÉPOUX, sm. *motuakane, vahana*,[m] *makuakana*,[s].

ÉPREUVE, sf. *oioi*,[s].

ÉPROUVER, v. *hakanana*,[m] *hoao*,[s]. tenter, *hoohuahualau*,[s]. éprouver quelqu'un, *kuni*,[s].— un malheur, *mate*,[m] *make*,[s].

ÉPUISER, v. *haapao*,[m] *hoopau*[s].

ÉPURER, **v.** *hakatahaha*, [m]. *hoo-maemae*, [s].

ÉQUARRIR, **v.** *lapalapa*, [s].

ÉQUILIBRE, **sm.** *alike*, [s].

ÉQUIPAGE, **sm.** train, *aialooloko*, [s].

ÉQUIPER, **v.** *tapi*, [m]. *hoolako*, [s].

ÉQUITABLE, **adj.** *meitai*, [m]. *mai-kai*, [s].

ÉQUITÉ, **sf.** justice, *pono*, [s]. droiture, *atamai*, [m]. *akamai*, [s].

ÉQUIVALENT, **adj.** *atii*, [m]. *alike*, [s].

ÈRE, **sf.** *tau*, [m]. *kau*, [s].

ÉRECTION, **sf.** *hakatietie*, [m]. *hoo-ivie*, [s]. construction, *kanvana*, [m]. *kukulu ana*, [s].

ÉRIGER, **v.** *ato, kanea*, [m]. *kukulu*, [s].

ERMINETTE, **sf.** *taa, taai, etaai*, [m]. *toki*, [m]. *koi, koilipi*, [s].

ERMITAGE, **sm.** *maniania*, [m]. *mehameha*, [s].

ERMITE, **sm.** *noho tootahi*, [m]. *ulaia*, [s]. *eremita*, [ms]. (moderne).

ERRANT, **adj.** *koka, koea*, [m]. *auvana*, [s].

ERRER, **v.** aller çà et là à l'aventure, *hakaee, koka*, [m]. *auvana*, [s]. perdre le chemin, *oaaa*, [s]. se tromper, *hakaee*, [m]. *lalau*, [s]. faire des fautes, *herahera*, [s].

ERREUR, **sf.** fausse opinion, *mikeo*, [m]. *kuhihera*, [s]. faute, *ino*, [ms]. induire en erreur, *hoopuni*, [s].

ERRONÉ, **adj.** *teka, paea*, [m]. *kekee*, [s].

ÉRUDIT, **adj.** *koekoe maama*, [m]. *opuao*, [s]. c'est un homme érudit, *e enana i koekoe maama*, [m].

ÉRUDITION, **sf.** *aona*, [m]. *ao ana*, [s].

ÉRUGINEUX, **adj.** *tupu*, [m]. *kukehao, popo*, [s].

ÉRUPTION, **sf.** *puapua*, [ms]. sortie de pustules, *maki, puhinao*, [m].

ESCALADER, **v.** *piki ae ma tuu una*

vaevae, [m]. *hoopii ae i ke alapii*, [s].

ESCALIER, **sm.** *tuu una vaevae, alapii*, [s].

ESCAMOTER, **v.** *palancheole*, [s].

ESCARMOUCHE, **sf.** *matatoua, makakaua*, [s].

ESCARPÉ, **adj.** *tua*, [m]. *kua, pali*, [s].

ESCLAVAGE, **sm.** *kuapaa, hooluhi ana*, [s]. délivrer de l'—, *unuhi mai i ka hooluhi ana*, [s].

ESCLAVE, **sm.** *pekio*, [m]. *paopao, kauva*, [s]. rendre esclave, *hooluhi*, [s].

ESCORTE, **sf.** *hoa*, [ms].

ESCORTER, **v.** *aahi*, [m]. *kai, kaipa*, [s]. *hoa*, [ms].

ESCROQUER, **v.** *aluno*, [s].

ESCROQUERIE, **sf.** *aluno*, [s].

ESPACE, **sf.** *etahi*, [m]. *kahi, va*, [s]. intervalle, *ava*, [m]. *avava*, [s]. long espace, *ava oa*, [m].

ESPÈCE, **sf.** *manamana*, [ms]. *ano*, [s].

ESPÉRANCE, **sf.** *tetaina*, [m]. *kakali ana*, [s]. acte d'espérance, *tekao pure tetai*, [m]. *olelopule kakali ana*, [s].

ESPÉRER, **v.** *tetai*, [m]. *kakali, manaolana*, [s]. mon âme a espéré dans le Seigneur, *ua manaolana ko'u uhane i ka haku*, [s].

ESPIÈGLE, **sm.** *keukeu*, [m]. *olioli*, [s].

ESPIÈGLERIE, **sf.** *keukeutina*, [m]. *olioli ana*, [s].

ESPION, **sm.** *mata kanino*, [m]. *kiu, makakiu*, [s].

ESPIONNER, **v.** *hakakanino*, [m]. *hoo-makiu, kiumalu*, [s].

ESPOIR, **sm.** V. ESPÉRANCE.

ESPRIT, **sm.** substance incorporelle, *kuhane*, [m]. *uhane*, [s]. principe de la pensée, *koekoe*, [m]. *naau*, [s]. l'esprit saint, *kuhane meitai*, [m]. *uhane hemolele*, [s]. mauvais essprit, *kuhane hauhau*, m. *akuala-pu*, s. possédé d'un esprit, *uluia*, s.

ESQUISSE, sf. *hoaao ana*, s. *momo*, m.

ESQUISSER, v. *momo*, m. *hoao*, s.

ESQUIVER, v. *veitaa*, m. *pale*, s.

ESSAIM, sm. *kahui*, m. *aha*, s.

ESSAYER, v. *hano, tiohi*, m. *hoao, hoahuahualua*, s.

ESSENCE, sf. nature d'une chose, *kumu*, m. *kumu*, s.

ESSENTIEL, adj. *tumu*, m. *kumu*, s.

ESSOUFFLER, v. *naenae, kaekae*, ms. *paupauaho*, s.

ESSUYER, v. *hooi, hopa, ukui*, m. *kahili, kaamaloo, holoi*, s.

EST, sm. orient, *hikina, hikiku*, s. nord-est, *hikina akau*, s. sud-est, *hikina hema*, s. vent d'est, *moae*, s.

ESTAFETTE, sf. *paevii, keee*, m. *elele*, s.

ESTAMINET, sm. *haleahaaina*, s.

ESTAMPE, sf. image, *ata*, m. *aka*, s.

ESTIMABLE, adj. *kaie*, m. *eaea, koikoi*, s.

ESTIME, sf. *meakaie*, m. *hanohano, mahalo*, s.

ESTIMER, v. *kaie*, m. *hoolou*, s.

ESTOMAC, sm. *kopu*, m. *opu*, ms. *haupo*, s. *fenufenu*, s. creux de l'estomac, *pipi*, s. faiblesse de l'—, *tataiha i te menava*, m.

ESTROPIER, v. *mumuku, oopa*, s.

ET, conj. *a, me, a me*, ms. dans les énumérations accumulées, *mei*, m. les hommes, les femmes et les enfans, *te vahana, mei te vahine, mei te tama*, m.

ÉTABLE, sf. *haepuaka*, m. *hale-puaa*, s. — pour les bœufs, *hale-pipi*, s.

ÉTABLIR, v. fonder, *haatumu*, m. *kookumu*, s. rendre stable, *haka-mao*, m. *hoomau, nohopaa*, s. être bien établi, *hooku onoono*, s.

ÉTABLISSEMENT, sm. *haatumuti-na*, m. *hookumu ana*, s.

ÉTAGE. sm. *falaa, hataa*, m. *haka*, s.

ÉTAI, sm. *tutuu*, m. *ku, kukulu, koo*, s.

ÉTAIN, sm. *piula*, s.

ÉTALER, v. *ena*, m. *lole*, s.

ÉTANCHER, v. *haapau*, ms.

ÉTANG, sm. *kio, loko*, s. ce sont de grands étangs, *oia no na loko nui*, s. étang marécageux, *loi*, s. étang pour nourrir des poissons, *loko eia*, s.

ÉTAT, sm. *ao*, m. *ano*, s.

ÉTAYER, v. *haatutuu*, m. *hookoo, koo*, s.

ÉTÉ, sm. *kau velavela*, s.

ÉTEINDRE, v. *kukumi*, m. *poipoi, kinai*, s. qui ne s'éteint jamais, *pio ole*, s.

ÉTEINT, adj. *pio*, s.

ÉTENDARD, sm. *pakiki, lipa*, m. *hae*, s.

ÉTENDRE, v. *ena*, m. *halii, halii-lii*, s. s'étendre comme une plaine, *kaitahi*, m. *laha, hohola*, s. coucher, prosterner, *to*, m. *hoohi-na*, s. s'étendre loin, *hoolei loa*, s. placer sur, *kau*, s. — une natte, *hoo i te moena*, m. — de l'herbe, *hakii*, m. — la main, *o i ka lima*, s. — les ailes, les bras, *kikoo, uho-la*, s.

ÉTENDUE, sf. *etahi*, m. *kau ana*, s.

ÉTERNEL, adj. *te mate noa*, m. *pau ole*, s. la vie éternelle, *ke ola pau ole*, s. la mort éternelle, *ke make ana pau ole*, s.

ÉTERNITÉ, sf. *te mate noa*, m. *pua-neane*, s.

ÉTERNUER, v. *tihe,* ᵐ. *kihe, kike,* ˢ.

ÉTHER, sm. *makani maemae,* ˢ.

ÉTINCELANT, adj. *mea hulale,* ˢ.

ÉTINCELER, v. *hulale, huali,* ˢ.

ÉTINCELLE. sf. *hunaalu. veli,* ˢ.

ÉTOFFE. sf. *kahu.* ᵐ. *aahu,* ˢ. *tapa,* ᵐ. *kapa, lole.* ˢ.

ÉTOILE, sf. *fetu, hetu.* ᵐ. *hoku,* ˢ. les étoiles. *puali o ka lani.* ˢ. — du matin, *hoku loa poa,,* ˢ. — du soir, *kaavela,* ˢ.

ÉTOLE, sf. *lola.* ᵐˢ. (moderne).

ÉTONNANT. adj. *kei. akanahau,* ᵐˢ.

ÉTONNEMENT, sm. *miee,* ᵐ. *pihoihoi,* ˢ.

ÉTONNÉ, adj. *anoninoni,* ˢ.

ÉTONNER, v. *akanahau,* ᵐˢ. *okala,* ˢ. s'étonner, *kahaha, mee, meae,* ˢ.

ÉTOUFFANT, adj. *mea kukumi,* ᵐ. *umi ana,* ˢ.

ÉTOUFFER, v. *kukumi,* ᵐ. *umi, hihi,* ˢ. s'étouffer, *punena,* ᵐ.

ÉTOURDERIE, sf. *tuaave,* ᵐ. *eovai,* ˢ.

ÉTOURDI, adj. *velo. riviito,* ᵐ. *eovai,* ˢ. imprudent, *tuaave,* ᵐ. — d'un coup à la tête, *kanini,* ˢ. — par le bruit, *kuli, kulikuli,* ˢ.

ÉTOURDIR, v. *hakaveto,* ᵐ. *hookuli,* ˢ.

ÉTOURDISSEMENT, sm. *alalu, mania,* ˢ. vertige, *poniuniu,* ˢ.

ÉTRANGE, adj. *kupaianaha, kupanaha, mea e,* ˢ. *mea ke,* ᵐ.

ÉTRANGER, sm. *hiva, ke, te hiti,* ᵐ. *hee, haole, e, auli,* ˢ. les étrangers, *ka poe haole,* ˢ. ce qui n'est pas indigène, *haoe,* ᵐ. pays —, *kahiki,* ˢ.

ÉTRANGLER, v. *efee, ehee, tinai,* ᵐ. *li, nakii,* ˢ. s'étrangler, *kukumi,* ᵐ. *umi,* ˢ.

ÊTRE. v. ce verbe comme auxiliaire n'est point en usage ; voyez le tableau des conjugaisons. Il faudrait cependant remarquer les expressions suivantes : être, *ai* ᵐ. être convenable, *ku ai,* ᵐˢ. étant *ai,* ᵐˢ. *ai hanau.* ᵐˢ. étant né, je suis homme, *he kanaka au,* ˢ. il est. *ua,* ᵐˢ. nous sommes, *ua matou,* ᵐ. c'est, *ae,* ᵐˢ. c'est cela *ae.* ᵐˢ. c'est bien cela, *ae ka pahu,* ˢ. c'est un homme, *he kanaka,* ˢ. qu'est-ce que? *ahea, ea ia?* ᵐˢ. cela y est, *hoi,* ᵐˢ. il n'en est rien, *uako anae iho,* ᵐ. c'est à lui, *ta ia,* ᵐ. c'est ton ouvrage, *ta o e te hanahana,* ᵐ. qui êtes-vous? *o ai otou?* qui est le voleur? *o ai te kamo?* qui est celui-ci? *o ai te nei?* comme si c'était, *me he mea,* ˢ. c'est pour cela, *malaila,* ˢ. avoir été. *ua,* ᵐˢ.

ÊTRE, sm. *pohoe,* ᵐ. *mahola,* ˢ.

ÉTRÉCIR, v. *haaiti* ᵐ. *lala,* ˢ.

ÉTREINDRE, v. *hooi, kakahu, onui, popoki,* ᵐ. *okupe,* ˢ.

ÉTROIT, adj. *haiti,* ᵐ. *haiki,* ˢ. serré, *ikiiki,* ˢ. contracté, *kuhaiki,* ˢ. difficile, *nihinihi,* ˢ.

ÉTUDE, sf. *metaona,* ᵐ. *manaoana,* ˢ.

ÉTUDIANT, sm. *otuto i te ao,* ᵐ. *okuko i ka ao,* ˢ.

ÉTUDIER, v. *haametao i te ao,* ᵐ. *hoomanao i ka ao,* ˢ.

ÉTUI, sm. *umete,* ᵐ. *umeke,* ˢ.

ÉTUVE, sf. *umu,* ᵐ. *imu,* ˢ.

ÉTUVER, v. *anau,* ˢ.

ÉTYMOLOGIE, sf. *tumuhuatekao,* ᵐ. *umuhuaolelo,* ˢ.

EUCHARISTIE, sf. *eukaritia, komunione,* ᵐˢ. (moderne).

EUNUQUE, sm. *eunuka,* ᵐˢ. (moderne).

EUX, **pron.** *atou,* ^m. *lakou,* ^s. eux deux, *aua,* ^m. *laua,* ^s. d'eux deux, *o aua,* ^m. ni vous ni eux, *aoe otou, aoe atou,* ^m.

ÉVACUER, **v.** *hoole, ole,* ^s.

ÉVADER. **v.** *ee,* ^m *pee. mahuka.* ^s.

ÉVANGÉLIQUE, **adj.** *euaneliko,* ^{ms}.

ÉVANGILE, **sm.** *euanelio,* ^{ms}. *oleto maikai.* ^s.

ÉVANOUIR, **v.** *ninia,* ^m. *hanu. hohehe,* ^s.

ÉVANOUISSEMENT, **sm.** *niniana,* ^m. *hami ana, hohehe.* ^s.

ÉVAPORER. **v.** *hakapepee.* ^m. *hoopepee,* ^s. s'—, *nao,* ^m. *nalo,* ^s.

ÉVASION, **sf.** *eetina,* ^m. *pee ana.* ^s.

ÉVEILLÉ, **adj.** vif. *keukeu.* ^m. *makaala, makala,* ^s. gai, *olioli,* ^s.

ÉVEILLER, **v.** *hakaraa.* ^m. *hoala,* ^s. s'éveiller. *raa,* ^m. *ala,* ^s. — en sursaut. *kihiti, kona,* ^m. — avec surprise. *miee,* ^m.

ÉVÉNEMENT, **sm.** *hiki.* ^{ms}.

ÉVENTAIL, **sm.** *peahi,* ^{ms}. *tahii,* ^m. *ani,* ^s.

ÉVENTER, **v.** *peahi.* ^{ms}. *nao,* ^m. *nalo,* ^s.

ÉVÊQUE, **sm.** *epikopo.* ^{ms}. (moderne).

ÉVERSION, **sf.** *faiuna,* ^m. *hiolo ana,* ^s.

ÉVIDENCE, **sf.** *mea maopopo,* ^s.

ÉVIDENT, **adj.** *maopopo,* ^s.

ÉVITER, **v.** *veitaa,* ^m. *minamina, pakele,* ^s.

EXACT, **adj.** *onee,* ^m. *maopoopo,* ^s.

EXACTION, **sf.** *kii,* ^s.

EXACTITUDE, **sf.** *onee,* ^m. *maopoopo,* ^s.

EXAGÉRER, **v.** *hakanui,* ^m. *hoonui,* ^s.

EXALTATION, **sf.** *haanuitina,* ^m. *hoaano ana, mililani ana,* ^s.

EXALTER, **v.** *haanui.* ^m. *hoonui,* ^s. *mililani, haoano, hoaano, hiilani,* ^s.

EXAMEN, **sm.** recherche, *tiohina,* ^m. *kakai ana,* ^s. interrogatoire, *peau,* ^m. *ninau.* ^s.

EXAMINER, **v.** rechercher. *tiohi,* ^m. *kiohi,* ^s. *mii, milimili, kakai,* ^s. interroger. *peau,* ^m. *ninau.* ^s. — une affaire. *hookolokolo,* ^s.

EXASPÉRER, **v.** *haapeke,* ^m. *hoonanaa,* ^s. s'—, *huhu.* ^{ms}.

EXAUCER. **v.** *malama,* ^s. écoutez-moi favorablement et exaucez-moi. *e hoolohe mai oe me ka aloha, a e malama hoi,* ^s.

EXCÉDER, **v.** *oi, kela, keu.* ^s.

EXCELLENCE, **sf.** *mea meitai,* ^m. *mea oi,* ^s.

EXCELLENT, **adj.** *meitai,* ^m. *maikai, oi, kela, kilohana.* ^s.

EXCELLER, **v.** *oi, kela,* ^s.

EXCEPTÉ, **prép.** *i raho,* ^{ms}.

EXCÈS, **sm.** *nunui.* ^{ms}. *pakela,* ^s.

EXCESSIF, **adj.** *tai,* ^m. *kai, oi, kela,* ^s.

EXCITER, **v.** *hakapahi,* ^m. *hakui, hooeu,* ^s. — une sédition, *hoohaunaele,* ^s. — au mal. *nienie. tikao,* ^m.

EXCLAMATION, **sf.** cri. *ho,* ^{ms}. — de triomphe, *akola,* ^s. — de surprise, *auvee, aue,* ^s — d'admiration, *evai,* ^m. — d'impatience, *lalau,* ^s. — de mépris, *hauhau,* ^m.

EXCLURE, **v.** *peho,* ^m. *railana,* ^s.

EXCLUSION, **sf.** *pehona,* ^m. *railana'na,* ^s.

EXCOMMUNICATION, **sf.** *anatema,* ^{ms}. (moderne).

EXCRÉMENT, **sm.** *titiko, tutae,* ^m. *kukae,* ^s.

EXCROISSANCE. **sf**. *puu, puku*. [ms] *tupu*. [m].

EXCUSE. **sf**. *koaka*, [s].

EXCUSER. **v**. *hapilipili, hookuu, hoololohe*, [s].

EXÉCRABLE. **adj**. *pe*, [m]. *ino*, [ms].

EXÉCRATION, **sf**. *mea pe*. [m]. *mea ino*. [ms].

EXÉCUTER. **v**. *hooko* [s].

EXÉCUTION. **sf**. *hooko ana*. [s].

EXEMPLE. **sm**. modèle. *tumu*, [m]. *kumu*. [s]. faire un —. *pukaku*, [s]. suivre l'—. *halokai*. [m]. *hoomakai*, [s]. par —. *me*. [ms]. *e like me*. [s].

EXEMPT. **adj**. *pakere*, [m]. *pakele*, [s].

EXEMPTER, **v**. *haapakere*, [m]. *hoopakele*. [s].

EXEMPTION, **sf**. *haapakerena*, [m]. *hoopakele ana*, [s]. — du *tapu* sur les nourritures. *ainoa*. [s].

EXERCER. **v**. *hakahia*, [m].

EXERCICE. **sm**. *kakaiana*, [m].

EXHALAISON. **sf**. *puhina*. [ms].

EXHALER. **v**. *puhi*. [ms].

EXHAUSSER. **v**. *tiketike, tietie*, [m]. *kiekie*. [s].

EXHORTATION. **sf**. *hakapahina*, [m]. *kauleo ana*. [s].

EXHORTER, **v**. *hakapahi*, [m]. *kauleo, nonoi, hooikaika*. [s].

EXIGEANT. **adj**. *hooluhi*, [s].

EXIGENCE, **sf**. *pilikia*, [s].

EXIGER. **v**. *hooluhi*, [s]. — des droits, *kii*, [s].

EXIL. **sm**. *opuu*, [m]. *malihini ana*, [s]. après notre —, *a pau ko makou malihini ana*, [s].

EXILÉ. **adj**. *pokia*, [m]. *malihiniia*, [s].

EXILER, **v**. *opuu*, [m]. *malihini*, [s].

EXISTENCE, **sf**. *mea*, [ms]. *mahola ana*, [s]. — absolue, *na ia anae iho*, [m].

EXISTER, **v**. *pohoe*, [m]. *mahola*, [s]. — par soi-même, *na ia ae iho*. [m].

EXORBITANT, **adj**. *nuinui*, [ms].

EXORCISER, **v**. *haatute i te kua hauhau*. [m]. *mahiki*, [s].

EXORCISME, **sm**. *pure haatute i te kuhane hauhau*, [m]. *pule mahiki ana*. [s].

EXPATRIER, **v**. *opuu*, [m]. *vailana* [s].

EXPECTORER, **v**. *mate*, [s].

EXPÉDIER, **v**. débarrasser, *haapakere*, [m]. *hoopakele*. [s]. envoyer, *hakauna*, [m]. *hoouna*. [s]. terminer, *haapau*, [m]. *hoopau*. [s].

EXPÉDITION. **sf**. *hakaunana*, [s]. *hoouna ana*. [s].

EXPÉRIENCE, **sf**. *ao i te hana*, [m]. *i ka hana*. [s].

EXPÉRIMENTÉ. **adj**. *koekoe*. *mama*, [m]. *opaao*, [s].

EXPÉRIMENTER, **v**. *hakanana*, [m]. *hoao, hoohuahualua*. [s].

EXPIATION. **sf**. *mohai*, [s].

EXPIER. **v**. *mohai*, [s].

EXPIRER, **v**. *ha*. [ms]. *ua mate*, [s]. *ua make*. [s].

EXPLICATION. **sf**. *veretena*, [m]. *vehevehe ana*. [s]. *pona*, [ms]. — d'une phrase. *ponatekao* [m].

EXPLICITE. **adj**. *akaka*, [s].

EXPLIQUER, **v**. *verete, vivini, vehevehe, hooakaka, kohokoho*, [s].

EXPLORER, **v**. *tiohi*, [m]. *kiohi*, [s].

EXPLOSION. **sf**. *pu*. [ms].

EXPOSER, **v**. un fait, *verete, vehevehe*, [s]. — à la vue, *lole*, [s]. — à l'air, *pilivale*, [s].

EXPOSITION, **sf**. V. EXPOSER.

EXPRÈS, **sm**. *kee*, [m]. *elele*, [s].

EXPRESSION, **sf**. mot, *tekao*, [m]. *olelo, huaolelo*, [s].

EXPRESSIF, **adj**. *ii*, [m]. *miki*, [s].

EXPRIMER, **v.** dire, *tekao*, [m]. *olelo*, [s]. — la même chose en d'autres termes, *hoohuli*, [s]. presser, *mototila*, [m]. *opa*, [s].

EXPROPRIER, **v.** *hapai*, [m]. *maihe*. *hao*, [s].

EXPULSER, **v.** *peho*, [m]. *hookuke*, [s].

EXPULSION, **sf.** *pehotina*, [m]. *hookuke ana*, [s].

EXQUIS. **adj.** *meitai*, [m]. *maikai*, [s].

EXTASE, **sf.** *akanahau*, [m]. *akaku*, [s].

EXTASIÉ, **adj.** *nalu*, [s].

EXTASIER (s'), **v.** *akanahau*, [m]. *nalu*, [s].

EXTENSION, **sf.** *etahi*, [m]. *kau ana*, [s].

EXTÉNUER, **v.** *haatono*, *haahopee*, [m]. *hookunono*, *hapala*, [s].

EXTÉRIEUR, **adj.** le dehors, *raho*, [ms]. apparence, *mata*, [m]. *maka*, [s].

EXTERMINATION. **sf.** *haapaona*, [m]. *hoopau ana*, [s].

EXTERMINER, **v.** *haapao*, [m]. *hoopau*, [s].

EXTIRPER, **v.** *otioti*, [m]. *okioki*, *holokea*, *eku*, [s].

EXTORQUER, **v.** *aveave*, [m]. *hookaha*, *larelare*, [s].

EXTRAIRE, **v.** *ui*, [s].

EXTRAIT, **sm.** *uina*, [s].

EXTRAORDINAIRE, **adj.** *akanahau*, [m]. *kamaue*.

EXTRAVAGANCE, **sf.** *mea tuaave*, [m]. *lalaurale*, [s].

EXTRAVAGANT, **adj.** *koea*, [m]. *kapanaha*, [s].

EXTRÊME, **adj.** excessif, *oi*, *kela*, [s].

EXTRÈMEMENT, **adv.** *nui*, [ms].

EXTRÉMITÉ, **sf.** bout, *paona*, [m]. *pau ana*, *kihi*, [s]. — d'un roseau, *ha*, [s]. — d'un village, *pea*, [s]. d'une — à l'autre, *mai ke la pea a i ke ia pea*, [s]. agonie, *ha*, [ms]. être à l'—, *epo mate*, [m].

EXTRINSÈQUE. **adj.** *i raho*, [m].

EXTUMESCENCE, **sf.** *pehu*, *puupau*, [ms].

EXULTATION, **sf.** *koakoana*, [m]. *hauoli ana*, [s].

EXULTER, **v.** *koakoa*, [m]. *hauoli*, [s].

F.

FABLE, **sf.** *tekao*, *mea tivara*, [m]. *kaao*, *keao*, [s].

FABRICANT, **sm.** *hana*, [ms]. *tutu*, *kanea*, [m].

FABRICATION, **sf.** *hana'ana*, [ms]. *tutuna*, [m].

FABRIQUE, **sf.** lieu où l'on fabrique, *haehana*, [m]. *halehana*, [s].

FABRIQUER, **v.** *hana*, [ms]. *tutu*, [m].

FAÇADE, **sf.** *ao*, [ms].

FACE, **sf.** *ao*, [ms]. extérieur, *mata*, [m]. *maka*, [s]. le devant d'un édifice, *ao*, [m]. *alo*, [s]. regarder en face, *alava*, *heliu*, [s]. faire face, *haaihu*, [m]. *hooihu*, [s].

FACÉTIEUX, **adj.** *kalakata*, *ekaeka*, [m]. *hanakolihe*, *nanea*, [s].

FÂCHER, **v.** *haahuhu*, [m]. *hoohuhu*, [s]. se fâcher, *huhu*, [ms]. *ukiuki*, [s]. il se fâcha beaucoup, *ukiuki loa ia*, [s]. extrêmement fâché, *ii*, [m]. être fâché avec quelqu'un, *mauhaalealea*, [s].

FÂCHEUX, **adj.** importun, *komi-*

hi, [m]. kolohe, [s]. qui donne du déplaisir, kahihi, [m]. olu ole, [s]. qui ennuie, maenae, [ms].

FACILE, adj. maeke, [m]. pono, [s]. travail —, hana maeke, [m]. il est plus —, aho, [s]. — à dire, niaukani, [s]. — à comprendre, onoa, [m]. — à rompre, nehae, [m].

FACILITÉ, sf. mea maeke, [m]. mea pono, [s].

FACILITER, v. haamaeke, [m]. hoopono, [s].

FAÇON, sf. hana, [ms]. modèle, mata, [m]. maka, [s].

FAÇONNER, v. former, hookaena, ouli, kalai, [s]. façonné sculpté, kalaiia, [s].

FACTIEUX, adj. mikeo, [m]. hoohaunaele, [s].

FACTION, sf. otia, [m]. mokuohana, [s].

FACULTÉ, sf. puissance, ao, huina, [m]. kui ana, [s]. droit, atamai, [m]. akamai, [s]. assemblée de docteurs, puketamaao, [m]. ahakumaao, [s].

FADE, adj. mananalo, [s].

FAGOT, sm. pupa, [ms]. laulau, [s].

FAGOTER, v. haapupa, [m]. lapulapu, [s].

FAIBLE, adj. hopee, [m]. kunono, [s]. — de santé, hanahema, ohemohema, omali, ralirali, [s]. sans force, hohehe, [s]. être —, naralirali, [s].

FAIBLESSE, sf. ninia, [m]. maule, [s].

FAIBLIR, v. haahopee, [m]. hoohohehe, [s].

FAILLIBLE, adj. hoopunipuni, [s].

FAILLIR, v. faire une faute, haapio, [m]. hooheva, [s]. se tromper, hakaee, [m]. hevaheva, [s]. manquer de, mei, [m]. mai, [s]. — de mourir, mei mate, [m].

FAIM, sf. hiakai, kana, nana, nehenehe, [s]. grande —, oke, one, avoir —, pololi, [s]. avez-vous — ? e pololi ce? [s]. je suis mort faim, oki au i ke pololi, [s]. pressé par la faim, haiki, [s].

FAINÉANT, adj. hopii, taree, manele, [s]. vous êtes un —, he ... ree au, [m].

FAINÉANTISE, sf. taree, [m]. lalahula, [s].

FAIRE, v. hana, [ms]. — quelque chose, hana ea, [ms]. — de nouveau, hanahou, [ms]. laisser — ae, [ms]. faire dans un très grand nombre de composés se traduit par haa, haka, [m]. hoo, [s]. faire négligemment, ohiki, [s]. que fais-tu pehea? [ms]. ne fais pas cela, me noho a hana pela, [s]. umoi e hana, [m]. c'est moi qui l'a fait, no i hana, [ms]. — dans le calcul se traduit par hookahi, [s]. hakalahi, [m]. p. e. douze pouces font un pied, he umi iniha a me kumma lua, hookahi kapuai, [s].

FAISCEAU, sm. pupa, [m]. pupu pua, [s].

FAISEUR, sm. hana, [ms].

FAIT, sm. mea, [ms]. action, hana, [ms]. tout à fait, eka, noa, loa, paapu, [s]. de —, en effet, toitoi, [m].

FAIT, adj. hanaa, [m]. hanaia, fait pour —, paulehia, [s].

FAÎTAGE, sm. V. FAÎTE.

FAÎTE, sm. kaava, [m]. kaupaku, [ms]. hinihi, [s].

FAIX, sm. puke, [m]. ukana, [s]. faix de bois, pupa, [m].

FALLACE, sf. mea tipai, [m]. mea maalea.

FALLACIEUX, adj. V. FALLACE.

FALLOIR, v. *marie*, ^m. *kau*, ^s. il faut, *kau*, ^s. comme il faut. *marie*, ^m, L'expression *il faut que* ne se traduit point. Il faut que j'écrive, *patu au*, ^m.

FALSIFICATION. sf. *mea haape*. ^m. *paapa*. ^s.

FALSIFIER, v. *haape*. ^m. *hooino*, ^s.

FAMEUX, adj. *kaie*, ^m. *kaulana*, ^s. devenir —, *hakakaie*, ^m. *kaulana*, ^s.

FAMILIARISER, v. *hakahoa, haahoae*, ^m. *hoolauna, hoovae*, ^s.

FAMILIARITÉ, sf. *hoa*. ^{ms}. *launa*, ^s.

FAMILIER, adj. *hoa, vae*, ^{ms}. *launa, vau*, ^s.

FAMILLE, sf. *huaa*, ^m. *ohua*, ^s. génération. *kama*. *hanauna*, ^s. classe, genre. *papa*, ^{ms}. le plus jeune d'une famille, *mopuna*, ^{ms}.

FAMINE, sf. *vi, ui*, ^{ms}.

FANATIQUE, adj. *huhu*, ^{ms}. *uluia*, ^s.

FANATISER, v. *hakahuhu*, ^m. *hoohuhu, ulu*, ^s.

FANATISME, sm. *hakahuhutina*, ^m. *ulu ana*. ^s.

FANER, v. *koki. kumu*, ^m. *mae*, ^s. se faner, *ina, omimi*, ^s.

FANFARON, sm. *hakaieie*, ^m. *hoohaha*, ^s.

FANFARONNADE. sf. V. FANFARON.

FANGE, sf. *epo*, ^{ms}. *repo*. ^m. *lepo*, ^s.

FANGEUX, adj. *epoepo*, ^{ms}.

FANTAISIE, sf. pensée, *metao*, ^m. *manao*, ^s. caprice, *kuhi ana*, ^s. à fantaisie, *hoohilihili*, ^s.

FANTASQUE, adj. *hoohilihili*, ^s.

FANTASSIN, sm. *toa*, ^m. *koa*, ^s.

FANTASTIQUE, adj. V. FANTASQUE.

FANTÔME, sm. *vainehae*, ^m. *mahava*, ^s.

FARCE, sf. *mea katakata*, ^m. *kolihe*, ^s.

FARCER, v. *haakatakata*, ^m. *hana kolihe*, ^s.

FARCEUR, sm. *papaoi, haaare*, ^m. *hana kolihe*, ^s.

FARDEAU, sm. *karena, kareka*, ^m. *haare, puaa, kaikai*, ^s.

FARFOUILLER, v. *hai*, ^m. *huli, minamina*, ^s.

FARINE, sf. *haapatoa*, ^s. fleur de farine, *para*, ^s.

FAROUCHE, adj. *kaipeka*, ^m. *hihiu*, ^s.

FASTE. sm. pompe, ostentation. *kehakeha*, ^s. annales. *mala tetao*, ^m. *mooolelo*, ^s.

FASTIDIEUX, adj. *naenae, kaekae*, ^{ms}. *maau noa*, ^m.

FASTUEUX, adj. *hakaieie*, ^m. *kehakeha*, ^s.

FAT, adj. *kova, mamaa*, ^m. *kapanaha*, ^s.

FATAL. adj. *mea ino*, ^{ms}.

FATIDIQUE, adj. *rahana*, ^m. *kaula, kilo*, ^s.

FATIGANT. adj. *mea tono, okopee*, ^m. *mea ohopa*, ^s.

FATIGUE, sf. *tokohana, ea, okopee*, ^m. *una*, ^{ms}. *mauloeloe, malohilohi, ohopa*, ^s.

FATIGUÉ, adj. *fariri*, ^m. *kualana*, ^s. très fatigué, *mate*, ^m. *make*, ^s. — de travail, *luhi*, ^s. — d'esprit. *kapikipikio*, ^s.

FATIGUER. v. *haatono, haafariri*, ^m. *hoolohi*, ^s. ennuyer *haakaekae*, ^m. *era*, ^s.

FAUCHER, v. *oti*, ^m. *oki*, ^s.

FAUCILLE, sf. *palau*, ^s.

FAULX, sf. *palau*, ^s.

FAUSSAIRE, sm. *hakapaea*, ^m. *opuino*, ^s.

FAUSSE-COUCHE, sf. *poholo*, ^s.

FAUSSER, v. *teka*, ^m. *hevahera*, ^s.

FAUSSETÉ. sf. *mea teka,* m. *hera,* s.

FAUSSE-PORTE, sf. *puta teka,* m.

FAUTE. sf. *pio,* m. *hera,* s. *ino,* ms. la — est à Paul, *ia Paulo te pio,* s.

FAUTEUIL, sm. *noho ana,* ms.

FAUTEUR, sm. *cearea,* s.

FAUTIF. adj. *mea mikeo,* m. *mea hera,* s.

FAUVE, adj. *uaaa,* ms. bête —, *lii,* s.

FAUX. V. FAULX.

FAUX. adj. *teka, paea,* m. *koikoi ole,* s.

FAUX. sm. *aie toitoi,* m. *koikoi ole, rahahee,* s.

FAUX-PAS. sm. *teka,* m. *kunana,* s. faire un —, *palaha,* s.

FAVEUR, sf. *mau,* m. *malu,* s. demander une —, *hoopii,* s. demander continuellement des —, *meo,* s. rejeter une —, *rehe,* s.

FAVORABLE, adj. *tavae,* m. *ahonui, oluolu,* s.

FAVORABLEMENT, adj. *me te kaoha,* m. *me ke aloha,* s. écoutez-moi —, *e hoolohe mai oe me ka aloha,* s.

FAVORI, sm. *hoa,* ms. *aloha,* s. *hoopunaele, mailai, makamai,* s. privilégié, bien-aimé, *kulia,* s.

FAVORISER, v. *hakamau,* m. *hoomalu,* s.

FÉCOND, adj. *taetae,* m. *ohaha,* s.

FÉCONDANT, adj. *haataetae,* m. *hoohaha,* s.

FÉCONDATION, sf. *haataena,* m. *hooraivai ana,* s.

FÉCONDER, v. *haatae,* m. *hoovairai,* s.

FÉCONDITÉ, sf. *mea taetae,* m. *hooraivai,* s.

FÉDÉRAL, adj. *hoa,* ms.

FÉDÉRATION. sf. *kahui,* m. *aha,* s.

FEINDRE. v. *hakaahe, haatukee, hookamani,* s.

FEINTE. sf. *hakaahena,* m. *hoo… ana,* s.

FÊTER. v. *rarahi,* ms.

FÉLICITATION. sf. *kaoha,* m. *aloha,* s.

FÉLICITÉ. sf. *mea meitai,* m. *mea maikai,* s.

FÉLICITER. v. *kaoha,* m. *aloha,* s. se —, *ohumu,* s.

FÉLON. sm. *mikeo,* m. *kipikipi,*

FÉLONIE. sf. *mea mikeo,* m. *kimo po,* s.

FÉLURE. sf. *koara,* m. *nanaka,* s.

FEMELLE. sf. *rehine, koiri, uha,* m. *rahine, relo,* s.

FÉMININ. adj. V. FEMELLE.

FEMME. sf. *rehine,* m. *vahine,* vieille —, *pakahio rehine,* m. *lu… rahine,* s. — publique, *rahine noa,* s. *nene,* m. — stérile, *rahine paa,* s. — enceinte, *rehine ua ka…ra,* m. — riche, *rahine loaa,* — qui accouche, *ene,* s. il appartient aux —, *to te rehine,* m.

FÉMUR, sm. *iripaha,* m. *iviuha,*

FENDRE, v. *rarahi,* ms. *reti,* se —, *keuhae,* s. s'entr'ouvrir, *oa, poha,* s.

FENÊTRE, sf. *putamaana,* m. *puka aniani,* s.

FENTE, sf. *koara,* m. *avaara, nanaka,* s. rempli de —, *nakaka,*

FER, sm. *papaa,* m. *hao,* s. fers chaînes, *humua,* m. *kupee,* s.

FER-BLANC, sm. *nenie,* m. *piula,* vase de —, *papa nenie,* m.

FÉRIE. sf. langage ecclésiastique *feria,* ms. fête, *kaina,* m. *ahaaina,* s.

FERME, sf. *henua,* m. *honua,* s.

FERME, adj. *feo, heo,* m. *paa,* s. solide. *kokoki, mao, tu,* m. *mau, ku,* s. tenir —. *mauki,* m. *kalele,* s. rendre —, *kakoo,* s.

FERMENT, sm. levain. *hu,* ms.

FERMENTATION, sf. *huna,* ms.

FERMENTER. v. *hu,* ms.

FERMER. v. *kiri, kopi, pa, tia,* m. *paapani, papani,* s. — la porte, *pani i ke puka,* s. — un canif, *pepelu,* — un livre. *poai,* m. — à clef, *paa ke kii,* s.

FERMETÉ, sf. *kokoki, mea mao,* m. *kupaa, mea mau,* s.

FERMIER, sm. *nohohenua,* m. *hoaaina, mahiai,* s.

FÉROCE, adj. *hae,* ms. *kaikaia,* m. *hihiu,* s. rendre —, *haahae,* m. *hoohae,* s.

FÉROCITÉ, sf. *kaikaia,* m. *hihiu,* s.

FERRER, v. *haapapaa,* m. *hoohao,* s.

FERTILE, adj. *laelae,* m. *vaivai, ohaha, malu,* s.

FERTILISER, v. *haalaelae,* m. *hoovairai,* s.

FERTILITÉ, sf. *laelae,* m. *ohaha, momona,* s.

FERVENT, adj. *ii.* m. *huhu,* ms. *ikaika,* s.

FERVEUR, sf. *ii,* m. *huhu,* ms. *hooikaika,* s.

FESSE, sf. *hope,* ms. fesses, *hopehope,* ms.

FESTIN, sm. *kaina, fei, hei,* m. *ahaaina, ahaina,* s. nourriture de —, *feikai,* m.

FESTON, sm. *kokuu,* m. *lulo,* s.

FÊTE, sf. *kaina, koina, koika,* m. *ahaaina,* s. inviter à une —, *kaeva,* m. —, jour saint; *la hoano,* s. —de pêche, *koinaika,* m. —de disette, *koinaoke,* — de tatouage,

tuitiki, m. — de débauche, *vai hopu,* m.

FÊTE-DIEU, sf. *kino a Jesu Kristo,* ms.

FÊTER, v. *hakakaina,* m. *hooahaaina,* s.

FÉTIDE, adj. *piau,* m. *haumia,* s.

FÉTIDITÉ, sf. *mea piau,* m. *mea haumia,* s.

FÉTU, sm. *opala,* s.

FEU, sm. a. *ahi,* ms. faire du —, *tahuahi,* m. *kahuahi,* s. allumer le —, *a ua i te ahi,* m. *kukuni,* s. tirer du — avec le briquet. *ahi taki,* m. le — brûle. *e ana ke ahi,* s. le — est éteint. *pio ke ahi,* s. se chauffer au —. *lala ahi,* s. jeter dans le —, *puelehu,* s. pierre à —, *keaahi,* m.

FEU, adj. défunt, *ua mate,* m. *ua make,* s.

FEUILLAGE, sm. *hau, au,* m. *lau, laa,* s.

FEUILLE, sf. *au, hau,* m. *laa, lau,* s. — de papier. *hamani,* m. *larelare,* s. ôter les feuilles. *holehole,* s.

FEUILLET, sm. *hamani,* m. *larelare,* s.

FÈVE, sf. *papapa,* s.

FÉVRIER, sm. *februario,* ms. (moderne).

FI! interj. *oila, uila,* m.

FIANÇAILLES, sf. *nohona,* m. *hoopalau,* s.

FIANCÉ, sm. *nohoa,* m. *hoopalau,* s.

FIANCER, v. *noho,* m. *male, hoopalau,* s.

FICELER, v. *kavii me te aho,* m. *milomilo,* s.

FICELLE, sf. *aho, henu,* m. *lopi, kaula,* s.

FICHE, sf. *tui,* m. *kui,* s.

FICHÉ, adj. *mao*, m. *mau*, s.

FICHER, v. *oka*, m. *o*, s. se moquer, *hini*, m. *henehene*, s.

FICHU, sm. mouchoir de cou, *kiei*, s.

FICTIF, adj. *mea tirara*, m. *ca hure*, s.

FICTION, sf. *tekao*, m. *nane*, s.

FIDÈLE, adj. *toitoi*, m. *koikoi*, s. qui est dans la vraie religion, *haatia*, m. *paulele*, s. les fidèles, *poi haatia tekao*, m. *poe paulele*, s.

FIDÉLITÉ, sf. *mea toitoi*, m. *mea koikoi*, s.

FIEL, sm. *kee, tee, au*, m.

FIER, adj *i. tareke*, m. *ieie, ehea*, s. hardi, *toa*, m. *koa, kaumae*, s.

FIER (se), v. *haatia*, m. *paulele, hilinai, lelepau*, s. se — en, *mao popo*, s.

FIERTÉ, sf. *mea tareke*, m. *mea ieie*, s.

FIÈVRE, sf. *makai*, m. *kuni*, s. — intermittente, *li, lia*, s.

FIÉVREUX, adj. *kukuni, lii*, s.

FIGURE, sf. *mata*, m. *maka* s. jeune —, *opiopio*, m. vieille —, *oko*, m. — picotée, *ali*, s. image, *ata*, m. *aka*, s. statue, *olulo, olulu*, s. empreinte, *omoha, opihi*, s. marque, *hakatu*, m. *hoailona*, s.

FIGURER, v. représenter, *haaata*, m. *hooaka*, s. s'imaginer, *tahitahi*, m. *kuhikuhi*, s. —, figuré, au figuré, *hoalike*, s. cette parole a un sens figuré, *he olelo hoalike ka olelo, nei*, s.

FIL, sm. *henu, kohii*, ms. *lopi, moalii*, s. passer un — dans, *mikili*, s. — de fer, *akati*, m. *kaulahao*, s.

FILE, sf. *papa*, ms. être en —, *ku papa*, s.

FILER, v. *afio, fio, nino*, m. *hili milo, milomilo*, s. s'en aller *hee*, m. *pakipaki, hele*, s.

FILET, sm. *fatuetoo*, m. *holora kaala, ahina*, s. — de pêche *hupeka*, m. *upena, uae*, s. petit — *timara*, m. prendre au —, *hei koi*, s. jeter les filets, *tuuupeka*, m. *kuuupena*, s.

FILIAL, adj. *tama*, m. *kama*, s.

FILIATION, sf. *keiki haatama*, m. *keiki hookama*, s.

FILLE, sf. *moi, kaikamahine*, ms. belle-fille, *hunona*, m. jeune — *pahoe*, m. — nubile, *pokoehu poopoo*, m. — de condition noble *tahia*, m. — aînée, *tarahine*, m. — cadette, *moi teina*, m.

FILOU, sm. *kama*, m. *puniu*, s.

FILS, sm. *keikikane*, ms. *tama*, m. *kama*, s. — aîné, *tamaiki*, m. *hiapo*, s. — unique, *tamatahi*, m. *kamakahi*, s. beau-fils, *hunona*, ms. — adoptif, *kamakeiki*, s. le père et le fils sont morts, *ua make ka makua a me ke keiki hoi*, s.

FILTRER, v. *haataetae te vai*, m. *hoomaemae ka vai*, s.

FIN, sf. *hopena*, ms. *paona*, m. *pau ana*, s. extrémité, sommet, *tohuku, aka*, m. *piko, una, velau*, s. mettre —, *oti*, m. *oki*, s.

FIN, adj. délié, *koi*, m. *oi, vali*, s.

FINESSE, sf. *makaka*, m. *maalea*, s.

FINI, adj. *pao*, ms. *pau*, s. entièrement —, *papau*, s. c'est —, *ua pao*, ms.

FINIR, v. terminer, *pao*, m. *pau*, s. accomplir, *hoolava*, s. *paonoa*, m. compléter, *haapao*, m. *hoopau, haka*, s.

FIOLE, sf. *hue*, ms.

FIRMAMENT, sm. *papahenua*, *papahema*, m. *lani*, *lavalani*, *aouli*, s.

FISTULE, sf. *puu*, *puku*, ms. *alaala*, s.

FIXE, adj. *mao*, m. *mau*, s.

FIXER, v. *haapa*, m. *hoopaa*, s. établir, s'établir, *kaohi*, s. — avec l'œil, *tiohi*, m. *halalo*, *kiohi*, s.

FLACON, sm. *huevai*, ms.

FLAGELLATION, sf. *matakina*, m. *hahau ana*, s.

FLAGELLER, v. *mataki*, m. *hahau*, s.

FLAIRER, v. *hoki*, *honi*, m. *hono*, s.

FLAMBEAU, sm. *maama*, m. *ama*, s.

FLAMBER, v. *hakaa*, m. *lapulapu*, s.

FLAMBOYANT, adj. *ua*, ms. *okooko*, *vakavaka*, s.

FLAMBOYER, v. *hakaua*, m. *okooko*, *kuni*, s.

FLAMME, sf. *ua*, *ula*, *okooko*, *lapulapu*, s. — de vaisseau, *veoveo*, m. *velovelo*, s.

FLANC, sm. *hapu*, *aoao*, ms. *kaokao*, s. les flancs, *opuaoao*, s.

FLANER, v. *hane*, m. *holoholo*, s.

FLASQUE, adj. *mou*, *kokoia*, *pehu*, m. *melu*, *nahinahi*, s.

FLATTER, v. *hakavae*, m. *hoau*, *malimali*, s.

FLATTERIE, sf. *hakavaena*, m. *malimali ana*, s.

FLATTEUR, sm. *hakavae*, m. *hoomalimali*, s.

FLÈCHE, sf. *mene*, *taa*, *teka*, m. *pua*, s. lancer une —, *pana*, s.

FLÉCHIR, v. *haatavae*, m. courber, *fana*, *oha*, m. *kulai*, *oohu*, s.

FLÉTRIR, v. *kumu*, m. *mae*, s. flétri, *malili*, s. se —, *kumu*, m. *mao*, s. déshonorer, *haahaina*, m. *hoohila*, s.

FLÉTRISSANT, adj. FLÉTRIR.

FLÉTRISSURE, sf. *kumuna*, m. *maeana*, s. déshonneur, *haina*, m. *hila*, s.

FLEUR, sf. *pua*, ms. *puapua*, m. arbrisseau à —, *laau*, s. vase à —, *kia laau*, s. arroser les —, *ninini o luna o ke pua*, s.

FLEURI, adj. *pua*, ms.

FLEURIR, v. *oka*, *ulealau*, s.

FLEURISSANT, adj. *oka*, s.

FLEURON, sm. *hei*, ms.

FLEUVE, sm. *vaitahe*, m. *mulivai*, s. Les fleuves de l'Amérique sont grands, *na mulivai nui o Amerika*, s.

FLEXIBILITÉ, sf. *mekakana*, m. *malulelue ana*, s.

FLEXIBLE, adj. *kokoia*, *mekaka*, m. *malulelue*, *nanune*, *nolanola*, *omaimai*, s.

FLORISSANT, adj. *ohaha*, s.

FLOT, sm. *peau*, *kokehoke*, m. *rave*, ms. *ale*, *hee*, *pue*, s. — de mer, *tairare*, m.

FLOTTANT, adj. *pana*, m. *lana*, s.

FLOTTE, sf. *pukemohu*, m. *ahamoku*, s.

FLOTTER, v. *haapanapana*, m. *lana*, *kilepalepa*, s. faire —, *hoolana*, s. balancer, *kunalua*, s. — au gré de, *valevale*, s.

FLUCTUATION, sf. *panana*, m. *luna'na*, s.

FLUCTUEUX, adj. *panapana*, m. *lanalana*, s.

FLUIDE, sm. *vai*, ms.

FLUTE, sf. *pu*, *kiokio*, *ohekani*, ms. jouer de la flûte, *hokio*, s.

FLUX, sm. *heke*, m. *hee*, s. — de sang, *heekoko*, s. mouvement régulier de la mer, *taihua mai*, m.

kaihua mai, [s]. reflux, taiheke. [m]. kaiber, [s].

FLUXION. sf. huhua. [m]. puu-puu. [ms].

FOI. sf. haatia, [m]. manaoio, pau-lele ana, [s]. ajouter —, hoopaa, maopopo. [s]. acte de —. tekao pure haatia, [m]. olelo no ka manao io ana. [s]. mauvaise —. maalea. [s]. peu de —. paulele ka pekepeke, [s].

FOIE, sm. atemama. [m]. akemama. [s].

FOIN. sm. mutie, [m]. taalaau. mau mau. [s].

FOIS. sf. tina. [m]. pa. [s]. c'est la première — que nous vous voyons. a tahi nei a kite ia oe. [m]. une —. pakahi, [s]. deux —, ua tina rua. [m]. palua, [s]. trois —. toru tina. [m]. pakolu, [s]. etc. combien de —? pahia. [s]. autrefois, i kemo. [m]. à-la-fois, a pau. [ms]. pu. [s].

FOL, FOU. adj. tuaare, pupure, mamaa. [m]. kapanaha, hena, la-purale, pupale. [s]. devenir —, matemate kopa. [m].

FOLATRE. adj. keukeu, [m]. kolihe, [s].

FOLATRER, v. haakatakata. [m]. hana kolihe, [s].

FOLIE, sf. mea pupure, [m]. mea pu-pale. hena, lalaurale, [s].

FOLLET, adj. mate omaoma. [m]. heu, [s].

FOLLICULE, sm. pitaa, [m].

FONCTION, sf. hana, ohana, [ms]. papa, [s].

FOND, sm. d'un vase. molikiaha, [s]. intérieur, oto, [m]. loko, [s]. vallée, pueli, [s]. à —, tout à fait, eka, noa, [m]. loa, paapu, [s].

FONDAMENTAL, adj. V. FONDEMENT.

FONDATION, sf. haatumulina, [m]. hookumu ana, kohua, [s].

FONDEMENT. sm. tumu, kumu, kiona. [s].

FONDER. v. haatumu, kanea, [m]. hookumu, [s].

FONDRE. v. heke, [m]. hee, [s]. — facilement. heerale, — sur. pa, [s].

FONTAINE. sf. heuarai, [m]. puna-rai, [s].

FONTE. sf. hekena, [m]. hee ana, [s].

FORÇAT. sm. humua, [m]. pao-pao.

FORCE. sf. ii. huhu, [ms]. ikaika. oo-ba, [s]. force, substance, toitoi. [m]. kaikoi. [s]. donnez-nous de la force et assistez-nous. ka ikaika e haa-ri mai oe ia makou. a e kokua mai hoi. [s].

FORCÉ, adj. hapua. ii, [m]. hoola-leia. [s].

FORCENÉ. adj. ii. mata ua, [m]. ka pikipikio. [s].

FORCER. v. hapu. [m]. hoolale, [s]. forcer de travailler, hookomiko-mi. [s]. faire violence, hookoikoi, [s].

FORER. v. oka. [m]. o. [s].

FORET. sm. rilikahi. [s].

FORÊT. sf. reie, [m]. rahie. [s].

FORFAIT. sm. mea pe. [m]. mea ino, [ms].

FORGE. sf. hale kuihao. [s].

FORGER, v. kuihao. [s].

FORGERON. sm. kanaka kuihao, [s].

FORMALISER (se), v. s'offenser, ma-kaka. [m]. ukiuki, [s].

FORMALITÉ, sf. toitoina, [m].

FORMAT. sm. etahi, [m]. kau ana, [s].

FORMATION, sf. hana, [ms].

FORME, sf. figure extérieure, ma-ta, [m]. maka, [s]. modèle. hana, [ms]. kuena, [s]. apparence, helehelena, ouli. [s].

FORMER, v. hana, [ms]. former des maîtres, hookumu, [s].

FORMIDABLE, adj. *hametau,* m. *makaukau,* s.

FORMULE, sf. modèle, *hana,* ms. formule de prière, *tekao pure,* m. *olelo pule,* s.

FORNICATEUR, sm. V. FORNIQUER.

FORNICATION, sf. *moeipo ana, moekolohe ana,* s.

FORNIQUER, v. *moeipo, moekolohe, hookamakama, moeliilii,* s.

FORT, adj. vigoureux, *oko, toa,* m *koa,* s. puissant, *mana,* ms.

FORT, adv. *noa,* m. *loa,* s. *nui,* ms. plus fort, *nunui,* ms.

FORT, sm. lieu fortifié, *pakau, halepukano,* s.

FORTERESSE, sf. *halepukano,* s.

FORTIFICATION, sf. *haatoa,* m. *hookoa,* s.

FORTIFIER, v. *hakaoko,* m. *hooikaika, hookoo, hoopaa,* s. se fortifier, *ikaika,* s.

FORTUNE, sf. biens, *taetae,* m. *vaivai,* s. parier sa fortune, *pili vairai,* s.

FORTUNÉ, adj. *pomaikai,* s.

FORURE, sf. *putakiri,* m. *pukaki,* s.

FOSSE, sf. *ana,* m. *lua, ilina,* fosse profonde, *nenelea,* s. faire une —, *hooao,* s.

FOSSÉ, sm. *luameki,* s.

FOU, v. FOL.

FOUDRE, sm. *uiavahi,* m. *uila, vila,* s.

FOUDROYER, v. V. FOUDRE.

FOUET, sm. *koota,* m.

FOUETTER, v. *mataki,* m. *hahau,* s.

FOUGÈRE, sf. *mohopio,* m.

FOUGUE, sf. *huhu,* ms.

FOUGUEUX, adj. *hakahuhu,* m. *ukiuki,* s.

FOUILLE, sf. *ketuna,* m. *eku ana,* s.

FOUILLER, v. *ketu,* m. *huaa, eku,* s. fouiller avec le bec, *titotito,* m.

FOUIR, v. *uhu, ketu,* m. *hetu, eku,* s.

FOULE, sf. *rara, raara,* m. *huaa,* s. foule d'animaux, *kaoa,* m. — d'hommes, *lahuikanaka,* s. venir en —, *hookoke, lulumi,* s.

FOULER, v. *haamuhani,* m. *uhauhau,* s. fouler aux pieds, *tekahi,* m. *hahi, hehi, ehi, eehi,* s. foulé, *tita,* m. *papaipaa,* m.

FOUR, sm. *umu,* ms. *uma, imu, pao,* s. cuire au four, *tau, tao,* m. *kahu,* s. mettre au —, *hukeumu,* m.

FOURBE, sm. *papa oi, kamo,* m. *punipuni,* s.

FOURBERIE, sf. *mea tipai,* m. *maalea,* s.

FOURCHE, sf. *oka,* m. *amana,* s.

FOURCHETTE, sf. *oka, taa,* m. *o,* s. manger avec une fourchette, *ai ma ke o,* s.

FOURMI, sf. *heoo, heoata, kopata, koomitai,* m. *naonao, nonanona,* s.

FOURMILIÈRE, sf. *nohoheoo,* m. *nohonaonao,* s.

FOURMILLER, v. *haako,* m. *nunui,* ms.

FOURNAISE, sf. *umu,* ms.

FOURNEAU, sm. *tapuahi,* m. *kapuahi,* s. fourneau en fer, *kapuahihao,* s.

FOURNI, adj. épais, *motou,* m. *kupu, kupua,* s. garni, *tapia,* m. *kuonoono,* s.

FOURNIR, v. *kanea, tuu,* m. *hauliilii, kuu, hoolako,* s.

FOURRAGE, sm. *teita,* m. *laalaau, maumau,* s.

FOURRÉ, adj. *pi,* m. *piha,* s.

FOURREAU, sm. *aapua,* s.

FOURRER, v. *haapi,* m. *hoopiha,* s.

FOURRURE, sf. *mea haapi*, **m**. *mea hoopiha*, **s**.

FOYER, sm. *tapuahi*, **m**. *kapuahi*, **s**.

FRAC, sm. habit, *puapuanoa*, **s**.

FRACAS, v. *kukeku*, **s**.

FRACASSER, sm. *fefati*, **m**. *nakaka*, **s**.

FRACTION, sf. *motuna*, *otina*, **m**. *mokuna*, *oki ana*, **s**. fraction indéfinie, *hapa*, **s**.

FRAGILE, adj. *nehae*, **m**. *parare*, **s**.

FRAGMENT, sm. *motuna*, **m**. *hakuia*, *mamala*, **s**.

FRAICHEUR, sf. *mau*, **m**. *malu*, **s**.

FRAIS, adj. *anu*, *mau*, **m**. *ahe*, *malu*, **s**. chercher le frais, *hoomaalili*, **s**. récent, *hou*, **m**. *koii*, **s**.

FRAIS, sm. dépense, *tumu*, **m**. *kamu*, **s**.

FRAISE, sf. *ohelopapa*, **s**.

FRAMBOISE, sf. *akala* **s**.

FRANC, adj. *pakere*, **m**. *pakele*, **s**. sincère, *toitoi*, **m**. *koikoi*, **s**.

FRANÇAIS, adj. *farani*, **ms**. (moderne).

FRANCHISE, sf. *toitoi*, **m**. *koikoi*, **s**.

FRAPPANT, adj. surprenant, *haamotii*, **m**. *kupanaha*, **s**.

FRAPPER, v. *pehi*, **m**. *ohau*, **s**. frapper à coups de poings, *momoko*, **s**. — rudement, *mataki*, **m**. — à coups redoublés, *pepehi*, **ms**. — légèrement, *pai*, **s**. — à la tête, *hoa*, *hohoa*, **s**. atteindre, *pakaku*, *pakau*, **m**. frappé par la loi, *pili kanavai*, **s**. heurter, *kikeke*, **s**. on a frappé (à la porte), *ua kikeke*, **s**.

FRATERNEL, adj. *hoa*, *hoahanau*, **ms**.

FRATERNITÉ, sf. *hoahanau*, **ms**.

FRAUDE, sf. *mea tipai*, **m**. *maalea*, **s**.

FRAUDER, v. *haatipai*, **m**. *punipuni*, **s**.

FRAUDULEUX, adj. *teka*, **m**. *puniu*, **m**.

FRAYEUR, sf. *hametau*, **m**. *maka ana*, **s**. éprouver de la —, *hooveliveli*, **s**. saisi de —, *anoninoni*, **s**.

FRÉGATE, sf. *mamane*, *manua*, **ms**.

FRELATER, v. *haape*, **m**. *hooino*, **s**.

FRÊLE, adj. *nehae*, **m**. *parare*, **s**.

FRELON, sm. *naloopehea*, **s**.

FRÉMIR, v. *haukeke*, **m**. *okala*, **s**.

FRÉMISSEMENT, sm. *haukekena*, **m**. *okala ana*, **s**.

FRÉNÉSIE, sf. *huhu*, *huu*, **ms**.

FRÉQUEMMENT, adv. *petipeti*, **m**. *penipeni*, **s**. il est fréquemment dit, *e olelo penipeni ia*, **s**.

FRÉQUENT, adj. *petipeti*, **m**. *penipeni*, **s**.

FRÉQUENTATION, sf. *atoona*, **m**. *alahula ana*, **s**.

FRÉQUENTÉ, adj. *vara*, **m**. *mooa*, **s**.

FRÉQUENTER, v. *atoo*, *hani*, **m**. *alahula*, **s**.

FRÈRE, sm. *tuanane*, *tunane*, *tuane*, **m**. *kaikunane*, **s**. frère cadet, *teina*, **m**. *kaikaine*, **s**. — aîné, *tuana*, **m**. *kaikuana*, **s**. beau-frère, *tokete*, **m**. prochain, parent, *hoohanau*, **s**.

FRETIN, sm. *kuarena*, **m**.

FRIABLE, adj. *nehae*, **m**. *parare*, **s**.

FRIAND, sm. *kaioko*, **m**. *uhauha*, **s**.

FRIANDISE, sf. *mea manini*, **m**. *mea tinalina*, **s**.

FRICHE, sf. *mahakea*, *hoalo*, **s**.

FRICTION, sf. *feuna*, *uhina*, **m**. *kuaana*, **s**.

FRIMAS, sm. *pololuhi*, **s**.

FRIPON, sm. *kamo*, **m**. *puniu*, **s**.

FRIPONNER, v. V. FRIPON.

FRIPONNERIE, sf. *mea tipai*, **m**. *mea puniu*, **s**.

FRIRE, v. *hoolapalapa*, **s**. poêle à frire, *pahoolapalapa*, **s**.

FRISÉ, adj. *iiko, iko, ino,* m. *mimilo, piipii,* s.

FRISER, v. *haaiko,* m. *hili, milo,* s.

FRISSON, sm. *haamaii, anu,* m. *hanu,* s.

FRISSONNEMENT, sm. *haamaii-na,* m. *hokeke,* s.

FRISSONNER, v. *haaanu, haamaii,* m. *huehu, kunahehi, kululu,* s.

FRISURE, sf. *mea iiko,* m. *anuunuu, apiipii,* s.

FROID, adj. *anu,* m. *hanu, huehu, mauu,* s. trembler de froid, *haamaii, kamaii,* m. *haukeke,* s. faire —, *hakamaii,* m. *hoomauu,* s. il fait —, *he anu ia,* ms.

FROIDEUR, sf. *anu,* m. *hokeke, malu,* s.

FROIDIR, v. *hakaanu,* m. *hooanu,* s.

FROISSEMENT, sm. meurtrissure, *maki,* m. *pohole,* s.

FROISSER, v. meurtrir, *haamaki,* m. *hoopohole,* s. chiffonner, *minamina,* s.

FROMAGE, sm. *raiupaa,* ms.

FROMENT, sm. *poteto,* m. *kulina,* s.

FRONCER, v. *mimino,* m. *opiopi,* s.

FRONDE, sf. *maa, pahoa,* s.

FRONDER, v. *maa,* s.

FRONT, sm. *ae, ahe,* m. *alo, lo, lae,* s. front saillant, *laekoi,* s. face, *ao,* m. *alo,* s. audace, *ii nui,* m. *ahonui,* s.

FRONTIÈRE, sf. *motuna,* m. *mokuna, kuaio, palena,* s.

FRONTISPICE, sm. *ao,* m. *alo,* s.

FROTTEMENT, sm. *uhina,* m. *kua ana,* s.

FROTTER, v. *heu, feu, uhi,* m. *hamo, hulu, kuai,* s. frotter deux bois pour en tirer du feu, *hia,* s. — légèrement, *hohia,* s. — avec la main, *lomi,* s. se frotter, *pau,* m.

FRUCTIFIER, v. *haapuu,* m. *hua ae,* s.

FRUCTUEUX, adj. *taetae,* m. *rairai,* s.

FRUGAL, adj. *atekai,* m. *liko,* s.

FRUGALITÉ, sf. *mitito,* m. *pakiko,* s.

FRUIT, sm. *hua, pua,* ms. *tupu,* m. fruit de l'arbre à pain, *mei,* m. *ulu,* s.

FRUSTRER, v. *holoau,* s. se frustrer, *kano,* s.

FUGITIF, adj. *naorare,* m. *nalo rale, hihiu,* s.

FUIR, v. *tohuti atu,* m. *haunaele,* s.

FUITE, sf. *tohuti atu,* m. *haunaele,* s. mettre en —, *hoohauee,* s. prendre la —, *ahai,* s.

FULMINER, v. publier, *haakite,* m. *hooike,* s.

FUMÉE, sf. *aahi, urahi,* ms. fumée épaisse, *ohu,* s. — rouge, *lelo,* s.

FUMER, v. *puhi,* ms. fumer du tabac, *puhi i te paka,* m. *puhi paka,* s.

FUMIER, sm. mettre du fumier, *kipulu,* s.

FUNESTE, adj. *ino,* ms.

FUREUR, sf. *hiaka,* m. *nahu,* ms. fureur de la mer, *nahutai,* m.

FURIE, sf. *huhu,* ms. *ii,* m.

FURIEUX, adj. *mate ua, ii,* m. *kapikipikio,* s.

FURONCLE, sm. *maki,* m. *maihehe,* s.

FUSÉE, sf. *kaulele,* s.

FUSIBLE, adj. *kepau,* s.

FUSIL, sm. *pu,* ms. *puhi,* m. tirer un coup de fusil, *puhi,* m. *ki,* s. s'entre-tirer des coups de — *puhi mai, puhi atu,* m. faire l'exercice du —, *paikau,* s.

FUSILLADE, sf. *menua,* m. *puhi aku ana,* s.

FUSILLER, v. *haamate me te puhi,* m. *hoomake me ka pu,* s.

FUSION. sf. *hekena*, m. *hee ana*, s. *rai*, m.

FUSTIGER. v. *pepehi*, ms. *mataki*, m. *hahau*, s.

G.

GACHEUX. adj. *epo*, ms. *repo*, m. *lepo*, s.

GACHIS. sm. *rekareka*, m. *kapulu*, s.

GAGE. sm. dépôt, *paka*, s. compensation, *aku*, s. prendre à gage, louer, *hoolimalima*, s.

GAGER. v. *hoolimalima*, s.

GAGEURE. sf. *pili*, s.

GAI. adj. *chaeka*, m. *haihai*, . vous n'êtes pas gai, *aoe ekaei a oe*, m. je suis gai, *e chaeka au*, m.

GAIETÉ. sf. v. GAI.

GAILLARD. sm. *chaeka*, m. *hauoli*, s.

GAIN. sm. *mea meitai*, m. *mea maikai*, s.

GAINE. sf. *aapua*, s.

GALA. sm. *koina*, m. *olioli ana*, s.

GALANT, adj. civil, *toitoi*, m. *koikoi*, s.

GALANTERIE. sf. *mea toitoi*, m. *mea koikoi*, s.

GALE. sf. *pahera*, *puhu'u*, m. *ava-ava*, *meaa*.

GALÈRE. sf. bâtiment de mer, *vaka*, m. *vaa*, s.

GALÉRIEN. sm. *humua*, m. *paopao*, s.

GALETTE. sf. *jarani oa* (nourriture française).

GALIMATHIAS, sm. *teka tekao*, m. *paera ke olelo*, s.

GALLE, sf. *puupuu*, ms.

GALON. sm. *kula*, s. galon d'argent, *kulakala*, s. — d'or, *kulakala kini*, s.

GALONNER, v. *hookala*, s.

GAMBADER. v. *keukeu*, m. *lehai lahai*, s.

GAMIN. sm. *mahai*, m.

GAMME. sf. *papa*, ms. monter la —, *piki ii*, s.

GANGRENE. sf. *piau*, m. *aumia*, s.

GARANT. sm. *haamao*, m. *hoomau hopaa*, s.

GARANTIE. sf. *mea haamao*, m. *mea ho maa*, s.

GARANTIR, v. *haamao*, m. *hoo maa*, .

GARÇON. sm. *mahai*, m. *keikikane*, ms. *kane*, ms.

GARDE. sf. action de garder, *matatiohina*, m. *kaamalana ana*, s. protection, *maa*, m. *malu*, s. homme qui garde, sentinelle, *matiohi*, m. *uro*, *uo*, s. garde-du-corps, *puali*, s. arriere-garde, *hunapaa*, s. prenez —, *alia*, s.

GARDE-MANGER, sm. *koahata*, m.

GARDER, v. *tiohi*, m. *kiohi*, *malama*, s. garder les troupeaux, *holoholona*, s. veiller, *tiai*, *tiahoa*, m. réserver, *hoohole paahaa*, s. retenir, *kaohi*, s. — soigneusement une doctrine, *malama pono i ke ao ana*, s.

GARDIEN, sm. *matatiohi*, m. *kahu*, *kia*, s.

GARE, interj. *alia*, s.

FUTUR. adj. *i mai*, ms. marque du futur, *a* devant le verbe.

FUYARD. adj. *naorave*, m. *naorale*, s.

GARGARISER, **v.** *pupu*, ^m. *hooola, olaola*, ^s.

GARNI, **adj.** *tapia*, ^m. *kuonoono*, ^s. garni de plumes, *laukoha*, ^s.

GARNIR, **v.** *tapi, faii*. ^m. *hookuonoono*, ^s.

GARNISON, **sf.** *hulili*, ^s.

GARNITURE, **sf.** *mea tapi*, ^m. *lakolako*, ^s.

GARROTTER, **v.** *humu*. ^{ms}.

GASPILLER, **v.** *kaape*, ^m. *hooino*, ^s.

GATÉ, **adj.** pourri, *piau*, ^m. *nehi, pelaho*, ^s. usé, *poloke*, ^s. pour qui on a trop d'indulgence, *lonohii*, ^s.

GATER, **v.** *kaape*, ^m. *hooino, kolohe*, ^s.

GAUCHE, **adj.** *akeake, aeae*. ^m. *hema*, ^s. main gauche, *iima aeae*, ^m. *lima hema*, ^s. à —. *i hema*, ^s. *moui*, ^m. maladroit, *lahuna miamia*, ^s.

GAUFRURE, **sf.** *hakatu*, ^m. *opihi*, ^s.

GAULE, **sf.** *eaho*, ^s.

GAZON, **sm.** *mutie, purumu, teita*, ^m. *halii, laalaau*, ^s.

GAZONNER, **v.** *tapi me te mutie*, ^m. *hoolako me ka halii*, ^s.

GÉANT, **sm.** *nunui, nuinui*, ^{ms}.

GÉHENNE, **sf.** *po*, ^{ms}. *havaiki pe*, ^m. *luaahi aa loa*, ^s.

GELÉE, **sf.** *hau, anu*, ^{ms}. *huehu*, ^s.

GELER, **v.** *hakaanu, hoohanu*, ^s.

GÉMIR, **v.** *ue*, ^{ms}. *ualo*, ^s. gémir sans cesse, *ue vale*, ^s.

GÉMISSANT, **adj.** *e ue ana*, ^{ms}.

GÉMISSEMENT, **sm.** *uena*, ^m. *ualo ana*, ^s.

GEMME, **sf.** *kaimana*, ^s.

GÉNANT, **adj.** *ino*, ^{ms}.

GENCIVE, **sf.** *paniho*, ^{ms}.

GENDRE, **sm.** *hunona, huona*, ^{ms}.

GÊNE, **sf.** *nauu*, ^m. *lauvilia*, ^s.

GÉNÉALOGIE, **sf.** *mata tetau*, ^m. *kuauhau, mookupuna*, ^s.

GÊNER, **v.** *haanauu*, ^m. *lauvili*, ^s. gêné. *lilio*, ^s.

GÉNÉRAL, **sm.** *ilimuku, aliikaaa*, ^s.

GÉNÉRAL, **adj.** *pau*, ^{ms}. en —, *a pau*, ^{ms}.

GÉNÉRATION. **sf.** *hanau ana*, ^m. seconde —. *kaakahi*, ^s. *uatai*, ^m. troisième — *kualua*, ^s. quatrième —. *kuakolu*, ^s. générations anciennes, *tai tehito*, ^m. — nouvelles, *tai hou*, ^m. toutes les —. *ka poe, hanauna a pau*, ^s.

GÉNÉREUSEMENT, **adv.** *vaiei*, ^m. *purekereke*, ^s.

GÉNÉREUX, **adj.** *vaie, pareterete*, ^m. *purekereke, maikai, momoa*, ^s. — envers moi. *vaiei mai*, — envers les autres. *vaiei atu*, ^m.

GÉNÉROSITÉ, **sf.** *vaielina*, ^m. *loko maikai*, ^s.

GÉNIE, **sm.** esprit, talent. *koekoe*, ^m. *naau*, ^s. démon, *kuhane*, ^s.

GÉNISSE, **sf.** *pipi*, ^{ms}.

GÉNITIF, **sm.** marque du — *o, mo, ma*, ^{ms}.

GÉNITOIRES, **sm.** *ue*, ^m. *ule*, ^s. — des animaux, *ue, ule puaa*, ^{ms}.

GENOU, **sm.** *muo*. ^m. *kulina, vae*, ^s. se mettre à —, *noho muo*, ^m. *kukuli*, ^s.

GENRE, **sm.** *ao, ano*, ^{ms}. *uhaa*, ^m. *ohana*, ^s.

GENS, **sm.** et **f.** *poi*, ^m. *poe*, ^s. jeunes —, *poi hou*, ^m. *poe hou*, ^s. —, peuple, *huaa*, ^m. ces gens-ci. *huaa nei*, ^m.

GENTIL, **sm.** païen, *eteno*, ^{ms}. (moderne).

GENTIL, **adj.** *akanahau*. ^m. *mi-*

kioi, s. homme — kanaka anaona, s.

GENTILHOMME, sm. hakaiki. [m] haku. [s]

GENTILLESSE, sf. akanahautina. [m] malui ana, [s]

GÉNUFLEXION, sf. ohu. [m] kukuli ana, [s]

GÉOGRAPHIE, sf. haakiteh nua, [m] hoikehomua. [s]

GEÔLE, sf. haehuma. [m] halepaahao, [s]

GEÔLIER, sm. kaatatiohi i te haehuma. [m] kakahalepaahao, kahapapai. [s]

GÉOMÉTRIE, sf. anahenua. [m]

GERBE, sf. pupu. [ms]

GERBER, v. haapupu. [m] hoopupu. [s]

GÉRER, v. ririni. [m] holopapa. [s]

GERME, sm. hee [m] pupua. [s]

GERMER, v. tupu, hee. [m] kupu. [s]

GERMINATION, sf. tupuna, [m] kupu ana, [s]

GESTE, sm. kooi. [m] kuhi. [s]

GESTICULATION, sf. kooina. [m] kuhi ana, [s]

GESTICULER, v. tuhi, [m] kuhi. [s]

GIBET, sm. peka. [m] kea. [s]

GIGANTESQUE, adj. nunui, nuinui. [ms] hakaipa. [m]

GIGOT, sm. puhahipa. [m] uhahipa, [s]

GILET, sm. puliki. [s]

GINGEMBRE, sm. arapuhi, [s]

GIRAFE, kirafa, [ms] (moderne).

GIRON, sm. muo. [m] vavae, [ms]

GÎT, ci-gît. vaihoia iho la, [s]

GÎTE, sm. noho, [ms] punana, [s]

GLACE, sf. hau, [ms] miroir, kakata, [m] ianiani, [s]

GLACER, v. hakahau, [m] hoohau, [s]

GLACIAL, adj hau, anu. [ms] l'Océan glacial. moana anu. [s]

GLACIS, sm. puhekeheke. [m] kalo. [s]

GLAIRE, sf. maladie. rake. [m] humeur visque se. teatea. [m] pilali, palali, palalo. [s]

GLAIVE, sm. koheta, [m] pahi. [s]

GLANDE, sf. fafahoe, hahahoe, [m]

GLEBE, sf. epo. [ms]

GLENE, sf. anairi. [ms]

GLISSADE, sf. pioina, hikatina. [ms]

GLISSANT, adj. puhekeheke, peemo. [m] hinu, pahee. [s]

GLISSER, v. pioi, hiki. [m] pakiko koholo, holoholo. [s] — le long d'un précipice, lalama. [s] — sur une vague, pakaka. [s]

GLISSOIR, sm. aapeemo. [m] alahinu. [s]

GLOBE, sm. poipoi. [m] poi. [s]

GLOBEUX, adj. poipoi. [m] poepoe. [s]

GLOBULE, sm. poipoi. [m] ala [s]

GLOBULEUX, adj. v. GLOBEUX.

GLOIRE, sf. nani. [ms] hinahina, [m] olinolino. [s] — et puissance, hoonani a me ka mana, [s] la — éternelle, ka nani pau ale. [s]

GLORIEUSEMENT, adv. nani, [ms]

GLORIEUX, adj. nani loa, [ms] hinahina, [m] keei, kei. [s]

GLORIFICATION, sf. haananitika, [m] hoonani ana, [s]

GLORIFIER, v. tiketike, haanani. [m] hoonani, [s]

GLOUSSER, v. pakaka, [s]

GLOUTON, sm. kaioko, [m] pakela ai. [s]

GLOUTONNERIE, sf. hoonuu, ukauka, [s]

GLU, sf. teatea, [m] olepa, [s]

GLUANT, adj. teatea, [m] pilali, [s]

GLUER, v. *haateatea*, m. *hoopilali*, s.

GLUTINEUX, adj. *teatea*, m. *olepa*, s.

GLUTINOSITÉ, sf. *teateana*, m. *pilaliana*, s.

GOBELET, sm. *hipu*, m3. *kia*, s.

GOELETTE, sf. *uutu*, *vaka*, m. *oho*, *raha*, s.

GOGUENARD, sm. *hakahini*, m. *paike*, s.

GOGUENARDER, v. *hini*, *faita*, m. *enehene*, *eva*, s.

GOLFE, sm. *kaikueno*, *kuono*, s.

GOMME, sf. *teatea*, m. *pilali*, *paolo*, s.

GOMMEUX, adj. v. GOMME.

GONDOLE, sf. *vaka*, m. *vaa*, s.

GONFLEMENT, sm. *puku*, *puu*, m. *olapu*, s.

GONFLER, v. *puku*, *huhua*, m. *hauupuu*, *hoho*, s. gonflé, *haakei*, s. très gonflé, *pukupuku*, m. se —, *oumeke*, s.

GONORRHÉE, sf. *kaula vili*, s.

GORGE, sf. *kaki*, m. *pohu*, *pou*, s. nœud de la —, *pohokaki*, m. saisir a la —, *haaliali*, s. sein d'une femme, *mauma*, m. *umauma*, s.

GORGER, v. *haapi*, m. *haaliahuu*, s.

GOSIER, sm. *kaki*, *kakiehe*, *otiho*, m. *punai*, *kaniai*, s.

GOUDRON, sm. *pau*, ms.

GOUDRONNER, v. *haapau*, m. *hoohau*, *lolevaivai*, s.

GOUFFRE, sm. *hohonu*, ms. *mimi*, s.

GOUGE, sf. ciseau, *nutupahi*, m. *upa*, *upa*, s. foret, *vilikahi*, s.

GOUJAT, sm. *toa*, m. *koa*, s.

GOULU, adj. *kaioko*, m *pakela*, s.

GOURDE, sf. *hue*, ms. *umiki*, s.

GOURMAND, sm. *moneoho*, *motioho*, m. *uhauha*, s.

GOURMANDER, v. *onaki*, m.

GOURMANDISE, sf. *moneohona*, m. *hoonua*, *ukauku*, *ape*, s.

GOURMER, v. *momoko*, s.

GOUSSE, sf. *pitaa*, m.

GOUT, sm. délicieux au goût, *manati*, m. *kahikahinia*, s. mauvais au —, *onaona*, s. sans —, *hukahukai*, s. discernement, *koekoe*, m. *naau*, s.

GOUTER, v. *miti*, m. *miki*, *hoao*, *mukamuka*, s.

GOUTTE, sf. *hau*, *matamata*, m. *kulu*, s. — de pluie, *paka ua*, s.

GOUVERNAIL, sm. *uke*, m. *eule hoeule*, s.

GOUVERNEMENT, sm. *tuina*, m. *kuina*, *alii*, *malu*, s.

GOUVERNER, v. *tui*, m. *kai*, s. *vicini*, m. *alii*, *malu*, s.

GOUVERNEUR, sm. *tui*, m. *alii*, s. — de district, *kiaaina*, s.

GOGAVE, sf. *tuhava*, m.

GOGAVIER, sm. *tuhava*, m.

GRABAT, sm. *moena*, *papa*, ms.

GRACE, sf. faveur, *kaoha*, m. *aloha*, s. bénédiction, *meitai*, m. *maikai*, *meukeu*, s. plein de grâce, *hoapiha i ka maikai*, s.

GRACIER, v. *hakakaoha*, m. *loha*, s.

GRACIEUSEMENT, adv. *me te kaoha*, m. *me ke aloha*, *kanali*, s.

GRACIEUX, adj. *meitai*, m. *maikai*, *malui*, s.

GRADE, sm. *pikina*, m. *pii ana*, s.

GRADIN, sm. *papa*, ms.

GRAIN, sm. *hua*, *huna*, ms.

GRAINE, sf. *hua*, *huna*, ms. *kakano*, m, *oka*, *okaoka*, s.

GRAISSAGE. sm. haamomonana,[m]. hoomomona'na,[s].

GRAISSE. sf. tonahua,[m]. momona,[ms]. konahua,[s].

GRAISSER. v. haamomona,[m]. hoomomona,[s].

GRAISSEUX. adj. v. GRAISSE.

GRAMMAIRE. sf. haakitetekao,[m]. hoikeolelo,[s]. — française, haakite i te tekao farani,[m]. enseigner la — hakaako ata i te tekao,[m]. hoao aku i ka olelo,[s].

GRAND, adj. nui,[m]. tres —, nuinui,[m]. ino,[ms]. le plus —, nui rahi,[s]. vaste, onoula,[s]. long. oa,[ms].

GRAND-DUC. sm. duke nui,[ms].

GRANDE DUCHESSE. sf. dukerahine nui,[m].

GRANDEMENT. adv. nui, ino,[ms].

GRANDEUR. sf. tietiena,[m]. kiekie ana,[s]. nui,[ms]. la — de ses œuvres puissantes, ka nui o kona hana ana arnanaloa,[s]. majesté, hanohano,[s].

GRANDIR, v. haanui,[m]. hoonui,[s].

GRAND MÈRE, sf. tupunarahine,[m]. kupunarahine,[s].

GRAND-PÈRE, sm. tupunakane,[m]. kupunakane,[s].

GRAND-PRÊTRE, sm. taua nui,[m]. kahuna nui,[s].

GRANGE, sf. hua,[ms].

GRAPPE, sf. ahue,[s].

GRAS, adj. ipa,[m]. momona,[ms]. luhe, neuneu, kelekele,[s]. fort —, uhauha,[s]. fertile, ohaha,[s].

GRATIFIER, v. tui, utu,[m]. uku, ukumaikai,[s].

GRATIS, adv. vave,[m]. vale,[s]. Ce mot se met à la fin de celui auquel il se rapporte.

GRATITUDE. sf. koekoemeitai, kaoha,[m]. aloha,[s].

GRATTER. v. ketuketu,[m]. helu,[s]. — comme une poule, kiko,[s]. peler. varau,[m]. raurau, raluvalu,[s]. se — la tête, hoalaalau,[s].

GRATUIT. adj. vale,[s]. v. GRATIS.

GRATUITEMENT. adv. v. GRATUIT.

GRAVE. adj. tono, toko,[m]. koikoi,[s]. c'est une chose —, mea ino oa,[m]. un homme —, e kanaka koikoi, e enana toitoi,[m].

GRAVELEUX. adj. tatato,[m]. naa kalaka,[s].

GRAVEMENT. adv. ino,[ms].

GRAVER. v. taai,[m]. kalai,[s].

GRAVEUR. sm. tuhuna taai,[m]. kahuna mana kalai,[s].

GRAVIER. sm. one, oke,[ms]. — de la mer, onetai,[m].

GRAVIR. v. oni,[ms]. hiti, fiti,[m].

GRAVITÉ. sf. pesanteur, paona,[ms]. (moderne) mea tono,[m]. — de caractère, toitoi,[m]. koihoi,[s]. feinte, hookano,[s].

GRAVURE, sf. estampe, ata, aka,[s].

GRÉ. sm. bonne volonté, makina,[m]. makemake ana,[s]. mauvais —, faufau,[m]. ehua,[s].

GRÊLE. sf. huaekili,[s].

GRELOTTER, v. haamaii, kamaii,[m]. haukeke,[s].

GRENAILLE, sf. paora,[ms]. (moderne) okaoka,[s].

GRENIER, sm. halepapaa,[s].

GRENOUILLE, sf. ekaeka, eaea,[m].

GRÈVE. sf. onetai,[m]. onekai,[s].

GRIEF, sm. dommage, mea ino,[m].

GRIÈVETÉ, sf. ino,[ms]. heva,[s].

GRIFFE, sf. maikuku, matiuu, maiuu,[ms]. maiao, manea,[s].

GRIFFER, v. varau,[m]. valu,[s].

GRIFFONNER, v. *mahipahipa*, [ms].

GRIL, sm. *manamana*, [ms].

GRILLAGE. sm. *haomanamana*, [s].

GRILLER, v. *hoolapulapala i ka haomanamana*. [s].

GRIMACE, sf. *faita*, [m]. *haekaika na*, [s].

GRIMACER, v. *faita, hini*, [m]. *haekaika*. [s].

GRIMACIER. sm. *pakike*. [s].

GRIMPER, v. *oni*, [ms] *piki, hiti*. [m]. *pii*, [s].

GRINCEMENT, sm. *kikutuna*, [m]. *ui na*, [s].

GRINCER, v. *kikutu, hoi*, [m]. *ui, kaeralena*. [s].

GRIS. adj. *hina*, [ms].

GRISATRE, adj. *hinahina*. [ms].

GRISER, v. *haanama*, [m]. *hookoa*, [s].

GRISON, sm. *kana*, [m].

GRISONNER, v. *kana, nana*. [m].

GROGNARD. sm. *nunulu rate*, [s].

GROGNEMENT. sm. *amuamuna*, [m]. *mumuhu ana*. [s].

GROGNER, v. *amuamu, tohe*, [m]. *mumuhu, nunulu*. [s]. — comme un chien, *naulia*, [s].

GROGNON, sm. *peke*, [m]. *aaka*, [s].

GROIN, sm. *nutu*, [m]. *nuku*, [s].

GRONDER, v. gourmander, *onaki*, [m]. murmurer, *aaka*, [s].

GROS, adj. *nui*, [ms]. qui a beaucoup de volume, gras, *hakaipaipa, ipa*, [m]. *nelunelu*, [s]. dodu, *ulinatina*, [s]. grosse, enceinte, *ua kaeva, hapai*, [ms].

GROSSESSE, sf. *ua kaka te kopu*, [m]. *hapai ana*, [s].

GROSSEUR, sf. *nui*, [ms]. *laha, puepue*, [s].

GROSSIER, adj. *aie toitoi*, [m]. *aaka*, [s]. rude, *kalakala*, [s].

GROSSIÈRETÉ. sf. *mea aie toitoi*, [m]. *mea aaka*, [s].

GROSSIR. v. *haanui*, [m]. *hoonui*, [s]. en parlant des hommes et des animaux, *laha*, [s]. —. des fruits. *houmeke*. [s]. —. du sein d'une femme, *neinei*. [m].

GROSSISSEMENT. sm. *haananuina*, [m]. *ho maiana*. [s].

GROTTE, sf. *ana*, [ms].

GROUPE. sm. *ahue, pae*, [s]. — d'hommes, *poi*, [m]. *poe*, [s].

GROUPER. v. *hoouhue*, [s].

GUÉ. sm. *ahua, papau*. [s].

GUENILLE. sf. *kahupe*, [m]. *opala*, [s].

GUÊPE. sf. *nalopaka*. [s].

GUÈRE. adv. *iti, hunahuna*. [m]. *iti, hapa*. [s].

GUÉRIDON. sm. *papa*, [ms].

GUÉRIR, v. *hakapohee*. [m]. *hoola*. [s]. il les guérit de leurs souffrances et de leurs maladies, *e hoola aku la i ko lakou eha, a me ko lakou mai ana*, [s]. — une blessure, *nini*, [s].

GUÉRISON, sf. *pohoe*, [m]. *hoola ana*, [s].

GUERRE, sf. *toua, mamane*, [m]. *haunaele, kaua*, [s]. faire la —. *hakatoua*, [m]. *hookaua*, [s]. — navale, *mokukaua*, [s]. la guerre est finie, *ua kipapa ke kaua*, [s]. — contre l'Amérique, *kaua i ko Amerika*, [s].

GUERRIER, sm. *toa*, [m]. *koa*, [s].

GUET, sm. *matakanino*, [m]. *kiu, makakiu*, [s].

GUETTER, v. *hakakanino*, [m]. *haei, halua*, [s].

GUEULE, sf. *haha, hoe nutu*, [m]. *nuku*, [s].

GUEUX, sm. *kaikino, tupe*, [m]. *kaavauna*, [s].

GUIDE. **sm**. *aahi, uahi*, ᵐ. *ala-kai*, ˢ.

GUIDER, **v**. *aahi*, ᵐ. *kai*, ˢ.

GUIDON. **sm**. qui conduit, v. GUIDE. drapeau, *tipa*, ᵐ. *hae*, ˢ.

GUILLER, **v**. *hu*, ᵐˢ.

GUIRLANDE, **sf**. *fei, hei*, ᵐ. *lei, lu-lo*, ˢ. — de feuilles de vigne, *mai-le*, ˢ. — de myrte, *ohuohu*, ˢ. — en grains, *kokuu*, ᵐ. faire des —, *hakahei*, ᵐ. *hoolei*, ˢ.

GUISE, **sf**. *mata*, ᵐ. *maka*, ˢ.

GUITARE, **sf**. *kitara*, ᵐˢ. (moderne).

GUTTURAL, **adj**. *kakiehe*, ᵐ. *puuai*, ˢ.

H.

HABILE, **adj**. *tuhuna, tuhuka, ata-mai*, ᵐ. *kuhuna, akamai, valuna, hala io, paulehia*, ˢ. habile dans un art, *kamana*, ᵐˢ. rendre habile, *haatamai*, ᵐ. *hoakamai*, ˢ.

HABILETÉ, **sf**. capacité, *atamai*, ᵐ. *akamai*, ˢ.

HABILITÉ, **sf**. aptitude, *kamana, kumena*, ᵐˢ.

HABILITER, **v**. *haatoitoi*, ᵐ. *hoopono*, ˢ.

HABILLEMENT, **sm**. *kahu, tapa*, ᵐ. *aahu, kapa*, ˢ.

HABILLER, **v**. *kahu i te tapa*, ᵐ. *aahu i ke kapa, komolole*, ˢ. habillez-vous, *a kahu i te tapa ia oe*, ᵐ.

HABIT, **sm**. *kahu, tapa*, ᵐ. *ahu, aahu, kapa*, ˢ. habit rouge, *alaiki*, ˢ. grand habit, *holoku*, ˢ. mettre un —, *komolole*, ˢ. raccommoder un —, *pinai*, ˢ. tas d'habits, *pulunaluna*, ˢ. relever ses —, *kokohi, tuhou*, ᵐ. mouiller ses —, *ku*, ᵐ.

HABITANT, **sm**. *noho ana*, ᵐˢ. les habitans, *poe e noho ana*, ˢ. sans —, *mehameha, neoneo*, ˢ.

HABITATION, **sf**. *noho*, ᵐˢ.

HABITER, **v**. *noho*, ᵐˢ. où habitez-vous? *kahi i noho ai oe?* ˢ.

HABITUDE, **sf**. *hakaenana, tiai*, ᵐ. *oihana, uku*, ˢ. mauvaise —, *lau lau heea*, ˢ. reprendre ses mauvaises —, *kuaino*, ˢ.

HABITUEL, **adj**. *ana atu*, ᵐ. *puni puni*, ᵐˢ.

HABITUER, **v**. habitué, *valea*, ˢ.

HABLER, **v**. *haatekao*, ᵐ. *hookakau olelo*.

HABLEUR, **sm**. *haaano*, ᵐ. *hoohanohano*, ˢ.

HACHE, **sf**. *toi, toki*, ᵐ. *koilipi, lipi*, ˢ. tranchant d'une hache, *matatoki*, ᵐ. manche d'une —, *eu, koutoki*, ᵐ.

HACHER, **v**. *oti*, ᵐ. *oki*, ˢ.

HACHETTE, **sf**. *oma*, ˢ. *toki poheu*, ᵐ.

HAGARD, **adj**. *mata ua*, ᵐ. *lilio ioiea*, ˢ.

HAIE, **sf**. *papua*, ᵐ. *pa*, ᵐˢ.

HAILLON, **sm**. *kahupe*, ᵐ. *relu*, ˢ.

HAINE, **sf**. *hahaa*, ᵐ. *inaina*, ˢ.

HAINEUX, **adj**. *hahaa*, ᵐ. *mauhaa lealea, inaina*, ˢ.

HAÏR, **v**. *hahaa, ahia, amomoa*, ᵐ. *inaina, huahua, hookae*, ˢ. détester, *hooraharaha*, ˢ.

HALEINE, **sf**. *menava*, ᵐ. *ea, eha aho hanu*, ˢ. hors d'haleine, *kaokae, naenae*, ᵐˢ. *pauaho*, ˢ.

HALETER, v. *haakaekae,* ^m. *hookaekae, paupauaho,* ^s.

HALLE, sf. *hae,* ^m. *hale,* ^s.

HALLEBARDE, sf. *mataku,* ^m. *pololu,* ^s.

HALO, sm. *luakalai,* ^s.

HALTE, sf. *pao,* ^m. *pau,* ^s.

HAMAC, sm. *moena lana,* ^s.

HAMEAU, sm. *kauhale,* ^s.

HAMEÇON, sm. *riuka,* ^m. (moderne), *makau, kuimalu, haokilou,* ^s.

HANCHE, sf. *puha,* ^m. *uha,* ^s.

HANGAR, sm. v. ANGAR, *nanai,* ^m. *lanai,* ^s. construire un hangar, *kukulupapa,* ^s.

HANTER. v. *hani, atoo,* ^m. *alahula,* ^s.

HAPPER, v. *hapu, tako,* ^m. *hopu, hopuhopu,* ^s.

HARANGUE, sf. *tekao,* ^m. *olelo ana,* ^s.

HARANGUER, v. *haatekao,* ^m. *hooolelo,* ^s.

HARASSER, v. *haatono, haafariri,* ^m. *pioloke, hoolohi,* ^s.

HARCELER, v. *tuhituhi,* ^m. *naukiuki,* ^s.

HARDI, adj. *patati, toa,* ^m. *koa, hoolili, maoi,* ^s.

HARDIESSE, sf. *ii nui, patatina,* ^m. *hoolili,* ^s.

HARDIMENT, adv. *me te ii nui,* ^m. *maoi,* ^s.

HARENG, sm. *kokiva,* ^m.

HARICOT, sm. *papapa,* ^s.

HARMONIE, sf. *tuitahi,* ^m. *kuikahi,* ^s.

HARMONIEUX, adj. V. HARMONIE.

HARPAGON, sm. *avare, pi,* ^{ms}.

HARPE, sf. *harepa,* ^{ms}. (moderne).

HASARD, sm. *lalo,* ^s. jouer au jeu de hasard, *pilivaivai,* ^s.

HASARDER, v. *oupe, hoopilikia,* ^s.

HASARDEUX, adj. *oko.* ^m. *pilikia,* ^s. il est très hasardeux, *pilikia vale oia,* ^s.

HATE, sf. *kemuna,* ^m. *lale, riki. papanaa,* ^s. préparer à la hâte. *hoolalelale,* ^s.

HATER, v. *kemu.* ^m. *hoolale. rikiviki,* ^s. hâté. *lale,* ^s. se hâter, *kakarovo, riki,* ^s.

HATIF, adj. *patahee.* ^s.

HAUSSE, sf. *haatikena,* ^m. *hooie ana.* ^s.

HAUSSER, v. *haatike, hupai.* ^m. *hooie,* ^s. hausser la voix, *neke,* ^m.

HAUT, adj. *una,* ^m. *luna.* ^s. en haut, *i una,* ^m. *i luna,* ^s. de bas en —, *ake, ae,* ^{ms}. de haut en bas, *iho,* ^{ms}. le plus haut possible. *i luna lilo loa,* ^s. à perte de vue. *kiekie lilo loa,* ^s. élevé. *tietie,* ^m. *kiekie,* ^s. lever en —, *hooeae;* ^s. — de taille, *pokela,* ^s. le haut d'un arbre, *elau,* ^s. — d'une plante. *liko,* ^s. — d'une montagne, *poike,* ^s. le Très-Haut. Dieu. *ke kiekie loa,* ^s.

HAUTAIN, adj. *tautaki,* ^m. *kuhilani,* ^s.

HAUTE-MARÉE, sf. *ua pi te tai,* ^m.

HAUTEUR, sf. élévation, *hakaiena,* ^m. *kiekie ana,* ^s. arrogance. *mea tareke, ie,* ^m. *kilohi,* ^s.

HÉ! interj. *e, he,* ^{ms}.

HÉBÉTÉ, adj. *mutu, tuaave,* ^m. *poluluhi, mani,* ^s.

HÉBÉTER, v. *haamutu,* ^m. *hoomani,* ^s.

HÉMISPHÈRE, sm. *ainapuniole,* ^s. les deux grandes parties de la terre sont nommées les hémisphères; l'hémisphère oriental. et l'hémisphère occidental, *he mau aina nui loa elua ma ka ho-*

nua nei. i kapaia, he mau aina-
puniole: ka ainapuniole hikina,
a me ka ainapuniole komohana, *.
HÉMORRHÉE. sf. heekoko, *.
HÉMORRHOÏDES, sf. pikihoa, *m.*
HÉPATIQUE, adj. ate, *m.* ake, *.
HÉRAUT, sm. luna, *.
HERBAGE, sm. puramu, *m.* laaui-
kia, *.
HERBE, sf. mutie, teita, *m.* taa-
taau, *. herbe aquatique, akuli-
kuli, *. — maritime, pukaiea, *.
— bouillie, luau, *. étendre de
l'herbe, hakii, *m.*
HÉRÉDITAIRE, adj. maladie hérédi-
taire, kauna, *.
HÉRISSÉ, adj. reu, rehu, *.
HÉRISSER, v. hooreu, *.
HÉRITAGE, sm. hooilina, *.
HÉRITER, v. v. HÉRITAGE.
HÉRITIER, sm. ilinahoo, hooilina, *.
HERMAPHRODITE, sm. mahu, ka-
nevahine, *.
HERMINETTE, sf. taa, taai, etaai, *m.*
HERNIE, sf. purii, *m.*
HÉROÏNE, sf. vahine toa, *m.* rahi-
ne koa, *. heroine, *ms.* (moderne).
HÉROÏQUE, adj. toa, *m.* koa, *.
HÉROS, sm. enana toa, *m.* kanaka
koa, *. heroa, *ms.* (moderne).
HÉSITATION, sf. kali ana, *. doute,
kanalua ana, *.
HÉSITER, v. kali, *. douter, hapa-
tati, *m.* kuihe, kanalua, *.
HEURE, sf. hora, *ms.* (moderne), à
cette heure, i te nei, *m.* a e nei, *.
tout à l'heure, liuliu, *. kari, vekekina, *m.* à la bonne heure, a
aika, *m.* ua pono, *.
HEUREUSEMENT, adv. meitai, *m.*
maikai, *.
HEUREUX, adj. ekaeka, meitai, *m.*
maikai, *. bien heureux, pomai-

kai, *. parfaitement —, ekaek[a]
noa, *m.* très —, pomaikai [i]
maoli, *. heureux en quelq[ue]
chose, qui réussit, mio, pookeo-
kea, *.
HEURTER, v. tuki, tutuki, *m.* kuia, [*]
heurter à la porte, kikeke, *.
HIDEUX, adj. hauhau, *m.* hoopai-
hat, *. c'est hideux, mitahake, *m.*
HIER, adv. inehi, *m.* inehinei, *[s]*
hier même, hier encore, inenah[i]
ia, *m.* avant-hier, inenahi atu, *m.*
HILARITÉ, sf. ekaeka, *m.* olioli, *[s]*
HISSER, v. toi i una, haatike, *m.*
huki, *.
HISTOIRE, sf. mataletau, *m.* mooolelo, *.
HISTORIETTE, sf. tekao, *m.* olelo, *[s]*
HISTRION, sm. papaoi, *m.* hana
kolibe, *.
HIVER, v. hoilo, *.
HOCHER, sm. tupe, *m.* lele, *.
HOLOCAUSTE, sm. alanakuni, *.
HOMICIDE, sm. haamate i te enana, *m.* hoomake i ke kanaka, *s.*
HOMMAGE, sm. aho, *. vénération,
hoomana ana, *.
HOMME, sm. enana, enata, *m.* kanaka, *. les hommes, te tau enata, *. combien d'hommes? ahia la
kanaka? *. il y a beaucoup d'hommes, mea nui tote enana, *m.*
— de condition noble, hakaiki, *m.* jeune homme de condition
noble, teii, *m.* jeune homme, heu, *s.*
homme de confiance, kila, *s.* —
d'honneur, toitoi, *m.* koikoi, *s.*
agir en homme, haaenata, *m.*
hookanaka, *s.*
HOMOGÈNE, adj. hua, *m.* alike,
hookahi, *s.*
HONNÊTE, adj. toitoi, *m.* koikoi,
kupono, *s.*

HONNÈTETÉ, sf. *mea toitoi*, ^m. *mea koikoi*, ^s.

HONNEUR, sm. *mea kaie*, ^m. *hanohano*, ^s.

HONNIR, v. *hini*, ^m. *hoino*, ^s.

HONORABLE, adj. *haakaie*, ^m. *eaea*, ^s.

HONORER, v. *kaie*, ^m. *hanohano*, *hoano*, ^s. honorer d'un culte, *kakuai*, ^s.

HONTE, sf. *haina*, *hakaina*, ^m. *hila*, *riro*, ^s. avoir honte, *hooiho*, ^s. rougir de —, *ma*, ^s. sans —, *riro ole*, ^s. *aie haina*, ^m. agir sans —, *hie*, ^s. être confondu de —, *hakaina*, ^m.

HONTEUX, adj. *momooa*, ^m. *rivo*, ^s. honteux à demander quelque chose, *hakaika*, ^m.

HOQUET, sm. *fenei*, *fanei*, *nea*, ^m. *mauliara*, ^s.

HORIZON, sm. *kukulu*, ^s.

HORIZONTAL, adj. *hahuhahu*, ^s.

HORLOGE, sf. *oati*, ^m. *uaki*, ^s. (moderne).

HORLOGER, sm. *tuhunaoati*, ^m. *kuniuaki*, ^s.

HORMIS, prép. *raho*, ^{ms}.

HORREUR, sf. *hauhau*, ^m. *hoopailua*, ^s. avoir en horreur, *hua*, ^m.

HORRIBLE, adj. V. HORREUR.

HORS, prép. *raho*, ^{ms}. hors de vue, *nalovale*, ^s.

HOSPITALIER, adj. *aaa*, *akeukeu*, ^s.

HOSPITALITÉ, sf. *akeukeu ana*, ^s. donner l'hospitalité, *hookipa*, ^s.

HOSTIE, sf. victime, *mohai*, ^s.

HOSTILE, adj. *hahaa*, ^m. *ino*, ^{ms}.

HOSTILITÉ, sf. V. HOSTILE, commencer les hostilités, *papaapoo*, ^s.

HÔTE, sm. qui tient auberge, *kuni*, ^s.

HÔTEL, sm. *haleahaaina*, ^s. entrer dans un hôtel, *kipa*, ^s.

HÔTELIER, sm. V. HOTE.

HÔTELLERIE, sf. V. HOTEL.

HOUILLE, sf. *nanahu epo*, ^{ms}.

HOUPPE, sf. *pupu*, ^m. *uluku*, ^s.

HOUPPÉE, sf. *faihati*, ^m.

HOURRA, sm. *hura*, ^{ms}. *hula*, ^s.

HUARD, sm. *lupeakeke*, ^s.

HUILE, sf. *kaahu*, *kau*, ^m. *aila*, ^s. (moderne). huile de baleine, *kaahupaoa*, ^m.

HUILER, v. *tapui*, ^m. *kahinu*, ^s.

HUILEUX, adj. *momona*, ^{ms}.

HUILIÈRE, sf. *huekau*, ^m. *hueaila*, ^s.

HUIT, adj. num. *rau*, ^m. *valu*, ^s. huit fois, *rautina*, ^m. *pavalu*, ^s. huit à huit, *pavalu*, ^s.

HUITIÈME, adj. num. *avau*, ^m. *avalu*, ^s. un huitième (fraction), *haparalu*, ^s. huitièmement, *avau*, ^m. *avalu*, ^s.

HUÎTRE, sf. *pukuahi*, *pipi*, ^s.

HUMAIN, adj. *enana*, *enata*, ^m. *kanaka*, ^s. l'esprit humain, *te kuhane enata*, ^m.

HUMANISER, v. *haaenana*, ^m. *hookanaka*, ^s.

HUMANITÉ, sf. *enana a pau*, ^m. *kanaka a pau*, ^m. humanité en parlant de J.-C., *kinokanaka*, ^s.

HUMBLE, adj. *hahaa*, ^m. *haahaa*, *aho*, ^s.

HUMECTATION, sf. *kutaona*, ^m. *hoomauu ana*, ^s.

HUMECTER, v. *kutao*, ^m. *mau*, *hoomauu*, ^s. arroser, *pulu*, ^s.

HUMÉRAL, adj. *poohihi*, ^m. *poohivi*, ^s.

HUMEUR, sf. substance ténue et fluide des corps, *koko*, ^s. humeur de cerveau, *mou kava*, ^m. tempé-

rament, *koekoe.* m. *koikoi, aho,* s.
de mauvaise humeur, *aaka,* s.
HUMIDE, **adj.** *rehitaa, momamo-ma.* m. *lalilali,* s. terre humide, *linalina,* s.
HUMIDITÉ, **sf.** *rehitaatina,* m. *lali-lali ana,* s.
HUMILIANT, **adj.** *haahahaa,* m. *hoo-haahaa,* s.
HUMILIATION, **sf.** *haahahaatina,* m. *hoohaahaa ana,* s.
HUMILIER, **v.** *haahahaa,* m. *hoo-haahaa, hooeai,* s. humilié par la conduite d'un autre. *iii,* s.
HUMILITÉ, **sf.** *bakaana,* m. *haa-haa ana,* s.
HURLEMENT, **sm.** *takina,* m. *kani ana,* s.
HURLER, **v.** *taki,* m. *kani, aua,* s.

HUTTE. **sf.** *hae.* m. *hale,* s.
HYDROPISIE. **sf.** *mai pehu,* ms.
HYDROPIQUE. **adj.** *mai pehu,* s.
HYÈNE. **sf.** *hiena,* ms. (moderne)
HYMNE. **sm.** *himene,* m. chante des hymnes, *himene,* ms. (moderne)
HYPERBOLE, **sf.** *hakanuinuina, hoonuinui ana,* s. terme de grammaire, *hiperbole,* ms. (moderne)
HYPOCRISIE, **sf.** *hookamani,* s.
HYPOCRITE, **sm.** *aiahua, hoopunihala, paahuahua, rehe, hookamani,* s.
HYPOTHÈSE, **sf.** *tuhina,* m. *kuhi ana,* s.
HYSSOPE, **sf.** *hitope,* ms. (moderne).
HYSTÉROCÈLE, **sf.** *puvii,* m.

I.

ICI. **adv.** *i nei, i a nei,* ms. d'ici. *no nei,* ms. par ici, *ma i nei,* ms. ici et là, *ma o a o,* s.
IDÉAL, **adj.** *i te metao,* m. *i ka manao,* s.
IDÉE. **sf.** *metao,* m. *manao ana,* s.
IDENTIQUE, **adj.** *hakatahi,* m. *hoo-kahi,* s.
IDENTITÉ, **sf.** *mea hua,* m. *mea iho,* s.
IDIOME, **sm.** langage, *tekao,* m. *olelo ana,* s.
IDIOT, **sm.** *okokai,* m. *pololuhi,* s.
IDOLATRE, **adj.** *eteni,* ms. (moderne).
IDOLE, **sf.** *tiki,* m. *puakii,* s. idole en pierre, *eho,* s.
IGNAME, **sm.** *palau,* s.
IGNARE, **adj.** *koekoe po,* m. *naau po,* s.

IGNOBLE. **adj.** *tupe,* m. *kuaaina,* s.
IGNOMINIE. **sf.** *mea tupe, haina,* m. *mea kuaaina, hila,* s.
IGNOMINIEUX, **adj.** *hainahaina,* m. *hila vale,* s.
IGNORANCE, **sf.** *miamia, pipio, koekoe po.* m. *naau po,* s. l'ignorance et le penchant vers le mal, *ka naau po, a me ka luli ana i ka heva,* s.
IGNORANT. **adj.** *pipio,* m. *kuaaina,* s. un ignorant crasseux, *po eleele,* s. tromper un ignorant, *uhinu,* s.
IGNORER, **v.** *aoe kite,* m. *aole ike, hoka,* s. je l'ignore, *oai hoi,* m. ignorez-vous? *aole ka oe i manao?* s.
IL, ELLE, **pron.** *ia, aia, oia,* ms. =*ia* étant aussi préposition, il y a quelquefois répétition réitérée de

ce mot ; par exemple : il l'a introduit auprès de Paul, *i hoikeike aku la ia ia ia ia Paulo ;* le premier *ia* est *il*, sujet du verbe, le second, *le*, son régime, le troisième préposition *auprès*, le quatrième la préposition *de* ou *à*.

ILE, sf. *fenua*, ^m. *aina*, ^s. petite île, *motu*, ^m. *moku*, ^s. les îles, *na moku*, ^s.

ILLÉGAL, adj. *aie toitoi*, ^m. *pono ole, aole e ku i ke kanawai*, ^s.

ILLÉGALITÉ, sf. *mea aie toitoi*, ^m. *mea pono ole*, ^s.

ILLÉGITIME, adj. v. ILLÉGAL.

ILLIBÉRAL, adj. *pi*, ^{ms}.

ILLICITE, adj. *tapu*, ^m. *kapu*, ^s.

ILLICITEMENT, adv. *hakana*, ^m. *malu*, ^s.

ILLIMITÉ, adj. *aoe pau*, ^m. *aole pau*, ^s.

ILLISIBLE, adj. *aoe tetau*, ^m.

ILLUMINATION, sf. *haakaakatina*, ^m. *hookaakaa'na*, ^s.

ILLUMINÉ, adj. *haakaakaa*, ^m. *hookaakaaia*, ^s.

ILLUMINER, v. *maama*, ^m. *hoomalamalama*, ^s.

ILLUSION, sf. *mea tipai*, ^m. *mea punipuni*, ^s.

ILLUSOIRE, adj. *tivava, koko*, ^m. *vahahce*, ^s.

ILLUSTRATION, sf. *haakikina*, ^m. *olinolino*, ^s.

ILLUSTRE, adj. *kiki*, ^m. *koae*, ^s. célèbre, *kaulana*, ^s.

ILLUSTRER, v. *haakiki*, ^m. *hookoae*, ^s.

IMAGE, sf. *ata*, ^m. *aka*, ^s. ressemblance, *ao*, ^m. *ano*, ^s.

IMAGINATION, sf. faculté d'imaginer, *koikoi*, ^m. *naau*, ^s. pensée, *metao*, ^m. *manao ana*, ^s.

IMAGINER, v. inventer, *tuhi*, ^m. *kuhi, kuhikuhi*, ^s. croire, *metao*, ^m. *manao*, ^s. prétendre, *lave o humu*, ^s.

IMBÉCILLE, adj. *tuaave, pupure*, ^m. *pupule, eovai*, ^s.

IMBERBE, adj. *hou. mate omaoma*, ^m. *make umiumi*, ^s.

IMBIBER, v. *karairai*, ^m. *hoomau*, ^s.

IMBU, adj. *tahea*, ^m. *kaheia*, ^s.

IMITATION, sf. *hanitina, hotokaina*, ^m. *mahui ana, hooalike ana*, ^s.

IMITER, v. *hani*, ^m. *mahui, hahoi*, ^s. égaler, *hotokai*, ^m. *iho*, ^s.

IMMACULÉ, adj. *hala ole*, ^s.

IMMATÉRIEL, adj. *mea aoe hanaa*, ^m. *mea aole hanaia*, ^s.

IMMATRICULER, v. *patu i te papa*, ^m. *palapala i ke papa*, ^s.

IMMÉDIAT, adj. *iho*, ^{ms}. *koke*, ^s.

IMMÉDIATEMENT, adv. *iho*, ^{ms}. immédiatement avant, *ma mua iho*, ^{ms}. promptement, *koke*, ^s.

IMMENSE, adj. *aoe ana*, ^m. très grand, *nuinui*, ^{ms}.

IMMENSITÉ, sf. *mea aoe ana*, ^m. *mea nuinui*, ^s.

IMMERGER, v. *hakauku, patao*, ^m. *epau, kapoo*, ^s.

IMMERSION, sf. *hakaukuna*, ^m. *epau ana*, ^s.

IMMOBILE, adj. *te keu noa, kati anae iho*, ^m. *kunaenae*, ^s. rester immobile, *mamakea*, ^m.

IMMOBILITÉ, sf. *mamakeana*, ^m. *kunaenae ana*, ^s.

IMMODÉRÉ, adj. *tai*, ^m. *kai, oi, kela*, ^s.

IMMODESTE, adj. *toitoi*, ^m. *akahai*, ^s.

IMMOLATION, sf. *mohai ana*, ^s.

IMMOLER, v. *mohai, kalua*, ^s.

IMMONDE, adj. *pe, piau*, ^m. *aumia*, ^s.

IMMONDICE, **sf.** *opo,* ms. *tutae,* m.

IMMORAL, **adj.** *ino,* ms. *pe,* m. *pau-maele,* s.

IMMORALITÉ, **sf.** *mea ino,* ms. *pau-maele ana,* s.

IMMORTALITÉ, **sf.** *aie matena,* m. *aoe make.*

IMMORTEL, **adj.** *aie mate te mate noa,* m. *make ole lehua kahiki,* s. le corps est mortel, et l'esprit est immortel, *he mea make ke kino, he mea make ole ka uhane,* s.

IMMUABILITÉ, **sf.** *mea te hui ke,* m. *mea i huli e ole,* s.

IMMUABLE, **adj.** *te hui ke,* m. *huli e ole,* s.

IMMUNITÉ, **sf.** *pakerena,* m. *pakele ana,* s.

IMMUTABILITÉ, **sf.** V. IMMUABILITÉ.

IMPAIR, **adj.** *oi,* s.

IMPARDONNABLE, **adj.** *te momoa noa,* m. *kala ole,* s.

IMPARFAIT, **adj.** *aie eka,* m. *ino,* ms. Dieu est un esprit parfait, qui n'a rien d'imparfait, *he uhane maikai ke akua, aole ona ino,* s.

IMPARTIAL, **adj.** *meitai,* m. *lave-hua,* s.

IMPARTIALITÉ, **sf.** *mea meitai,* m. *mea meikai,* s.

IMPASSIBILITÉ, **sf.** *te memae noa,* m. *eha ole,* s.

IMPASSIBLE, **adj.** *aie memae,* m. *eha ole,* s.

IMPATIENCE, **sf.** *ee,* m. *huhu,* ms. *manaka,* s.

IMPATIENT, **adj.** *huhu,* ms. *ii,* m.

IMPATIENTER, **v.** *haahuhu,* m. *hoohuhu,* s. s'impatienter, *huhu mai,* ms.

IMPECCABILITÉ, **sf.** *te mikeo noa,* m. *kina ole,* s.

IMPECCABLE, **adj.** V. IMPECCABILI[TÉ]

IMPÉNÉTRABILITÉ, **sf.** *mea aie t[ahe],* m. *mea paapu,* s.

IMPÉNÉTRABLE, **adj.** *te tahe noa,* m. *paapu,* s.

IMPÉNITENCE, **sf.** *te hui noa,* m. *p[a]laka, mihi ole,* s.

IMPÉNITENT, **adj.** *aie pao i te ino,* m. *pau ole i ka hera,* s.

IMPÉRATIF, **sm.** marque de l'impératif, *a* devant le verbe, quelquefois *e, o,* ms. meurs! *a ma[ke] mai!* m. allons! *o hele,* m. va-t'en *a heke,* m.

IMPÉRATIF, **adj.** impérieux, *tauta[ki],* m. *kuhilani,* s.

IMPÉRATRICE, **sf.** *kaisaravahine,* ms.

IMPERCEPTIBLE, **adj.** *aie itea,* m. *ikea ole,* s.

IMPERFECTION, **sf.** *mea te toitoi,* m. *mea hemolele ole,* s.

IMPÉRIAL, **adj.** *kaisara,* ms. (moderne).

IMPÉRIEUX, **adj.** *tautaki,* m. *kuhilani,* s.

IMPÉRISSABLE, **adj.** *te pao noa,* m. *pau ole,* s.

IMPERMÉABLE, **adj.** *te tahe,* m. *paapu.*

IMPERMUTABLE, **adj.** *te hui ke,* m. *huli ole,* s.

IMPERTINENCE, **sf.** *mea taveke,* m. *keha,* s. injure, *mamakaka,* m. *kuamuamu,* s.

IMPERTINENT, **adj.** *taveke,* m. *keha,* s.

IMPÉTUEUX, **adj.** *huhu,* ms.

IMPÉTUOSITÉ, **sf.** *hakahuhu,* m. *hoohuhu,* s. impétuosité de la mer, *kukeku,* s.

IMPIE, **adj.** *kupahapu, kupa,* m. *aia,* s.

IMPIÉTÉ, **sf.** *mea kupa,* m. *mea*

aia, ª. la colère de Dieu éclatera contre toute l'impiété et l'injustice des hommes , *ka inaina o ke Akua i ka aia a me ka hana ino a pau a ka poe kanaka,* ª.

IMPITOYABLE, adj. *te kaoha noa,* ᵐ. *aloha ole,* ª.

IMPLACABLE, adj. V. IMPITOYABLE, *makono,* ª.

IMPLIQUÉ, adj. *humua, hoounaia,* ª.

IMPLIQUER, v. *humu,* ᵐ. *hoouna,* ª.

IMPLORER, v. *ape,* ᵐ. *noi, nonoi,* ª. implorer l'assistance, *noi i kokua,* ª.

IMPOLI, adj. *aie toitoi,* ᵐ. *koikoi ole,* ª.

IMPOLITESSE, sf. *mea aie toitoi,* ᵐ. *mea koikoi ole,* ª.

IMPORTANCE, sf. *mea tono,* ᵐ. *mea kumu,* ª.

IMPORTANT, adj. *tono,* ᵐ. *hoolili,* ª.

IMPORTER, v. introduire, *kalepa,* ª. (moderne), être de conséquence, *ta,* ᵐ. *ka,* ª. que vous importe? *eaha ta oe?* ᵐ. qu'importe! *eha,* ᵐˢ.

IMPORTUN, adj. *komihi,* ᵐ. *kolohe, pipili,* ª.

IMPORTUNER, v. *totohe, hano, ape,* ᵐ. *naenae, noinoi,* ᵐˢ. solliciter, *oma,* ª.

IMPORTUNITÉ, sf. *totohetina, naenaena,* ᵐ. *naenae ana,* ª. ennuyé de l'importunité de quelqu'un, *huaa,* ª.

IMPOSANT, adj. *nui,* ᵐˢ.

IMPOSER, v. mettre dessus, *tuu una,* ᵐ. *kuu i luna,* ª. en imposer, *hakahai,* ᵐ. *hoopunipuni,* ª.

IMPOSITION, sf. *tuutina i una,* ᵐ. *i luna ana,* ª. impôt, *hookupu ana,* ª.

IMPOSSIBILITÉ, | sf. *mea te hana noa,* ᵐ. *mea aoe hana,* ª.

IMPOSSIBLE, adj. *te hana noa,* ᵐ. *aoe hana,* ª. cela est impossible, *te hana noa oia,* ᵐ.

IMPOSTEUR, sm. *papaoi,* ᵐ. *punipuni,* ª. vous êtes un imposteur, *e papaoi oe,* ᵐ. il n'est point —, *aoe papaoi oia,* ᵐ.

IMPOSTURE, sf. *mea tipai,* ᵐ. *vahahee,* ª.

IMPÔT, sm. *hoohupu ana,* ª.

IMPRATICABLE, adj. V. IMPOSSIBLE.

IMPRÉCATION, sf. *haainoino,* ᵐ. *kuamuamu,* ª.

IMPRÉGNER, v. *kavaivai,* ᵐ. *hoomau,* ª.

IMPRESSION, sf. action d'imprimer, *hakatu, patu,* ᵐ. *pai,* ª.

IMPRÉVOYANCE, sf. *te atamai noa,* ᵐ. *akamai ole,* ª.

IMPRÉVOYANT, adj. V. IMPRÉVOYANCE.

IMPRÉVU, adj. *polioho,* ᵐ. *aoe ikea,* ª.

IMPRIMER, v. *hakatu, patu,* ᵐ. *pai,* ª. imprimer des livres, *patu hamani,* ᵐ. *pai palapala,* ª.

IMPRIMERIE, sf. *mea patu hamani,* ᵐ. *mea pai hamani,* ª.

IMPRIMEUR, sm. *patu hamani,* ᵐ. *pai palapala,* ª.

IMPROBITÉ, sf. *mea kupa,* ᵐ. *aia,* ª.

IMPROPRE, adj. *teka,* ᵐ. *pahemahema,* ª.

IMPROUVER, v. *hakaaie,* ᵐ. *hoole,* ª.

IMPRUDENCE, sf. *mea te atamai noa,* ᵐ. *mea akamai ole,* ª.

IMPRUDENT, adj. V. IMPRUDENCE.

IMPUDENCE, sf. *mea nene, mea pe,* ᵐ. *mea pakike,* ª.

IMPUDENT, adj. *mata oko,* ᵐ. *vivo ole,* ª.

IMPUDICITÉ, sf. *mea nene, kukoheva, makalea,* ª.

IMPUDIQUE, **adj.** *nene, pe,* m. *aumia, ino,* s.

IMPUISSANCE, **sf.** *ninia.* m. *maule,* s.

IMPUISSANT, **adj.** *hopee.* m. *kunono,* s. être impuissant. *navalivali.* s.

IMPUR, **adj.** *ino. piau,* m. *haumia. haukae. paumaele,* s.

IMPURETÉ. **sf.** *mea piau, mea nene.* m. *kukohena.* s.

IMPUTATION. **sf.** *hakatio,* m. *hoohera ana,* s.

IMPUTER, **v.** *hakatio.* m. *Loohera.* s.

INACTIF. **adj.** *taree.* m. *mania.* s.

INACTION. **sf.** *te hana.* m. *hana ole,* s.

INADVERTANCE, **sf.** *manonoa.* s.

INALTÉRABLE, **adj.** *aie haape.* m. *aoe hooino,* s.

INAMOVIBLE. **adj.** *te hui ke.* m. *huli e ole.* s.

INANIMÉ, **adj.** *te pohoe noa,* m. *ola ole,* s.

INANITION, **sf.** *ninia.* m. *houpoleraleva,* s.

INAPERCEVABLE, **adj.** *aie itea.* m. *ikea ole,* s.

INATTENDU, **adj.** *potioho,* m. *ikea ole,* s.

INATTENTIF, **adj.** *manonoa.* s.

INAUGURATION, **sf.** *tapu.* m. *kapu,* s.

INAUGURER, **v.** *haatapu,* m. *hobkapu,* s.

INCALCULABLE, **adj.** *minimini,* m. *manomano,* ms. *kinikini,* s.

INCAPABLE, **adj.** *aie tuhuna,* s. *aoe kuhuna,* s.

INCAPACITÉ, **sf.** *tuaave, pupure,* m. *pupule, eovai,* s.

INCARCÉRATION, **sf.** *humutina,* m. *hopuhopu ana,* s.

INCARCÉRER, **v.** *humu,* m. *hopuhopu,* s.

INCARNATION. **sf.** *lilo mai ana i ka naka.* s.

INCARNER (s'), **v.** *lilo mai i kanaka,* s.

INCENDIE. **sm.** *ahi nui,* ms.

INCENDIER, **v.** *a ua i te ahi,* m. *kakuni.* s.

INCERTAIN. **adj.** *puehu. aie toitoi, kapekepeke. kuhapa. nalo,* s.

INCERTITUDE. **sf.** *mea puehu. kapekepeke.* s. doute, *hapatatina.* m. *hapalua ana.* s.

INCESSAMMENT, **adv.** *kiri,* m. *emo ole. liuliu.* s.

INCESTE, **sm.** *titoi pe noa,* m.

INCIRCONCIS. **adj.** *te otia poipoi;* m. *okiia porpoe ole.* s.

INCISER, **v.** *kokoti. pahee.* m. *oki,* s.

INCISION. **sf.** *kokotina,* m. *oki ana,* s.

INCITATION, **sf.** *nieniena,* m. *haku ana.* s.

INCITER. **v.** *hakapahi,* m. *hakui,* s. — au mal, *nienie. tikao.* m.

INCIVIL. **adj.** *aie toitoi,* m. *koiko ole.* s.

INCIVILISÉ. **adj.** *moke, kaipeka,* m. *hihiu, hupo,* s.

INCIVILITÉ, **sf.** *mea aie toitoi,* m. *mea aaka,* s.

INCLINAISON, **sf.** *hikana,* m. *hilina ana,* s.

INCLINATION, **sf.** *ihona,* m. *luli ana,* s.

INCLINER, **v.** *iho,* m. *luli,* s. — au mal, *luli i ka heva,* s. incliné, *pahaka,* m. s — avec respect, *kulou,* s.

INCLUS, **adj.** *tihaa,* m. *hanapaaia,* s.

INCOHÉRENT, **adj.** *aie ponaa,* m. *hanapaaia ole,* s.

INCOMBUSTIBLE, **adj.** *pipi,* ms.

INCOMMENSURABLE, **adj.** *aie ana,* m. *nuinui,* ms.

INCOMMODE, **adj.** *naenae,*[ms.] *oni,*[s].

INCOMMODÉ , **adj.** *kaekae , naenae,* [ms.] malade, *maki,* [m.] *mai,*[s].

INCOMMODER, **v.** *haakaekae,*[m.] *hookaekae ,* [s.] gêner, *haanauu,* [m.] *lauvili,* [s].

INCOMMODITÉ , **sf.** gêne, *nauu,* [m.] *lauvilia,*[s.] indisposition, *maki,*[m.] *mai,* [s].

INCOMMUNICABLE, **adj.** *te haakite,*[m.] *hooike ole,* [s].

INCOMMUTABILITÉ , **sf.** V. INCOMMUTABLE.

INCOMMUTABLE , **adj.** *te haahui noa,* [m.] *hoolilo ole, hoohuli ole,* [s].

INCOMPARABLE , **adj.** *te haatua,* [m.] *hoalike ole,* [s].

INCOMPATIBLE, **adj.** *hoomau,* [s].

INCOMPÉTENT, **adj.** *poko,* [s].

INCOMPLET , **adj.** *aie paoa ,* [m.] *pauia ole,* [s].

INCOMPRÉHENSIBLE, **adj.** *te haametao,* [m.] *hoomanao ole,* [s].

INCOMPRESSIBLE , **adj.** *te moto noa,* [m.] *uumi ole,* [s].

INCONCEVABLE, **adj.** *te oko noa,* [m.] *ikea ole,* [s].

INCONCILIABLE, **adj.** *te haake,* [m.] *kao ole,* [s].

INCONGRU, **adj.** *aie tu,* [m.] *aoe ku,*[s].

INCONNU, **adj.** *aie itea,* [m.] *nalo vale ,* [s.] extraordinaire , *tai ,* [m.] *kai,* [s].

INCONSIDÉRATION, **sf.** *mea aie atamai,* [m.] *mea aoe akamai,* [s].

INCONSIDÉRÉ, **adj.** *aie atamai,* [m.] *akamai ole,* [s].

INCONSOLABLE , **adj.** *te koakoa,* [m.] *hooluolu ole,* [s].

INCONSTANCE , **sf.** *mea aie onec, mea aie mao,*[m.] *mea kuonoono,*[s].

INCONSTANT, **adj.** *aie mao,* [m.] *koa, lauli, lauvili,* [s].

INCONTESTABLE, **adj.** *mea aie toene,* [m.] *mea keke ole,* [s].

INCONTINENCE, **sf.** *mea pe,* [m.] *kukoheva,* [s].

INCONTINENT , **adj.** *aie meitai ,* [m.] *maemae ole,* [s].

INCONVENANCE , **sf.** *mea aie toitoi,* [m.] *mea koikoi ole,* [s].

INCONVÉNIENT , **sm.** *teka , tekateka,* [m.] *evaeva,* [s].

INCORPOREL, **adj.** *te koivi noa,* [m.] *kino ole,* [s].

INCORPORER, **v.** *lilo i kino,* [s].

INCORRECT, **adj.** *aie toitoi,* [m.] *hape, kekee,* [s].

INCORRIGIBLE, **adj.** *te haatoitoi,* [m.] *hoopono ole,* [s].

INCORRUPTIBILITÉ , **sf.** *mea te ehu noa,* [m.] *mea mao ole,* [s].

INCORRUPTIBLE, **adj.** *te ehu noa,* [m.] *mao ole, ola,* [s].

INCRÉDULE, **adj.** *putui,* [m.] *hoomanaka , hoopuumaloka ,* [s.] les incrédules, *poe lohe ole,* [s].

INCRÉDULITÉ, **sf.** *putuina,* [m.] *hoomanaka ana,* [s].

INCRÉÉ , **adj.** *aie anaa,* [m.] *hanaia ole,* [s].

INCROYABLE, **adj.** *te metao noa,* [m.] *manao ole,* [s].

INCRUSTER , **v.** *tui kahu,* [m.] *kaupu,* [s].

INCUBATION , **sf.** *haamoena ,* [m.] *ohana,* [s].

INCULPER , **v.** *hakatio ,* [m.] *hooheva,* [s].

INCULTE, **adj.** *atuhaa,* [m.] *neanea,*[s].

INCURABLE , **adj.** *te hakapohoe noa,* [m.] *hoola ole,* [s].

INCURVATION , **sf.** *ohana,* [m.] *kulai ana,* [s].

INDÉCENCE, **sf.** *mea pe, mea nene,*[m.] *mea pakike,* [s]. ·

INDÉCENT, **adj.** *pe*, *nene*, ^m. *viro ole*, ^s.

INDÉFINI, **adj.** temps —, *kau*, ^s. nombre —, *manomano*, ^{ms}. article —, *a*, *e*.

INDÉLÉBILE, **adj.** *te koe noa*, ^m. *holoi ole*, ^s.

INDÉLÉBILITÉ, **sf.** *mea te koe noa*, ^m. *mea holoi ole*, ^s.

INDÉPENDANCE, **sf.** *mea pakere*, ^m. *mea pakele*, ^s.

INDÉPENDANT, **adj.** *pakere*, ^m. *pakele*, ^s.

INDESTRUCTIBLE, **adj.** *te hau noa*, ^m. *hoohele ole*, ^s.

INDÉTERMINÉ, **adj.** *tinitini*, ^m. *manomano*, ^{ms}.

INDEX, **sm.** doigt, *manamanatuhi*. *tuhiteao*, ^m. — d'un livre, table de matières, *papatuhituhi*, ^m. *papakuhikuhi*, ^s.

INDICATEUR, **sm.** *tuhina*, ^m. *kuhikuhi ana*, ^s.

INDICATION, **sf.** V. INDICATEUR.

INDICE, **sm.** *mea tuhi*, ^m. *mea kuhi*, ^s.

INDICIBLE, **adj.** *te peau noa*, ^m. *olelo ole, hai ole*, ^s.

INDIFFÉRENCE, **sf.** *palaka*, ^s.

INDIFFÉRENT, **adj.** *nanea, hoomaloka*, ^s.

INDIGENCE, **sf.** *makeno*, ^m. *ilihune, kauoa*, ^s.

INDIGÈNE, **adj.** *maoi*, ^m. *maoli, maokioki*, ^s.

INDIGENT, **adj.** *makeno*, ^m. *ilihune*, ^s.

INDIGNATION, **sf.** *pakike*, ^s. rejeter avec —, *pakikee*, ^s.

INDIGNE, **adj.** — de, *lili*, ^s. je suis —, *aole au e pono*, ^s.

INDIGNER, **v.** *haahuhu*, ^m. *hoohuhu*, ^s. s'—, *huhu*, ^{ms}. s'— grandement, *tohetohe, te ii*, ^m.

INDIGNÉ, **adj.** *huhu*, ^{ms}. *ukiuki*,

INDIGNITÉ, **sf.** outrage, *mamaka, paha*. ^m. *kuamuamu*, ^s.

INDIQUER, **v.** faire savoir, *haake te*. ^m. *hooike*. ^s. montrer au doigt, *tuhi*. ^m. *kuhikuhi*. ^s.

INDISCRET, **adj.** *koke, kokeani*. ^m.

INDISPOSÉ, **adj.** *haitaa*, ^m. *mai mai*. ^s. se sentir —, *oili, ovili*. ^s. je suis — depuis hier, *navalira au mai nehinei no*. ^s.

INDISSOLUBILITÉ, **sf.** *te hakaehu noa*. ^m. *hooehu ole*.

INDISSOLUBLE, **adj.** V. INDISSOLUBILITÉ.

INDIVIDU, **sm.** *mea*, ^{ms}.

INDIVIDUEL, **adj.** *no mea*, ^{ms}.

INDIVISIBILITÉ, **sf.** V. INDIVISIBLE.

INDIVISIBLE, **adj.** *te pae (pahe) noa*. ^m. *pualarai ole*, ^s.

INDOCILE, **adj.** *putui*, ^m. *hirahiva ole*, ^s.

INDOCILITÉ, **sf.** V. INDOCILE.

INDOLENCE, **sf.** V. INDOLENT.

INDOLENT, **adj.** *hopee*, ^m. *hoanepua*, ^s.

INDOMPTABLE, **adj.** *te hakavae*, ^m. *hoorae ole*, ^s.

INDOMPTÉ, **adj.** *kaipeka*, ^m. *hihiu*, ^s.

INDUBITABLE, **adj.** *te hapatati*, ^m. *hapalua ole*, ^s.

INDUIRE, **v.** *hakapahi*, ^m. *hakui*, ^s. — en erreur, *hoopuni*, ^s. — au mal, *nienie, tikao*, ^m.

INDULGENCE, **sf.** *mea meitai*, ^m. *mea maikai, aho*, ^s. en langage ecclésiastique, *kaoha*, ^m. *aloha*, ^s.

INDULGENT, **adj.** *meitai, kaoha*, ^m. *maikai, aloha*, ^s.

INDUSTRIE, **sf.** *mea onee*, ^m. *mea mikimiki*, ^s.

INDUSTRIEL, adj. *onee,* ^m. *mikimiki,* ^s.

INDUSTRIEUX, adj. V. INDUSTRIEL. *koekoe tuhuna,* ^m. *maalea,* ^s.

INÉBRANLABLE, adj. *tutu anae, te mao noa,* ^m. *paakuku, kunaenae, onipaa,* ^s.

INEFFABLE, adj. *te peau noa,* ^m. *hai ole,* ^s.

INEFFAÇABLE, adj. *te koe noa,* ^m. *holoi ole,* ^s.

INEFFICACE, adj. *kopee,* ^m. *kunono,* ^s.

INÉGAL, adj. *hokeke, kekakeka,* ^m. *evaeva, paeva, paevaeva,* ^s. raboteux, *puupuu,* ^s.

INÉGALITÉ, sf. *mea kekakeka,* ^m. *mea evaeva,* ^s.

INÉLIGIBLE, adj. *te vae,* ^m. *vae ole,* ^s.

INEPTE, adj. *koekoe po,* ^m. *naau po,* ^s.

INÉPUISABLE, adj. *te haapao noa,* ^m. *hoopau ole,* ^s.

INERTE, adj. *hopee,* ^m. *kunono,* ^s.

INERTIE, sf. *mea hopee,* ^m. *mea kunono,* ^s.

INESPÉRÉ, adj. *te tetaia,* ^m. *kakaliia ole,* ^s.

INÉVITABLE, adj. *te veitaa noa,* ^m. *minamina, ole,* ^s.

INEXACT, adj. *aoe onee,* ^m. *aole maopoopo.*

INEXCUSABLE, adj. *kapilipili ole,* ^s.

INEXORABLE, adj. *te haatavae, aie kaoha,* ^m. *kutai ole, aloha ole,* ^s.

INEXPLICABLE, adj. *te vevete noa,* ^m. *vehevehe ole,* ^s.

INEXTINGUIBLE, adj. *pio ole,* ^s. un feu —, *e ahi pio ole,* ^s.

INFAILLIBILITÉ, sf. V. INFAILLIBLE.

INFAILLIBLE, adj. *te hakaee,* ^m. *aoe hoopunipuni,* ^s.

INFAISABLE, adj. *te hana,* ^m. *aoe hana,* ^s.

INFAMANT, adj. *hainahaina,* ^m. *hila vale,* ^s.

INFAME, adj. V. INFAMANT.

INFAMIE, sf. *mea tupe, mea haina,* ^m. *mea hila,* ^s.

INFANTERIE, sf. *toa,* ^m. *koa,* ^s.

INFANTICIDE, sm. *umikamalii.* ^s.

INFATIGABLE, adj. *te haatono,* ^m. *aoe hoolohi,* ^s.

INFECT, adj. *piau, honohono,* ^m. *haumia,* ^s.

INFECTER, v. *haapiau,* ^m. *haumia.* infecté, *ua aumia:* la terre est infectée par ses habitans, *ua haumia ka honua i ka poe e noho ana ma luna iho,* ^s.

INFECTION, sf. *mea piau,* ^m. *mea haumia, pilau,* ^s.

INFÉRIEUR, adj. *enana i ao,* ^m. *kanaka i lalo,* ^s.

INFERNAL, adj. *ta kuhane hauhau,* ^m. *na akualapu,* ^s.

INFESTER, v. *fau, hau,* ^m. *lookai, maunauna,* ^s.

INFIDÈLE, adj. *putui,* ^m. les infidèles, païens, *poi eteni,* ^{ms}.

INFIDÉLITÉ, sf. *mikeo,* ^m. *hania,* ^s.

INFIME, adj. *ma hope,* ^{ms}.

INFINI, adj. *te pao noa,* ^m. *pau ole,* ^s. nombre infini, *manomano,* ^{ms}.

INFINITÉ, sf. *mea te pao noa,* ^m. *mea pau ole,* ^s. une infinité de choses, *nuinui te mea,* ^m.

INFIRME, adj. malade, *haitaa, tukapii, hopi,* ^m. *maimai, kapanaha,* ^s. faible, *hopee,* ^m. *kunono,* ^s.

INFIRMITÉ, sf. V. INFIRME. — de la vieillesse, *palalauhala,* ^s.

INFLAMMABLE, adj. *aa,* ^s.

INFLAMMATION, sf. — d'yeux, *mata au*, m. *makakole*, s.

INFLEXIBLE, adj. *te hakaraca*, m. *hooraeia ole*, s.

INFLEXION, sf. *aa hui*, ms.

INFLICTION, sf. *huhutina*, m. *hoomainoino ana*, s.

INFLIGER, v. *huhu, pio*, m. *hoomainoino*, s.

INFLUENCE, sf. vertu, *ao tuina*, m. *mana*, s. s'opposer à l'—de quelqu'un, *paonioni*, s.

INFLUENCER, v. *ula*, s.

INFORMATION, sf. *peautina*, m. *ninau ana*, s.

INFORMER, v. *peau, tekao*, m. *ui*, ms. *ninau*, s. —exactement, *matapoopo*, s. s'—, *niele, ninau*, s. il s'informa auprès d'eux, *ninau aku la ia lakou*, s. instruire, *hoolaka*, s.

INFORTUNE, sf. *poino*, s. *mea ino*, ms.

INFORTUNÉ, adj. *makeno*, m. *poino*, s.

INFRACTION, sf. *uotahina*, m. *hoohera ana*, s.

INFRUCTUEUX, adj. *mahoi*, m. *omiko*, s.

INFUSER, v. *kutao*, m. *mau*, s.

INFUSION, sf. *kutaona*, m. *mau ana*, s.

INGÉNIEUX, adj. *atamai*, m. *akamai*, s. en parlant des hommes, *maiau*, s. en parlant des femmes, *loia*, s.

INGÉNU, adj. *anae iho, anatu*, m. *maokioki*, s. franc, *toitoi*, m. *koikoi*, s.

INGÉNUITÉ, sf. *mea anae iho*, m. *mea maokioki*, s.

INGÉRER (s'), v. *uu i te mea*, m. *lalama*, s.

INGRAT, adj. *koekoe pio*, m. *pio*, ms. *lokoino*, s.

INGRATITUDE, sf. v. INGRAT.

INGUÉRISSABLE, adj. *te hakapohae*, m. *aoe hoola*, s.

INHABILE, adj. *hemahema*, s.

INHABITABLE, adj. *te noho noa, noho ole*, s.

INHÉRENCE, sf. *raara*, m. *huiia*,

INHÉRENT, adj. *etahi mea*, m. *eka mea*, s.

INHOSPITALIER, adj. *akeukeu ole*, s.

INHUMAIN, adj. *rahitu*, m. *ha na*, s.

INHUMANITÉ, sf. *kaikaia*, m. *ha na*, s.

INHUMATION, sf. *tanutina*, m. *kanu ana*, s.

INHUMER, v. *tanu*, m. *kanu*, s.

INIMAGINABLE, adj. *te oko noa*, m. *manaoia ole*, s.

INIMITABLE, adj. *te hotokai*, m. *ike ole*, s.

INIMITIÉ, sf. *hahaa*, m. *haahaa*, s. être en inimitié, *mauhaalealea*, s.

ININTELLIGIBLE, adj. *pohihi*, ms.

INIQUE, adj. *te toitoi*, m. *miki, evaeva*, s. *ino*, ms.

INIQUITÉ, sf. *mea pe*, m. *mea ino*, ms.

INITIAL, adj. *ma hope*, ms. *i kinohi*, s.

INJURE, sf. *mamakeka, paha, pape*, m. *kuamuamu*, s. se souvenir d'une injure, *mauhaalealea*, s. charger d'injures, *hoino*, s.

INJURIANT, adj. *nuku*, s.

INJURIER, v. *paha, haina*, m. *hoino, hooino, pukaku*, s.

INJURIEUX, adj. *makaka*, m. *uleule*, s.

INJUSTE, adj. *ino*, ms. *evaeva*, s. déréglé, *miki*, s.

INJUSTICE, sf. *mea ino, hana ino*, ms.

INNÉ, adj. *i hanau ana*, ms.

INNOCENCE, sf. sans faute, *mea*

meitai, ^m. mea hemolele, ^s. pureté, maemae, ^s.

INNOCENT, **adj.** aie ino, ^m. ino ole, ^s. pur. meitai, ^m. maemae, ^s. accuser ou punir un innocent, hoopea ; gourmander quelqu'un qui est —, hopala, ^s. les Innocens (fète), na kamalii i pepehiia'i e Herode, ^s.

INNOMBRABLE, **adj.** manomano, ^m. teniteni, ^s.

INNOVATION, **sf.** haahui ke, ^m. hoohuli ana, ^s.

INNOVER, **v.** haahui ke, ^m. hoohuli e, ^s.

INOCCUPÉ, **adj.** hopee, kopee, ^m. hana ole, ^s.

INONDATION, **sf.** haatahetahena, ^m. hanilii ana, ^s.

INONDER, **v.** hua, tahe, ^m. halana, hanilii, ^s.

INOPINÉ, **adj.** potioho, ^m. aoe ikea, ^s.

INOUÏ, **adj.** mahao, ^m. kamaue, mahalo, ^s.

INQUIET, **adj.** keukeu, ^{ms}. oni, hoopapau, ^s.

INQUIÉTER, **v.** s'inquiéter, uhane, ^m. manao nui, ^s.

INQUIÉTUDE, **sf.** manao nui, ^s.

INSAISISSABLE, **adj.** te taki noa, ^m. aoe hanapaa, ^s.

INSATIABLE, **adj.** te haakona, ^m. aoe hoomaona, ^s.

INSCRIPTION, **sf.** tekao, ^m. olelo ana, ^s.

INSCRIRE, **v.** patu i te mea, ^m. kaha i ka mea, ^s.

INSECTE, **sm.** nuhe, ^m. haukauka, lo, ^s.

INSENSÉ, **adj.** eovai, paee, pupure, ^m. pupule, ulala, hena, havava, ^s.

INSENSIBILITÉ, **sf.** heo, ^m. huakeo, ^s.

INSENSIBLE, **adj.** kokoki, ^m. maeele, ^s.

INSÉPARABLE, **adj.** te haapae, ^m. heleliilii ole, ^s.

INSÉRER, **v.** hoauku, ^m. uhao, lou, ^s.

INSERTION, **sf.** haaukuna, ^m. lou ana, ^s.

INSIDIEUX, **adj.** hooralevale, ^s.

INSIGNE, **adj.** ino, ^{ms}.

INSINUANT, **adj.** rae, ^{ms}.

INSINUATION, **sf.** hakavaetina, ^m. malimali ana, ^s.

INSINUER, **v.** hakavae, ^m. hoomalimali, ^s. insinuer un désir, hoomaoe, ^s.

INSIPIDE, **adj.** mananalo, ^s.

INSISTANCE, **sf.** koi ana, ^s.

INSISTER, **v.** koi, ^s.

INSOCIABLE, **adj.** muakua, ^s.

INSOLENCE, **sf.** hakaie, ^m. keha, ^s. injure, pape, ^m. kuamuamu, ^s.

INSOLENT, **adj.** mata oko, ^m. honekoa, ^s.

INSOLUBILITÉ, **sf.** V. INSOLUBLE.

INSOLUBLE, **adj.** te hakaehu noa, teka vaivaia, ^m. aole hooehu, ^s.

INSOLVABLE, **adj.** te hoko, ^m. hoko ole, aole hookaoo, ^s.

INSOUCIANCE, **sf.** mea moroa, ^m. lokoino, ^s.

INSOUCIANT, **adj.** moroa, momoa, ^m. hakolia, ^s.

INSPECTER, **v.** tiohi, ^m. kiohi, hookolokolo, makai, ^s.

INSPECTEUR, **sm.** matatiohi, ^m. kaamaluna, ^s.

INSPECTION, **sf.** tiohina, ^m. makai ana, kiohi ana, ^s.

INSPIRATION, **sf.** ukutina, ^m. ulu ana, ^s.

INSPIRER, **v.** hakauku, ^m. hooulu, ^s.

inspirer la frayeur, *hooveliveli*, [s].
inspiré, *ukua*, [m]. *uluia*, [s].

INSTABILITÉ, **sf.** *aie mao*, [m]. *mau ole*, [s].

INSTABLE, **adj.** *te mao noa*, [m]. *mau ole*, [s]. flottant, *pana*, [m]. *lana*, [s].

INSTANCE, **sf.** *hano, tautaki*, [m]. *nonoi*, [s].

INSTANT, **sm**. *maka, mana, mau*, [ms]. dans un instant. *ei ae*, [s]. il n'y a qu'un —, *iho nei*, [ms]. à l'instant, *ano*, [s].

INSTAURER, **v.** *kanea, anea*, [m]. *kukulu*, [s].

INSTIGATION, **sf.** *hakapahi, nienie*, [m]. *hakui ana*, [s].

INSTILLER, **v.** *haamatamata*, [m]. *kulukulu*, [s].

INSTITUER, **v.** *haatumu*, [m]. *hookumu*, [s].

INSTITUT, **sm.** règle, *mea tetau*, [m]. académie, *akademia, kula* (moderne).

INSTITUT, **sm.** V. INSTITUER.

INSTITUTION, **sf.** *haatumuna*, [m]. *hookumu ana*, [s].

INSTRUCTEUR, **sm**. *haaako*, [m]. *hooao*. [s].

INSTRUCTIF, **adj.** *haaakona*, [m]. *hooao ana*, [s].

INSTRUCTION, **sf.** *aona*, [ms]. avide de l'instruction, *momomi*, [s]. recevoir l'—, *naauao*, [s].

INSTRUIRE, **v.** *haaako, haako, anea*, [m]. *hoonaauao, hooakamai*, [s]. s'instruire, *haako mai*, [m]. *hoonaauao mai*, [s]. s'instruire mutuellement, *hookuhi*, [s].

INSTRUIT, **adj.** *atamai*, [m]. *akamai, aoia*, [s]. savant, *koekoe maama*, [m]. *opuao*, [s]. par qui êtes-vous instruit? *na vai oukou i ao aku?*

INSTRUMENT, **sm.** outil, *haina*, [m]. musique, *pu*, [m]. *ukeke*, [s].

INSUBORDINATION, **sf.** *mikeo*, [m]. *konia*, [s].

INSUBORDONNÉ, **adj.** V. INSUBORDINATION.

INSUFFISANT, **adj.** *aoe uana*. [s].

INSULAIRE, **adj.** *noho i te motu*, [m]. *noho i ka moku*, [s].

INSULTANT, **adj.** *pahana*, [m]. *kua moamo ana*, [s].

INSULTE, **sf.** *pape*, [m]. *kuamoamo, pupuka*, [s]. se plaindre d'une insulte, *oaoa*, [s].

INSULTER, **v.** *paha*, [m]. *kuamoamo*, [s].

INSUPPORTABLE, **adj.** *te haamau*, [m]. *aoe pualau*, [s].

INSURGER, **v.** *aleale, kuokoa*, [s].

INSURRECTION, **sf.** *feuu*, [m]. *haunaele*, [s].

INTACT, **adj.** *hala ole*, [s].

INTARISSABLE, **adj.** *te hakamoo*, [m]. *maloo ole*, [s].

INTÉGRAL, **adj.** *toitoi*, [m]. *koikoi*, [s].

INTÉGRALITÉ, **sf.** *mea toitoi*, [m]. *mea koikoi*, [s].

INTÈGRE, **adj.** V. INTÉGRAL.

INTÉGRITÉ, **sf.** V. INTÉGRALITÉ.

INTELLECTUEL, **adj.** *metao*, [m]. *manao*, [s].

INTELLIGENCE, **sf.** faculté de comprendre, *kuhane*, [m]. *uhane, naau*, [s]. connaissance, *aona*, [ms]. accord, *tuitahi*, [m]. *kuikahi*, [s]. vivre en bonne —, *kohu*, [m].

INTELLIGENT, **adj.** *koekoe, atamai*, [m]. *naau maikai*, [s].

INTELLIGIBLE, **adj.** *onoa, okoa*, [m]. *akaka, moakáka, maopopo*, [s]. rendre —, *hooakaka*, [s].

INTEMPÉRANCE, **sf.** *moneohona*, [m]. *ape*, [s].

INTEMPÉRANT, **adj.** *moneoho*, ^m. *uhauha*, ^s.

INTEMPÉRÉ, **adj.** *pe*, ^m. *ino*, ^{ms}.

INTENDANCE, **adj.** *kau*, ^s. avoir l'—, *kau ma luna*, ^s.

INTENDANT, **sm.** *kahu, luna*, ^s. l'— d'un festin, premier maître d'hôtel, *lunaahaina*, ^s.

INTENSE, **adj.** *ino*, ^{ms}.

INTENSITÉ, **sf.** *mea ino*, ^{ms}.

INTENTER, **v.** *maka*, ^m. *hoomaka*, ^s.

INTENTION, **sf.** *metao*, ^m. *manao ana*, ^s. changer d'—, *lole*, ^s.

INTERCÉDER, **v.** *uao*, ^s. *pure atu*, ^m. *pule aku*, ^s.

INTERCEPTER, **v.** *hakateka*, ^m. *poipoi*, ^s.

INTERCESSEUR, **sm.** *uao*, ^s.

INTERCESSION, **sf.** *uao ana*, ^s. *pure atu ana*, ^m. *paule aku ana*, ^s.

INTERDICTION, **sf.** *tapu ahui*, ^m. *kapu moa*, ^s.

INTERDIRE, **v.** *haatapu, ahui*, ^m. *hookapu, hoolaa*, ^s.

INTERDIT, **sm.** V. INTERDICTION.

INTERDIT, **adj.** *tapua*, ^m. *kapuia*, ^s.

INTÉRESSÉ, **adj.** *paakiki*, ^s.

INTÉRESSER, **v.** émouvoir, *tuuei ei*, ^m. *kuehu*, ^s. s'—, *pihoihoi*, ^s. importer, *ta*, ^m. *ka*, ^s. que vous intéresse mes affaires? *eha ta oe ta o au?* ^m.

INTÉRÊT, **sm.** produit d'un capital, *uku hou iho*, ^s. recevoir les intérêts de son argent, *ohi*, ^s. avoir tous un même —, un même sentiment, *huitahi*, ^m. *kuikahi*, ^s.

INTÉRIEUR, **adj.** *oto*, ^m. *loko*, ^s. entrons tous à l'—, *a poho i oto tatou*, ^m. entrailles, *koekoe, ate*, ^m. *ake*, ^s. souffrance intérieure, *nahoahoa*, ^s. colère intérieure, *hahaa*, ^m. *haahaa*, ^s.

INTERMÉDIAIRE, **adj.** *taohi*, ^m. *uao*, ^s.

INTERMINABLE, **adj.** *te pao noa*, ^m. *pau ole*, ^s.

INTERMISSION, **sf.** *haakaeena*, ^m. *hoohele ana*, ^s.

INTERNE, **adj.** *i oto*, ^m. *i loko*, ^s.

INTERPRÉTATION, **sf.** *kohoana*, ^s.

INTERPRÉTER, **v.** *koho*, ^s.

INTERPRÈTE, **sm.** *kanaka koho*, ^s.

INTERROGATION, **sf.** *uina*, ^{ms}. *ninau*, ^s. signe d'— (?), *kikoninau*, ^s.

INTERROGATOIRE, **sm.** *peau*, ^m. *ninau*, ^s.

INTERROGER, **v.** *peau*, ^m. *ninau*, ^s. *ui, uiui*, ^{ms}. *uiio, hookolokolo*, ^s.

INTERROMPRE, **v.** *teka, hakateka*, ^m. *poipoi*, ^s. —quelqu'un, *aeae*, ^s.

INTERRUPTION, **sf.** *tekatina*, ^m. *poipoi ana*, ^s.

INTERSTICE, **sm.** *hakaeena, hoohele ana*, ^s. V. INTERVALLE.

INTERVALLE, **sm.** *ava, avava*, ^{ms}. long —, *ara oa*, ^{ms}.

INTESTIN, **adj.** *manava*, ^{ms}. *ate*, ^m. *ake, naau*, ^s.

INTIME, **adj.** intérieur, *i oto*, ^m. *i loko*, ^s. avec qui on est étroitement lié, *hoa*, ^{ms}. *launa, hoalauna, makamaka*, ^s.

INTIMIDER, **v.** *haavetiveti*, ^m. *hooveliveli*, ^s.

INTITULER, **v.** *naminami, kapa*, ^s.

INTOLÉRABLE, **adj.** *manava ole*, ^s.

INTOLÉRANCE, **sf.** V. INTOLÉRABLE.

INTRAITABLE, **adj.** *huhu*, ^{ms}. *lolohe*, ^s.

INTRÉPIDE, **adj.** *kape, toa*, ^m. *koa*, ^s.

INTRÉPIDITÉ, **sf.** *ii nui*, ^m. *aho nui*, ^s.

INTRIGANT, **adj.** *lalama*, ^s.

INTRIGUE, **sf.** *pona*, ^{ms}.

INTRIGUER, **v.** *veti*, ^m. *reli*, ^s. embarrasser, *haananuu*, ^m. *lauvili*, ^s.

INTRINSÈQUE. **adj.** *i oto*, ^m. *i loko*, ^s.

INTRODUCTION. **sf.** *haapoho*, *haauu*, ^m. *hookomo ana*. ^s.

INTRODUIRE, **v.** faire entrer, *haapoho*, ^m. *hooae*, *hookomo*, ^s.

INTUMESCENCE, **sf.** *puku*. *puu*, ^{ms}. *oolapu*, ^s.

INUTILE. **adj.** *mate*, ^m. *make*, *hiolo*, ^s. travail —, *inea*, ^s. rendre —, *pale*, ^s.

INUTILITÉ, **sf.** *mea mate*, ^m. *mea make*, ^s.

INVALIDE, **adj.** *hopee*, ^m. *kunono*, ^s. estropié, *mumuku*, ^s.

INVALIDER, **v.** *haakoe*, ^m. *hoole*, ^s.

INVALIDITÉ, **sf.** *mea mate*, ^m. *mea make*, ^s.

INVARIABILITÉ, **sf.** V. INVARIABLE.

INVARIABLE, **adj.** *te hui ke*, ^m. *hoohuli ole*, ^s.

INVASION, **sf.** *ikona*, ^m. *hoorahu ana*, ^s.

INVECTIVE, **sf.** *ihuihu ana*, ^s.

INVECTIVER, **v.** *hooihuihu*, *nuku*, ^s.

INVENTER, **v.** *imi*, ^{ms}.

INVENTEUR, **sm.** *enana imi*, ^m. *kanaka imi*, ^s.

INVENTION, **sf.** *imitina*, ^m. *imi ana*. ^s.

INVERSE, **adj.** *tu ke*, ^m. *ku e*, ^s.

INVESTIGATION, **sf.** *umihina*, ^s. *imi ana*, *kohokoho ana*, ^s.

INVÉTÉRÉ, **adj.** *kakiu*, ^m. *kahiko*, *elemakule*, ^s.

INVINCIBLE, **adj.** *aie hika*, ^m.

INVIOLABLE, **adj.** *tapu oko*, ^m. *kapu*, ^s.

INVISIBILITÉ, **sf.** V. INVISIBLE.

INVISIBLE, **adj.** *aie itea mai*, ^m. *aoe ikea mai*, ^s.

INVITATION. **sf.** *uiuina*, ^{ms}. refuser une —, *hoololohe*, ^s.

INVITER. **v.** *haarii*, *taii*, *tii*, *uiui*. ^{ms}. *hea*. *hoolale*, *kono*, aller —, *kaera*. ^m. *kii*, ^s.

INVOCATION. **sf.** *hapaina*, ^{ms}. *teka pure*. ^m. *olelo pule*, ^s.

INVOLONTAIRE, **adj.** *faufau*, *ehua*. ^s.

INVOQUER, **v.** *hapai*, ^{ms}. prier, *pure*, ^m. *pule*, ^s. appeler au secours, *kahea*, ^s.

INVULNÉRABLE, **adj.** *te maki*, ^m. *maki ole*, ^s.

IRASCIBLE, **adj.** *peke*, ^m. *ii*, *huhu*, ^{ms}.

IRONIE, **sf.** *hini*, ^m. *koino*, ^s.

IRONIQUE, **adj.** *katakata*, *hini*, ^m. *hoino*, ^s.

IRRAISONNABLE, **adj.** *pupure*, ^m. *pupule*, ^s.

IRRÉCONCILIABLE, **adj.** *toua noa*, ^m. *hoomahu*, ^s.

IRRÉCUSABLE, **adj.** *te tohe*, ^m. *aoe hoopale*, ^s.

IRRÉFRAGABLE, **adj.** V. IRRÉCUSABLE.

IRRÉGULARITÉ, **sf.** *tekateka*, ^m. *paeraera*, ^s.

IRRÉGULIER, **adj.** *teka*, ^m. *eva*, ^s.

IRRÉLIGIEUX, **adj.** *aie pure*, ^m. *pule ole*, ^s. impie, *kupahapu*, ^m. *aia*, ^s.

IRRÉLIGION, **sf.** *mea kupa*, ^m. *mea aia*, ^s.

IRRÉMISSIBLE, **adj.** *aie momoa*, ^m. *kala ole*, ^s.

IRRÉPRÉHENSIBLE, **adj.** *toitoi*, ^m. *pono*, ^s.

IRRÉPROCHABLE, **adj.** *aie ino*, ^m. *hewa ole*, ^s.

IRRÉSOLU, **adj.** *pana*, ^m. *lana*, ^s.

IRRÉVOCABLE, **adj.** *te hui ke*, ^m. *huli e ole*, ^s.

IRRIGATION, **sf.** *pehautina*, ^m. *hoo-mau ana*, ^s.

IRRITABILITÉ, **sf.** *mea huhu*, ^{ms}.

IRRITABLE, **adj.** *huhu*, ^{ms}. *peke nui*, ^m. *opuino*, ^s.

IRRITATION, **sf.** *huhu*, ^{ms}. *ii*, ^m.

IRRITÉ, **adj.** *hakahuhua*, ^m. *ukiuki*, ^s.

IRRITER, **v.** *haahuhu, haapeke*, ^m. *hoonanaa*, ^s. s'irriter, *huhu*, ^{ms}.

IRRUPTION, **sf.** *ikona*, ^m. *hoorahu ana*, ^s.

ISOLÉ, **adj.** *tootahi*, ^m. *valeno, mehamcha*, ^s.

ISOLER, **v.** *haapae*, ^m. *kaavale*, ^s.

ISSU, **adj.** *moopuna*, ^m. *poholoia, mamo*, ^s.

ISSUE, **sf.** *puta*, ^m. *puka*, ^s.

ISTHME, **sm.** *puali*, ^s.

IVOIRE, **sm.** *palaoa, nani*, ^s.

IVRE, **adj.** *namu, riviito*, ^m. *hoona, hona*, ^s. à demi ivre, *ohiki*, ^s.

IVRESSE, **sf.** *namu*, ^m. *hoona ana*, ^s.

IVROGNE, **sm.** *ona lama, ona*, ^s.

J.

JACTANCE, **sf.** *haaano*, ^m. *kaiena*, ^{ms}. *kaulana*, ^s.

JADIS, **adv.** *ma mua, i mua*, ^{ms}. *kakiu*, ^m.

JAILLIR, **v.** *pukina, tahe*, ^m. *kahe, pipipii, halehale*, ^s. *hua*, ^{ms}.

JAILLISSANT, **adj.** *tahena, hua-hua*, ^m. *pipipii*, ^s.

JAILLISSEMENT, **sm.** *tahena*, ^m. *kahe ana, pipipii ana*, ^s.

JALOUSIE, **sf.** *haapiopiona*, ^m. *hua ana*, ^{ms}.

JALOUX, **adj.** *eitani, keitaki, titaki*, ^m. *hua, hoihai, hoohai*, ^s. regarder avec jalousie, *hoomakakiu*, ^s.

JAMAIS, **adv.** *aoe*, ^m. *aole*, ^s.

JAMBE, **sf.** *vae*, ^{ms}. les jambes, *vavae, vaevae*, ^{ms}. écarter les —, *hehea*, ^m. si j'avais de bonnes jambes, je marcherais, *aua te vaevae oko to au ua heke au*, ^m.

JAMBON, **sm.** *puhapuaka*, ^m. *uhapuaa*, ^s.

JANVIER, **sm.** *ianuario*, ^{ms}. (moderne).

JAPPER, **v.** *fae, hae*, ^{ms}.

JARDIN. **sm.** *papua*, ^m. *mala, kihapa, kulana*, ^s.

JARDINER, **v.** *hana i te papua*, ^m. *hana i ke mala*, ^s.

JARDINIER, **sm.** *kiai kihapai*, ^s.

JARRET, **sm.** *hatina*, ^m.

JASER, **v.** *pokatekao*, ^m. *kamakamailio*, ^s.

JASERIE, **sf.** *haatekao*, ^m. *vahakole*, ^s.

JATTE, **sf.** *hipu*, ^{ms}.

JAUNATRE, **adj.** V. JAUNE.

JAUNE, **adj.** *reakiki*, ^m. *lena, lenalena, melemele*, ^s. teindre en jaune, *okena, olena*, ^s.

JAUNIR, **v.** *haareakiki*, ^m. *olena*, ^s.

JAVELINE, **sf.** *tau*, ^m. *puaa*, ^s.

JAVELOT, **sm.** V. JAVELINE.

JE, **pron.** moi, *au, vau, oau*, ^{ms}. je suis homme, *he nanaka oau*, ^m. V. MOI.

JÉHOVAH, **sm.** *iehova*, ^{ms}. (moderne); il y a un seul Dieu; son nom est Jéhovah, *e tahi Atua, to ia inoa o Jehova*, ^m.

JET, **sm.** *kamuna, ahuna*, ^m. *hahao ana*, ^s. jet d'eau, *vaipuilani*, ^s.

JETER, v. *ahu, kahu, kamu,* m. *hookuu,* s. lancer, *hahao,* s. jeter par terre, *hehi,* s. — en l'air, *helu,* s. — loin de soi, *hoolei loa,* s. —autour, *olepa,* s. —des pierres, *kamu, i te kea,* m. se jeter sur, *ke, keke,* s. jette-le, *haalelea,* s.

JEU, sm. *mea keu,* m. *paani ana, kimo, komane,* s. jeu de cartes, *hia,* s. — de hasard, *pilivai,* s. — de mains, *uma,* s. tromper au jeu, *lonu,* s.

JEUDI, sm. *poaha,* ms.

JEUNE, adj. peu âgé, *hou,* ms. *ili,* m. *iki,* s. jeune homme, *ikikane,* s. — fille, *kaikamahine,* s. — femme, *vahine ui,* s. jeunes gens, *tai hou,* m. jeune enfant, *makai,* m. le plus jeune, *pokii,* s.

JEUNE, sm. abstinence, *mohoto,* m. *hoopololi,* s. jour de jeûne, *la hoopololi,* s. être à jeun, *mohoto,* m.

JEUNER, v. *mohoto,* m. *hookeai,* s.

JEUNESSE, sf. *nino pokoeha,* m.

JOIE, sf. *ekaeka,* m. *hauoli,* s. être dans la joie, *kalakata, ekaeka,* m. être transporté de —, *hauoli me ka olioli,* s. tressaillir de —, *oli,* s. causer de la —, *hoooli,* s. content de —, *koakoa,* m. avec grande —, *me ka olioli nui,* s.

JOINDRE, v. *tui,* m. *kui,* s. se joindre, *tutai, tutaki,* m. joindre ensemble, *ai. aikepa,* s. — bien, *tiha,* m. — étroitement, *haatita,* m.

JOINT, adj. *tuina,* m. *kui ana,* s.

JOINTURE, sf. *tutaina,* m. *aikepa ana,* s. jointure des membres, *pona, hai,* ms. — des mains, des doigts, *hailima, puulima,* s.

JOLI, adj. *akanahau,* m. *kolonahi,* s.

JONC, sm. *mouku,* m. *akakai,* [s]*ku, neki,* s.

JONCHÉE, sf. *teila,* m. *laalaau,*

JONCTION, sf. *tuina,* m. *kuina,* s.

JONGLER, v. *haakataka,* m. *ha*[…] *kolihe,* s.

JONGLEUR, sm. *papaoi,* m. *hanak*[…] *lihe,* s.

JOUE, sf. *papahina,* m. *papalina,* […] pommette de la joue, *pukoo,*

JOUER, v. *keukeu,* m. *paani, hoo*[…] *lealea,* s. jouer bruyamment, *h*[…] *ra,* m. *hula,* s. — à cache-cach[e] *haupeepee,* s. — d'un instrumen[t] *tani,* m. *kani,* s. — de la flûte[,] *pu,* ms. *hokio,* s.

JOUEUR, sm. *enana keukeu,* m. *ka*[…] *naka i paani,* s.

JOUG, sm. *kavena,* m. *haave, puaa*[…] *anamo,* s.

JOUIR. v. *kai. ai,* ms.

JOUISSANCE, sf. *mea keu, koakoa*[…] *tonai,* s.

JOUR, sm. *a,* ms. *la,* s. jour, lu[…]mière, *maama,* m. *ao,* s. dans l[e] calcul, jour se traduit par *p*[o] (nuit), ms. combien y a-t-il d[e] jours que vous êtes ici? *po ahi*[…] *la oukou i ka nei?* deux jours[,] *poua,* m. dans combien de — *i na la ehia,* s. dans un jour, *a p*[o] *tahi,* m. dans ce jour-ci, *ie ne*[…] *po,* ms. en dix jours, *onohu*[…] *po,* m. un jour à venir, *tona a,* m[…] jour de travail, *la hana,* s. — de fête, *la kapu,* s. — de réjouis-sance publique, *hahookanaka,* s. point du jour, *vanaao,* s. haut — midi, *ao toa,* m. fin du —, *ma*[…] *eueu, makehukehu,* m.

JOURNALIER, adj. *ua po te po,* m.

JOURNÉE, sf. *poao,* ms.

JOVIAL, adj. *ekaeka,* m. *haihai,* s.

JOVIALITÉ, **sf.** v. JOVIAL.

JOYAU, **sm.** *lehoula*, ˢ.

JOYEUX, **adj**. *hauoli, haihai*, ˢ. *hekaeka*, ᵐ. fort joyeux, *koakoa*, ᵐ.

JUBÉ, **sm.** *nohoika*, ᵐ. *avai*, ˢ.

JUBILÉ, **sm.** *iubilo*, ᵐˢ. (moderne).

JUDICIEUX, **adj.** *koekoe atamai*, ᵐ. *naau maikai*, ˢ.

JUGE, **sm.** *enana haatoitoi*, ᵐ. *kilo, lunakanavai*, ˢ.

JUGEMENT, **sm.** faculté de l'âme, *koekoe*, ᵐ. *koikoi, naau*, ˢ. décision, *haatoitoina*, ᵐ. *olelokupaa*, ˢ. jugement dernier, *ahaolelo*, ˢ.

JUGER, **v.** penser, *tuhi*, ᵐ. *kuhi*. ˢ. ne jugez point mal, *mai kuhi heva oukou*, ˢ. décider en justice, *haatoitoi*, ᵐ. *kolokolo, kilo*, ˢ. juger selon la loi, *hooheva ma ke kanavai*, ˢ.

JUIF, **sm.** *iuda*, ᵐˢ. (moderne).

JUILLET, **sm.** *iulio*, ᵐˢ. (moderne).

JUIN. **sm.** *iunio*, ᵐˢ. (moderne).

JUMEAU, **sm.** *mahaka, mahana*, ᵐ. *mahoe*, ˢ.

JUMENT, **sf.** *liovahine*, ˢ.

JUREMENT, **sm.** *paha*, ᵐ. *kuamoamo, hooheva*.

JURER, **v.** protester. *paha*, ᵐ. *hoohiki, ohipa*, ˢ. blasphémer, *kupukupu*, ᵐ. *kuamoamo*, ˢ.

JUREUR. **sm.** *enata kupukupu*, ᵐ. *hookuamoamo*, ˢ.

JUS, **sm.** *kai, ai, koko*, ᵐˢ.

JUSQUE, **prép.** *a, i, no, ia*, ᵐˢ. de là jusqu'ici, *mei i ea a i nei*, ᵐ. depuis Alexandre jusqu'à César, *ia Alekandero ia Kaisara*, ᵐˢ.

JUSTE, **adj.** *toitoi*, ᵐ. *pono*, ˢ. c'est juste, *ua pono*, ˢ. juste jugement, *hooheva pono*, ˢ.

JUSTESSE, **sf.** *toitoina*, ᵐ. *koikoi ana*. ˢ.

JUSTICE. **sf.** *toitoi*, ᵐ. *pono*, ˢ. votre justice. *kou pono*. ˢ. ce qui concerne la —, *kolokolo*, ˢ. chambre de —, *ena ahaolelo*, ˢ. poursuivre en —, *kahihi*, ˢ.

JUSTIFICATION, **sf.** *pono*, ˢ.

JUSTIFIER, **v.** *apono, hoopono*, ˢ.

L.

LA, **art.** v. LE.

LA, **adv.** *ai, aia, iea, ieia*, ᵐˢ. *i laila*, ˢ. d'ici jusque-là, *ma o a o*, ᵐˢ. *mei iea a i nei*, ᵐ. là-bas, *i ao*, ᵐ. *i lalo*, ˢ. là-haut, *i una*, ᵐ. *i luna*, ˢ. par là, *ma i na*, ᵐˢ. de là vient, c'est pourquoi, *no laila*, ˢ. mets cela là, *a tuku iho koe i na*, ᵐ.

LABIAL, **adj.** *kiikutu*, ᵐ. *lehelehe*, ˢ.

LABORIEUX, **adj.** *onee*, ᵐ. *kuapaa*, ˢ.

LABOURAGE, **sm.** *hana i te epo*, ᵐ. *ohao*, ˢ. qui a rapport au labourage, *kahumu*, ˢ.

LABOURER, **v.** *ehu, hana, kei*, ᵐ. *ohao, ana, vaele*, ˢ.

LABOUREUR, **sm.** *hakaha i te epo*, ᵐ. *lavehana, paaua*, ˢ.

LAC, **sm.** *kio, loko*, ˢ. grand lac, *moanavai*, ˢ. il y a dans l'Amérique septentrionale des lacs très grands, *aia no na Amerika akau na moanavai nui loa*, ˢ.

LACÉRATION, **sf.** *fefatina*, ᵐ. *mokumoku ana*, ˢ.

LACÉRER, **v.** *fefati, momotu,* ^m. *mokumoku, uhae,* ^s.

LACET, **sm.** *fatuetoo,* ^m. *kaula,* ^s.

LACHE, **adj.** *aie mata oko. hopee, hopi, kokoirai,* ^m. *hohe, ue vale,* ^s.

LACHER, **v.** *tuku, tuu,* ^m. *kuu, hookuu, hoalualu, ne lâche pas, aoe tuku oe,* ^m.

LACHETÉ, **sf.** *mea tavee,* ^m. *mea unu,* ^s.

LACUNE, **sf.** *ara, avara,* ^{ms}.

LADRE, **adj.** *kanatai, koovi,* ^m.

LAID, **adj.** *hapakue,* ^s.

LAIDEUR, **sf.** *hapakue ana,* ^s.

LAINE, **sf.** *huu, huuhipa,* ^m. *hulu, huluhipa,* ^s.

LAISSER, **v.** *hakaheke, arai,* ^m. *haalele, hauli,* ^s. *laisser faire, ae,* ^{ms}. *laisser aller, hookuu, hoolele,* ^s. *quitter, hoohau,* ^s.

LAIT, **sm.** *vaiu,* ^{ms}. *lait du coco, koe,* ^m. *manoi,* ^s. *— tourné, kanana,* ^s.

LAMBEAU, **sm.** *kahape,* ^m. *velu,* ^s. *déchiré en lambeaux, veluvelu,* ^s.

LAMBIN, **sm.** *atataha,* ^m. *hooluelue,* ^s.

LAMBINER, **v.** *hakatataha,* ^m. *hooluelue,* ^s.

LAME, **sf.** *mata,* ^m. *maka,* ^s.

LAMENTATION, **sf.** *kukuina,* ^m. *kaniaau, kaniuhu, olo,* ^s.

LAMENTER, **v.** *eue, ue,* ^{ms}. *se lamenter, tiee,* ^m. *hooueue,* ^s.

LAMIE, **sf.** *peata,* ^m. *mako,* ^s.

LAMPE, **sf.** *ama, tutui,* ^m. *kukui,* ^s. *allumer une lampe, kuni,* ^s.

LAMPION, **sm.** v. lampe.

LANCE, **sf.** *mataku, matikeo,* ^m. *ihe,* ^s. *longue lance, pololu,* ^s. *— en bois, pakeo,* ^m. *fer au bout de la —, tuameki,* ^s. *percer avec la —, pue,* ^s.

LANCER, **v.** *kamu,* ^m. *hahao, poho-lo,* ^s. *lancer une flèche, mene, pana,* ^s. *— des pierres, kamu i kea,* ^m. *pehi,* ^s. *— une boule, poala,* ^s. *— un navire, pahi, se lancer, pihiti, reo,* ^{ms}.

LANDE, **sf.** *atuhaa,* ^m. *neanea,* ^s.

LANGAGE, **sm.** *tekao,* ^m. *olelo, langage insignifiant, namu,* ^s. *incorrect, pahemahema,* ^s.

LANGE, **sm.** *tapakeiki,* ^m. *kapa keiki,* ^s.

LANGOUREUX, **adj.** *hopi, hopee, kukono, maimai,* ^s.

LANGUE, **sf.** membre, *eo,* ^m. *lea, lelo,* ^s. *embarras de la—, leouuu, langage, tekao,* ^m. *olelo,* ^s. *langue française, tekao farani,* ^m. *olelo farani,* ^s. *— latine, teka latina,* ^m. *olelo latina,* ^s.

LANGUEUR, **sf.** v. langoureux.

LANGUIR, **v.** v. langoureux. *hooa-kalia,* ^s. *faire languir, hookii, navalivali,* ^s.

LANGUISSANT, **adj.** v. langoureux. *navali,* ^s.

LANTERNE, **sf.** *ama,* ^m. *kukui,* ^s.

LAPER, **v.** *tape,* ^m. *palu,* ^s.

LAPIDATION, **sf.** *pehina,* ^m. *kipehi ana,* ^s.

LAPIDER, **v.** *kamu i te kea, pehi, pe-pehi,* ^m. *pehi, kipehi, kipe, hailu-ku,* ^s.

LAPIN, **sm.** *iole,* ^s.

LAPS, **sm.** de temps, *hope,* ^{ms}. *kau,* ^s.

LAQUAIS, **sm.** *pekio,* ^m. *ohu, kau-va,* ^s.

LAQUE, **sf.** *teatea,* ^m. *pilali,* ^s.

LAQUEUX, **adj.** v. laque.

LARCIN, **sm.** *fau, hau,* ^{ms}. *kamo,* ^m.

LARGE, **adj.** *fatea, hatea,* ^m. *akea, alakai, laha, laula,* ^s. très large, *hatea ki*, m. deux brasses de large, *eua mao o te poi*, m.

LARGESSE, sf. *vaieina, taetae*, m. *vairai*, s.

LARGEUR, sf. *hateana*, m. *laula*, *laha*, s.

LARGUER, v. *tuu, tuku*, m. *kuu, hookuu*, s. démarrer, *vevete*, m. *hemo*, s.

LARME, sf. *vaimata*, m. *vaimaka, makavai*, s. supplier avec larmes, *auve, aue*, ms.

LARMOYANT, adj. *uena*, m. *e ue ana, hoomino ana*, s.

LARMOYER, v. *ueue*, m. *ue vale*, s.

LARRON, sm. *kamo*, m. *akilou*, s.

LARYNX. sm. *mokuku*, m.

LAS, adj. *fariri*, m. *luhi*, s. ennuyé, *momo oa*, m. *huaa*, s.

LASCIF, adj. *nene, pe*, m. *kuulalo, makaleho*, s.

LASCIVETÉ, sf. *mea nene*, m. *kukoheva*, s.

LASSER, v. *haatono (toko)*, m. *hooluhi*, s. importuner, *totohe*, m. *naenae*, ms.

LASSITUDE, sf. *una*, ms. *okopee*, m. *maluhiluhi*, s.

LATÉRAL, adj. *kaokao*, m. *aoao*, s.

LATIN, adj. *latino*, ms. (moderne).

LATITUDE, sf. *hateana*, m. *laha ana*, s.

LATRINES, sf. lieu où l'on satisfait les besoins naturels, *haemimi*, m. *halemimi*, s.

LATTE, sf. *papa*, ms.

LAURIER, sm. *lauro*, ms. (moderne).

LAVASSE, sf. pluie subite et impétueuse, *ua vai tahe*, m. *uaua*, s.

LAVE, sf. *aa*, s.

LAVER, v. *kau, hooi*, m. *holoi, anau*, s. se laver, *kaukau*, m.

auau, holoholoi, s. se laver les mains, *opiopi*, ms. asperger, *pihau*, m. lavez-moi, *e holoi mai ia'u*, s.

LE, LA, pron. *ia*, ms. art. *te*, m. *ka, ke*, s. ces deux formes de l'article, en sandwichois, ne sont point employées indifféremment : pour un grand nombre de substantifs, l'usage seul peut apprendre où l'on doit mettre *ke* ou *ka*; on peut dire cependant que les noms commençant par *ka* ont toujours l'article *ke*. Quelquefois un substantif est précédé de deux articles dont l'un se rapporte à un substantif qui suit, par exemple : *ka ke Akua olelo*, s. la parole de Dieu, pour *ka olelo a ke Akua*.

LÉCHER, v. *tape, miti, mitito*, m. *miki, palu*, s.

LEÇON, sf. instruction, *aona*, ms. donner une leçon, instruire, *haaako*, m. *hoonaauao*, s.

LECTEUR, sm. *tatau*, m. *heluhelu*, s. les lecteurs, *ka poe heluhelu*, s.

LECTURE, sf. *tatautina*, m. *helu ana*, s.

LÉGAL, adj. *toitoi*, m. *pono*, s.

LÉGAT, sm. du pape, *legato*, ms. (moderne).

LÉGENDE, sf. *tekao*, m. *kaa, olelo*, s.

LÉGER, adj. qui ne pèse guère, *akaaka, anaana*, m. *lahilahi*, s. agile, *keu hoe*, m. léger et mou, *nahinahi, nakinakina*, s. prompt, *poihoo, poihoo, pokihoo*, m.

LÉGÈRETÉ, sf. *akaakana*, m. *lahilahi ana*, s. inconstance, *aie onee*, m. *kuonoono*, s.

LÉGITIMATION, sf. *haatoitoina*, m. *hookoikoi ana*, s.

LÉGITIME, adj. *toitoi*. [m]. *koikoi*. [s].

LÉGITIMER. v. *haatoitoi*, [m]. *hoo-koikoi*, [s].

LÉGUME, sm. *kai*, [m]. *ai*, [s]. herbe bouillie, *luau*, [s].

LENDEMAIN, sm. *oi, oioi*, [m]. *a ke la la*, [s].

LÉNIFIER, v. *haamanini*, [m]. *hooli-nalina*, [s].

LENT, adj. *atataha*. [m]. *lohi, lolohi, luelue, ekolo*, [s]. lent par précaution, *panauea*, [s]. tardif, *emoa*, [s].

LENTEUR, sf. *haatoona*, [m]. *lohi ana*. [s].

LENTILLE, sf. *papapa*. [s].

LÈPRE. sf. *kanatai, puhinao, koori, maki*, [m].

LÉPREUX, adj. v. LÈPRE.

LEQUEL, LAQUELLE. **pron**. *rai, orai, oai*. [ms].

LES, v. LE.

LESSIVE, sf. *vaiehu*. [ms].

LESSIVER. v. *haavaiehu*. [m]. *hoovaiehu*, [s].

LEST, sm. *mea tono*, [m]. *haku*, [s].

LESTE, adj. *keu hoe, poihoo, akaaka*, [m]. *lahilahi*, [s].

LESTER, v. *haatono*, [m]. *hooala*, [s].

LÉTHARGIE, sf. *hiamoe ana*, [ms].

LETTRE, sf. caractère de l'alphabet, *hua*, [ms]. *kaha*, [s]. épître, *tatauna*. [m]. *kakau ana*, [s].

LETTRÉ, adj. *koekoe maama*. [m]. *opuao*, [s].

LEUR, pron. *atou*, [m]. *lakou*, [s]. en parlant seulement de deux, on dit : *no aua*, [ms]. de leur, *o atou*, [m]. *o akou*, [s].

LEURRE, sm. *pahele, pueoeo*, [s].

LEURRER, v. *hoopahele*, [s].

LEVAIN, sm. *hu*, [ms].

LEVANT, sm. *hikina*, [s]. levantin, du levant, *ka hikina mai*, [s].

LEVÉE, sf. *ua tihe*, [m]. *eala ana*, [s].

LEVER. v. *mao*, [m]. *mau, hooeapae*, [s]. se lever. *eala*. [s]. faire — *hoopuka*. [s]. paraitre sur l'horizon, *ua tihe*, [m]. *pua*, [ms].

LEVIER. sm. *hula*. [s].

LÉVIGER. v. *okaoka*. [s].

LÉVITE. sm. *levita*, [ms]. (moderne)

LÈVRE, sf. *kiikutu*, [m]. *lehelehe*, [s].

LÉZARD. sm. *moko*, [m]. *moo*. [s].

LIAISON. sf. *fatuna, pona*, [ms]. *hanapaana*. [s].

LIBATION. sf. *mohaiina*, [s].

LIBÉRAL, adj. *vaivi, pureterete*, [m] *purekereke, momoa, auae*. [s].

LIBÉRALITÉ. sf. *vaieina*, [s]. *momoa na*. [s].

LIBÉRATEUR, sm. *hakapakere*, [m] *hoopakele*. [s].

LIBÉRATION. sf. *pakevena*, [m]. *pakele ana*, [s].

LIBÉRER, v. *pakeve*, [m]. *pakele*, [s].

LIBERTÉ. sf. *pakevena*, [m]. *pakele ana*. [s]. loisir, *moke*, [m]. liberté de parler. *hakaheke*, [m]. mettre en liberté, *makala*, [s].

LIBERTIN, sm. *kaioi*, [m]. *koaka*, [s]. *ino*, [ms].

LIBERTINAGE, sm. *mea nene*, [m] *mea koaka*, [s].

LIBIDINEUX, adj. *nene*, [m]. *koaka*, [s].

LIBRAIRE, sm. *enata hoko i te tau hamani*, [m]. *piiai i ke palapala*, [s].

LIBRAIRIE, sf. *haehamani*, [m]. *hale patapala*, [s].

LIBRE, adj. *pakeve*, [m]. *pakele*, [s]. hardi, *mataoko*, [m]. *makaoi*, [s].

LICENCE, sf. déréglement, *kaioi*, [m] *koaka*. [s].

LICENCIEUX, adj. v. LICENCE.

LIE, sf. *aokaoka*, [s]. lie du peuple, *noa*, [s].

LIEN, sm. *pona,* ᵐˢ.

LIER, v. *fatu,* ᵐ. *pona,* ᵐˢ. lier autour, *kaai, kaei,* ˢ. nouer, *fatu,* ᵐ. *nakii,* ˢ. lier avec une corde, *paahono,* ˢ. obliger, *mali,* ˢ.

LIERRE, sm. *mahati,* ᵐ.

LIEU, sm. *eaha,* ᵐ. *vahi,* ᵐˢ. *kahi,* ˢ. lieu de naissance, *onehanau,* ˢ. — de sûreté, *kahipaa,* ˢ. — de supplices, *polio ia,* ᵐ. — de repos sur le chemin, *puuoioina,* ᵐ. — élevé, *eaha tietie,* ᵐ. — spacieux, *taha moke,* ᵐ. en quel lieu? *aihea?* ˢ.

LIEUE, sf. *hora,* ᵐˢ. (moderne).

LIEUTENANT, sm. *olipao,* ˢ.

LIGAMENT, sm. *fatuna,* ᵐ. *kaai ana,* ˢ.

LIGNE, sf. *aa,* ᵐ. *ala, kaha,* ˢ. ligne perpendiculaire, *aa ta,* ᵐ. *kaha ku,* ˢ. — transversale, *kahamoe,* ˢ. *aamoe,* ᵐ. — courbe, *keekee,* ˢ. — à pêcher, *aho,* ˢ. pêche à la ligne, *ikahi,* ᵐ. — de direction, *moo,* ˢ. raie, *pai,* ˢ. rang, *lalani,* ˢ. être en —, *kupapa,* ˢ.

LIGNÉE, sf. race, *huaa,* ᵐ. *moo,* ˢ. suite, *fatua,* ᵐ. *moo,* ˢ.

LIGUE, sf. *haapii,* ᵐ. *hoopili ana,* ˢ.

LIGUER, v. V. LIGUE.

LIME, sf. *uku,* ᵐ. *apu,* ˢ.

LIMER, v. *ukui,* ᵐ. *ololo me ke apu,* ˢ.

LIMITE, sf. *motuna,* ᵐ. *mokuna, palena, kuaio,* ˢ.

LIMITER, v. *poho,* ᵐ. *pale,* ˢ. limité, *iii,* ˢ.

LIMITROPHE, adj. *poho,* ᵐ. *pili,* ˢ.

LIMON, sm. boue, *epo,* ᵐˢ. limon de mer, *imu,* ᵐ. *limu,* ˢ.

LIMPIDE, adj. *amiami,* ᵐ. *malealea, ehe,* ˢ.

LIN, sm. *lino,* ᵐˢ. *olona,* ˢ.

LINCEUL, sm. *tuina, kuina,* ˢ.

LINGE, sm. *kahu,* ᵐ. *aahu,* ˢ. repasser du linge, *lena,* ˢ. plier du —, *opiopi,* ᵐˢ. serrer du —, *tai,* ᵐ. passer dans un —, *aaa,* ˢ.

LINGUAL, adj. *eo,* ᵐ. *leo,* ˢ.

LION, sm. *leone,* ᵐˢ. (moderne).

LIPPÉ, adj. *makahelei,* ˢ.

LIQUÉFIER, v. *hakapepee,* ᵐ. *hoopepee,* ˢ.

LIQUEUR, sf. *rai,* ᵐˢ. — d'une chose fondue, *kukaeuli,* ˢ. boisson, — des Indiens, *kava, ava,* ᵐˢ. — étrangère, *nama,* ᵐˢ.

LIQUIDE, adj. *rai,* ᵐˢ. *iahe,* ᵐ. *kahe,* ˢ. très liquide, *amiami,* ᵐ. *ehe, hehe,* ˢ. vase à —, *kuerai,* ᵐ.

LIQUIDER, v. *haatoitoi,* ᵐ. *hoopono,* ˢ.

LIRE, v. *tatau, hamani tatau,* ᵐ. *kakau, heluhelu,* ˢ. qui ne sait pas lire, *hokae,* ˢ. lire à haute voix, *hooeae,* ˢ.

LIS, sm. *lilia,* ᵐˢ. moderne).

LISSE, adj. *menia,* ᵐˢ.

LISSER, v. *menia, mania,* ᵐˢ.

LISTE, sf. *papa,* ᵐˢ.

LIT, sm. *moena,* ᵐˢ. *kahimoe, ona,* ᵐˢ. canal d'une rivière, *mio,* ˢ. compagnon de lit, *hoamoe,* ᵐˢ.

LITANIES, sf. *litania,* ᵐˢ. (moderne).

LITTÉRAL, adj. *i te hua,* ᵐ. *i ka hua,* ˢ.

LIVRE, sm. *hamani,* ᵐ. *palapala,* ˢ. *puke,* ᵐˢ. (moderne); — instructif, *hamani hakaao,* ᵐ. fermer un —, *pokai, poai,* ᵐ.

LIVRE, sf. *paona, pauna,* ᵐˢ. (moderne).

LIVRER, v. *tuu, tuku,* ᵐ. *kuu, haa-*

vi, [s]. se — au mal, *lalau hera,* [s].

LOCALITÉ, sf. *vahi,* [ms].

LOCATAIRE, sm. *moeu,* [m]. *lopa,* [s].

LOCATION, sf. *hoolimalima ana,* [s].

LOCUTION, sf. *tekaona,* [m]. *olelo ana,* [s].

LOGE, sf. hutte, *hae,* [m]. *hale,* [s]. cabinet, *puho,* [m]. *ena,* [s].

LOGEMENT, sm. *nohona,* [ms].

LOGER, v. demeurer, *noho,* [ms]. donner à —, *hookipa,* [s].

LOGIS, sm. *hae,* [m]. *hale,* [s]. *nohona,* [ms].

LOI, sf. *kanavai,* [s]. violer une —, *aeia,* [s]. violer une — secrètement. *aihue,* [s]. enfreindre les lois de Dieu, *uotahi,* [m]. l'ancienne —, *olelo kahiko,* [s]. la — pèse sur moi, *kau mai ke kanavai ma luna o'u,* [s]. ce n'est pas selon la —, *aole e ku i ke kanavai,* [s]. frappé par la —, *pili kanavai.*

LOIN, adv. *atu, hatea,* [m]. *aku, akea,* [s].

LOINTAIN, adj. *hatea,* [m]. *akea, ee, loihi,* [s].

LOISIR, sm. *moke,* [m].

LONG, adj. qui a de la longueur, *ao,* [m]. *loihi, kiocoe,* [s]. — et maigre, *koele,* [s]. en —, *ma loihi,* [s]. quatre brasses de —, *eha mao o te mea oa,* [m]. — travail, *hana oa,* [m]. que c'est —! *poi oa!* [m].

LONGANIMITÉ, sf. *kaoa,* [m]. *aloha,* [s].

LONGTEMPS, adv. *aliulili,* [s]. vous êtes bien — pour faire cela, *kai ka hana loa ia oe,* [s]. il y a —, *i kemo,* [m]. pour —, *no hili,* [s]. différer —, *liuliu,* [s].

LONGUEUR, sf. *mea oa,* [m]. *puehu,* [s].

LOQUET, sm. *pa,* [ms]. *ami,* [s].

LORSQUE, conj. *ua,* [ms]. *i hea,* [ms]. On distingue encore *ahea,* s'il

s'agit d'une chose à venir, et *i [illegible] hea,* si l'on parle d'une cho[se] passée.

LOT, sm. *motuna,* [m]. *mokuna ku[...]leana, pu, puu,* [s]. distribuer pa[r] lot, *hailoua.* [s].

LOUANGE, sf. *kaie,* [m]. *hoolea,* [...] chanter les louanges, *nani,* [...] ma bouche publiera tes louange[s] *e hoike aku ko'u vaha i kou hoo[...]lea,* [s].

LOUCHE, adj. *koio, koeo,* [m]. *lena,* [...]

LOUCHER. v. V. LOUCHE.

LOUER, v. donner des louanges, *mahao,* [m]. *mahalo, hiilani, hoo[...]lea,* [s]. nous vous louons, *ke hoo[...]lea aku makou ia oe,* [s]. —, prendre à louage, *hoolimalima,* [s].

LOUPE. sf. excroissance, *tupu,* [m]. *omu,* [s].

LOURD, adj. *toko, tono,* [m]. *kau m[...]luna...*

LOYAL, adj. *toitoi,* [m]. *pono,* [s].

LUBRICITÉ, sf. *mea nene,* [m]. *kuko[...]hera,* [s].

LUBRIQUE, adj. *kaioi,* [m]. *mahaoi[...] mioi,* [s].

LUCARNE, sf. *pula,* [m]. *puka,* [s].

LUCIDE, adj. *tahakahaka,* [m]. *oa[...]kaaka,* [s].

LUETTE, sf. *naliotio,* [m].

LUEUR, sf. *uiuiki, viviki,* [s]. première — du soleil, *pualena,* [s].

LUI, pron. *ia, oia,* [ms]. de —, *kona,* [s]. sur —, *ma luna ia,* [s]. avec — *me ko,* [s]. lui-même, *te ia nei,* [m]. c'est —, *nana,* [s]. que dit-on de —, *kana olelo?* [s].

LUIRE, v. *maama,* [m]. *hoaka,* [s].

LUMIÈRE, sf. *ama,* [m]. *lama, maa[...]maama, malamalama,* [s]. être dans la—, *tahakahaka,* [m]. *oakaa[...]ka,* [s]. rayon de —, *oaka,* [s].

LUMINEUX, **adj.** V. LUCIDE.

LUNAISON, **sf.** *mahina*,^{ms}. *meama, tu,* ^m. *ku,* ^s.

LUNATIQUE, **adj**. *lolo,* ^s.

LUNDI, **sm.** *poatahi,* ^m. *poakahi, lanoa,* ^s.

LUNE, **sf.** *mahina,* ^{ms}. clair de —, *kohai ke maina,* ^s. cornes de —, *kihikihi,* ^s. la — se couche, *ke koili aku la mahina,* ^s. cercle autour de la —, *luakalai,* ^s.

LUNETTE, **sf.** *kileo,* ^s. — d'approche, *ohenana,* ^s.

LUSTRATION, **sf.** *hooina,* ^m. *holoi ana,* ^s.

LUSTRE, **sm.** éclat, *oaka,* ^s.

LUTTE, **sf.** *hakoko, kahalili ana,* ^s.

LUTTER, **v.** V. LUTTE.

LUXE, **sm.** *kehakeha,* ^s.

LUXURE, **sf.** *maa kaioi,* ^m. *kukoheva,* ^s.

LUXURIEUX, **adj.** *nene,* ^m. *mahaoi,* ^s.

M.

MACÉRATION, **sf.** *omitina,* ^m.

MACÉRER, **v.** *omi,* ^m.

MACHER, **v.** *mama,* ^m. *hoomama, nau,* ^s.

MACHOIRE, **sf.** *paniho, ouvae,* ^{ms}.

MAÇON, **sm.** *hanapa,* ^{ms}.

MAÇONNER, **v.** *haapakea,* ^m. *hoopa,* ^s.

MACULATION, **sf.** *tapaina,* ^m. *haumia,* ^s.

MACULER, **v.** *tapai,* ^m. *hapala, haumia,* ^s.

MADAME, **sf.** *vahine,* ^{ms}.

MADEMOISELLE, **sf.** *tahia,* ^m. *moi,* ^s.

MAGASIN, **sm.** *halepapaa, papaa,* ^s.

MAGE, **sm.** *mako,* ^{ms}. les mages, *makoi,* ^{ms}. (moderne.)

MAGICIEN, **sm.** *kilo,* ^s.

MAGIE, **sf.** *kilo ana,* ^s.

MAGISTRAT, **sm.** *lunakanavai,* ^s.

MAGNANIME, **adj.** *meitai,* ^m. *maikai,* ^s.

MAGNANIMITÉ, **sf.** *mea meitai,* ^m. *mea maikai,* ^s.

MAGNIFICENCE, **sf.** *tactae,* ^m. *kehakeha,* ^s.

MAGNIFIER, **v.** *haanui,* ^m. *hoonui, mililani,* ^s.

MAGNIFIQUE, **adj.** *akanahau,* ^m. *manomano,* ^s.

MAI, **sm.** *maio,* ^{ms}. (moderne).

MAIGRE, **adj.** *kakau, nanaa,* ^m. *olala, hohoma, kohu,* ^s. très —, *ua ivi,* ^{ms}. qui n'a que les os, *iviivi,* ^{ms}. long et —, *koele,* ^s. jour —, la *hoopololi,* ^s.

MAIGREUR, **sf.** *kakaatina,* ^m. *inoino,* ^s.

MAIGRIR, **v.** *haapororo,* ^m. *hookii,* ^s.

MAIN, **sf.** *iima,* ^m. *lima,* ^s. —droite, *iima atamai,* ^m. — gauche, *moui,* ^m. battre des mains, *kui,* ^m. *mahe,* ^s. joindre les —, *limalima, puulu,* ^s. en venir aux —, *hoouka,* ^s. faire signe de la —, *peahi,* ^s. creux de la —, *polilima,* ^s. se serrer les mains, *tuitui popua,* ^m.

MAINTENANT, **adv.** *i te nei, i te nei a,* ^m. *a enei, me nei,* ^s.

MAINTENIR, **v.** *haamao,* ^m. *hoomau,* ^s.

MAINTIEN, **sm.** *kooi,* ^m. *pahapaha,* ^s.

MAIS, **conj.** *ata,* ^m. *aka, iho la,* ^s.

mais ayant entendu, *a lohe iho la*, ˢ.

MAÏS, **sm**. *loala*, ˢ.

MAISON, **sf**. *hae, fae*. ᵐ. *hale*, ˢ. — déserte, *aaa*, ˢ. — de réunion, *halehalaeai*, ˢ. — de réserve, *hoohalepapa*, ˢ. réunion de maisons, *kahua a hale*, ˢ. derrière d'une —, *kuono*, ˢ. le devant d'une —, *ao*, ᵐˢ. côté d'une —, *paia*, ˢ. fondement d'une —, *lua*, ˢ. emplacement d'une —, *kuena*, ˢ. cloison de —, *paiki*, ᵐ. couvrir une —, *hakaee*, ᵐ. entrer dans la —, *komo aku la i loko o ka hale*, ˢ. la — est remplie, *ua kikina te hae*, ᵐ.

MAÎTRE, **sm**. qui commande, *hakaiki*, ᵐ. *haka*, ˢ. qui enseigne, *tumuao*, ᵐ. *kumuao*, ˢ. habile, *tuhuna*, ᵐ. *kuhuna*, ˢ. propriétaire, *kahu*, ˢ. maître d'hôtel, *kuni*, ˢ. faire le petit maître, *hoohaha*, ˢ.

MAÎTRISER, **v**. *rivini*, ᵐ. *alii*, ˢ.

MAJESTÉ, **sf**. *kanohano*, ˢ.

MAJESTUEUX, **adj**. *punihi*, ˢ.

MAJORDOME, **sm**. *lunaahaina*, ˢ.

MAL, **sm**. et **adj**. *ino*, ᵐˢ. *mikeo*, *makaka*, ᵐ. *hera*, ˢ. faire du —, *hopailua*, ˢ. solliciter au —, *nienie*, ᵐ. — intérieur, *mate tia*, ᵐ. aller au —, *io i te makaka*, ᵐ. gène, *nauu*, ᵐ. une chose qui fait —, *haahana*, ᵐ. souffrance, *eha*, ˢ.

MALADE, **adj**. *haitaa, haitana*, ᵐ. *mai*, ˢ. tomber —, *ku a mai*, ˢ. traiter un —, *haaika*, ᵐ. très —, *mai nui*, ˢ. retomber —, *hoomauiuiu*, ˢ.

MALADIE, **sf**. *haitaana*, ᵐ. *maimai*, ˢ. — interne, *hoakako*, ˢ.

— longue, *kaa*, ˢ. relever de —, *konakonia*, ˢ.

MALADIF, **adj**. *puakii*, ˢ.

MALADRESSE, **sf**. v. **MALADROIT**.

MALADROIT, **adj**. *tuhuna miamia*, ᵐ. *hemahema*, ˢ.

MALAISE, **sm**. *naenae*, ᵐˢ.

MALAISE, **adj**. v. **MALAISE**.

MALE, **sm**. *kane*, ᵐˢ. *hoki, ipoipo*, ˢ. fort, *toa*, ᵐ. *koa*, ˢ.

MALÉDICTION, **sf**. *kuamuamu*, ᵐ. *hailiili*, ˢ.

MALENCONTRE, **sf**. v. **MALHEUR**.

MALENCONTREUX, **adj**. v. **MALHEUREUX**.

MALFAISANCE, **sf**. *haaino*, ᵐ. *hooino*, ˢ.

MALFAISANT, **adj**. *ino*, ᵐˢ. *hipuoeu*, ˢ.

MALFAIT, **adj**. *haukae*, ˢ.

MALFAITEUR, **sm**. *enana ino*, ᵐ. *kanaka ino, opuino*, ˢ.

MALGRÉ, **prép**. *ma una*, ᵐˢ.

MALHEUR, **sm**. *hooiloilo*, ˢ. éprouver un —, *mate*, ᵐ., *make*, ˢ.

MALHEUREUX, **adj**. *makeno*, ᵐ. *poino*, ˢ.

MALICE, **sf**. *mea makoka*, ᵐ. *kina*, ˢ.

MALICIEUX, **adj**. *ino*, ᵐˢ.

MALIGNITÉ, **sf**. *ihona i te ino*, ᵐ. *luliana i ka hera, inaina*, ˢ.

MALIN, **adj**. *keukeu*, ᵐˢ. *makaka*, ᵐ.

MALLE, **sf**. *umete*, ᵐ. *umeke*, ˢ.

MALPROPRE, **adj**. *poko hoho*, ᵐ. *alepo, eka, haukae, kapulu*, ˢ.

MALPROPRETÉ, **sf**. *epo*, ᵐˢ.

MALSAIN, **adj**. *haamate*, ᵐ. *hoomake*, ˢ.

MALTRAITER, **v**. *hooluhihera*, ˢ. être maltraité, *luhihera*, ˢ.

MALVEILLANCE, **sf**. *mea makaka*, ᵐ. *mea ino*, ᵐˢ.

MALVEILLANT, adj. *ino*, [ms]. *makaka*, [m].

MAMELLE, sf. *fatu*, [m]. *u*, *vaiu*, [ms].

MAMELON, sm. *matavaiu*, [m]. *makavaiu*, [s].

MANCHE, sm. d'instrument, *eu*, *kou*, [m]. *komo*, [s].

MANDEMENT, sm. *kauoha*, [s].

MANDER, v. *haakite*, [m]. *hooike*, [s]. — quelqu'un, *kiina*, [s].

MANDIBULE, sf. *teka ouvae*, [m].

MANGEAILLE, sf. *kai*, [m]. *ai*, [s].

MANGER, v. *kai*, [m]. *ai*, [s]. — tout, *hea*, [s]. — à la hâte, *hiohio*, [s]. — avec les doigts, *hooaleale*, [s]. — les restes, *aihamu*, [s]. table à —, *papaaina*, [ms]. demander à —, *hoolaau*, [s].

MANIE, sf. *koka*, [m]. *akaku*, [s].

MANIER, v. *to me te iima*, [m].

MANIÈRE, sf. *haka*, *mata*, [m]. *maka*, [s]. — douce, *nahinahi*, [s]. d'une — intelligible, *paka*, [s]. de cette —, *pe*, *pekeia*, [m]. *peia*, [s].

MANIFESTATION, sf. *hai atu*, [m]. *hai ana aku*, *hoikeia*, [s].

MANIFESTE, adj. *tahakahaka*, [m]. *akaka*, [s].

MANIFESTER, v. *hai atu*, [m]. *hai aku*, [s].

MANNE, sf. *mane*, [ms]. (moderne).

MANOIR, sm. *nohona*, [ms], *hae*, [m]. *hale*, [s].

MANQUE, sf. *kana*, *nana*, [m]. *hakahaka ana*, [s].

MANQUEMENT, sm. V. MANQUE.

MANQUER, v. *kana*, [m]. *hakahaka*, [s]. — à son devoir, *kapulu*, [s]. — son coup, *teka*, [m]. — de courage, *makapo*, *niuniu*, [s].

MANSUÉTUDE, sf. *kaoha*, [m]. *aloha*, *aho*, [s].

MANTEAU, sm. *paipainaha*, [s]. — de guerre, *mamo*, [s].

MANUFACTURE, sf. *hanana*, [ms].

MANUFACTURER, v. *hana*, [ms].

MANUSCRIT, sm. *hamani patua*, [m]. *kakauia*, [s].

MAQUEREAU, sm. *opelu*, [s].

MARAIS, sm. *vaikoto*, [m]. *kio*, [s].

MARATRE, sf. *motuoai*, [m]. *makuahunoai*, [s].

MARAUD, sm. *kamo*, [m]. *puniu*, [s].

MARAUDER, v. V. MARAUD.

MARCHAND, sm. *enata hoko*, [m]. *kalepa*, *maauaua*, *piiai*, [s].

MARCHANDER, v. *hoko*, [ms].

MARCHANDISE, sf. *mea hoko*, [ms]. envoyer des marchandises, *hoouka*, [s].

MARCHE, sf. *hekena*, [m]. *heleana*, [s].

MARCHÉ, sm. *hoko*, [ms]. faire un —, *limalima*, [s]. défaire un —, *kuhalahala*, [s]. traverser un —, *hoopuhalu*, [s]. faire bon —, *pookeokeo*, [s]. celui qui fait un bon —, *pookepali*, [s]. avoir l'avantage dans un —, *pohukuhuku*, [s].

MARCHE-PIED, sm. *kehina*, *kochana*, [s].

MARCHER, v. *heke*, [m]. *hele*, [s]. — avec précaution, *aka hele*, [s]. — fièrement, *hoolili*, [s]. — sur quelque chose, *eehi*, *ehi*, [s]. — doucement, *nihi*, [s].

MARDI, sm. *poaua*, [m]. *poalua*, [s].

MARE, sf. *vaikoto*, [m]. *kio*, [s]. *epo*, [ms].

MARÉCAGE, sm. *naele ana*, [s].

MARÉCAGEUX, adj. *naele*, *nakele*, [s].

MARÉE, sf. *tai*, [m]. *kai*, [s]. haute —, *ua pi te tai*, [m]. — descendante, *tai puovo atu*, [m].

MARELLE, sf. *komane*, [s].

MARI, sm. *kane*, ms. *ahana, vahana, hipohipo*, m. second —, *pekio. peio*, m.

MARIAGE, sm. *nohona*, ms. *male ana, hoao*, s.

MARIÉ. adj. *puemare*, m. mariée, *pohopoho*, m. *kana*, s. nouveau-mariés, *kane hou*, ms.

MARIER, v. *noho, mare. male*, ms.

MARIN, sm. *enata i tai*, m. *luina*, s.

MARITAL, adj. *kane*, ms.

MARITIME, adj. *tai*, m. *kai*, s.

MARMITE, sf. *huepapa*, m. *hipu, pahao*, s.

MARMOT, sm. *make*, m. *keko*, s.

MARMOTER, v. *tohe*, m. *kinaunau*, s.

MAROQUIN, sm. *kiihipa, iihipa*, s.

MARQUE, sf. signe, *hakatu*, m. *hailona*, s.

MARQUER, v. *hamakoekoe, apa*, m. *hoailona, kaha*, s.

MARQUETÉ, adj. *arearea*, s.

MARQUETER, v. *hooareare*, s.

MARSOUIN, sm. *aku*, m. *naia*, s.

MARTEAU, sm. *pururu*, m. *hamaka, hamare*, ms. (moderne).

MARTIAL, adj. *toa*, m. *koa*, s.

MARTYR, sm. *maretiro*, ms. (moderne).

MASCULIN, adj. *kane*, ms. *hipohipo*, m.

MASQUE, sm. *makakii*, s.

MASSACRE, sm. *matakina*, m. *pepehina, luku ana*, s.

MASSACRER, v. *kukumi, oka, mataki*, m. *lua, luku*, s.

MASSE, sf. *mea tono*, m. *haku*, s.

MASSIF, adj. *tiatohu, tono*, m. *haku*, s.

MASSUE, sf. *huhu*, ms.

MASTIC, sm. *teatea*, m. *pilali*, s.

MASTIQUER, v. v. mastic.

MAT, sm. *tia*, m. *kia*, s.

MATELAS, sm. *moena*, ms.

MATELOT, sm. *enata i te iepe, enata i tai*, m. *holoholomoku, holokaiki*, s.

MATÉRIAUX, sm. *meamea*, ms. — pour faire une embarcation, *kale*, s.

MATÉRIEL, adj. *mea*, ms.

MATERNEL, adj. *kui*, ms.

MATERNITÉ, sf. *motua*, m. *makua*, s.

MATHÉMATIQUE, sf. *ao tatau*, m. *ao helu*, problème de —, *nanehai*, s.

MATIERE, sf. *mea*, ms. *hanaa, hanaia*, s.

MATIN. sm. *kehukehu, kapo, kakahiaka*, s. dès le —, *ao kapo*, m. de grand —, *ua te a popoui*, m.

MATINAL, adj. v. matin.

MATINÉE, sf. v. matin.

MATRICE, sf. *iere, iepe*, ms.

MAUDIRE, v. *haainoino*, m. *hoino, hoinoino, hole*, s.

MAUDIT, adj. *ino*, ms.

MAUVAIS, adj. *pe*, m. *ino*, ms. *haukae, alauka. heva*, s. c'est — mea ino, ms. devenir —, *fefe*, m. très —, *inoino*, ms. ils devinrent — tous les deux, *a lilo iho la laua ma hope aku i ka ino*, s.

MAUVE, sf. *nehu*, m. *pohe*, s.

MAXILLAIRE, adj. v. machoire.

MAXIME, sf. *vahi*, ms. *kakiu, tekao toitoi*, m.

ME, v. moi, je.

MÉCHANCETÉ, sf. *mea ino*, ms. *mea heva, heva ana*, s. à cause de votre —, *no ko oe heva ana*, s.

MÉCHANT, adj. *hae, pape, kaka makaka*, m. *heva, hoahu, kolohe, ohie, ohipua*, s.

MÈCHE, sf. *ketuketu*, m. *uviki*, s.

MÉCONNAITRE. v. aoe ite, aole ike, [s].

MÉCONTENT. adj. hoohau, [s]. fâché, huhu, [ms]. pailua, [s]. être —, hoo halahala, [s]. paraître —, hokue-kue, [s].

MÉCONTENTEMENT, sm. huhu, [ms]. keeo, [s].

MÉCRÉANT, sm. rehe, [s].

MÉDAILLE. sf. moni, [ms]. (moderne.)

MÉDECIN, sm. tatii, [m]. kahuna lapau, lapau, [s].

MÉDECINE, laau, lalaulapau, [s]. donner une —, lapaau. [s]

MÉDIATEUR. sm. hano, [m]. hoopu, kao, uao, urao. [s]

MÉDIATION, sf. hano, [m]. kokua. [s]

MÉDIOCRE, adj. i rarena. [m]. i raena, [s].

MÉDIRE. v. haapiopio, kaipiopio, potohe, [m]. hoino, alapalu, aki, [s].

MÉDISANCE, sf. haapiopiona, [m]. hoino ana, olelo hoohera, [s].

MÉDITATION. sf. otutona. [m]. noo-noona, [s]. sujet de —, noonoo. [s]

MÉDITER, v. metao, maakao, mamakao, otuto, [m]. manao, haohao, noonoo, [s].

MEILLEUR, adj. meitai ae, [m]. maikai ae, pono ae, [s].

MÉLANCOLIE, sf. memae, [m]. mehameha, [s].

MÉLANCOLIQUE, adj. memae, [m]. anoano, mino, [s].

MÉLANGE, sm. ravina, [m]. avili ana, [s].

MÉLANGER, v. vavi, [m]. avili, [s].

MÉLASSE, sf. manati, [m]. kepau, [s].

MÊLÉE, sf. combat, toua, [m]. kaua, [s].

MÊLER, v. vavi, uu, uku, [m]. avili, hoai, [s]. — ensemble, hooka-

hokai, vilivili, [s]. unir, hui, kahokai, [s]. —, brouiller, veti, vetiveti, [m]. ueki, ueli, veli, [s]. se — des affaires d'autrui, uu ite mea, [m]. lalama, [s].

MÉLODIE, sf. mele, [ms].

MELON, sm. katiu, vi, [m]. kue, [ms]. hipuala, [s]. — d'eau, hipuauli, [s].

MEMBRE, sm. mana, [m]. lala, [s]. — viril, ule, [m]. puu-ue, [s].

MÊME. pron. hua, [m]. hookahi, [s]. le —, tootahi, [m]. hookahi, [s]. et après le mot, anei iho, [m]. ayez soin de vous —, malama ia oukou iho, [s]. par le —, e hua, [m]. c'est la — chose, kua mea anae iho, [m]. lui —, te ia nei, [m].

MÊME. adv. oki, oti, [m].

MÉMOIRE. sm. papa, [ms].

MÉMOIRE, sf. koekoe, [m]. koikoi, [s].

MENACE. sf. haapekena, [m]. hakumakuma ana, [s].

MENACER, v. haapeke, [m]. hakumakuma, [s].

MÉNAGER, v. hakatoe, [m]. hookoe, koe, [s]. — quelqu'un, minamina, [s].

MÉNAGER, adj. lokohaiki, [s]. qui est trop —, avare, lunu, [s]. pi, [ms].

MENDIANT, sm. kaikai, tupe noa, [m]. ilihune, [s].

MENDIER, v. inoi, nonoi, ape, [ms]. makilo, [s].

MENER, v. aahi, uahi, kaikaina, [s]. diriger, kama, [ms].

MENSONGE, sm. teka tekao, tikoe, tipohe, tipoe, tipai, [m]. rahahee, rahaheva, mea apaapa, [s].

MENSONGER, adj. tipai, [m]. rahahee, [s].

MENTEUR, sm. papaoi, [m]. punipuni, [s].

MENTIR, v. V. MENSONGE, hakahai, koko, tivava, tikoe, [m]. ake, hoohipu, puha [illegible] pourquoi as-tu [illegible], [illegible] faire cela [illegible] mais? [illegible] faire [illegible] quelque chose, [illegible].

MENTON. sm. [illegible] — ou. [illegible].

MENU. adj. [illegible].

MENUISIER. sm. [illegible].

MÉPRENDRE (SE). v. [illegible].

MÉPRIS. sm. [illegible]. haaiki [illegible].

MÉPRISABLE. adj. [illegible]. haaiko [illegible].

MÉPRISE. f. [illegible]. arahe [illegible].

MÉPRISER. v. [illegible]. [illegible] aku i [illegible] mau ala [illegible].

MER. sf. tai. [illegible] kai. — agitée, [illegible]. basse — [illegible]. [illegible] la — [illegible]. grosse — [illegible]. mal de —, [illegible]. avoir le mal de —, [illegible]. — furieuse, [illegible]. en — [illegible].

MERCI. sf. misère, de, kaoha. [illegible]. remerciement pour accepter quelque chose, mea meitai. [illegible]. pour la refuser, amui. [illegible].

MERCREDI. sm. poatou. [illegible]. poakolu, [illegible].

MÈRE. sf. metuavahine, makuavahine. [illegible]. kui. [illegible]. — d'adoption, kuike, [illegible].

MÉLODIEUX. adj. [illegible].

MÉLILOT. sm. [illegible]. me [illegible], pou [illegible].

MÉRITER. v. [illegible].

MÉRITE. sm. kaoha [illegible].

MERVEILLE. sf. [illegible]. hanamana [illegible].

MERVEILLEUX. adj. [illegible].

MÉSALLIANCE. sf. [illegible].

MESQUIN. adj. [illegible].

MESSAGE. sm. [illegible].

MESSAGER. [illegible]. tuua. [illegible].

MESSE. sf. [illegible]. servir la — [illegible] — hoke [illegible] meta. [illegible] — eka meta. [illegible] — tua [illegible] meta. [illegible]. On dit aussi [illegible].

MESURE. sf. [illegible]. kakau tutaha. [illegible]. kakaupai. haati [illegible].

MESURER. v. [illegible]. tutahi. [illegible]. — jat [illegible] bachao, [illegible].

MÉTAL. sm. [illegible].

MÉTAMORPHOSE. sf. hoohuli ana, [illegible].

MÉTAMORPHOSER. v. hoohuli. [illegible].

MÉTHODE. sm. [illegible]. banakiha. [illegible].

MÉTIER. sm. [illegible]. aha [illegible].

METS. sm. kaoha. [illegible]. aai. [illegible].

METTRE. v. tuku, tau. [illegible]. kau. [illegible]. — dans, hoatuu. [illegible]. hoohono. [illegible]. — de côté, hoohaa. [illegible]. — à part, [illegible]. — en bas, [illegible]. — à terre, hoohei. [illegible]. — en fuite, hoo- ahee. [illegible]. — au jour, paholo. [illegible]. — tout ensemble, papau. [illegible].

MEUBLE. sm. mea, hau. [illegible].

MEUBLER. v. tapi. [illegible]. hooiako, hoolakolako. [illegible].

MEULE. sf. à aiguiser, *pauo*, m.

MEURTRE. sm. *pepehina*. ms.

MEURTRIER. sm. *haamaki*, m. *hoopohole*, s.

MEURTRIR. v. v. MEURTRIER.

MEURTRISSURE. sf. *maki*, m. *pohole*. s.

MEUTE. sf. *kahui*. m. *huiia*. s. — de chiens. *kahuinuhe*. m.

MIASME. sm. *piau*, m. *aumia*. s.

MIAULER. v. *niau*. m. *oao*. s.

MIDI. sm. *aotoa, ua te a nui*, m. *ara ke a*, s. après —. *puha te aomati*, m. *ahiahi*, ms. *naua*. s.

MIEL. sm. *meli* m. (moderne). rayon de miel. *raihonameli*. s.

MIEN, adj. *no au. no'u, to'u*, m. *ka'u, ko'u. kuu*. s.

MIETTE, sf. *rairahi*. m. *huna*. s.

MIEUX. adv. *meitai ae*. m. *maikai ae*, s. il vaut —, *aho*. s. être —, *maha*, s.

MIGNON, adj. *makamai, punahele*. s. faire un —, *hoopunahele*. s.

MILAN, sm. *lupe*, s.

MILIEU, sm. *era, eraera*, m. *raena, konu*, s. au —, *i rarena*, m. *i raena*, s.

MILITAIRE, adj. *toa*, m. *koa*, s. officier —, *lunakoa*, s.

MILITER, v. *toua*, m. *kaua*, s.

MILLE. adj. num. *mila*, ms. (moderne). *mano*, ms.

MILLE, sm. espace de chemin, *kanavalu*, s. mille carré, *kuea*, s.

MILLIER, sm. *mano*, ms. des milliers, *manomano*, ms.

MILLION, sm. *miliona*, ms. (moderne).

MINCE, adj. *kahikahi*, m. *lahilahi, enalu, puali, upai*, s. très mince, *kahikahi to, momo tiko*, m.

rendre —. *haakahikahi*, m. *hoolahilahi*. s.

MINE. sf. *mata*, m. *maka*, s. faire la mine. *maka kuekue*, s. faire mauvaise —. *matakoe*, m.

MINER. v. *ketu*, m. *kohi*, s.

MINIATURE. sf. *ata iti*. m. *aka iki*. s.

MINISTÈRE. sm. *oihana*, s.

MINISTRE, sm. *tahu, tahuna*, m. *kahu, kahuna*, s.

MINUIT. sm. *tu moe nui*, m. *ara ka po*, s.

MINUTE. sf. *minuta*. ms. (moderne).

MIRACLE. sm. *hanakikia, hanamana*, s. faire des miracles. *hoomana*. s.

MIRACULEUX, adj. v. MIRACLE.

MIRIFIQUE. adj. *kupanaha, kupaianaha*. s.

MIROIR. sm. *ata, hakata*, m. *aka*, s. glace *iamiani*, s.

MISÉRABLE. adj. méchant. *tupe*, m. *opaino*, s. qui est dans la misere. *makeno, kaikino*, m. *ilihune, kaarauna*, s.

MISÈRE. sf. *laurilia, popilikia*, s.

MISÉRICORDE. sf. *kaoha*, m. *aloha, laha*, s. trône de miséricorde. *moho a laha*, s. sans —. *aloha ole*, s.

MISÉRICORDIEUX, adj. *kaoha*, m. *aho, loko maikai*. s.

MITOYEN, adj. *i rarena*, m. *i raena*, s.

MITRE. sf. *mitera*. ms. (moderne).

MIXTE. adj. *uuu*, m. *variia, hihia*, s.

MOBILE, adj. *aie mao, kea*, m. *mau ole*, s.

MODÈLE, sm. façon, *hana*, ms.

MODÉRATION, sf. *mea atamai*, m. *mea akamai*, s.

MODÉRÉ, adj. *atamai*, m. *akamai*, s.

MODÉRER, v. *haameitai*, m. *hoomaikai*, s.

MODERNE, adj. *hou.* ᵐˢ.

MODESTE. adj. *atamai,* ᵐ. *aka-hai,* ˢ.

MODESTIE. sf. *mea atamai,* ᵐ. *mea akahai,* ˢ.

MODIQUE, adj. *momo,* ᵐ. *hapa,* ˢ.

MOELLE. sf. *huoo,* ᵐ.

MOEURS, sf. *hakaenata,* ᵐ. de mauvaises mœurs, *ikamao,* ˢ. *heoka-naka,* ˢ.

Moi. pron. *au, vau,* ᵐˢ. de moi, *vau ko'u,* ᵐˢ. quant à moi, *orau,* ᵐˢ. moi-même, *au nei,* ᵐˢ. c'est à moi, c'est mon devoir *nei au,* ᵐ.

MOINDRE. adj. *iti iho,* ᵐ. *iki iho,* ˢ.

MOINE, sm. *monako,* ᵐˢ. (moderne).

MOINS. adv. *iti iho,* ᵐ. *iki iho,* ˢ. à moins que, *iole,* ˢ.

Mois. sm. *mahina,* ᵐˢ. *meama,* ᵐ. dans un mois, *etahi mahina,* ᵐ. ce mois-ci fini, *ua mate te meama nei,* ᵐ. les noms des douze mois de l'année sont les suivans: janvier, *o vehehu,* février, *o makalii,* mars, *o kaelo,* avril, *o kaulua,* mai, *o nana,* juin, *o ikiki,* juillet, *o velo,* août, *o kaaona,* septembre, *o hinaiaele-ele,* octobre, *o hilinehu,* novembre, *o hilina,* décembre, *o ikua,* ˢ.

Moisi, sm. *homohono, koka,* ᵐ. *puna helu,* ˢ.

MOISIR, v. V. MOISI.

MOISSON, sf. *otina,* ᵐ. *okina, kaka, olala,* ˢ.

MOISSONNER, v. *oti,* ᵐ. *oki, ohi,* ˢ.

MOITIÉ, sf. *evaeva,* ᵐ. *vaena, ali-kealike,* ˢ.

MOL, adj. V. MOU.

MOLAIRE, adj. *niho pona,* ᵐ.

MOLLESSE, sf. qualité de ce qui est mou, *pehu,* ᵐ. *melu, nahi-*

nahi, ˢ. volupté, *mea nene,* ᵐ. *kukohera, kalalo,* ˢ.

MOLLET. sm. *hiku vaevae, tipi-tipi, tonoko,* ᵐ. *oloolo,* ˢ.

MOLLIR. v. *hakapa, haapehu,* ᵐ. *hoomehu,* ˢ.

MOMENT. sm. *epo, maka, mana, mau,* ᵐ. *avvei,* ᵐˢ. dans ce moment, *i te nei a,* ᵐ. depuis ce —, *hopena,* ˢ. il n'y a qu'un —, *nei kapa,* ᵐ.

Mon, ma. pron. *noau, no'u, to'u,* ᵐ. *ka'u, ko'u, kau,* ˢ. c'est ma faute, mon père, *kuu hera oia, kuu ma-kua,* ˢ.

MONCEAU. sm. *kahui,* ᵐ. *ahu,* ˢ. — de pierre, *ahu poatku,* ˢ.

MONDE. sm. *ao,* ᵐˢ. *ao maama,* ᵐ. ce monde-ci, *ao nei,* ˢ. les choses de ce monde, *ka ke ao nei,* ˢ. tout le —, *a pau loa,* ˢ. dans ce —, *i te ao maama nei,* ᵐ.

MONDER. v. *taitai,* ᵐ. *maemae,* ˢ.

MONNAIE. sf. *moni,* ᵐˢ. (moderne).

MONNAYER. v. *haamoni,* ᵐ. *hoo-moni,* ˢ.

MONSEIGNEUR, sm. *hakaiki,* ᵐ. *haku,* ˢ.

MONSIEUR. sm. *tahuna,* ᵐ. *kuni,* ˢ. il n'y a point d'équivalent du mot monsieur, comme titre, chez les insulaires.

MONSTRE. sm. *mea mahao,* ᵐ. *mea hanakikiu,* ˢ.

MONSTRUEUX, adj. *hakaipaipa,* ᵐ. *kamaue,* ˢ.

MONT, sm. *mauna* ᵐˢ. (moderne).

MONTAGNARD, sm. *nohotuavi,* ᵐ. *nohokuahivi,* ˢ.

MONTAGNE, sf. *tuaivi,* ᵐ. *kuahi-vi,* ˢ. au-delà de la montagne, *ma uta atu tuaivi,* ᵐ. penchant d'une —, *pahekeheke vao,* ᵐ. sommet

d'une —, *oioina*, ⁵. les plus
hautes montagnes se trouvent en
Asie, *ma Asia ke kuahivi kiekie
ona kuahivi a pau ma ka honua
nei*, ⁵.
MONTANT, **sm.** total d'un compte,
mea tetau, ᵐ.
MONTÉE, **sf.** *pikia, pikina*, ᵐ. *pii
ana*, ⁵.
MONTER. **v.** *piki ae*, ᵐ. *pii ae,
hoopii, kelepele*, ⁵. monter à bord,
à cheval, *ee. hoholo*, ⁵. — en zigzag, *pukaka*, ⁵. — et rester suspendu en l'air, *pura*, ⁵. — la
gamme, *pakoli*, ⁵. faire monter,
pua, ᵐˢ.
MONTICULE, **sm.** *puu*, ᵐˢ.
MONTRE, **sf.** *uati*, ᵐˢ. *uaki*, ⁵. (moderne).
MONTRER. **v.** faire voir, *aiahe,
haakite*, ᵐ. *hoike*, ⁵. enseigner,
hakako, ᵐ. *hooao*, ⁵. montrer au
doigt, désigner, *tuhi*, ᵐ. *kuhikuhi*, ⁵. — en cachette, *oku*, ⁵. montre! *aheana!* ᵐ. montrez-nous,
e hoike mai oe ia makou, ⁵.
MONUMENT, **sm.** *hakatu*, ᵐ. *hoailona*, ⁵. — pour les morts, *tu*, ᵐ.
ku, ⁵.
MOQUER (se), **v.** *faita, fanu, hini*, ᵐ.
*henehene, hoomaeraeea, nema-
nema*, ⁵. se moquer de quelqu'un
qui travaille inutilement, *pauka*, ⁵.
MOQUERIE, **sf.** *hinihini*, ᵐ. *henehene ana*, ⁵.
MOQUEUR, **sm.** *enana hini*, ᵐ.
huahualau, ⁵.
MORCEAU, **sm.** *motu*, ᵐ. *moku,
oka*, ⁵. petit morceau, *liilii*, ⁵.
morceau de bois, *pio veie*, ᵐ.
bouchée, *maka, mana*, ᵐ.
MORCELER, **v.** *motumotu*, ᵐ. *mokumoku*, ⁵.

MORDANT. **adj.** *hahana*, ᵐ. *avaara, malea*, ⁵.
MORDRE. **v.** *hakahae, nahu*, ᵐ.
*hoohae, nahu, nahunahu, nana-
hu*, ⁵.
MORIBOND. **adj.** *mate*, ᵐ. *make*, ⁵.
MORNE. **adj.** *matu*, ᵐ. *maku, kaniuhu*, ⁵.
MORSURE, **sf.** *nahuna*, ᵐˢ.
MORT, **sf.** *matena*, ᵐ. *make ana*, ⁵.
— naturelle, *mate ananu*, ᵐ.
— subite, *mate potioho*, ᵐ.
mettre à —, *haamate*, ᵐ. *hoomake*, ⁵. mis à —, *hoahua*, ⁵.
MORT. **adj.** *tupapau*, ᵐ. *papahu*, ⁵.
les morts, *ka poe make*, ⁵. pleurer un mort, *ahika tupapau*, ᵐ.
MORTAISE. **sf.** *araara*, ⁵.
MORTEL. **adj.** qui cause la mort,
haamate, ᵐ. *hoomake, koheoheo*, ⁵. qui doit mourir, *mea mate*, ᵐ. *mea make*, ⁵.
MORTIER, **sm.** *tapao*, ᵐ. *kele, palolo*, ⁵.
MORTIFICATION, **sf.** humiliation,
haahahaana, ᵐ. *hoohaahaana*, ⁵.
MORTIFIER. **v.** humilier, *haahahaa*, ᵐ. *hoohaahaa*, ⁵. macérer,
omi, ᵐ. mortifié, *iii*, ⁵.
MORTUAIRE, **adj.** *mate*, ᵐ. *make*, ⁵.
MORUE, **sf.** *iaaupe*, ⁵.
MORVE, **sf.** *kopee, hopee, moi, moui
kava*, ᵐ. *kaaupe, upee, okee*, ⁵.
MOT, **sm.** *huatekao*, ᵐ. *huaolelo*, ⁵.
un mot rempli de sens, *koikoi*, ⁵.
MOTION, **sf.** *mea keu*, ᵐ. *mea neenee*, ⁵.
MOU, MOLLE, **adj.** *kokoia, pa, paa,
pehu*, ᵐ. *melu, palupalu*, ⁵. mou
et léger, *nahinahi*, ⁵. comme de la
pâte, *vali*, ⁵. indolent, *pepee*, ᵐ.
MOUCHARD, **sm.** *mata kanino*, ᵐ.
maka kiu, ⁵.

MOUCHE, sf. *nano, nona, likaue,*[m]. *nano, pinao, naloe,*[s].

MOUCHER, v. *kopee, hakate,*[m]. *okee, hookee,*[s].

MOUCHERON, sm. V. MOUCHE.

MOUCHETTES, sf. *ooki kukui,*[s].

MOUCHOIR, sm. *hainaka,*[s]. (moderne).

MOUDRE, v. *okaoka,*[s].

MOUILLER, v. *kulao, ku,*[m]. *hou, mau,*[s]. arroser, *pulu, nini,*[s]. mouillé, *paipai, eeu,*[m]. *lahilahi,*[s]. entièrement —, *ninanina, pulupulu,*[s].

MOULIN, sm. *kaa, kaapalaoa,*[s].

MOULURE, sf. *nao,*[s].

MOURANT, adj. *poee,*[s].

MOURIR, v. *mate,*[m]. *make, kai,*[s]. expirer, *hina, hika, koe,*[m]. *ha,*[ms].

MOUSSE, sf. *piimotu,*[m]. *manauea,*[s]. — de mer, *imu,*[m]. *limu,*[s]. les insulaires en distinguent beaucoup d'espèces, en voici les noms de quelques-unes : *limu aalaula, limu hinaula, limu hululio, lumuhuna, limu kala, limu koko, limu lipalu, limu lipaupuu, limu paakaiea, limu pipelani, limu laula.*

MOUSSE, sm. jeune matelot, *holomoku heu,*[s].

MOUSTIQUE, sm. *hotuhotu,*[m]. *makika,*[s].

MOÛT, sm. *vino hou,*[ms].

MOUTARDE, sf. *terepota,*[m]. *makike, malele,*[s].

MOUTON, sm. *hipa,*[ms]. troupeau de mouton, *ohanahipa.*

MOUVEMENT, sm. *mea keu,*[m]. *mea neenee,*[s]. sans mouvement, *heo anae iho,*[m]. *holoo,*[s]. être toujours en —, *panau,*[m].

MOUVOIR, v. *haakeu,*[m]. *nee, oni,*[s].

mouvoir doucement, *kai,*[s]. — en sens différent, *hookala,*[s]. se mouvoir, *keukeu,*[m]. *paonioni,*[s].

MOYEN, sm. par le moyen de, *ma,*[ms]. esprit, *koekoe,*[m]. *koikoi,*[s]. richesses, *taelae,*[m]. *vairai,*[s].

MOYEN, adj. *i varena,*[m]. *i vaena,*[s].

MOYENNANT, adv. *ma, me,*[ms].

MUABLE, adj. *hui,*[m]. *huli,*[s].

MUET, adj. *mulu, nunu, lanu,*[m]. *aa, pilihua,*[s].

MUGIR, v. *uo, uro, halui,*[s].

MUGISSEMENT, sm. *uro ana,*[s].

MULTIPLICATION, sf. *paapetipetina, haanuina, hoonui ana,*[s].

MULTIPLIER, v. *haapetipeti, mini, tini,*[m]. *hoomahuahua,*[s]. — à l'infini, *hoopul ipula,*[s]. se multiplier rapidement, *kauouo,*[s].

MULTITUDE, sf. *vaava, rava,*[m]. *aha,*[s]. multitude d'hommes, *ahakanaka,*[s]. — d'animaux, *kaoa,*[s]. — de petites créatures, *makaliiohua,*[s].

MUNIFICENCE, sf. *taelae,*[m]. *vairai,*[s].

MUNITION, sf. *hoolako ana,*[s].

MUNIR, v. *hoolako, hoolakolako,*[s].

MUR, sm. *pa,*[ms]. — en pierre, *pakea,*[m]. *papapohaku,*[s]. abattre un mur, *haaheke,*[m]. *hoohele,*[s].

MÛR, adj. *mili, oko,*[m]. *oo, pala,*[s]. non mûr, *hoii, pio,*[m]. *haohao,*[s]. trop mûr, *palahee,*[s].

MURAILLE, sf. V. MUR. élever une muraille, *paia,*[s]. finir une —, *kipapa,*[s].

MURER, v. *pakea, haapakea,*[m]. *hoopa,*[s].

MÛRIER, sm. *ute,*[m]. écorce de —, *tutua,*[m]. *poaha,*[s].

MÛRIR, **v.** *haamiti, haaoko,* [m]. *hooo,* [s].

MURMURE, **sm.** *tohena, amuamu-na,* [m]. *nuku, mumu,* [s].

MURMURER, **v.** *amuamu, tohe,* [m]. *munulu, mumuhu,* [s]. — entre ses dents, intérieurement, *kina-unau,* [s].

MUSEAU, **sm.** *nutu,* [m]. *nuku,* [s].

MUSIQUE, **sf.** *pu, rairaiti,* [m]. instrument de musique, *pu,* [ms]. désir d'entendre la —, *hiapu,* [m].

MUTATION, **sf.** *huina,* [m]. *kahuli,* [s].

MUTILATION, **sf.** *mumuku ana, oopa ana,* [s].

MUTILER, **v.** *mumuku, oopa,* [s].

MUTIN, **adj.** entêté, *tohe, mikeo,* [m]. *eeu, haiole,* [s].

MUTUEL, **adj.** *mai-atu,* [m]. *mai-aku,* [s]. ces particules se mettent après le mot auquel elles doivent appartenir et qui se répète deux fois : amour mutuel, *makemake mai, makemake aku,* [s]. mutuelle-ment bons, *meitai mai, meitai atu,* [m].

MYOPE, **adj.** *porcherehe,* [s].

MYRIADE, **sf.** *manomano,* [ms]. *muriate,* [ms]. (moderne).

MYRRHE, **sf.** *mura,* [ms]. (moderne).

MYRTE, **sf.** *mureta,* [ms]. (moderne).

MYSTERE, **sm.** *pohihihi, pohihihi-hi,* [s]. *miterio,* [ms]. (moderne).

MYSTÉRIEUX, **adj.** *pohihi,* [s].

MYSTIQUE, **adj.** v. MYSTÉRIEUX.

MYTHE, **sm.** *tehao,* [m]. *ohele,* [s].

N.

NACRE, **sf.** *uhi,* [m].

NAGEOIRE, **sf** *menana,* [m]. *peheu,* [s]. nageoire du dos de poisson, *ka-katua,* [m]. *kuala,* [s].

NAGER, **v.** *epau, kaukau,* [m]. *na-na,* [s]. nager entre deux eaux, *mio,* [s]. — à la rame, *hoe,* [m]. faire nager, *hoolana,* [s].

NAGEUR, **sm.** *enana kau,* [m]. *kana-ka nana,* [s].

NAÏF, **adj.** *anae iho, anatu, ana-nu,* [m]. *maokioki,* [s].

NAIN, **sm.** *iti noa, momamoma,* [m]. *pupalii,* [s].

NAISSANCE, **sf.** *hanau ana,* [ms]. lieu de naissance, *onehanau,* [ms]. présent qu'on fait à la naissance d'un enfant, *palala,* [s].

NAÎTRE, **v.** *hanau,* [ms]. *tupu, puku, puu,* [m].

NAPPE, **sf.** *moena,* [ms].

NARINE, **sf.** *putaihu,* [m]. *pukaihu,* [s]. *mokamoka, pomoihu,* [s].

NASAL, **adj.** *ihu,* [ms].

NATAL, **adj.** *hanau,* [ms].

NATATION, **sf.** *kauna,* [m]. *nana ana,* [s].

NATIF, **adj.** né en certain lieu, *ha-nau,* [m]. *hanania,* [s]. naturel, inné, *mahoi, maoli, maokioki,* [s].

NATION, **sf.** *mataenana, huaa,* [m]. *makakanaka,* [s].

NATIVITÉ, **sf.** v. NAISSANCE.

NATTE, **sf.** *moena,* [ms]. natte fine, *aku,* [s]. étendre une natte, *hohou i te moena,* [m]. *hohola i ka moe-na,* [s]. bordure d'une —, *kae-kae,* [s]. natte en couleur, *moena parehe,* [s].

NATURE, **sf.** *u,* [ms]. *mea a pau,* [ms]. essence d'un être, *tumu,* [m]. *kumu,* [s].

NATUREL. adj. v. NAÏF, habitant originaire d'un pays, *mahoi*, m. *kanaka a aina*. s.

NAUFRAGE, sm. *olala, ololo*, s.

NAUSÉABOND. adj. *epuepa*, m.

NAVAL. adj. *pikoo*, s. combat naval. *mokukana*. s.

NAVET. sm. *nalapilau*.

NAVIGATION, sf. *holo ana*, s. navigation facile. *niau*. s.

NAVIGUER. v. *holo*, s. naviguer avec précaution. *aka holo*. s.

NAVIRE. sm. *epe, raka*, m. *raa, moku*, s. *moko*, m. navire a trois mâts. *kiakolu*, s. — à deux mâts. *kialua*, s. — de guerre. *mamane, manua*, m. petit navire. *raka uuku*. m. grand navire. *raka mai*. m. décharger un —. *hue*. s. maître de —. capitaine. *kahamoku*, s.

NE. particule. *aoe*, m. *aole*... — si l'on défend quelque chose on se sert de *umoi*. m. *mai*. s. ne vole point. *umoi oe e kamo*, m. *mai aihue oe*. s. ne tue point un homme. *umoi oe e haamate i te enana*, m. *mai pepehi kanaka oe*. s.

NÉ. adj. *hanaua*, m. *hanauia*, s. le premier-né, *makahiapo*. s. le dernier-né, *muli mai*, s.

NÉANMOINS, adv. *nae*, s. je ne suis pas roi, je suis homme, néanmoins. *aoe alii au, he kanaka nae*. s.

NÉANT, sm. *aoe*, m. *aole*, s.

NÉBULEUX, adj. *poolulahi*, s.

NÉCESSAIRE, adj. *maolia*, s.

NÉCESSITÉ, sf. *pilikia loa*, s.

NÉCESSITER, v. *hapu*, m. *hoolale*, s.

NÉCROLOGE, sm. *papatupapau*, m. *papapapahu*, s.

NÉFASTE, adj. *pe*, m. *ino*, ms.

NÉGATIF. adj. *afiria, aoe*, m. *aole*, s.

NÉGATION, sf. *afiria, koe*, m. particule de négation. *aie, aitu*, m. négation avec emphase. *aama*, m.

NÉGLIGEMMENT. adv. *kikola*. faire une chose négligemment. *ohiki*. s.

NÉGLIGENCE. sf. *aie onee*, m. *luelue ana*.

NÉGLIGENT. adj. *aie onee*, m. *alaka, lola, luelue, palaleha*. s.

NÉGLIGER, v. *hooluelue*. s.

NÉGOCE. sm. *hoko*. m.

NÉGOCIANT. sm. *enana hoko*, m. *kanaka hoko*. s.

NÉGOCIATION. sf. *hoko ana*, ms.

NÉGOCIER, v. *hoko*. ms.

NÈGRE. sm. *nekero*, ms. (moderne). *erere*. m. *eleele*. s.

NEIGE, sf. *hau*. ms. *hoho*, s.

NEIGER. v. *hakahau*, m. *hoohau*, s.

NÉOPHYTE. adj. *te haalia tekao*, m. *patalele*. s. les néophytes, *poi haalia tekao*. m.

NERF. sm. *hekai, fekai*, m. *heao, heaolima*, tendon, *oloolona*, s. nerf optique, *fekaimata*. m.

NET. adj. *tahaha, taitai, tavaie*, m. *hie, maemae*, s. joli, *onauna*, s. mettre au net, *akaka*, s.

NETTETÉ, sf. *taitaina*, m. *maemae ana*, s.

NETTOYER, v. *haataitai, puehu*, m. *hoomaemae, akaaka*, s. laver, *holoi*, s.

NEUF. adj. num. *iva*, ms. neuf fois, neuf à neuf, *iva tina*, m. *paiva*, s.

NEUF, adj. nouveau, *hou*, ms.

NEUTRE, adj. *i ka va*, s. rester neutre. *ka vai*, s.

NEUVIÈME. adj. num. *eiva, aiva*, ms.

NEVEU, sm. *iamutu*, ^m. petit-neveu, *keekee, paupuna keekee*, ^m.

NEZ, sm. *ihu*, ^{ms}. nez aplati, *peha ihu*, ^m. *ihu papa (pepe)*, ^s. — pointu, *ketuketu*, ^m. *ooma*, ^s.

NI, particule, *aoe*, ^m. *aole, make*, ^s. ni vous ni eux, *aoe olou, aoe atou*, ^m.

NIAIS, adj. sot, *tuaare*, ^m. *havava*. ^s.

NICHE, sf. *ana*, ^{ms}.

NICHER, v. *haanoho*, ^m. *hoopunana*, ^s.

NID, sm. *noho te manu*, ^m. *punana*, ^s.

NIÈCE, sf. *iamutu*, ^m.

NIER, v. *hakaaoe*, ^m. *hoaole, hoole*, ^s.

NIGAUD, adj. V. NIAIS.

NIVEAU, sm. horizontal, *hahuhahu*, ^s. mettre au niveau, *hoohahuhahu*, ^s.

NIVELER, v. *hoohahuhahu*, ^s.

NIVELLEMENT, sm. *hoohahuhahu ana*, ^s.

NOBLE, adj. de condition, *hakaiki*, ^m. *haku*, ^s.

NOCE, NOCES, sf. *maretina*, ^m. *male ana*, ^s.

NOCTURNE, adj. *ite po*, ^m. *i ka po*, ^s.

NOEL, sm. *hanau ana o Jesu Kristo*, ^{ms}.

NOEUD, sm. *pona*, ^{ms}. *hele, pahele, hipuo*, ^s. nœud à boucle, *pona huhu*, ^m. — de la gorge, *pohokaki*, ^m. plein de nœuds, *puupuu*, ^{ms}. défaire un —, *kalakala*, ^s.

NOIR, adj. *pano*, ^{ms}. *kekee, kakee, ereere*, ^m. *eleele, hiva, papano*, ^s. teint en noir, *palaneka*, ^s. extrèmement —, *pano pau*, ^{ms}.

NOIRATRE, adj. *ereere*, ^m. *eleele*, ^s.

NOIRCEUR, sf. *pano*, ^{ms}.

NOIRCIR, v. *haakeke, haapano*, ^m. *hoopano*, ^s.

NOIX, sf. *kuikui*. ^s.

NOM, sm. *ikoa, inoa*. ^{ms}. nom propre. *inoa kapa*, ^s. quel est le —? *o vai ka inoa?*^s. quel est votre—? *eha te inoa?* ^m. son — est Paul. *o Paulo kona inoa*, ^s. au — de. *i ka inoa o*, ^s. se tromper de —. *hekeheke*, ^m.

NOMBRE, sm. *mea tetau*, ^m. *kama*. ^s. nombre impair, *oi*, ^s. — indéfini. *manomano*, ^{ms}. grand —. *punipuni*, ^m. *hapuvе*, ^s.

NOMBREUX, adj. *tinitini*, ^m. *kinikini*. ^s.

NOMBRIL, sm. *hokena, pito*, ^m. *piko*, ^s.

NOMINATION, sf. *kapa*, ^s. la première nomination, *ke kapa mua ana*, ^s.

NOMMER, v. désigner nommément. *kapa, naminami*, donner un nom. *inoa*, ^{ms}. être nommé, appelé. *iia*, ^s.

NON, particule. *aie, aoe, te*, ^m. *aole, ole*, ^s. TE correspond à l'in français. inamovible. *te hui ke*, ^m. on ajoute quelquefois *noa*, pour lui donner plus de force, *te hana noa*, impossible.

NONCHALANT, adj. *aie onee*, ^m. *luelue*, ^s.

NORD, sm. *kolau, akau*, ^s. l'Amérique du Nord, *Amerika akau*, ^s. les insulaires se tournent vers l'Occident pour trouver les points cardinaux; de là vient qu'ils nomment le Nord, côté droit, *akau*: le Sud, côté gauche, *hema*: pôle du —, *vetau akau*, ^s. vent du —, *hoolua*, ^s. du côté du —, le froid est grand. *ma ka avao akau ua nui ke anu, s.*

NORD-EST. **sm.** *hikina akau, s.*

NORD - OUEST . **sm.** *homohana akau. s.*

NORMAL. **adj.** *tumu. m. kumu, s.*

NOTE. **sf.** marque, *hahatu m. hoailona, s.* note de musique, *ahu. s.*

NOTER, **v.** *hamakoekoe, apa, m. hoailona, kaha, s.*

NOTIFIER. **v.** *haakite. m. hooike, s.*

NOTION. **sf.** *ao, m.*

NOTOIRE. **adj.** *ikea. m. ikeia, s.*

NOTRE. **pron.** *to matou. m. ko makou, s.*

NOUEMENT, **sm.** *pilikina. m. nakii ana, s.*

NOUER, **v.** *pitiki, pona. fitii pona. m. nakii, nikii. s.* nouer deux cordes ensemble. *paahono, s.*

NOURRICE. **sf.** *kuifatu, m.*

NOURRICIER, **sm.** *motuafatu. m.*

NOURRIR, **v.** *fafai, m.* se nourrir. *hanai, s.* se bien —. *hanaliaiaua, kupalu, s.* bien nourri, *kupaluia, s.* se — trop, *hookuku. s.*

NOURRITURE, **sf.** *kai, m. ai. s.* de la nourriture, *e kai, m.* — exquise, *feikai, m.* celui qui n'a pas de —. *poiaraara, s.* prendre peu de —, *pioo, m.*

NOUS, **pron.** *matou, m. makou, s.* nous deux, *haua, ms. taua, m.* — tous, *tatou, m.* — parlerons tous, *tekao ai tatou, m.*

NOUVEAU, **adj.** *hou, ms.* étrange, *ke, m. e, s.* de nouveau, *hakaua, m. hoi, ms.* faire de nouveau, *hakaua, m.*

NOUVEAUTÉ, **sf.** *mea hou, ms.*

NOUVELLE, **sf.** *tekao m. olelo, .*

mea hou, ms. répandre une nouvelle. *hookolokolo, hoolono,* quelle mauvaise —! *ha te teka po! m.*

NOVEMBRE. **sm.** *novembere, m.* (moderne).

NOYAU, **sm.** *anoano, s.*

NOYER. **sm.** *pahaha. m.* écorce de noyer. *ukui, s.*

NOYER. **v.** *peremu. m. palemo, s.* se noyer, *mate ite uku. m. hoopalemo, s.*

NU . **adj.** *ananu . m. hune . s.* tou nu. *noho i ka ili, s.* aller —, *hele ananu. m.*

NUAGE. **sm.** *arahi. uahi, ms. ao, m.* nuage noir. *hauli. s.* petits nuages. *opua. .* nuages sur la montagne, *kohu, m. ohu, s.* — épais, *puanohu. s.* nuages sombres, *uliuli, s.* nuages blancs, *polihira, s.* couvert de nuages, *pooluluhi, s.*

NUBILE. **adj.** fille, *poko ehu, m.*

NUDITÉ, **sf.** v. nu.

NUIRE , **v.** *haaino . m. hooino, s.* chercher à nuire, *hoolavehala, s.*

NUIT, **sf.** *po, ms.* Ce mot s'emploie dans le calcul pour jour. v. JOUR. Entrée de la nuit. *ahiahi, ms.* — obscure, *po erere, m. po eleele, s.* — tres obscure. *pokeeo, m.* cette nuit-ci, *i te po nei, m.* durant la —, *i te po, m.*

NUL , **adj.** *aoe, koe, m. aole, nalo, s.*

NULLEMENT, **adv.** *aita, auma, kore, m. nalo, s.*

NUMÉRO, **sm.** *mea tetau, m. kuma, s.*

NUPTIAL, **adj.** *mare, ms.*

NUQUE, **sf.** *noka, m. hono, s.*

NUTRITIF, **adj.** *kai, m. ai, s.*

O.

O! interj. e, m. ô Dieu! e te Atua!
ô mon père! e tuu motua! m.

OBÉIR, v. hakaono, m. hoolohe,
ololo, s. prompt à obéir, miki, s.
puisque vous obéissez, Dieu vous
récompensera, ta te mea hakaono
to oe, raiei ai o Jehova ia oe, m.

OBÉISSANCE, sf. hakaonona, m.
hoolohe ana, s.

OBÉISSANT, adj. aotahi, hoohoo, m.
miki, hoolohe, s.

OBJECTER, v. hoopohala, s.

OBJECTION, sf. hoopohala ana, s.

OBJET, sm. mea, ms.

OBLATION, sf. offrande, tuuna, vaitukia, m. kuu ana, alana, s.

OBLIGATION, sf. haka, hana, m.
hoopapau, limalima, s.

OBLIGATOIRE, adj. hoopapau, s.

OBLIGEANCE, sf. aho, loko maikai, s.

OBLIGEANT, adj. meitai, m. maikai, s.

OBLIGER, v. forcer, hooluhi, engager, mali, s. obliger quelqu'un
d'aller, hoouna, s. — quelqu'un
par autorité, hoounauna, s.

OBLIQUE, adj. teka, hipa, m. kipa, s. qui penche, miomio, s.

OBLIQUITÉ, sf. mea hipa, m. mea
kipa, s.

OBLITÉRER, v. hooi, m. holoi, s.

OBSCÈNE, adj. pe, nene, m. paumaele, s.

OBSCÉNITÉ, sf. mea pe, m. mea
paumaele, s.

OBSCUR, adj. pano, ms. tako, tano,
ereere, m. poacae, eleele, s. mystérieux, pohihi, s.

OBSCURCIR, v. hakatano, kekee, m.
hoopano, hoopouli, s. s'obscurcir. napoo, s. obscurci, mau, pa-
laueka, s. le soleil est obscurci,
napoo ka la, s. leur cœur insensé
fut obscurci, ua hoopouliia ko lakou naau harara, s.

OBSCURCISSEMENT, sm. hakatano-
na, m. hoopano ana, s.

OBSCURITÉ, sf. tano, tako, m. pano, ms.

OBSÉDER, v. haakuikui, m.

OBSERVANCE, sf. oihana, s.

OBSERVER, v. accomplir, hano, ms.
considérer, tiohi, m. kiohi, makilo, lono, s. remarquer, veiller,
mii, m. kanaenae, s.

OBSERVATION, sf. action d'observer, hana, ms. examen, tiohina, m.
kiohi ana, makilo ana, s.

OBSTACLE, sm. haananuuna, m.
hakalia, s.

OBSTINATION, sf. totohena, m. hoopakiki ana, s.

OBSTINÉ, adj. ee, tohe noa, m.
arahaa, s. être obstiné, hoopakiki, s.

OBSTINER (s'), v. totohe, m. hoopakiki, s.

OBSTRUCTION, sf. alai ana, s.

OBSTRUER, v. alai, kupipo, s.

OBTEMPÉRER, v. v. OBÉIR.

OBTENIR, v. hemo, koaahemo, koaka, m. lilo mai, s. obtenir le premier, paamua, s. obtenu, ua hemo, m.

OBTUS, adj. pahupahu, s.

OBVIER, v. kaohi, s.

OCCASION, sf. feii, m. ku pono, s.

épier l'occasion, *hakanana*, m. *hoohaluna*, s.

OCCASIONNER, v. *pepe, haapuu*, m. *okupu*, s.

OCCIDENT. sm. *hikimoe*, s.

OCCIDENTAL. adj. V. OCCIDENT.

OCCIPUT, sm. *ohope, kohope*. m.

OCCULTE. adj. *pohihi*, s.

OCCUPATION, sf. *hana*, ms. *oihana*, s. occupation journalière, *hana po te po*, m.

OCCUPER, v. *haahana*, m. *hoohana*, s. s'occuper, *hana*, ms. *maka*, m. être occupé, *onee*, m. fort occupé, *paahana*, s.

OCÉAN, sm. *moana*, ms. — glacial, *ka moana anu*, s.

ODE, sf. *uta, una*, m. *mele*, s.

ODEUR, sf. *hua*, ms. odeur forte, *tokohua*, m. — bonne, *kekao*, m. *aala, ala*, s. — agréable, *po*, s. — mauvaise, *piau*, m. *ikuiku, uiuiku*, s.

ODIEUX, adj. digne de la haine, *pe*, m. *ino*, m. repoussant, *kauhau*, m. *hoopailua*, s.

ODORAT, sm. *ihu*, ms.

ODORIFÉRANT, adj. *puahi*, m. *poni, aala*, s.

ŒIL, sm. au pl. YEUX, *mata*, m. *maka*, s. le centre de l'œil, *pipi*, s. prunelle de l'—, *onohi*, s. regarder de mauvais —, *hoomakuekue*, s.

ŒSOPHAGE, sm. *mokuku, monunu*, s.

ŒUF, sm. *mamai*, m. *hua*, s. œuf de poule, *mamaimoa*, m. *huamoa*, s. — pourri, *hua aelo*, s. nous sommes semblables à des œufs pourris, c'est-à-dire nous ne faisons rien de bon, *like makou me na hua aelo*, s.

ŒUVRE. sm. *hana*, ms. *hana ana*, entreprise, *hana ana*, s.

OFFENSE. sf. *hua, makaka, ukiuki*, s.

OFFENSER. v. *makaka*, m. *ukiu... ukiukiu*, s. offenser légèrement ou, s. se plaindre d'une offense *oaoa*, s. offensé, *uhelehe*, s.

OFFENSIF, adj. V. OFFENSE.

OFFICE. sm. charge, *hope*, s. ri... cérémonie, *oihana, pule*, s. pure,

OFFICIER. sm. *uka*, m. *luna*, s. k... *pena*, ms. (moderne) officier mili... taire, *lunakoa*, s.

OFFICIER. v. *hana*, ms.

OFFICIEUX. adj. *onee*, m. *mik... miki*, s.

OFFRANDE. sf. *tuuna, utuna,* *alana, kuu ana*, s.

OFFRE. sm. V. OFFRE, accepter u... offre, *aa*, s.

OFFRIR, v. *tuu* m. *kuu, haari,* offrir un sacrifice, *utu*, m. *hoali... mohai*, s. ils lui offrirent de l'o... de l'encens et de la myrrhe, *mohai aku la lakou ia ia i ka kula... a me ka libano, a me ka mura,*

OFFUSQUER, v. *hakalano*, m. *hoo... pano*, s.

OGNON, sm. *aniani*, m. *akakai,*

OIE. sf. *hakavaa*, m. *nene*, s.

OIGNON. V. OGNON.

OINDRE, v. *pau, tapui*, m. *hamo... hinu, pala, poni*, s.

OISEAU. sm. *manu*, ms. *oo, ii*, s... petit d'oiseau, *kio*, m. cet oiseau-là, *manu a ea*, ms. prendre des... oiseaux au filet, *hooka*, s.

OISEUX, adj. V. OISIF.

OISIF, adj. *hopee, kopee*, m. *hana... ole, aole hana*, s.

OISIVETÉ, sf. *mea hopee*, m. *aole... hana ana*, s.

OLIVE, sf. *oliva*, ᵐˢ. (moderne).

OLIVIER, sm. v. OLIVE.

OMBILIC, adj. *pito*, ᵐ. *piko*, ˢ.

OMBILICAL, adj. v. OMBILIC. cordon ombilical, *ere*. ˢ.

OMBRAGE, sm. *mau*, ᵐ. *malu, mamalu, nuulu*, ˢ.

OMBRAGER, v. *tumau, kumau*, ᵐ. *hoomalu*, ˢ.

OMBRAGEUX, adj. peureux, *hohe*, ˢ.

OMBRE, sf. *mau, tano, tako*, ᵐ. *malu*, ˢ.

OMBRELLE, sf. *loulu, mamalula*, ˢ.

OMETTRE, v. *hakaee*, ᵐ. *hoolele, kapeke*. ˢ. sauter une chose, passer sur, *kiko, maalo*, ˢ.

OMISSION, sf. *hakaeena*, ᵐ. *kapeke ana*, ˢ.

ON, pron. *ia. oia*, ᵐˢ.

ONANISME, sm. *haeonininini*, ᵐ. *velireli*, ˢ.

ONCLE, sm. *motua teina*, ᵐ. *makuakane*, ˢ.

ONCTION, sf. *tupuina*, ᵐ. *hinu ana*, ˢ.

ONCTUEUX, adj. *momona*, ᵐˢ.

ONDE, sf. peau, *hokehoke*, ᵐ. *ale, hee, pue*, ˢ.

ONDÉE, sf. *kuana*, ˢ.

ONDULATION, sf. *aveave*, ˢ. ondulation de la mer, *hui*, ˢ.

ONDULER, v. *aveave hui*, ˢ. ondulé, *kuho*, ˢ.

ONÉRER, v. *hui*, ᵐ. *haave*, ˢ.

ONÉREUX, adj. *haakaekae*, ᵐ. *hoomaenae*, ˢ.

ONGLE, sm. *mahekuku, matau*, ᵐ. *maiuu, maiao*, ˢ. ongle des doigts, *mikiao*, ˢ. déchirer avec les —, *miki*, ˢ.

ONGUENT, sm. *pau, pakau*, ᵐ. *aila mura*, ˢ. (moderne).

ONZE, adj. nom. *onohuu, me tahi*, ᵐ. *umi kuma ma kahi*, ˢ.

ONZIÈME, adj. nom. v. ONZE.

OPÉRATION, sf. *hanana, hana ana*, ˢ. action d'un chirurgien sur le corps, *otina*, ᵐ. *oki ana*, ˢ.

OPÉRER, v. *hana*, ᵐˢ. faire une opération, *oti*, ᵐ. *oki*, ˢ.

OPINIATRE, adj. *tohe*, ᵐ. *konia*, ˢ.

OPINIATRETÉ, sf. v. OPINIATRE.

OPINION, sf. *metao*, ᵐ. *manao*, ˢ. avoir bonne opinion de soi-même, *hookiekie*. ˢ. il y a quelques-uns avec une — juste, *me ka hoonioniolo o ka manao kekahi oia*. ˢ.

OPPORTUN, adj. *feii*, ᵐ. *ua pono*, ˢ.

OPPORTUNITÉ, sf. v. OPPORTUN.

OPPOSER, v. *totohe, tohe noa*, ᵐ. *hookonia*, ˢ. s'opposer à quelqu'un, *paonioni*, ˢ. être opposé, *tu ke*, ᵐ. *ku e, hookoo*, ˢ.

OPPOSITE, sm. à l'opposite, *e ku pono ana*, ˢ. le contraire, *tu ke*, ᵐ. *ku e*, ˢ.

OPPOSITION, sf. *totohena*, ᵐ. *konia, paonioni ana*, ˢ.

OPPRESSER, v. *oomi*, ᵐ. *uumi*, ˢ.

OPPRESSION, sf. *oomina*, ᵐ. *uumi ana*, ˢ.

OPPRIMER, v. *uhauhau*, ᵐ. *hooluhi*, ˢ. être opprimé, *luhihera*, ˢ.

OPPROBRE, sm. *haina*, ᵐ. *hila*, ˢ.

OPTIQUE, adj. *mata*, ᵐ. *maka*, ˢ. nerf otique, *fekaimata*, ᵐ.

OPULENCE, sf. *taetae*, ᵐ. *vairai*, ˢ.

OPULENT, adj. *taetae*, ᵐ. *vaivai, hoomakaulii*, ˢ.

OR, sm. *kini, kalakini*, ˢ. *kula*. ˢ. (moderne).

OR, particule, *e, he*, ᵐˢ. *ta te mea*, ᵐ. *no ka mea*, ˢ.

ORACLE, sm. *toho*, ᵐ.

ORAISON. sf. *tekao pure,* [m]. *olelo pule.* [s].

ORANGE. sf. *anani,* [m]. *alani.* [s].

ORANGER. sm. V. ORANGE.

ORATEUR. sm. *tahuna tekao.* [m]. *kahuna olelo.* [s].

ORBICULAIRE. adj. *kuhoi.* [s].

ORDONNER. v. *peau.* [m]. *koai.* [s]. ordonner en vertu d'une loi ou par une loi, *kauoha.* [s].

ORDRE. sm. *parei,* [m]. *papa,* [ms]. commandement, *tekao.* [m]. *kanawai.* [s]. mettre en ordre, *hoohulihuli.* [s]. tenir —, *hookuonoono.* [s]. envoyer souvent des ordres, *anaana.* [s].

ORDURE. sf. *epo,* [ms]. *repo,* [m]. *lepo.* [s].

OREILLE. sf. *puaina,* [m]. *pepeiao.* [s]. creux de l'oreille, *lui.* [m]. partie extérieure de l'—, *pepeiao hao.* [s]. pendant d'—, *hakakai.* [m]. parler à l'—, *haranarana,* faire la sourde de —, *hookuli.* [s].

OREILLER. sm. *puako. patietie. oki.* [m]. *uluna,* [s].

ORFÈVRE. sm. *kahunakalakini.* [s].

ORGANISER, v. régler, *haatoitoi,* [m]. *hoopono.* [s].

ORGE. sf. *palaoa huluhulu.* [s].

ORGUEIL. sm. *ie. mea tareke,* [m]. *heo. kiloki,* [s]. bouffi d'orgueil. *keha.* [s].

ORGUEILLEUX, adj. *kakaie, tauti,* [m]. *haaheo, hoieie, hookano, kuhilani,* [s].

ORIENT. sm. *hikina, hikiku.* [s].

ORIENTAL, adj. ce qui vient de l'Orient, *ka hikina mai,* [s].

ORIFICE, sm. *vaha,* [ms].

ORIGINAIRE, adj. *tihe,* [m]. *ko,* [s].

ORIGINAL, adj. *tumu,* [m]. *kumu,* [s]. personne bizarre, *haatoona,* [m].

ORIGINE, sf. *tumu.* [m]. *kumu,* [s].

ORIGINEL. sm. péché originel, *n keo tumu,* [m]. *hera kumu,* [s].

ORNEMENT. sm. *tapina. poe. tareke.* [m]. *hoolakolako ana,* [s]. ornement de poitrine, *matapii,* c'est un bel —, *tareke meitai ia,* [m]. paré de plusieurs —, *ul*... *rehirehi.* [s].

ORNER. v. *tapi.* [m]. *hoolako,* [s]. s'orner, *porahae.* [m].

ORPHELIN. adj. *hatahee,* [m]. *oa.* [s].

ORTIE. sf. *onaona.* [m].

OS. sm. *iri. ii,* [ms]. os pubis, *lua,* [m]. — de la poitrine, sternum, *poai,* [m]. — de la jambe, *kaalapa,* [s]. — de l'avant-bras, *iripii,* [m]. — de l'épaule, *iriohoohe,* [s]. — brisé, *hali ka iri,* [s].

OSCILLATION, sf. *panana,* [m]. *lanana* [s].

OSCILLER, v. *haapanapana,* [m]. *lanalana,* [s].

OSER. v. *aa,* [s].

OSSEMENT, sm. *koivi, iriiri,* [ms].

OSTENTATION, sf. *hakaietina,* [m]. *kehakeha,* [s].

OTER, v. *are,* [m]. *lare,* [s]. défaire ses habits, *ukui,* [m]. *unuhi,* [ms].

OU, conj. *ivia,* [ms].

OÙ, adv. *a hea, a i hea ma hea ilaila,* [ms]. où demeurez-vous *ma hea kou rahi i noho ai?* d'—, *me i hea, no hea,* [m]. *no hea,* [s]. d'— vient que? *pehea,* d'— viennent-ils? *me i hea?* — vas-tu? *pe hea oe?* —sont-ils *i hea,* [ms].

OUBLI, sm. *hakaeena,* [m]. *hoolele ana,* [s].

OUBLIER, v. *hakaee, kao, nao, mamahae, makae,* [m]. *hoolele, nalo,* [s]. oublier souvent, *lelele,* [s].

OUEST, **sm.** *hikimoe, komohana,* s.

OUI, **adv.** *ae, ahe, ae ia, oia, e, he.* ms.

OUÏE, **sf.** *onotina,* m. *lohe ana,* s.

OUÏR, **v.** *oko, ono,* m. *lono, lohe,* s.

OUTIL, **sm.** *haina,* m. outil, comme ciseaux, tenailles, *upa,* s.

OUTRAGE, **sm.** *paha nui,* m. *kuamuamu nui,* s.

OUTRAGEANT, **adj.** *makaka,* m. *uleule,* s.

OUTRAGER, **v.** *haina,* m. *hooino,* s.

OUTRAGEUX, **adj.** v. OUTRAGEANT. *hoomainoino,* s.

OUTRE, **prép.** au-delà, *ma o atu,* m. *ma o aku,* s. par dessus, *i una,* m. *i luna,* s. en outre, *hoi,* ms.

OUVERT, **adj.** *pepeu, pula,* m. *puka,* s.

OUVERTURE, **sf.** *raha, ana,* ms. *puta,* m. *puka,* s.

OUVRAGE, **sm.** *hana,* ms. mauvais ouvrage, *okupe,* s. — de patience, *komene,* s. allons nous occuper de notre —, *a pao i te haka i te hanahana,* m. c'est ton —, cela te regarde, *to oe te hanahana,* m.

OUVRIER, **sm.** *hana,* ms.

OUVRIR, **v.** *pepeu,* m. *uren, rehe, urai, mahola,* s. ouvrir la bouche, *hamama,* m. *hama,* s. — les yeux, *kaekaa,* s. — à demi, *hookala,* s. — l'esprit, *mohala,* s. — le cœur, *rehe,* s. épanouir, *liko,* s. ouvrez la porte, *rehe i ka puka,* s. qui a ouvert la porte? *nai nei pepea i te puta?* m.

OVALE, **adj.** *papa, poopoa, hualaia,* s.

P.

PACIFICATEUR, **sm.** *hano,* m. *uvao,* s.

PACIFCATION, **sf.** v. PACIFIER.

PACIFIER, **v.** *haka oa te toua, hakameie,* m. *kao,* s.

PACIFIQUE, **adj.** *meie,* m. *malu, kolonahi,* s.

PACTE, **sm.** *haapiina,* m. *hoopili, ana,* s.

PAGE, **sf.** *papa,* ms. *aoao,* s.

PAÏEN, **sm.** *elene,* ms. (moderne).

PAILLE, **sf.** *kohuu, pupulu,* m. *opala, pula,* s. brûler la paille, *puhi aku i ka opala,* s.

PAIN, **sm.** *poteto,* m. *palena, palao,* s. (moderne). *homo,* s. pain fermenté, *piahi,* m. cuire du —, *tau,* m. *kahu,* s.

PAIR, **adj.** *i mui,* ms. *kaulua,* s.

PAIRE, **sf.** *tauua,* m. *kaulua,* s.

PAISIBLE, **adj.** *meie,* s. *kolonahi,* s.

PAÎTRE, **v.** manger, *hanai,* s. mener paître, *malama.*

PAIX, **sf.** *koina, toua oa,* m. *kuapapa, malu,* s. faire la paix, *hakaoa te toua,* m. *kao,* s. être en —, *aupuni,* s. ce pays est en —, *ua aupuni ke ia aina,* s. tranquillité, *mau,* m. *malu,* s. union, amitié, *kuikahi,* s.

PALAIS, **sm.** maison royale, *haehakaiki,* m. *kalealii,* s. partie de la bouche, *mahe,* m.

PALANQUIN, **sm.** *manele,* s.

PALE, **adj.** *teoteo,* m. *keokeo,* s.

PALEUR, **sf.** *teoteotina,* m. *keokeo ana,* s.

PALIR, **v.** *haateoteo,* m. *hookeokeo,* s.

PALISSADE, sf. pa. ms. puoa, olokea. s.

PALISSADER, v. haapapua, m. hoopuoa, s.

PALLIER, v. tirara, m. palau, s.

PALME, sf. palema. ms. (moderne).

PALMIER, sm. uli, s. palama, ms. (moderne).

PALPER, v. lo me te iima, m.

PALPITATION, sf. kapalili, s.

• **PAMPRE**, sm. kata, hau, fau, m. lau, laau, s.

PANACHE, sm. tavaha, m.

PANIER, sm. kete, kapou, m. hinae, hinana, kihene, s.

PANSE, sf. opu, ms.

PANSER, v. soigner une plaie, apau, haaika, m.

PANTALON, sm. kahu ao, m. loberarae, s.

PAPA, sm. motua, m. makua, s. papa, ms. (moderne).

PAPE, sm. papa, ms. les missionnaires appellent le pape kumu kauoba (chef délégué), les méthodistes l'appellent pope, ms.

PAPIER, sm. pepa, ms. (moderne), mahani, m. feuille de papier, papamahani, m. plier du —, ukaku, s.

PAPILLON, sm. puehua, m. pulelehua, okai, lepelepeohina, s. papillon de nuit, pepe, m.

PAQUE, sf. fête chrétienne, pakata, ms. pâque des Hébreux, moliola, s.

PAQUET, sm. puku, pupu, pupa, puapua, ms. enveloppé de feuilles, laulau, s. petit paquet, hipa, s. long —, ope, s. mettre en —, hoopupa, hoopapa, s.

PAR, prép. e, i, ma, ms. par le même, e hua, m. — ici, ma i

nei, ms. — là, ma ina, ms. — oko hea, ms. — dessus, ma una, ma luna, s. par-ci, par-là, ka kaikahi, s.

PARABOLE, sf. tekao, m. nane, olelo hoolikelike, s.

PARACLET, sm. parakaleto, ms. (moderne).

PARADIGME, sm. tumu, m. kumu, s.

PARADIS, sm. paradiso, ms. (moderne), ao o ke akua, s.

PARAGRAPHE, sm. motuna, m. mokuna, s. signe de paragraphe, § poohou, s.

PARAÎTRE, v. se montrer, puhi, m. pua, puka, s. poindre, like, rama, neinei, m. paraître tout à coup, poha, s. être exposé à la vue, itea, m. ikea, s.

PARALYSER, v. haakepa, haakori, m. hoolola, hoohepa, s. paralysé, kori, kepa, m. hepa, lola, s.

PARALYSIE, sf. kepa, m. hepa, lola, s.

PARALYTIQUE, adj. kori, kepa, m. hepa, lola, s.

PARAPLUIE, sm. komau ua, tumau ua, m. mamalu, loulu, s.

PARASITE, sm. kaiape, m. aiape, s.

PARASOL, sm. komau, tumau, m. mamalu la, s.

PARC, sm. papua, m. pa, s. bercail, pahipa, ms.

PARCELLE, sf. hunahuna, maka, mana, motu, m. moku, oka, s. par parcelles, motumotu, m. mokumoku, s.

PARCELLER, v. haamotumotu, m. hoomokumoku, s.

PARCE QUE, conj. ta te mea, m. no ka mea, ai, s.

PARCIMONIEUX, adj. lokoliu, s.

PARCOURIR, v. *hoohuhuki, kaahele,* [s].

PARDON, sm. *momoana,* [m]. *uhi, kalahala,* [s].

PARDONNER, v. *momoa,* [m]. *kala, haavi,* [s]. pardonnez-nous nos offenses, comme nous pardonnons à ceux qui nous ont offensés, *umoi e toua mai ia matou i makaka atu ia oe, umoi hoi me matou e toua atu i te poi makaka mai ia matou,* [m]. *e kala mai oe i ka makou lavehala ana, me makou e kala aku nei i ka poe i lavehala mai ia makou,* [s].

PARÉ, adj. *tapia,* [m]. *onaona,* [s].

PAREIL, adj. *atii,* [m]. *alike,* [s].

PARENT, sm. *hoahanau,* [ms]. *makua,* [s].

PARENTÉ, sf. *huaa, tuaetahi,* [m]. *kuaekahi, kaikamahine,* [s].

PARENTHÈSE, sf. *kahaapo,* [s].

PARER, v. éviter, *pae,* [m]. *pale,* [s]. orner, *tapi,* [m]. *hoolako,* [s].

PARESSE, sf. *mea tavee,* [m]. *lalahela,* [s].

PARESSEUX, adj. *hopee, hopii, tavea,* [m]. *heahio, lokoino, mania,* [s]. négligent, *palaleha, molora,* [s]. lâche, *nahili,* [s]. faire le paresseux, *poopalahuli,* [s]. ne soyez pas —, *aoe a tavee,* [m].

PARFAIT, adj. *tiatohu, toitoi,* [m]. *hemolele,* [s].

PARFAIT, sm. marque du parfait, *ua,* [ms]. avoir dormi, *ua moe,* [ms]. avoir travaillé, *ua hana,* [ms]. Pour marquer l'achèvement, la perfection d'une chose, on ajoute après le verbe la particule *ai,* [ms]. l'usage en est très fréquent ; je le ferai (comme il faut), *e hana'i au,* [ms]. retourner (jusqu'à son poste), *mai aku ai,* [s].

PARFOIS, sm. *itahia,* [m].

PARFUM, sm. *kekao,* [m]. *aala,* [s].

PARI, sm. *pii,* [m]. *pili,* [s]. gagner un pari, *ko,* [s].

PARIER, v. *pii,* [m]. *pili,* [s]. parier sa fortune, *pii taetae,* [m]. *pili rairai,* [s].

PARLEMENTER, v. *kamakamailio,* [s].

PARLER, v. *eo, tekao,* [m]. *olelo, i,* [s]. parler haut, *ekemu, ralau,* [s]. — bas, *humu tekao, orii,* [m]. — seul, *kuarili rale,* [s]. — bas et seul, *kaituto,* [m]. — à l'oreille, *haranarana,* [s]. — vite, *poponihoo,* [m]. *namu,* [s]. — du gosier, *ole,* [s]. — beaucoup, *kuarili rale,* [s]. — mal de quelqu'un en secret, *hokumu,* [s]. parle ! *peau atu oe !* [m]. nous parlerons tous ensemble, *tekao ai tatou,* [m].

PARLEUR, sm. *kuarili,* [s]. grand parleur, *vahaohe.*

PARMI, prép. *i ravena,* [m]. *i raena,* [s].

PAROI, sf. *pa.* [ms].

PAROLE, sf. *tekao, peau,* [m]. *olelo,* [s]. — claire, *amiami tekao,* [m]. — de paix, *tekao pakeka,* [m]. — de mépris, *ihuihu,* [ms]. — injurieuse, *olelo kuamuamu,* [s]. — fausse, *teka tekao,* [m]. — modeste, *olelo akahai,* [s]. — de douceur, *olelo nahinahi,* [s]. — vide de sens, *namu,* [s]. — sans suite ni ordre, *paeva ke olelo,* [s]. prendre la —, *iko i te tekao,* [m]. se méprendre en paroles, *hihiu,* [s].

PARQUER, v. *haapapua,* [m]. *hoopa,* [s].

PARRICIDE, sm. *haamate i te motua,* [m]. *hoomate i ka makua,* [s].

PARSEMER, v. *haupuupuu,* [s].

PART, sf. *huna, pito, titahi,* [m]. *io,*

puu, *kuleana*, S. mettre à part, réserver. *tapae*, m. avoir part à, *kaa*, S. de la part de, *na*, ms. *ta*, m. *ka*, S. de part et d'autre, *atu-mai*, m. *aku-mai*, S. ces deux particules se mettent après le mot, et celui-ci est répété à chaque particule, par exemple : tomber mort de part et d'autre, *aku aku aku mai i ke mahe*, S.

PARTAGE, **sm.** *rabina*, m. *puolerabi* ...

PARTAGER, **v.** *palie*, *rahi*, *ratee-ti*, m. *kaaue*, *paatarahi*, *pa naue*, S.

PARTI, **sm.** *ahe*, m. prendre parti pour, *ahe*, S. *tavekapakahi*.

PARTICIPER, **v.** *koaa i te tapae*, m.

PARTICULE, **sf.** v. particule.

PARTICULIER, **adj.** *pito*, m. *oiaia-ai*, S. prendre quelqu'un en particulier, *koni*, S.

PARTIE, **sf.** *motu*, *otina*, m. *moku*, *aha*, S. contrée, *rahi*, ms. les parties de la France, *ke kau rahi o Farani*, S. l'Asie est la plus grande partie de la terre, *o Asia ka moku nui loa o ka honua nei*, S.

PARTIR, **v.** *hee tee*, *taa*, m. *hele*, *paaho*, S. *io*, ms. il est parti, *ua io*, ms. quand partez-vous? *ahea te taa?* m. se disposer à partir, *liulia*, S. partir soudainement, *paira*, S. être parti, *hala*, S.

PARTISAN, **sm.** *uaakeme*, m. *hoa*, ms.

PARTOUT, **adv.** *i hua taha otoa*, m. *ma o a o*, *apuni*, S. suivre partout, *punihele*, S.

PARURE, **sf.** *hakauti*, *taveke*, m. *hoolakolako ana*, S.

PARVENIR, **v.** *ua tike*, m.

PAS, **sm.** *tapuvae*, m. *kapuvae*, *maave*, S. pas de travers, *ku-*

nana, S. faire un faux pas. *pala ha*, S.

PAS, **adv.** *aoe*, m. *aole*, S. il n'y a pas d'autre, *aoe e ae*, m.

PASCAL, **adj.** *pakate*, ms. (moderne).

PASSAGE, **sm.** *ara*, ms. gue, *ahua*, S. — étroit, *haiki*, S. traverser un passage, *maalo*, S.

PASSAGER, **adj.** *maorae*, *paova-ae*, m. *ae matu*, S.

PASSÉ, **adj.** marque du passé, *ua*, ms. avant le verbe: c'est fini, *ua hakaawa*, m. *ua pau*, S.

PASSER, **v.** *nao*, *pao*, m. *ae*, *ae a*, *noo*, S. faire passer, *hooae*, S. passer outre, *hala*, *kaa*, *oa*, S. — à un autre, *lilo*, S. — le long de, *maalo*, S. — passer autour, *karii*, m. — souvent le même chemin, *alohula*, S. passer sur, *hooili*, S.

PASSIF, **adj.** marque du passif, *na*, *a*, m. *ia*, S. ajouté au verbe; être créé, *popena*, joint, *luina*, S. être compris, *loheia*, être dit, *oleloia*, S.

PASSION, **sf.** *ihona nui*, m. *luli ana*, S. — désordonnée, *tukao*, m. *kukohera*, S. résister aux passions, *manara nai*, S.

PASSIONNÉ, **adj.** *hina*, m.

PASTÈQUE, **sf.** *hipu auli*, S.

PATATE, **sf.** *kumaa*, m. *mala uala*, *maoki*, S. arracher les patates, *hui i te kumaa*, m.

PATE, **sf.** *epai*, S. — compacte, *ulinalina*, S.

PATENT, **adj.** *lahakahaka*, m. *aka aku*, S.

PATERNEL, **adj.** *motua*, m. *makaa*, S.

PATEUX, **adj.** *epai*, S.

PATIENCE, **sf.** *kaoha*, m. *aho*, *hoo-*

manara, s. attendre avec patience. *ohikihiki*, s.
PATIENT. adj. v. PATIENCE. Être patient, *hoomanara*, s.
PATIENTER. v. *manara nui*, s.
PATRIARCHE. sm. *tupunamotua*, m.
kupuna, makuailii, s.
PATRIE. sf. *henuahanau*, m. *honua-
hanau*, s.
PATRIMOINE. sm. *hooilina*, s.
PATTE, sf. *maikuka*, m. *maiao*, s.
marcher à quatre pattes, *koao-
lo*, s.
PAUME, sf. *tohua*, m.
PAUPIÈRE, sf. *haumata*, m. *lihilihi, alumaka*, s. paupière infé-
rieure, *kaomata*, m. —supérieure.
kiimata, m.
PAUSE, sf. *ara, arara*, s. suspension d'une action. *hakaee*, m. *hoolele*, s.
PAUVRE, adj. *kaikino, makeno*, m.
ilihune, hoka, s. très pauvre, *ilikole*, s. humble, pauvre d'esprit,
haahaa, m.
PAUVRETÉ, sf. *mea kaacauna*, m.
mea hele vale, s.
PAVÉ, sm. *pae, paepae*, ms. —dans la
maison, *paeara*, s. — en pierres.
hapapa, s. — élevé, *tohua*, m.
PAVER, v. *hakapae*, m. *hoopae*, s.
PAVILLON, sm. étendard, *tipa, pa-
kili*, m. *hae*, s.
PAYER, v. une dette, *hoko*, ms. *hookavo, kookupu, makana*, s. récompenser, *uku*, s. refuser de
payer, *hoohalaha*, s. — le tribut,
kookupu, s.
PAYS, sm. *henua*, m. *honua, aina*, s.
pays étrangers, *kahiki*, s. dans
quel pays allez-vous? *i ka aina
aha ta o hele aku ai oe?*
PEAU, sf. *kii*, m. *ili*, s. nouvelle
peau, *ililua*, s. être revêtu de
—, *kaeiia i ka ili*, s.
PÊCHE, sf. *araika*, m. *laraia*, s.
pêche à la ligne. *ikahi*, m. *makali*, s. — à la plonge, *hakaaka*, m.
PÉCHÉ, sm. *mikeo*, m. *ino*, ms. *hala, hera*, s. *kina*, s. (moderne).
péché originel. *mikeo tumu*, m.
hera kumu, s.
PÉCHER, v. *mikeo*, m. *hala. lave
hala. hana. hera*, s.
PÊCHER, v. *araika*, m. *laraia*, s.
PÉCHEUR, sm. *mikeo*, m. *lavehala.
kinakanaka*, s.
PÊCHEUR, sm. *araika, araia*, s.
laraia. makelii, s.
PEIGNE, sm. *kofeu, paaha, pae-
ha*, m. *kahi*, s. peigne de poche.
a étui. *kahi pela*, s.
PEIGNER, v. v. PEIGNE.
PEINDRE, v. *tiki, tiki patu*, m. *palapala, hopala*, s. *pena*, m. (moderne).
PEINE, sf. *memae*, m. *eha*, s. grande
peine. *ekeeke*, s. douleur. *bai*, s.
chagrin. *kena, minamina*, s. avoir
de la —. *inoino*, s. à —, adv. difficilement. *ane*, s. quelquefois suivi
de la négation *ole*: ex. : à —
veut-il le quitter. *ane haalele ole
ia ia*, s. à — peut-on le porter.
ane hiki ole mae ke kali, s.
PEINÉ. adj. *inoino*, ms. *memae*, m.
eha, s.
PEINER, v. *ue*, ms. *hooloulou*, s.
PEINTRE, sm. *tuhuna tiki patu*, m.
kuhuna palapala, s.
PEINTURE, sf. *pena*, ms. (moderne).
PÊLE-MÊLE. adv. *koii*, m. *hihia*, s.
PELER, v. *ihi*, ms. *maiki, vauvau,
hohole, uhole. hoopahole*, s.
PÉLICAN, sm. *pelikano*, ms.
PELOTON, sm. *ahue*, s.

PELOTONNER, **v.** *karii,* m. *orili,* s.

PELOUSE, **sf.** *mulie,* m. *laalaua,* s.

PENCHANT, **sm.** qui penche, *mio-mio,* s. d'une colline ou montagne, *pahekeheke, rao,* m. *kaolo,* s. propension, *luli ana,* s. le penchant vers le mal, *ka luli ana i ka hera,* s.

PENCHÉ, **adj** *pahaka,* m. *mio-mio,* s.

PENCHER, **v.** *hika,* m. *iho,* ms. pencher sur, *hilinai,* s. — sur le côté, *iho kaokao,* m.

PENDANT, **adj.** qui pend, *era, tau-tau,* m. *lera,* s. — d'oreille, *ha-kakai,* m. *komokai,* s.

PENDANT, **prép.** *oi, ai, i, ua,* ms. pendant le jour, *oi maamaama,* s. — la nuit, *oi po,* ms. — que, *oi,* m.

PENDILLER, **v.** v. PENDANT.

PENDRE, **v.** attacher en haut, *haa-tautau,* m. *hookau,* s. être suspendu, *tautau,* m. *kau,* s. se pendre, *hara ua,* s.

PÉNÉTRATION, **sf.** *tahena,* m. *kahe ana,* s.

PÉNÉTRÉ, **adj.** *tahea,* m. *kaheia,* s.

PÉNÉTRER, **v.** *uhu, uku, tahe,* m. *kahe,* s.

PÉNIBLE, **adj.** *kau ma luna, lou-lou,* s.

PÉNITENCE, **sf.** *unu,* m. *mihi-ana,* s.

PÉNITENT, **adj.** *unu,* m. *mihi,* s.

PENSÉE, **sf.** *metao, makao,* m. *ma-nao, noonoo,* s. pensée principale, qui préoccupe, *manao la-na,* s

PENSER, **v.** *haametao,* m. *hooma-nao, noonoo, kapikao,* s. croire, s'imaginer, *tuhi,* m. *kuhi,* s. réfléchir, *otuto,* m. *okuko, noonoo,* s. penser à, contempler, *lia, kuka,*

hoomakaakau, s. — mal, *kuka-hera,* s.

PENSIF, **adj.** *otuto,* m. *okuko,* s.

PENTE, **sf.** *pahekeheke, rao,* m. *kaolo,* s.

PENTECÔTE, **sf.** *penetekote,* ms. (moderne).

PÉNURIE, **sf.** *ui,* ms.

PÉPIN, **sm.** *kakano,* m. *hualele,* s.

PERÇANT, **adj.** *oka,* m. *o,* s.

PERCEPTIBLE, **adj.** *itea,* m. *ikea,* s.

PERCER, **v.** *oka, puta,* m. *o, pu-ka,* s. enfoncer, *hou,* s. percer avec une lance, *ihe, pue,* s. — d'un javelot, *kao,* s. percé, *okaa,* m. *oia,* s. — de plusieurs trous, *putaputa,* m. *pukapuka,* s.

PERCHE, **sf.** *oka,* m. *o,* s.

PERCHER (se), **v.** *lahalahai,* s.

PERCLUS, **adj.** *kori, kepa,* m. *he-pa, lola,* s.

PERDRE, **v.** cesser d'avoir, *nao,* m. *nalo, hoonene, lilo,* s. détruire, *pao,* m. *pau, luku,* s. au moral, *haape,* m. *hooino,* s. prodiguer, *maunauna,* s. se perdre, *nao,* m. *nalo,* s. perdu, *nao,* m. *malo,* s.

PÈRE, **sm.** *motua,* m. *makua,* s. où est votre père? *au hea kou makua?* s. grand-père, s. *tupu-na tuatahi,* m. *kupuna kua-kahi,* s. père nourricier, *motua fatu,* m. — d'adoption, *motua ke,* m. chéris ton — et ta mère, *a ue oe i to oe motua me te kui,* m.

PERFECTION, **sf.** *meitai,* m. *mai-kai,* s. ils sont absolument égaux en perfection, *ua like pu loa la-kou i ka maikai,* s.

PERFECTIONNER, **v.** *haameitai,* m. *hooponopono,* s.

PERFIDE, **adj.** *tivava, tipai,* m. *ahili, punipuni,* s.

PERFIDIE, **sf.** *mea tipai*, ^m. *ahili*, ^s.

PÉRIL, **sm.** *pilikia*, ^s. mettre en péril, *popilikia*, hors du —, *palekana*, ^s. s'éloigner du —, *eehe*, ^s. délivrer du —, *haapakeve mai*, ^m. *hoopakele mai*, ^s.

PÉRILLEUX, **adj.** *pilikia*, ^s.

PÉRIODE, **sf.** *tau*, ^m. *kau*, *ana*, ^s. *ava*, ^{ms}. *manava*, ^s. période de dix jours, *anahulu*, ^s.

PÉRIR, **v.** *kao, nao, pao, mate*, ^m. *nalo, pau, make, luku*, ^s.

PÉRISSABLE, **adj.** *hui*, ^m. *huli*, ^s.

PERLE, **sf.** *ukoke*, ^{ms}. *pipi, pipikau, pukuahi*, ^m. perles en verre colorié, *pukeave*, ^s.

PERMANENCE, **sf.** *mea te hui ke*, *mao*, ^m. *mau, huli e ole*, ^s.

PERMANENT, **adj.** v. **permanence**.

PERMETTRE, **v.** *ae*, ^{ms}. *hookuu, homai*, ^s. v. **accorder**.

PERMISSION, **sf.** *ae*, ^{ms}.

PERNICIEUX, **adj.** *pe*, ^m. *ino*, ^{ms}.

PERPENDICULAIRE, **adj.** *tu*, ^m. *ku*, ^s. ligne perpendiculaire, *aatu*, ^m. *kahaku*, ^s. descente —, *lou*, ^s.

PERPÉTUEL, **adj.** *mao*, ^m. *mau, pau ole*, ^s.

PERPÉTUELLEMENT, **adv.** *ana atu, ananu*, ^m.

PERPÉTUER, **v.** *haamao*, ^m. *hoomau*, ^s.

PERPÉTUITÉ, **sf.** *haamaona*, ^m. *hoomau ana*, ^s.

PERPLEXE, **adj.** *pana*, ^m. *lana*, ^s.

PERPLEXITÉ, **sf.** *pioo*, ^m.

PERQUISITION, **sf.** *tiohina*, ^m. *kakai ana*, ^s.

PERSÉCUTER, **v.** *hoomaau, hooluni*, ^s. persécuté, *hoomaauia*, ^s.

PERSÉCUTEUR, **sm.** *hahaa*, ^m. *haahaa, opuino*, ^s.

PERSÉCUTION, **sf.** *hoomaau, lauvilia*, ^s.

PERSÉVÉRANCE, **sf.** *onee*, ^m. *hoomanara*, ^s.

PERSÉVÉRANT, **adj.** *onee*, ^m. *noke*, ^s.

PERSÉVÉRER, **v.** *onee*, ^m. *hoomanara*, ^s. persévérer dans une demande, *kaukolo*, ^s. demeurer constant, *mou*, ^m. *mau*, ^s.

PERSIFLAGE, **sm.** *hinina*, ^m. *henehene ana*, ^s.

PERSIFLER, **v.** *hini*, ^m. *henehene*, ^s.

PERSISTANT, **adj.** *mao*, ^m. *mau, pau ole*, ^s.

PERSISTER, **v.** v. **persistant**.

PERSONNAGE, **sm.** *orai*, ^{ms}.

PERSONNE, **sf.** quelqu'un, *fae, hae*, ^m. *hai, kino*, ^s. *mea*, ^{ms}. personne méprisable, *haakei*, ^s. jeune —, *ui*, ^s. — divine, *mea akua*, ^s. il y a trois personnes divines, *he mea akua a kolu*, ^s. on dit aussi, en langage ecclésiastique, *hipotati-atua*, ^m. v. **gens**. — nulle, *aoe*, ^m. *aole*, ^s. il n'y a — dedans, *aole aaa ma loko*, ^s.

PERSPICACITÉ, **sf.** *koekoe*, ^m. *koikoi, naau*, ^s.

PERSPICUITÉ, **sf.** *maama*, ^m. *akaka*, ^s.

PERSUADER, **v.** *kono*, ^s.

PERSUASION, **sf.** *kono ana*, ^s,

PERTE, **sf.** *hiolo ai*, ^s. souffrir une perte, *pauhia*, ^s.

PERTURBATEUR, **sm.** *haahuihui*, ^m. *hoohulihuli*, ^s.

PERTURBATION, **sf.** *huina*, ^m. *huli ana*, ^s.

PERVERS, **adj.** *pe*, ^m. *ino*, ^{ms}. *avahua, ohie, ohipua*, ^s.

PERVERSION, **sf.** *mea haape*, ^m. *avahua, ohie ana*, ^s.

PERVERSITÉ. sf. *mea pe*.[m]. *mea ino*.[ms].

PERVERTIR, v. *haape. hakaino*,[m]. *hooino, kapae*.[s].

PESANT. adj. *tono. teko*.[m]. *ala. koikoi*.[s]. car. pénible. *louloa*,[s]. stupide. *tuaare*.[m]. *mani*.[s].

PESANTEUR. sf. *pauna*.[ms]. mo-derne).

PESER. v. examiner la pesanteur d'une chose. *paona*,[ms]. mo-derne,. *lau ra*.[m]. considérer. *otuto*,[m]. *akaka. lia*.. — sur. *hooluhi*.[s].

PESTE. sf. *okuu. ahulau*,[s]. temps de la peste. *kanokaa*..

PET. sm. *hu*.[ms]. *pahuohio*.[s].

PÉTALE. adj. *liko*,[s].

PÉTER. v. *hu*.[ms].

PÉTILLANT. adj. *nahanaha*.[m].

PÉTILLER, v. *haanaha*.[m]. *hoomaha*,[s].

PETIT. adj. *iti. uulu. poto*.[m]. *iki. auku. poki*.[s]. humble. *haahaa*.[ms]. *a i*,[s]. trop petit. *popoto*.[m]. *kahaiki*.[s]. — de taille, *pi-taa*,[m]. *kupalii*.[s]. — morceau. *liilii. pikenene*,[s]. tu n'es point le plus —. *aole loa oe e uuku ana*.[s]. — d'un animal. *kio*.[m].

PETITE-FILLE. sf. *paupuna*,[m]. *moopuna*.[s].

PETITESSE, sf. *uutuna*.[m]. *uukuna*,[s].

PETIT-FILS, sm. *paupuna. pekatuo*,[m]. *moopuna*,[s].

PÉTITION, sf. *nonoina*,[m]. *noinoi ana*,[s].

PÉTRIR, v. *hooi, oi*,[m]. *holoi, hooali*,[s]. *kavaivai*,[ms].

PÉTULANT, adj. *kakepauka*.[s].

PEU, adv. *iti. momo*,[m]. *iki. hapa*,[s]. un peu de, *auhi ona*,[m].

rahi,[s]. un — de vin. *he rahi vino*,[m]. — de chose. *maaka*.[m]. trop —. *ii noa*.[m]. *iki loa*,[s]. sens —, *aonei*.[s]. dans —. *emo ole*.[s].

PEUPLADE. sf. *kaarai*.[m]. *kuaaina*.[s].

PEUPLE. sm. *tuapoi*,[m]. *hu. kanaka*,[s]. bas-peuple, *kuaaina*,[s]. lieu du —. *noa*.. — gens. *poi*.[m]. *poe*.[s].

PEUPLER. v. *haamao*,[m]. *hoomaa*.[s].

PEUR. sf. *hopo*,[ms]. *alalu*,[s]. de peur que. *oi. ua*.[m]. *o. hehiia, malia*,[s]. ne mangez pas de — que vous ne mourriez. *mai ai oukou. o make*.[s]. avoir —. *hula*,[s]. faire —. *hakamiee*.[m]. *reli-reli*.[s].

PEUREUX, adj. *hopohopo*,[ms]. *hohe*..

PEUT-ÊTRE. adv. *au nei. enehe, mea*..[m]. *ae paha. ma lia*,[s]. peut-être que non. *aole paha*,[s]. peut-être que si. *ae paha*,[s].

PHALANGE. sf. *totau*.[m]. || phalangettes. *polau tahi*.[m].

PHALÈNE. sf. *pepe*,[m].

PHÉNOMÈNE. sm. *mahao*,[m]. *ka-mano*..

PHILOSOPHE. sm. *akeakamai*,[s].

PHRASE. sf. *ponatekao*,[m]. *huao-lelo*.[s].

PHTHISIE. sf. *naenae*,[ms].

PHYSIONOMIE, sf. *mata*,[m]. *maka*,[s].

PHYSIQUE. sf. *hokii*,[s].

PIASTRE. sf. pièce d'argent, *tara*.[m]. *kala*.

PIAULER, v. *poopiio*,[m]. *piopio, ioio*,[s].

PIC, sm. instrument, *ahu*,[m]. montagne très haute, *umu*,[m].

PICOTER, v. *puhera*. ^m. picoté de la petite-vérole, *manumanu*, ^s.

PIÈCE, **sf.** *motu*, ^m. *moku, pauka*, ^s. mettre en pièces. *elui, haehae, ulupa*, ^s.

PIED, **sm.** *vae*. **pl.** *vavae*, ^{ms}. fouler aux pieds. *kahi*, ^m. *hahi*, ^s. gros pied, *tutau*, ^m. pied droit, *lu*, ^s. base. *too*. ^m. mesure, *kapuai*, ^s. *tapuai*, ^m.

PIÉDESTAL. **sm.** *puale*, ^s.

PIÉGE. **sm.** *makaka*. ^m. *pahele, pueoeo*, ^s. tendre des piéges. *moioe*, ^m. *hookalakupua*, ^s. prendre au —. *pahele*. ^s.

PIERRE. **sf.** *kea*. ^m. *pohaku*, ^s. pierre à feu, *keauhi*, ^s. — à pétrir. *fatuakea*. ^m. à aiguiser. *hoana*. ^s. — taillée. *kalai*, ^s. pierre-ponce, *olai*, ^s.— précieuse. *momi*, ^s. petite pierre. *lukii, lakuna*, ^m. grosse —, *tufatu*, ^m. pierres des Lords de la mer. *tunia*, ^m. bâtir en —. *hauhau*, ^s. lancer des —, frapper avec une —, *kamu*, ^m. *kipo*, ^s. rouler une —, *oa*, ^s. pierre. *makalie, iha*, ^s.

PIERREUX, **adj.** *tatato*, ^m. *aa, paaa, kalakaka*, ^s.

PIÉTÉ, **sf.** *kaoha*, ^m. *aloha*, ^s.

PIEU, **sm.** *epau*, ^s.

PIEUX, **adj.** *haipule*, ^s. le plus pieux, *haipule loa*, ^s.

PIGEON, **sm.** *nunu*, ^s.

PILER, **v.** *hohoa, kui, pakaikai*, ^s.

PILIER, **sm.** *katina, tu, tutu*, ^m. *kia, ku, kukulu*, ^s.

PILLER, **v.** *fau, hau*, ^{ms}. *holehole*, ^s.

PILLULER, **v.** *pitoe, pitoo*, ^m. *hoopulapula*, ^s.

PIMENT, **sm.** *neva*, ^m. *nihoi*, ^s.

PIN, **sm.** *kupukupu*. ^s.

PINCÉ, **adj.** gentil, *akanahau*. ^m. *mikioi*, ^s.

PINCÉE, **sf.** *pio*. ^{ms}.

PINCER. **v.** piquer *panaku*. ^m. *unuki. pakuikui*, ^s. agacer, *nienie*. ^m. se pincer. *valevalena*, ^s.

PINCETTES, **sf.** *upa*. ^{ms}.

PIOCHE. **sf.** *ahu*, ^m.

PIOCHER. **v.** *koi, keikei*. ^m.

PIPE. **sf.** tuyau, *kae*. ^m. *kino*, ^s. pipe à fumer, *ipupaka*. ^{ms}. fouler le tabac dans la pipe. *oo*, ^s.

PIQUANT, **adj.** pointu. *keo*, ^m. *ooi*, ^s. qui pique, *pihanahana*. ^m.

PIQUE, **sf.** *oka*, ^m. *o*. ^s.

PIQUER. **v.** percer. *oka*, ^m. *o, oo*. ^s. piquer comme une chose rude, *kalakala*, ^s. démanger. *kaikai*. ^m. *aako*, ^s. exciter, *likao*. ^m.

PIQUET. **sm.** *kalakala*, ^s.

PIQÛRE. **sf.** *okana*, ^m. *oo ana*, ^s.

PIRE, **adj.** *pe iho*, ^m. *ino iho*. ^{ms}.

PIROGUE, **sf.** *vaka*, ^m. *waapa*, ^s.

PIROUETTE, **sf.** *kavii*, ^m. *orili*, ^s.

PIS. **sm.** tétine, *matau*, ^m. *makau*, ^s.

PIS, **adv.** v. PIRE.

PISCINE. **sf.** *kio, loko*, ^s.

PISSER. **v.** *mimi*, ^{ms}.

PISTOLET. **sm.** *punapuna, pupanapana*, ^s.

PITIÉ. **sf.** *kaoha*, ^m. *aloha*, ^s. avoir pitié, *menene, aloha mai*, ^s. ayez pitié de nous, *e aloha mai oe ia makou*, ^s.

PITOYABLE, **adj.** qui fait pitié, *makeno*, ^m. *hune*, ^s.

PITUITE, **sf.** *moui kava*, ^m. *upee*, ^s.

PIVOT. **sm.** *tunu*, ^m. *kumu, ami*, ^s.

PIVOTER, **v.** *kavii*, ^m. *hooponiponi, ami*, ^s.

PLACE, **sf.** *vahi, kahi*, ^{ms}. vide, *hakahaka*, ^s. place d'honneur.

vahikapu. m. — à feu, *tapuahi*. m. *kapuahi*. s. charge, *hopo*, ms. élever à une place. *hoolilo*, s. manque de place. *popilikia*, s. faire —, *hee atu*. m. *hoorahi*, s.

PLACER, **v.** mettre, poser. *vahi iho. vaiho*, ms. *haanoho*, m. *hoonoho*, s. placer sur, *kau*, s. procurer un emploi, *haanoho*. m. *hoonoho*, s.

PLAIDER. **v.** *malimali, maoi, kahihi*, s.

PLAIE. **sf.** *maki. poho, puta*. m. *pohu, puka*. s. plaie a la tête. *nahoahoa*, s. couvert de plaies, *makaaha*. s.

PLAIN. **adj.** *pahaha. menia*, ms.

PLAINDRE, **v.** quelqu'un, *kaoha atu*, m. *aloha aku, menene*, s. se plaindre. *hameta, tahe*, m. *ekemu, kapilipili*, s. se — de quelqu'un, *ohumu, uhu*. m. *mumuhu*, s. se — d'une offense, *oaoa*, m. se — à l'autorité, *hoopii*, s.

PLAINE, **sf.** *vahi pahaa*, m. *laumania, kula*, s. — déserte, *vaonahele*, s.

PLAINTE, **sf.** *hametana*, m. *ekemu ana*, s. *ue*, ms.

PLAIRE, **v.** *vae*. ms. *olu, oluolu*. s. plût à Dieu! *kou!* m.

PLAISANCE, **sf.** v. plaisir.

PLAISANT, **adj.** *ekaeka, katakata*, m. *komala*, s. agréable, *lea*, s. de bonne affaire, *nanea*, s.

PLAISANTER, **v.** *haameamea, haanavenave, haataata*, m. *hoomeamea, paani*, s. railler, *hini*, m. *henehene*, s.

PLAISANTERIE, **sf.** *ehini, mea katakata*, m. *paani ana*, s.

PLAISIR, **sm.** *koakoa*, m. *oli*, s. bon plaisir, volonté, *makimaki*, m.

makemake, s. faire plaisir. *hooluolu*. s. *momona mai*, ms. cela nous fait plaisir, *e koakoa ia matou*. m. si vous venez vous me ferez plaisir. *i hele mai oe e hooluolu mai oe ia'u*, s.

PLAN. **adj.** plat et uni, v. plaine esquisse. projet, *melao*, m. *manao*, s.

PLANCHE. **sf.** *papa*. ms. planche mince, *alaia*, s. — longue, *papa oa*, m.

PLANCHER, **sm.** *papahele*. s.

PLANCHETTE. **sf.** *alaia*, s.

PLANER. **v.** *lahai*, s. planer sur, *lahalahai, upaupai*, s.

PLANETE, **sf.** *planeta*, ms. (moderne).

PLANTATION, **sf.** *tanuna*, m. *kanuana*, s.

PLANTE, **sf.** *tanu*, m. *kanu*, s. — du pied, *tapurae, tohua*, m. *kapurae*, s.

PLANTER, **v.** *nanu*, m. *tanu*, m. *kanu, hookanu*, s.

PLAT, **adj.** *papa*, ms. uni, *hoomania*, s.

PLAT. **sm.** *pa*, ms. plat rond, *hameama*, m.

PLATANE, **sm.** *maia*, s.

PLATEAU, **sm.** terrain plat, *pahaa*, m. *papa*, ms.

PLATE-FORME, **sf.** *ohuku, avai*, s.

PLATRE, **sm.** *puka, puna*, ms.

PLATRER, **v.** *kapili, hoopala*, s.

PLEIN, **adj.** *nia*, m. *piha*, s. rassasié, *puru*, m. *pulu*, s.

PLÉNITUDE, **sf.** *hoapiha ana, lako*, s.

PLEURER, **v.** *ue*, ms. *alala, kanikau*, s. pleurer sans cesse, *hoomino*, s. — un mort, *ahika tupapau*, m. — une mère, *eue i te* *kui*,[m]. ne faire que —, *ue va-le*,[s].

PLEURS. **sm. pl.** *ue*,[ms]. deuil, *olo*. *kanikau*,[s]. les pleurs ont cessé? *kanahaika ue*.

PLEUVOIR. **v.** *ua*,[ms]. il va pleuvoir. *ena uaua*,[ms]. il pleut déjà, *ua ue te ua*,[m]. il pleut, *uaua*,[ms]. faire —, *houa*,[s].

PLI, **sm.** *mimino*,[ms].

PLIANT, **adj.** *mekaka*,[m]. *malule-lule*,[s].

PLIER, **v.** *hana. fana, mehaka*,[m]. *akuaku, hoopio. popoi, hihoe*,[s]. plier du linge, *lena*,[s]. — des habits, *pokai*,[m]. doubler. *pelu*,[s].

PLISSEMENT, **sm.** *miminona*,[ms].

PLISSER, **v.** *mimino*,[ms].

PLOMB, **sm.** *kiva*,[ms].

PLONGER, **v.** *hakauku, patao*,[m]. *epau, hoopalemo, kapoo, luu, oo*,[s]. plonger la tête première, *opu*,[s].

PLOYER, **v.** *fana. hana*,[m]. *akua-ku*,[s].

PLUIE, **sf.** *ua*,[ms]. petite pluie, *hunahuna*,[s]. *tohau*,[m]. — par torrent, *ua vai tahe*,[m]. *laina, raina* (moderne).

PLUMAGE, **sm.** *hakavaa*,[m]. *huluhulu*,[s].

PLUME, **sf.** *hakavaa (vai)*, plume d'acier, *huluhao*,[s]. tailler une —, *koli*,[s]. garni de plumes, *laukoha*,[s].

PLUMEAU, **sm.** *kahili*,[s].

PLURIEL, **adj.** marque du —, *tau, mau, poi*,[m]. *na, mau, puu, poe*,[s]. les vieillards, *na elemakule*,[s].

PLUS, **adv.** *ma hua, nui ae*,[ms]. *atu*,[m]. *aku*,[s]. de plus, *hoi*,[ms]. — encore, *nui noa*,[m]. *nui loa*,[s].

le — pur, *maemae loa*,[s]. le — prudent, *akamai loa*,[s]. tous ces adverbes se mettent à la fin de la phrase.

PLUSIEURS, **adv.** *nui, mea nui*,[ms]. *hapuee*,[s].

PLUTÔT, **adv.** *i mua*,[ms]. au plutôt. *vave*,[m]. *rare*,[s].

POCHE, **sf.** *kaka*,[m]. *aa. eke*,[s]. mettre la main dans la poche, *aa*,[s].

POÊLE. **sm.** *tapuahi*,[m]. *kapuahi*,[s].

POÊLE, **sf.** à frire, *pahoo tapala-pa*,[s].

POÊME, **sm.** *uta, una*,[m]. *mele*,[s].

POÊTE, **sm.** *hakauna*,[m]. *hakame-le*,[s].

POIDS, **sm.** pesanteur. *tona*,[m]. *paona*,[ms]. (moderne), force, *koikoe*,[m]. *koikoi*,[s].

POIGNARDER, **v.** *oka*,[m]. *hoo, hooo, o*,[s].

POIGNÉE, **sf.** *puupuu. limalima*,[s].

POIL, **sm.** *huu, huku*,[m]. *hulu*,[s]. poil follet, *heu*,[s]. sans —, *oloe*,[s]. arracher le —, *ununu*,[s]. le — tombe. *mekee te huu*,[m].

POINÇON, **sm.** *oka*,[m]. *o*,[s].

POINDRE, **v.** *neinei, puhi, tihe*,[m]. *hoomaka*,[s].

POING, **sm.** *pipii te iima*,[m]. *puulima*,[s]. frapper à coups de poing. *momoko*,[s].

POINT, **sm.** endroit, *kaha*,[s]. points cardinaux de la boussole, *kukulu*,[s]. être sur le — de. *nenene, tata*,[m]. *mai*,[ms]. —, signe de distinction (.), *kikokahi*,[s]. deux points (:), *maukiko*,[s]. point-virgule (;), *kikokoma*,[s]. — exclamatif (!), *kikopuiva*,[s]. — interrogatif (?), *kikoninau*,[s].

POINT, **adv.** *aoe*,[m]. *aole*,[s]. point

du tout, *iki, aole loa* [s]. on ne voit —, *aole hiio* [m]. *aole ike* [s]. ce n'est — ni le père ni la mère, *aole loa ka makuakane, aole loa ke makuarahine.*

POINTE, sf. *koo* [m]. *o, riri, rinirini* [s]. clou, *makia* [s]. rempli de pointes, *oi* [s]. sommité *kohiku* [m]. — du jour, *raumai* [s]. — de terre, de rocher, *lai* [s].

POINTU, adj. *koukoo* [m]. *huini, lipi* [s]. V. POINTE.

POIS, sm. *pini* [s]. (moderne).

POISON, sm. *haamate* [m]. *kaheohea, akaahanai* [s]. personne condamnée à prendre du poison, *he eahi ola ia* [s]. coupe de —, *apu kahohea* [s].

POISSON, sm. *ika* [m]. *ia* [s]. poisson volant, *malolo* [s]. écailles de —, *unahi* [s]. crêtes de —, *laahua* [m]. queue de —, *pekahia* [m].

POITRINE, sf. anat. *maama, vaatanua* [ms].

POIVRE, sm. *neea* [m]. *maamea* [s]. *pepa* [ms]. (moderne) poivre rouge, *nihoi, nioi* [s].

POIVRIÈRE, sf. *hipaneea* [m]. *hipanaunau* [s].

POIX, sf. *hahaa* [s].

POLAIRE, adj. *relau* [s].

PÔLE, sm. *relau* [s]. pôle du Nord, *relau akua* [s]. — du Sud, *relau hema* [s].

POLI, adj. *menia* [m]. *mania* [s]. très poli, *meniaka* [m]. honnête, *toitoi* [m]. *kupono* [s].

POLIR, v. *menia, tupe* [m]. *mania, ololo* [s].

POLISSON, sm. *tupe* [m], *inoino* [s].

POLISSONNER, v. *muku* [s].

POLITESSE, sf. *mea toitoi* [m]. *mea koikoi* [s].

POLLUER, v. *haape* [m]. *haumia, paumaele* [s]. se polluer, *pupuhi, haeoninini* [m]. *aeli, eelieeli* [s].

POLLUTION, sf. *pupuhi* [m]. *eelieeliana* [s].

POLTRON, sm. *hautete, kokoirai, aie mata oka* [m]. *holo rale, ue rale, ana* [s].

POMME, sf. *kahia* [m]. *ohia* [s]. pomme de terre, *kumaa* [m]. *mala ala* [s].

POMMETTE, sf. partie saillante de la joue, *pukoo* [m].

POMMIER, sm. V. POMME.

POMPE, sf. *likaorai* [m]. *huilorai* [s].

POMPER, v. *likaorai* [m]. *omo, omolia, pumaa* [s].

POMPEUX, adj. *hakairie* [m]. *kehakeha* [s].

PONCE, sf. *olai* [s].

PONCTUALITÉ, sf. *onee* [m]. *maopoopo* [s].

PONCTUEL, adj. V. PONCTUALITÉ.

PONDRE, v. *aeaenai* [m].

PONT, sm. *holopapa* [m].

PONTIFE, sm. *taua nui* [m]. *kahuna nui* [s]. *pontife* [ms]. (moderne).

POPULACE, sf. *enana* [m]. *kanaka* [s].

POPULAIRE, adj. V. PEUPLE.

POPULATION, sf. V. POPULACE.

PORC, sm. *puaka, puaa* [ms].

PORCHER, sm. *tiohipuaka* [m]. *kahupuaa* [s].

PORT, sm. *rahitau* [m]. aborder à un port, *tu* [m]. *ku* [s].

PORTANT, adj. bien portant, *oko, ono* [m]. *ola* [s]. mal —, *hoopii* [m]. *mai* [s].

PORTATIF, adj. *are, kare* [ms].

PORTE, sf. *puta* [m]. *puka* [s]. seuil de la porte, *paepae* [ms]. frapper à la —, *kikeke* [s]. fermez la —, *a* *pani a ku i ke puka*,[s]. ouvrir la —, *vehe i te puta*,[m].

PORTE-BOUGIE, sm. *kaukukui*,[s].

PORTE-MANTEAU, sm. *kaukapa*,[s].

PORTER. v. *are, kare, areare, kae, ae*,[m]. *ho*,[s]. porter sous le bras, *kahui*,[m]. *kuie*,[s]. — sur les bras, *pualau*,[s]. — sur le dos, *tau*,[m]. *eaha*,[s]. — sur l'épaule, *amo*,[m]. — des fruits, produire, *pua*,[ms].

PORTEUR, sm. *enana kare*,[m]. *kanaka kare*,[s].

PORTIER, sm. *tiohiputa*,[m]. *kahupuka*,[s]. *potero*,[ms]. (moderne).

PORTION. sf. *huna*,[ms]. *pito, titahi, maa, keke*,[m]. *io, kuleana*,[s].

PORTRAIT. sm. *mata, ata*,[m]. *maka, aka*,[s].

POSÉ, adj. modeste, *toitoi*,[m]. *koikoi*,[s].

POSER, v. *komo, mimino, taku*,[m]. *kumu, kuu*,[s].

POSITIF, adj. *toitoi*,[m]. *oi*,[s].

POSSÉDÉ, adj. *tohia*,[s]. possédé par un esprit. *uluia*,[s].

POSSÉDER, v. *hoolilo*,[s]. Ce verbe se rend ordinairement par *à moi, à toi, à lui*, etc., par exemple : je possède une maison, *ia au te hae*,[m]. tu possèdes une maison, *ia oe te hae*,[m]. il possède une maison, *ia ia te hae*,[m]. nous possédons, *ia matou*, vous possédez, *ia otou*, ils possèdent, *ia atou*,[m].; quelquefois il est traduit par *koaa*,[m]. *loaa*,[s].

POSSESSEUR, sm. *hakaiki*,[m]. *haku*,[s].

POSSESSION. sf. *taetae*,[m]. *raivai*,[s]. prendre possession au nom d'un autre, *mahiili*,[s].

POSSIBLE, adj. *mea ote*,[m]. *mea hana*,[ms].

POSTE, sm. lieu. *rahi*,[ms]. charge, *hope*,[s]. poste élevé. *kaiahula*,[s].

POSTÉRITÉ. sf. *mamo*,[ms]. au-dessus de la troisième génération, *moopuna*,[s].

POSTICHE, adj. *teka. patea*,[m]. *eraera*,[s].

POT. sm. *pote*,[ms]. (moderne).

POTEAU, sm. *pou. tu*,[m]. *ku, kaukuno. lapauila*,[s].

POTENCE, sf. *peka*,[m]. *kea*,[s].

POTION. sf. *faina*,[m]. *ainu*,[s].

POU, sm. *kutu. utu*,[m]. *uku*,[s]. pou du corps. *ukukapa*,[s]. — de la tête. *ukupoo*,[s].

POUCE, sm. *iima putona*,[m]. *manamana nui*,[ms]. *limanui*,[s]. mesure. *iniha*,[s]. (moderne).

POUDRE. sf. *oka*,[s]. *paora*,[m]. (moderne). sac à poudre. *kata*,[m]. réduire en —, *okaoka. rali*,[s].

POUDREUX, adj. *paele*,[s]. *ehu*,[ms].

POUDRIER. sm. *hipuoka*,[s].

POULE. sf. *moa*,[ms]. poule qui a des petits. *kinana*,[s].

POULET, sm. *kiomoa*,[m].

POULS. sm. battement du pouls, *koni*,[s].

POUMON, sm. *aie puapua*,[m]. *ake puapua*,[s].

POUPÉE. sf. *ata*,[m]. *aka*,[s].

POUR, prép. *e, i, na, no*,[ms]. pour travailler, *e hana*,[ms]. pour te connaître, *no te ite ia oe*,[m].

POURCEAU, sm. *puaka, puaa*,[ms].

POURPIER, sm. *pokea*,[m].

POURPRE, sm. *purepura*,[ms]. (moderne).

POURQUOI, conj. *aha, he aha, pe aha, me aha, i aha*,[ms]. pourquoi as-tu menti? *i aha la oe vahahee mai?*[s]. pourquoi dors-tu? *moe i te aha?*[m]. c'est pourquoi, *no laila*,[s].

POURRI. adj. *prau*, m. *lalaua*, *nehi*, *palaho*, s.

POURRIR. v. *fefe*, *hehe*, *hua toho*, *piau*, *parura*, m. *mela*, *palopalopa*, s.

POURRITURE. sf. *mea piau*, m. *mea atavai*, s.

POURSUITE. sf. *tata*, m. *hahai ana*, s. V. POURSUIVRE.

POURSUIVRE. v. courir après. *tata*, m. *haiula*, s. continuer, *umaki*, m. *kauikolo*, s. actionner en justice, *kahihi*, s.

POURTANT. adv. *ae*, m. *nae*, s.

POURVOIR. v. avoir soin, *ener*, m. *hoomau*, s. munir, garnir, *tapi*, m. *hoolaka*, s.

POUSSE, sf. petites branches, rejetons, *tupu*, m. *pupua*, s.

POUSSER. v. remuer, *tafee*, m. *panee*, s. faire avancer, *pahu*, ms. croître, *tupu*, m. *kapu*. faire pousser, *haatupu*, m. *hookupu*, s. pousser à, *haaraerae*, m. *hoorarae*, s.

POUSSIERE. sf. *ehu*, ms. *uhu*, m. grain de poussière, *huna*, ms. tourbillon de —, *kaheka*, s. dissoudre en —, *kakaeha*, m. secouer la —, *kuehueha*, s. couvert de —, *paele*, s.

POUSSIF, adj. *mate i te ate*, m. *make i ke ake*, s.

POUTRE, sf. *kaela*, *kaola*, s. poutre transversale, *iako*, s.

POUVOIR. v. ce verbe se traduit rarement: quelquefois on exprime sa valeur par *hiki*, et *loaa*, s. *koaa*, m. cela se peut, *mea nehe*, m. que ne puis-je voler! *no tuu ona*, m.

POUVOIR, sm. autorité, *tumu*, m. *kumu*, s. puissance, *mana*, *ao*, ms.

pouvoir despotique, *pahikaua*, s.

PRAIRIE. sf. *rahimauie*, m. *rahihaahaau*, s.

PRATIQUE. sf. usage, *oihana*, *hana*, s.

PRATIQUER. v. *hana*, ms.

PRÉCAUTION. sf. *ener*, *atamai*, m. *atamai*. avec précaution, *aka*, s. qui se met devant le verbe: marcher avec précaution. *aka hele*, s. naviguer avec —, *aka holo*, s.

PRÉCAUTIONNÉ. adj. *panauwa*, s.

PRÉCAUTIONNER. v. *aka hana*, s.

PRÉCÉDENT. adj. *i mua*, ms. *hooua*. description précédente, *obele honua*, s.

PRÉCÉDER. v. *heke i mua*, m. *hele i mua*, s.

PRÉCEPTE. sm. *tekao*, m. *kanaeai*, s.

PRÉCEPTEUR, sm. *tumuao*, m. *kumuao*, s.

PRÉCEPTE. sm. *tekao*, m. *kanaeai*, s.

PRÉCEPTEUR. sm. *tumuao*, m. *kumuao*, s.

PRÊCHER. v. *hakako*, m. *hooao*, *hoohaumana*, s.

PRÉCIEUX. adj. *taetae*, m. *raivai*, *makamai*, s. fort précieux, *lehoula*, s. rare, *minamina*, s. superbe, *mau*, s.

PRÉCIPICE. sm. *hohonu*, ms. *opata*, m. *pali*, s. rempli de précipices, *palipali*, s.

PRÉCIPITATION. sf. *reve*, *revekina*, m. *rare ana*, s.

PRÉCIPITÉ. adj. *reve*, m. *vare*, s.

PRÉCIPITER. v. *apuu*, *keetu*, m. *kipaku*, s. se précipiter, *patao raua*, m. *lelekava*, s.

PRÉCIS. adj. *toitoi*, *mao*, m. *mau*, s.

PRÉCISER. v. *haatoitoi*, *haamao*, m. *hoomau*, s.

PRÉCISION, sf. *haatoitoina*, m. *maopoopo*, s.

PRÉCOCE, adj. *halahee*, s.

PRÉCONISER, v. *mahao noa*, m. *mahalo loa*, s.

PRÉDICATEUR, sm. *tahuna i te tekao*, m. *kahunaao*, s.

PRÉDICATION, sf. *hakakona*, m. *ao, aona*, ms.

PRÉDICTION, sf. *valuna*, s. *vanana*, ms.

PRÉDILECTION, sf. *kulia*, s.

PRÉDIRE, v. *hooiloilo*, s. prophétiser, *vanana*, ms.

PRÉDOMINER, v. *holopapa*, s.

PRÉÉMINENCE, sf. autorité, *tumu*, m. *kumu*, s.

PRÉÉMINENT, adj. *tumu*, m. *kumu*, s.

PRÉFÉRABLE, adj. *meitai ae*, m. *maikai ae*, s.

PRÉFÉRER, v. *maimai ae, makimaki ae*, m. *makemake ae*, s.

PRÉFET, sm. *tui*, m. *alii*, s.

PRÉJUDICE, sm. *mea ino*, ms.

PRÉJUDICIABLE, adj. *ino*, ms.

PRÉLAT, sm. *prelato*, ms. (moderne).

PRÉMICES, sf. pl. *ta i mua*, m. *ka i mua*, s.

PREMIER, adj. *a tahi*, m. *a kahi*, s. *mua*, ms. commencement, *makamua*, s. commencer le premier, *kahua*, m. Adam est le — homme et Eve la première femme, *o Atamo te enata o mua, o Eva te vehine o mua*, m. c'est la première fois que nous vous voyons, *atahi nei a kite ia oe*, m.

PREMIER-NÉ, sm. *makiapo*, s.

PREMIÈREMENT, adv. *a tahi*, m. *a kahi*, s.

PRENDRE, v. saisir, *hano, hapu*, m. *hii, popoi*, s. emporter, *kave, ave*, m. *lave*, s. attaquer, *fau, hau*, m. *hoorahu*, s. s'emparer, *iko*, m. prendre au filet, *kai*, s. prenez-le! *a lalau ia!* s.

PRÉPARATIF, adj. *malaulau*, s.

PRÉPARATION, sf. *anea*, m. *lolii ana*, s.

PRÉPARER, v. *anea, kanea*, m. *hauliilii, ponopono, hoomakaukau*, s. préparer à la hâte, *hoolalelale*, s. préparé, *liuliu*, s.

PRÉPUCE, sm. *piaue*, m. *mahamaha, olomua*, s.

PRÈS, prép. *tata*, m. *aiai*, s. tout près, *pipipi*, s. — de, *tata mai*, m. — du chemin, *tata ane te aunui*, m.

PRÉSAGE, sm. *ouli*, s. conjecture, *makato, manao*, ms.

PRÉSAGER, v. conjecturer, *metao, tuhi*, m. *kuhi*, s.

PRESCIENCE, sf. *itea i mua*, m. *ikeia i mua*, s.

PRESCRIRE, v. *peau*, m. *kena*, s.

PRÉSENCE, sf. *nei, mua*, ms. en présence, chez, *io*, ms. en face, *i mua o ke alo*, s. en — de ses disciples, *i mua o ke alo o kana poe haumana*, s.

PRÉSENT, sm. cadeau, *taetae, tuuna*, m. *vairai, makana, aluna*, s. faire —, *makana*, — temps, *a nei*, ms. marque du — des verbes, *e*, ms. *ana, e kite, au*, m. je vois; être —, *noho*, ms.

PRÉSENTATION, sf. *tuuna*, m. *kuuna*, s.

PRÉSENTEMENT, adv. *i a nei*, ms.

PRÉSENTER, v. offrir, *tuu*, m. *kuu, haliu*, s.

PRÉSERVATION, sf. *tumauna*, m. *kumauna*, s.

PRÉSERVER, **v.** *tumau, komau,* ^m. *kumau,* ^s.

PRÉSIDENT, **sm.** *hakaiki, keapu.*^m. *haku,* ^s.

PRÉSIDER, **v.** *ririni.*^m. *kui,*^s.

PRÉSOMPTION, **sf.** *hakaieie,* ^m. *hooieie,* ^s.

PRÉSOMPTUEUX, **adj.** v. PRÉSOMPTION.

PRESQUE, **adv.** *mei, ili,* ^m. *mai, aiai, iki,* ^s.

PRESSE, **sf.** *mea patu,* ^m. *uma.* ^s. presse d'imprimeur. *mea patu hamani.* ^m. *paipalapala,* ^s.

PRESSÉ, **adj.** foulé, *tita,* ^m. *papaipaa,* ^s. serré, *kikina.* ^m. *kupinai,* ^s. pressé à cause d'occupation, *paapu,* ^s.

PRESSENTIMENT, **sm.** *makao,* ^m. *manao,* ^s.

PRESSER, **v.** serrer, *oomi,* ^m. *uma uumi, oka, oke,* ^s. fouler, *haamuhani,* ^m. *uhauhau,* ^s. se presser, hâter, *kemu,* ^m. *kikina,* ^s. se — à cause de la multitude, *like.*^s. — avec un levier, *une,* ^s. comprimer, *mototita,* ^m. *opa,* ^s. solliciter, *nonoi,* ^{ms}.

PRESSURER, **v.** *holoholoi,* ^s.

PRESTIGE, **sm.** *tipai ia,* ^m. *meapunipuni,* ^s.

PRÉSUMER, **v.** *haa metoo,* ^m. *hoomanao,* ^s.

PRÊT, **adj.** *hao, eeu,* ^s. tenir prêt, *liuliu,* ^s.

PRÉTENDANT, **sm.** v. PRÉTENDRE.

PRÉTENDRE, **v.** *makimaki,* ^m. *makemake, hooululu, lave ohumu,* ^s.

PRÉTENDU, **adj.** *teka, paea,* ^m. *evaeva,* ^s.

PRÉTENTIEUX, **adj.** *hakaieie,* ^m. *hooieie,* ^s.

PRÉTENTION, **sf.** *hooululu ana,* ^s.

PRÊTER, **v.** *tuu atu,* ^m. *kuu aku, haari.* ^s.

PRÉTEXTE, **sm.** *mea teka,* ^m. *mea eraera,* ^s.

PRÉTEXTER, **v.** *haameamea,* ^m. *hoomeamea,* ^s.

PRÊTRE, **sm.** *taua.* ^m. *kahuna,* ^s. grand-prêtre, *taua nui.* ^m. *kahuna nui,* ^s. — des idoles. *kahuahaa.* ^s.

PRÊTRESSE, **sf.** *tauavahine,* ^m. *kahunarahine,* ^s.

PRÊTRISE, **sf.** *tauana,* ^m. *kahuna ana.* ^s.

PREUVE, **sf.** *haatia, mea haakite,* ^m. *mea hoike,* ^s.

PRÉVALOIR, **v.** *puni. holopapa,* ^s.

PRÉVARICATEUR, **sm.** *mikeo,* ^m. *larehala,* ^s.

PRÉVARICATION, **sf.** *mikeo,* ^m. *ino,* ^m. *hera,* ^s.

PRÉVARIQUER, **v.** *uotahi, mikeo,* ^m. *hera, kina, hala, larehala,* ^s.

PRÉVENANCE, **sf.** *koekoe,* ^m. *koikoi, aho,* ^s.

PRÉVENANT, **adj.** *meitai,* ^m. *maikai, aho,* ^s.

PRÉVENIR, **v.** avertir, *peau,* ^m. *i, hooike,* ^s. venir le premier, *hoorikiriki,* ^s. aller prévenir quelqu'un, *puta i te keee,* ^m.

PRÉVENU, **adj.** *hakatioa,* ^m. *hera,* ^s.

PRÉVISION, **sf.** *vanana,* ^{ms}.

PRÉVOIR, **v.** *ite i mua,* ^m. *ike i mua,* ^s.

PRÉVOYANT, **adj.** *auae,* ^s.

PRIE-DIEU, **sm.** *paepae,* ^{ms}.

PRIER, **v.** *pure,* ^m. *pule,* ^s. prier quelqu'un, *noi, nonoi,* ^{ms}. — journellement, *paamua,* ^s. priez pour nous, *e pule oe no makou,* ^s.

PRIÈRE, **sf.** *pure,* ^m. *pule,* ^s. prière

publique, *ahapule*, [s]. — du matin, *pure popoui*, [m]. — du soir,
pure *hiamoe*, [m].

PRIMAIRE, adj. *i mua*, [ms].

PRIMITIF, adj. *tumu*, [m]. *kumu*, [s].

PRIMORDIAL, adj. v. PRIMITIF.

PRINCE, sm. *hakaili*, [m]. *alii*, *haku*, [s].

PRINCESSE. sf. *tahia*, [m]. *aliirahine*, [s].

PRINCIPAL, adj. v. PRIMITIF.

PRINCIPE, sm. *tumu*, [m]. *kumu*, [s].

PRISE, sf. *hopu*, [ms]. pincée, *pio,
pito*, [m].

PRISON, sf. *hachumu*, [m]. *halepaahao, papai*, [s].

PRISONNIER, sm. *humua*, [m]. *paopao*, [s]. faire prisonnier, *hopu,
hopuhopu*, [ms].

PRIVATION, sf. *kana, nana*, [m]. *hakahaka ana*, [s].

PRIVÉ, adj. dépouillé, *holoaa*, [s].
seul, *mehameha*, [s].

PRIVER, v. ôter, *kave, ave*, [ms]. *lave*, [s]. se priver, *kano*, [m]. apprivoiser, *hakavae*, [m]. *hoorae*, [s].

PRIVILÉGE, sm. *mau* [m]. *malu*, [s].

PRIVILÉGIÉ, adj. *mau*, [m]. *kulia,
maluia*, [s].

PRIX, sm. *tumu*, [m]. *kumu*, [s]. prendre une chose à prix fait, *paaua*, [s].
rabattre le —, *lole*, [s].

PROBABLE, adj. *mea ole*, [m]. *mea
hana, paha*, [s].

PROBE, adj. *toitoi*, [m]. *koikoi*, [s].

PROBITÉ, sf. *toitoi meitai*, [m]. *loko
maikai*, [s].

PROBLÉMATIQUE, adj. *puehu*, [m].
aole loaa, [s].

PROBLÈME, sm. problème de ma-
thématiques, *manchai*, [s].

PROCÉDÉ, sm. *hana*, [ms].

PROCÉDER, v. procéder de, *to*. [m].
ko. [s]. émaner, *tihe*, [m].

PROCÈS. sm. *pii*, [s].

PROCHAIN, adj. *tata*. [m]. *mai, koke*, [s].

PROCHE. adj. *tata*, [m]. *mai, koke*, [s].
très proche, *tata eka*, [s].

PROCLAMATION, sf. *haakite*, [m]. *hooike ana*, [s].

PROCLAMER, v. *haakite*. [m]. *hooike*, [s].

PROCRÉATION, sf. *haatupuna*, [m].
hanau ana, [s].

PROCRÉER, v. *hanau*, [ms]. *haatupu, to*, [m]. *ko*, [s].

PRODIGE, sm. *mahao*, [m]. *hanakikiu, kupanaha*, [s]. faire des pro-
diges, *hoomana*, [s]. — surprenant,
mana, [s].

PRODIGIEUX, adj. *mahao*, [m]. *kamaue, kupanaha*, [s].

PRODIGUE, adj. *pureterete pu*, [m].
hokai raivai, [s].

PRODIGUER, v. *pureterete, kai*, [m].
hokai, maunauna, [s].

PRODUCTION, sf. *peena*, [m]. *poku-
pu ana*, [s].

PRODUIRE, v. croître, *haapuu (puku)*, [m]. *hookupu*, [s]. engendrer, *to,
haapuu, tupu*, [m]. *ko*, [s].

PRODUIT, sm. *puuna*. [m]. *okupu
ana*, [s].

PROFANE, adj. *meie*, [m]. *kapu ole*, [s].

PROFANER, v. *ootahi, taiho*, [m].
avia, [s].

PROFÉRER, v. *tekao*, [m]. *olelo*, [s].

PROFESSER, v. enseigner, *hakaako*, [m]. *hooao*, [s].

PROFESSEUR, sm. *tumuao*, [m]. *hakaolelo, kumuao*, [s].

PROFESSION, sf. état, métier, *hana*, [m]. *ohana*, [s].

PROFIT, sm. *mea meitai*, [m]. *mea
maikai*, [s].

PROFITABLE, **adj.** *meitai*, [m]. *mai-kai, pono, nani*, [s].

PROFITER, **v.** *haameitai*, [m]. *hoo-maikai*. [s].

PROFOND, **adj.** *hohonu*, [ms]. *kaka*, [m]. *aakolu*. [s].

PROFONDEUR, **sf.** *loko*, [s]. *hoho-nu*, [m].

PROFUSION, **sf.** V. PRODIGUE.

PROGRAMME, **sm.** *papa*, [ms].

PROGRÈS, **sm.** *hakanui*, [m]. *hoo-nui*, [s].

PROGRESSIF, **adj.** *hakanuinui*, [m]. *hoonui*, [s].

PROHIBER, **v.** *kahui, haatapu*, [m]. *hookapu, lalui*. [s].

PROHIBITION, **sf.** *tapu, kahu*, [m]. *kapu, lalai*. [s].

PROJECTION, **sf.** *papaina*, [m].

PROJET, **sm.** *metao*, [m]. *manao*, [s]. *entreprise, kanu*. [ms].

PROJETER, **v.** former un projet, *metao*, [m]. *manao*, [s]. lancer, *ka-mu*, [m]. *hakao*, [s].

PROLONGER, **v.** *toi*, [m]. *koi*, [s].

PROMENADE, **sf.** allée, *ika*, [m]. action de se promener, *heke*, [m]. *he-le, kolo ana*, [s].

PROMENER (se), **v.** *heke*, [m]. *hele, kolo, holoholo*, [s].

PROMESSE, **sf.** *kaoha*, [m]. *aloha, hoo-papau*, [s]. promesse solennelle, *ohipa*, [s]. violer sa —, *hoohaiaha-la*, [s].

PROMETTRE, **v.** *hooko, hoohi-ki*, [s].

PROMONTOIRE, **sm.** *lae*, [s].

PROMPT, **adj.** *veve, poihoo (hoko), pokihoo*, [m]. *eeu, hikivave, va-ve*, [s].

PROMPTEMENT, **adv.** *veve*, [m]. *va-ve, emo ole*, [s].

PROMPTITUDE, **sf.** *veve*, [m]. *vave*, [s].

PROMULGATION, **sf.** *haakitena*, [m]. *hooike ana*, [s].

PROMULGUER, **v.** *haakite*, [m]. *hooke, hoolaha*, [s].

PRONONCER, **v.** *tekao*, [m]. *olelo, puai*, [s].

PROPAGATION, **sf.** *haapetipetina*, [m]. *haapalapala ana*, [s].

PROPAGER, **v.** *haapetipeti*, [m]. *hoo-palapala*, [s].

PROPENSION, **sf.** *iho*, [m]. *aho*, [s].

PROPHÈTE, **sm.** *kilo, haala*, [s].

PROPHÉTIE, **sf.** *ratana*, [s]. *vana-na*, [ms].

PROPHÉTISER, **v.** *vanana*, [ms]. *hai-na*, [s].

PROPICE, **adj.** *terae, kaoha*, [m]. *aho-nui, aloha*, [s].

PROPITIATION, **sf.** *mohaiala, laka ana o ka hera*, [s].

PROPORTION, **sf.** *hoohalikelike*, [s].

PROPOS, **sm.** occasion, *feii*, [m]. *ku pono*, [s]. à propos, *ua pono*, [s].

PROPOSER, **v.** *tuu*, [m]. *kuu*, [s].

PROPRE, **adj.** qui appartient à quelqu'un, *akatia*, [m]. *ponoi, ka-pa*, [s]. qui peut servir, en parlant des personnes, *ako*, [m]. — des choses, *feii*, [m]. *pono*, [s]. net, *ta-haha*, [m]. *akaaka, avae, hie, uo-uo*, [s]. nom propre, *inoa kapa*, [s]. votre — enfant, *kau keiki po-noi*, [s].

PROPRETÉ, **sf.** *mea tahaha*, [m]. *mea akaaka*, [s].

PROPRIÉTAIRE, **sm.** *akatia, hakai-ki*, [m]. *haku*, [s].

PROPRIÉTÉ, **sf.** *taetae, tumu*, [m]. *raivai, kumu*, [s]. sans propriété, *kueva*, [s].

PROROGER, **v.** *toi*, [m]. *koi*, [s].

PROSPÉRER, **v.** *haameitai*, [m]. *hoo-maikai, laku*, [s].

PROSPÉRITÉ, sf. *mea meitai,* m. *mea maikai, ohaha, laku,* s.

PROSTERNATION, sf. *ohatina,* m. *kukuli ana,* s.

PROSTERNER (se), v. *oha,* m. *hoohina, hookulou, kukuli,* s.

PROSTITUÉE, adj. une prostituée, *nene,* m. *kamakama,* s.

PROSTITUER, v. *haanene,* m. *hookamakama,* s.

PROSTITUTION, sf. *haanenena,* m. *hookamakama ana, panipani.*

PROTECTEUR, sm. v. PROTÉGER.

PROTECTION, sf. *mau,* m. *malu, puuhonua, aho,* s. nous nous plaçons sous votre protection, *ke holo nei makou i kou puuhonua,* s.

PROTÉGÉ, adj. *kopake,* m. *kulia,* s.

PROTÉGER, v. *haamau,* m. *hoomalu,* s.

PROTESTATION, sf. *hakakee,* m. *ohipa,* s.

PROTESTER, v. *hakakee,* m. *ohipa, hoohipa,* s.

PROTOTYPE, sm. *tumu,* m. *kumu.* s.

PROTUBÉRANCE, sf. *puutike,* m. *opuu, puupuu,* s.

PROUVER, v. *haaite,* m. *hoike, hooakaka,* s.

PROVENIR, v. *tihe, to,* m. *ko,* s.

PROVERBE, sm. *kakiu,* m.

PROVINCE, sf. *aina, henua, honua,* ms.

PROVISION, sf. pour un voyage, *o,* s.

PROVOCATION, sf. *tuhituhina,* m. *kuhikuhi ana,* s.

PROVOQUER, v. *tuhituhi,* m. *kuhikuhi, naukiuki, aa, ie,* s.

PROXIMITÉ, sf. *tata,* m. *koke,* s.

PRUDENCE, sf. *atamai,* m. *akamai,* s. sans prudence, *hoohemahema,* s.

PRUDENT, adj. v. PRUDENCE.

PRUNELLE, sf. de l'œil, *onohi,* s.

PRURIT, sm. *tikao, hakamaneo,* m. *hoomaneoneo.* s.

PUANT, adj. *piau,* m. *vilu, pelapela.* s.

PUANTEUR, sf. *mea piau,* m. *hauna, haunana, pilau, pipilo,* s.

PUBIS, sm. *tia,* m.

PUBLIC, adj. *itea,* m. *ikeia, laha, kala,* s. crieur public, *kala,* s. le —, peuple, *poi,* m. *poe,* s.

PUBLICAIN, sm. *lunaauhau,* s.

PUBLICATION, sf. v. PUBLIER.

PUBLIER, v. *haukite,* m. *hooike, hoolaha, hoolono, hai,* s. publier un livre, *kau, hookaulana,* s. — une loi, *tuhau i te mau,* m.

PUCE, sf. *komata, koomitai,* m. *uku, ukuleki, ukulele,* s.

PUDEUR, sf. *hakaina,* m. *viro,* s. sans pudeur, *viro ole,* s.

PUDICITÉ, sf. *taitai,* m. *maemae ana,* s.

PUDIQUE, adj. *meitai,* m. *maemae,* s.

PUER, v. *piau, tukia,* m. *hau, pilau,* s.

PUÉRIL, adj. *keiki,* ms.

PUÉRILITÉ, sf. *mea keiki,* ms.

PUIS, adv. *i mai,* ms.

PUISER, v. *apu, hapu,* m. *huni, hukuhi, hapu,* s.

PUISQUE, conj. *ai, i,* ms. *ta te mea,* m. puisque vous obéissez, Dieu vous récompensera, *ta te mea to oe, vaiei ai o Atua ia oe,* m.

PUISSANCE, sf. *ao, mana,* ms. *lima,* s. *iima,* m. la puissance, gouvernement, *rivini,* m.

PUISSANT, adj. *mana,* ms. fort puissant, *kakauha,* s. tout-puissant, *mana noa (loa),* ms.

PUITS, sm. *heuavai,* [m]. *puna, punavai,* [s].

PULLULATION, sf. *haanuinui,* [m]. *hoopulapula ana,* [s].

PULLULER, v. *haanuinui,* [m]. *hoomuinui, hoopulapula,* [s].

PULSATION, sf. *naki, taki, tani,* [m]. *kani,* [s].

PULVÉRISATION, sf. *okaoka ana,* [s].

PULVÉRISER, v. *okaoka, vali,* [s].

PUNIR, v. *huhu, pio,* [ms]. *hoomainoino, oki, luku,* [s]. punir un innocent, *hoopea,* [s]. — les rebelles, *molia i ka poe kipi,* [s].

PUNITION, sf. *umu,* [m]. *uku,* [s]. éviter une punition, *minamina,* [s].

PUPITRE, sm. *pahupalapala,* [s].

PUR, adj. *lailai,* [m]. *maemae,* [s]. non mêlé, *maokioki,* [s]. ciel pur, sans nuages, *paihi,* [s].

PURETÉ, sf. V. PUR.

PURGATIF, adj. *liheke,* [m].

PURGATION, sf. *haataitaina,* [s]. *hoomaemae ana,* [s].

PURGATOIRE, sm. *kahi noho hoomaemae,* [s].

PURGE, sf. *hi,* [ms].

PURIFICATION, sf. *haataitaina,* [m]. *hoomaemae ana,* [s].

PURIFIER, v. *haataitai,* [m]. *hoomaemae,* [s].

PUS, sm. *piau, mea heke piau,* [m]. *maihehe,* [s].

PUSILLANIME, adj. *aie te ii,* [m].

PUSILLANIMITÉ, sf. *hopo,* [ms].

PUSTULE, sf. *maki,* [m]. *maihehe,* [s].

PUTRÉFACTION, sf. *fefe, honohono,* [m]. *kahuki,* [s].

PUTRÉFIER, v. *fefe,* [m]. *palakahuki,* [s].

PUTRIDE, adj. *fefe, hehe,* [m]. *maihehe,* [s].

PYRAMIDE, sf. *halepakui,* [s].

PYRAMIDAL, adj. *momio,* [s].

Q.

QUADRUPÈDE, sm. *holoholona vavae eha,* [s].

QUADRUPLE, adj. *ehapa,* [s]. *ehatina,* [m].

QUADRUPLER, v. *hana ehatina,* [m]. *hana ehapa,* [s].

QUAND, adv. *hea?* [ms]. quand, par rapport au passé, *i na hea,* [ms]. — par rapport à l'avenir, *hea,* [ms]. — êtes-vous venu? *i na hea oe i hele mai ai?* [s]. lorsque, *i a (ia),* [ms]. — la mort viendra, *ia tiha mai te mate,* [m].

QUANT, adv. *i, e, o,* [ms]. quant à moi, *o vau,* [ms]. quant à toi, *o oe,* [ms].

QUANTITÉ, sf. *puu,* [s]. en très grande quantité, *lehulehu loa,* [s].

QUARANTAINE, sf. *toha,* [m]. *hookahi kanaha,* [s]. une quarantaine de jours, *hookahi kanaha la,* [s].

QUARANTE, adj. num. *etahi toa, eua tekau, eha onohuu,* [m]. *iako, kaau, kanaha,* [s]. quarante mille, *keni aumi manu,* [s].

QUATORZE, adj. num. *onohuu me eha,* [m]. *umi kuma ma ha,* [s].

QUATORZIÈME, adj. num. V. QUATORZE.

QUATRE, adj. num. *ha, aha, eha,* [ms]. quatre cent mille, *lehu,* [s].

QUATRE-VINGTS, adj. num. *eha tekau,* [m]. *kanavalu,* [s].

QUATRIÈME, adj. num. *eha,* [ms].

quatre fois, *paha.*ˢ. *ua tina cha,*ᵐ.

quatre cents. *uau,* ᵐ.

Que, **conj.** *i,* ᵐˢ. d'où vient que, *pehea,* ᵐˢ. que dire de l'homme coupable? *pehea ke kanaka heva?*ˢ. — c'est long! *poi oa !*ᵐ.

Que, **pron.** *cha, e aha, i,* ᵐˢ. qu'est ceci? *he aha ia?* qu'est-ce que cela? *cha la ka mea?*ˢ. que désirez-vous? *cha te hia?* ᵐ.

Quel, **pron.** *cha,* ᵐˢ. *kahi,* ˢ. dans quel jour? *ma ka la hea?*ˢ. quel est votre nom? *cha te inoa?*ᵐ. quelle nouvelle? *cha te tekao !*ᵐ. quel homme, *cha enana !* ᵐ.

Quelque. **adj.** *rahi,* ᵐˢ. *kahi,* ˢ.

Quelquefois, **adv.** *i tahi a,* ᵐ.

Quelqu'un, **sm.** *etahi,* ᵐ. *ekahi, hai, vai,* ˢ. quelques-uns, *huna etahi,* ᵐ. *kakahikahi,* ˢ.

Querelle, **sf.** *toua, mea peke,* ᵐ. *kaua, hakaka, pahani, poku,* ˢ.

Quereller, **v.** *hakatoua,* ᵐ. *hakaka,* ˢ.

Question, **sf.** *uina,* ᵐˢ. *niele, ninau,* ˢ. décider une question, *kuka,* ˢ. faire beaucoup de —, *nieniele,* ˢ. mettre à la question, *poipoi,* ˢ.

Questionner, **v.** *ui, uiui,* ᵐˢ. *ninau, niele,* ᵐˢ.

Quête, **sf.** *ape ana,* ˢ.

Quêter, **v.** *ape,* ˢ.

Queue, **sf.** *kee, veo,* ᵐ. *velo, huelo, huekai,* ˢ. queue de poisson, *peka,* ᵐ.

Qui, **pron.** *vai, ia vai, i,* ᵐˢ. *na-*

na, ˢ. par qui êtes-vous instruit? *na vai oukou i ao aku?*ˢ. qui a ouvert la porte? *vai ua pepeu te puta?* ᵐ. qui êtes-vous? *vai?*ᵐˢ. à qui, *na vai,* pour qui, *no vai,*ᵐˢ. qui est venu? *o vai i hele mai,* ˢ. pour qui cela? *no vai ke ia mea?*ˢ. Dieu qui a créé le ciel et la terre, *he Akua, nana i hana i ka lani, a me ka honua,* ˢ. Très souvent on répète l'article pour remplacer le pronom relatif; la même phrase se dirait donc très bien; *te pepena ani, te pepena henua,* ᵐ.

Quiconque. **pron.** *o te mea,* ᵐ. *o ka mea, o ka, mea a pau,* ˢ.

Quiet, **adj.** *pi anae iho,* ᵐ. *akahei,* ˢ.

Quille, **sf.** *kaeleraa,* ˢ.

Quinquet, **sm.** *pukoeama,* ᵐ.

Quinze, **adj.** **num.** *onohuu me a iima,* ᵐ. *umi kuma ma lima,* ˢ.

Quinzième, **adj.** **num.** V. **QUINZE.**

Quittance, **sf.** *ua pao,* ᵐ. *ua pau,*ˢ.

Quitter, **v.** partir, *hee, heke,* ᵐ. *hele,* ˢ. abandonner, *titii,* ᵐ. *haalele, raiho,* ˢ. quitter quelqu'un brusquement, *hoonainai,* ˢ.

Quoi, **pron.** *aha, e aha, ha, hea.* ᵐˢ. quoi de nouveau? *ha i a nei?* ᵐˢ.

Quoique, **conj.** *e ha,* ᵐˢ.

Quotidien, **adj.** *no te a nei,* ᵐ. *no neia la,* ˢ. donnez-nous notre pain quotidien, *a tuu mai oe ia matou i to matou mea kai no te a nei,* ᵐ. *e haavi mai oe ia makou i keia la i ai na makou no neia la,* ˢ.

R.

RABAISSEMENT, **sm.** *haaemitina,* m. *hooemi ana,* s.

RABAISSER. **v.** *haaemi, tuu mei una.* m. *hooemi. lole.* s.

RABATTRE, **v.** V. RABAISSER.

RABOT, **sm.** *kuka,* m. *koekaki,* s.

RABOTER, **v.** *kuka.* m. *aikepa.* s.

RABOTEUX, **adj.** *talaa. talata.* m. *kalakaka, paeraera. apaupuu,* s.

RABOUTIR, **v.** *poho,* m. *pakui.* s.

RACCOMMODER, **v.** *hono. puhono.* s. raccommoder un habit, *humu,* m. *pinai.* s.

RACCOURCIR, **v.** *haatata, haaiti.* m. *hooiki,* s.

RACCOURCISSEMENT, **sm.** V. RACCOURCIR.

RACE, **sf.** famille. *huaa.* m. *ohana,* s. suite d'ancêtres, *mookupuna,* s. postérité, *pulapula, anoano,* s. nation, *poi,* m. *poe,* s. race de vipères, *ohana moonihaava,* s.

RACHETER, **v.** *hoko hakaua,* m. *panai, hoola,* s.

RACINE, **sf.** *aka, hua,* ms. racine principale d'un arbre, *mole,* s. — secondaire, *aa,* s. fondement. source, *tumu, too,* m. *kumu,* s.

RACLER, **v.** *vau,* m. *valu,* s.

RACONTER, **v.** *peau, tekao, hai,* m. *olelo, hai, haina,* s.

RADIANT, **adj.** *manamana,* ms. *kaa ana.* s.

RADIATION, **sf.** *manamanana,* ms.

RADIER, **v.** *manamana,* ms. *kaa,* s.

RADIEUX, **adj.** *tahakahaka,* m. *oakaaka,* s.

RADIS, **sm.** *uolia pilao,* s.

RADOTER. **v.** *lalau.* s.

RADOUCIR. **v.** *haamanini,* m. *hoomanalo.* s.

RAFALE. **sf.** *ino.* s.

RAFFERMIR, **v.** *hakamau,* m. *hoomau.* s.

RAFRAÎCHIR, **v.** *haamohu,* m. *hoomaalili.* s.

RAFRAÎCHISSANT. **adj.** *mau,* m. *olu, malu.* s. *anu.* ms.

RAFRAÎCHISSEMENT, **sm.** V. RAFRAÎCHISSANT, *anuanu.* ms.

RAGE, **sf.** *hiaki,* m. *huahua, kupikipikio,* s. grande colère, *huhu.* ms.

RAIE, **sf.** *pae. pae,* m. *ala, pai,* s.

RAILLER, **v.** *faila, hini,* m. *henehene. era,* s.

RAILLERIE, **sf.** V. RAILLER.

RAILLEUR, **sm.** *enata hini,* m. *pakike.* s.

RAISIN, **sm.** *huavino,* ms. on dit aussi *huavaina.*

RAISON, **sf.** faculté de l'âme, *koekoe.* m. *nuau,* s. preuve, *haatia,* m. donner raison à quelqu'un, *haatia, haatika,* m. sans —, *pu,* ms. *vale,* s. Ces mots sont toujours après celui à qui ils appartiennent : par exemple : regarder sans —, sans motif. *tiohi pu,* m. *kiohi vale,* s.

RAISONNER, **v.** juger, *kukulu i ka olelo,* s. répliquer, *mikeo,* m. *ahu,* s.

RALLIEMENT, **sm.** *haapiitina,* m. *hoopili ana,* s.

RALLIER, **v.** *haapii,* m. *hanaale, hoopili,* s.

RALLONGER, **v.** *poho*, ^m. *holoihi*,^s.

RALLUMER, **v.** *ua hakaua*, ^m. *ua hou*, ^s.

RAMASSER, **v.** *mui*, *muimui*, ^{ms}. *mamau*, ^m. cueillir, *hutihuti*, ^m. *hooiliili*, ^s. mettre en paquets, *lapulapu*, ^s.

RAME, **sf.** rame de navire, *raka*,^m. *vaa*, ^s. — de papier, *papa*, ^{ms}. *apa*, ^s.

RAMEAU, **sm.** *manamana*, ^{ms}. *lala*, ^s.

RAMENER, **v.** *hoopae*, ^s.

RAMER, **v.** *raka*, ^m. *vaa*, ^s.

RAMIFICATION, **sf.** *manamana*, ^{ms}.

RAMIFIER (se), **v.** v. RAMIFICATION.

RAMONER, **v.** *puehu i te tapuahi*, ^m.

RAMPER, **v.** *oni*, ^m. *hookai*, *kokolo, anee*, ^s.

RANÇON, **sf.** *kumukuai*, ^s.

RANCUNE, **sf.** *huhu mau*, ^{ms}.

RANCUNEUX, **adj.** *haamau*, ^m. *hoomau*, ^s.

RANG, **sm.** *papa*, ^{ms}. ordre, *pavei*,^m. *papa*, ^s. en rang, *papa*,^{ms}. se mettre en —, *kulalani*, ^s.

RANGÉ, **adj.** *papa*, ^{ms}.

RANGÉE, **sf.** v. RANG.

RANGER, **v.** *teetaha*, ^m. *hoopapa*, ^s. se ranger, *halia, kulalani*, ^s. — autour, *teetaha*. ^m. *alal*, ^s.

RANIMER, **v.** *haapohoe*,^m. *hooola*,^s. encourager, *hakaii*, ^m. *hooeu*, ^s.

RAPACE, **adj.** *kaioko*, ^m. *momomi*, ^s.

RAPACITÉ, **sf.** *kaiokotina*, ^m. *momomi ana*, ^s.

RAPE, **sf.** ustensile, *feke*, ^m. *apu*, ^s.

RAPER, **v.** *feke, oo, oto*, ^m. *apu*, ^s.

RAPIDE, **adj.** *veve*,^m. *vave*,^s. courant rapide, *koieie*, ^s.

RAPIDEMENT, **adv.** *veve*,^m. *vave*,^s. courir rapidement, *tohuti reve*,^m. *holokiki*, ^s. parler —, *tekao veve*, ^m. *olelo vave*, ^s.

RAPIDITÉ, **sf.** v. RAPIDE.

RAPIÉCER, **v.** *humu*, ^{ms}. *hono, pahono*, ^s.

RAPINE, **sf.** *kamo, hautina*. ^m. *hookaha ana*, ^s.

RAPINER, **v.** *hiko, fau*,^m. *hau*, ^{ms}.

RAPPELER, **v.** faire souvenir, *haanetao*, ^m. *hoomanao, hoomanoo*, ^s. se rappeler, *koaa*. ^m. *loaa*, ^s. — quelqu'un, faire revenir, *verao hakaua*, ^m.

RAPPORT, **sm.** récit, *tekao*, ^m. *olelo*, ^s. relation indiscrète, *alapalu, holoholoolelo*, ^s. faux rapport, *kukahekahe*, ^s. faire de faux —, *aki*, ^s. par — à, *i, ko, to*, ^{ms}.

RAPPORTER, **v.** joindre, *tui*, ^m. *kui*, ^s. faire un récit, *tekao*, ^m. *olelo*, ^s. médire, *potohe*, ^m. *holoholoolelo*, ^s.

RAPPROCHEMENT, **sm.** *hakatatatina*, ^m. *hookoke ana*, ^s.

RAPPROCHER, **v.** *hakatata*, ^m. *hookoke*, ^s.

RARE, **adj.** clair-semé, *fatafata*, ^m. précieux, *minamina*, ^s.

RAREMENT, **adv.** *mea momo*, ^m.

RARETÉ, **sf.** rareté de vivres, *pili vale*, ^s.

RASÉ, **adj.** *mohoa*, ^m.

RASER, **v.** faire la barbe, *rau*, ^{ms}. *umiumi, ralu*, ^s. raser avec des ciseaux, *moho*, ^m. — la tête, *pitaka*, ^m. *koli*, ^s. —, effacer, *hanakai*, ^s.

RASOIR, **sm.** *kohe ani, naeve*, ^m. *pahiumiumi*, ^s.

RASSASIER, **v.** *haakona, makona, nano*, ^m. *hoomaona*, ^s. rassasié, *ua pake*, ^m. *kuhinea, pulu*, ^s.

RASSEMBLEMENT , **sm.** *kahui* , [m] *uluulu, aha*, [s].

RASSEMBLER. **v.** *haapii* , [m]. *hapuka , houluulu, hoopili*, [s]. se rassembler, *hookehe*, [s].

RASSEOIR , **v.** *noho*, [ms]. reposer, *haanoho*, [m]. *hoonoho*. [s].

RASSURER, **v.** *haatia, titii i te hamelau*, [m]. *hoomau*. [s].

RAT, **sm.** *kioe*, [m]. *iole*. [s]. rat pourri (terme injurieux des insulaires). *kio pa*. [m].

RATE. **sf.** *atemama*. [m]. *akemama*, [s].

RATIÈRE , **sf.** *paikokioe* . *maokioe*, [m].

RATIFICATION , **sf.** *haatiatina* , [m]. *aeia*, [s].

RATIFIER, **v.** *haatia*. [m]. *aeia*, [s].

RATION . **sf.** mettre à la ration . *maukoli*, [s].

RATIONNEL , **adj.** *koekoe* , [m]. *koikoi*, [s].

RATISSER, **v.** *oo, olo. rauvau* , [m]. *vavau*, [s].

RATISSURE, **sf.** *oolina. raravtina*, [m]. *vavau ana*, [s].

RATTACHER , **v.** *haapii* . [m]. *hoopili*, [s].

RATTRAPER, **v.** *hemo hakaua*, [m].

RATURE, **sf.** *ua makokoe*, [m]. *kua*, [s].

RATURER, **v.** *makokoe*, [m]. *holoi*, [s].

RAVAGE. **sm.** *fau, hau*, [m]. *hookai, maunauna*, [s].

RAVAGER, **v.** V. RAVAGE.

RAVALER, **v.** *honika hakaua*, [m].

RAVE, **sf.** *uoliapilao*, [s].

RAVI, **adj.** *ekaeka*, [m]. *ohiohio*, [s].

RAVILIR, **v.** *haape*, [m]. *hooino*, [s].

RAVILISSEMENT, **sm.** *mea haape*, [m]. *hooino ana*, [s].

RAVIN, **sm.** *puale*, [s]. bord d'un ravin, *lapa*, [s]. — sur le penchant d'une colline, *opata*, [m]. *opaka*, [s].

RAVIR. **v.** *kamo, hau*, [m]. *hookahalu*. [s].

RAVISSANT . **adj.** *haaekaeka* , *akanahau. hoohiohio*. [s].

RAVISSEMENT. **sm.** *hopaina*, [m]. *lareia*. [s].

RAYON. **sm.** *hihi, moteo*, [m]. *kukuna*. [s]. rayon du soleil. *kopu aomati*. [m]. — de miel , *raiho namoli*. .

RAYONNANT. **adj.** *me te aomati*, [m].

RAYONNEMENT. **sm.** *kaa ana*, [s].

RAYONNER. **v.** *ka, kaa*, [s]. *hinahina*. [ms].

RÉ. dans les composés , se rend, aux des Marquises , par *hakaua*, aux Sandwich. par *hou*, et quelquefois par *iho*. [ms].

RÉALISATION , **sf.** *haatia tohu* , [m]. *hooio ana*, [s].

RÉALISER. **v.** *haatia*, [m]. *hooio*, [s].

RÉALITÉ, **sf.** *tia tohu*. [m]. *io*. [s].

REBELLE , **sm.** *mikeo*, [m]. *kipi, kipikipi*, [s]. les rebelles, *poe kipi*, [s]. punir les rebelles, *molia i ka poe kipi*. [s].

RÉBELLION , **sf.** *mea mikeo* , [m]. *kimopo*, [s].

REBOURS, **sm.** *paueo*, [m]. tourner à rebours, *paueo, ana*, [m].

REBRASSER, **v.** *kae*, [m].

REBUT. **sm.** *ehu, epo*, [ms].

REBUTANT. **adj.** *matakoe*. [m].

REBUTER, **v.** *titii*, [m]. *hooole*, [s].

RÉCALCITRER, **v.** *tohe*, [m]. *keehi*, [s].

RECÉLER , **v.** *hakana, haana* , [m]. *hoonalo*, [s].

RÉCEMMENT, **adv.** *hou nei*, [ms].

RÉCENT, **adj.** *hou*, [ms].

RÉCEPTION , **sf.** *koaatina* , [m]. *loaa ana*, [s]. réception d'un bienfait, *makahahi*, [s].

RECEVOIR , **v.** *atufa, koaa* , [m]. *lo-*

...aa, [s]. recevoir quelqu'un chez soi, *hookipa*, [s]. j'ai reçu un couteau, *i loaa mai ia'u rahi pahi*, [s]. accueillir, — bien, *taraiei*, [m]. — mal, *anatia*, [m]. *hookipa*, [s].

RÉCHAUFFER, **v.** *haamahana hakaua*, [m]. *hoopunana, hoomahana hou*, [s].

RECHERCHE, **sf.** *umihina, imitina*, [m]. *imi ana*. [s].

RECHERCHÉ. **adj.** *meamakimaki*, [m]. *mea makemake. kulia*. [s].

RECHERCHER, **v.** *umihi*, [m]. *imi*. [ms].

RECHUTE, **sf.** *mikeo iho*, [m]. *hera iho*, [s].

RÉCIPROQUE, **adj.** Cet adjectif se traduit par les particules *mai* et *atu (aku)*. [ms]. qui suivent le mot auquel elles se rapportent, le mot même est répété devant chaque particule: par exemple : amour réciproque, *ue mai, ue atu*. [m].

RÉCIT, **sm.** *peau, tekao*, [m]. *olelo*, [s].

RÉCITATION, **sf.** *vanana*, [ms].

RÉCITER, **v.** *peau, tekao, pipi*. [m]. *olelo. helu*. [s]. réciter à l'oreille, *kau*, [s]. — seul, *pipi tootahi*, [m].

RÉCOLTE, **sf.** *kiihi, tuaana*, [m]. *olala*, [s]. temps de la récolte, *aioo*, [s].

RÉCOLTER, **v.** *oti*, [m]. *oki*. [s].

RECOMMENCER, **v.** *hua i te tuaau, mao, hana hakaua*, [m]. *hana hou*, [s].

RÉCOMPENSE, **sf.** *utuna*, [m]. *uku ana, kipe*, [s].

RÉCOMPENSER, **v.** *utu, tui*, [m]. *uku, uku maikai*, [s].

RÉCONCILIATEUR, **sm.** *hano*, [m]. *hoopu, kao, uao, uvao*, [s].

RÉCONCILIATION, **sf.** *toua oa, hano*, [m]. *hoolaulea ana*, [s].

RÉCONCILIER, **v.** *toua oa*, [m]. *hoolaulea, uvao*, [s]. réconcilier quelqu'un par des présens, *hoomana-*

ralea, [s]. — avec Dieu, *hoolaulea mai i ke Akua*, [s].

RECONNAISSANCE. **sf.** *koekoe meitai*, [m]. *koikoi maikai*. [s].

RECONNAISSANT. **adj.** *aie pio*, [m]. *loko maikai, haomau*. [s].

RECONNAÎTRE. **v.** avouer, *hai atu*. [m]. *haiaka, hooiaio*, [s]. connaître de nouveau, *ite hakaua*. [m]. *ike hou*. [s].

RECONNU. **adj.** *itea*. [m]. *ikea*. [s].

RECONQUÉRIR. **v.** *pio*, [m]. *hakaua*, [m]. *kunaina hou*, [s].

RECONSTRUIRE. **v.** *kanea hakaua, kakalu hou*. [s].

RECOURBÉ. **adj.** *hipa*, [m]. *kapakahi, koe*. [s].

RECOURBER, **v.** *fana, oha*, [m]. *kalai, pauka*, [s].

RECOUVRIR. **v.** *hahai*, [s].

RECOURS, **sm.** refuge, *kanaho*, [s]. avoir recours, *hahai*, [s].

RÉCRÉATION, **sf.** *keukeu*, [m]. *kaokao ana*. [s].

RÉCRÉER, **v.** *keukeu*. [m]. *kaokao*, [s].

RECTIFICATION. **sf.** v. RECTIFIER.

RECTIFIER. **v.** *haatoitoi*, [m], *hoololiloi, lole*, [s].

RECTITUDE. **sf.** *toitoi*, [m]. *koikoi*, [s].

REÇU, **sm.** quittance, *ua pao*, [m]. *ua pau*, [s].

RECUEILLIR, **v.** *hutihuti*, [m]. *hooiliili*, [s].

RECULÉ, **adj.** *hatea*, [m]. *huemiia*, [s].

RECULER. **v.** *tute*, [m]. *kuemi*, [s].

RÉCUSER. **v.** *tohe*, [m].

REDEMANDER, **v.** *ui hakaua*, [m]. *noi hou*, [s].

RÉDEMPTEUR, **sm.** *tumu haapohoe*, [m]. *kalahala*, [s]. Dieu envoya le Rédempteur dans ce monde pour nous sauver, *e hoouna ke Akua i ke ao nei i ke kalahala e olai*, [s].

RÉDEMPTION, **sf.** *haapakerena*, [m]. *hoopakele ana*, [s].

RÉDIMER, **v.** *haapakere*, *haapohoe*, [m]. *hoopakele*, *hoola*, [s].

REDINGOTE, **sf.** *holoku*, *koloku*, [s].

REDIRE, **v.** *peau hakaua*, [m]. *hai hou*, [ms].

REDONDANT, **adj.** *laparau*, [m]. *leralera*, [s].

REDONDER, **v.** *hakanunui*, [m]. *hoonunui*, [s].

REDOUBLEMENT, **sm.** *nuinui*, [ms].

REDOUBLER, **v.** *haanui*, [m]. *hoonuinui*, [s].

REDOUTABLE, **adj.** *kametau*, [m]. *makaukau*, [s].

REDOUTER, **v.** *kametau*, [m]. *hehi makaakau*, [s].

REDRESSEMENT, **sm.** *pecina*, [m]. *hoopololei ana*, [s].

REDRESSER, **v.** *peciaa*, [m]. *hoopololei*, [s].

RÉDUCTION, **sf.** V. REDUIRE.

RÉDUIRE, **v.** forcer, *hapai*, [m]. *hookomikomi*, [s]. restreindre, diminuer, *haaiti*, [m]. *hooiki*, [s].

RÉDUPLICATION, **sf.** V. REDOUBLER.

RÉEL, **adj.** *ioiloi*, *iaioka*, *maoi*, [m]. *koikoi*, *io*, *maoli*, [s].

RÉELLEMENT, **adv.** *io*, [ms].

REFAIRE, **v.** *hana hou*, [ms]. *hana hakaua*, [m].

RÉFECTOIRE, **sm.** *pohokaina*, [m].

RÉFÉRER, **v.** V. RAPPORTER.

RÉFLÉCHI, **adj.** V. RÉFLÉCHIR.

RÉFLÉCHIR, **v.** *haametao*, *maakau*, *mamakau*, *otuto*, *otutotuto*, [m]. *manao*, *noonoo*, *kukakuka*, [s]. En parlant de la lumière, *alaula*, [s].

REFLET, **sm.** *alaula*, *anaha*, [s]. reflet souvent répété, *oakaka*, [s].

REFLÉTER, **v.** *hooalaula*, [s].

RÉFLEXION, **sf.** pensée, *metao*, [m]. *manao*, *noonoo ana*, [s]. réflexion des rayons, *oaka*, [s]. — des rayons dans l'eau, *laparai*, [s].

REFLUER, **v.** *heke mai hakaua*, [m]. *heke mai hou*, [s].

REFLUX, **sm.** *taineke*, [m]. *kaihele*, [s].

RÉFORME, **sf.** *haaloiloi*, [m]. *hooponopono*, [s].

RÉFORMER, **v.** V. RÉFORME.

RÉFRACTAIRE, **adj.** *enana tohe*, [m].

REFRÉNER, **v.** *hamu*, [ms]. *kupe*, [s].

REFROIDIR, **v.** *anu hakaua*, [m]. *hoomaii*, [s]. refroidi, *malili*, [s].

REFROIDISSEMENT, **sm.** *anu*, [m]. *haau*, [s].

REFUGE, **sm.** *kanaho*, *puuhonua*, [s]. lieu de refuge, *ahara*, [s]. celui qui n'a point de —, *kueca*, [s]. refuge des infirmes, *puuhonua no ka poe mai*, [s].

RÉFUGIE, **adj.** *opuua*, [m]. *malihiniu*, [s].

RÉFUGIER (se), **v.** *emi*, [ms]. *maloe*, *haloi*, *malihini*, [s].

REFUS, **sm.** *afiria*, *aoe*, [m]. *aole*, [s]. refus formel, *konia*, [s].

REFUSER, **v.** *pio*, [m]. *hoomomole*, *kaii*, [s]. refuser son consentement, *hoea*, *kuea*, *hooole*, *hoolahalaha*, [s]. — une invitation, *hoololohe*, [s]. — opiniâtrement, *tohe*, [m].

RÉFUTATION, **sf.** V. RÉFUTER.

RÉFUTER, **v.** *tona*, [m]. *hoole*, *koua*, [s].

RÉGAL, **adj.** *kaina*, [m]. *ahaaina*, [s].

RÉGALER, **v.** *hakakaina*, [m]. *hooahaina*, [s].

REGARD, **sm.** *malanana*, [m]. *makalono*, *hoomaka*, [s].

REGARDER, **v.** *afa*, *keana*, *nana*, [m]. *lono*, [s]. regarder attentivement, *tiohi*, [m]. *hakapouo*, *kiohi*, [s]. — la bouche ouverte, *havava*, [s]. — de loin, *makaikai*, [s]. — çà et là, *makai-*

kai, s. — en face. *heliu, haliu*, s.
— avec surprise, *hoaao, kakaa*, s.
taataa, m. — par curiosité, *makai*, s. — autour, *makaikai*, s. se
— avec complaisance, *tiohi*, m.
kikohi, kiohi, s. tu me regardes
de travers. *nena kou maka ia'u*, s.
regarder quelqu'un, être de son
ressort, *ta*, m. *ka, na*, s. cela te regarde, *na oe, ta oe*, m. cela me —,
ia'u, ms.

RÉGENCE. sf. *vivinina*, m. *alii*, s.

RÉGÉNÉRATION, sf. *haapohoena*, m.
hoola, s.

RÉGÉNÉRER, v. *haapohoe*, m. *hooola*, s.

RÉGENT. sm. *hakaiki*, m. *alii*, s.

REGIMBER, v. *tohe*, m. *hoopai*. s.

RÉGIME. sm. *kuono*, s.

RÉGIMENT, sm. *kohua enata toa*, m.
koa, kaua, s.

RÉGION. sf. *etahi*, m. *kahi, alakai*, s.

RÉGIR, v. *vivini*, m. *alii*, s.

REGISTRE, sm. *papa*, ms.

RÈGLE. sf. *mea tetau*, m. *hoopanopano*, instrument pour tracer des
lignes, *lula, rula*, s. (moderne).

RÉGLÉ. adj. *toitoi*, m. *pono*, s.

RÈGLEMENT, sm. *nohona*, ms.

RÉGLER, v. *vivini, haatoitoi*, m.
alii, hoopanopano, hoonoho, s.

RÈGNE, sm. *aupuni*, ms. *au*, s. sous
le règne de, *i ke au ia*, s.

RÉGNER, v. *vivini*, m. *alii*, s.

REGORGEMENT, sm. *haatahetahe*, m.
hanirii, s.

REGORGER, v. *tahe, kahe*, s. *hua*, ms.

REGRET, sm. *unu*, m. *mihi ana,
hopapau*, s.

REGRETTER, v. *memao, maimai,
makimaki*, m. *makemake, auve,
aue*, s. *ue*, ms. qui ne regrette
point, *hoohalahala*, s.

RÉGULARISATION, sf. *haatoitoina*, m.
hoopono, s.

RÉGULARISER, v. *haatoitoi*, m. *hoopono*, s.

RÉGULARITÉ, sf. v. RÉGULIER.

RÉGULIER, adj. *toitoi*, m. *pono*, s.
qui a les côtés réguliers, *opaka*, s.

REIN, sm. *hea, puhaka, puupaa*, ms.

REINE, sf. *atepeiu*, m. *aliirahine*, s.

RÉITÉRATION. sf. v. RÉITÉRER.

RÉITÉRER, v. *hana hou*, ms. *hana
hakaua*, m.

REJAILLIR, v. *pukina, tahetahe*, m.
halehale, pipipii, s. *huahua*, ms.

REJAILLISSEMENT, sm. *tahetahe-
na*, m. *kahekahe ana*, s.

REJETER, v. *arai, haaee*, m. *hoolele*, s. rejeter avec indignation.
pakikee, s. — avec mépris, *umoi*, m.
mai, hoovaharaha, s.

REJETON, sm. nouveau jet, *hui*, m.
eula, ahuaho, s. rejeton de la
canne à sucre, *kumimi*, s. — du
bananier, *huimeika, putee, taue*, m.
descendant, *mamo*, ms.

REJOINDRE, v. *tui hou*, m. *kui
hou*, s.

RÉJOUIR, v. *ekaeka*, m. *hauoli*, s.
se réjouir, *hahi, hoolaulea*, m.
olioli, s. réjouissez-vous! *e olioli
oe!* s.

RÉJOUISSANCE, sf. *ekaeka, kou-
koa*, m. *olioli ana*, s.

RELACHE, sf. *hakaee*, m. *hoolele*, s.

RELACHÉ, adj. *hopii*, m. *heahio*, s.

RELACHEMENT, sm. *mea tavee*, m.
lalahela, s.

RELACHER. v. mettre en liberté,
haapakeve, m. *hoopakele*, s.

RELATION, sf. liaison, *tuina*, m.
kuina, s. narration, *peau*, m. *olelo*, s.

RELÉGATION, **sf.** *pokia*, m. *malihiniia*, s.

RELÉGUER, **v.** *opuu*, m. *malihini*, s.

RELEVÉ, **adj.** haut, *ieie*, ms.

RELEVER, **v.** — ce qui est tombé, *haatu*, m. *hooku*, s. rétablir. *pohoe*, m. *pohala*, s. retrousser. *kokaha, tu hou*. m.

RELIER, **v.** lier de nouveau, *tui hakaua*, m. *kui hou*, s. relier un livre, *hanau*, ms.

RELIGION, **sf.** *pure*, m. *pule*, s. religion primitive, *pulehonua*, s.

RELIQUE, **sf.** *loe*, m. *koe*, s.

RELIRE, **v.** *tatau hakaua*, m. *helu hou*, s.

REMARQUE, **sf.** observation, *tiohitina*, m. *kiohi ana*, s.

REMARQUER, **v.** observer, *tiohi*, m. *kiohi*, s.

REMÈDE, **sm.** *opakau, epau*, m. *laaulapau, apu*, s.

REMERCIEMENT, **sm.** *kaoha*, m. *aloha*, s.

REMERCIER, **v.** pour accepter ou pour avoir accepté, *hakaoha*, m. *hoaloha*, s. pour refuser, *avai*, m.

REMETTRE, **v.** *momoa*, m. *makala*, s.

RÉMINISCENCE, **sf.** *hakatu*, m. *paa*, s.

RÉMISSION, **sf.** *tuuna*, m. *kala ana, kalahala*, s. rémission des péchés, *tuuna mai o te tau mikeo*, m. *kala ana o na hala*, s.

REMONTRANCE, **sf.** *onaki*, m. *hoomaino*, s.

REMORDS, **sm.** *ununa*, m. *mihi ana*, s.

REMPART, **sm.** *pa, papua*, ms.

REMPLACER, **v.** *pakahi*, s. ce verbe s'exprime ordinairement par les particules *mai*, et *atu (aku)*, ms. et le mot à qui elles se rapportent

se répète devant chacune d'elles se remplacer dans le travail, *hana mai, hana atu*, m..

REMPLI, **adj.** *nia. pi*, m. *piha, kolopu*, s. entièrement rempli, *papu*, s. le ciel et la terre sont remplis de votre gloire, *ua piha ka lani, a me ka honua i ka hanohano o kou nani*. s.

REMPLIR, **v.** *haapi. kikina*. m. *hoopiha. ukahi*, s. la maison se remplit. *ua kikina te hae*, m. remplir une tâche, *hoolara*, s.

REMPORTER, **v.** *are atu*, m. *lave aku*, s. remporter la victoire, *lanakia*, s.

REMUER, **v.** *keu, keukeu*, m. *hoalulu. oni. api*, s. agiter, exciter, *hoolomilumi*. s. ébranler, *hoonane*, s. remuer dans l'eau, *kavairai*. m. *kuolo*, s. déplacer, *nee, panee*. s. qui remue toujours, *viriito*. m. se remuer, *mahihiki*, s.

RÉMUNÉRATION, **sf.** *utuna*, m. *uku ana*, s.

RÉMUNÉRER, **v.** *utu*, m. *unu*, s.

RENAISSANCE, **sf.** *hanauna hou*, ms.

RENAÎTRE, **v.** *hanau hau*, ms.

RENCONTRE, **sf.** *tutaina*, m. *halavai ana*, s. rencontre de deux vagues, *mimiki*, s.

RENCONTRER, **v.** *tutai, tutaki*, m. *halarai, hoouku, loo, loaa*, s. (le dernier est unipersonnel.)

RENDRE, **v.** *tuu atu*, m. *kuu aku, hoihoi, uku*, s. s'acquitter, *hooko*, s. rendez-moi la joie et la paix, *e hoihoi mai ia'u i ka hauoli me ka aloha*, s. Ce verbe dans la signification de *faire* est exprimé par *haa, haka*, m. et par *hoo*, s. qui se réunissent au mot au commencement, par exemple : rendre

juste, *haatoitoi*, ^m. *hoopono*, ^s.
— sacré, *hakatapu*,^m. *hookapu*,^s.
— intelligible, *hookaka*, ^s.
RENDURCIR, v. *haafeo, haaheo*, ^m.
hooheo, ^s.
RENFERMER. v. *tiha, tifa*, ^m. *hoopahua*,^s. renfermé, serré. *itiiti*,^m.
ikiiki, ^s.
RENFLER, v. *hua, puu, puku*, ^{ms}.
RENFORCEMENT. sm. *kakaokona*, ^m.
hooikaika ana, ^s.
RENFORCER, v. *hakaoko*, ^m. *hooikaika*, ^s.
RENIER, v. *hakaaoe*. ^m. *hoaole*, ^s.
RENOMMÉE, sf. *hoolono*, ^s.
RENONCE, sf. *hakaaoetina*,^m. *hoaole ana*, ^s.
RENONCEMENT, sm. *titiina*, ^m. *haalele ana*.
RENONCER, v. *titii*, ^m. *haalele*, ^s.
désavouer, *hoaole*, ^s.
RENONCIATION, sf. V. RENONCEMENT.
RENOUVELER, v. *hakaua*, ^m. *hana hou*, ^{ms}. *hoololi, hoano*, ^s. renouveler la face de la terre, *hoano hou ai i ko ke ao nei*, ^s.
RENOUVELLEMENT, sm. *hakauatina*, ^m. *hana hou ana*, ^s.
RENSEIGNEMENT, sm. *mea tuhi*, ^m. *mea kuhi*, ^s.
RENTRÉE, sf. *hauuna*, ^m. *komo hou ana*, ^s.
RENTRER, v. *hauu*, ^m. *komo hou*, ^s.
RENVERSEMENT, sm. *faihutina*, ^m. *kulaina*, ^s.
RENVERSER, v. *faiu, faihu*, ^m. *hoohina, ka, luu, kulaina*, ^s. jeter par terre, *hoohiolo*, ^s. démolir, *hakaheke*, ^m. faire écrouler, *tiheke, touaki*, ^m.
RENVOYER, v. *peho, tiehi*, ^m. *hemo, hookuke, hoihoi*, ^s. lâcher,

hookuu, ^s. renvoyer par mer, *kupai*, ^s. rejeter, *hoopale*, ^s.
RÉPANDRE, v. verser, *ini*, ^m. *ninini. pipi, haalili, heleliilii, helila*,^s. répandre de l'huile. oindre, *hinu*, ^s. répandre çà et là, *papaaha*, ^m.—de bouche en bouche, *hookolokolo*,^s. publier, *hoolaha*,^s. se répandre. *pupuhi*, ^m. répandu sur la terre. *ahu*, ^s.
RÉPARATION, sf. V. RÉPARER.
RÉPARER, v. *hakaua*, ^m. *hana hou*, ^s.
REPAS. sm. *faina. kaina*, ^m. *aina, ahaaina*, ^s. s'assembler pour un repas. *ahaaina*, ^s.
REPASSER, v. — du linge. *lena*, ^s.
REPENTIR, sm. *unutina*, ^m. *mihi ana*, ^s.
REPENTIR. se, v. *unu*, ^m. *mihi*, ^s.
RÉPERTOIRE, sm. *papa*, ^{ms}.
RÉPÉTER, v. dire deux fois, *peau hakaua, tipona i te tekao*, ^m. *i hou, kuarili*, ^s. répétez ce que vous avez dit, *a tipona i te tekao o oe*, ^m. répétez ! bis! *etahi toe !* ^m. répéter l'un après l'autre, *kukukaikai*, ^s.
RÉPÉTITION, sf. *peau hakaua*, ^m. *i hou ana*, ^s.
REPLET, adj. *hakaipa, katiehe*, ^m.
REPLIER (se), v. — comme un serpent, *lakee*, ^s.
RÉPLIQUE, sf. *peautina*, ^m. *pane ana*,
RÉPLIQUER, v. *toe, toene, toeneae*,^m. *ahu*, ^s.
RÉPONDRE, v. *nave, navenave, peau*, ^m. *uu, hopu, koho, pane, hai*, ^s. incapable de répondre, *lohaloha*, ^s. il ne répond point, *e pane ole ia*, ^s. sans répondre, *pa-*

ne ole, s. je ne sais pas répondre, e hoopili pu au, s.

RÉPONSE. sf. pauu, nane, m. koho, pane, s.

REPOS. sm. hakaea, m. maha, s. repos éternel, maha pau ole, s. procurer du repos, hoomaha, s. lieu de repos pour les voyageurs, relai, oioiana, s. sans repos, panau, s. besoin de repos, kaumaha, s.

REPOSER. v. hakaea, m. hoomaha, hoomalule, s. se reposer, hoki, s.

REPOUSSER. v. kaue, tichi, titii, m.

RÉPRÉHENSIBLE. adj. ino, m. hewa, s.

REPRENDRE. v. prendre de nouveau, hemo hakana, m. hemo hou, m. blâmer, oneki, m. papuka, s. reprendre avec colere, haha, m. — un ouvrage, hana hou, m. recouvrer, par exemple: ses sens, ses forces, poaula, s.

REPRÉSAILLES. sf. pl. toi aku, toua aiu, m. pehi aku, kaua aku, s.

REPRÉSENTATION, sf. haaiala, m. hooaka, s.

REPRÉSENTER, v. montrer, aiahe, m. rendre l'image, ata, haaata, m. hooaka, s.

RÉPRIMANDE, sf. onaki, m. papuka, s.

RÉPRIMANDER, v. onaki, m. papuka, homainoino, s.

REPRISE, sf. hana hou, m.

REPROCHE. sm. V. RÉPRIMANDE.

REPROCHER. v. V. RÉPRIMANDER.

REPRODUCTION, sf. V. REPRODUIRE.

REPRODUIRE, v. hana hou, m.

RÉPROUVÉ, adj. ua ino, m. heva, s.

RÉPROUVER, v. haakikino, m. hooheva, s.

REPTILE. sm. mao, kolo, s.

RÉPUDIER. v. titii, m. haalele, s

RÉPUGNANCE. sf. hau, m. qui excite à vomir, niohei, s.

RÉPUGNER. v. être apposé, tuke, m. hu e, s.

RÉPUTATION. sf. hoolono, s.

REQUÉRIR. v. noi, nonoi, m. sommer, papa, s.

REQUÊTE. sf. demande en justice, uku, s.

REQUIN. sm. mako, peata, m.

RÉQUISITION. sf. nonoina, m. noi ana, s.

RÉCIF. sm. tafati, m. kaihali, kohola, s. espace entre deux recifs, papakai, m.

RÉSERVE. sf. pahuku, s. maison de —, hoohalepapa, s. corps de —, pahuku, s.

RÉSERVÉ. adj. ooo, hoolaa, s.

RÉSERVER. v. papae, tapae, m. hoana, hoolode, paahaa, s.

RÉSERVOIR. sm. aiau, m.

RÉSIDENCE, sf. nohona, m.

RÉSIDER, v. noho, m. nohomoho, s.

RÉSIGNATION. sf. ao, m. aho, s.

RÉSIGNER. v. se démettre, titii, m. haalele, s. se soumettre, ua hina, m.

RÉSINE, sf. tealea, m. hukaa, pilali, s

RÉSINEUX, adj. tealea, m. pilali, s.

RÉSISTANCE, sf. pipitina, m. keehi ana, s.

RÉSISTER, v. pipi, m. hoole, hoopai, keehi, s. résister opiniâtrément, tohe, m. hoopakiki, s. — aux passions, manava nui, s.

RÉSOLU, adj. mao, m. mau, s. hardi, toa, m. koa, s.

RÉSOLUTION. sf. *mao,* ^m. *mau, aho, paa ka manao.* ^s.

RÉSONNER , v. *viviikina, tani ,* ^m. *kani,* ^s.

RÉSOUDRE, v. décider. *haatoitoi,* ^m. *hooio.* ^s. réduire, *hakaehu,* ^m. *hooehu.* ^s.

RESPECT, sm. *ao,* ^m. *aho,* ^s.

RESPECTER, v. *kaie.* ^m. *hookae, mahalo, malama, ao .* ^s. craindre , *hametau,* ^m. *makau,* ^s.

RESPIRATION. sf. *ao,* ^m. *aho,* ^s. *manara,* ^{ms}. gênée, *ha,* ^{ms}. *mauliara,* ^s.

RESPIRER. v. *ao, kaekae, naenae,* ^m. *aho,* ^s. *ha,* ^{ms}. respirer avec peine, *aili,* ^s.

RESPLENDIR . v. *hinahina nui ,* ^{ms}.

RESPLENDISSANT , adj. *hinahina,* ^{ms}.

RESSAC, sm. *nalu,* ^s.

RESSEMBLANCE. sf. *ekahi mata,* ^m. *ano, ekahi maka, hoohalikelike,* ^s.

RESSEMBLANT. adj. *ekahi mata,* ^m. *ekahi maka, halike, like,* ^s. très ressemblant, *koke,* ^s.

RESSEMBLER. v. *lu,* ^m. *ku, hoalike, hoohalike.* ^s.

RESSENTIMENT, sm. *hahaa,* ^m. *haahaa, inaina,* ^s.

RESSERRER, v. *kahapa,* ^m. *havele,* ^s.

RESSORT. sm. *uhe,* ^m. *kovali,* ^s. être du ressort de quelqu'un, *ta, ka, na,* ^{ms}.

RESSOURCE, sf. *tumu,* ^m. *kumu,* ^s.

RESSOUVENIR, v. *haametao, koaa,* ^m. *loaa,* ^s. faire ressouvenir, *haakoaa,* ^m. *hooloaa,* ^s.

RESSUSCITER, v. *pohoe hakaua,* ^m. *ala hou,* ^s.

RESTANT, adj. *hope,* ^{ms}. *toe,* ^m. *koe,* ^s.

RESTAURATION. sf. *hakauatina,* ^m. *hana hou ana,* ^s.

RESTAURER, v. *hakaua,* ^m. *hana hou.* ^s.

RESTE, sm. *hope,* ^{ms}. *toe,* ^m. *akina. koe. koena.* ^s. être de reste. *toe,* ^m. *koe,* ^s. petit reste d'un compte , d'une mesure , etc., *niniii,* ^m. reste de nourriture, *aihamu,* ^s. consumer les restes. *aihamu,* ^s. au —, *eponake,* ^m.

RESTER, v. *moe,* ^{ms}. *avai, manaka,* ^s. faire rester, *hakanoho,* ^m. *hoomoho,* ^s. restons là tous. *pi ina iho talou,* ^m. eh bien, restons ! *nohonoho ana ,* ^{ms}. il ne reste rien, *poomaunu,* ^s. que cela reste ! *amoti !* ^m. rester immobile, *kali anae iho, mamakea,* ^m. — fort loin. *memau noa ,* ^m. — longtemps, *noho nui,* ^{ms}.

RESTITUER, v. *tuu atu,* ^m. *huna, kuu aku.* ^s.

RESTITUTION, sf. v. RESTITUER.

RESTREINDRE, v. *taohi,* ^m. *kaohi,* ^s.

RÉSULTER, v. *lihe, to.* ^m. *ko,* ^s.

RÉSUMÉ. sm. *ui.* ^s. *papa,* ^{ms}.

RÉSUMER, v. *haaiti,* ^m. *hooiki,* ^s.

RÉSURRECTION. sf. *pohoe hakaua tina,* ^m. *ola hou ana,* ^s. la résurrection de la chair, *ke ola hou ana mai o ke kino,* ^s. *te pohoe hakauatina mai o te kino,* ^m.

RÉTABLIR , v. *haamao,* ^m. *hoomau,* ^s. se rétablir, *pohoe,* ^m. *ola,* ^s. commencer à se —, *maha,* ^s. rétabli, *pohoe,* ^m. *ola,* ^s.

RÉTABLISSEMENT, sm. v. RÉTABLIR.

RETARD, sm. *koohi,* ^{ms}.

RETARDATION, sf. *koohitina atu,* ^m. *koohi ana aku,* ^s.

RETARDEMENT, sm. *koohi,* ^{ms}.

RETARDER, v. différer, *poui, koohi*

atu, ᵐ. *koohi aku, loihi,* ˢ. retenir quelqu'un. *koohi.* ᵐ. *roki.* ˢ.

RETENIR, **v.** quelqu'un. *koohi. maohi,* ᵐˢ. *laii,* ᵐ. *koohi, roki,* ˢ. conserver. *papae, lapae,* ᵐ. *hoamo, paahaa,* ˢ. retenir par cœur. *paakaikai,* ᵐ. retenu. *laohitia,* ᵐ.

RÉTENTION, **sf.** V. RETENIR.

RETENTIR, **v.** *riviikina, lahi, lani,* ᵐ. *kani,* ˢ.

RETENTISSEMENT, **sm.** *lanina,* ᵐ. *kani ana,* ˢ.

RETENU, **adj.** sage, *alamai,* ᵐ. *akamai,* ˢ.

RETENUE, **sf.** *mea alamai,* ᵐ. *mea akamai, ekahi,* ˢ.

RÉTIF, **adj.** *tohe,* ᵐ. *pakiki,* ˢ.

RETIRÉ, **adj.** *tootahi,* ᵐ. *mehameha, anoano,* ˢ.

RETIRER, **v.** *emi,* ᵐˢ. retirer la main, *eehi,* ˢ. faire retirer, *kapai,* ˢ. se retirer, *toi, uemi,* ᵐ. *mehameha, kaavale,* ˢ. retirer de la présence de quelqu'un, *kaa,* ˢ. se retirer vite, *kipaku,* ˢ. retirez-vous! *kipaku oe!*

RETOMBER, **v.** *hika hakaua,* ᵐ. *vii hou,* ˢ.

RETORDRE, **v.** *hiohakaua,* ᵐ. *hilo hou,* ˢ.

RETOUCHER, **v.** *haatoitoi,* ᵐ. *hoopono,* ˢ.

RETOUR, **sm.** *hua, uua,* ᵐ. *hoi aku ana,* ˢ.

RETOURNER, **v.** *hua,* ᵐ. *hoi, hohohoi,* ˢ. retourne! *e hoi aku,* ˢ. tourner à rebours, *paueo, uua,* ˢ. s'en retourner, *hohoi,* ˢ.

RETRACER, **v.** *nekai hakaua,* ᵐ. *kahakaha hou,* ˢ.

RÉTRACTATION, **sf.** *titiina,* ᵐ. *hoolele ana,* ˢ.

RÉTRACTER, **v.** *titii,* ᵐ. *hoolele,* ˢ.

RETRAITE. **sf.** *rivio,* ᵐ. *kaa vale,* ˢ. lieu de retraite, *vahi kaa vale,* ˢ.

RETRANCHEMENT. **sm.** *otina,* ᵐ. *oki ana,* ˢ.

RETRANCHER. **v.** *oti, motu,* ᵐ. *oki, moku,* ˢ.

RÉTRÉCI. **adj.** *haiti,* ᵐ. *haiki,* ˢ.

RÉTRÉCIR. **v.** *haaii,* ᵐ. *haaiki, kaoa,* ˢ. se rétrécir, *mueke,* ˢ.

RÉTRÉCISSEMENT. **sm.** *haaitina,* ᵐ. *ho... ina,* ˢ.

RÉTRIBUER. **v.** *ulu atu,* ᵐ. *uku aku,* ˢ.

RÉTRIBUTION, **sf.** *utuna,* ᵐ. *uku ana,* ˢ.

RETROUSSEMENT. **sm.** *kokahana,* ᵐ.

RETROUSSER. **v.** *kokaha, kokohi,* ᵐ.

RETROUVER. **v.** *hemo, koaa hakaua,* ᵐ. *loaa hou,* ˢ.

RETS. **sm.** *fatoetoo, hupeka,* ᵐ. *holeraa, kaula, uhina, upine,* ˢ.

RÉUNION. **sf.** *ake, aona, kahui,* ᵐ. *rava,* ᵐ. *aha, huiia,* ˢ. réunion d'hommes, *pakeenana,* ᵐ. *ahakanaka, puati,* ˢ.

RÉUNIR. **v.** *haapuke, haapii,* ᵐ. *hapuka, hoakoakoa, kahea,* ˢ. *muimui,* ᵐˢ. rassembler, *uluulu, hoouluulu,* ˢ. se réunir, *haavara, atu,* ˢ. *mui,* ᵐˢ.

RÉUSSIR. **v.** *mio,* ˢ.

RÊVE, **sm.** *ua hio,* ᵐ. *moemoea,* ᵐˢ. *eehia, moeuhane,* ˢ.

RÉVEIL. **sm.** *vaa,* ᵐ. *ala,* ˢ.

RÉVEILLER. **v.** *havaa,* ᵐ. *hanuhanu, hikilele,* ˢ.

RÉVÉLATION, **sf.** *haitana,* ᵐ. *ahiahi ana,* ˢ. révélation au sens de l'Église, *tetao meitai,* ᵐ. *olelo maikai, olelo hemolele,* ˢ.

RÉVÉLER, **v.** *fai, hai atu,* ᵐˢ. *haaite,* ᵐ. *ahiahi aku, hooike,* ˢ.

REVENANT, **sm.** *vainehae,* ᵐ. *akua-*

lapu, lapu,[s]. le cri des revenans, *memakao*.[m]. on craint ici les revenans, *e hametau i te vainehae i nei*,[m].

REVENIR, **v.** *heke mai hakaua*,[m]. *hele mai hou*,[s]. s'en aller et revenir, *hoihoomai*, — à soi-même, *ao*,[s]. — d'une faiblesse, *pohala*,[s]. faire —, *hoolilo*.[s].

RÊVER, **v.** *ua hio*,[m]. *moe, moemoe, momoe*,[ms]. *moeuhane*.[s].

RÉVERBÉRATION, **sf.** *kupinai*,[s].

RÉVERBÉRER, **v.** *alaula*.[s].

RÉVÉRENCE. **sf.** *ao*,[m]. *aho*,[s].

RÉVÉRER, **v.** *kaie*,[m]. *kookae*,[s].

RÊVERIE. **sf.** V. RÊVE.

REVERS, **sm.** *faiu, faihu*,[m]. *mea ino*,[ms]. côté opposé. *pauco*,[m].

REVÊTIR. **v.** *tapi, tuikahu, kaupu*,[m]. *komolole*,[s].

RÉVISER, **v.** *tiohi hakaua*,[m]. *hookolokolo hou*.[s].

RÉVISION, **sf.** *tiohi hakauatina*,[m]. *hookolokolo ana hou*,[s].

RÉVIVIFIER, **v.** *haapohoe*,[m]. *hoola*,[s].

REVIVRE, **v.** *pohoe hakaua*,[m]. *ola hou*,[s].

REVOIR, **v.** *ite hakaua*,[m]. *ike hou*,[s]. à revoir, *kaoha*,[m]. *aloha*,[s].

RÉVOLTE, **sf.** *mea mikeo*,[m]. *haunaele*,[s].

RÉVOLTER, **v.** *hoohaunaele*,[s]. se révolter, *kuokoa*,[s].

RÉVOLU, **adj.** *pao*,[m]. *pau*,[s].

RÉVOLUTION, **sf.** V. RÉVOLTE. *kipi*,[s]. la révolution française, *ka kipi na kanaka o Farani*,[s].

RÉVOQUER, **v.** *vevao hakaua*,[m]. *ualo hou*,[s]. destituer, *haapuamaui*,[m]. *hoonele*,[s].

REVUE, **sf.** *tiohina*,[m]. *kakai ana, kiohi ana*,[s].

RHUMATISME, **sm.** *hui o ka ivi*.[s].

RHUME, **sm.** *lama*,[s].

RICHE, **adj.** *taitai, taparau*,[m]. *raivai, eaiki*,[s].

RICHESSE, **sf.** V. RICHE. *mamona*,[ms]. (moderne), grandes richesses, *haaiaia*,[m].

RIDE, **sf.** *mimino*,[ms].

RIDÉ, **adj.** V. RIDE.

RIDEAU, **sm.** *pae*,[m]. *pale*,[s].

RIDER, **v.** *haamimino*,[m]. *hoomimino*,[s].

RIDICULE, **adj.** *alaala, katakata*,[m]. *akaaka*,[s]. tourner en ridicule, *maevaeva*,[s]. rendre —, *fanu*,[m]. *hoomaera*, s.

RIEN, **sm.** *koe*,[ms]. *aoe*,[m]. *aole, nele*,[s]. il n'en est rien, *ua ko anae iho*,[m]. il ne reste —, *aole te mea iki i koe*.[s].

RIGIDE, **adj.** *peke*,[m]. *kuapaa*,[s].

RIGOUREUX. **adj.** *tono, toko, pio, taatau*,[m]. *kalakala*,[s].

RIGUEUR, **sf.** *mea peke, mea tono*,[m]. *kuapaa*,[s].

RIME, **sf.** *eotahi*,[m]. *leokahi*,[s].

RIMER, **v.** *hakaeotahi*,[m]. *hooleokahi*,[s].

RINCER, **v.** *hooi*,[m]. *holoi, kaka*,[s].

RIRE, **v.** *ata, kata, katakata*,[m]. *aka*,[s]. rire immodérément, *akaaka*,[s]. se — de quelqu'un, *mauakala*,[s]. éclat de —, *kokiki*,[m].

RIS, **sm.** *kata, kokiki, akaaka ana*,[s].

RISÉE, **sf.** *hinihinina*,[m]. *henehene ana*,[s].

RISIBLE, **adj.** V. RIDICULE.

RISQUE, **sm.** *pelikia*,[s].

RISQUER, **v.** *oupe, popelikia*,[s].

RIT ou **RITE**, **sm.** *oihana*,[s]. *rite*,[ms]. (moderne).

RIVAGE, **sm.** *taha*,[m]. *kaha*,[s]. rivage

de la mer, *tahatai,* [m]. *kahakai,* [s].

RIVAL. **adj.** *aa.* [m]. *lua,* [s].

RIVALISER. **v.** *haatutaki, tutai, tu-taki.* [m]. *hua, hoolua,* [s].

RIVALITÉ, **sf.** *haapiopiona,* [m]. *hua ana,* [ms].

RIVE. **sf.** *kuauna,* [s].

RIVIÈRE, **sf.** *vaitahe.* [m]. *kaarai. malivai.* [s]. les rivières de la France. *na malivai o Faarai.* [s].

RIXE. **sf.** *toua,* [m]. *kaua, hakaka,* [s].

RIZ. **sm.** *riki,* [ms]. *karaii,* [m]. *laiki,* [s]. (moderne).

ROBE. **sf.** *noka,* [m].

ROBINET. **sm.** *oomaa,* [s].

ROBUSTE, **adj.** *foa, hoa.* [m]. *oko. ono. toa,* [m]. *koa, vikani,* [s].

ROC, **sm.** *kea,* [m]. *pohaku,* [s].

ROCAILLE, **sf.** *tukii,* [m]. *iliili,* [s].

ROCHE. **sf.** v. ROC.

ROCHER, **sm.** *kohutu.* [m]. rocher dans la mer, *motu,* [m]. *moku,* [s]. —à fleur d'eau. *papau,* [s].

RÔDER. **v.** *kaahele,* [s].

RODOMONTADE, **sf.** *hakaie.* [m]. *hoa-haha,* [s].

ROGNER. **v.** *oti.* [m]. *oki,* [s].

ROGNON, **sm.** *kivakiva,* [m]. *hea.* [s].

ROI, **sm.** *hakaiki,* [m]. *alii.* [s]. *kini* (moderne), parole du roi. *vahi a ke alii,* [s]. trône du roi, *nohoa-lii,* [s].

ROIDE, RAIDE. **adj.** *pororo, moo,* [m]. *maloo,* [s]. opiniâtre, *tohe,* [m]. *pa-kiki,* [s].

ROIDEUR, RAIDEUR, **sf.** v. ROIDE.

ROIDIR, RAIDIR, **v.** *haapororo,* [m]. *maloo,* [s]. *haamao, hoomau,* [s].

RÔLE, **sm.** *papa,* [ms].

ROMPRE, **v.** *hati, fati, motu,* [m]. *hali, hai, haki, ahai, moku,* [s]. couper, *oti,* [m]. *oki, hooki,* [s]. dé-

éclaircir. *kaha. pana.* . briser, *ra-vahi,* [s]. difficile à rompre. *koiu-ka.* [m]. facile à —. *nahae,* [m]. se —. *poha. paaha.* [m]. *nahae,* [s].

ROMPU, **adj.** *peper,* [m]. *pepe.* [s]. *ha-tia. motu,* [m]. *hakiia. moku,* [s].

RONCE. **sf.** *laa,* [m]. *ohoi. puakala,* [s].

ROND. **adj.** *riipu. poipoi,* [m]. *ala. poepoe.* [s]. rond et uni, *omole,* [s]. plier en rond, *hoa,* [s]. tourner en —. *hoolohe,* [s]. une chose ronde, *ulu,* [s]. la terre est ronde, *ua poe-poe ka honua la.* [s].

RONDE. **sf.** faire la ronde, *kaapu-ni,* [s].

RONDEUR. **sf.** *riipu.* [m]. *ulu,* [s].

RONFLER. **v.** *hoomanaa, ihunono, nono. nonoo, olaola,* [s].

RONGER. **v.** *faoa, kai.* [m]. *ai, lam-tani. nikiniki, nahu.* [s].

ROSAIRE. **sm.** *korona,* [ms]. (mo-derne).

ROSE. **sf.** *pua,* [m]. *akala,* [s]. *rosa,* [ms]. (moderne).

ROSEAU. **sm.** *kohe.* [m]. *aho, ohe.* [s]. roseau des montagnes, *kuka-ho.* [m].

ROSÉE, **sf.** *hau,* [ms]. *tohau,* [m].

ROSIER. **sm.** *laauakala,* [s].

ROTATION. **sf.** *riipu,* [m]. *ulu, hoo-lohe ana.* [s].

ROTER, **v.** *tokohae,* [m].

RÔTI. **adj.** *pitoi.* [m]. *ohinuia,* [s]. à demi rôti. *puhaaa,* [s].

RÔTIR, **v.** *tao, tunu, nunu,* [m]. *ohi-nu. pulehu,* [s].

ROTISSER, **v.** V. RÔTIR.

ROTONDE. **sf.** *vahi ulu,* [s].

ROTONDITÉ, **sf.** *riipu,* [m]. *ulu,* [s].

ROUCOULER, **v.** *nunu,* [s].

ROUE, **sf.** *pokakaa,* [s].

ROUGE, **adj.** *kua, ua, uaua,* [m]. *ula, ulaula,* [s]. terre rouge, *alaea,* [s].

enflammé, *kole. okooko*, *s.* rouge éclatant, *veakiki*, *m.*

ROUGEATRE, **adj.** *ua*, *m.* *ula*, *s.*

ROUGEUR, **sf.** *uauatina*, *m.* *ulaula ana*, *s.*

ROUGIR, **v.** *haakua*, *m.* *hooula*, *s.* rougir de honte, *hakaina*, *m.* *ma, hilahila*, *s.* je ne rougis point de cela, *aole aue hilahila i ka mea*, *s.*

ROUILLE, **sf.** *tupu*, *m.* *kukehao, popo, mu*, *s.*

ROUILLER, **v.** *haatupu*, *m.* *hooku-ke, mu*, *s.*

ROULEAU, **sm.** *kavii*, *m.* *oala*, *s.* paquet de ce qui est roulé, *apa*. *s.*

ROULER, **v.** *hika, hina, kavii*, *m.* *kaa, olokaa, peao*, *s.* rouler çà et là, *oala*, *s.* — en bas, *topa*, *m.*

ROULETTE, **sf.** V. ROULEAU.

ROUSSIR, **v.** V. ROUGIR.

ROUTE, **sf.** *aanui*, *m.* *alanui*, *s.* grande route, *ala loa*, *s.*

ROUTINE, **sf.** *hakaenana*, *m.* *oiha-na*, *s.*

ROYAL, **adj.** *hakaiki*, *m.* *alii*, *s.*

ROYAUME, **sm.** *aina, aupuni*, *ms.*

RUBAN, **sm.** *pae*, *m.* *vili*, *s.* *ri-bine*, *ms.* (moderne).

RUBICOND, **adj.** *uaua*, *m.* *ulau-la*, *s.*

RUCHE, **sf.** *vaiho na meli*, *s.*

RUDE, **adj.** *taataa*, *m.* *kalakala, kalakaka, aha, pupu, apuu-puu*, *s.*

RUDESSE, **sf.** V. RUDE.

RUE, **sf.** *aa*, *m.* *alaoloi, kuamoo*, *s.*

RUELLE, **sf.** *aa uutu*, *m.* *alaoloi vale*, *s.*

RUGIR, **v.** *halui*, *s.*

RUGISSEMENT, **sm.** *halui ana*, *s.*

RUINE, **sf.** *hiolo ai*, *s.* *hautina*, *m.*

RUINER, **v.** *haape, haapau. hau*, *m.* *hoopau, hau*, *s.*

RUISSEAU, **sm.** *raitahe*, *m.* *kaha-vai*, *s.* petit ruisseau, *luavai*, *s.*

RUISSELER, **v.** *vaitahe*, *m.* *vaika-he*, *s.*

RUPTURE. **sf.** *motu, hatina*, *m.* *mo-ku, hali ana*, *s.*

RURAL, **adj.** *to te henua*, *m.* *ko k honua*, *s.*

RUSE, **sf.** *teka, tipai, makaka*, *m.* *maalea*, *s.*

RUSÉ, **adj.** *teka*, *m.* *maalea, auae*, .

RUSTRE, **sm.** *aie toitoi*, *m.* *aaka nui*, *s.*

S.

SABBAT, **sm.** *sabato*, *ms.* (mo-derne).

SABLE, **sm.** *one, oke*, *ms.* sable so-lide, *one apaapaa*, *s.* — mouvant, *nenenae ke one*, *s.* — blanc, *one keokeo*, *s.*

SABOT, **sm.** *iliahi*, *s.*

SABRE, **sm.** *koheta*, *m.* *pahihahau, pahikaua*, *s.* sabre en bois, *pa-hoa*, *s.*

SAC, **sm.** *kete, kaka*, *m.* *aa, eke*, *s.*

sac en cuir, *uau*, *s.* — à poudre, *kato*, *m.*

SACCAGEMENT, **sm.** *lukuia*, *s.* le saccagement de Jérusalem par le général romain Tite, *lukuia |ko Jerusalema e ke aliikoa o Roma e Tito*, *s.*

SACCAGER, **v.** *fau, hau*, *m.* *lu-ku*, *s.*

SACERDOTAL, **adj.** *taua*, *m.* *kahu-na*, *s.*

SACRE , **sm.** *laputina* , ᵐ. *hinu ana*, ˢ.

SACRÉ , **adj.** *hihi* , *ihiihi* , *hii* , ᵐˢ. *ahu* , *ahui* , *tapu* , ᵐ. *kapu* , *laa* , *anoano* , ˢ. sacré pour toujours , *tapu anae* , ᵐ.

SACREMENT, **sm.** *takarema*, ᵐ. *kakalema*, ˢ. (moderne).

SACRER , **v.** *haatapu* , ᵐ. *hookapu*, *hoolaa*, ˢ.

SACRIFICE , **sm.** *mohai, amama*, ˢ. sacrifice à l'autel, *hai*, ˢ. offrir un —, *hoali*, ˢ. offrir en —, *kaumalana*, ˢ. consommer un —, *kukuni*, ˢ. — constant, *kakuai* , ˢ. — légitime, *mohai pono*, ˢ. — de propitiation, *mohaiala*, ˢ.

SACRIFIER, **v.** *tao*, ᵐ. *mohai, hoolana, amama*, ˢ.

SACRILÉGE, **sm.** *tuiho*, ᵐ.

SAFRAN, **sm.** *eka, ena*, ᵐ.

SAGACE , **adj.** *atamai* , ᵐ. *akamai*, ˢ.

SAGACITÉ, **sf.** V. SAGACE.

SAGE, **adj.** *atamai*, ᵐ. *akamai*, ˢ. instruit, *naau ao*, ˢ. être sage, *pokeokeo*, ˢ. en se disant sages , ils sont devenus fous, *i ko lakou hooakamai ana aku, lilo ae la kou i naau po*, ˢ.

SAGE-FEMME, **sf.** *paekeiki*, ᵐ. *palekeiki*, ˢ.

SAGESSE, **sf.** *koekoe*, ᵐ. *naau, naau ao ana*, ˢ.

SAIGNÉE, **sf.** *toto*, ᵐ. *koko*, ˢ.

SAIGNER, **v.** *oka*, ᵐˢ. *kiai*, ˢ.

SAIN , **adj.** en santé, *pohoe* , ᵐ. *ola*, ˢ. sauf, *pohoe*, ᵐ. *kukaave*, ˢ

SAINT, **adj.** *puti, meitai*, ᵐ. *hoano, laa, hemolele*, ˢ. son nom est saint, *ke hemolele koua inoa* , ˢ. *taneta*, ᵐˢ. (moderne), les saints, *ka poe taneta*, ˢ.

SAINTETÉ, **sf.** *meitaina* , ᵐ. *hemolele ana*, ˢ.

SAISIE, **sf.** *hapu*, ᵐˢ.

SAISIR , **v.** *hapu, hopu, hemo*, ᵐˢ. faire prisonnier, *hopahopu*, ˢ. saisir à la gorge, *haaliali*, ˢ. attraper, *koaa*, ᵐ. *loaa*, ˢ. attaquer, *tako*, ᵐ. saisi de frayeur, *anoninoni*, ˢ.

SAISISSEMENT, **sm.** *hapuna*, ᵐ. *hapu ana*, ˢ.

SAISON , **sf.** *uha*, ᵐ. *kau*, ˢ. saison fertile, *kauai*, ˢ. — de la famine, *kauri*, ˢ.

SALADE , **sf.** *hihi* , *hahao ai maka*, ˢ.

SALADIER, **sm.** *pahihi*, ˢ.

SALAIRE, **sm.** *utuna*, ᵐ. *uku ana*, ˢ.

SALARIER, **v.** *utu*, ᵐ. *uku*, ˢ.

SALE , **adj.** *pokoholo* , ᵐ. *alepo eka*, ˢ.

SALER, **v.** *liu*, ˢ. salé, *liu, miko*, ˢ.

SALETÉ, **sf.** *epo*, ᵐˢ. *ea, eka, vekaveka, aokaaoka*, ˢ.

SALIÈRE, **sf.** *hipupaakai*, ˢ.

SALIR , **v.** *haaepo, tapai*, ᵐ. *hoolepo, hapala*, ˢ. sali, *kikokiko, kikoluko, paele*, ˢ.

SALIVE, **sf.** *anuanu*, ᵐ. *kuaha*, ˢ.

SALIVER, **v.** V. SALIVE.

SALLE, **sf.** *poho*, ᵐ. *pa*, ˢ. salle à manger, *pohokaina*, ᵐ.

SALON, **sm.** *poho nui*, ᵐ.

SALUER, **v.** *kaoha*, ᵐ. *aloha, aaa*, ˢ. je vous salue, *kaoha oe* , ᵐ. on répond : c'est vous qui êtes salué, *o koe te i kaoha ia* , ᵐ. se saluer, *aaa*, ˢ.

SALUT, **sm.** *kaoha*, ᵐ. *aloha*, ˢ. félicité éternelle, *pohoe e aie koe*, ᵐ. *ola pau ole*, ˢ. *kaoha*, ᵐ. *aloha*, ˢ. équivaut à toutes nos formules de salutation, il est l'expression générale de bénédictions, souhaits, amitié, pitié, et de toute disposition favorable. On y ajoute souvent *nui, ino :* il signifie alors la bonne disposition d'une manière plus expressive, *aloha ino.* le salut le plus amical.

SALUTAIRE, **adj.** *meitai*, [m]. *maikai*, [s].

SALUTATION. **sf.** V. SALUER.

SAMEDI, **sm.** *poaono*, [ms]. *sabato*, [ms]. (moderne).

SANCTIFICATION. **sf.** *haameitaitina*, [m]. *hoomaikai ana*, [s].

SANCTIFIER, **v.** *haaputi, haatapu*, [m]. *hoolaa, hookapu*, [s]. sanctifié, *hoomaikaiia*, [s].

SANCTION. **sf.** *haatia tohu*, [m]. *hoomau ana*, [s].

SANCTIONNER, **v.** *haatia tohu*, [m]. *hoomau*, [s].

SANCTUAIRE, **sm.** *vahi tapu*, [m]. *pahukapu*, [s].

SANDALE, **sf.** *hiu* [m]. (moderne), *kamaa, iliahi*, [s].

SANG, **sm.** *toto*, [m]. *koko*, [s]. flux de sang, *heekoko*, [s].

SANGLANT, **adj.** *totototo*, [m]. *kokokoko*, [s].

SANGLOT, **sm.** *uetina*, [m]. *ue ana*, [s]. pousser des sanglots, *hooloulou*, [s].

SANGLOTER, **v.** *ue*, [ms]. *hooloulou*, [s].

SANGUINAIRE, **adj.** *hae*, [ms]. *kaikaia*, [m]. *hihiu*, [s].

SANS, **prép.** *aie*, [s]. *ole*, [s]. le dernier se met après le mot à qui il appartient; sans argent, *moni ole*, [s].

SANTAL, **sm.** *puahi*, [m]. *ihahi, ala*, [s]. santal bâtard, *alahii*, [s]. bois de—, *laauala*, [s].

SANTÉ, **sf.** *mea pohoe*, [m]. *mea ola*, [s]. faible de santé, *hanahemo*, [s]. être en bonne —, *pohoe*, [m]. *ola*, [s].

SAPER, **v.** *hakaheke*, [m]. *hoohele*, [s].

SAPIN, **sm.** *kaha*, [s].

SARCASME, **sm.** *hini*, [m]. *hoino*, [s].

SARCLER, **v.** *turee, ravee, vee*, [m]. *vaele*, [s].

SARMENT, **sm.** *taa*, [m]. *kaa*, [s].

SATAN, **sm.** *satane*, [ms]. (moderne).

SATIÉTÉ, **sf.** *mea makona*, [m]. *mea maona*, [s].

SATIN, **sm.** *satine*, [ms]. (moderne).

SATIRE, **sf.** *hini*, [m]. *hoino*, [s].

SATISFACTION, **sf.** joie, contentement, *ekaeka*, [m]. *hauoli*, [s].

SATISFAIRE, **v.** payer ce qui est dû, *hoko*, [ms]. contenter, *koakoa*, [m]. *olioli*, [s].

SATISFAIT, **adj.** content, *ekaeka*, [m]. *olioli*, [s].

SAUF, **adj.** *pohoe*, [m]. *kukaave*, [s].

SAULE, **sm.** *heie*, [s].

SAUMURE, **sf.** *kai*, [s].

SAUT, **sm.** *panana*, [m]. *lahai ana*, [s].

SAUTER, **v.** *tufao, ketu, pana*, [m]. *lahai, nainai, lele*, [s]. sauter d'une élévation, *lehei*, [s]. —dans la mer, *lelekava*, [s]. — avec les deux pieds, *lehalehai*, [s]. —continuellement, *panapana*, [ms]. *pekehee*, [m]. —, omettre, *kiko*, [s].

SAUTERELLE, **sf.** *pinao, uhini*, [s].

SAUTILLANT, **adj.** *keukeu*, [m]. *panapana*, [ms].

SAUTILLEMENT, **sm.** *panapana*, [ms].

SAUTILLER, **v.** *keukeu*, [m]. *olioli*, [s].

SAUVAGE, **sm.** *hoai, kaipeka, moke*, [m]. *hihiu, hupo, moke*, [s]. bête sauvage, *momoke*, [m]. fruit sauvage, *tua*, [m].

SAUVER, **v.** *haapohoe*, [m]. *hoola*, [s].

se sauver, s'en aller, *ee, nihi, tu-nihi,* ᵐ. *ekeeke, ahai,* ˢ. l'homme comment sera-t-il sauvé? *pehea la ke kanaka e ola 'i,* ˢ. sauvez votre peuple! *e hoola iho oe i kou poe kanaka!* ˢ.

SAUVEUR, **sm.** *liu, kalahala,* ˢ.

SAVANT, **adj.** *koekoe maama, ata-mai,* ᵐ. *opuao, akamai,* ˢ. faire le savant, *hoomalea,* ˢ.

SAVEUR, **sf.** *miko,* ˢ. saveur déli-cieuse, *manali,* ᵐ. *ono,* ˢ.

SAVOIR, **v.** *ite, kite,* ᵐ. *ike,* ˢ. savoir un peu, *ike hookolo,* ˢ. — parfai-tement, *ike aka,* ˢ. qui le sait? *oai hoi?* ᵐ.

SAVON, **sm.** *hopa,* ᵐ. *kopa,* ˢ. (mo-derne). *pua,* ᵐˢ.

SAVONNER, **v.** *hulu,* ˢ.

SAVOURER, **v.** *mukiki,* ˢ.

SCABREUX, **adj.** rude, *talaa, tala-ta,* ᵐ. *kalakala,* ˢ. dangereux, *pilikia,* ˢ.

SCANDALE, **sm.** *hihia, hoohihia,* ˢ.

SCANDALEUX, **adj.** *hoohihia,* ˢ.

SCANDALISER, **v.** *hihia, hoohihia, vahaohe,* ˢ.

SCEAU, **sm.** *hakatu,* ᵐ. *hoailona, kiiapaa, repa,* ˢ.

SCÉLÉRAT, **adj.** *pe,* ᵐ. *ino,* ᵐˢ. *opea, opuino,* ˢ.

SCÉLÉRATESSE, **sf.** *mea pe,* ᵐ. *mea ino,* ᵐˢ.

SCELLER, **v.** *hakatu,* ᵐ. *hoailona,* ˢ.

SCÈNE, **sf.** *mata,* ᵐ. *maka,* ˢ.

SCEPTRE, **sm.** *tokotokohakaiki,* ᵐ. *kookooalii,* ˢ.

SCIE, **sf.** *hika,* ᵐ. *oka, pahiolo,* ˢ.

SCIENCE, **sf.** *ao, ano,* ᵐˢ.

SCIER, **v.** *hika,* ᵐ. *oka,* ᵐˢ.

SCINTILLER, **v.** *amo,* ˢ.

SCORPION, **sm.** *opai, moonihoava,* ˢ.

SCRIBE, **sm.** *kakaolelo,* ˢ.

SCROFULES, **sf.** *alaala,* ˢ.

SCRUTER, **v.** *tiohi,* ᵐ. *iohi, hala-vi,* ˢ.

SCULPTER, **v.** *takai, taai,* ᵐ. *ka-lai,* ˢ. sculpté, *kalaiia,* ˢ.

SCULPTEUR, **sm.** *tuhunataai,* ᵐ. *ku-hunakalai.*

SCULPTURE, **sf.** *takaina,* ᵐ. *kiika-lai,* ˢ.

SEAU, **sm.** *huerai,* ᵐˢ. *pakeke,* ˢ. (probablement moderne).

SEC, **adj.** *moo, pororo,* ᵐ. *maloo,* ˢ. terre sèche, *pa noa,* ˢ.

SÉCHER, **v.** *hakamoo,* ᵐ. *maloo, olala, luiho,* ˢ. faire sécher, *toua-ki,* ᵐ.

SÉCHERESSE, **sf.** V. SEC.

SECOND, **adj. num.** *eua,* ᵐ. *elua,* ˢ. second jour, *poua,* ᵐ. *polua,* ˢ. le suivant, *rai mai,* ᵐˢ.

SECONDEMENT, **adv.** *i mui,* ᵐˢ.

SECONDER, **v.** *hana, ioio,* ᵐ. *ko-kua,* ˢ.

SECONDINES, **sf.** *ieieve,* ˢ.

SECOUEMENT, **sm.** *tupetina,* ᵐ. *le-le ana,* ˢ.

SECOUER, **v.** *keu, keukeu, tupe, tu-pei,* ᵐ. *hooluli, luliluli,* ˢ. agiter *lera,* ˢ. secouer la tête, *hooluli,* ˢ. — la poussière, *kuehu,* ˢ. branler *lele.*

SECOURIR, **v.** *hano,* ᵐ. *kokua, alu,* ˢ.

SECOURS, **sm.** *hano,* ᵐ. *kokua,* ˢ. crier au secours, *kahea,* ˢ. venez à notre — ! *e kokuo mai ia ma-kou,* ˢ. venez au secours de vos ser-viteurs, *e kokua mai oe i kau kauva,* ˢ.

SECOUSSE, **sf.** *tupena,* ᵐ. *leva ana,* ˢ.

SECRET, **sm.** *kimopo, kai,* ˢ. gar-der un secret, *paa,* ˢ. dire des se-crets, *vahaama,* ˢ. violer un —, *haki,* ᵐ. *hai, amaama,* ˢ.

Secret, adj. *mahoa, poaeae,* [s].

Secrètement, adv. *hakana,* [m]. *malu,* [s]. appeler secrètement quelqu'un, *kii malu aku,* [s].

Secrétaire, sm. pupitre, *pahupalapala,* [s]. qui écrit, *kakauolelo,* [s].

Secte, sf. *papa,* [ms].

Section, sf. rang, *papa,* [ms]. article, *pauka,* [ms].

Sécurité, sf. assurance, *toai,* [m].

Sédentaire, adj. *noho anae iho,* [ms].

Séditieux, adj. *haunaele,* [s].

Sédition, sf. *haunaele,* [s]. exciter une sédition, *hoohaunaele, hooku,* [s].

Séducteur, sm. *hooalapalu,* [s].

Séduire, v. *haape,* [m]. *alapalu, luahele, nolu,* [s]. séduire par de belles paroles, *onou,* [s].

Séduisant, adj. *hooalapalu,* [s].

Segment, sm. *otina,* [m]. *oki ana,* [s].

Ségrégation, sf. *tapaetina,* [m]. *hoolaa ana,* [s].

Ségréger, v. *tapae,* [m]. *hoolaa,* [s].

Seigle, sm. *palaola, eleele,* [s].

Seigneur, sm. *hakaiki,* [m]. *haku,* [s]. notre-seigneur, *hakaiki no tatou,* [m]. *ko makou haku,* [s].

Sein, sm. *poli,* [s]. poitrine, *mauma,* [m]. *umauma, omaoma, mumumea,* [s]. ventre, *kopu,* [m]. *ieve,* [s]. mamelle, *u,* [ms].

Seize, adj. num. *onohuu me aono,* [m]. *umi kuma ma ono,* [s].

Seizième, adj. num. V. SEIZE.

Séjour, sm. *nohona,* [ms]. séjour des dieux, *auakua,* [s].

Séjourner, v. *noho,* [ms]. *hoookoa,* [s].

Sel, sm. *puhinao,* [m]. *paakai,* [s]. conserver dans le sel, *kapii,* [s].

Selon, prép. *ma,* [ms]. *tu,* [m]. *ku,* [s]. d'après, *ma, mui,* [m]. *ma muli,* [s].

selon mon cœur, *ku pono i kau naau,* [s]. ce n'est pas selon la loi, *aole e ku i ke kanarai,* [s].

Semaine, sf. *hebedoma,* [ms]. (moderne).

Semblable, adj. *apetii, atii, tehito, tutahi,* [m]. *kukahi, halike, like,* [s]. être semblable à, *hoohalike me,* [s]. absolument semblable, *ua like pu loa,* [s].

Semblant, adj. *apetii,* [m]. *alike,* [s]. faire semblant, *hakaae,* [m]. *hoohaili,* [s].

Semé, adj. *tanua,* [m]. *kanuia,* [s].

Semence, sf. *hua,* [ms]. *hualele, anoano,* [s]. *kakano,* [m].

Semer, v. *tanu, nanu,* [m]. *kanu, lulu, helelei,* [s].

Semestre, adj. *eono mahina,* [ms].

Sempiternel, adj. *te mate nou,* [m]. *pau ole,* [s].

Sénevé, sm. *matete,* [m]. *makeke,* [s].

Sens, sm. *koekoe,* [m]. *koikoi, opu, naau,* [s]. erreur des sens, *nele ana o ka naau,* [s]. destitué de bon —, *auvalakii,* [s]. en différens —, *kukai,* [s]. agréable aux —, *manini,* [s]. sens d'une parole, *ano,* [s].

Sensé, adj. *koekoe maama,* [s].

Sensibilité, sf. V. SENS.

Sensible, adj. *mahe,* [m]. *aho,* [s].

Sentence, sf. *tekao,* [m]. *olelopaa,* [s].

Senteur, sf. *kekao,* [m]. *aala,* [s].

Sentier, sm. *au,* [m]. *ala, alaoloi, paepae, moo, kuamoo,* [s]. sentier étroit, *mooa,* [s]. — boueux, *patika,* [m].

Sentiment, sm. *koekoe,* [m]. *loko,* [s]. de même sentiment, *lokokahi,* [s]. de différent —, *kue,* [s].

Sentinelle, sf. *uvo,* [s].

Sentir, v. flairer, *hoki, honi,* [m]. *hono,* [ms]. *maave, ala,* [s]. toucher, aaki, haha, hohole, [s]. sentir fort, hohono, [s]. — mauvais. honoho-no, [ms]. — bon, kahi, kakaa, [m].

SÉPARATION, **sf**. paiki, paekulu, puho, [m]. kaupale, kaura, [s]. in-tervalle, ava, [ms].

SÉPARÉ, **adj**. coupé. mumuku, [s].

SÉPARÉMENT, **adv**. tootahi, [m]. koo-kahi, [s].

SÉPARER, **v**. haapae. [m]. heleliilii, [s]. mettre à part. hookaa vale, [s]. éloigner, hoopale, [s]. séparer par un espace. diviser entre, kaura-le, hookaokao, [m]. se séparer. ma-mao, [s].

SEPT, **adj. num**. hitu, [m]. hiku, [s]. sept à sept, pahiku, [s]. —fois, hi-tutina, [m]. pahiku, [s].

SEPTEMBRE, **sm**. sepetema. [ms]. (mo-derne).

SEPTENTRION, **sm**. akau, [s].

SEPTIÈME, **adj. num. v. sept**. frac-tion, hapahiku, [s].

SEPTIÈMEMENT, **adv**. a hitu, [m]. a hiku, [s].

SEPTUPLE, **adj**. hitutina, [m]. pahi-ku, [s].

SÉPULCRE, **sm**. halelua, luakupa-pau, kahi ana, [s]. mis dans le sé-pulcre, vaihoia iho la i loko o ke kahi ana, [s].

SÉPULTURE, **sf**. tanu, nanu, [m]. ka-nu, [s].

SEREIN, **adj**. meie, pakapaka, [m]. malealea, oaoa, [s].

SÉRÉNITÉ, **sf**. meie, [m]. nuu, [s].

SÉRIE, **sf**. papa, [ms]. moo, [s].

SÉRIEUX, **adj**. aie ekaeka, [m].

SERMENT, **sm**. tapu, [m]. kapu, [s].

SERMON, **sm**. tekao, [m]. olelo ana, [s].

SERPENT, **sm**. moo, moonihoava, naheka, nahelo, mooomole, [s].

SERPENTER, **v**. en parlant d'une plante, hihi, [s]. —, aller comme un serpent, lahee, [s].

SERRÉ. **adj**. étroit. itiiti, [m]. ikiiki, [s]. lié. fatua, [m]. okupe, [s].

SERREMENT. **sm**. hakapana, [m]. ho-ka ana, [s].

SERRER. **v**. étreindre. hakapa, [m]. harele, [s]. presser, kikina. moto, mototita, [m]. hoka, uumi. uri, ni, [s]. se serrer. omi mai. ooni, [m]. heapo. [s]. joindre. plier (par exemple. du linge). kokohi, po-kai, poai. [sm].

SERRURE, **sf**. laka, [s]. (moderne).

SERRURIER, **sm**. kamanahao, [s].

SERVANT, **sm**. pekio. peio, [m]. kau-rakane, hoolavelave ana, [s]. au pluriel, ka poe hoolavelave.

SERVANTE, **sf**. pekio, [m]. kauvava-hine, [s].

SERVICE, **sm**. oihana, oloolona, malama, [s].

SERVIETTE, **sf**. karele, [s].

SERVILE, **adj**. pekio, [m]. kauva, [s].

SERVIR, **v**. haatavini, [m]. hoolave-lave, kaura, [s]. servir à table, ai-pupu, aipuupuu, [s]. être propre à —, feii, [m]. pono, [s].

SERVITEUR, **sm**. pekio, [m]. kauva-kane, kaua, ohu, [s].

SERVITUDE, **sf**. hooluhi, kuapaa, [s].

SEUIL, **sm**. paepae. [ms].

SEUL, **adj**. tahi, etahi, tootahi, [m]. ekahi, mehameha, [s]. demeurer seul, meha, [s].

SEULEMENT, **adv**. anae iho, [m]. hoo-kahi, [s]. pour vous seulement, kau ponoi no, [s].

SÈVE, **sf**. kohu, [s].

SÉVÈRE, **adj**. peke, [m]. kuapaa, [s].

SÉVÉRITÉ, **sf**. mea peke, [m]. mea kuapaa, [s].

SÉVIR, **v**. pio, [m]. pehi, [ms].

SEVRER, **v.** *ukuhi,* s.

SI, **conj.** *i, no, ua, anua, aua, ina, ine,* ms. si nous voyons, *i nana kakou,* s. si tu demeurais ici, *no te noho enei,* m. si tu vois, *ua kite* (ayant vu), si donc, *malia,* s. comme si, *me he mea,* s.

SIÈCLE, **sm.** *va, vava,* ms. dans tous les siècles, *i nei a va a me na va a pau,* s. les premiers —, *manavamanava,* s.

SIÉGE, **sm.** *nohona,* ms. *papapoho, papava,* m. *kiolea,* s.

SIÉGER, **v.** *noho,* ms.

SIEN, **adj.** *to ia,* m. *kana, kona, ona,* s.

SIFFLANT, **adj.** *hi,* s. voix sifflante, *leo hi,* s.

SIFFLEMENT, **sm.** *hi, halahi,* s.

SIFFLER, **v.** *hokea, mapu,* m. *hokio, hua,* s.

SIFFLET, **sm.** *pu,* m. *kiokio,* s.

SIGNAL, **sm.** *hakatu,* m. *hoailona,* s.

SIGNALÉ, **adj.** *ino,* ms.

SIGNALER, **v.** *tuhi,* m. *kuhi, kuhikuhi,* s.

SIGNE, **sm.** *hakatu,* m. *hailona,* s. faire signe, *tuhi, nihe, tukau,* m. *kuhi,* s. faire — de la tête, des yeux, *tunou,* m. *kunou,* s. — de la main, *peahi, kaha,* s.

SIGNER, **v.** écrire, *tiki,* m. *hamakoekoe,* m. *hoailona,* s.

SIGNIFICATION, **sf.** *ano, ao,* ms.

SIGNIFIER, **v.** notifier, *haakite,* m. *hooike,* s.

SILENCE, **sm.** *maniania,* m. *hamau, kulikuli,* s. silence! chut, *atoe,* m. *hamau,* s. imposer —, *onaki,* m. réduire au —, *pilipu,* s. garder le —, *tukee,* m. *paa ka vaha,* s.

SILENCIEUX, **adj.** *mahu, nunuha, nunu, mumule,* s. être silencieux, *hooneoneo,* s.

SILLER, **v.** *hakahihi,* m. *pakipaki,* s.

SILLON, **sm.** *hihi,* m. *oaka,* s.

SILLONNER, **v.** *ka, kaa, pakie,* s.

SIMILITUDE, **sf.** *etahi mata,* m. *ekahi maka, hoolikelike,* s.

SIMPLE, **adj.** sans mélange, *toitoi,* m. *koikoi,* s. sot, *tuaare,* m. *harava,* s.

SIMPLEMENT, **adv.** *anae iho,* m. *vale,* s. Ce dernier se met après le mot à qui il appartient.

SIMPLICITÉ, **sf.** ingénuité, *mea anae iho,* m. *mea maokioki,* s.

SIMULACRE, **sm.** *tiki, ata,* m. *aka, puakii,* s.

SIMULATION, **sf.** *hakaahe,* m. *hooae ana,* s.

SIMULER, **v.** *hakaahe,* m. *hooae,* s.

SIMULTANÉ, **adj.** *fatua,* m. *pu,* s.

SIMULTANÉMENT, **adv.** *paonatoa,* m.

SINCÈRE, **adj.** *toitoi,* m. *koikoi, maokioki,* s.

SINCÈREMENT, **adv.** *me te koekoe toitoi,* m.

SINCIPUT, **sm.** *pekia,* m.

SINGE, **sm.** *make,* m. *keko, kupulii,* s.

SINGER, **v.** *hini,* m. *henehene,* s.

SINGERIE, **sf.** V. SINGER.

SINGULIER, **adj.** *atahi,* m. *akahi,* s. être singulier, *hoai,* s. vous êtes —, *e hoai oe,* s.

SINISTRE, **adj.** *ino,* ms.

SINON, **conj.** *aka, iole,* s.

SIROP, **sm.** *manati,* m. *kepau,* s.

SITE, **sm.** *ano, ao,* ms.

SITUATION, **sf.** *ano, ao,* ms. passer d'une situation à une autre, *aeae, lilo,* s.

SITUER, v. *vaiho,* ms. *kikie,* s.

SITUÉ, adj. *aia no,* ms. situé dans l'Amérique méridionale, *aia no ia ma ke komohana o Amerika hema,* s. — à l'opposite, *e ku pono ana,* s.

SIX. adj. num. *ono,* ms. six fois, *onotina,* m. *paono,* s.

SIXIÈME, adj. num. *eono,* ms.

SOBRE, adj. *kaiana, atekai,* m. *pakiko.* s.

SOBRIÉTÉ. sf. *mitito,* m.

SOCIABLE, adj. *vae.* ms.

SOCIÉTÉ, sf. *kahui, pukeenana,* m. *huiia, ahakanaka,* s.

SODOMIE, sf. *aikane,* s. sodomie entre femmes. *nene,* m.

SODOMITE. sm. *aikane,* s.

SŒUR, sf. *tuehine,* m. *kaikurahine,* s. sœur cadette. *tuehine teina,* m. — aînée. *kaikurahine tuana,* m.

SOI, pron. v. son.

SOIE, sf. *hoehoe,* s. *seta,* ms. (moderne). habit de soie, *pahee,* s.

SOIERIE, sf. *mea hoehoe,* s.

SOIF, sf. *mau,* m. *makenavai, makevai,* s. j'ai soif, *e makenavai au,* s. mort de soif. *mate te mau,* m. grande —, *katihee i te vai,* m.

SOIGNER, v. *onee, haaika,* m. *hoomaopopo, paulele, malama,* s.

SOIGNEUSEMENT, adv. *onee,* m. *aka,* s. Le dernier se met toujours devant le verbe, travailler soigneusement, *aka hana,* s.

SOIGNEUX, adj. *onee, anea, kanea,* m. *nakui,* s. soigneux de soi, *ooo,* s.

SOIN, sm. *onee,* m. *maopoopo,* s. avoir soin, *onee,* m. *hoomalu,* s. ayez — de vous, *a malama ia ou-*

kou, s. avoir — de quelqu'un, *malui,* s.

SOIR, sm. après-midi, *ahiahi,* ms. commencement de la nuit, *ahiahipo,* ms.

SOIT. adv. *ua pao, mea meitai,* m. *ae paha,* s.

SOIXANTE, adj. num. *eono onohuu,* m. *kanaono,* s.

SOL, sm. *henua,* m. *honua,* s.

SOLDAT, sm. *toa,* m. *koa,* s.

SOLEIL, sm. *aomati, aumati,* m. *la,* s. lever du soleil, *ua tihe te aomati,* m. *puka,* s. coucher du—, *fati nao,* m. première lueur du —, *pualena,* s. le — a passé midi, **ua aui ai ka la,** s. éclipse de —, *nao aomati,* m. le — est obscurci, *napoo ka la,* s. il fait bien chaud au —, *mea vearea i te aumati,* m.

SOLIDE, adj. *kokiuka, feo,* m. *hea,* ms. *mamau, uana, paapu, kupaa,* s. rendre solide, *hoopahua, hoopaa,* s. non —, *hoa,* s.

SOLIDITÉ, sf. v. solide.

SOLITAIRE, adj. *noho tootahi,* m. *mehameha, neanea, anoano,* s. vivre solitaire, *ulaia,* s.

SOLITUDE, sf. *maniania,* m. *mehamea,* s. retraite, *vahikaa vale,* s.

SOLLICITATION, sf. *nonoina,* ms.

SOLLICITER, v. *hano, tautaki,* m. *ie, oma,* s. *nonoi,* ms. solliciter secrètement, *omaoma,* s. — au mal, *nienie,* m. *pue,* s.

SOLLICITUDE, sf. *onee,* m. *opikopiko, manao nui,* s.

SOMBRE, adj. *tano, tako,* m. couleur sombre, *moho,* m. temps —, *hoopoluluhi,* s.

SOMMAIRE, sm. *ui,* s. *papa,* ms.

Somme, sf. *a pau*, ^{ms}.

Sommeil, sm. *hiamoe*, ^{ms}. mauvais sommeil, *mochera*, ^s.

Sommeiller, v. *hiamoe*, ^{ms}. *matakao*, ^m. *kahu, kului hiamoe*, ^s.

Sommer, v. *hapu*, ^m. *haluno*, ^s.

Sommet, sm. *pito, uka, una, tohuku, tohiku*, ^m. *piko, luna*, ^s. sommet de la tête, *milo, piko*, ^s. faîte, *nihinihi*, ^s. — d'une montagne, *oioina*, ^s.

Sommité, sf. V. sommet.

Somnambule, adj. *mochera*, ^s.

Son, sm. voix, *eo*, ^m. *leo*, ^s. bruit, *viviina*, ^m. son aigu, *riro*, ^m. — d'une sonnette, *o*, ^s. — agréable, *ohaohala*, ^s. — entendu de loin, *pae*, ^s. produire un —, *tani*, ^m. *kani*, ^s.

Son, Sa, pron. *to ia*, ^m. *kana, kona, ona*, ^s.

Sonder, v. *oe*, ^s.

Songe, sm. *moe, moemoea*, ^{ms}. *moetaa*, ^s. apparaître en songe, *ua ikea i ka moe*, ^s.

Songer, v. penser, *olutotulo*, ^m. *kapikao*, ^s.

Sonner, v. *tani, taki*, ^m. *kani, hookani, pae*, ^s. sonner la cloche, *kani i ka pele*, ^s. faire —, *hakatani*, ^m. *hookani*, ^s.

Sonnette, sf. *pele uuku*, ^s.

Sorcellerie, sf. *kepuka, anana, kuni*, ^s.

Sorcier, sm. *vainehae*, ^m. *kilo, anaana, kuhunaanana*, ^s. faire le sorcier, *hoopiopio*, ^s.

Sordide, adj. sale, *pokoholo*, ^m. *eka*, ^s. avare, *pi*, ^{ms}.

Sort, sm. *kelelo*, ^s. jeter le sort, *kohokoho, pu*, ^s. tirer au —, *niu*, ^m.

Sorte, sf. *manamana*, ^{ms}. Dans les locutions, il y a une, deux, trois, etc., sortes, le mot *sorte* ne se traduit pas : par exemple : il y a trois sortes d'esprits, *e tou kuhane ke*, ^m.

Sortie, sf. *puta*, ^m. *puka*, ^s.

Sortilége, sm. *kohokoho, ana, anaana*, ^s.

Sortir, v. *hee atu, puta*, ^m. *kukini aku, hele aku, puka*, ^s. après avoir fini, je sortirai, *ua pau e kukini aku ai au*, ^s. êtes-vous sorti, *ua hele oe i raho?* ^s. sortir de, *poholo*, ^s. faire — de, *hoolalelale*, ^s.

Sot, adj. *koekoepo, tuaave*, ^m. *harara, upo, pahupahu*, ^s.

Sottise, sf. *hakaie, koekoepo*, ^m. *harara*, ^s.

Souche, sf. *tumu*, ^m. *kumu*, ^s. retourner à la souche, *hua i te tumu*, ^m.

Souci, sm. *pakaihi*, ^m. *kena*, ^s. sans souci, *hakalia*, ^s.

Soucier (se), v. *uhane*, ^m. *manao nui*, ^s. ne pas se soucier, *hoomanaka*, ^s.

Soudain, adj. *poki oho*, ^m. *kiki*, ^s.

Souffle, sm. *menara*, ^m. *manava, ea*, ^s. dissiper par le souffle, *hoopulelehua*, ^s.

Souffler, v. *puhi, pupuhi*, ^{ms}. *haamama*, ^m. *epuhe*, ^s. souffler fort, *nou*, ^s. respirer, *kaekae*, ^m. *aho, naenae*, ^s.

Soufflet, sm. instrument servant à souffler, *opumakani*, ^s. coup sur la joue, *metaki*, ^m. *pehi*, ^{ms}.

Souffleter, v. *mataki, papai, papaki*, ^m. *pae*, ^s.

Souffrance, sf. *mamae*, ^m. *eha, apu*, ^s. *ana*, ^{ms}. longue souffrance, *eha loa*, ⁵. — intérieure, *ma-kehokeho*, ᵐ.— continuelle, *ma-mae te motu noa*. ᵐ.

SOUFFRANT, **adj.** *mamae*, ᵐ. *aho, eha*, ⁵.

SOUFFRIR, **v.** *mamae, memae*, ᵐ. *ana*,ᵐˢ. *eha, aho, hoonene, nou*,ˢ. souffrir beaucoup, *kapaka*,ˢ. — être dans le besoin, *nere*, ˢ. être persécuté, *hoomaauia*, ˢ. — pa-tiemment les injures, *hoolohilo-hi*, ˢ.

SOUFRE, **sm.** *kukae pele*, ˢ.

SOUHAIT, **sm.** *makimaki*, ᵐ, *ma-kemake*, ˢ.

SOUHAITER, **v.** V. SOUHAIT.

SOUILLER, **v.** *haape*,ᵐ. *paumaele*,ˢ. souillé, *maele*, ˢ.

SOUILLURE, **sf.** *ehu*, ᵐˢ. *hoopala-pala*, ˢ.

SOÛL, **adj.** *makona, koona*, ᵐ. *maona*, ˢ.

SOULAGEMENT, **sm.** *hookoo ana*, ˢ.

SOULAGER, **v.** *hookoo, hooluolu*, ˢ. se soulager, *hoomaha*, ˢ.

SOULÈVEMENT, **sm.** *mikeo*, ᵐ. *ki-pi*, ˢ.

SOULEVER, **v.** *hoohaunaele, ale-ale*, ˢ.

SOULIER, **sm.** *hiu*, ᵐ. (moderne), *kamaa*, ˢ.

SOUMETTRE, **v.** *tuaki, tuai, toua-ki*, ᵐ. *hooluhi*, ˢ. se soumettre, *ua hina*, ᵐ.

SOUMIS, **adj.** *hoohoo*, ᵐ. *aho*, ˢ.

SOUMISSION, **sf.** *hoohoo*, ᵐ. *aho*, ˢ.

SOUPE, **sf.** *kupa*, ᵐˢ. (moderne).

SOUPÉ, **SOUPER**, **sm.** *kaina no te ahiahi*, ᵐ. *aina no ke ahiahi*, ˢ.

SOUPER, **v.** V. SOUPÉ.

SOUPESER, **v.** *hauliki*, ˢ.

SOUPIR, **sm.** *naenae, kaekae*, ᵐˢ.

SOUPIRER, **v.** *naenae*, ᵐˢ. *auve,*

aue, homama, ˢ. soupirer après, *hia, eaana*, ᵐ.

SOUPLE, **adj.** *mekaka*, ᵐ. *malule-lule*, ˢ.

SOUPLESSE, **sf.** V. SOUPLE.

SOURCE, **sf.** d'eau, *huoorai, hina-ka*, ᵐ. *punarai*, ˢ. principe, *tu-mu*, ᵐ. *kumu*, ˢ.

SOURCIL, **sm.** *tuemata, tukema-ta*, ᵐ. *koemaka, lihilihi*, ˢ.

SOURD, **adj.** *putui*. ᵐ. *kuli*, ˢ. ren-dre sourd, *hookuli*, ˢ. bruit —, *mamuhu*, ˢ.

SOURDRE, **v.** *inaka*, ᵐ.

SOURICIÈRE, **sf.** *maokioe*, ᵐ.

SOURIS, **sf.** *kioe*, ᵐ. *iole*, ˢ.

SOUS, **prép.** *i ao*, ᵐ. *i lalo*, ˢ.

SOUS-CHEF, **sm.** *loha*, ˢ.

SOUSTRACTION, **sf.** déduction, *lilo iho ana*, ˢ.

SOUSTRAIRE, **v.** *kamo*, ᵐ. *vekave-ka*, ˢ. déduire, *lilo iho*, ˢ.

SOUTENIR, **v.** *toko, tono*, ᵐ. *koo, kupono*, ˢ. soutenir quelqu'un, *hakatu*, ᵐ. — son sentiment, *to-he*, ᵐ.

SOUTERRAIN, **adj.** *haarai*, ᵐ.

SOUTIEN, **sm.** poteau, *pou*, ᵐ. *koo*, ˢ. colonne, *alii*, ᵐ. défense, *haatu-tia*, ᵐ. *aahuapoo*, ˢ.

SOUVENIR, **sm.** *hakatu, hailona, paaloha*, ˢ.

SOUVENIR (se), **v.** *haamelao, ko-aa*, ᵐ. *paa, loaa*, ˢ. se souvenir d'une injure, *mauhaalealea*, ˢ.

SOUVENT, **adv.** *punipuni, petipe-ti*, ᵐ. *peni, penipeni*, ˢ. il est sou-vent dit, *e olelo penipeni ia*, ˢ.

SOUVERAIN, **adj.** *hakaiki*, ᵐ. *alii*, ˢ.

SPACIEUX, **adj.** *moke, fatea*, ᵐ. *akea, nanao*, ˢ. lieu spacieux, *ta-ha moke*, ᵐ.

SPÉCIAL, **adj.** *tootahi*, ᵐ. *akahi*, ˢ.

SPÉCIFIER, **v**. *manamana*, ᵐˢ.

SPECTATEUR, **sm**. *mata*, ᵐ. *maka*, ˢ.

SPECTRE, **sm**. *rainehae*, ᵐ. *akualapu*, ˢ.

SPÉCULATION, **sf**. observation, *tiohina*, ᵐ. *makilo ana*, ˢ. méditation, *otutotina*, ᵐ. *mamakao ana*, ˢ.

SPÉCULER, **v**. observer, *tiohi*, ᵐ. *makilo, kiohi*, ˢ. méditer, *otuto*, ᵐ. *mamakao*, ˢ.

SPHÈRE, **sf**. *poipoi*, ᵐ. *poi*, ˢ.

SPHÉRIQUE, **adj**. **v**. SPHÈRE.

SPIRITUEL, **adj**. *kuhane*, ᵐ. *uhane*, ˢ.

SPLENDEUR, **sf**. *akanahau*, ᵐ. *olinolino, alohi*, ˢ.

SPLENDIDE, **adj**. **v**. SPLENDEUR.

SPONGIEUX, **adj**. *kihu*, ᵐ.

SQUELETTE, **sm**. *iviivi*, ᵐˢ.

STABILITÉ, **sf**. *mao*, ᵐ. *mau*, ˢ.

STABLE, **adj**. *mao, tu*, ᵐ. *mau, ku*, ˢ. non stable, *oleva*, ˢ.

STATION, **sf**. *oioiana*, ˢ.

STATUE, **sf**. *tiki, ata*, ᵐ. *kii, olulo, kiikalai*, ˢ.

STATUER, **v**. ordonner, *peau*, ᵐ. *kena*, ˢ. régler, *haatoitoi*, ᵐ. *hoonoho*, ˢ.

STATUT, **sm**. *nohona*, ᵐˢ.

STÉRILE, **adj**. *mahoi*, ᵐ. *omiko*, ˢ. en parlant d'une femme, *pa*, ˢ.

STÉRILITÉ, **sf**. **v**. STÉRILE.

STIGMATISER, **v**. *tiki*, ᵐ. *kiki*, ˢ.

STIMULER, **v**. *tikao*, ᵐ. *hakui*, ˢ.

STRICT, **adj**. étroit, *itiiti*, ᵐ. *ikiiki*, ˢ. exact, *onee*, ᵐ. *maopoopo*, ˢ.

STUDIEUX, **adj**. *onee*, ᵐ. *mikimiki*, ˢ.

STUPÉFAIT, **adj**. *akanahau*, ᵐ. *anoninoni*, ˢ.

STUPEUR, **sf**. *momou*, ˢ.

STUPIDE, **adj**. *tuaave, eovai, mutu*, ᵐ. *mani, pololuhi*, ˢ.

STUPIDITÉ, **sf**. *eovaitina*, ᵐ. *pololuhi ana*, ˢ.

SUAVE, **adj**. *manati, manini*, ᵐ. *linalina*, ˢ.

SUAVITÉ, **sf**. **v**. SUAVE.

SUBIR, **v**. *mamae*, ᵐ. *hoomaauia*, ˢ.

SUBIT, **adj**. *potioho*, ᵐ. *kiki*, ˢ. mort subite, *mate potioho*, ᵐ.

SUBJUGUER, **v**. *tuaki*, ᵐ. *hooluhi*, ˢ.

SUBLIME, **adj**. *akanahau*, ᵐ. *manomano*, ˢ.

SUBLIMITÉ, **sf**. **v**. SUBLIME.

SURMERGER, **v**. *hua, tahe, hanirii*, ᵐ. *hanilii, halana*, ˢ.

SUBMERSION, **sf**. *haniriitina*, ᵐ. *hanilii ana*, ˢ.

SUBORDONNÉ, **adj**. *hoohoo*, ᵐ. *aho*, ˢ.

SUBORNER, **v**. *haape*, ᵐ. *luahele*, ˢ.

SUBSISTER, **v**. *toe avai, pohoe*, ᵐ. *ola*, ˢ.

SUBSTANCE, **sf**. tout ce qui existe, *mea*, ᵐˢ. *kino*, ˢ. ce qu'il y a de meilleur en quelque chose, *koekoe, tumu*, ᵐ. *koikoi, kumu*, ˢ.

SUBSTANTIEL, **adj**. *maloeloe*, ˢ.

SUBTIL, **adj**. délié, fin, *kahikahi*, ᵐ. *lahilahi*, ˢ. rusé, *teka*, ᵐ. *maalea*, ˢ.

SUBTILISER, **v**. rendre subtil, *haakahikahi*, ᵐ. *hoolahilahi*, ˢ. tromper, *tipai*, ᵐ. *palau*, ˢ.

SUBTILITÉ, **sf**. ruse, *tipai*, ᵐ. *palau*, ˢ.

SUBVENIR, **v**. *hano*, ᵐ. *kokua*, ˢ.

SUBVERSION, **sf**. *faiuna*, ᵐ. *hoohina ana*, ˢ.

SUBVERTIR, **v**. *faiu, faihu*, ᵐ. *hoohina*, ˢ.

SUC, **sm**. du coco, *manomano*, ᵐ. *manoi*, ˢ. sève, *kohu*, ˢ.

SUCCÉDER, **v**. *ahai, hahai*, ˢ.

Succès, sm. *mio*, [s].
Successeur, sm. *muli mai, lala-ni*, [s].
Succession, sf. suite, *fatua*, [m]. *moo, lalani*, [s]. héritage, *hooili-na*, [s].
Succomber, v. *ua io*, [ms]. *ua hika, ua hino*, [m]. succomber à un far-deau, *topa*, [m].
Succulent, adj. *manomano*, [m]. *kohu nui*, [s].
Sucer, v. *mitito*, [m]. *mikimiki*, [s]. téter, *omo*, [ms]. sucer ses doigts, *mikole*, [s].
Sucre, sm. *tohinikua*, [m]. *kau*, [s]. canne à sucre, *kau*, [s].
Sucrier, sm. *hipukau, ipohipu*, [s].
Sud, sm. *hema, kukulu hema*, [s]. vent du sud, *tuatoka*, [m].
Sud-est, sm. *hikina hema*, [s].
Sud-ouest, sm. *komohana hema*, [s].
Suer, v. *tae, tahe*, [m]. *hou, kulu*, [s].
Sueur, sf. *ehita, hita, hania*, [m]. la sueur coule, *tae te ehita*, [m].
Suffire, v. *toe*, [m]. *koe*, [s]. cela suf-fit, *a toe*, [m]. *e koe, uana, ka*, [s].
Suffisant, adj. *a toe*, [m]. *e koe, uana, ka*, [s].
Suffocation, sf. *kukumitina*, [m]. *kumi ana*, [s].
Suffoquer, v. *kukumi*, [m]. *kumi, umi*, [s]. suffoqué, *puua*, [s].
Suicide, sm. *haavaua, apuu*, [m]. *naauaua*, [s].
Suicider (se), v. *haavaua*, [m]. *na-auaua, kaave ia ia iho a make*, [s].
Suie, sf. *pauahi*, [s].
Suif, sm. *tonahua*, [m]. *konahua*, [s].
Suite, sf. ce qui suit, *hope, ma hope*, [ms]. foule qui suit, *haao*, [s]. cortége d'un chef, *aialoololoko*, [s]. série, *fatua*, [m]. *moo*, [s]. suite d'an-cêtres, *fatuatupuna*, [m]. *mooku-*

puna, [s]. — de chefs, *fatuaha-kaiki*, [m]. *moohaku*, [s]. — de prê-tres, *fatuataua*, [m]. *mookahuna*, [s]. à la — de, *ahuara*, [s]. de —, promptement, *emoole*, [s]. tout de —, *liuliu*, [s].
Suivant, prép. *ma mui*, [m]. *ma muli*, [s]. d'après, *me nei*, [ms].
Suivre, v. *hee i mui*, [m]. *ahai, ha-hui*, [s]. est-ce qu'aucun ne suivra? *aole nei kahi i hele mai nei?* [s]. se suivre les uns après les au-tres, *hoonana*, [s]. — quelqu'un pour le servir, *hoopili*, [s]. —, imi-ter, *hani*, [m]. *mahui*, [s].
Sujet, sm. *ohu*, [s]. les sujets, *ma-taenana*, [m]. au — de, *ia*, [ms]. il vous a parlé à mon —, *i olelo aku la ia ia oe ia 'u*, [s]. cause, motif, *tumu*, [m]. *kumu*, [s]. objet, *mea*, [ms].
Sujet, adj. *hoohoo*, [m]. *aho*, [s].
Superbe, adj. *haaheo*, [ms]. beau, *akanahau*, [m]. *hookahakaha*, [s]. précieux, *mau*, [s].
Supercherie, sf. *mea tipai*, [m]. *vahahee*, [s].
Superflu, adj. *tapavau*, [m]. *pue-hu, leraleva*, [s].
Superfluité, sf. *tapavau*, [m]. *mea puehu*, [s].
Supérieur, adj. *pio*, [ms].
Supériorité, sf. autorité, *tumu*, [m]. *kumu*, [s].
Superlatif, adj. marque du su-perlatif absolu, *noa*, [m]. *loa, va-le*, [s]. Le superlatif relatif se rend par le simple positif; par exem-ple : le meilleur d'entre eux, *ka mea maikai i vaena a lakou*, [s].
Suppléer, v. *pani*, [s].
Supplément, sm. *mea pani*, [s].
Suppliant, adj. *nonoi*, [ms].

Supplication, sf. *nonoitina*,[m]. *nonoi ana*,[s].

Supplice, sm. peine, *memae*,[m]. *eha*,[s].

Supplier, v. *hakavaevae, halavae*,[m]. *nonoi, noi*,[ms]. supplier avec larmes, *aure, aue*,[s].

Support, sm. *tutuu*,[m]. *kupono*,[s].

Supporter, v. soutenir, *toko, tono*,[m]. *kupono*,[s]. endurer, *mamae, haamau*,[m]. *hoomanara*,[s].

Supposer, v. présumer, *tuhi*,[m]. *kuhi*,[s]. alléguer comme vrai ce qui est faux, *hookamani*,[s].

Supposition, sf. v. supposer.

Suppression, sf. *haapaona*,[m]. *hoopau, ana*,[s].

Supprimer, v. abolir, *haapao*,[m]. *hoopau*,[s].

Suprême, adj. *nui noa*,[m]. *nui vale*,[s]. chef suprême, *tumu noa*,[m]. *kumu loa*,[s].

Sur, prép. *ma una, i una*,[m]. *ma luna, i luna, ailuna*,[s]. sur la terre, *ma ka honua*,[s].

Sur, adj. acide, *mekeo*,[m]. *avaava*,[s].

Sûr, adj. *tiatohu, toitoi*,[m]. *koikoi, pono*,[s]. ce n'est pas sûr, *aole kuhapa ia*.

Surabondance, sf. *taetae nui*,[m]. *vaivai nui*.

Surabondant, adj. *taetae*,[m]. *vaivai*,[s].

Surabonder, v. *tae, tahe*,[m]. *kahe*,[s].

Surcharge, sf. *tono noa*,[m].

Surcharger, v. *huatono nui, tono noa*,[m].

Surcroît, sm. *nunui*,[ms].

Surcroître, v. *haanunui*,[m]. *hoonuinui*,[s].

Subdité, sf. *putuina*,[m]. *kuli ana*,[s].

Sûreté, sf. *mea paa*,[s]. en sûreté, *palekana*,[s]. lieu de —, *kahi paa*,[s].

Surface, sf. *iii*,[s]. surface de la mer, *ilikai*,[s]. — aplanie, *laumania*,[s].

Surfaire, v. *nini, aluno*,[s].

Surgir, v. *pukina*,[m]. *pipii*,[s].

Surlendemain, sm. *aia la aku*,[s]. les jours qui suivent le surlendemain, *akelalalalo aku*,[s].

Surmonter, v. v. surpasser.

Surnager, v. *epau i una*,[m]. *lana, halana*,[s].

Surnaturel, adj. *atua*,[m]. *akua, lani*,[s].

Surpasser, v. *hakaie*,[m]. *keta, oi*,[s].

Surplus, adj. *hope*,[ms]. *niniti*,[m]. *keu, koe*,[s].

Surprenant, adj. *mahao*,[m]. *kupanaha, kupaianaha, kamahao, kamave*,[s].

Surprendre, v. *hakamiee*,[m]. *mahao*,[ms]. se cacher pour—, *faluketukee*,[m].

Surpris, adj. *ua eva, hokia*,[m]. *hoohuoe, loo, pauhia, pihoihoi, haohao*,[s]. troublé, *pilihua*,[s].

Surprise, sf. *haamotii, hokia, miee*,[m]. *pihoihoi, puiva*,[s]. exclamation de surprise, *aoheiohoi*,[s].

Sursaut, sm. *kihiti*,[m]. *kona*,[s]. s'éveiller en sursaut, *kihiti*,[m].

Surveillance, sf. *matatiohi*,[m]. *kaamaluna*,[s].

Surveillant, adj. v. surveillance.

Surveiller, v. *tiohi*,[m]. *kiohi*,[s].

Survenir, v. *hiki*,[ms].

Survivre, v. *pohoe ma hope*,[m]. *ola ma hope*,[s].

Susciter , **v.** faire naître, *haaha-nau,* m. *hoohanau,* s. exciter, *ha-kapahi,* m. *hakui,* s.

Suspendre , **v.** accrocher, *kapi-ki,* m. *hoolou, alu ,* s. suspendre avec une corde, *kamau,* s.

Suspendu, **adj.** *hio, kaulia, leva-leva,* s. *tautau,* m.

Suspension, **sf.** *kaare,* s. suspension du *kapu, naauau,* s.

Sustenter, **v.** *fatu,* m.

Svelte, **adj.** *rivi, ivi,* ms.

Syllabe, **sf.** *hua,* ms.

Symbole , **sm.** *hakatu, tumu ,* m.

hoailona , kumu, s. le symbole des apôtres, *tumu haatia o te tau Apostolo,* m. *olelo o ka poe Apos-tolo,* s. — de foi, *tumu haatia,* m.

Sympathie, **sf.** *naauaua,* s.

Sympathiser, **v.** *lea,* s.

Symptôme , **sm.** *hakatu,* m. *hoai-lona,* s.

Syncope, **sf.** défaillance, *huneva-kera,* s.

Synonyme, **adj.** *inoa etahi,* m. *inoa ekahi,* s.

Syphilis, **sf.** *pala,* s.

Système, **sm.** *ao, aona,* ms.

T.

Tabac, **sm.** *kara,* m. *pake,* ms. fumer du tabac, *puhi i te kara,* m.

Tabatière, **sf.** *hipupake,* ms. *ka-hupake,* s.

Table, **sf.** *papaoa,* m. *papa,* s. servir à table, *hoolarelave,* s. index, *papa tuhituhi,* m. *papa ku-hikuhi,* s. table à écrire, *papa-kakau,* s. table à manger, *pa-paaina,* ms. — de témoignage, *papahoike,* s.

Tableau, **sm.** peinture, *pena,* ms. (moderne).

Tabouret, **sm.** *papapoho,* m. *pae-pae,* s.

Tache, **sf.** *ehu,* ms. *hoopala, hoo-palapala, kikoluko,* s. sans tache, *manalo,* s.

Tache, **sf.** *hana,* ms. *hope,* ms. remplir une tâche, *lava,* s.

Tacher, **v.** *ehu,* m. *kiko,* s. taché, *kikokiko,* s.

Tacher, **v.** *hano i te hana,* m. *hoo-huahualau,* s.

Tacheté, **adj.** *aveavea, onionio,* s.

Tacheter, **v.** *hooareavea,* s.

Tacite , **adj.** *aie tekao,* m. *olelo ole,* s.

Tacitement, **adv.** v. tacite.

Taciturne, **adj.** *mutu,* m. *koea,* s.

Taille, **sf.** *kaai,* m. *kalai,* de petite taille, *pitaa,* m. *keko, popa-hi,* s.

Tailler, **v.** *kakoti, taai, tipitipi,* m. *ooki, kalai,* s. tailler une plume, *koli,* s. — un habit, *auhele,* s. ciseler, *taaitaai,* m. être taillé, *ka-laiia,* s.

Taire (se), **v.** *hakana , tuitui,* m. *hamau,* s. taisez-vous! *tuitui!* m. *hamau, kulikuli oe!* s. faire taire, *hooneoneo,* s.

Talent, **sm.** poids, *talaneto,* ms. disposition d'esprit, *loko,* s.

Talon, **sm.** *tuevaevae,* m. *kueva-vae,* s.

Talus, **sm.** *pahekeheke, vao,* m. *kaolo,* s.

Tamarin, **sm.** *tamarino,* sm. (moderne).

TAMARINIER, **sm.** *tamarino,* ᵐˢ.

TAMBOUR. **sm.** instrument, *pahu,* ᵐ. battre du tambour, *pahu utu,* ᵐ.

TAMBOURIN, **sm.** *pahu iti,* ᵐ.

TANDISQUE, **conj.** *oi,* ᵐˢ. *oiai,* ˢ.

TANIÈRE, **sf.** *anakaipeka ,* ᵐ. *ana holovau,* ˢ.

TANT, **adv.** tellement, *hoi,* ᵐˢ. tant mieux, *meitai ae,* ᵐ. *maikai ae,* ˢ. tant pis, *pe iho,* ᵐ. *ino iho,* ˢ.

TANTE, **sf.** *kui teina,* ᵐ. *makua,* ˢ.

TANTÔT, **adv.** *epo, mea poto,* ᵐ. *koke, mea poko,* ˢ.

TAPAGE, **sm.** *feuu, pokokina,* faire tapage. *hetuhetua,* ᵐ.

TAPE, **sf.** *metaki,* ᵐ. *pehi,* ᵐˢ.

TAPIS, **sm.** *moena,* ᵐˢ.

TAPISSER, **v.** *fai, faii,* ᵐ.

TAQUINER. **v.** *hoonanaa,* ˢ.

TARD. **adv.** *ohi,* ᵐˢ. plus tard, *ohi ae, ohi atu, apopo, i mui iho,* ᵐˢ. fort tard, *aumoe,* ˢ.

TARDER, **v.** différer, *poui,* ᵐ. être lent, *tavee,* ᵐ.

TARDIF. **adj.** *apa, emoa,* ˢ.

TARIÈRE, **sf.** *aeae,* ˢ.

TARIR, **v.** *haapororo, hakapao,* ᵐ. *hoopau,* ˢ.

TARO, **sm.** *taro,* ᵐ. *kalo,* ˢ. racine qui sert de nourriture ordinaire aux Océaniens.

TARTUFE, **sm.** *aiahua,* ˢ.

TAS, **sm.** *puke,* ᵐ. *puu, uhao,* ˢ.

TASSE, **sf.** *hipu,* ᵐˢ. *kia,* ˢ. tasse à café, *hipu kapi,* ᵐˢ.

TATER, **v.** *hano, miti,* ᵐ. *lau,* ˢ.

TATONNER, **v.** *fafafafa, pauehitu, totoo,* ᵐ. *haha, hahahaha,* ˢ.

TATONS (à), **adv.** *pauehitu,* ᵐ.

TATOUAGE, **sm.** *tatu,* ᵐ. *kiki ana,* ˢ.

TATOUER, **v.** *tiki, patu tiki,* ᵐ. *kiki,* ˢ. tatoué, *kaioi, tatu,* ᵐ. entièrement —, *ua kao i te tiki,* ᵐ.

TAUREAU , **sm.** *tauro ,* ᵐˢ. (moderne).

TAXE, **sf.** *kupu, uku, auhao,* ˢ.

TAXER, **v.** *uku, hookupu, auhao,* ˢ.

TEIGNE, **sf.** *mu, popo,* ˢ.

TEINDRE, **v.** *hooluu, luu,* ˢ.

TEL, **adj.** *alii,* ᵐ. *a like,* ˢ. tel quel, *pu,* ᵐ. un tel, *mea, o mea,* ᵐˢ. la faute est à un tel, *ia mea te pio,* ᵐ.

TELLEMENT, **adv.** *hoi,* ᵐˢ.

TÉMÉRAIRE, **adj.** *patati,* ᵐ. *eeu,* ˢ. jugement téméraire, *manao ino,* ˢ.

TÉMÉRITÉ, **sf.** *ii nui,* ᵐ. *hoolili,* ˢ.

TÉMOIGNAGE, **sm.** *matakite,* ᵐ. *makaike,* ˢ. faux témoignage , *hoopuni,* ˢ. rendre faux —, *potoho,* ᵐ. *hoopuni,* ˢ. ne rendez point faux témoignage contre votre prochain, *mai hoopunipuni oe i kou hoalauna,* ˢ.

TÉMOIGNER, **v.** *fai, hai,* ᵐˢ. *peau,* ᵐ.

TÉMOIN, **sm.** *kite, ite, mata,* ᵐ. *ike, maka,* ˢ. témoin oculaire, *matakite,* ᵐ. *makaike,* ˢ.

TEMPE, **sf.** *tamata,* ᵐ.

TEMPÉRAMENT, **sm.** *loko, aho,* ˢ.

TEMPÉRANCE, **sf.** *mitito,* ᵐ. *pakiko ana,* ˢ.

TEMPÉRANT, **adj.** *mitito,* ᵐ. *pakiko,* ˢ.

TEMPÉRÉ, **adj.** *atamai,* ᵐ. *akamai,* ˢ.

TEMPÉRER, **v.** *haameitai, haaiti,* ᵐ. *hoomaikai,* ˢ.

TEMPÊTE, **sf.** *tufatufao, taipeke,* ᵐ. *kona,* ˢ.

TEMPLE, **sm.** — d'idole, *faetiki,* ᵐ. *heiau, luakini,* ˢ. —antique, *eiahu,* ˢ. — chrétien, *halepule,* ˢ.

TEMPOREL, **adj.** *i nei,* ᵐˢ.

TEMPORISER, **v.** *memakea,* ᵐ. *emo, hakaha.*

TEMPS, sm. *va, manava*, ⁸. temps indéfini, *kau*, longtemps, *liula*, ⁸. il y a longtemps, *i kemo*, ᵐ. en son temps, *atitahia*, ᵐ. ce temps-ci, *ke ia manava*, ⁸. temps antérieur, *kinohi*, ⁸. perdre son temps, *maunauna*, ⁸. il fait beau —, *meie i te aki*, ᵐ. *malie*, ⁸. temps calme, *laelae*, ⁸. — froid, *kamaii, hakamaii*, ᵐ. — sombre, *hoomaluluhi*, ⁸. changement de temps, *ouli*, ⁸.

TENACE, adj. *aie kuike, mao*, ᵐ. *ikaika, mau*, ⁸. être tenace, *haamao*, ᵐ. *hoomau*, ⁸.

TENAILLE, sf. *hamaka*, ᵐ. (moderne), *hooupa, hupa, hupa*, ᵐˢ.

TENDON, sm. *oloolona*, ⁸.

TENDRE, v. tendre à, *hano*, ᵐ. *hia*, ᵐˢ. — des piéges, *hookalakupua*, ⁸.

TENDRE, adj. tendre de sentiment, *koekoe*, ᵐ. *aho*, ⁸. sensible, *mahea*, ᵐ. mou, *pepee*, ᵐ. *manene*, ⁸. jeune, *opiopio*, ⁸.

TENDRESSE, sf. *henenano, makimaki*, ᵐ. *makemake*, ⁸.

TÉNÈBRES, sf. *keevoo, kokohio*, ᵐ. *po*, ᵐˢ. *liula, poeleele*, ⁸. ténèbres épaisses, *potako (tano)*, ᵐ. *poeleele, poliukua*, ⁸.

TÉNÉBREUX, adj. *kokovoo*, ᵐ. *eleele*, ⁸. *po*, ᵐˢ.

TENIR, v. *hemo, mao*, ᵐ. *mau*, ⁸. tenir ferme, *mauki*, ᵐ. *kalele*, ⁸. — prêt, *liuliu*, ⁸. ne pas —, *kaleva, paholo*, ⁸. se — debout, *tu*, ᵐ. *ku*, ⁸. — à l'écart, *kuokoa*, ⁸. — autour, *uluaoa*, ⁸.

TENTATION, sf. *potiaatina*, ᵐ. *hoovalevaleia*, ⁸.

TENTE, sf. *papa*, ᵐˢ. ériger une tente, *papa*, ᵐˢ. *hoopapa*, ⁸.

TENTER, v. essayer, *aa, hoovale, hoohuahualau*, ⁸. éprouver, *ao*, ⁸. solliciter au mal, *potiaa*, ᵐ. *hoohuahualau, koi, hoovalevale*, ⁸.

TERME, sm. fin, *otina*, ᵐ. *hopena*, ᵐˢ. mot, expression, *tekao*, ᵐ. *olelo*, ⁸.

TERMINER, v. *paho, pao, oti*, ᵐ. *pau, oki*, ⁸.

TERNI, adj. *kekee*, ᵐ. *pano*, ᵐˢ.

TERNIR, v. *haape*, ᵐ.

TERRAIN, sm. *epo, vahi*, ᵐˢ.

TERRASSE, sf. *ohuku, avai*, ⁸.

TERRASSER, v. *kulaina*, ⁸.

TERRE, sf. boue, *epo*, ᵐˢ. sol, *henua*, ᵐ. *honua, aina, iena*, ⁸. terre inhabitée, *atuhaha*, ᵐ. le dessus de la —, *kokomo*, ᵐ. —rouge, *alaea*, ⁸. — couverte de pierres, *hapapapa*, ⁸. — en friche, *hoalo, mahakea*, ⁸. — inculte, *neanea*, ⁸. — sèche, *ponana*, ⁸. la — est ronde, *ua poepoe ka honua*, ⁸.

TERRESTRE, adj. *i te henua, nei*, ᵐ. *i ka honua nei*, ⁸.

TERREUR, sf. *hametau*, ᵐ. *hopo*, ᵐˢ. *hooveliveli*, ⁸.

TERRIBLE, adj. *hakahopo, hakamiee*, ᵐ. *makaukau*, ⁸.

TERRITOIRE, sm. *fenua, henua*, ᵐ. *honua*, ⁸.

TESTAMENT, sm. *kauoha make*, ⁸.

TÊTE, sf. *nutu, upoho*, ᵐ. *poho*, ⁸. large tête, *pohukuhuku*, ⁸. tête d'animal, et d'homme quelquefois, *nutu*, ᵐ. mal de —, *nutu nauu*, ᵐ. *nalulu*, ⁸. secouer la — en signe de mépris, *kunokunou*, ⁸. soulever la —, *uluna*, ⁸. se raser la —, *pitaka*, ᵐ. se gratter la — dans un embarras, *hoolalau*, ⁸. frapper à la —, *hohoa*, ⁸. être à la —, *kokoe*, ⁸. sommet de la —, *mino*, *s*. couvrir la —, *pulou*, *s*. — d'épingle, — de clou, *poheoheo*, *s*.

TÉTER, **v**. *kaiu, omo*, *ms*.

TÉTIN, **sm**. *matau*, *m*. *makavaiu*, *s*.

TÉTON, **sm**. *fatu*, *m*. *u, vaiu*, *ms*.

TÊTU, **adj**. *tohe*, *m*. *loha*, *s*.

TEXTE, **sm**. phrase, parole, *tekao*, *m*. *olelo*, *s*. sens d'un texte, *ano*, *s*. détourner le sens d'un —, *pae*, *m*. *pale*, *s*.

THÉ, **sm**. *ki, ti*, *ms*. (moderne).

THÉÂTRE, **sm**. *halepaani*, *s*.

THÉIÈRE, **sf**. *hiputi*, *m*. *hipuki*, *s*.

THÈME, **sm**. sujet, matière, *mea*, *hana*, *s*.

THÉOLOGIE, **sf**. *tekaoatua*, *m*. *oleloakua*, *s*.

THÉOLOGIEN, **sm**. *tuhuna i te tekaoakua*, *m*. *kuhuna i ka ke akua olelo*.

THÉSAURISER, **v**. *hoahu, ahu*, *s*. *haataelae*.

TIARE, **sf**. *tiara*, *ms*. (moderne).

TIÈDE, **adj**. *maalili*, *s*.

TIÉDEUR, **sf**. *maalili ana*, *s*.

TIÉDIR, **v**. *hoomaalili*, *s*.

TIEN, **adj**. *no oe, ta oe*, *m*. *kou, nau, nou, ou*, *s*.

TIERS, **adj**. troisième, *hapakolu*, *s*.

TIGE, **sf**. partie d'une plante, *oha*, *s*. souche, *tumu*, *m*. *kumu*, *s*.

TIMIDE, **adj**. *hopo*, *ms*. *hautete*, *m*. *holo vale*, *s*.

TIMIDITÉ, **sf**. *hopo*, *ms*.

TINTAMARRE, **sm**. *uvalaau*, *s*.

TINTEMENT, **sm**. *uo*, *s*.

TINTER, **v**. *taki*, *m*. *tani, o, ukeke*, *s*.

TIRAILLER, **v**. *puhi atu* (*aku*) *puhi mai*, *ms*.

TIRE-BOUCHON, **sm**. *hukipani*, *s*.

TIRER, **v**. *tie, tike*, *m*. *huki, panee, ume*, *s*. tirer par la main, *tiau*, *m*. — à soi, *huki mai, hiu*, *s*. — du feu. *ahi taki*, *m*. — un coup de fusil, *puhi*, *ms*. *ki*, *s*. —de l'eau. *hukivai*, *s*. — avec force, *hukuhi*, *s*. — au sort, *niu*, *m*. — sur quelqu'un, *pana*, *s*. traîner, *toi*, *m*. ne tirez pas de peur de casser, *umoi toi, ua motu*, *m*. — d'embarras, *unuhi*, *s*.

TIROIR, **sm**. *vahamana*, *s*.

TISANE, **sf**. *hainu*, *ms*.

TISON, **sm**. *komotu, omotu*, *m*. *momokuahi*, *s*.

TISSER, **v**. *viipuhi*, *m*. *ulana*, *s*.

TISSERAND, **sm**. *hana i viipuhi*, *m*. *hana i ulana*, *s*.

TISSU, **sm**. *viipuhitina*, *m*. *ulanaia*, *s*.

TITILLER, **v**. *maneoneo*, *m*. *hoomaneoneo*, *s*.

TITRE, **sm**. *inoa*, *ms*.

TITRER, **v**. *inoa*, *ms*. *hakainoa*, *m*. *hooinoa*, *s*.

TOI, **pron**. *koe, oe*, *ms*.

TOILE, **sf**. toile fine, *ienane*, *s*. — d'araignée, *aho, punaveevee*, *m*. *punavelevele*, *s*.

TOISON, **sf**. *huuhipa*, *m*. *huluhipa*, *s*.

TOIT, **sm**. *hakatuna, tapapa*, *m*.

TOITURE, **sf**. v. TOIT.

TOLÉRER, **v**. *manava*, *s*.

TOLÉRANCE, **sf**. *manava*, *s*.

TOMBE, **sf**. v. TOMBEAU. *puola*, *s*.

TOMBEAU, **sm**. *ana*, *ms*. *halekupapau, heana, ilina*, *s*.

TOMBER, **v**. *hika, hina*, *ms*. *mouu*, *m*. *ahule, hanee, helelei, kivi*, *s*. la chaleur est tombée, *mouu te veavea*, *m*. crouler, *topa*, *m*. tomber en faiblesse, *ninia*, *m*. *hanu*, *s*.

— en glissant , *peemo* , *vii* , ^m.
— mort, *ahu i ke make*, ^s.—mort
de part et d'autre, *ahu aku ahu
mai i ke make*, ^s. — en ruines ,
hiolo,^s. tombé, ruiné, *hiolo ai*,^s.
— sur, *kau* , ^s. — de haut de ,
valavala, ^s.

TOME, **sm.** *papa, mana,* ^ms.

TON, **sm.** son, *eo*, ^m. *leo*, ^s.

TON, TA, TES, adj. *no oe, ta oe,*^m.
kona, tou, nau, nou, ou, kau, ^s.

TONDRE, **v.** *rau*, ^m. *ako, valu,* ^s.

TONDU , **adj.** *raua* , ^m. *valuia
akoia* , ^s. entièrement tondu , *hopitaka*, ^m.

TONNEAU, **sm.** *hipu*, ^ms.

TONNELLE, **sf.** *lanai*, ^s.

TONNER , **v.** *halulu, hekili* , ^s. *fatutii*, ^m.

TONNERRE, **sm.** *fatutii, hatutii,*^m.
hekili, ^s.

TONTE, **sf.** *vautina* , ^m. *valu ana,*^s.

TOPOGRAPHIE, **sf.** *haakitevahi*, ^m.
hooikevahi, ^s.

TORCHE , **sf.** *kukui, lama, lamalama, lamaku*, ^s. *komotu*, ^m.

TORDRE, **v.** *fio, hio*, ^m. *hilo, keekee, kovi, lino, milo, vili,* ^s. tortu,
fioa, ^m. *keekee*, ^s.

TORPEUR, **sf.** *momou*, ^s.

TORRENT, **sm.** *kavai, koieie*, ^s.

TORRIDE, **adj.** *veavea*, ^m. *velavela*, ^s.

TORS, **adj.** *piko*, ^ms.

TORT , **sm.** *mikeo*, ^m. *hapakue,
ino*, ^s. à tort, *hape*, ^s.

TORTICOLIS, **sm.** *kakifea*, ^m.

TORTILLER, **v.** *viivii*, ^m. *vilivili*, ^s.

TORTUE, **sf.** *honu, keea, kee*, ^m. *ea,
honu*, ^s. écaille de tortue, *ku-
muea, una*, ^s.

TORTUEUX, **adj.** *fio, hio, vii*, ^m.
vili, ^s.

TORTURE, **sf.** *tautakina*, ^m. *mainoino*, ^ms.

TÔT, **adv.** *rave*, ^ms.

TOTAL, **adj.** *a pau*, ^ms.

TOTALITÉ, **sf.** *mea a pau*, ^ms.

TOUCHANT, **prép.** *no, na*, ^ms. touchant cette affaire , *no te mea
nei*, ^m.

TOUCHER, **v.** *keu*, ^m. *aaki, pa, hoopa*, ^s. toucher au but. *pakaku*, ^m.
— doucement. *haha*, ^s. touché de
compassion. *hachae, menene*, ^s.

TOUCHER, **sm.** *toohi*, ^m. *lau*, ^s. doux
au toucher, *puerae*, ^m. *nahina-
hi*, ^s. rude au —, *pupu*, ^s.

TOUFFE, **sf.** *pupu, putuki*, ^m. *uluku*, ^s. touffe de cheveux qui sert
d'ornement, *poe*, ^m.

TOUJOURS, **adv.** *ana atu, anae, ta
hituhitu. pao noa.*

TOUPIE, **sf.** *nihu*, ^m.

TOUR, **sm.** *papua*, ^m. *kiavai*, ^s.
tour à tour, *papua*, ^m. ruse, tour
d'adresse, *teka*, ^m. faire un tour,
tukee, ^m. faire le tour de, *poai*, ^s.

TOUR, **sf.** *halekiai, halepakui, puu,
puuhonua*, ^s.

TOURBILLON , **sm.** *laurili, au pali
pua hihio*, ^s, tourbillon de poussière. *kukeku*, ^s.

TOURMENT, **sm.** *tautakina*, ^m. *mainoino*, ^s.

TOURMENTER, **v.** *tautaki*, ^m. *hoohune, hoopailua*, ^s. être tourmenté, *mainoino*, ^s.

TOURNE-BROCHE, **sm.** *ohinu*, ^s.

TOURNER, **v.** *kavii, paueo*, ^m. *vili,
hoae, hoohuli, kaa*, ^s. tourner
tout autour, *koai, poaha*, ^s. — le
côté à, *kakaa*, ^s. — le dos, *haaiu
atu*,^m. *kaii*, ^s. — de côté, *haliu*,^s.
—le visage vers, *heliu*, ^s. tourner
à l'envers, *faiu*, ^m. *lole, loli*, ^s.

tourne-toi vers moi, *ahaihu mai*, ^m. se tourner, *ahaihu*, ^m. *uli*, ^s. tourner en ridicule, *fanu*, ^m. faire tourner, *haavii*, ^m. *hoorili*, *hoohuakeo*, ^s. tourner en rond, *hoolohe*, ^s. — sens dessus dessous, *hoopalahuli*, ^s. changer, *lilo*, ^s.

TOURNURE, **sf**. forme, façon, *mata*, ^m. *maka*, ^s. *hana*, ^{ms}.

TOURTE, **sf**. *epai, homo, popo*, ^s.

TOURTERELLE, **sf**. *kuhukuhu*, ^s.

TOUSSAINT, **sf**. (fête) *ka poe maikai ma ka lani*, ^s.

TOUSSER, **v**. *fanei, hapu, hapuhapu*, ^m. *kunu*, ^s.

TOUT, **s. adj**. *pau*, ^{ms}. tout ensemble, *pau loa*, ^s. tout à l'heure, *aunei, epo*, ^m. *alia*, ^s. du tout, point du tout, *auma*, ^m. *iki*, ^s. il ne travaille point du tout, *aole ia e hana iki*, ^s. tout à fait, *eka, ena*, ^m. toute la ville de Paris, *Parisii a pau*, ^{ms}. — la terre, *ka honua nei a pau*, ^s.

TOUS, *tatou, kotoa, otoa*, ^m. *a pau*. ^{ms}. tous ensemble, *paapu*, ^s. eux tous, *atoa*, ^m. nous tous ensemble, *haatahi tatou*, ^m. tous les enfans, *keiki a pau*, ^{ms}. ils sont allés tous, *i hele lakou a pau*, ^s. au-dessus de —, *kaulana*, ^s.

TOUTEFOIS, **adv**. *oi*, ^{ms}. *nae*, ^s.

TOUTE-PUISSANCE, **sf**. *mana noa*, ^m. *mana loa*, ^s.

TOUT-PUISSANT, **adj**. *mana oko atu, mana noa*, ^m. *mana loa*, ^s.

TOUX, **sf**. *hapu, hapuhapu*, ^m. *kunu*, ^s.

TRACASSER, **v**. *tautaki*, ^m. *hoohune, ne*, ^s.

TRACE, **sf**. *tapuvae*, ^m. *kapuvae*, ^s.

TRACER, **v**. *nekai, pahee*, ^m. *kahakaha*, ^s. tracer un chemin, *puta*

nekai, ^m. — des lignes d'un plan, *tatau*, ^m. *kakau*, ^s.

TRADITION, **sf**. action de livrer, *tuu atu*, ^m. *kuu ana*, ^s. histoire, *mea haari, kaa, mooolelo*, ^s.

TRADITIONNEL, **adj**. *mea haavi*, ^s.

TRAFIC, **sm**. *hoko*, ^{ms}. *kuai, malaulaua*, ^s.

TRAFIQUER, **v**. **v**. **TRAFIC**.

TRAGIQUE, **adj**. funeste, *ino*, ^{ms}.

TRAHIR, **v**. *makaka*, ^m. *kumaka, lili*, ^s.

TRAHISON, **sf**. *makakatina*, ^m. *kumaka ana*, ^s.

TRAÎNANT, **adj**. *toi*, ^m. *kolo*, ^s. voix traînante, *eo toi*, ^m.

TRAÎNEAU, **sm**. *holopapa*, ^s.

TRAÎNER, **v**. *toi*, ^m. *alakai, kaina*, ^s. traîner avec une corde, *kauo*, ^s. tirer, *ume*, ^s. se traîner, *totoo*, ^m, *kolo*, ^s. traîner avec effort, *huki*, ^s.

TRAÎNEUR, **sm**. *alataha*, ^m. *lolohi*, ^s.

TRAIRE, **v**. *miti*, ^m. *ui, piki, miki*, ^s.

TRAIT, **sm**. flèche, *mene, taa*, ^m. *pua*, ^s. ligne, *kiko*, ^s. trait d'union, *kikokui*, ^s. pensée remarquable, *tekao kakiu*, ^m.

TRAITABLE, **adj**. *meitai*, ^m. *maikai*, ^s.

TRAITÉ, **sm**. *tekao*, ^m. *olelo*, ^s. violer un traité, *aeia*, ^s. — de paix, *lea*, ^s.

TRAITEMENT, **sm**. *haaikatina*, ^m. *malui ana*, ^s.

TRAITER, **v**. soigner *haaika*, ^m. *malui*, ^s. discuter, *tekaotekao*, ^m. traiter avec violence quelqu'un, *hookoikoi*, ^s. — avec soin, *malui*, ^s. difficile à traiter avec, *punihaniha*, ^s.

Traître, sm. *makaka*,^m.*kumaka*,^s.

Tramer, v. tramer un complot, *haake*.^m. *moemoea, hooke*.^s.

Tranchant, sm. *mata*,^m. *maka*,^s. tranchant d'une hache, *mata-toi*,^m.

Tranchant, adj. *oli, oki*,^s.

Tranche, sf. *ketaketa*,^m. *otumotu*,^m.

Tranchée, sf. *ana*,^{ms}.

Trancher, v. *oli*,^m. *oki*,^s.

Tranquille, adj. *pi anae iho*,^m. *akahei*,^s. qui parle peu, *hakaliaa*,^s. paisible, *hilu, hiluhilu*,^s. apaisé, *hoolai*,^s. calme, *malii*,^s. être tranquille, *na*,^s.

Tranquilliser, v. *malielie*,^s.

Tranquillité, sf. *maluanaluhia, kuapapa*,^s. tranquillité de l'air, *miee*,^m. *hoolai, malii*,^s.

Transcendant, adj. *atua*,^m. *akua*,^s.

Transcrire, v. *tetau*,^m. *kakau*,^s.

Transférer, v. *hooae aku, huli*,^s.

Transfiguration, sf. *hoolilo ana*,^s.

Transfigurer, v. *hoolilo*,^s.

Transformation, sf. v. transfiguration.

Transformer, v. *hoololiloi*,^s.

Transgresser, v. *ootahi*,^m. *uhai*,^s. transgresser secrètement. *aihue*,^s.

Transgression, sf. *mikeo*,^m.*heva*,^s.

Transitoire, adj. *nao vave*,^m. *mau ole*,^s.

Translation, sf. *hooae aku ana*,^s.

Transmettre, v. *hakaahe*,^m. *hooae*,^s.

Transmigration, sf. *hakaahetina*,^m. *laveia aku ana*,^s.

Transmission, s. *hooae ana*,^s.

Transparent, adj. *moakaka*,^s.

Transpercer, v. *oka, haaputa*,^m. *o, hoopuka*,^s.

Transpiration, sf. *hania*,^m.

Transpirer, v. *tae, tahe*,^m. *kahe, hou, kulo*,^s.

Transplanter, v. *tanu*,^m. *heho, hula, kanu*,^s.

Transport, sm. *lave ana*,^s. quel transport de joie! *ha te hahi*,^m.

Transporter, v. *hooae aku, nee, alo*,^s. être transporté de joie, *hauoli ae la me ka olioli*,^s.

Transposer, v. *hakahui*,^m. *hoohuli*,^s.

Transposition, sf. *hakahuitina*,^m. *hoohuli ana*,^s.

Transvaser, v. *iki, ini*,^m.*ninini*,^s.

Transversale, adj. *kahamoe*,^s.

Trappe, sf. *upiki*,^s.

Travail, sm. *hana*,^{ms}. travail facile, *hana maeke*,^m. — long, difcile, *hana oko*,^m.—inutile, *inea*,^s. se réjouir du travail, *ka naau i ke hana*,^s. se plaindre du—, *uhuuhu i ka hana*,^s. louer pour le travail, *hoolimalima*,^s. charger de —, *hooluhi, paahihi*,^s.

Travailler, v. *hana*,^{ms}. travailler fortement, *paaluhi*,^s. — mal, *palale*,^s, —soigneusement, *aku aua*,^s. — vite, beaucoup, *hanahana*,^{ms}. — gratuitement, *hana vale*,^s. — négligemment, *hoomauea*,^s. — avec nonchalance, *lonia*,^s. parfaitement travaillé, *palaneheole*,^s. travailler tous ensemble, *puvalu*,^s.

Travailleur, sm. *lavehana*,^s.

Travers, sm. *hipa*,^m. *kipa, hepahepa*,^s. aller de travers, *teka*,^m. *kaahele*,^s. de —, *tekateka*,^m. *kipa*,^s. à —. *ma*,^{ms}. tirer de —, *toi pahaka*,^m. à travers, au milieu, *ma te vavena*,^m. *vaena*,^s.

Traversée, sf. *maalo ana*,^s.

TRAVERSER, **v.** *maalo*, ^s.

TRAVERSIN, **sm.** *papa*, ^{ms}. *uluna*, ^s.

TRAVESTIR, **v.** *hakaahe*, ^m. *hooae*, ^s.

TRAVESTISSEMENT, **sm.** *hakaahe-tina*, ^m. *hooae ana*, ^s.

TRÉBUCHER, **v.** *palaha*, ^s.

TRÈFLE, **sm.** *pekihi*, ^{ms}.

TREILLAGE, **sm.** *manamana*, ^{ms}.

TREILLE, **sf.** v. TREILLAGE.

TREIZE, **adj. num.** *onohuu me a tou*, ^m. *umi a me kuma ma kahi*, *umi kuma ma kolu*, ^s.

TREIZIÈME, **adj. num.** v. TREIZE.

TREMBLANT, **adj.** *toriri*, ^m. *eehia*, ^s.

TREMBLEMENT, **sm.** *kuahutina*, ^m. *alalu ana*, ^s. tremblement de terre, *olai*, ^s. Il y eut un grand tremblement de terre en Asie par lequel furent détruites 150 villes, *he olai nui me ka aina o Asia 150 kulana kauhale i hiolo ai*, ^s.

TREMBLER, **v.** *kuahu, toii, toriri*, ^m. *alalu, haalulu, hanee, iii* ^s. trembler de froid, *anu*, ^m. *haukeke*, ^s. — de peur, *hopo*, ^m. *heehia, lia*, ^s.

TREMPÉ, **adj.** *paipai, veu*, ^m. *lahilahi*, ^s.

TREMPER, **v.** *kavaivai, kutao, pehu, pekehu, uhi, uu*, ^m. *hou, kupenu*, ^s.

TRENTE, **adj. num.** *tekau me onohuu*, ^m. *kanakolu*, ^s.

TRENTIÈME, **adj. num.** v. TRENTE.

TRÉPAS, **sm.** *matena*, ^m. *make ana*, ^s.

TRÉPASSÉ, **adj.** *tupapau*, ^m. *papahu*, ^s.

TRÉPASSER, **v.** *mate*, ^m. *make*, ^s.

TRÈS, **adv.** *ka, ki, mati, noa; iho*, ^m. *loa, ino, io*, ^s. *ka* et *ki* se joignent à la fin au mot auquel ils appartiennent, ainsi: doux, *meniu*, très doux, *meniaka*, ^m. — bon, *maikai io*, ^s. — large, *hateaki*, ^m. — profond,

hoonu mati, ^m. — court, *poto iho*, ^m. — grand, *nui ino*, ^{ms}.

TRÈS-HAUT, **sm.** *ke kiekie loa*, ^s.

TRÉSOR, **sm.** *ahuvaivai, vaihona-moni*, ^s.

TRESSAILLIR, **v.** *kihili, miee*, ^m. *lele, oli*, ^s.

TRESSE, **sf.** *puu*, ^m. *puku*, ^s.

TRESSER, **v.** *aaka, viipuhi*, ^m. *ulana*, ^s.

TRÈVE, **sf.** *koika, koina; toua oa*, ^m.

TRIBU, **sf.** *mookupuna*, ^m. *ohana*, ^s.

TRIBULATION, **sf.** *makehokeho*, ^m. *lauvilia*, ^s.

TRIBUNE, **sf.** *noho ika*, ^m. *avai*, ^s.

TRIBUT, **sm.** *hookupu ana*, ^s.

TRICHER, **v.** *haateka, tekateka*, ^m. *lonu*, ^s.

TRICHEUR, **sm.** *puniu*, ^s.

TRICHERIE, **sf.** *tekateka*, ^m. *lonu ana*, ^s.

TRICOTER, **v.** *hono*, ^s.

TRIER, **v.** *veliveli*, ^m. *veliveli*, ^s.

TRINITÉ, **sf.** *toutahi*, ^m. *kolukahi*, ^s. la Trinité est un seul Dieu, *ke kolukahi ke Akua hookahi*, ^s.

TRIOMPHE, **sm.** joie, *ekaeka*, ^m. *hauoli*, ^s. triomphe du mal d'autrui, *akola*, ^s.

TRIOMPHER, **v.** se réjouir. v. RÉJOUIR.

TRIPLE, **adj.** *toutahi*, ^m. *kolukahi*, ^s.

TRIPLER, **v.** *haatoutahi*, ^m. *hookolukahi*, ^s.

TRISTE, **adj.** *memae*, ^m. *haniuhu, anoano*, ^s. avoir l'air triste, *hakalalu, neveneve*, ^s. être —, *mino*, ^s.

TRISTESSE, **sf.** *memae*, ^m. *mehameha*, ^s.

TRITURATION, **sf.** *oomitina, tatana*, ^m.

TRITURER, **v.** *oomi, tala, tutu*, ^m.

TROC, **sm**. *hoko ana*, ^{ms}.

TROIS, **adj. num.** *tou, toru*, ^m. *kolu*, ^s. trois à trois, *pakolu*, ^s. — fois, *toutina*, ^m. *pakolu*, ^s.

TROISIÈME, **adj. num.** *e tou*, ^m. *e kolu*, ^s.

TROMBE, **sf**. *vaipuilani*, ^s.

TROMPER, **v**. *tipai, hai, tivava*, ^m. *hoohoka, hoopuni, hookolohe*, ^s. — dans le commerce, *aluno*, ^s. se tromper, *hakaee, koea, teka*, ^m. *hevaheva, hoka*, ^s. être trompé, *epaepa*, ^s. trompé par, *hokaia e*, ^s.

TROMPERIE, **sf**. *tipai*, ^m. *apuka, ahili*, ^s.

TROMPEUR, **adj**. *ahili, kaulei, kolohe, lua, punipuni*, ^s.

TROMPETTE, **sf**. *pu*, ^{ms}. sonner de la trompette, *puhi*, ^{ms}.

TROMPETTER, **v**. *pu, puhi*, ^{ms}.

TRONC, **sm**. *kohoe, tumu*, ^m. *kumu, kano, kino*.

TRÔNE, **sm**. *noho*, ^{ms}. trône royal, *nohoalii*, ^s. —de la miséricorde, *nohoaloha*, ^s.

TRÔNER, **v**. *noho i ka nohoalii*, ^s.

TRONQUÉ, **adj**. *motu, otia*, ^m. *moku, okiia*, ^s.

TRONQUER, **v**. *haaiti, tikoe*, ^m. *hooiki, oki*, ^s.

TROP, **adv**. *mea nui*, ^{ms}. *nui noa*, ^m. *nui loa*, ^s. trop peu, *iti noa*, ^m. —petit, *kuhaiki*, ^s.

TROQUER, **v**. *hoko*, ^{ms}.

TROTTER, **v**. *holokuku*, ^s.

TROTTOIR, **sm**. *paepae*, ^{ms}.

TROU, **sm**. *ana*, ^{ms}. *poko, puta*, ^m. *haka, lua, puka*, ^s. trou dans les rochers, *anakea*, ^m. plein de trous, *hakahaka*, ^s.

TROUBLE, **adj**. *feuu*, ^m. *haunaele, pihapiha*, ^s. exciter des troubles, *hoohaunaele, pai*, ^s.

TROUBLER, **v**. *aleale, haalulu, kuehu, mea*, ^s. se troubler, *hoononi*, ^s. être troublé, *like*, ^s. troublé par crainte, *hopohopo*, ^s. avoir l'esprit troublé, *kau ma luna*, ^s. troublé, ne savoir quoi faire, *kulanalana*, ^s. troublé, surpris, *pilihua*, ^s. ne te trouble pas, *mai mea aku ia ia*, ^s.

TROUER, **v**. *hakaputa*, ^m. *hoopuka*, ^s.

TROUPE, **sf**. *vava, vaava*, ^m. *haao*, ^s. troupe d'hommes, *lahuikanaka*, ^s. troupe d'animaux, *kaoa*, ^s.

TROUPEAU, **sm**. *kuma, holoholona, ohana*, ^s. garder les troupeaux, *malama holoholona*, ^s. troupeau de moutons, *ohanahipa, nahipa*, ^s.

TROUSSE, **sf**. *pupa*, ^{ms}.

TROUSSER, **v**. *poai, pokai*, ^m.

TROUVER, **v**. *hemo, koaa*, ^m. *loaa*, ^s. aller trouver, *hoopu, kii*, ^s.

TRUIE, **sf**. *puakomolau*, ^s.

TU, TOI, **pron**. *koe, oe*. ^{ms}. toi-même, *koe nei*, ^m. — (avec emphase), *o koe te nei*, ^m.

TUBE, **sm**. *kae*, ^m. *ivipili*, ^s.

TUBERCULE, **sm**. *puu, puku*, ^{ms}. *tupu*, ^m.

TUBÉREUX, **adj**. *pukupuku*, ^{ms}.

TUBÉROSITÉ, **sf**. *puku, puu*, ^{ms}. *oolapu*, ^s.

TUER, **v**. *ehupau, haamoe, kukumi, haamate*, ^m. *kalole, lua, hoomake*, ^s. *pepehi*, ^{ms}. ne tue point un homme, *umoi oe e haamate i te enata*, ^m. *mai pepehi kanaka oe*, ^s.

TULIPE, **sf**. *tulipa*, ^{ms}. (moderne).

TUMEUR, **sf**. *puutike, uhua*, ^m. *ohakulai, olo*, ^s.

TUMULTE, **sm**. émeute, *feuu*, ^m. *haunaele, kipikipi, pihapiha*, ^s. confusion, *pioloke*, ^s.

TUMULTUER, v. *fetufetu*,[m] *hoohau-naele*,[s]

TURBAN, sm. *pae*,[m] *pale*,[s]

TURBULENT, adj. *huhu*,[ms]

TURGIDE, adj. *pukupuku*, *puupuu*,[ms]

TURPITUDE, sf. *mea pe*, *mea nene*,[m] *hoopailua*,[s]

TUTÉLAIRE, adj. *mau*,[m] *malu*,[s]

TUYAU, sm. *kae*,[m] *ivipili*, *kino*,[s]

TYPE, sm. *tumu*,[m] *kumu*,[s]

TYRAN, sm. *enana pio*, *peke*,[m] *pahikaua*,[s]

TYRANNIE, sf. *pio*, *peke*,[m] *pahikaua*,[s]

TYRANNIQUE, adj. *pahikaua*,[s]

TYRANNISER, v. *peke*,[m] *hoopahikaua*,[s]

U.

ULCÈRE, sm. *pukupuku*,[m] *alaala*, *puupuu*,[s]

ULCÉRER, v. *haapukupuku*,[m] *hoopuupuu*,[s]

ULTÉRIEUR, adj. *ma o atu*,[m] *ma o aku*,[s]

UN, art. indéf. *e*, *a*,[ms] une pierre, *e kea*,[m] ce même *e* sert d'article partitif, de la nourriture, *e kai*.

UN, adj. *tahi*, *atahi*,[m] *kahi*, *akahi*,[s] Un à un, *pakahi*,[s] les uns, les autres, se traduisent par les particules *atu* (*aku*) et *mai*,[ms] qui suivent le mot à qui elles appartiennent et qui se répètent, par exemple : c'est une bonne chose de se donner les uns aux autres, *mea meitai tuku atu, tuku mai*,[m] quelquefois par la répétition de *tahi*, *kahi*, par exemple : les uns restent, les autres s'en vont, *ua noho te tahi, ua hiti te tahi*,[m] l'un après l'autre, *kukakukakakahi*,[s]

UNANIME, adj. *tuitahi*,[m] *kuikahi*, *hoolaulea*,[s]

UNANIMITÉ, sf. *hoa*,[ms] *tuitahitina*,[m] *kuikahi ana*,[s]

UNI, adj. *pahaha*, *menia*,[m] *hinu*, *mania*,[s] *poli*, *pahe*,[s] rendre uni, *haapahaha*,[m] *kiaauau*,[s] être uni, *pii*, *haatahi*,[m] *pili*, *hookahi*,[s] allié, *vaihi*,[s]

UNIÈME, adj. *etahi*,[m] *ekahi*,[s]

UNIFORME, adj. *tutahi*, *alii*,[m] *kukahi*, *a like*,[s] se mettre en uniforme, *ohuohu*,[s]

UNIFORMITÉ, sf. *etahi mata*,[m] *ekahi maka*,[s]

UNILATÉRAL, adj. *kapihi*,[s]

UNION, sf. *tuitahi*, *kuikahi*,[s]

UNIQUE, adj. *tootahi*,[m] *akahi*,[s] fils unique, *tama tootahi*,[m] *hanaukahi*, *kamakahi*,[s]

UNIR, v. *haatui*,[m] *hui*,[s] raboter, *aikepa*, *hoohui*,[s] mêler, *lauvili*,[s] ce dernier est ordinairement suivi de *pu*, ensemble ; s'unir, *hakapii*,[m] *tutaki*, *tuai*,[m] *huipu*,[s]

UNITÉ, sf. *hakatahi*,[m] *hookahi*,[s] unité de sentiment, *lokahi*,[s]

UNIVERS, sm. *ao maama*,[m] *ao*,[ms]

UNIVERSALITÉ, sf. *a pau*,[ms]

UNIVERSEL, adj. *a pau*,[ms]

URBANITÉ, sf. *mea toitoi*,[m] *mea koikoi*,[s]

URGENCE, sf. *pilikia loa*,[s]

URGENT, adj. *pilikia*,[s]

URINE, sf. *mimi*,[ms] rétention d'urine, *iha*,[s]

URINER, **v.** *mimi,* ^{ms}.

URNE, **sf.** *hue,* ^{ms}.

USAGE, **sm.** *hakaenana, peu, poha,* ^m. *oihana,* ^s.

USÉ, **adj.** *poloke, elemakule,* ^s.

USER, **v.** *peoahe,* ^s. détériorer, *haape,* ^m. *hooino,* ^s.

USTENSILE, **sm.** *haina,* ^m. *mea,* ^{ms}.

USUEL, **adj.** *i te hana,* ^m. *i ka hana,* ^s.

USURE, **sf.** *uku hou iho,* ^s.

USURPATION, **sf.** *hakaputatina,* ^m. *hoopuka ana,* ^s.

USURPER, **v.** *hakaputa,* ^m. *hoopuka,* ^s. chercher à —, *pukapuka,* ^s.

UTÉRUS, **sm.** *kopu,* ^m. *opu, ieve,* ^s.

UTILE, **adj.** *meitai,* ^m. *maikai, pono,* ^s.

UTILISER, **v.** *haameitai,* ^m. *hoomaikai,* ^s.

UTILITÉ, **sf.** *mea meitai,* ^m. *hoomaikai,* ^s.

V.

VACANT, **adj.** *kaavale,* ^s. chambre vacante, *vahi kaavale,* ^s.

VACARME, **sm.** grand bruit, *uaua, ulaula,* ^s. tumulte, *feuu,* ^m. *haunaele,* ^s.

VACHE, **sf.** *akiuka,* ^m. *pipi,* ^s.

VACHER, **v.** *kahupipi,* ^s.

VACILLANT, **adj.** *hapatati,* ^m. *kunalua, hapalua,* ^s.

VACILLATION, **sf.** *keukeutina,* ^m. *kuoi ana,* ^s.

VACILLER, **v.** *keukeu,* ^m. *kuoi,* ^s.

VAGABOND, **adj.** *koka, koea,* ^m. *aea, hooao,* ^s.

VAGUE, **sf.** *hokehoke, peau,* ^m. *ale, puunohu,* ^s.

VAGUE, **adj.** mobile, *koeo, korero,* ^m. *mau ole,* ^s.

VAGUER, **v.** *hakaee, koka,* ^m. *auvana,* ^s.

VAILLANCE, **sf.** *ii, huhu,* ^{ms}.

VAILLANT, **adj.** *oko, toa,* ^m. *maika, koa,* ^s.

VAIN, **adj.** *hoohano, piilae,* ^s. en vain, *pu,* ^m. *make, makeheva,* ^s.

VAINCRE, **v.** *hakapee, touaki,* ^m. *lanakia (kila), hoopio,* ^s. être vaincu, *hika,* ^m. vaincu, *moehu,* ^m. *pio,* ^{ms}.

VAINQUEUR, **sm.** *mata teiana toa* (?). les vainqueurs, *akatia,* ^m.

VAISSEAU, **sm.** *iepe, motu,* ^m. *moku, puolo,* ^s. petit vaisseau, *vaka,* ^m. *vaha,* ^s.

VAISSELLE, **sf.** *hipu, hue,* ^{ms}.

VALET, **sm.** *pekio,* ^m. *kauva,* ^s.

VALEUR, **sf.** *eha te hoko,* ^m. *ikaika,* ^s.

VALEUREUX, **adj.** *toa,* ^m. *koa,* ^s. *ii, huhu,* ^{ms}.

VALIDE, **adj.** *meitai,* ^m. *maikai, pono,* ^s.

VALIDER, **v.** *haamaitai,* ^m. *hoopono,* ^s.

VALIDITÉ, **sf.** *mea meitai,* ^m. *mea pono.*

VALLÉE, **sf.** *ava nui,* ^m. *avava nui, puali,* ^s.

VALLON, **sm.** *ava,* ^m. *avava,* ^s.

VALOIR, **v.** ce verbe n'a point d'équivalent. Il vaut mieux, *aho,* ^s.

VAN, **sm.** *tahii,* ^m. *peahi,* ^s.

VANITÉ, **sf.** *mea taveke,* ^m. *kilohi,* ^s.

VANTER, v. *kaie*, ^m. *kaulana*, ^s. se vanter, *haaano*, ^m. *hooohanohano*, *hapai*, *kaiena*, ^s.

VANTERIE, sf. *hakaielina*, ^m. *kukeku*, ^s.

VANTEUR, sm. *haaano*, ^m. *hoohanohano*, ^s.

VAPEUR, sf. *kukuku*, ^m. *ahu*, ^s. *uahi*, *uvahi*, ^{ms}.

VAPORISER, v. *hakauahi*, ^m. *hoouvahi*, ^s.

VARIABLE, adj. *hui ke*, ^m. *huli e*, ^s.

VARIANT, adj. *hakahui*, ^m. *hoohuli*, *hoohulihuli*, ^s.

VARIATION, sf. *huitina*, ^m. *huli ana*, ^s.

VARIER, v. tacher, *kiko*, ^s. varié, *kikokiko*, ^s. changer, *hui*, ^m. *malule*, *hoohuli*, ^s.

VARIÉTÉ, sf. diversité, *mea ke*, ^{ms}. mélange, *ravina*, ^m. *avili ana*, ^s.

VARLOPE, sf. *koikahi*, ^s.

VASE, sm. *hue* ^{ms}. *papa*, *kia*. vase à l'eau, *huevai*, ^{ms}. — à boire, *hipu*, ^{ms}. — de cuivre, *papa nenie*, ^m. — plat, *tahaa*, ^m. — pour apprêter le *pia*, *aaho*, ^s. — pour mettre des fleurs, *kialaau*, ^s. remplir un vase, *ukuhi*, ^s.

VASSAL, sm. *nohohenua*, ^m. *papa*, *ohu*, ^s.

VASTE, adj. *hatea*, *hui*, *oa*, ^m. *manuu*, *manuunuu*, *palahalaha*, ^s. vaste contrée, *oneanea*, ^s.

VAURIEN, sm. *pe*, ^m. *ino*, ^{ms}. *haukae*, *lapu vale*, ^s.

VÉHÉMENCE, sf. *ii*, *huhu*, ^{ms}.

VÉGÉTAUX, adj. *tupu*, ^m. *kupu*, ^s.

VÉHÉMENT, adj. *ii*, *huhu*, ^{ms}. ardent, vif, *kou*, *tikao*, ^m.

VEILLE, sf. *matakana*, ^m. *ala ana*, ^s. veille de fête, *tahuna atuu*, ^m.

VEILLER, v. *mataka*, ^m. *ala*, *makaala*, ^s. veiller sur, *matatiohi*, ^m. *kanaenae*, ^s. garder, *kiai*, ^s.

VEINE, sf. *ua*, *uaua*, ^m. *heau*, *heaolima*, ^s.

VÉLOCE, adj. *ohoohoo*, ^m. *ravevare*, *vavave*, ^{ms}.

VÉLOCITÉ, sf. *ohoohona*, ^m. *ravevavena*, ^{ms}.

VENDANGE, sf. *oti i te vino*, ^m. *oki i ka vino*, ^s.

VENDEUR, sm. *enata hoko*, ^m. *piiai*. *maauaua*, ^s.

VENDRE, v. *hoko*, ^{ms}. *kuai*, ^s.

VENDREDI, sm. *poaiima*, ^m. *poalima*, ^s.

VÉNÉRABLE, adj. *oiaio*, ^s.

VÉNÉRATION, sf. *hoomana ana*, ^s.

VÉNÉRER, v. *hoomana*, ^s.

VENGEANCE, sf. *hoopai ana*, ^s. méditer, demander vengeance, *hoomakaki*, ^s.

VENGER, v. se venger, *hoopai*, *mauhala*, ^s.

VÉNIEL, adj. *momoa*, ^m. *kala*, ^s.

VENIMEUX, adj. *kanatai*, ^m. *ava*, ^s.

VENIN, sm. *kanatai*, ^m. *koheoheo*. *akuahanai*, ^s.

VENIR, v. *pi*, *pi mai*, *tihe*, *heke mai*, ^m. *hele mai*, *rana*, ^s. venir vite, *hele mai vikiviki*, ^s. venez vite, *mave*, ^m. viens! *a mai*, ^m. venez par ici, *a mai ma inei*, ^m. venez ici! *ao mai*, *pi mai inei*, ^m. pressé de —, *vava mai*, ^s. d'où viennent-ils? *mei hea?* ^m. que viens-tu faire ici? *pehea oe?* ^{ms}. je viens de, *mei*, ^m. je viens de porter des cocos, *mei te ehi amo*, ^m. d'où viens-tu? *mei hea oe*, ^m. arriver, *hiki*, ^s. — en foule, *hookeke*, ^s. venir au devant, *hoouku*, ^s. quand êtes-vous venu? *ina hea oe i hele mai?* ^s.

il vient de s'en aller, *maleila no i neva aku nei*, [s].

VENT. **sm**. *metani*, [m]. *makani*, [s]. vent furieux, *huehu*, [s]. — d'est, *moae*, [s]. — du sud, *tuatoka.*, [m]. *muululu*, [s]. — du nord, *hoolua*, [s]. agité par le —, *kapalili*, [m].

VENTE. **sf**. V. VENDRE.

VENTRE. **sm**. *fenufenu. kopu. menava, opu*, [ms]. gros ventre, *kevekeve*, [s]. sein, *poli*, [s].

VENUE. **sf**. *ua heke mai*, [m]. *hele mai ana*, [s].

VER, **sm**. *nuhe*, [m]. *ilo*, [s]. ver des végétaux, *ioio*, [m]. *poki*, [s]. — du bois, *kohu*, [m]. — des intestins, *potuhouone*, [m]. teigne, *mu*, [s]. plein de vers, *iloilo*, [s].

VÉRACITÉ, **sf**. *haatiatina*, [m]. *io*, [s].

VERDIR, **v**. *ulu*, [s].

VERDOYER, **v**. *hooao*, [s]. verdoyant, *ao*, [s].

VERDURE. **sf**. *omaomao*, [s].

VERGE, **sf**. *tokotoko*, [m]. *kookoo*, [s].

VERGETTE. **sf**. *ulupuaa*, [s].

VERGUE, **sf**. *pai*, [s].

VÉRIFICATION, **sf**. *haatiana*, [m]. *hooio ana*, [s].

VÉRIFIER, **v**. *haatia*, [m]. *hooio*, [s].

VÉRITABLE, **adj**. *tiatohu*, [m]. *io, maoli*, [s]. réel, *maokioki*, [s].

VÉRITÉ, **sf**. *haatia, tekao toitoi*, [m]. *manaoio, oia, oiaio*, [s]. c'est la vérité, *tekao toitoi tena*, [m]. en —, *nae*, [s]. changer la — en mensonge, *hoolilo i ka oiaio i mea apaapa*, [s].

VERMEIL, **adj**. *ua*, [m]. *ula*, [s].

VERMOULU, **adj**. *anea, huhuku, naeleele, polopolona*, [s].

VERMOULURE, **sf**. *ane*, [s].

VERRE, **sm**. *hakata, karai*, [m]. *ianiani*, [s].

VERRERIE. **sf**. *pukuaki*, [m].

VERRUE. **sf**. *ilikona*, [s].

VERS. **prép**. *i, ka*, [ms]. *io*, [s]. vers la montagne, *i ula*, [m]. — la mer, *i tai*, [m].

VERSATILE. **adj**. *kavii. hui*, [m]. *kaa, huli*, [s].

VERSER. **v**. *iki, ini, kini*, [m]. *hao, hinu. huavaia. nini. pi. pipi*, [s]. verser dans. *ukuhi*, [s].

VERT. **adj**. cru. *kole. maka, pulili. amaomao*, [s]. de couleur, *laalaau, omaomo. uli*, [s].

VERTEX. **sm**. *pito*, [m]. *piko, milo*, [s].

VERTICAL, **adj**. *iho*, [ms].

VERTIGE. **sm**. *poniuniu*, [s].

VERTU. **sf**. *ii. pono*, [ms]. détourner de la vertu. *haape*, [m]. *kapae*, [s].

VERTUEUX. **adj**. *ponopono*, [ms].

VÉSICATOIRE, **sm**. *oola*, [s].

VESSIE. **sf**. *atemimi*, [m]. *opumimi, puurai*, [ms].

VESTIBULE. **sm**. *pa*, [s].

VESTIGE, **sm**. marque, *hakatu*, [m]. *hailona*, [s].

VÊTEMENT. **sm**. *kahu, tapa*, [m]. *aahu, kapa, paipainaha*, [s]. linge, *lole*, [s]. mauvais vêtement, *papalu*, [s]. — en laine, *kapauluhipa*, [s]. déchirer ses — en signe de douleur. *haehae*, [s]. changer de —, *huli*, [s].

VÊTIR, **v**. *haakahu*, [m]. *ahu, hoahu, hoaahu, kahiko*, [s].

VEUF, **sm**. *kane poopi, popi*, [m].

VEUVE, **sf**. *vahine poopi, popi*, [m].

VEXATION, **sf**. V. VEXER.

VEXER, **v**. *tautaki*, [m]. *eva, makaua, naukiuki, ukiuki*, [s].

VIANDE, **sf**. *io*, [s].

VIBRATION, sf. *panana*, ^m. *kapalili*, ^s.

VICE, sm. *pe*, ^m. *ino*, ^{ms}. *heva*, *umi*, ^s. plongé dans le vice, *paumaele*, ^s.

VICIER, v. *haape*, *haaino*, ^m. *hooino*, ^s.

VICIEUX, adj. *pe*, ^m. *ino*, ^{ms}.

VICISSITUDE, sf. *te mao noa*, ^m. *mau ole*, ^s.

VICTIME, sf. *heaka*, *heana*, *vaitukia*, ^m. *alana*, *heahua*, ^s.

VICTOIRE, sf. *hakapeetina*, ^m. *lanakia*, ^s. remporter la victoire. *lanakia*, ^s. se disputer la —, *paomoni*, ^s.

VICTORIEUX, adj. V. VICTOIRE.

VIDE, adj. *iima*, *pipikoe*, *pinono*, ^m. *haka*, *hakahaka*, *nele*, ^s.

VIDER, v. *hakapipikoe*. ^m. *hoole*, *ole*, ^s.

VIE, sf. *pohoe*, ^m. *ola*, *ea*, *eha*. ^s. sans vie, *heo anae iho*, ^m. *holoo*, ^s. la — éternelle, *te pohoe e aie*, *koe*, ^m. *ke ola pau ole*. ^s.

VIEILLARD, sm. *kooua*, ^m. *elemakule*, *hapauoa*, *ekaeke*, ^s. (le dernier est injurieux).

VIEILLESSE, sf. *kopii*, ^m. *kanikoo*, ^s. infirmité de la vieillesse. *palalauhala*, ^s.

VIEILLIR, v. *haakopii*, ^m. *hooakalala*, ^s.

VIERGE, sf. *puupa*, ^m. *puupaa*, ^s. être vierge, *nahu*, ^s. en langage ecclésiastique, on dit aussi *virikine*, ^{ms}. reine des —, *aliivahine no ka poe virikine*, ^s.

VIEUX, adj. *kopii*, ^m. ancien, *téhito*, ^m. *akalala*, *elemakule*, *kahiko*, ^s.

VIF, adj. *keukeu*, *papa*, *viviito*, ^m. *ilihia*, *iolea*, ^s.

VIGILENCE, sf. *malaliohi*, ^m. *makakiohi*, ^s.

VIGILANT, adj. *tioki*, ^m. *kiohi*, ^s.

VIGNE, sf. *kulala*, *malavino*, ^s. enclos de vignes, *pavino*, ^{ms}. on dit aussi *vaina*, *pavaina*, ^{ms}. vigne sauvage, *atureherehe*, ^s.

VIGNERON, sm. *hoavino*, *hoaraina*, ^{ms}.

VIGNOBLE, sm. V. VIGNE.

VIGOUREUX, adj. *oko*, *ono*, *loa*, ^m. *koa*, *koii*, ^s.

VIGUEUR, sf. *ii*. *huhu*, *toitoi*, ^m. *ikaika*, *koikoi*, ^s.

VIL, adj. *pe*. ^m. *maikola*, *palaualelo*, *vahavaha*, ^s.

VILAIN, adj. *faufau*, *hauhau*, *pe*, *piau*, *chiche*, *pukarii*, ^m.

VILLAGE, sm. *kauhale*, *kulana*, *ahupaaa*, ^s.

VILLE, sf. *kahuahale*, *kauhale*, *kulanahale*, ^s. ville principale, — capitale, *kulanakauhale*, ^s.

VIN, sm. *vino*, ^{ms}. mieux que *vaina*. ^{ms}.

VINAIGRE, sm. *vineka*, ^{ms}. (moderne).

VINGT, adj. num. *tekau*, ^m. *ivakalua*, ^s. vingt-et-un, *ivakalua kuma ma kahi*, ^s.

VINGTAINE, sf. *e tekau*, ^m. *e ivakalua*, ^s.

VINGTIÈME, adj. num. *ivakalua*, ^s. *e tekau*, ^m.

VIOLENCE, sf. *hoomaau*, *anehenehe*, *koele*, ^s. violence de la mer, *hiaki*, *nahutai*, ^m. faire —, *hookoikoi*, *hoopai*, ^s. avec —, *kiki*, ^s. souffrir —, *hoomaauia*, ^s.

VIOLENTER, v. *hoomaau*, ^s.

VIOLENT, adj. *peke*, ^m. *kiki*, ^s.

VIOLER, v. *ootahi*, ^m. *aeia*, ^s. violer une chose sacrée, *tuiho*, ^m.

— secrètement, *aimala*, [s]. — sa promesse, *hoohalahala*, [s].

VIPÈRE, sf. *moonihoara*, [s]. race de vipère, *ohana moonihoara*, [s].

VIRER, v. *poala*, [s]. virer de bord, *punini*, [s].

VIRGINAL, adj. *puupa*, [m]. *puupaa*, [s].

VIRGINITÉ, sf. *puupatina*, [m]. *ulupaa*, [s].

VIRGULE, sf. *koma*, [ms]. (moderne).

VIRIL, adj. *kane*, [ms]. membre viril, *ue*, [m]. *ule*, [s].

VIRILITÉ, sf. *kane*, [ms].

VIRTUOSE, sm. *tuhuna*, [m]. *kuhuna*, [s].

VISAGE, sm. *ao, mata*, [m]. *ao, alo, maka*, [s]. visage décharné, *ua moka*, [m]. — saillant, *koi*. [s].

VIS-A-VIS, prép. *hoouku*, [s]. se placer vis-a-vis, *hoouku*, [s].

VISER, v. *hakatuu, hano*, [m].

VISIBLE, adj. *hatea, itea*, [m]. *akea, ikeia*, [s].

VISION, sf. *itea*, [m]. *ikea, akaku*, [s]. visite nocturne, *eehia*, [s].

VISITE, sf. *itetina*, [m]. *ike ana*, [s].

VISITER, v. *ite*, [m]. *ike*, [s]. visiter en passant, *kipa*, [s].

VISQUEUX, adj. *teatea*, [m]. *olepa, pilali*, [s].

VITE, adj. *oho, poihoo, pokihoo*, [m]. *rare*, [ms]. *emoole, viki*, [s]. vite! vite! *rarerare!* [ms]. va vite! *ohiki*, [s].

VITESSE, sf. *mea rare*, [ms]. *vikiviki*, [s].

VITRE, sf. *karai*, [m]. *ianiani*, [s].

VIVACE, adj. *pohoe oko*, [m]. *ola vale*, [s].

VIVACITÉ, sf. v. VIVACE.

VIVANT, adj. *pohoe, enana pohoe*, [m]. *kanaka ola*, [s]. les vivans,

te enana pohoe, [m]. *ka poe ola*, [s]. Pour dire les vivans et les morts, on dit, les morts et les vivans; Dieu est le maitre des vivans et des morts, *te atua tuhuka to te tupapau, me te enana pohoe*, prendre —, *lareola*, [s].

VIVIER, sm. *lokoeia*, [s].

VIVIFIANT, adj. *haapohoe*, [m]. *hoola*, [s].

VIVIFICATION, sf. *haapohoetina*, [m]. *hoola ana*, [s].

VIVIFIER, v. *haapohoe*, [m]. *hooola*, [s].

VIVRE, v. *pohoe, pohue*, [m]. *ola*, [s]. vivre pauvrement, *mahunehune*.

VIVRES, sm. nourriture, *o, kai*, [ms]. *ai*, [s]. abondance de vivres, *taparau*, [m].

VOCATION, sf. *kohoia'i*, [s]. la vocation d'Abraham, *kokoia'i o Aberahama*, [s].

VOCIFÉRER, v. *taataa*, [m]. *palale*, [s]. *ho*. [ms].

VOEU, sm. *hoohiki*, [s]. faire un voeu, *hoohipa*, [s].

VOGUER, v. *holo*, [s].

VOICI, prép. *eia, oiana, a*, [ms].

VOIE, sf. *aanui*, [m]. *ala, alanui*, [s].

VOILA, prép. *a, aa, eia, ena, ana oia, aia*, [ms]. le voila à la mer, *ana ia i tai*, [m].

VOILE, sm. *pae*, [m]. *pale, pulou*, [s]. voile de navire, *a, ha*. mettre à la voile, *ketu*, [m]. *hoholo*, [s].

VOILER, v. *haapae*, [m]. *hoopale*, [s].

VOILIER, sm. *iepe*, [m]. bon voilier, *koiiepe*, [m].

VOIR, v. *kite, ite*, [m]. *taa, taataa, tahakahaka, ike, nana*, [s]. faire voir, *aiahe*, [m]. voyons, interj. *tinitini, minimini*, [m]. je verrai, *a kite au*, [m]. sans argent on ne

voit point, *aoe moni aoe kile,* ^m.
voyons? *aheana?* ^m. *i nana,* ^s.
bon, te voilà! *atika koe ana,* ^m.
je suis venu vous voir, *e aloha ia oe,* ^s.

VOISIN, adj. *tata,* ^m. *hoa,* ^{ms}. *hoa-launa,* ^s.

VOITURE, sf. *halekaa, kaa,* ^s.

VOIX, sf. *eo,* ^m. *leo,* ^s. voix fausse, *éopaea,* ^m. *lelo palale,* ^s. — naturelle, *eo pehu,* ^m. — forte, *eo tonaki,* ^m. — petite, *eo mama,* ^m. — allongée, *eo toi,* ^m. *kauo aku ke leo,* ^s. — précipité, *leo mama,* ^s. une voix a été entendu, *ua lohea ka leo,* ^s.

VOL, sm. *fau, hau, kamo,* ^m. *hue,* ^s.

VOL, sm. vol d'oiseau, *ona,* ^m. *le-le ana,* ^s,

VOLAGE, adj. *kanalua, lauvili,* ^s.

VOLAILLE, sm. *manu,* ^{ms}.

VOLATILE, adj. *ona,* ^m. *lele,* ^s.

VOLCAN, sm. *kehine, pele,* ^s.

VOLER, v. comme un oiseau, *ona,* ^m. *lele,* ^s.

VOLER, v. *kamo,* ^m. *aihue, epaepa, hoovahu,* ^s. ne volez point, *umoi oe e kamo,* ^m. *mai aihue oe,* ^s.

VOLEUR, sm. v. voler, *kamo,* ^m. *akilou, hue, moluna,* ^s.

VOLIÈRE, sf. *haemanu,* ^m. *halemanu,* ^s.

VOLONTAIRE, adj. v. volonté.

VOLONTÉ, sf. *makimaki,* ^m. *make-make, loko,* ^s. contre la volonté, *ma una o te peau,* ^m. bonne —, *loko maikai,* ^s. dernière volonté, *kauoha make,* ^s.

VOLONTIERS, adv. *makimaki,* ^m. *makemake,* ^s.

VOLTER, v. *pae,* ^m. *pale,* ^s.

VOLTIGER, v. *haapanapana,* ^m. *hoolanalana, valevale,* ^s.

VOLUPTÉ, sf. *tikotiko,* ^m. *makaleho ana,* ^s.

VOLUPTUEUX, adj. *tikao,* ^m. *makaleho,* ^s.

VOMIR, v. *hua,* ^m. *luai,* ^s. vomir du sang, *luai a koko,* ^s.

VOMISSEMENT, sm. v. vomir.

VOMITIF, adj. *fainuhua.* ^m. *luai,* ^s.

VORACE, adj. *hihiuhae,* ^s. *kaioko,* ^s.

VORACITÉ, sf. v. vorace. manger avec voracité. *aihamu,* ^s.

VOTRE, pron. *to otou,* ^m. *okou,* ^s.

VOUER, v. *hoohiki, hoolaa,* ^s.

VOULOIR, v. *makimaki,* ^m. *makemake,* ^s. si vous voulez. *ena makimaki,* ^m. dis-moi ce que tu veux, *atuu mai te hia,* ^m. je le veux bien, *ae paha,* ^s. que voulez-vous? *e aha? e aha kau mea?* ^s. ne voulez-vous pas, *hoomomole,* ^s. en vouloir à quelqu'un, *nuku,* ^s.

VOUS, pron. *koua, otou, tokoua,* ^m. *olua, nau, oukou,* ^s. pour vous. *no au,* ^s. à vous, *ia au,* ^s.

VOÛTE, sf. *pao,* ^s.

VOÛTER, v. *hoopao,* ^s.

VOYAGE, sm. *puakai, kii, hele ana,* ^s. compagnon de voyage. *hoahele.* ^s.

VOYAGER, v. *heke,* ^m. *hele,* ^s. voyager de compagnie, *uakai,* ^s.

VOYAGEUR, sm. *malihini,* ^s. compagnie de voyageurs, *huakai,* ^s.

VOYELLE, sf. *huacotahi,* ^m.

VRAI, adj. *tiatohu,* ^m. *io,* ^s. réel. *maokioki,* ^s. est-ce vrai? *aea? aee?* ^{ms}.

VRAIMENT, adv. *ehoi,* ^m. *nae, aohehoi,* ^s.

VRAISEMBLABLE, adj. *paha,* ^s.

VRILLE, sf. *quepuaa,* ^s.

VUE, **sf.** *mata. ite.* [m]. *maka. ike. pipi,* [s]. hors de vue. *ee.* [s]. à perte de —, *lilo,* paraître en —, *hoea,* [s].

rendre la —, *hookaakaa,* [s]. exposer à la —, *lole,* [s].

VULVE, **sf.** *homo, toe,* [m]. *kohe,* [s].

Z.

ZÈLE, **sm.** *ii, huhu,* [ms]. *ikaika,* [s].

ZÉLÉ. **adj.** *ikaika,* [s]. être zélé, *hooikaika,* [s].

ZÉPHYR, **sm.** *hanaio,* [m]. *aeahe, mala,* [s].

ZÉRO, **sm.** *koe,* [ms].

ZIGZAG, **sm.** *hamapikopiho,* [m]. *pukaka.* [s].

FIN.

→→→→◉ IMPRIMÉ CHEZ PAUL RENOUARD, ◉←←←←

Rue Garancière, 5.